小曹娥镇志

《小曹娥镇志》编纂委员会　编

方志出版社
Publishing House of Local Records

图书在版编目（CIP）数据

小曹娥镇志 /《小曹娥镇志》编纂委员会编 .—北京 : 方志出版社 , 2022.12
ISBN 978-7-5144-5379-9

Ⅰ . ①小… Ⅱ . ①小… Ⅲ . ①乡镇—地方志—余姚 Ⅳ . ① K295.55

中国版本图书馆 CIP 数据核字（2022）第 243187 号

责任编辑：刘方圆
责任校对：刘玉霞
责任印制：梅中英
出 版 者：方志出版社
地　　址：北京市朝阳区潘家园东里 9 号（国家方志馆 4 层）
邮　　编：100021
网　　址：http://www.zgfzcb.cn
发　　行：方志出版社图书营销中心（010–67110500）
印　　刷：杭州柏盛印刷有限公司
开　　本：889 毫米 ×1194 毫米　1/16
印　　张：39.75 印张　插页：2 印张　地图：1 幅
字　　数：1100 千字
版　　次：2022 年 12 月第 1 版
印　　次：2022 年 12 月第 1 次印刷
定　　价：388.00 元

· 版权所有　侵权必究 ·
（如有印装质量问题，请与我社图书营销中心联系）

《小曹娥镇志》编纂工作领导小组

前期编纂工作领导小组

（2017.4—2020.6）

组　长：梅百烽

副组长：鲁岳彪　翁贤权　董　斌

成　员：徐展豪　鲁定峰　周立群　杨建胜　董秋明　钱建平　钱　军　张霞波
周力平　胡　建　朱佳齐　朱红良　李树强

中期编纂工作领导小组

（2020.6—2021.9）

组　长：鲁岳彪

副组长：翁贤权　罗　锋

成　员：钟冬发　许　滨　周立群　朱红良　董秋明　谢龙华　钱　军　周力平
张霞波　朱佳齐　杨建胜

后期编纂工作领导小组

（2021.9—　）

组　长：陈　辉

副组长：罗　锋　毛立波　孙　恒

成　员：钟冬发　张　波　沈媛君　金丽华　董秋明　叶　圣　叶剑川　周力平
张霞波　赵林枫　杨建胜

校印期编纂工作领导小组

（2021.9—　）

组　长：陈　辉

副组长：罗　锋　毛立波　孙　恒

成　员：钟冬发　张　波　沈媛君　金丽华　董秋明　叶　圣　叶剑川　周力平
张霞波　赵林枫　杨建胜

《小曹娥镇志》编纂委员会

前期编纂委员会

（2017.4—2020.6）

主　　　任：鲁岳彪
常务副主任：董　斌
副　主　任：杨建胜　朱红良　李树强
成　　　员：沈媛君　鲁铁逵　曹迪良　李　展　张海洋　周建波　周庆成
　　　　　　施水标　赵　赟　李　剑　马国安　沈国锋

中期编纂委员会

（2020.6—2021.9）

主　　　任：鲁岳彪
常务副主任：罗　锋
副　主　任：朱红良　杨建胜　李树强
成　　　员：沈媛君　鲁铁逵　曹迪良　李　展　张海洋　周建波　周庆成
　　　　　　施水标　赵　赟　李　剑　马国安　沈国锋

后期编纂委员会

（2021.9—　）

主　　　任：罗　锋
常务副主任：孙　恒
副　主　任：金丽华　杨建胜　李树强
成　　　员：季建伟　周建波　鲁铁逵　曹迪良　李　展　张海洋　周庆成
　　　　　　施水标　赵　赟　李　剑　马国安　沈国锋

校印期编纂委员会

（2021.9—　）

主　　　任：罗　锋
常务副主任：孙　恒
副　主　任：金丽华　杨建胜　李树强
成　　　员：季建伟　周建波　鲁铁逵　曹迪良　李　展　张海洋　周庆成
　　　　　　施水标　赵　赟　李　剑　马国安　沈国锋

《小曹娥镇志》编纂部

前期编纂部

（2017.7—2018.7）

主　编：李树强

副主编：单周信（专任）　周志培（专任）　童益民

成　员：季建伟　罗渭良　金福林　吴其坤　施国降　吴华春

中后期（校印期）编纂部

（2018.7—　）

主　编：李树强

副主编：单周信（专任）　周志培（专任）　童益民

成　员：季建伟　吴华春

摄　影：沈华苗　吴其坤　吴华春　鲍国强

资料采写人员

干俊俊　干浩翔　马　挺　马文煊　马继耿　王文苗　王礼镛　王奇燕　王金莲
王秀娣　王国淼　王晓华　毛吉锋　任爱堂　刘叶丹　阮吉良　阮国栋　阮炜达
阮益明　孙金根　杨海明　劳振道　李凤娟　李钰杰　严邦怀　吴华春　吴其坤
吴美丽　吴博桢　岑康尧　邹园园　汪仁灿　汪水清　沈长根　沈月桃　沈炉炉
沈建江　沈柏异　沈彩珍　沈新康　陈　儿　陈　雁　陈成员　陈芙蓉　陈华军
陈志员　陈杰绒　陈玲玲　陈柏煊　陈贵荣　陈娅玲　陈爱清　范炳牛　罗忠良
罗渭良　应亚金　应登联　应维元　金雅君　金福林　周志修　周志新　周定降
周春燕　周炳仁　周家钿　周道见　周增根　郑　健　胡明辉　胡海勇　施长新
施纪法　施国降　姚　挺　姚开先　姚亚珍　姚建国　姚朗庭　姚益敏　顾巨康
倪森道　倪登尧　陶秋芬　桑建锁　黄娜莎　章登银　傅百春　傅亦桓　傅红红
童建军　童祖传　谢佑仁　廖诗梁　熊恩赐　潘金土

▲ 镇境图一角（2020 年沈华苗摄）

▲ 镇政府大楼（2017 年沈华苗摄）

▲ 海涂（2020 年沈华苗摄）

▲ 二号水库（曹娥水库）（1996 年余姚市档案馆）

▲ 解放塘残塘建民段（2017 年吴华春摄）

▲ 人和公园（2017 年吴华春摄）

▲ 一号闸（2017 年沈华苗摄）

▲ 爱国江（2017 年沈华苗摄）

▲草房（20世纪50年代）（来源《慈溪盐政通志》2004年版）

▲瓦平房（20世纪70年代）（2019年吴华春摄）

▲别墅（2019年吴华春摄）

▲农村新居（2006年吴其坤摄）

▲ 街道夜景（2018 年沈华苗摄）

▲ 曹娥菜市场（2020 年沈华苗摄）

▲ 乐山公园（2008 年鲍国强摄）

▲ 孝女寺（2019 年吴华春摄）

▲ 国家级“非遗”项目余姚土布展示（2018 年吴华春摄）

▲ 土布传承（2018 年吴其坤摄）

◀ 棉田 80 年代（来源余姚市档案馆）

榨菜种植基地（2012 年摄）▶

◀ 农田板块（2020 年沈华苗摄）

▲ 榨菜产品展示
（2019 年沈华苗摄）

◀ 千亩梨园（2020 年吴华春摄）

蜜梨（2021 吴华春摄）▶

▲ 阿姚皇食品有限公司（2020 沈华苗摄）

▲ 乡下妹菜业（2020 年吴华春摄）

鲻鱼	比目鱼（箬鳎）
小白虾	
黄鲚（玉鲚）	梅鱼

夏弹（跳鱼）	沙蟹
虾潺	
白蟹	海瓜子

泥螺（吐铁）	鳉（江）鳅
蟛蜞蟹（白玉蟹）	黄甲蟹

▲ 北工业园区（2021 年沈华苗摄）

▲ 王龙集团（2021 年沈华苗摄）

◀ 世茂铜业（2021 年沈华苗摄）

五星电镀（2021 年沈华苗摄）▶

◀ 普力丝日化（2021 年沈华苗摄）

▲ 余慈高速小曹娥入口（2021 年沈华苗摄）

▲（329 复线）南工业园区段（2021 年沈华苗摄）

▲ 余姚市第四人民医院小曹娥分院（2021 年沈华苗摄）

▲ 南新庵村文化礼堂（2020 年沈华苗摄）

▲ 余姚市小曹娥镇中心小学（2019 年沈华苗摄）

▲ 小曹娥镇中心幼儿园（2019 年沈华苗摄）

▼ 小曹娥镇中学（2018 年沈华苗摄）

◀ 阮德耀一人乐队（2005 年吴其坤摄）

◀ 剪纸组合四孝图《恩师》《梳头》《助》《洗脚》（吴其坤摄）

▲ 广场操（2015 年吴其坤摄）

▲ 小曹娥第七届“曹娥之声”文艺晚会（2009 年吴其坤摄）

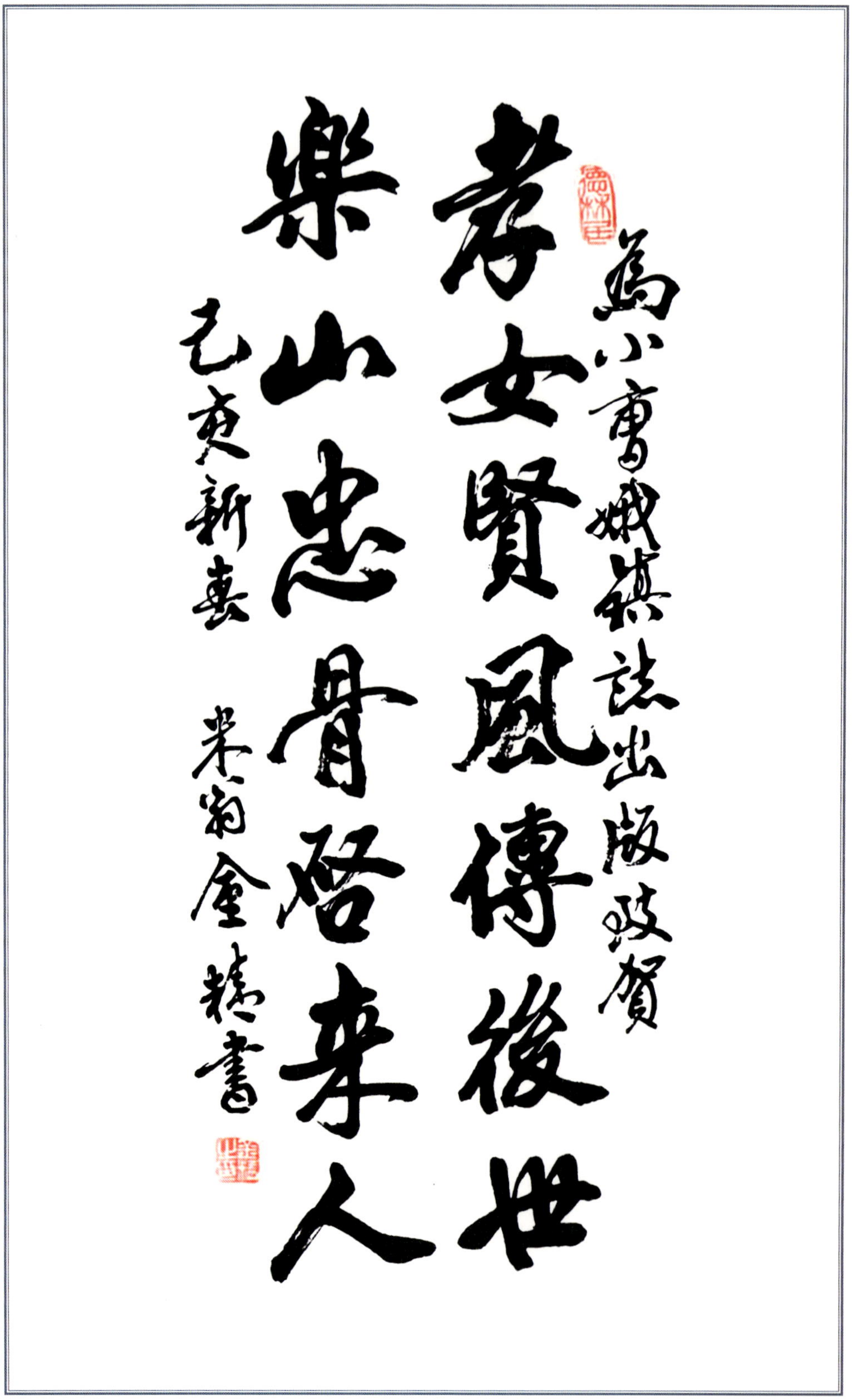

▲ 原余姚市书画院副院长金精为《小曹娥镇志》出版致贺

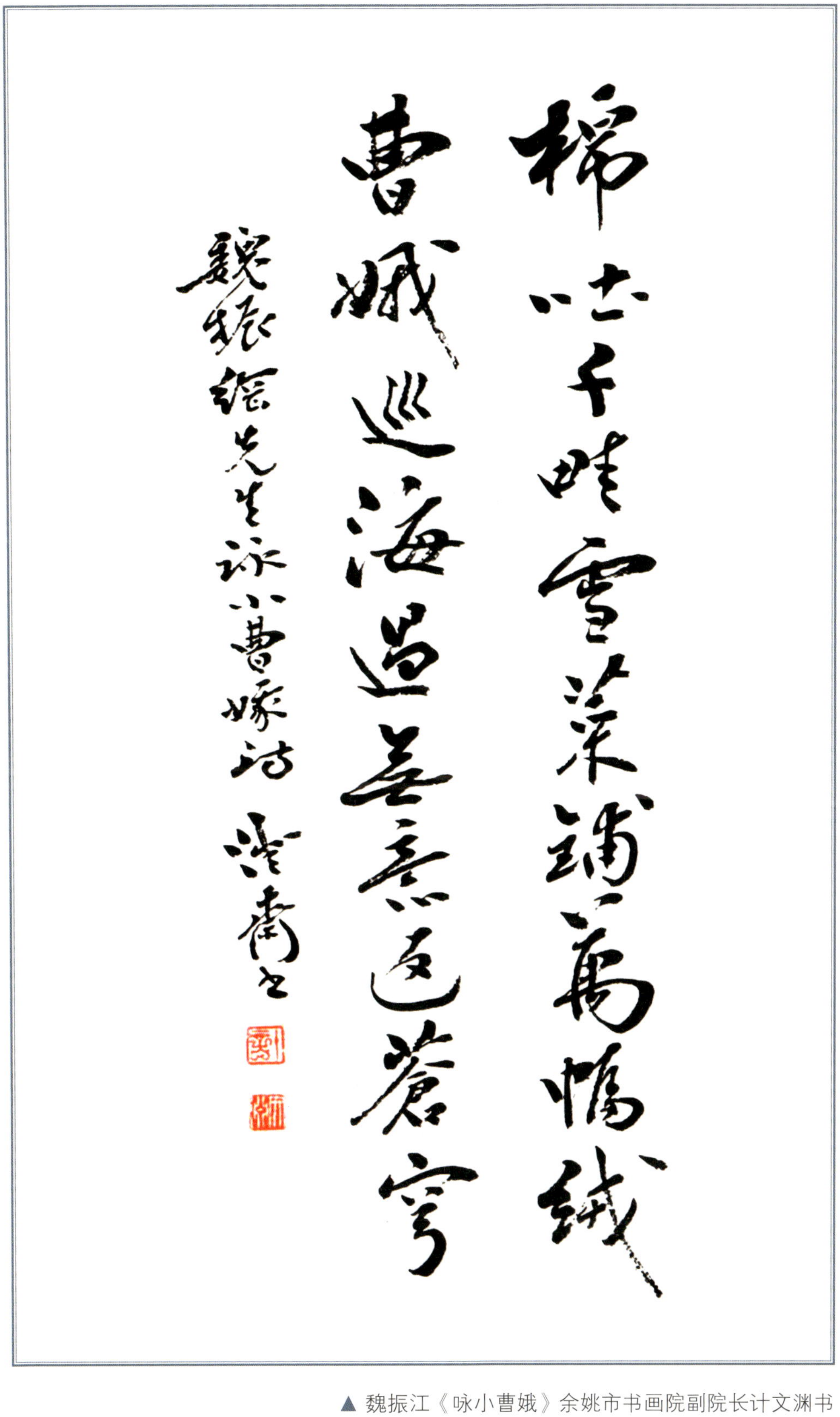

▲ 魏振江《咏小曹娥》余姚市书画院副院长计文渊书

▲ 2007 年 1 月被浙江省司法厅评为示范司法所

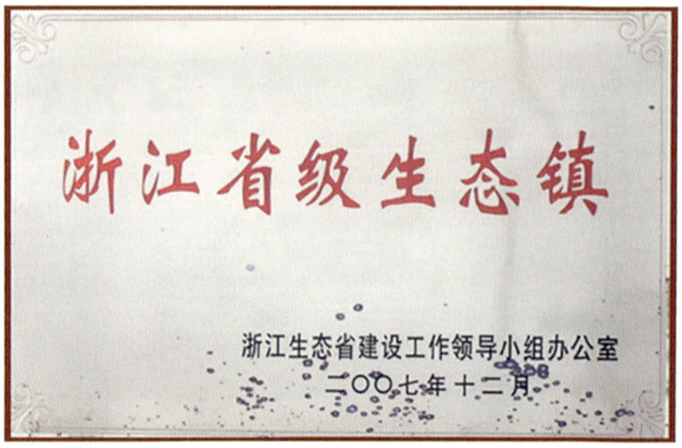

▲ 2007 年 12 月被浙江生态建设工作领导小组办公室评为浙江省级生态镇

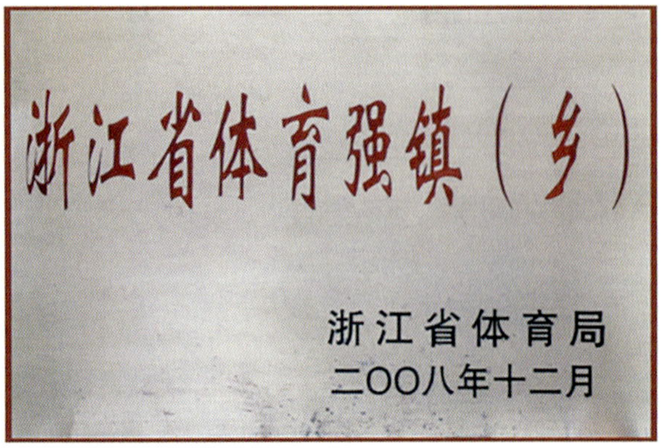

▲ 2008 年 12 月被浙江省体育局评为浙江省体育强镇

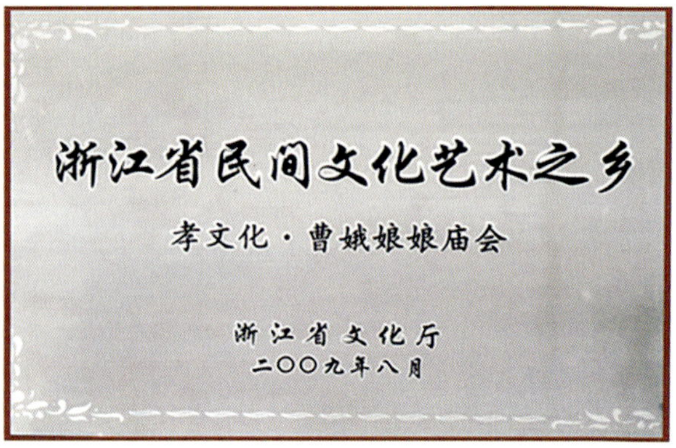

▲ 2009 年 8 月被浙江省文化厅评为浙江省民间文化艺术之乡（孝文化·曹娥娘娘庙会）

▲ 2011 年 7 月被浙江省文化厅评为浙江省民间文化艺术之乡（2011—2013 年度）

▲ 2013 年 1 月被中共浙江省委浙江省人民政府评为文明镇

序一

志为信史。修志，一方之盛事。地方历史是地方宝贵财富，只有通过文字记载才能长久传承。历时 4 年多努力，《小曹娥镇志》在镇党委、镇政府领导关心重视下，即将付梓出版，这是小曹娥镇政治、经济、文化生活中的一件大事。作为生于斯、长于斯的我来说，倍感欣喜。

乡镇是无数中国人生命的底色和成长的摇篮，故乡的山水、乡音乡情的记忆，不管走到哪里，总是触动心弦。知乡始于读志。翻阅此志，全面了解自己深爱的家乡艰难而光荣的历史，倍感欣慰。《小曹娥镇志》遵循实事求是的原则和严谨务实的态度，以质朴的文笔、翔实的信息、鲜明的图片，客观记述了小曹娥镇自然、社会、政治、经济、文化、人文、风土等方面的历史与现状，生动记录了数百年来饱经战乱、几度兴衰的悠悠历史，形象展示了小曹娥独特的围垦文化、孝道文化、乡贤文化的深厚底蕴，深刻诠释了小曹娥人民勤劳勇敢、坚韧不拔、自强不息、勇于探索的精神风貌。《小曹娥镇志》为我们讲述了近代中华民族命运起伏变迁的一段小曹娥故事，展示了中华民族伟大复兴历史进程的一个独特视角，是一部客观反映小曹娥自然特色和历史文化的宝贵文献，也是一本了解小曹娥、研究小曹娥的百科全书。

数百年来，小曹娥人民在与风潮的反复抗争中，在改造自然、建设家园的过程中，逐渐形成了坚韧不拔、开拓进取的奋斗精神和爱乡爱国、守土有责的斗争传统。改革开放以来，小曹娥镇坚持农业稳镇、工业强镇、生态立镇、商贸活镇战略，大力实施城镇化战略，不断推进社会主义新农村建设进程，实现全镇经济又快又好的发展，构建孝道小曹娥、活力小曹娥、和谐小曹娥。小曹娥镇秉持文化铸魂理念，以孝德思想、孝道精神和新时代的孝文化为核心，构筑起独特的本土文化特质，为厚植余姚文献名邦的文化土壤发挥了不可忽视的作用。回眸小曹娥镇的沧桑岁月，纪实小曹娥昨日的辉煌，《小曹娥镇志》融鲜明的时代特色和较强的地方特色为一体，打开了一扇融通古今的窗口，发挥了“纪实存史、彰往昭来”的作用。我相信，还会有许多人如我一样，将从这部《小曹娥镇志》中，获取有用的信息甚至是教益。

编修方志，泽被后世，抚今追昔，知往鉴今。从曾经的滩涂到现在环境整洁、交通便利的品质小镇，小曹娥镇在不断改变，今后也将迎来更好的蜕变。修志之意，既为昔日创业者树立丰碑，又为当今建设者提供借鉴，更为后来者留下珍贵馆藏。愿勤劳、勇敢、智慧的小曹娥人民秉承先辈之壮志，崇尚拼搏之精神，发挥群体之智慧，团结民众之力量，人尽其才，物尽其用，共创小曹娥美好明天。

是为序。

本镇乡贤 

杭州市农业农村局局长

2022 年 6 月

序二

治天下者以史为鉴，治郡国者以志为鉴。正当全镇人民同心同德、攻坚克难奋力打造现代化高品质孝美小曹娥之际，《小曹娥镇志》终于出版了。这是上慰先辈、下惠子孙，承前启后、彰往昭来的盛举，也是继承优秀文化传统，弘扬人文精神的实际行动。值此付梓之际，谨向所有关心、支持、帮助本志编撰的各级政府机关、部门、团体、企事业单位和各位领导、专家、学者以及热心人士表示衷心的感谢，对本志编写人员不辞辛劳、勤勉著述表示诚挚的敬意。

小曹娥镇民风淳实，人文积淀深厚，是一个以“孝女曹娥”命名的美丽乡镇，汉代孝女曹娥因“寻父投江，孝感动天”，被历代封为孝烈，名列“二十四孝”女孝之首。多年来，这片土地上涌现出了一批全国孝亲敬老之星、中国好人、浙江骄傲、浙江好人、浙江孝贤等先进典型，形成了孝德向善、文明和谐的孝文化特色品牌。中共十八大以来，随着余姚大道、G329复线、杭州湾跨海大桥、杭甬高速连接线建成通车以及杭甬高速复线开工建设，前湾新区和中意宁波生态园的大开发大建设大发展，小曹娥镇真正成为“接轨大上海，融入长三角”的门户节点乡镇，迎来了历史上最好的发展机遇期。近年来，小曹娥人民在历届党委、政府带领下，勇立潮头、只争朝夕，筚路蓝缕、开拓奋进，乡镇面貌日新月异，社会经济跨越式发展，人民生活安居乐业。先后荣膺全国综合实力千强镇、省文明镇、卫生镇、生态镇、美丽乡村示范镇、教育强镇、体育强镇、东方明珠乡镇、民间文化艺术之乡、孝贤镇街等称号。

览家乡故貌，晓发展艰辛，小曹娥发展的累累硕果光彩夺目，如今正迈着坚定的步伐走向未来。徜徉孝女之乡、前湾热土，难觅旧时光景，展读《小曹娥镇志》，回眸沧桑巨变，让人感慨万千！

盛世修志，惠泽千秋。参天之树，必有其根。怀山之水，必有其源。纵观全志，资料翔实，内容丰富，是我镇历史上一项空前的文化工程，也是我镇第一部系统的百科全书，既全面完整地记述了小曹娥的历史和现状，又浓墨重彩地反映了改革开放和现代化建设事业取得的巨大成就。艰难困苦熬心志，玉汝于成终使然。《小曹娥镇志》的出版发行，必将起到“资政、教化、存史”的积极作用。

以史为鉴，兴利除弊，彰善黜恶，和衷共济，这是镇党委、政府组织编写此志的初衷。希望全镇广大干部群众认真阅读这本地方志书，发扬和传承小曹娥人民坚韧不拔的奋斗精神，坚定信心，奋力拼搏，唯实惟先，善作善成，小曹娥镇一定能建设成为产业发达、环境优美、文化繁荣、宜居宜业的现代化孝美城镇。

是为序。

小曹娥镇党委书记

小曹娥镇人民政府镇长

2022 年 6 月

凡　　例

一、本志以马克思列宁主义、毛泽东思想、邓小平理论、“三个代表”重要思想、科学发展观、习近平新时代中国特色社会主义思想为指导，坚持辩证唯物主义和历史唯物主义立场、观点和方法，按照国务院《地方志工作条例》，坚持实事求是的原则，力求全面、系统、客观地记述小曹娥镇自然与社会的历史和现状。横排门类、纵述史实，详今略古，述而不议。

二、全志首置概述、大事记；中列专志二十五编，为全书主体；后殿丛录、后记。专志按事物性质设编。为反映地方特色，盐文化、孝文化、围涂文化、“非遗”文化及特产，单独设置章节。

三、区域范围与地名。以现行政区划为主。涉及明、清、民国及中华人民共和国成立后，乡镇区域和名称有多次变化，追记史实时沿用原乡镇、村、里地名外，均采用《余姚市地名志》公布的地名。现境机构的历史资料与境外无法分割的，民众参加境外重大事件的，均予适当记述。

四、记述时限。上溯事物发端，下限一般断于 2017 年。

五、记述文体。采用语体文，记述体为主，配以图、表、照片。部分照片拍摄时间延至 2020 年。

六、文字、标点符号、数字用法以国家规定为准。各种名称在每编首次出现时均用全称，并在其后括注简称，以后使用该简称。

七、纪年。1949 年 10 月 1 日前，使用历史纪年，其后括注公元纪年。农历时间用汉字书写，公历和民国年号用阿拉伯数字书写。凡不注明世纪年代，均指 20 世纪。1949 年 10 月 1 日统写为中华人民共和国成立，后均用公元纪年。文中“解放初”通指 1949 年 5 月 23 日（中国人民解放军解放余姚）至 1949 年 9 月 30 日（中华人民共和国成立前夕）这一段时期。

八 地名。除记述历史事物时，使用历史地名外，均采用《余姚市地名志》公布的地名。1985 年 7 月 16 日余姚撤县设市，1986 年 7 月曹娥撤乡置镇，此后有冠以县名、乡名的行政和企事业单位名称均改冠市名、镇名。

九 人物收录。以小曹娥镇籍为主（含祖籍），兼收客籍业绩显著者，重记功绩和社会贡献。历史人物选录，官重政绩，文重著作，工重发明，民重贡献。革命烈士录记以余姚民政局在册者为准。在世人物仅作名录记述，生不列传。其中科技人员录记为副教授、副高级专业技术职称以上者；行政人员录记副科（局）级以上者；军人录记副团级以上者；学者录记博士以上者。县、市级以上社团组织及其他组织（如商会、红十字会、精武会、三自爱国会、文艺团体等）的主要负责人。增设荣誉称号名录，集体包括全国级、省部级、宁波级；个人包括全国级、省部级、宁波级。有关专志，因事系人，不受此限。

十 计量单位。货币均按当时名称。法定计量单位按《中华人民共和国法定计量单位》规定表述（根据本地习俗，历年农业统计数据方面计量仍使用“市亩”）。1955 年 3 月 1 日前使用的老版人民币，括号内加注“旧币”，其币值为新版人民币的万分之一。地理高程数据采用黄海基准高程。

十一 数据来源。历史数据来自文献资料。中华人民共和国成立后数据，多数来自统计部门，部分来自法定专业部门和档案馆（室）存档资料、专题调查数据。历史年代与调查统计部门不一致，个别同项目数据存在差异者，尊重史料记述。

十二 本志资料来源于各单位撰写的专志稿和档案、旧志、正史、报刊、手稿笔记、调查采访，均经考证审订。直录史籍原文时，注明其出处。史籍文献记载不一致时，又难考证者，以诸说并存录入。

目 录

第四编　经济总情

第五编　农　林　渔　牧　盐

第六编　海　塘

第七编　水利

第八编　工业经济

第九编　环境污染治理

第十编　水陆交通

第十一编　邮政　电信

第十二编　商业贸易

第十三编　财政　税务

第十四编　金融

第十五编　村镇建设

第十六编　基层党组织　群团组织

第十七编　政权与议政机构

第十八编　军事　政法

第十九编　民政　劳动与社会保障

第二十编　教　育

第二十一编　医疗　卫生

第二十二篇　文化　广电　体育

第二十三编　方　言

第二十四编　习俗　宗教

第二十五编　人　物

丛　录

概 述

一

小曹娥镇地处浙东姚北平原。东邻慈溪市周巷镇，西连泗门镇，南接泗门镇和朗霞街道，北濒杭州湾。东西极距 6.59 千米，南北极距 9.88 千米，总面积 33.04 平方千米。总耕地面积 1760 公顷。境内为纯平原，是余姚市唯一没有山的乡镇。全镇地势呈中部稍高南北部略低的平原微坡格局，高程 3.1—4.6 米。境内河流纵横交错，多系人工开挖或自然河通过改造而成，东西向的四塘横江、五塘横江与南北向的爱国江、杨家路江、洪家路江、方家路江等 11 条镇级以上河流和 207 条小河，一起构成总长 183.05 千米、水域总面积 1.97 平方千米、总蓄水量达 276.87 万立方米的河网水系，排灌便利。镇境属亚热带季风气候，常年阳光充足，温暖湿润，四季分明，夏冬稍长，春秋略短，雨量丰沛，但饮用水资源不足。2007—2016 年，年平均降水量 1395.8 毫米，平均气温 17.3℃，日照 1784.5 小时，无霜期 257.7 天，自然条件优越。自然灾害以旱涝、台风、海侵为主。境内公路纵横交织，连片成网，329 国道复线和余姚大道、高夹公路、余慈高速连接线贯穿镇境，等级公路密度达 178.1 千米 / 百平方千米。贯通杭甬高速复线的小曹娥枢纽正在建设中，距杭州湾跨海大桥 11 千米，可直抵上海，交通便捷。全镇林木面积 4.4 平方千米，森林覆盖率达 13.3%。镇境北部有海岸线 8.1 千米，海涂资源丰富，渔业、养殖业及旅游业开发前景广阔。为浙江省生态镇、浙江省文明镇。

小曹娥境域始属余姚县开元乡。清光绪三十四年（1908），隶属余姚县朗霞（廊厦）乡、四门乡。民国 19 年（1930），设孝女乡、朗海乡、镇海乡，属余姚县。民国 29 年（1940），扩并为曹娥乡，因东汉孝女曹娥得乡名，属余姚县。1950 年，设曹娥乡、朗海乡、镇海乡，仍属余姚县。1954 年划属慈溪县。1956 年合并为曹海乡。1979 年复归余姚县。1986 年撤曹娥乡置小曹娥镇。1992 年 5 月，朗海乡、镇海乡并入小曹娥镇，隶属余姚市。

2017 年，小曹娥镇辖 8 个行政村、1 个居委会。有居民 11142 户，户籍人口 28592 人。人口密度 865.4 人 / 平方千米。境域原为纯汉族居住区，20 世纪 80 年代起始有壮族等少数民族人口因婚嫁迁入，至 2017 年有 16 个少数民族、145 人。镇政府驻地朗海中路 6 号，位于北纬 30° 13′ 11″，东经 121° 04′ 5″，距余姚市政府 20 千米。

二

小曹娥发展史与海塘围筑息息相关。境域自元代末海涂逐渐上涨，海岸线固定于现镇境南部，历代先民在此筑塘垦殖，然海塘不固，屡毁屡筑。至民国年间，共官修海塘 6 条，民修散塘无数。明成化七年（1471）筑潮塘后，境内开始有先民活动。清雍正二年（1724）至雍正十二年（1734），海岸线北延，榆柳塘、利济塘相继围筑，绍兴等地移民陆续徙居于此，境域南部渐有村落。乡民广辟盐场，种植棉麻，辅之近海捕捞。清嘉庆年间（1796—1820）筑晏海塘、永清塘，绍兴、上虞等地大批移民陆续在域内定居垦殖，垦殖地延至境域北部。1949年7月，风潮大侵，吞噬农田、民舍，刚迎来解放的小曹娥民众响应人民政府号召，积极投身生产自救，于次年修筑捍海大堤解放塘。此后，在每年防台抗台同时，又在解放塘外陆续修筑海塘4条。修筑海涂水库时为创举。

数百年来，小曹娥人民在与风潮的反复抗争中，在改造自然、建设家园的过程中，逐渐形成坚韧不拔、开拓进取的奋斗精神，爱乡爱国、守土有责的斗争传统。“大革命”时期，沈乐山毅然投身革命，组织领导铁路职工运动，任杭县工人部长。民国16年（1927）9月，出任中共浙江省委常委兼职工运动委员会主任，成为浙江工人运动的领袖人物。后因叛徒出卖被捕，受尽酷刑而坚贞不屈，终遭反动派杀害。

民国19年（1930）5月，曹娥盐工纷起反抗国民党政府压迫，参加庵东盐区盐工大罢工，并开展“吃大户”“打称放局”等减租反霸斗争，为争取自由、改善生活而抗争。抗日战争时期，汪忠怀、许增荣等青年投奔革命队伍，为民族解放事业英勇战斗，屡立战功。境内盐民冲破日伪封锁和对食盐的严苛管制，采用各种隐蔽的办法跋涉海涂将食盐运往抗日根据地。解放战争时期，施长根、任炳炎等青年主动参加革命；进步人士积极配合中共地下党开展活动，迎接家乡解放。1949年10月，姚连发等船工响应人民政府号召，为解放军解放舟山驾船运送兵员和军用物资，次年春返回。在抗日战争和解放战争时期，先后有6名小曹娥儿女报效祖国壮烈牺牲。

三

小曹娥历来以制盐、植棉为主业。清末盐业渐萎，棉麻、渔业兴盛，以编织为主的手工业有所发展。民国时期，商品生产开始起步，伴随植棉生产与近海捕捞的发展，轧棉、织布、编织、酿造、运输业也逐渐发展，但以机器生产为代表的近代工业起步迟缓。由于政局动荡，外敌入侵，加之风潮频侵，经济饱受摧残。生产萎缩，市场凋敝，百业萧条，民生维艰。1949年5月小曹娥境域解放，同年10月中华人民共和国成立后，经济逐渐复苏。土地改革废除封建土地所有制，激活了农业经济，农副业生产发展迅速，随之实行农业、工商业的社会主义改造。第一个五年计划期间，社会经济稳步发展，主要农产品棉花总产年均递增19.19%。此后历经三年困难时期、“文化大革命”，小曹娥经济在坎坷曲折中前进。1981年开始的以家庭联产承包责任制为主体的农村经济体制改革，又一次解放了农村生产力，既促进了农业经济发展，又为乡镇工业的崛起提供了充足的劳动力和原始资本，促成小曹娥经济的第一轮快速发展。1994年开始的工商业产权制度改革，至1998年基本完成，小曹娥经济进入快速、健康、持续、稳定发展阶段。2017年，全镇工农业生产总值达到167.85亿元，为1980年的1051倍。2003—2017年，财政收入年均递增20.97%，2017年达到3.99亿元。综合实力于2006年跻身全国千强镇行列，居第636位。2009年，排名上升至第550位。

小曹娥农业以棉花、榨菜、果蔬为主，水稻、油料、杂粮为次。棉花历来是主要农作物，民国时期平均亩产皮棉15千克。中华人民共和国成立后，通过兴修水利、改良土壤、改进栽培、推广良种，棉花产量稳步提高。1957年平均亩产皮棉提高至55千克，1984年达到103千克，1985年起，棉花种植面积逐年缩减。2017年，种植棉花仅15.7公顷，平均亩产64千克。小曹娥是余姚榨菜发源地。1962年，曹娥公社新建大队社员姚长灿引种榨菜获得成功，榨菜种植面积逐年增加，范围逐步扩大到泗门、临山、黄家埠等乡镇及慈溪、上虞，成为“浙式”榨菜主产区域。2017年，全镇榨菜种植面积873公顷，总产6.87万吨，平均每亩收入4000—4500元，成为农户的主要收入来源。与此同时，果木蔬菜种植、禽畜水产养殖也迅速发展。2017年，全镇有果园142公顷，总产4474吨。曹一村成宁波市黄花梨专业村，所产蜜梨、葡萄名闻余姚、慈溪，其中“瑞晶牌”蜜梨，“泉宏牌”葡萄多年被授予省金奖。“一村一品”果蔬基地和“企业＋农户”特色蔬菜基地1051公顷；复种指数提高到283.48%。蔬菜大棚248座，面积41公顷；淡水产年养殖266公顷，总产2770吨；海涂外荡养殖青蟹、鲻鱼、白虾等；近海捕捞年产值800万元，白虾、梅鱼、青蟹等小海产品质优价高，小曹娥海鲜成为一张亮丽名片。畜类年末存栏5.62万头，其中生猪4.73万头；禽类总饲养量19.95万羽。2017年，全镇农业总产值7.55亿元，已初步形成集约化、专业化、商品化的现代农业体系，旅游观光农业逐渐开始起步。

小曹娥工业在民国时期仅为寥寥数家轧棉、磨坊、酱园业手工、畜力作坊，从业人员近20人。现代工业脱胎于传统手工业，起步于20世纪50年代初。1952年，始引入24马力柴油机1台，曹娥乡工业产值27.96万元。1956年，对工业、手工业进行社会主义改造后，开始形成县属工业、手工业等产业。1960年，兴办首家社办企业，随后境内3个乡均开办以农机修配、粮食饲料加工为主的社办企业。1979年，境内有社队办企业26家，其中社办企业7家，从业人员1381人，年总产值458.97万元（占工农业总产值的30%左右）。此后，乡镇企业快速发展，逐步成为地方支柱产业。玻纤生产尤为突出，达到全市总产量的89%，被誉为“玻纤之乡”。榨菜加工企业快速发展。1984年，工业总产值达到2467万元，首次超过农业总产值（占工农业总产值的53.3%）。1998年，企业产权制度改革基本结束后，境内以股份合作、民营独资、“三资”为主，个体私营为辅的工业经济迎来迅猛发展。1992—2000年，工业总产值年均增长36.3%。1998—2003年，南北2个工业园的建立更使小曹娥工业经济驶上了“快车道”。至2017年，形成金属加工、小家电、微电机、化工、电镀、食品加工、印刷包装等门类的加工制造产业，全镇共有工业企业735家，其中产值亿元以上企业16家，实现工业总产值160.3亿元（占工农业总产值的95.5%），比1980年增长2914倍。从业人员1.12万余人，出口交货值8.67亿元。

小曹娥商业贸易起步较早。清光绪三十二年（1906）后，英生街逐渐兴旺，一度成为姚北一带商贸集散地。棉花、土布交易西通荆楚，南抵闽粤，北达京师。1949年初，市集有各类大小店铺30余家，商贩100余人。中华人民共和国成立后，历经统购统销、定量供应的计划经济时期，至1978年，逐步放开流通领域，集市、私营经济加速发展。1995—2009年，投资500余万元新（扩）建农贸市场4个。2017年，全镇有农贸市场8个，专业市场1个，各类商店1678家，超市、专卖、连锁、直销等现代商业网店52家，电子商务企业67家。仅8家农贸市场年成交额就达2亿元。

四

随着经济发展，小曹娥镇集镇建设和人民生活得到同步改善。政府用于集镇、城乡公共设施建设投资增幅迅速加大。2003年投入1.29亿元，2017年达到3.85亿元。个人建房投资2800万元。集镇面貌焕然一新，街区立面整齐，街道宽敞整洁，两旁绿树成荫，商家鳞次栉比，过去只有大城市才有的霓虹灯逐步引用，扮亮了夜间街景，布局合理、公建共享、城乡一体的现代化建制镇雏形开始显露。

人民生活不断改善。早已实现由温饱向“吃讲营养、穿讲漂亮”转变的人们，更讲究膳食合理、安全环保。出行从全仗在泥泞小路步行到出门便是车。境内自1979年建造第一条砂石公路，始有一日两班通县城客车。2017年，有5路公交车通镇，在境内设立停靠站42个，日行104班，实现村村通公交。村道全部硬化，基本通到每家门口，泥路已成历史。村庄内全部装上了路灯。代步工具从20世纪80年代普及自行车，90年代末普及摩托车、电动车，进入21世纪，轿车逐渐进入寻常百姓家。2017年，全镇有家用轿车3686辆，摩托车、电动车12876辆。居住条件日益改善。民国时期，境内仅有75户瓦平房，并无楼房，97%全是低矮的草房，且尚有36家无房户，人均居住面积仅14平方米，有的还人畜共居一室。20世纪70年代普遍草房改瓦平房，80年代起逐步改建砖混结构楼房，进入21世纪建现浇混凝土框架结构新型别墅式楼房。至2017年，境内有新型别墅1148幢，砖混结构楼房7834幢，二者占总户数的87.36%，草房早已不见踪影，部分家庭还同时在城市购买商品房，全镇人均居住面积达到64.3平方米（商品房面积尚未计入），是民国时期的4.6倍。空调、彩电、冰箱、洗衣机等高档家电成为家庭必备，并开始向智能家居发展。1958年，通信联络以借用广播线等方法安装磁石电话20部。1992年开通程控电话，固定电话用户一度达到6000户。2017年，有4G数字手机用户34158户，互联网宽带用户13716户。全镇储蓄存款额15.79亿元（人均5.52万元），农民人均收入29000元，为1958年的408倍。人民生活逐步从小康迈向美丽、幸福、文明、富裕的新时代。

五

小曹娥的社会公共事业有较大发展。教育事业全市前列。1970年，基本形成幼儿园、小学、初中一体的普通教育网络。1990年，全镇实行九年制义务教育。成人教育内容丰富、方式多样，颇具特色。1985年，基本扫除文盲。1996年，小曹娥镇成为余姚市第一个浙江省教育强镇。2017年，全镇有幼儿园5所26班，在园幼儿820人，教职工84人。有小学4所60班，学生1971人，教职工126人（其中公立2所40班，学生1383人，教职工90人；民办2所20班，学生588人，教职工36人）。初中1所18班，学生577人，教职工58人。成人职业技术学校1所，教职工3人。

医疗事业成绩显著。1952年，在朗海乡成立泗门区首家联合诊所，医务人员4人。1980年，境内有公社卫生所3家，医务人员19人。2017年，小曹娥镇卫生院1家（浙江省乙等乡镇卫生院），卫技人员58人（高级4人、中级14人、初级40人）。是年，被评为国家级群众满意乡镇卫生院。另有民营诊所2家、村卫生室13家（规划内8家、规划外5家），医务人员36人。基本普及医疗保险，定期进行健康检查。医疗共同体和家庭医生制的建立方便了人们就医，实现了小病不出村、常见病不出镇的目标。1985年消灭血吸虫病，其他地方病亦基本消灭，传染性疾病得到有效控制。计划生育成绩显著，多年被评为宁波市先进。

公共卫生事业得到长足发展。1992年开始实施自来水工程，翌年90%农户用上了自来水，2017年自来水覆盖面达100%。2005年开展以改厕为重点的环境整治，拆除所有露天粪缸，新建和改造无害化户厕10746座，建公厕50座，至2017年实现无害化厕所全覆盖。主要道路实现全天候保洁，实行垃圾分类、上门收集、压缩运输，杜绝二次污染。污水纳管收集处理。主要河道完成砌石，实行河长制，河道专人保洁，“五水共治”

成效显著，2007年获评省生态镇。2011年，小曹娥镇获省卫生镇称号。至2012年，8个行政村均成为省卫生村。

民政福利事业走在全市前列。早在1997年就被评为省民政工作全优乡镇。2009年起落实城乡居民养老金政策。实行集中供养和居家养老相结合的养老模式，有公办老年服务中心（敬老院）1所，入住老人62人，工作人员12人。另有民营托老院2家，入托老人148人，工作人员26人。各村建有居家养老服务中心，对居家养老的高龄、独居、失能老人开展上门服务。最低生活保障应保尽保。

文体事业发展较快。1982年，因图书工作优异被评为省先进集体，家庭图书室经验在全省介绍推广。2008年，建立全省首家“农民藏书阁”；1985年，建成余姚市首个乡镇影剧院。2003年创办的“曹娥之声”文艺会演，每年一届，至2017年已成功举办15届。1998年，被省政府命名为首批东海明珠乡镇。2008年，获省体育强镇称号。2009年，被命名为浙江省民间文化艺术之乡。村村建有村落文化宫，文化礼堂、欢乐大舞台、篮球场、门球场、地掷球场、老年活动室等文体设施陆续建造。球类、舞操、戏曲、铜管乐、拳剑武术等众多文体团队常年开展活动，参赛中获得佳绩。小曹娥镇拔河队多次代表余姚市、宁波市在参加全省、全国比赛中屡获大奖，因而宁波市拔河训练基地落户小曹娥镇。“一人乐队”、剪纸、刺绣入围宁波市非物质文化遗产保护名录。2011年，以小曹娥土布为标本的余姚土布制作技艺入围第三批国家级非物质文化遗产代表性项目扩展项目。2009年，乡人王桂凤被省文化厅推荐申报国家级非物质文化遗产项目——“余姚土布”制作技艺代表性传承人（2018年获批）；2017年，余姚土布馆在小曹娥镇朗海村落成。另外，实施数字电视工程，全镇有线电视总户数达7010户。

弘扬孝文化在全省享有很高知名度。余姚市孝文化促进会在小曹娥成立，全省孝文化研讨会多次由小曹娥镇承办，省“孝文化进学校”启动仪式于2012年10月在小曹娥镇中心小学举行。多年来，“中国好人”“全国孝亲敬老之星”“浙江骄傲——2008年最具影响力人物”“浙江好人”等孝德典型不断涌现。

进入中国特色社会主义新时代，小曹娥人民在中国共产党的领导下，秉承先人坚韧不拔、勇于创新的精神，坚持改革开放、开拓进取，为把小曹娥这个年轻而富有活力的乡镇建设成滨海新城的重要服务基地、姚西北区域交通枢纽中心、现代工业品质的新型城镇而努力奋斗。

大事记

明代

成化七年（1471）

九月，海溢，余姚县沿海溺死男女700余口，庄稼无收，饥荒。

是年，水利佥事胡复率民在新塘后筑潮塘，又名新御潮塘。

正德七年（1512）

七月十九日，天将曙，海溢，堤决，大饥，民食草根树皮。

万历十六年（1588）

春，大饥，瘟疫盛行。

清代

雍正元年（1723）

七月，海啸，飓风作潮坏堤，漂没庐舍万家，人畜俱淹。

雍正二年（1724）

七月十八日夜，海溢，平地水高一丈，塘南余六七尺，堤冲坏十之二三。

是年，筑榆柳塘（俗称三塘）。乾隆二年（1737）复请公捐钱，加筑完固。

雍正十二年（1734）

按丁捐筑利济塘（俗称四塘）。

乾隆二十三年（1758）

利济塘每20丈立碑一块，依《千字文》编号，落实专管人员。

嘉庆元年（1796）

海溢，利济塘下木棉尽坏。

时年起筑晏海塘（俗称五塘），至嘉庆二十五年（1820）竣工。

嘉庆二十年（1815）

始分段兴筑永清塘（又称六塘）。至民国8年（1919）竣工。

道光十四年（1834）

始建孝女殿（又称孝女庵、曹娥殿）于利济塘下。

咸丰二年（1852）

制盐改煎制为板晒，初用泥板，咸丰末年改为木板。

光绪三十二年（1906）

王荫胜始设铺，众业助之遂成市，曰荫胜街（后称英生街）。

光绪三十四年（1908）

余姚重新划分为45个乡，首置朗霞乡、四门乡，境域分属余姚县朗霞乡、四门乡（此前一直属开元乡大成里）。

中华民国

民国4年（1915）

7月16日夜，海潮涌入利济塘，冲没房舍、人畜、盐板无数。

民国 6 年（1917）

筑澄清塘（又称七塘）。

民国 7 年（1918）

杨积芳任《余姚六仓志》总纂，次年冬成书，共八册，民国 9 年出版。

民国 17 年（1928）

1 月 9 日，中共浙江省委常委兼职工运动委员会主任沈乐山（小曹娥人）被杀害于浙江陆军监狱。

民国 18 年（1929）

11 月，英生街商民王冠雄等发起成立中全村英生街保卫团，驻防英生街。

民国 19 年（1930）

5 月 3 日，曹娥盐工参加庵东盐区盐工大罢工。

10 月，施椿荣等 10 人为团董发起成立孝女乡保卫团。

是年，改村里制为乡镇制，境内首置孝女乡、朗海乡、镇海乡。

是年，孝女乡在孝女殿创办求是小学。

民国 29 年（1940）

全县重新划为 8 个区，55 个乡、12 个镇。孝女乡、朗海乡合并为曹娥乡；镇海乡划归四海乡。

民国 30 年（1941）

王登均（又名小阿桥）开设境内首家中医内科诊所。

民国 32 年（1943）

3 月，中共四海乡支部成立，书记俞根法。

是年，日本侵略军在沿海筑海底笆墙（竹篱笆），把英生街围入笆墙内，并设据点驻军。

民国 36 年（1947）

春，首设曹娥乡中心国民学校。

民国 37 年（1948）

7 月，县武工队撤至方家路驻防，因乡民告密，被敌围剿，损失惨重。

10 月，中共余上县办打通东西间的走廊——曹娥，向东挺进，开辟东区工作。

民国 38 年（1949 年 9 月 30 日止）

5 月 23 日，余姚县城宣告解放。

6 月，成立曹娥乡、朗海乡、镇海乡人民政府，分别由葛明强、周水根、李菊灌为首任乡人民政府乡长。

7 月 24 日，台风暴雨，澄清塘（七塘）全线坍塌。死 91 人，伤 11 人。沿海各乡棉花绝收。

中华人民共和国

1949 年

10 月，废除保甲制，建立村行政委员会。

是月，为支援人民解放军解放舟山，余姚县人民政府组织海船运送部队和物资，境内姚连发等卤担船在列，至次年 5 月返回。

1950 年

春，余姚县人民政府发动群众，以工代赈，在澄清塘（七塘）旧址上修筑新塘，改称解放塘。

4 月，全县乡镇调整，境内设曹娥、朗海、镇海三乡，均属余姚县新置的泗门区。

秋，中全小学、朗海初小、镇海初小等境内首批公立学校成立。

冬，县人民政府派出土改工作队到各乡、村全面开展土地改革。

12 月，曹娥供销合作社成立。

是年，余姚县税务局泗门税务所成立，首次向曹娥、朗海、镇海 3 个乡派驻税务专管员。

1951 年

1 月，各乡、村普遍建立农民协会。

5 月，三乡各界民众举行抗美援朝和平签名，并积极捐献飞机、大炮款。

8 月 20 日，遭强台风袭击，沿海潮位比平时高近 3 米，潮水冲毁海塘。

9 月 19 日，台风暴雨再次袭击，海塘多处被毁。沿海倒房舍 277 间，死伤 11 人。

9 月，开掘四塘横江。

10月，土地改革基本结束。

是月，乡、村召开民主妇女代表会，成立民主妇女联合会。

是年，人民政府向沈乐山、陈长根等7户革命烈士家属赠送“人民功臣”“气壮山河”匾。

是年，曹娥中心小学建立少年儿童队。1953年6月改名中国共产主义少年先锋队。

1952年

2月，朗海乡成立联合诊所，是为泗门区首家联合诊所。

4—5月，复查土改政策，向农民颁发土地证。

5月，创办曹娥棉花加工厂。

9月，政府接管各类学校，改为公办。

冬，曹娥乡五村周长记、周增灿等7户贫雇农办起境内第一个农业生产互助组。

是年，围筑胜利塘。为纪念土地改革胜利，故名。

是年，开掘爱国江。

是年，境内首家手工业合作组织——竹业合作小组成立。

1953年

7月1日零时，第一次全国人口普查，小曹娥镇境内有3917户，16816人，其中男8635人、女8181人。

10月，查封“无为教”在曹娥、朗海、镇海建立的活动场所。

是年，在小商小贩中成立工商联。

是年，镇境内近46%的农户参加了互助组。部分互助组升级为初级社。

是年，贯彻宣传《中华人民共和国婚姻法》，解除套在妇女身上封建包办、买卖婚姻的枷锁。

是年，曹娥棉花加工厂自备24马力柴油发电机组一台，为境内发电之始。

1954年

3月，建立中共曹娥乡支部，赵桂林任书记。

是月，曹娥乡第一届人民代表大会召开。

8月，曹娥乡试点成立农村信用合作社（简称信用社）。同年底，朗海乡、镇海乡亦相继成立信用社。

9月，实行棉花统购统销，棉布实行按人定量计划供应。取消棉花、棉布贸易市场。

10月，余姚、慈溪两县行政区域调整，境域划归慈溪县。

是年起，农村中丧失或基本丧失劳动能力及生活无依靠的孤、老、残、幼逐渐归农业合作社供养，简称“五保”。

1955年

5月始，由乡镇办理婚姻登记。

9月，全境小学试行教育部新颁发的《小学教学计划及说明》，加强劳动教育及体育锻炼。

10月，农村粮食实行“三定”（定产、定购、定销）政策，3年不变。

冬，部分初级社开始升级为高级农业生产合作社（简称“高级社”）。

是年，牺牲、病故军政人员按生前职级一次性补发抚恤金，并补发革命烈士光荣纪念证。

是年，曹娥粮站建立。私营油商停止采购加工，油坊歇业。

是年，曹娥供销门市部获评全国供销合作社先进单位。

1956年

1月，境域3个乡合并为曹海乡，严茂源任中共曹海乡总支书记。施绥炎任乡长。

3月起，高级农业生产合作社陆续吸收农户中的地主、富农、反革命分子入社。至秋收前，除个别农户外全部入社，基本完成农业社会主义改造。

7月，劳裕钿代表曹娥供销门市部出席全国供销合作社第一次先进代表会议，受到毛泽东主席等中央领导集体接见并合影。

8月1日，12号强台风过境，泗门区倒房300余间，稻棉严重受损。12号台风后，棉花角斑病暴发，平均亩产仅16.5千克。

11月，食用油开始凭票供应，每人每月供应4两（16两制）。

是年，在社会主义改造高潮中，手工业组织并社升级，按行业组建竹业、木业、五金铁业3个手工业生产合作社。

是年，对私营工商业、手工业进行社会主义改造。境内调元堂药店、华美布店、济美酱园3家私营工商业被批准公私合营。

1957年

1月，曹海乡党总支改建为曹海乡党委，宋杨根任书记。

6月，县境内农村接连发生群体事件，少数农民借迎神行会退社“闹事”。

是年，中国共产主义青年团曹娥乡委员会成立，下辖4个支部。

是年，境内第一家合作商店——曹娥鱼蔬合作商店成立。

是年，境内植棉1637公顷，亩产皮棉55千克，超过《农业发展纲要》规定的南方亩产皮棉50千克的指标。

是年，沿海各高级社（庄）成立渔业捕捞队3个，渔民70余名参加。

1958年

1月20日，慈溪县委、县人委发起爱国卫生运动，号召全民开展除“四害”行动。

10月，泗门镇及海塘、光明、曹海、塘后4个乡共116个高级农业生产合作社合并建成卫星人民公社，境内设一、二、三3个大队。

是月，为解放农村妇女劳动力，各生产大队兴办幼儿班、托儿所。

是月，境内始设电话总机，是曹海邮电代办点。

是年，开展社会主义和共产主义教育运动，人民公社实行组织军事化、行动战斗化、生活集体化，由公社统一指挥，收益统一分红或发工资，兴办集体食堂，推行“吃饭不要钱”的伙食供给制，取消自留地，土地、房屋等公共财产在公社内无偿平调。一度“五风”盛行，严重影响了农业生产和社员生活。

是年，岑康尧、孙柏祥获评“浙江省文教战线社会主义建设积极分子”（享受宁波级劳动模范待遇）。

1959年

2月初，为响应慈溪县委“保证拿到1亿担好肥料”的号召，创造综合利用海水制造钾镁肥、氯化钾、海泥混合肥以及土骨粉、土过磷酸钙、细菌肥料等11种土造化肥的经验，并在全县推广。

3月，公社贯彻中央“郑州会议”精神，纠正无偿调用生产大队、生产队生产资料的错误做法。

是月，卫星人民公社改名为泗门人民公社，境内一、二、三大队改称曹娥、朗海、镇海管理区。

6月，按照县委三级书记会议要求，确定夏收分配制度。改伙食供给制为粮食供给制，对没有条件实行粮食供给制的队实行定额补助；整顿公共食堂。此后，公共食堂陆续停办。集体畜牧场撤销，牲口下放给社员私养。重新分给农民自留地。

是月，开展“反右倾保守”的“插红旗、拔白旗”运动，混淆了两类不同性质的矛盾，使阶级斗争扩大化，部分基层干部受批判，或被“拔白旗”。

11月，曹娥供销部应永正被评为全国“社会主义建设积极分子”，出席全国群英大会。

是年，曹娥管理区第二核算单位（全义）办起粮食加工厂，为境内最早的队办企业。

是年，曹娥管理区第一核算单位治保主任王小坤获评浙江省社会治安综合治理先进个人。

1960年

3月，饮食行业销售的熟食品、面条、年糕等实行凭粮票供应。

9月，重新试行新学制改革，各公社选择一所学校从小学一年级开始，试行小学五年制学制。

是年，朗海管理区开办粮油加工厂，为境内最早的社办企业。

1961 年

1 月下旬，整顿各级民兵组织，对民兵干部和持枪人员进行政治审查。

是月，允许每个生产队留 0.13 公顷草籽食用。大力收购玉米芯、菜籽壳等代食品，经过加工，供应群众和粮食复制业。

2 月，慈溪县委抽调医务人员组成巡回医疗队至曹娥，治疗因粮食低标准、营养不足而引起的浮肿病患者。商业部门拨红糖、大豆粉等营养品专供患者。

9 月，恢复区建制，缩小公社规模，管理区改公社，称“复区分社”。

11 月，实行棉花产量大包干。

是月，恢复粮食市场，允许小杂粮及完成国家计划任务后的主粮上市交易。

是年，确定公社、生产大队、生产队三级所有，以生产队为基本核算单位（三级所有、队为基础）。

1962 年

9 月 3—6 日，受 14 号台风影响，雨量达 566.7 毫米。

11 月下旬，镇海公社作为县、区的试点单位之一，开展农村整社运动。次年 1 月全面铺开，受教育面达 90%以上。

是年，曹娥公社新建大队（现建民村）社员姚长灿引进榨菜种子 0.375 千克，在自留地试种成功。次年起种植面积不断扩大。

是年，建立曹海邮电所。

1963 年

4 月 29 日，镇海公社第五届人民代表大会召开，选举王大森为公社管委会主任。

是年，由曹娥经周巷至马渚往返客运航班船（俗称汽油班）通航，每日一班。1984 年停航。

是年，开展社会主义教育运动。

是年，对在“反右倾”整风中受过处理的党员进行甄别，落实政策。

1964 年

春季，各大队开办简易小学。基本普及小学教育，入学率达到 85%。

是年春，原慈溪县卫生科组织医务人员开展血吸虫病防治工作，境内曹一等 7 个大队被确定为血吸虫病流行区，查出螺点 58 个，患病人数 520 人，死亡 6 人，其余均治愈。

6 月，公社、大队两级成立贫下中农协会（简称贫协）。

7 月 1 日零时，开展第二次全国人口普查。小曹娥镇境内有 5009 户、22790 人，其中男 11614 人、女 11176 人。

11 月，围筑 64 塘。以围筑年份名塘。又称八塘。

1965 年

9 月，朗海公社在二大队小学开设半工半读的农业中学。

是年，国家华东电网向境内供电。

1966 年

9 月，社会主义教育（四清）工作队（组）进驻域内各公社、大队。

是年，泗门区举办第一期亦农亦医培训班，境内 11 人参加培训。

1967 年

是月起，境内各公社均由人武部部长负总责（称人武部“拿总”）。

7 月 22 日至 10 月 11 日，连续 82 天基本无雨，河、池、井均干涸。群众生活用水靠刮井底和在河底掘井解决，一担水价高至 0.8—2 元。

1968 年

4 月，普遍开展以“一祝、二唱、三读”和“早请示、晚汇报”为内容的“三忠于”活动。推行“政治评分”“并队升级”，挫伤了广大农民的生产积极性。

是年，开展“农业学大寨”运动，全面进行农田水利基本建设。

是年，成立曹娥、朗海、镇海建筑社。

1969 年

9 月，各公社中心小学等公办小学下放到大队办，各大队均设完小。公办小学教师回原籍任教，改工资制为工分制。

12 月，曹娥、朗海 2 个公社发动社员建造曹朗水库（后改名泗门 2 号水库），至 1971 年 5 月竣工蓄水。

是年，境内农村实行合作医疗制度，推广公社办、公社大队联办及大队办合作医疗站或合作医疗保健室。

是年始，在非农业户口青年中开展“上山下乡”运动。境内共接收城镇知识青年 162 人。1978 年前后，大部返回原籍，其中有 38 人和当地农村青年结婚留在小曹娥安家落户。

是年，曹娥公社永久、三发、新新 3 个大队合并为东风大队。1971 年恢复原状。

是年，曹海广播站建立。

1970 年

5 月，周巷、泗门两区合并，称周泗区。1971 年 1 月，撤销周泗区，恢复泗门区，境复属泗门区。

10 月 8 日，中共曹娥公社第三次党员大会召开，选举梁如林为公社党委书记。

1971 年

7 月，恢复县文教局，区设教育办公室，公社设专职教育干部。

11 月，镇海运输队成立。至 1977 年 8 月，朗海运输队、曹娥运输站亦先后成立。

12 月，开始筑塘围涂建造泗门区 1 号水库。1974 年 4 月水库整体工程竣工。当年蓄水 500 万立方米。

是年，召开曹娥公社第四次团员大会，团组织恢复活动。

是年起，校办工厂开始发展，先后有曹娥中学、朗海中学、镇海中学、曹娥中心小学、朗海中心小学等创办校办企业。

是年，朗海、镇海两公社筑九塘。

1972 年

1 月，回队任教的农村公办教师工资仍由国家发给，口粮恢复国家供应，随同下放的家属户口，亦转为居民户口。

10 月，各公社恢复建立人民武装委员会。

是年，三发大队开办榨菜加工场，是全县第一家村级菜类加工企业。

是年，曹娥供销分社创办菜厂，为慈溪县副食品公司收购、加工榨菜。对各大队、生产队办的榨菜加工厂进行技术辅导，负责质量鉴定和代为销售。

1973 年

7 月 10 日下午 3 时，遭两股龙卷风袭击，原曹娥公社新民大队，朗海公社二、三、四、五大队，镇海公社四大队受灾，倒房 33 户、67 间，受伤 16 人；所经之处棉花严重倒伏。

秋，朗海中学创办高中班，1978 年停办。

是年，棉花苗期死苗 660 公顷。斜纹夜蛾暴发，最多 1 亩棉地有虫 10 万条。

1974 年

8 月 18 日，遭受 13 号台风袭击，曹娥围丘东涵洞倒塌，潮水淹没 2 个公社 64 围丘，133 公顷土地积水。

1975 年

5 月，原泗门区境内副霍乱（又称“二号病”）暴发流行，境内也有疑似病人出现。至 12 月，疫情得到控制。

是年前后，曹娥、朗海 2 个公社相继规划设立公墓地共 10 余处，集中安葬。

1976 年

1 月 8 日，周恩来总理逝世，境内群众自发佩戴黑纱、白花，开展各种形式的悼念活动。

春，曹娥公社在泗门一号、二号水库后塘（九塘）之间筑御潮海塘。次年建九塘闸，从各大队抽调社员，组建农场，名为曹娥公社九塘闸农场。

6 月 27 日 5 时，遭飓风暴雨袭击，44 户房屋严重受损，2人受伤；所经之处棉花严重倒伏。

7月，曹娥、朗海、镇海3个公社分别建立社队工业办公室。同年，公社联办厂解体，大队办企业开始独立经营。

9月9日，毛泽东主席逝世。各行政企事业单位均降半旗，停止一切娱乐活动，各公社设置灵堂，举行各种悼念活动。

是年，曹娥公社卫生所新造7间三层门诊楼房。

是年，东部潮流沟冲刷海涂，从泗门一号水库向西延伸到万圣75塘东半塘。为抢险抛石，各公社组建开山队采石护塘。

是年，曹娥公社租地兴建曹娥市场。

是年，开展前3年肿瘤死亡病例普查。

1977年

1月，下雪21天，积雪20厘米。1月5日，极端最低气温-9.3℃，此最低气温纪录保持至今。

1978年

2—4月，开展“一批双打三整顿”运动，查获数起贪污盗窃、投机倒把案件。

8月，以公社为单位组建民兵团。1981年撤销民兵团，恢复基干民兵和普通民兵。

1979年

7月9日18时57分，发生3级地震。

8月，遭9号、10号台风袭击，朗海段1.82千米海塘全线坍塌。

9月，余姚、慈溪两县再度调整县界，境内3个公社复归余姚县。

是月，公社文化站成立。

10月，余姚县食品公司设立曹娥食品组。

11月13日，朗霞至朗海公路建成通车，是境内第一条公路，始通客车。

12月，朗海阀门厂购置一辆1.5吨客货两用汽车（人称“小上海”），为境内第一辆自购汽车。

是年起，开始重视个体商业在流通领域的作用，鼓励和扶植个体商业发展。至1990年，个体工商户从1980年的10余家发展到106家。

是年，朗海公社三大队第七生产队妇女植棉组，镇海公社一大队第二十生产队妇女植棉组被评为省“三八”银花赛先进集体。

1980年

5月，朗海公社三大队在第六生产队试点家庭联产承包责任制。

是月，曹娥供销分社新建百货营业大楼竣工开业。

是月，朗海至曹娥、朗海至镇海公路竣工通车，客车延伸至曹娥、镇海。

是月，撤销曹娥棉花加工厂，其设备、人员分别划归泗门和临山两家棉花加工厂，仍保留棉花收购站。

12月19日—21日，朗海公社第六届人民代表大会召开，选举应森槐为管委会主任。

是年，物资供应逐步实行“双轨制”，计划统配部分缩小，市场调节数量增加。

是年，改革企业内部经营管理体制，调节企业与职工的关系，实施奖金制，实行以绩利挂钩为主要内容的经济责任制。

1981年

4月，开始试行家庭联产承包责任制，从分组作业、联产计酬起步，发展为大田包干到组、户，果木等经济特产实行专业承包。

5月3日，曹娥公社第七届人民代表大会召开，选举沈金荣为公社管委会主任。

9月，广泛开展“五讲”“四美”“三热爱”活动。全镇中、小学贯彻执行教育部颁布的《中学生守则》《小学生守则》。各年级普遍设立思想品德课。

是年，曹娥公社曹二大队民兵连长严邦怀和全义大队民兵杨家森办起“家庭图书室”，对群众开放。至1986年，带动全公社办起家庭图书室35个。由此获得省、地两级授予的“先进青年民兵之家”“红星之家”称号。《人民日报》进行报道，并被载入《余姚市志》。

1982 年

2 月，省教育厅批准余姚建立初中实验中心16 个，朗海初级中学名列其中。

7 月 1 日零时，开展第三次全国人口普查，现境内有 7446 户、27759 人，其中男 13971 人、女13788 人。

是年，为提高教学质量，对民办教师进行整顿，共辞退民办教师 37 人。留用的民办教师按分配招工指标，逐年转为公立教师。至 1996 年，凡 1978 年 2 月前参加工作的民办教师均转为公立教师。

1983 年

春，开始实行按人口、劳动力分地到户经营的大包干，生产队与农户签订 3—5 年承包合同。

8 月 15 日，县人民政府宣布取缔“呼喊派”邪教组织，对为首分子依法实行逮捕，取缔工作至 11 月底基本结束。

8 月，改变“政社合一”的人民公社体制，实行政社分设，恢复乡、村建制。

是月，开展“严打”斗争，对刑事犯罪分子以及有现行破坏活动的反动会道门头子、反革命分子进行统一搜捕。“严打”斗争至 1986 年 5 月 29 日结束。

9 月 16 日 15 时 40 分，龙卷风自万圣一带向东移动，席卷小曹娥、朗霞等乡镇。4 分钟内，造成死 10 人，其中境内 9 人，重伤 69 人，塌房 9830 间，直接经济损失 1196 万元。

9 月起，境内各乡镇卫生院配专职防疫人员，建立常年接种站。

10 月 8 日，中共朗海乡第六次党员代表大会召开，选举杨茂江为乡党委书记。

11 月 4 日，中共镇海乡第五次党员大会召开，选举沈渭南为党委书记。

是年，原隶属于曹娥供销分社的镇海供销站升格为镇海供销分社，隶属于泗门区供销社。

是年，乡镇集体企业开始实行以厂长（书记）为主的集体承包制。

是年，境内各乡兴办社会福利企业。至 2017 年，全镇有福利企业 3 家，安置残疾职工就业 135 人。

1984 年

春，境内所有生产队普遍实行家庭联产承包责任制，大田承包期延长到 15 年。

5 月，进行农村教育体制改革，实行分级办学，分级管理。

7 月 6—7 日，曹娥乡第八届人民代表大会召开，选举沈金荣为乡长。

7 月 8—9 日，朗海乡第七届人民代表大会召开，选举周成荣为乡长。

7 月 9—10 日，镇海乡第六届人民代表大会召开，选举成明为乡长。

9 月 10 日，庆祝第一个教师节，乡镇领导赴学校慰问。

暑期，曹娥中心小学、朗海中心小学重建校舍，秋季搬入。

12 月，境内通过省普及初等教育和扫盲工作复查，验收合格。应增仁、谢佑仁获评省普及初等教育先进工作者。

是年，境内棉花平均亩产 103 千克，创历史最高纪录。

是年，社队企业管理办公室改称乡镇企业管理办公室。

是年，开展创建文明村、文明单位活动。

是年，姚菊英被评为省级办厂女能人、省劳动模范。

是年，因四明湖水库扩建由梁弄区丘家湾移民迁居曹娥乡曹一村落户，共 10 户 38 人。

是年，严邦怀被评为浙江省先进图书工作者。杨家森被评为浙江省少儿图书先进个人，并出席全省关心少年儿童阅读工作先进表彰大会。

是年，余姚县人民政府落实镇海教会、全灶教会房产政策。于 1985 年重建新堂。

1985 年

1 月起，猪肉购销全部放开，价格随行就市。

3月，工商部门核发由余姚市第一菜厂申请注册的“嫦娥”牌商标证照，为境内第一个注册商标。

6月，建立曹娥乡派出所。

7月，余姚撤县设市，境内曹娥、朗海、镇海乡，属余姚市泗门区所辖。

是月，各乡镇普遍落实分级办学措施，开始征收教育附加费。

12月9日，大雪，严寒持续11天，最低气温-8.1℃，公路交通受阻。

是年，经过省、宁波市血吸虫病检查考核、组织实地验收，境内7个村均达到消灭血吸虫病标准。

是年，乡党委围绕发扬党的“三大作风”，贯彻落实党风廉政建设各项规定和措施，清理党政机关干部经商办企业和机关部门违规滥发奖金、实物等问题。

是年，朗海乡建造影剧院，为全县第一个乡级影剧院。

是年，农作物种植面积计划由指令性改为指导性。

是年，境内乡镇企业工业产值首次超过农业产值。

是年，曹娥乡建自来水厂。

1986年

1月，重建乡镇财政，境内3个乡均成立财政组。

7月，撤曹娥乡置小曹娥镇。仍属余姚市泗门区辖。

是月，境内1个镇2个乡分两批进行整党，历时一年，至1987年7月结束。

是年，曹海邮电所开办邮政储蓄，当年储蓄额200多万元。

是年，朗海五香调味品厂、朗海朝阳菜厂、镇海第三菜厂3家企业出口榨菜、辣椒干产品，为境内第一批出口企业。

1987年

3月24日，中共小曹娥镇第五次党员代表大会召开。选举杨茂江为党委书记。

3月25日，中共朗海乡第七次党员代表大会召开，选举周成荣为党委书记。

同日，中共镇海乡第六次党员大会召开，选举吴继芳为党委书记。

5月21—22日，朗海乡第八届人民代表大会召开，选举沈纪林为乡长。

5月23日，镇海乡第七届人民代表大会召开，选举沈金荣为乡长。

6月，初中二年制改为三年制的任务完成，下半年所招学生均为三年制。

9月，各乡、镇中、小学分设，曹娥村小学升级为小曹娥镇中心小学。撤销曹二小学、永久小学，并入曹娥中心小学。

12月19—20日，小曹娥镇第九届人民代表大会召开，选举谢桂灿为镇长。

下半年，全市开展第一次教师职称评定工作，至1988年6月完成。境内评定小学高级教师5人，中学一级教师5人。

是年底，于1986年开始的医疗机构管理体制改革结束，乡、镇卫生院改由乡、镇政府管理和领导。

是年冬至1988年春，镇党委组织全镇党员、干部学习社会主义初级阶段理论，开展党的基本路线教育，展开生产力标准学习讨论。

是年，建立镇（乡）基层党校，村级基层党组织由点到面建立党员活动室。

是年，开展群众性的“刹三风”“评三户”创文明活动。

是年，编制完成第一部小曹娥镇城镇建设总体规划。

1988年

3月，境内1个镇2个乡分别建立纪检小组，党群副书记兼任组长，配1名兼职纪检干部。

5—9月，小曹娥镇和朗海乡先后创办敬老院，集中供养农村“五保”老人16人。

是年，小曹娥镇率先实施九年制义务教育。

是年，中黑螨春暴发，棉花成“光杆树”，平均亩产仅24.16千克。

是年，曹海邮电所分设为小曹娥、朗海、镇海3个邮电所。

1989年

是年，小曹娥镇有玻纤厂达8家，生产玻纤布578万余平方米，产量占全市的89%，被誉为“玻纤之乡”。

是年，投资100余万元，易地迁建曹娥农贸市场至曹娥车站南侧。

1990年

2月26日，中共镇海乡第七次党员大会召开，选举吴继芳为党委书记。

3月11日，中共小曹娥镇第六次代表大会召开，选举阮登坤为党委书记。

3月12日，中共朗海乡第八次代表大会召开，选举周成荣为党委书记。

4月27日，镇海乡第八届人民代表大会召开，选举吴继芳为人大主席团常务主席，沈金荣为乡长。

4月27—28日，小曹娥镇第十届人民代表大会召开，选举谢桂灿为镇长。

7月1日零时，开展第四次全国人口普查，小曹娥镇境内有9545户、29233人，其中男14507人，女14726人。

1991年

1月4—5日，连续降雪14小时，公路交通受阻。

是年，镇、乡党委纪检小组配合泗门区委纪检组，开展干部建房专项治理以及公费配备交通工具、通信工具的专项清理。

是年，朗海乡、镇海乡亦均实施九年制义务教育。

是年，王晓华被评为省“七五”期间计划生育宣传先进工作者。

1992年

1月20日，境内程控电话开通。

5月，撤区、扩镇、并乡，朗海乡、镇海乡并入小曹娥镇，市委任命周渭成为镇党委书记，俞根孝为政务组长。辖23个行政村，1个居委会。

是月，建立中共小曹娥镇纪律检查委员会，阮登坤为书记。

是月，建立小曹娥镇供水站，全镇自来水工程启动。翌年10月，自来水工程全面竣工。

8月，将小曹娥、朗海、镇海3个邮电所合并为小曹娥邮电所。

9月，市邮政局自办汽车邮路延伸至小曹娥。

暑期，撤销杨丁小学、符丁小学，合并新建镇北小学。秋季搬入新校区。

10月，小曹娥、朗海、镇海3家乡镇信用社合并，成立小曹娥信用社。

是年，宣秋芬获得浙江省级“双学双比”女能手称号。

是年，镇政府按集镇总体规划，确定曹娥、朗海、镇海3个村为集镇建设中心村，并按集镇规划实施中心村建设。

是年，原泗门区1号、2号2座水库均划归小曹娥镇管理。

是年，朗海至慈溪市建塘公路建成通车。

是年，小曹娥第一家舞厅——百事乐舞厅在曹娥老街开业。至1997年，境内有舞厅5家。为市内舞厅最多的农村乡镇。

1993年

1月6日，中共小曹娥镇第七次代表大会召开。选举周渭成为镇委书记、阮登坤为纪委书记。

2月26—27日，小曹娥镇第十一届人民代表大会召开，选举王礼镛为人大常务主任、俞根孝为镇长。

6月12日，后中灶村无证蔬菜加工户在雇人清理榨菜池废水时，有3人急性硫化氢中毒，经医务人员全力抢救，1人脱离危险，2人死亡。

11月，重建孝女殿，翌年6月竣工并对外开放。翌年8月，宗教局批准，孝女殿、济慈庵为佛教场所。

是年，镇党校与市委党校联办两年制经济管理专业专修班，学员 45 人，有市党校出师资，镇党校教导负责管理，毕业 45 人。

是年，国家取消指令性计划物资分配制度。化肥、农药、农用薄膜由专营调整为经营，化肥流通继续以供销社农资部门为主渠道，农资推广站、土肥站、植保站及化肥生产企业为辅渠道。

是年，编制完成撤、扩、并后第一部小曹娥镇城镇总体规划。

镇中学征地 1.8 公顷，投资 102.7 万元，新建教学楼 2624 平方米。暑期完工，秋季搬入新校区。

1994 年

1 月，余姚市公安局小曹娥派出所成立。

5 月，创办镇老年学校。

6 月，国家残联领导来镇中心小学考察特殊教育。

上半年，对镇办企业开展 4 种不同类型的以转换经营机制为重点的工业体制改革试点。1995 年下半年，转制工作全面铺开，至 1998 年，镇办企业经营机制转换全部结束。同时村办企业经营机制转换工作亦由各村组织实施完成。

8 月 21 日，17 号台风过境，大暴雨，8 级以上大风持续 15 小时。1420 公顷棉田受损，300 米海塘塌方，19 间在建房倒塌，直接经济损失 140 万元。

10 月，沈乐山烈士纪念碑、烈士事迹陈列室和乐山公园落成并对外开放。纪念碑碑文“沈乐山烈士永垂不朽”由浙江省委副书记刘枫题写。

11 月 9 日，电话号码由 6 位数上升至 7 位数，并入宁波通信网络，统一使用长途区号 0574。

12 月 8 日，泗门 2 号水库北横塘（临潮海塘）倒缺口宽 80 米，小曹娥镇发动群众在库内筑燕子窝塘拦出潮水。翌年春海塘修复。

是年，兴建朗海农贸市场。

是年，小曹娥镇棉田间作套种技术项目获浙江省人民政府农业丰收集体三等奖。

是年，发展 CSM（通信网络），开始出现手机——大哥大，境内有中国电信和中国联通两家提供无线通信信号。

1995 年

1 月 8 日，中共小曹娥镇第八次代表大会召开，选举俞根孝为镇委书记、胡建波为纪委书记。

1 月 18—19 日，小曹娥镇第十二届人民代表大会召开，选举王礼镛为镇人大主席，阮登坤为镇长。

暑假，撤销周六丘小学、人和丘小学，合并新建环宇小学。

9 月，仁泰丘村并入方家路村。

11 月 18 日，小曹娥模块局与泗门邮电支局所设的西门子程控母局割接开通。

12 月，由港商任金茂捐赠书款的金茂图书馆落成。

是年，易地迁建曹娥农贸市场至孝女寺对面。同年，扩建镇海农贸市场。

是年起，家用轿车开始在境内出现。

是年，境内第一家加油站——永春加油站在曹建公路界塘口开设。

1996 年

年初，开工建造小曹娥镇卫生院门诊大楼，同年 12 月底建成。

是年，小曹娥成校成为省一类成校。

暑期，镇校学生参加浙江省举办的海峡两岸珠心算比赛，多名学生分别获一、二、三等奖。翌年暑假，镇中心小学校长姚世先带领三名学生，代表余姚市赴台湾参加海峡两岸珠心算比赛，分别获一、二等奖。

8 月，镇中心小学沈秀珍获浙江省第九届春蚕奖，为域内获此殊荣的第一人。

10 月 20 日起，全镇范围内一律实行火葬。

11 月，通过省“教育强镇验收小组”验收，成为余姚市内第一个浙江省教育强镇。

12月，民政部基政司领导到小曹娥镇全灶等村考察、调研村民自治示范情况，高度评价小曹娥镇开展村民自治示范工作"扎实有效、值得借鉴"。

1997年

8月18—19日，11号台风过境，暴雨，8级以上大风持续30小时，阵风11级。棉田、水稻受损，1639间房屋损坏，直接经济损失达2500万元。

8—12月，创建成为宁波市第一个无坟乡镇。

9月，实施国家公务员制度，镇机关有26名行政干部转为国家公务员。

10月，镇中心小学迁入新校区，朗海小学、镇海小学、南新庵小学并入。原镇中心小学改名为曹娥小学。

10月起，对贫困户实行最低生活保障制度。人均每月25元，后逐年提高。

是年，小曹娥镇被评为全省民政工作全优乡镇。

1998年

6月，余姚市小曹娥镇国土管理所成立，属市国土管理局派出机构，实行市国土局和镇政府双重领导的管理体制。

9月，邮政、电信分设，分别成立中国邮政小曹娥支局、中国电信小曹娥支局。

12月25日，中共小曹娥镇第九次代表大会召开，选举施惠芳为党委书记，李树强为纪委书记。

是年，被省命名为首批东海明珠乡镇。

是年，全镇人口首次出现负增长。

是年，由大光明菜业有限公司引进香港蔡兴利包心芥种子5千克。先后在曹娥村、朗海村建包心芥种植基地，办高产高效示范。

是年，建立小曹娥工业功能区（又称南园区），用地面积为59.53公顷，入驻企业18家。

是年，市烟草公司在小曹娥设门市部，向辖区内烟草零售户批发卷烟。

是年，中联超市小曹娥店开业，是为境内最早的一家超市。

1999年

1月17—18日，小曹娥镇第十三届人民代表大会召开，选举施惠芳为人大主席，沈纪林为镇长。

3月，成立镇审计所，由镇长兼所长，配备专职副所长和审计干部。

5月，镇中获"浙江省示范初中"称号。

11月，撤销粮管所，粮食由市场自由购销。

12月，小曹娥镇至西缪路公路竣工。

是年，取消指导性计划，承包户根据市场需求，自行决定农作物种植。

2000年

5月，供销社实施改制。

7月1日零时，开展第五次全国人口普查，小曹娥镇有9626户、30581人，其中男13809人、女16772人。

7月，市慈善总会小曹娥镇分会成立。

9月13—15日，台风"桑美"过境，时逢天文大潮，杭州湾涂地坍缩，危及海塘。

是年，第一轮土地承包到期后，在"大稳定、小调整"的前提下，土地承包期再延长30年，农村土地家庭联产承包经营责任制得以稳定和完善。

是年，取消人口出生指标。

2001年

年初，全境22个村均建成农村电气化标准合格村。

4月，村区划调整。全镇22个行政村，合并改组成8个行政村。

5月，开办民办的镇中心幼儿园。

8月，镇中学许国才获浙江省第十四届春蚕奖。

10月，市盐业公司在小曹娥设立食盐经营部，同时在曹娥、镇海设立食盐供应点。

12月，实行卫生体制改革，2个分院（曹娥、镇海）转制给个人，改为民营综合门诊部。

是年，电信宽带业务（ADSL）正式推出，用户迅速增加。

2002 年

1月8日，中共小曹娥镇第十次代表大会召开，选举李国建为党委书记，李树强为纪委书记。

1月17—18日，小曹娥镇第十四届人民代表大会召开，选举李国建为人大主席、沈纪林为镇长。

4月，小曹娥至朗霞3.77千米段按2级公路标准改建工程竣工。

是年，朗海村妇联获全国妇联基层组织建设示范村称号。镇妇联获省级基层组织建设示范镇称号。

是年起，农户生活垃圾由专人收集送至村垃圾中转站，再由专运车辆清运到垃圾填埋场。

是年，在中国说唱学会举办的南北曲艺交流演出暨浙江省莲花落新作展演中，陈金华的《母亲的心愿》获得表演一等奖。

2003 年

3月29日，小曹娥镇第十四届人民代表大会第3次会议召开，选举包晓莹为镇长。

7月23日，35千伏曹镇变建成并投入使用。

12月23日，《人民日报》刊登介绍阮德耀“一人乐队”的报道。此后，中央电视台、四川卫视等又3次前来采访、拍摄。

是月，首期投资1.6亿元的宁波众茂姚北热电有限公司在小曹娥滨海产业园开工建设，2007年8月竣工投入运行。

是年，市政府决定将1号水库和2号水库废库改地，蓄水调剂至市除险治江围涂工程指挥部新围筑的市海涂水库。

是年，建立滨海产业园（又称北园区），用地面积147.6公顷。入驻企业80家。

是年，投资400万元，组建众泰废水排放管理有限公司，占地面积1500多平方米。

是年始，实行新的农村合作医疗制度，由政府组织和扶持，农民自愿参加。

是年，创办“曹娥之声”文艺演出，此后每年一届，成为余姚市文化品牌活动。至2017年已举办十五届。

2004 年

5月，组建镇科学技术协会（简称镇科协）。

7月1日，镇村镇建设办公室下设的城镇管理中心成立，配备城管队员6名。

8月12日，台风“云娜”过境，中心风力17级，过程最大风速58.7米/秒，强度超过有记录的1956年12号特大台风。因抗御台风措施得当，故无重大经济损失。

是年，开展“平安宁波”，“04”一号、三号行动百日攻坚战，以及攻命案、反盗抢、打流氓、追逃犯、禁赌博会战，整治网吧互联网服务营业场所专项斗争。是年，全镇刑事发案92起，侦破62起，刑事拘留62人，治安处罚91人。

是年，建立镇环境卫生管理站。

是年，成立小曹娥镇拔河队，建成宁波市拔河训练基地。至2017年，拔河队代表余姚市、宁波市在参加全国、全省比赛中多次获奖。

是年，镇政府配置20套菜类腌制废水装运设备，组建专业废水运输队，实行统一免费装运处理。至2017年累计装运501850吨，镇、村负担费用累计284.4898万元。

是年，在全镇免征农业税。

2005 年

1月18日，小曹娥镇第十四届人民代表大会第7次会议召开，选举李树强为人大主席，项立秋为镇长。

1月，小曹娥信用社完成股份制改革，改名为余姚市农村合作银行小曹娥支行。

是年，开展以改厕为重点的环境整治。全镇新建和改造公厕50个，节水型三格式无害化户厕10746个，拆除所有简易户厕和露天粪缸。

是年，宁波世茂铜业股份有限公司投资4.5亿元，入驻小曹娥滨海产业园。

2006 年

3月，开展打黑除恶专项斗争，打击“以恶护赌、以赌养恶、放高利贷恶势力”。

6月，启动浙东引水工程四塘横江引水河道建设，至2007年3月竣工。

7月，在爱国江与四塘江北交汇处动工建1号泵闸，至2007年2月竣工。2孔，孔径3米，水泥闸板，电力启闭。此后，域内先后共建水闸27座。

9月22日，中共小曹娥镇第十一次代表大会召开，选举包晓莹为镇委书记、朱开芳为纪委书记。

9月，开展“利剑一号”暨百日治安专项整治行动。

12月5日，余姚市鼎力微电机厂工会成立。是为境内第一个民营企业工会。

12月8日，陈金华被评为“浙江省十大笑星”之一。

12月，小曹娥镇入选全国综合实力千强镇，排名第636位。2009年12月，上升至第550位。

是年，接收省五百亿工程之一的滩坑水库移民17户74人。

2007年

1月17—18日，小曹娥镇第十五届人民代表大会召开，选举李树强为人大主席、徐峰为镇长。

是月，小曹娥镇司法所获省示范司法所称号。

3月12日，承办“浙江省2007年文化论坛”。

6月，高夹线小曹娥集镇穿镇4.024千米段拓宽改造工程竣工。

8月，镇中心小学童益民获浙江省第二十届春蚕奖。

12月，小曹娥镇获浙江省生态镇称号。

是月，中国人民财产保险股份有限公司小曹娥滨海产业园营销服务部建立。

是年，铜冶炼焦炭炉或重油炉改为天然气炉或电炉，加料密封，淘汰落后的上引法工艺，采用连铸连轧工艺。用废气处理装置处理废气。

是年，建立小曹娥镇安全生产监督管理所。

是年，南新庵村获得省卫生村称号，为境内首个省卫生村。至2012年，其他7个行政村均获得省卫生村称号。

是年，朗海村、滨海村因余姚大道建设农房拆迁，规划建设别墅楼新村3个，共建别墅式新楼房191幢。

是年，建造压缩式垃圾中转站1个。

2008年

1月1日，开始试行城镇居民基本医疗保险。

3月28日，协办首届中国（余姚）榨菜文化节。成功举办“榨菜文化节剪纸比赛”，并在中央电视台播出。

3月，“农民藏书阁”在小曹娥镇建成并正式对外开放。为浙江省首创。

7月28日至8月28日，举办首届浙江余姚（小曹娥）蜜梨文化月活动。

8月，余姚大道一期工程竣工。该工程于小曹娥境内，起点329国道复线，终点宁波沿海北线（规划），长6.521千米。

是月，投资1000万元全面进行自来水管网改造。

是月，曹娥小学获评省万校标准化达标学校。

是月，小曹娥镇第一届总工会代表会议召开，选举陈辉为总工会主席。

11月5日，小曹娥镇第十五届人民代表大会第4次会议召开，选举陈江龙为镇长。

12月12日，110千伏曹娥变在滨海产业园恒兴路9号建成。

是月，小曹娥镇获评浙江省体育强镇。

是月，329国道复线（又称姚北大道）一期工程竣工。

是月，镇社区教育中心成立。

是年，王国军获“浙江骄傲——2008年度最具影响力人物”称号。

是年，“瑞晶牌”蜜梨被评为省银奖。至2012年，连续5年获得金奖、银奖。

是年，投资180万元改造扩建朗海农贸市场。

2009 年

8 月，投资 465.19 万元建设的榨菜废水收集系统竣工，投入运行。

10 月 22 日，曹娥村村民马桂珍被评为全国“孝亲敬老之星”。

是年，朗海村被命名为浙江省文明村。

是年，以小曹娥镇的土布为标本的余姚土布制作技艺被列入第三批浙江省非物质文化遗产名录。王桂凤被评定为第三批浙江省非物质文化遗产“传统纺织技艺（余姚土布制作技艺）”代表性传承人。

是年，小曹娥镇被命名为浙江省民间文化艺术之乡，浙江省非物质文化遗产普查工作先进集体。

是年，小曹娥镇总工会被省总工会评为党建带工建三级联创模范乡镇工会。

2010 年

6 月，小曹娥镇招投标分中心获得“宁波市级小型平台”称号，工程建设项目招标权限扩大至单项合同估算价 200 万元。

7 月 1 日零时，开展第六次全国人口普查，小曹娥镇有 12020 户、30364 人，其中男 15136 人、女 15228 人。总人口比 2000 年第五次全国人口普查时减少 217 人。首次在人口普查中出现负增长，下降 0.71%。

是月，投资 300 万元，完成对朗海新村 95 户电源线入地工程。

10 月，马洋洋见义勇为、舍己救人，入选“中国好人榜”。

是年，境内开通移动宽带。

是年，曹娥小学获“双龙杯”全国少儿书画大赛优秀集体奖。

是年始，镇政府会同泗门环保所共同对电镀行业进行整治。

是年，对 65 家规模养殖场，特别是 38 家生猪养殖场进行整治。

是年，小曹娥镇农业技术服务中心获得全国农业渔业丰收奖、农业技术推广成果奖、甬瓠系列瓠瓜品种选育及推广应用三等奖。

是年，南新庵村被命名为浙江省文明村。

是年，朗海农贸市场被评为浙江省星级文明规范市场。

是年，镇中学考入余姚中学 16 人，居全市农村中学前茅，破校历史纪录。

2011 年

6 月 9 日，余姚土布制作技艺被列入第三批国家级非物质文化遗产名录扩展项目名录。王桂凤由省文化厅推荐申报为国家非物质文化遗产“传统棉纺织技艺（余姚土布制作技艺）”代表性传承人。

6 月，各行政村建立村邮站。共配村邮员 8 名。

7 月，小曹娥镇获省文化艺术之乡称号。

是月，投资 4302 万元建设的滨海再生工业水厂竣工投产。

9 月 27 日，中共小曹娥镇第十二次代表大会召开，选举陈江龙为镇委书记，方娟芬为纪委书记。

10 月 10—18 日，余姚土布作为余姚市唯一参赛项目参加第六届中国成都国际非物质文化遗产节活动。

是年，小曹娥镇获省卫生镇、省气象防灾减灾标准乡镇称号。

是年，人和村获农业部颁发的“全国一村一品示范村”称号。

是年，镇中学获浙江省义务教育标准化学校称号。

是年，开展以电镀企业治理为重点的“电镀企业整治提升”专项行动，关闭整改电镀等污染企业 38 家。

是年，宁波众茂姚北热电有限公司改扩建为余姚生活垃圾焚烧发电，工程项目总投资 2.5 亿元，公司更名为宁波世茂能源股份有限公司，2015 年 6 月并入国家电网。

是年，朗海村妇联获得全国妇联基层组织建

设示范村、浙江省体育俱乐部、浙江省平安家庭创建活动示范村称号。小曹娥镇妇联获得浙江省妇联基层组织建设示范镇称号。

是年，周志新获得全国农业节水科技三等奖。

2012 年

1 月 1 日，泗门公交开通泗门古塘车站至小曹娥 303 路公交车，在境内设 9 个站点。3 月 29 日，303 路增设小曹娥老镇延伸线，增设 6 个站点。

1 月 15—16 日，小曹娥镇第十六届人民代表大会召开，选举陈江龙为人大主席、丁建军为镇长。

2 月，姚菊芬获省“三八”红旗手称号。

4 月，镇海村村民刘忠法发明的榨菜收割器获国家专利。

5 月 26 日，余姚城乡公交开通余姚西站至小曹娥镇政府 535 路公交车。在境内设 4 个站点，日行 16 班。

9 月 29 日，周志新获首届浙江省首席水利员称号。

10 月 18 日，余姚城乡公交开通高铁余姚北站至滨海产业园 530 路公交车，在境内设 8 个站点。2013 年 11 月 20 日，530 线路延伸至滨海新城产业园，增设站点 6 个。

是月，浙江省“百善孝为先，孝文化进学校”启动仪式在镇中心小学举行，省民政厅副厅长苏长聪出席启动仪式。

是年，投入 2500 万元用于污水处理技术水平的提高和把处理后的中水回用设施，中水回用率达 55%以上。

是年，朗海村成功创建为“全国综合减灾示范社区”。

2013 年

1 月 23 日，余姚市癌症康复协会小曹娥镇康复站成立。

是月，小曹娥镇获浙江省文明镇。

3 月，改革工商登记制度，将“先证后照”改为“先照后证”，将注册资本实缴登记制改为认缴登记制。

4 月，镇党委组建一支由 6 名老干部组成的“草根”宣讲团，深入各村、企业为党员、群众开展巡讲。

10 月 5 日至 8 日上午，台风“菲特”过境，带来长时间的暴雨，雨量 547.5 毫米，境内部分农田被淹，民房进水。

12 月，朗海至慈溪市建塘公路改建成沥青混凝土路面。

是年，镇中学获浙江省健康促进学校称号。镇小学被评为浙江省示范中小学家长学校。曹娥小学获评浙江省义务教育标准化学校。

2013—2014 年间，镇政府会同环保所取缔无证照、乱排放的 14 家废塑料加工企业。

是年，投资 173 万元对全镇榨菜污水管网进行维修，并延伸管网 5000 米到 6 个相对集中腌制区块。

是年，开始建设生活污水纳管工程，共投资 4872.2 万元。其中建民村生活污水每户独立建池处理。

是年，施水标获得全国“安检卫士”称号。

2014 年

1 月 23 日，宁波银行小曹娥支行成立。

4 月，镇中心小学获“浙江孝贤”奖。同年，获评浙江省标准化学校、浙江省非物质文化遗产传承教育基地。

7 月起，在全镇范围内实施农村承包经营权确权登记工作。

9 月，镇公办幼儿园——小曹娥镇第一幼儿园开办。

12 月，镇卫生院被授予浙江省乙等乡镇卫生院称号。

是年，朗海村建成 5 层农民公寓 5 幢，曹娥村建成 4 层农民公寓 4 幢。

是年起，对禁养区和市级河道 50 米、镇级河道 25 米范围内及生态化治理未达标和无整改价值的畜禽场采用补贴的方式进行关、停、拆除，共计关、停、拆除96家。

是年，扩建垃圾压缩中转站，占地面积3030平方米。

是年，成立以镇长为组长的“五水共治”领导小组，并建立河长制。境内11条市、镇级河道由市、镇领导干部担任河长，65条村级河道由镇、村领导干部担任河长。

是年，小曹娥镇“关工委”被评为浙江省关心下一代工作先进集体。

是年，朗海村获得“浙江省民主法治村”称号。

是年，南新庵村被评为“浙江省农房改造示范村”。

是年，建民村获评“浙江省科普示范村”称号。

2014年、2015年，施水标2次被评为“全国安全生产监管监察”先进个人。

2015年

4月，全镇8个村经济合作社均进行股份合作制改革，改名为村股份经济合作社，设董、监事会，社长改称为董事长。

7月，成立宁波市生态环境保护局余姚分局小曹娥环保所。

10月，镇中心小学被命名为“全国传统文化进校园优秀学校”。

是年，宁波王龙科技股份有限公司被国家总工会评为“全国职工示范书屋”。

是年，接收钦寸水库工程移民33户85人。

是年，小曹娥镇被评为浙江省卫生监督协管服务示范点。中国移动余姚分公司小曹娥支局获浙江省“青年文明号”称号。

是年，镇政府再次投资200万元进行改造提升和扩容1000立方米，合计2000立方米污水处理池。并将监测合格的污水排放到城市污水处理厂进行再处理。

是年起，进行10蒸吨/时及以下高污染燃料锅炉淘汰改造工作，推进天然气、生物质等清洁能源的使用，至2017年完成，全镇共淘汰锅炉37台。

是年，朗海村村民苗新乔家庭被评为浙江省“最美家庭”。

2016年

9月，全长4.5千米、投资3000万元的崇孝公路第一期工程竣工。

10月28日，中共小曹娥镇第十三次代表大会召开。选举丁建军为镇委书记，徐展豪为纪委书记。

11月，开始契约式家庭医生制保健服务。截至2017年底，相关人群在签总数5260人，在签率达56.37%。

12月22—23日，小曹娥镇第十七届人民代表大会召开，选举翁贤权为人大主席，梅百烽为镇长。

是年，在第二届全国武术运动大会上，赵炎炎先后获得男子华拳和男子双刀冠军。

是年，镇中心小学被评为浙江省“一校一品”特色示范学校。曹娥小学的剪纸课程被评为“浙江省第五届义务教育精品课程。”

是年，李树强获省级关心下一代工作先进个人称号。

是年，对电镀行业环境污染开展深度治理，清除违法建设的生产设备，清理电镀企业扩建生产线17条，关停车间12个。

2017年

1月，开展加强行业场所治安消防监督检查整治专项行动。

2月18日，中央电视台10套《我爱发明》栏目播出余姚（小曹娥）圣颖食品机械厂陈兴焕发明研制切菜机，给酱菜深加工带来革新的节目《又见飞刀》，被称为“从乡村走来的发明家”。

4月8日，中共小曹娥镇第十三届二次会议召开，选举梅百烽为镇委书记。

6月，开展“治三车、消隐患、保安畅”专项行动。

7月28日，泗门公交开通泗门古塘车站至小曹娥103路公交车，在境内设23个站点，至此实现了村村通公交。

8月16日，小曹娥镇第十七届人民代表大会第2次会议召开，选举鲁岳彪为镇长。

是年，镇政府会同杭州市规划设计研究院和余姚规划设计院共同编制小曹娥镇的城镇总体规划。

是年，余姚土布馆在朗海村落成。

是年底，余慈高速公路，又名杭州湾跨海大桥杭甬连接线或余慈连接线建成。

是年，镇纪委对违纪党员干部作出严重警告处分2人（其中行政撤职处分1人），开除党籍2人，同时对违纪党员开展回访教育，告诫17人，追回村级集体资金7万余元，通过内审追回违规资金6万余元。

是年始，建立医疗共同体制度，小曹娥卫生院属余姚市第四人民医院医共体成员单位，增挂余姚市第四人民医院小曹娥分院牌子。

是年，小曹娥镇卫生院被评为全国2016—2017年度群众满意的乡镇卫生院。

是年，实行高毒农药、限用农药实名制购买管理制度。

是年，久久红农业有限公司被评为省级美丽生态牧场。

是年，基督教海塘南堂被评为“浙江省和谐教堂”。

第一编

政　区

小曹娥镇境域，古为杭州湾浅海，随着滩涂淤涨、海岸线北移，至明成化七年（1471）围筑潮塘时，境域已部分成陆。之后500余年，杭州湾滩涂时涨时坍，总体涨大于坍，期间海岸线北移10余千米。通过不断筑塘围涂，至1976年完成九塘围筑后形成现境域。现境始属余姚县开元乡；清光绪三十四年（1908），分属余姚县朗霞（廊厦）乡、四门乡；民国19年（1930），域内设孝女乡、朗海乡、镇海乡；民国29年（1940），孝女乡、朗海乡合并为曹娥乡；镇海乡划归四海乡。1950年，设曹娥乡、朗海乡、镇海乡。后经数次撤并、更名，1992年，扩并为现小曹娥镇。

第一章 境 域

第一节 概 况

小曹娥镇位于余姚市北部偏西。据民国《余姚六仓志》载：“孝女殿在朗霞乡利济塘下（利济塘即四塘）。”相传当地人民仰慕上虞县百官（曹娥）孝女及其神灵，于清道光十四年（1834），始仿建孝女殿于利济塘下；民国年间，也曾被称作孝女乡与曹娥乡，后为别于百官之曹娥，名其地为小曹娥。全镇东西极距 6.59 千米，南北极距 9.88 千米，境域面积 33.04 平方千米。截至 2017

余 姚 县 六 仓 总 图

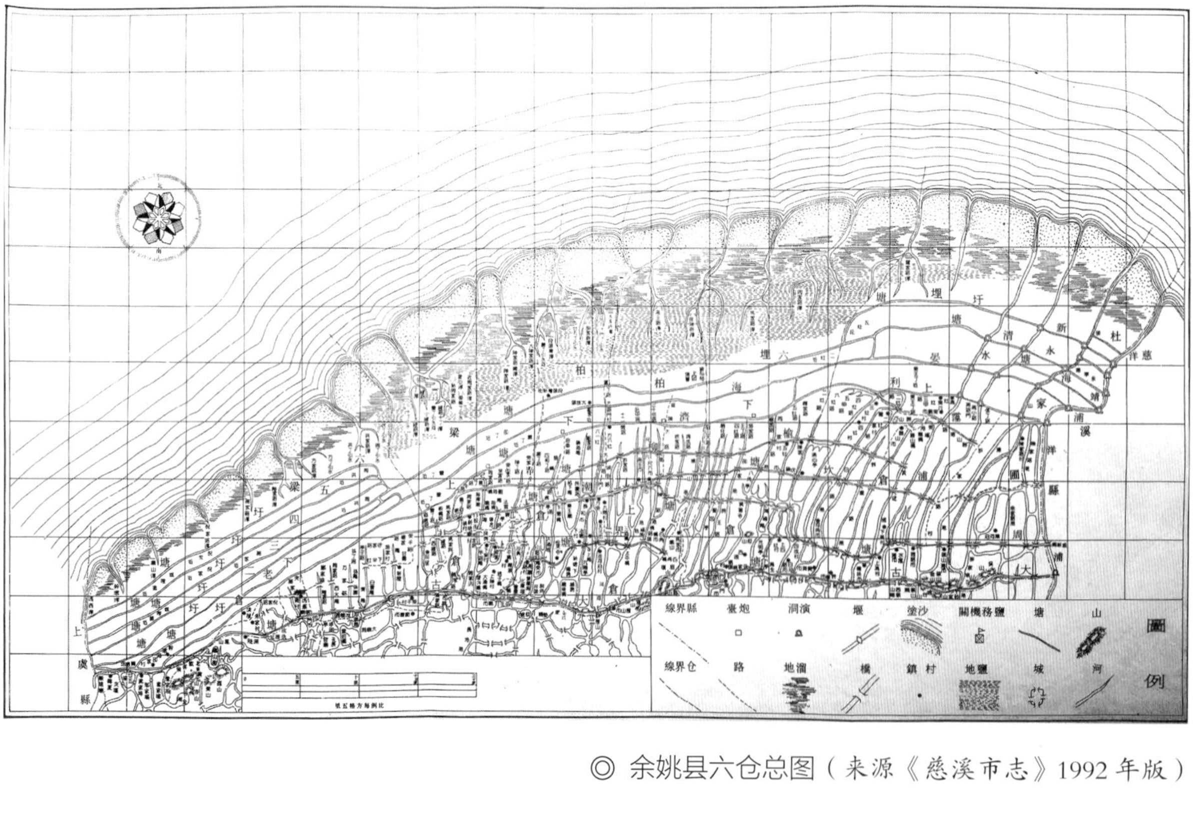

◎ 余姚县六仓总图（来源《慈溪市志》1992 年版）

年底，全镇有11142户，户籍人口28592人，人口密度每平方千米865.4人。镇政府驻地朗海中路6号。

小曹娥镇人民政府驻地坐标为北纬30° 13′ 10.82″，东经121° 04′ 5.34″。镇域四至境界线为：东与慈溪市周巷镇毗邻，相邻境界从杭州湾滩涂开始，沿泗门一号水库东直塘，往南0.778千米至八塘；折西1.682千米至九塘闸农场东斜塘；往西南方向0.8千米至七塘江；折西至刘丁直塘往南，计6.17千米；接解放塘（七塘）往东至毛丁直路，长3.59千米；往南经许丁五丘，至曹丁四丘北往东1.59千米，转南过曹丁四丘、曹丁三丘、曹丁二丘、曹丁头丘，往西至后直塘头合计4.4千米；再往南至直塘头余慈界碑，长1.1千米；境界线长20.11千米。

南与慈溪市周巷镇、余姚市朗霞街道、泗门镇交界。相邻境界从曹一村直塘头余慈界牌始，向西经柴场头、海塘南、营房头，至480亩头西南450米与泗门镇交界处止，境界线长7.32千米。

西与泗门镇相连，相邻境界从480亩头西南角450米处始往北，经仁泰丘、后凉亭、人和丘、公祭丘，境界线长5.95千米。

北与中意宁波生态园、杭州湾滩涂为界，从泗门涂地交界处开始往东经后海涂、刘丁九丘、小曹娥滨海产业园、九塘闸农场、泗门一号水库后横塘至余慈界碑，长8.13千米。全镇境界线总长41.51千米。

境域属北亚热带海洋性季风区，常年阳光充足，温暖湿润，四季分明，雨量充沛。全镇有农业耕地1978.55公顷。2017年，全镇实现农业总产值7.55亿元，工业总产值160.3亿元，社会零售商品总额6.15亿元，社会总产值174亿元，人

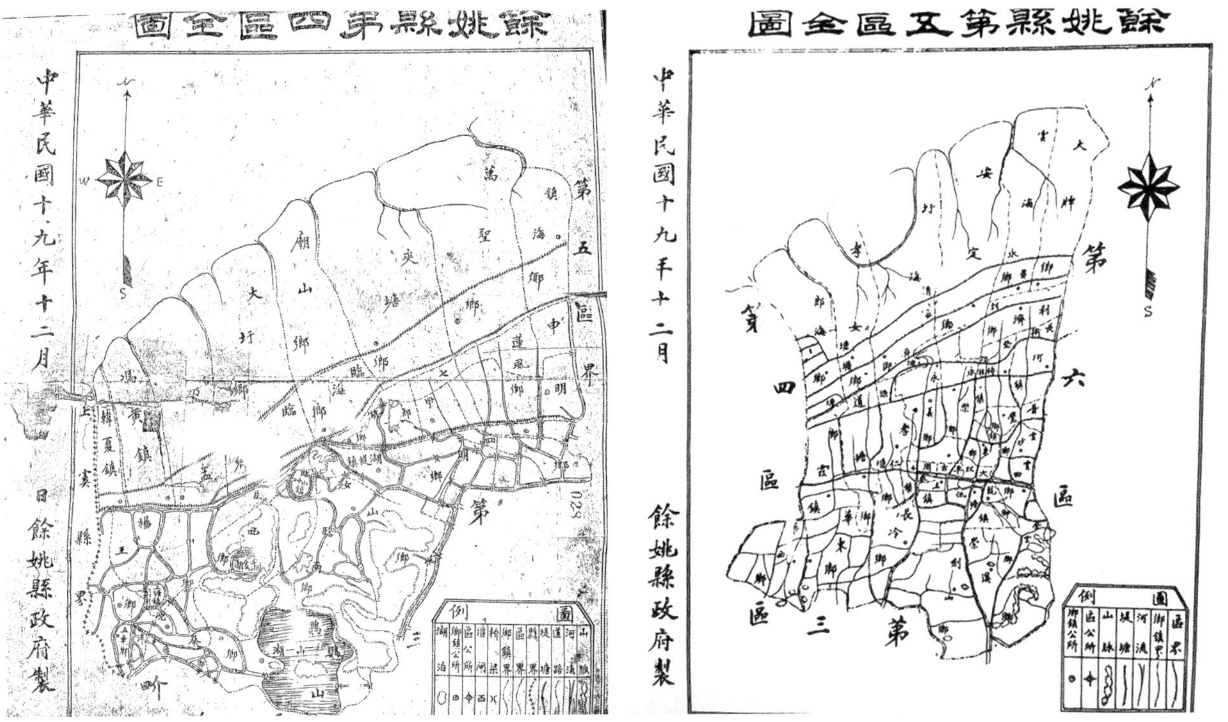

◎ 民国十九年（1930）余姚县第四区、第五区全图（来源余姚档案馆）

均年收入 2.9 万元。城镇建成区由原小曹娥镇镇区（老街）往西移至原朗海乡政府驻地，以朗海街区为中心，向四周扩建，面积 3.5 平方千米。

第二节 沿 革

唐宋以来，余姚县设城外 15 乡，境域属开元乡，直至清末，未有调整。清光绪三十四年（1908），余姚重新划分为 45 个乡，首置朗霞乡、四门乡，境域分属绍兴府余姚县朗霞乡、四门乡。

民国 17 年（1928）推行村里制，规定县以下设区、村、里。境域设 6 个村，分属余姚县第四区、第五区。

民国 19 年（1930），改村里制为乡镇制，境域设 3 个乡，分属余姚县第四区、第五区。

民国 29 年（1940），全县重新划为 8 个区，55 个乡、12 个镇。孝女乡、朗海乡及至滨海一带建立曹娥乡，属余姚县庵东区。镇海乡并入四海乡，属余姚县临山区。民国 36 年（1947），第三行政区改称第二行政区，曹娥乡属浙江省第二行政区余姚县庵东区。四海乡属余姚县临山区。

1949 年 5 月 23 日，中国人民解放军解放余姚。1949 年 6 月，余姚隶属宁波专区，时境仍属余姚县。1950 年 4 月，全县乡镇调整，设 12 个区，134 个乡、11 个镇。时境主要为曹娥、朗海、镇海 3 个乡，均属新置的泗门区。

1954 年 10 月，余姚、慈溪调整县界，泗门区所辖的曹娥、朗海、镇海等 11 个乡镇均划归慈溪县。

1956 年 1 月，撤区并乡，原泗门区 11 个乡镇缩编为 4 个乡，其中，曹娥、朗海、镇海 3 个乡加上海南乡一村、五村合并组建成慈溪县曹海乡。1958 年 10 月，泗门镇及海塘、光明、曹海、塘后 4 个乡合并建成卫星人民公社，下设 13 个大队，时境曹娥、朗海、镇海为卫星人民公社第一、二、三大队。1959 年 3 月，卫星人民公社改称泗门人民公社，第一、二、三大队改称曹娥、朗海、镇海管理区。1961 年 9 月恢复区建制，缩小公社规模，管理区改公社，境域为慈溪县泗门区所辖的曹娥、朗海、镇海 3 个人民公社。1970 年 5 月，周巷、泗门两区合并，称周泗区。曹娥、朗海、镇海 3 个公社属慈溪县周泗区。1971 年 1 月，撤销周泗区，恢复泗门区，曹娥、朗海、镇海公社仍属慈溪县泗门区。1979 年 9 月，余姚、慈溪两县再度调整县界，泗门区所属的泗门镇及塘后、曹娥、朗海、镇海、万圣、夹塘、湖北、临海、兰海、横塘 10 个人民公社划归余姚县。曹娥、朗海、镇海公社属余姚县泗门区。1983 年政社分设，境内 3 个公社分别改称为曹娥乡、朗海乡、镇海乡。是年，宁波地、市合并，余姚改属宁波市。1985 年 7 月，撤余姚县设市，境内曹娥、朗海、镇海 3 个乡属余姚市泗门区所辖。1986 年 7 月，曹娥撤乡置镇，为别于上虞之曹娥，故取名为小曹娥镇，属余姚市泗门区辖。1992 年 5 月，撤区扩镇并乡，朗海乡、镇海乡并入小曹娥镇。

第二章　行政区划

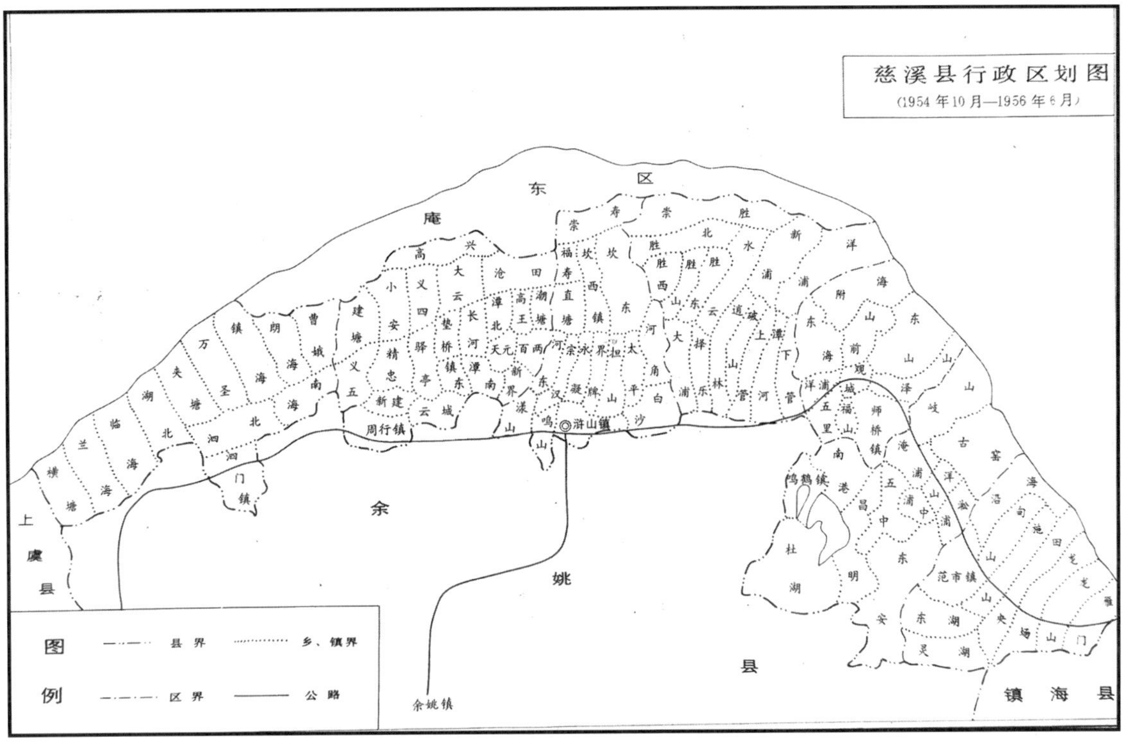

◎ 慈溪行政区图 1954 年 10 月—1956 年 6 月（来源《慈溪市志》1992 年版）（行政区划）

第一节　历代区划变化

清代及以前

清《东山志》载：“乡、里、都、保之名肇自唐宋。唐时县有 15 乡，乡各有里，宋因之。”

乡、里之名的文字记载最早见于南宋嘉泰《会稽志》。唐宋年间，余姚县设 15 个乡，其中开元乡，东至开元直江、西至东山乡界、北至杭州湾，是时，属开元乡阁剩里。元至元十六年（1279），乡以下设都，改里为图，都领图，图即唐宋时的里。开元乡为一都，辖十图。明嘉靖间乡、都不变，再改图为里。此后直至清代，乡以下建制不变。

明代，开元乡阁剩里改名为乐城里，又在汝仇江以北一带建立大成里，境域属开元乡大成里。

明永乐初，新塘筑成后，沙塓益起，海水北却十里许，其中俱可耕牧。成化间，水利佥事胡复于海口筑塘以御潮，曰新御潮塘（涉现境内）；境内大部成陆，仍属开元乡大成里。时为余姚石堰盐场卤地，所产盐卤就地煎盐或运往外地。清咸丰二年（1852），制盐改煎制为板晒。时为石堰盐场梁上仓和梁下仓盐区。

清光绪三十四年（1908）至宣统元年（1909），清廷把余姚 15 个乡划为 45 个乡，始置朗霞乡、四门乡。现境之曹娥、朗海二片归属朗霞乡，镇海片归属四门乡。民国《余姚六仓志》载：“朗霞乡……乡内市镇二：曰荫胜街、曰廊厦市。其村落……在大古塘北者：……曰廿四湾直塘……曰中全灶丘、曰曹许丁丘……曰四一分灶丘、曰洪家路刘丁丘、曰柴场头海塘、曰四丘外溜地。四门乡……其村落……在大古塘北者：……曰周洪丘、曰仁泰丘、曰义庄丘、曰人和丘、曰公济丘、曰人和南丘、曰人和后丘……”是时筑永清塘（六塘），涂地已延伸至现解放塘以北。

民国时期

民国初袭清制。民国17年（1928），公布组织法，推行村里制，规定县以下设区、村、里。农村百户以上为一村，不足百户由数村合并为一村。城镇百户以下街市为一里。余姚重新划为7个区，512村，50里。境域内主设6个村，分别为周洪丘村、方家路村（在现镇海片），属余姚县第四区；曹许村、中全村（在现曹娥片）、四一分村、刘符村（在现朗海片），属余姚县第五区。现曹一村的6个自然村（直塘头、横潭、柴场头、后直塘头、廿四湾、廿八湾，下同）和朗海村的海塘南属第五区北朗村。据民国18年（1929）12月印之《余姚县农民协会会员名册》载有周北区曹许村乡、中全乡、徐符刘乡，泗门区方家路乡，但在正式史志中没有查到相关记载，故无法确定民国18年（1929）是否又由村里制改为了乡镇制，且各乡区划亦无法确定。

民国19年（1930），改村、里为乡、镇。全

表 1-2-1

民国17年（1928）境域所涉区、村、自然村名及四至情况表

县、区名	村名	自然村名	四至
余姚县第四区	周洪丘村	王丁丘、华丁路、周洪丘、周洪五丘、周洪六丘	东：洪家路 南：四塘 西：方家路 北：杭州湾海边
	方家路村	南新庵、营房头、方家路、仁泰丘、人和丘、后凉亭、公祭丘	东：方家路 南：四塘 西：界牌头路 北：杭州湾海边
余姚县第五区	曹许村	曹丁头丘、曹丁二丘、曹丁三丘、曹丁四丘、许丁头丘、许丁二丘、许丁三丘、许丁四丘、许丁五丘	东：南段板桥路、北段毛丁路 南：四塘 西：许丁直塘 北：曹丁丘至六塘、许丁丘至海边
	中全村	中灶头丘、中灶二丘、中灶三丘、中灶四丘、中灶五丘、英生街、全灶头丘、全灶二丘、全灶三丘、全灶四丘、全灶五丘	东：许丁直塘 南：四塘 西：杨丁直塘 北：杭州湾海边
	四一分村	杨家路头丘、杨家路二丘、杨家路三丘、杨丁四丘、杨丁五丘、徐家路头丘、徐家路二丘、徐家路三丘、徐丁四丘、抽斗丘	东：杨丁直塘 南：四塘 西：徐家路 北：杭州湾海边
	刘符村	刘丁头丘、刘丁二丘、刘丁三丘、刘丁四丘、刘丁五丘、符丁头丘、符丁二丘、符丁三丘、符丁四丘、符丁五丘	东：徐家路 南：四塘 西：洪家路 北：杭州湾海边
	北朗村	直塘头、横潭、柴场头、后直塘头、廿四湾、廿八湾、海塘南	现境四塘以南的7个自然村为北朗村的一部分

县设乡163个，镇28个，7个区如故。境内设3个乡，第四区的周洪丘村、方家路村设为镇海乡。第五区的中全村、曹许村设为孝女乡。四一分村、刘符村设为朗海乡。直塘头等6个自然村属第五区的道塘乡。海塘南属第五区的朗霞镇。各村所辖范围、四至如故。

民国23年（1934），推行保甲制，改村为保，保领甲。至民国29年（1940），余姚县下设8个区，55个乡、12个镇。区冠其名，废顺次排列。孝女乡和朗海乡及现周巷镇的熊丁四丘、熊丁五丘、下周家路（又称小六村）、周潭、涂汎潭、十墩潭、泥墩潭的17个保划为曹娥乡。民国35年（1946）时曹娥乡为10保、122甲，共1789户，属余姚县庵东区。四至：东线以板桥路、熊丁直塘、赵丁直塘至老周家路潭，与义四乡为界；南达四塘，与朗霞乡相接；西沿洪家路与临山区四海乡接壤；北濒杭州湾。镇海乡与万圣乡、夹塘乡合并为四海乡，四海乡辖12保、175甲，2499户，境内部分辖4保。属余姚县临山区。直塘头等6个自然村属第五区朗霞乡十三保，海塘南属第五区朗霞乡十五保。

民国35年（1946）现境所涉区、乡、保、自然村名情况表

表1-2-2

县、区名	乡镇名	保名	所辖自然村名
余姚县庵东区	曹娥乡	一保	曹丁头丘、曹丁二丘、许丁头丘、许丁二丘、中灶头丘、中灶二丘、全灶头丘、全灶二丘
		二保	曹丁三丘、许丁三丘、中灶三丘、全灶三丘
		三保	杨家路头丘、杨家路二丘、杨家路三丘、徐家路头丘、徐家路二丘、徐家路三丘、符丁头丘、符丁二丘、符丁三丘、刘丁头丘、刘丁二丘、刘丁三丘
		四保	中灶四丘、中灶五丘、英生街
		五保	曹丁四丘、许丁四丘、全灶四丘、许丁五丘、全灶五丘
		六保	徐丁四丘、符丁四丘、符丁五丘、刘丁四丘、刘丁五丘
		七保	杨丁四丘、杨丁五丘
		八保	熊丁四丘、熊丁五丘、下周家路
		九保	周潭、涂汎潭
		十保	十墩潭、抽斗丘、泥墩潭
余姚县临山区	四海乡	一保	王丁丘、营房头、南新庵
		二保	华丁路、周洪丘、方家路、仁泰丘
		三保	人和丘、后凉亭、公祭丘
		四保	周洪五丘、周洪六丘
余姚县周巷区	朗霞乡	十三保	直塘头、横潭、柴场头、后直塘头、廿四湾、廿八湾
		十五保	海塘南

中华人民共和国成立后

中华人民共和国成立后，调整行政区划，废除保甲制度，建立区、乡、行政村。至1950年4月，余姚县先后建立12个区，134个乡、11个镇，826个行政村。域内设曹娥、朗海、镇海3个乡、13个行政村。原曹娥乡划出杨丁直塘以西部分单设朗海乡；划出熊丁四丘、熊丁五丘、下周家路、周潭归周巷区建塘乡；划出涂汎潭、十墩潭、抽斗丘、泥墩潭归庵东区西三乡；是时，新设的曹娥乡下辖5个行政村，境界线东邻建塘乡，南达四塘，西至杨丁直塘，北以解放塘为界。朗海乡下辖4个行政村，境界线东至杨丁直塘，南达四塘，西至洪家路，北以解放塘为界（其中抽斗丘属西三乡一村）。镇海乡从原四海乡划出单设，下辖4个行政村，境界线东至洪家路，南邻海南乡，西至界牌头路与万圣乡相接，北濒杭州湾。直塘头等6个自然村为海南乡一村。海塘南为海南乡五村。均属余姚县首置的泗门区。是年春筑解放塘，3个乡境域面积约25.2平方千米。

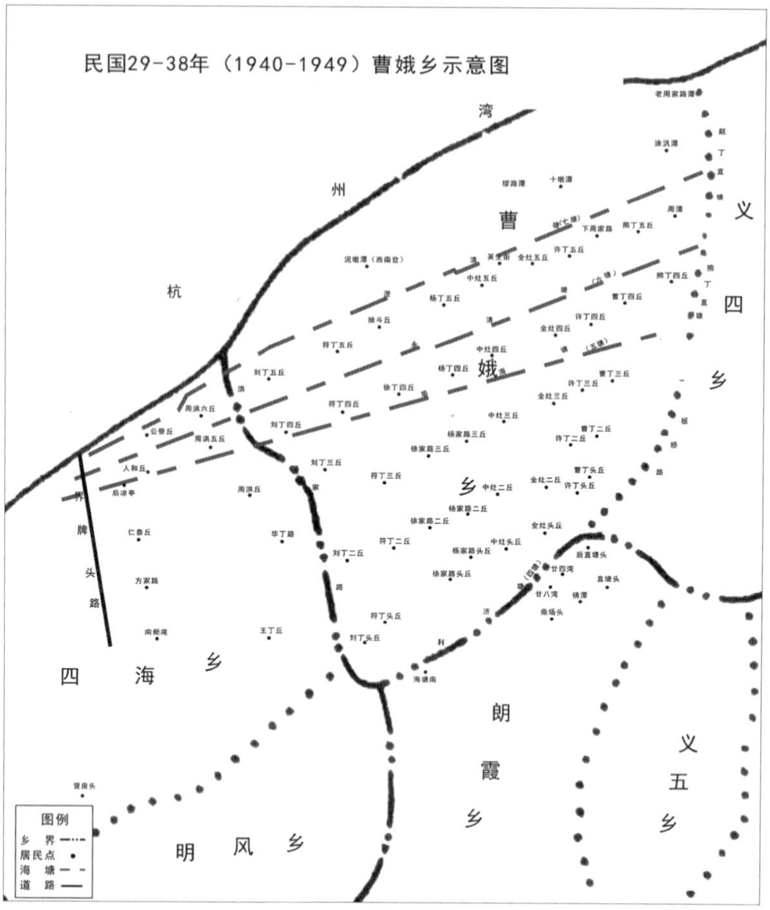

根据1987年版《余姚市地名志》、民国二十九年（1940）余姚县境全图

◎ 曹娥乡示意图〔民国29—38年（1940年至1949年9月30日止）〕

1950年境域所涉区、乡、村、自然村名情况

表1-2-3

县、区名	乡镇名	村名	所辖自然村名
余姚县泗门区	曹娥乡	一村	曹丁头丘、曹丁二丘、许丁头丘、许丁二丘、中灶头丘、全灶头丘
		二村	曹丁三丘、许丁三丘、中灶二丘、全灶二丘
		三村	中灶三丘、全灶三丘
		四村	中灶四丘、中灶五丘、英生街、许丁五丘、全灶五丘
		五村	曹丁四丘、许丁四丘、全灶四丘

续表 1-2-3

县、区名	乡镇名	村名	所辖自然村名
余姚县泗门区	朗海乡	一村	杨家路头丘、杨家路二丘、徐家路头丘、徐家路二丘、符丁头丘、符丁二丘、刘丁头丘、刘丁二丘
		二村	杨家路三丘、徐家路三丘、符丁三丘、刘丁三丘
		三村	徐丁四丘、符丁四丘、符丁五丘、刘丁四丘、刘丁五丘
		四村	杨丁四丘、杨丁五丘
	镇海乡	一村	王丁丘、南新庵、营房头
		二村	华丁路、周洪丘、方家路、仁泰丘
		三村	周洪五丘、周洪六丘
		四村	人和丘、后凉亭、公祭丘
	海南乡	一村	直塘头、横潭、柴场头、后直塘头、廿四湾、廿八湾
		五村	海塘南
余姚县庵东区	西三乡	一村	抽斗丘（与泥墩潭等同村）

1954 年 10 月，余姚、慈溪因稻区、棉区分类调整县界，原泗门区及下辖的泗门镇和曹娥、朗海、镇海、海南等乡划属慈溪县。

1956 年 1 月，撤区并乡，撤销泗门区，曹娥、朗海、镇海 3 个乡及海南乡一村（直塘头等 6 个自然村）、五村（海塘南）划入，合并组建慈溪县曹海乡。是年，普遍建立高级社（又称庄），替代行政村，境内共 13 个高级社（庄）。是时，境域面积增加约 2.5 平方千米，总区域面积约 27.7 平方千米。

1958 年 6 月，抽斗丘从西三乡划入曹海乡八庄。境域面积增加约 0.7 平方千米。10 月，实行人民公社化，推行政社合一，曹海等四乡镇合并建立卫星人民公社。时境曹娥、朗海、镇海为第一、第二、第三大队。原高级社（庄）改为生产小队。1959 年 3 月，卫星人民公社改名为泗门人民公社，大队改称管理区（曹娥、朗海、镇海管理区），生产小队改为生产大队（核算单位）。曹娥管理区辖 4 个核算单位，朗海管理区辖 5 个核算单位，镇海管理区辖 4 个核算单位。各核算单位区域范围与原高级社（庄）相同。

1961 年 9 月，恢复区级建制，缩小公社规模。管理区改为公社，核算单位改称生产大队，曹娥人民公社辖 9 个生产大队；朗海人民公社辖 7 个生产大队；镇海人民公社辖 7 个生产大队，生产队为基本核算单位。1966 年起，朗海公社因六大队并入四大队，下辖生产大队减至 6 个。1969—1971 年，曹娥公社因永久、三发、新新 3 个大队合并为东风大队，下辖生产大队减至 7 个（1971 年复原）。1969—1979 年，镇海公社因永久、和平、国富、民强 4 个大队合并为镇海公社二大队，下辖生产大队减至 4 个（1979 年复原）。

1964 年起筑八塘（又称 64 塘）围涂，增加境域面积约 2.3 平方千米；1971 年起筑九塘围涂（含曹朗水库），1976 年春季围曹娥九塘，增加境域面积约 2.3 平方千米；至此境域面积确定为 33.04 平方千米。1977 年建九塘闸，曹娥公社从各大队抽调社员，组建农场，名为九塘闸农场。至此，曹娥公社下辖生产大队增至 10 个。

1956 年境域所涉乡、高级社（庄）、所辖自然村情况表

表 1-2-4

县、区名	村名	所辖自然村名
慈溪县曹海乡	一庄	直塘头、横潭、柴场头、后直塘头、廿四湾、廿八湾
	二庄	曹丁头丘、曹丁二丘、许丁头丘、许丁二丘、全灶头丘、全灶二丘、中灶头丘、中灶二丘
	三庄	曹丁三丘、许丁三丘、中灶三丘、全灶三丘
	四庄	曹丁四丘、许丁四丘、许丁五丘、全灶四丘、全灶五丘、中灶四丘、中灶五丘、英生街
	五庄	海塘南、杨家路头丘、徐家路头丘、符丁头丘、刘丁头丘
	六庄	杨家路二丘、徐家路二丘、符丁二丘、刘丁二丘
	七庄	杨家路三丘、徐家路三丘、符丁三丘、刘丁三丘
	八庄	徐丁四丘、符丁四丘、符丁五丘、刘丁四丘、刘丁五丘
	九庄	杨丁四丘、杨丁五丘
	十庄	王丁丘、南新庵、营房头
	十一庄	华丁路、周洪丘、方家路、仁泰丘
	十二庄	人和丘、后凉亭、公祭丘
	十三庄	周洪五丘、周洪六丘

1961 年境域所涉公社、大队、所辖自然村情况表

表 1-2-5

县、区名	大队名	所辖自然村名
慈溪县曹娥公社	一大队	直塘头、横潭、柴场头、后直塘头、廿四湾、廿八湾
	二大队	中灶头丘、全灶头丘
	全义	曹丁头丘、曹丁二丘、许丁头丘、许丁二丘
	曹娥	中灶二丘、全灶二丘
	永久	中灶三丘、全灶三丘童丁直路以西部分
	三发	曹丁三丘、许丁三丘、全灶三丘童丁直路以东部分
	新新	曹丁四丘、许丁四丘
	新建	许丁五丘、全灶四丘、全灶五丘
	新民	中灶四丘、中灶五丘、英生街

续表 1-2-5

县、区名	大队名	所辖自然村名
慈溪县朗海公社	海塘南	海塘南
	一大队	杨家路头丘、徐家路头丘、符丁头丘、刘丁头丘
	二大队	杨家路二丘、徐家路二丘、符丁二丘、刘丁二丘
	三大队	杨家路三丘、徐家路三丘、符丁三丘、刘丁三丘
	四大队	徐丁四丘、符丁四丘、符丁五丘、刘丁四丘、刘丁五丘
	五大队	杨丁四丘、杨丁五丘
	六大队	抽斗丘
慈溪县镇海公社	一大队	王丁丘、南新庵、营房头
	永久	方家路
	和平	仁泰丘、480 亩头
	国富	华丁路
	民强	周洪丘
	三大队	人和丘、后凉亭、公祭丘
	四大队	周洪五丘、周洪六丘

1979 年 9 月，余姚、慈溪两县再次调整县界，泗门区及其所属曹娥、朗海、镇海等人民公社仍划归余姚县。

1981 年，地名改革，有 17 个大队更名，大队个数、规模不变。1983 年 8 月，政社分设，公社改乡，原 3 个公社分别改称曹娥乡、朗海乡、镇海乡。生产大队改称村，个数、规模、冠名均不变。1986 年 7 月，撤曹娥乡置小曹娥镇，沿用至今。村数、规模、冠名均不变。1987 年 2 月，新设庵街居民委员会。

1992 年 5 月，全市实行撤区、扩镇、并乡。撤销泗门区。朗海乡、镇海乡并入小曹娥镇。辖 23 个行政村，1 个居委会不变。1995 年 9 月，仁泰丘村并入方家路村。至 2001 年初，全镇有 22 个行政村、1 个居委会。

2001 年 4 月，村、居委会区划调整。全镇 22 个行政村，合并改组成 8 个行政村，1 个居委会。

曹一村 由原曹一村、曹二村、三发村 8 组、人和丘村 22 组，合并组成。

曹娥村 由原全义村、曹娥村、三发村（除 8 组）、永久村合并组成。

建民村 由原曹丁村、全灶村、后中灶村、九塘闸农场村合并组成。

朗海村 由原海塘南村、徐家路村、杨家路村、朗海村合并组成。

滨海村 由原符丁村、杨丁村合并组成。

南新庵村 由原南新庵村、方家路村 7 组合并组成。

镇海村 由原华丁路村、方家路村（除 7 组）、周洪丘村合并组成。

人和村 由原人和丘村（除 22 组）、周洪六丘村合并组成。

庵街居民委员会 以曹娥庵街为中心，散居在各村的居民户划入。

嗣后至今，小曹娥镇境域内区划无变动。

原曹娥乡行政村一级名称变迁一览表

表 1-2-6

1949 年初（曹娥乡）	1950 年（曹娥乡）	1956 年（曹海乡）	1958 年卫星（泗门）人民公社曹娥管理区	1961 年（曹娥人民公社）	1981 年（地名改革）曹娥人民公社	1983 年（政社分设）曹娥乡	1986 年撤曹娥乡置小曹娥镇	2001 年（并村）小曹娥镇
朗霞乡十三保	海南乡一村	第一高级社（农庄）	第一核算单位	一大队	曹一大队	曹一村	曹一村	曹一村
曹娥乡一保	曹娥乡一村	第二高级社	第二核算单位	二大队	曹二大队	曹二村	曹二村	
				全义大队	全义大队	全义村	全义村	曹娥村
	二村			曹娥大队	曹娥大队	曹娥村	曹娥村	
二保	二村	第三高级社	第三核算单位	三发大队	三发大队	三发村	三发村	
三保	三村			永久大队	永久大队	永久村	永久村	
五保	五村	第四高级社	第四核算单位	新新大队	曹丁大队	曹丁村	曹丁村	建民村
				新建大队	全灶大队	全灶村	全灶村	
四保	四村			新民大队	后中灶大队	后中灶村	后中灶村	
				1977 年置九塘闸农场		农场村	农场村	

原朗海乡行政村一级名称变迁一览表

表 1-2-7

1949 年初（曹娥乡）	1950 年（朗海乡）	1956 年（曹海乡）	1958 年卫星（泗门）人民公社朗海管理区	1961 年朗海人民公社	1981 年（地名改革）朗海人民公社	1983 年（政社分设）朗海乡	1992 年（撤、扩、并）小曹娥镇	2001 年（并村）小曹娥镇
朗霞乡十五保	海南乡五村	第五高级社	第一核算单位	海塘南大队	海塘南大队	海塘南村	海塘南村	朗海村
				一大队	徐家路大队	徐家路村	徐家路村	
曹娥乡三保	朗海乡一村	第六高级社	第二核算单位	二大队	杨家路大队	杨家路村	杨家路村	
	朗海乡二村	第七高级社	第三核算单位	三大队	朗海大队	朗海村	朗海村	
曹娥乡六保	朗海乡三村	第八高级社	第四核算单位	四大队（1966 年合并）六大队	符丁大队	符丁村	符丁村	滨海村
曹娥乡十保	西三乡一村							
曹娥乡七保	朗海乡四村	第九高级社	第五核算单位	五大队	杨丁大队	杨丁村	杨丁村	

原镇海乡行政村一级名称变迁一览表

表 1-2-8

<table>
<tr><th>1949 年初（四海乡）</th><th>1950 年（镇海乡）</th><th>1956 年（曹海乡）</th><th>1958 年卫星（泗门）人民公社镇海管理区</th><th>1961 年镇海人民公社</th><th>1981 年（地名改革）镇海人民公社</th><th>1983 年（政社分设）镇海乡</th><th>1992 年（撤、扩、并）小曹娥镇</th><th>2001 年（并村）小曹娥镇</th></tr>
<tr><td>一保</td><td>一村</td><td>第十高级社</td><td>第一核算单位</td><td>一大队</td><td>南新庵大队</td><td>南新庵村</td><td>南新庵村</td><td>南新庵村</td></tr>
<tr><td rowspan="4">二保</td><td rowspan="4">二村</td><td rowspan="4">第十一高级社</td><td rowspan="4">第二核算单位</td><td>国富大队</td><td>华丁路大队</td><td>华丁路村</td><td>华丁路村</td><td rowspan="4">镇海村（仁泰丘村于 1995 年 9 月已并入方家路村）</td></tr>
<tr><td>民强大队</td><td>周洪丘大队</td><td>周洪丘村</td><td>周洪丘村</td></tr>
<tr><td>永久大队</td><td>方家路大队</td><td>方家路村</td><td>方家路村</td></tr>
<tr><td>和平大队</td><td>仁泰丘大队</td><td>仁泰丘村</td><td>仁泰丘村</td></tr>
<tr><td>三保</td><td>四村</td><td>第十二高级社</td><td>第四核算单位</td><td>三大队</td><td>人和丘大队</td><td>人和丘村</td><td>人和丘村</td><td rowspan="2">人和村</td></tr>
<tr><td>四保</td><td>三村</td><td>第十三高级社</td><td>第三核算单位</td><td>四大队</td><td>周六丘大队</td><td>周六丘村</td><td>周六丘村</td></tr>
</table>

注：1969—1979 年期间，国富、民强、永久、和平四个大队曾合并为二大队，后复原。

第二节　行政村　居委会

2017年，小曹娥镇共有曹一、曹娥、建民、朗海、滨海、南新庵、镇海、人和 8 个行政村，1 个庵街居民委员会。

曹一村

村委会驻地横潭。位于小曹娥镇人民政府驻地东南方约 2.5 千米处。2001 年 4 月由曹一村、曹二村、三发村 8 组、人和丘村 22 组合并而成。沿用原曹海乡第一高级社，曹娥公社一大队之名。村境东邻慈溪市周巷镇缪路村，南连朗霞街道，西与朗海村毗邻，北至四塘横江，与曹娥村交界。其境呈长方形，东西极距 1.73 千米，南北极距 2.26 千米，村域面积 2.628 平方千米。至 2017 年，全村 868 户，户籍人口 2380 人，分 12 个村民小组。另有常住村内的外来人口 576 人。人口密度（不含外来人口）每平方千米 905.6 人。

◎ 曹一村牌轩（2019 年沈华苗摄）

境内交通便捷，329 国道复线，曹缪公路穿村而过，泗门公交 303 路在境内有 3 个停靠站。

全村有耕地面积 184.07 公顷，其中果园（蜜梨、葡萄）面积 100 余公顷。村境属杭州湾南岸沉积平原，土壤为咸碱泥土，宜种植水稻、棉花、蔬菜。近几年来，随着农业产业结构调整，榨菜、水果产业有较大的发展（上半年产水果，下半年果园种植榨菜）。蜜梨及葡萄成为特色产业。先后获国家级无公害农产品、浙江省绿色农产品基地。瑞晶蜜梨连续5年获浙江省精品水果金奖。2017年，全村农业总产值1.2亿元。

自20世纪70年代末开始，工业稳步发展。至2017年，全村有民营企业55家。已形成五金部件、塑料制品、玻纤、纸箱包装、三轮摩托车为主导的产业体系。境内有农贸市场1个，市场周围商店众多，居民购物方便。2017年，全村实现工业总产值2.4亿元，社会总产值3.6亿元，人均年收入2.51万元。

新农村建设日益加强。大部分农户翻建新楼房，供水、供电、排水设施日臻完善。并先后开展环境整治，消灭露天粪缸；建造合格公厕2个；建立垃圾中转站1个；改善河道环境；疏浚整治河道；村主要河道两岸砌筑石驳坎。村道硬化率达100%，实现户户通水泥路目标，并在村道边安装上路灯，路边种植树木。建立村级环保队伍，落实保洁责任制。2017年，政府投资1000万元，铺设污水地下排放管道，集中纳管到终端处理池进行净化处理。

村落文化蓬勃展开。在60年代姚剧团、绍剧团的基础上，到2017年发展篮球队、乒乓球队、老年乐队、旗袍队等文体团队5支。有家庭图书室3家，老年活动室2个。2006年，建造村落文化宫，室内有青少年活动中心、棋牌室、图书室、阅览室、计生服务室、远程教育室、多功能厅、乒乓球室、活动室等，室外有灯光篮球场、健身场等。

卫生事业日益发展。解放前属血吸虫流行地区，20世纪60年代开展血吸虫病防治工作，经过查螺、灭螺、治病，粪水管理，切断传染源，历经30余年不懈努力，基本消灭血吸虫病。当时被评为浙江省血吸虫病防治先进集体。至2017年，境内有合作医疗站3家，全科医生3人。

先后获得浙江省卫生村、宁波市生态村、宁波市森林村庄、宁波市民主法治村、宁波市美丽乡村合格村、宁波市垃圾分类处理示范村称号。

辖9个自然村

横　潭　村委会驻地。据传明时地为海涂，原是一条横流，中间较大处为潭，故名为横潭，村以潭名。有居民96户，270人。其中，1984年，梁弄邱家湾移民9户，42人。

直塘头　位于村委会东南0.49千米，原榆柳塘前后，有直塘路（民间称牛车运盐路）相连接，村在直塘路南端，故名。有居民112户，331人。

柴场头　位于村委会西南0.57千米。原为柴草集散地，故名。现有居民84户，231人。其中，2001年，小镇海并入（人和丘22队）居民29户，74人。

小三发　位于村委会西面0.85千米。1980年，三发大队抽调社员在此定居，组建三发8队，名为小三发。2001年并入。现有居民55户，136人。

后直塘头　位于村委会东北0.85千米，原利济塘前，有直塘路相连接，村在直塘路后（北）端，故名。现有居民47户，115人。

廿四湾　位于村委会北0.1千米，旧时海水冲刷河湾，多曲折，俗称廿四湾，故名。有居民131户，385人。

廿八湾　位于村委会驻地西北0.5千米，村名原因同上。有居民72户，182人。

全灶头丘　位于村委会北面0.58千米，原为灶户煮盐之所，有全灶、中灶、半灶等名（后同），后海水淡化，围丘垦殖，此为全灶头（第一）丘，故名。有居民126户，346人。

中灶头丘　位于村委会西北面0.6千米。此为中灶头（第一）丘，故名。有居民145户，387人。

附　并村后历任主要干部名录

党总支书记：李君先（2001年4月至2007年9月）、胡美丽（2008年10月至2016年1月）、陈巨峰（2016年2月起）。

村委会主任：赵红飞（2001 年 4 月至 2013 年 3 月）、周钿友（2013 年 4 月至 2016 年 4 月）、严挺（2017 年 5 月起）。

曹娥村

村委会驻地中灶三丘，位于小曹娥镇人民政府驻地东面约 2 千米。2001 年 4 月由全义、曹娥、三发、永久村合并而成（其中三发 8 组划归曹一村），因孝女曹娥得名。

◎ 曹娥村农民公寓（2017 年沈华苗摄）

曹娥村东接慈溪市周巷镇三江口村，南至曹一村，西连朗海村，北至建民村。东西极距 2.41 千米，南北极距 2.96 千米，村境总面积 4.784 平方千米。2017 年底，曹娥村有常住户 1548 户，常住人口 4083 人，分 22 个村民小组。另有常住村内的外来务工人员 580 人。人口密度每平方千米 853.5 人。

全村有耕地 302.27 公顷。境内江河纵横，有四塘横江、五塘横江和爱国江等，排灌极为方便。全村以棉花、小麦、蚕豆、油菜、榨菜、芥菜和地刀豆、长豇豆等为主。甘蔗、茄子是曹娥、全义片的特色产品。

有 5 户养蜂户，还有蜜蜂 1020 箱。近年来，加大农业产业结构调整，以龙门合作社为代表的种植大户，引进优质蔬菜品种松花菜、西蓝花等。2017 年，全村农业总产值 1.5 亿元。

至 2017 年，全村有民营企业 78 家，主要生产玻纤网格布、车载吸尘器和充气泵、棉纺产品等。境内有曹娥农贸市场，有中型超市 1 家，农村合作银行分理处 1 个，各类大小商店 120 多家。2017 年，全村实现工业总产值 5.54 亿元，社会生产总值 7.04 亿元。人均年收入 2.99 万元。

曹娥村交通便捷，县道曹建公路穿村而过，曹娥南路、曹娥北路纵贯南北。泗门公交 103 路和 303 路在境内设有 6 个停靠站。

实行新农村建设，按村庄整治规划新建 4 幢 4 层农民公寓，可以容纳 96 户居民。至 2017 年底，全村 92% 以上的农户翻建了楼房。供水、供电、排水设施完善，大小村道全部硬化，并在主要村道内安装路灯，种植灌木花草。结合“五水共治”和环境整治疏浚河道，在主要河道基本完成砌石，全村消灭露天粪缸，并在村内建造公共厕所 2 个，2013 年 8 月至 2014 年 1 月，共投资 450 万元，铺设地下污水管道 3300 米，集中在东端、市场小区南进行净化处理。设有垃圾中转站 1 个。小曹娥镇第一幼儿园、曹娥小学和镇老年人服务中心（敬老院）、孝女寺、基督教全灶堂均在村境内。

村内有戏曲队、铜管乐队、旗袍秀队、舞操队、武术队、剪纸“非遗”特色传承学校——曹娥小学，丰富了群众的文化生活。获得浙江省卫生村、浙江省森林村庄、宁波市文明村等称号。

辖 10 个自然村

因旧时围涂为丘，“灶”为煮盐之所，“丁”前加姓氏指某族或某大户人家，故其中 10 个自然村名带“丁”、“灶”。

全灶三丘 村委会驻地。有 145 户，394 人。

曹丁头丘 位于村委会驻地东南面 0.7 千米。有 145 户，389 人。

曹丁二丘 位于村委会驻地东南面 0.4 千米。有 77 户，192 人。

曹丁三丘 位于村委会驻地东面 0.5 千米。有 95 户，283 人。

许丁头丘 位于村委会驻地东南面 0.4 千米。

有116户，283人。

许丁二丘 位于村委会驻地东南面0.2千米。有74户，193人。

许丁三丘 位于村委会驻地东面约0.25千米。有169人，496人。

全灶二丘 位于村委会驻地南面0.2千米。有198户，502人。

中灶二丘 位于村委会驻地西南0.4千米。有176户，459人。

中灶三丘 位于村委会驻地西面0.2千米。有353户，892人。

附 并村后历任主要干部名录

党总支书记：金建煊（2001年4月起）。

村委会主任：王维江（2001年4月至2011年3月）、姚挺（2011年3月至2011年9月）、沈鹏飞（2011年9月至2014年3月）、周挺（2014年3月至2016年10月）、周丽华（2016年10月起）。

建民村

村委会驻地全灶五丘的原建民小学。位于小曹娥镇人民政府驻地东北部约4千米处。2001年4月，由曹丁、全灶、后中灶、农场4个村合并而成。1961—1981年，此地建名为新建、新民大队，现各取一字作为合并后村名。

村域分南北两片，南片东邻慈溪市周巷镇建塘片建五村、三江口村，南邻五塘江与曹娥村隔江相望，西连滨海村，北接慈溪市周巷镇双潭村，东西极距2.4千米，南北极距2.18米。北片农场东邻庵东农场，南与慈溪周巷镇双潭村接壤，西邻镇工业园区，北濒杭州湾。全村总面积3.881平方千米。至2017年，全村有1235户，户籍人口3527人，分13个村民小组，有村民代表53人。另有常住村内的外来人员3367人。人口密度为每平方千米908.8人。

全村有耕地282.93公顷。农业以种植榨菜、

◎ 建民村文化礼堂（2020年吴华春摄）

胡江芥、刀豆、辣椒、毛豆、长豇豆、小黄瓜、刺瓜、花生等作物为主。有养山羊、湖羊为主的养殖业。以榨菜心为原料的余姚市喜之福食品有限公司生产的“喜之福”榨菜心，是余姚市级名牌产品。

至2017年底，村内共有民营企业67家，其中销售额千万元以上企业1家。主要生产磁瓦、汽车配件、线路板、电机、电器、纸箱等产品。境内有超市4家，各类大小商店20多家。2002年，投资新建村农贸市场，占地300多平方米，经营户大多来自村及周边经商人员。

至2017年底，全村社会总产值达4.7亿元，村级集体可用资金198.9万元，人均收入2.98万元。

建民村交通便捷，曹娥北路直通329国道复线。环镇公路穿村而过，2017年7月28日开通泗门103路公交，境内设5个停靠站。

实行新农村建设，先期规划0.2公顷农民安置小区。到2017年底，全村有80%以上农户翻建了新楼房。供水、供电、排水设施完善，居民点大小村道全部硬化，在村主要道路边上安装路灯400多盏，并种上树木花草。结合“五水共治”和环境整治、疏浚河道，在村主要河道两岸砌筑石驳坎，消灭露天粪缸，建造标准公厕2个，辛慧学校（民工子弟学校）在村境内。

2009年，村民王桂凤被浙江省文化厅评为第三批浙江省非物质文化遗产“传统纺织技艺（余姚土布制作技艺）”代表性传承人。2011年6月，

被推荐申报国家级非物质文化遗产扩展项目余姚土布制作技艺传承人。先后组建村民乐队、舞蹈队、篮球队等文娱组织，新建曹丁和村中心两个老年活动室。

先后获浙江省卫生村、宁波市生态示范村、宁波市千村绿化工程示范村、宁波市文化科普示范村、宁波市美丽乡村合格村等称号。

辖9个自然村

全灶五丘　村委会驻地。现有226户，人口586人。

曹丁四丘　位于村委会驻地东南面1.5千米，有93户，296人。

许丁四丘　位于村委会驻地东南面1千米，有51户，162人。

许丁五丘　位于村委会驻地东面1千米，有114户，351人。

全灶四丘　位于村委会驻地南面0.1千米，有220户，647人。

中灶四丘　位于村委会驻地西南面0.3千米，有218户，602人。

中灶五丘　位于村委会驻地西面0.2千米，有235户，651人。

以上自然村名来历同曹娥村。

英生街　又名荫胜街。《余姚六仓志》载："荫胜街，光绪三十二年，王荫胜始设铺，众业助之，遂成市。"后称英生街，位于村委会驻地西北面1千米，有42户，126人。

九塘闸农场　1976年围塘，1977年建九塘闸后，曹娥公社从各村抽调人员创建农场，故名九塘闸农场。位于村委会驻地北面2千米，有36户，106人。

附　并村后历任主要干部名录

党总支书记：汪仁灿（2001年4月至2007年12月）、姚志千（2007年12月至2014年10月）、章国锋（2014年10月起）。

村委会主任：陶伯森（2001年4月至2002年5月）、姚志千（2002年5月至2008年5月）、姚荣乔（2008年5月至2012年7月）、章国锋（2012年7月至2016年1月）、周婉芬（2016年1月起）。

朗海村

村委会驻地徐家路二丘。位于小曹娥镇人民政府驻地南面约400米处。2001年4月由海塘南、徐家路、杨家路、朗海村合并而成。因境域处于朗霞以北，又北濒杭州湾浅海，各取一字，故名为朗海。

◎ 朗海村党群服务中心（2019年摄）

村境东邻曹一村和曹娥村，南接329国道复线，与朗霞街道、泗门镇海南村交界。西与南新庵村、镇海村毗邻，北至滨海村。其境呈梯形。东西极距1.9千米，南北极距3.29千米，面积5.06平方千米。境内江河纵横，排灌极为方便。至2017年，全村1799户，户籍人口4447人，分18个村民小组。另有常住在村内的外来务工人员3855人。人口密度每平方千米878.7人。

全村有耕地256.8公顷，村境土地属杭州湾南岸泥沙淤积，海床升高，祖先筑塘，围涂造地而成临海平原。土质带沙且咸碱，经大自然年长日久的雨水冲洗和农民长期的改造，土地逐渐淡化，适宜种植棉花、套种大小麦、蚕豆、玉米、水稻、蔬菜等农作物。

1981年实行联产承包责任制，产业结构调整，选种经济效益高的蔬菜种植业和养殖业，大量引进优质品种，如榨菜、包心芥、长豇豆、花卉等。近年来，种植发展较快。果蔬种植面积56公顷，葡萄、桑树、蜜梨、水蜜桃种植大户发展迅速。蔬菜品种主要有包心芥、雪菜、高菜、小黄瓜等。农户、农业企业产销一条龙，农产品畅销全国各地。2017年度，实现农业总产值1.53亿元。

至2017年年底，有民营企业87家。主要生产家用电器、微电机、纸箱包装、五金冲件、塑料制品、玻纤制造等工业门类。境内有2个农贸市场，分别为朗海农贸市场和海塘南农贸市场，大型超市“三江”和“家家福”2家；各类大小商店近200家，包含饮食业、零售业、服务业等。2017年，全村实现工业总产值18.52亿元，实现社会总产值20.05亿元，人均收入2.49万元。

实行新农村建设，按村庄规划建成占地1公顷的5层农民公寓楼5幢，命名朗海公寓小区。至2017年底，全村已有90%以上的农户翻建了新楼房。供水、供电、排水设施完善。大小村道全部硬化，主要村道边安装上路灯，种植树木花草。结合“五水共治”和环境整治疏浚河道，在村河道两岸砌筑石驳坎，消灭露天粪缸，建筑公厕5个。2012年，政府投入300万元，铺设地下污水管道3000米，至污水处理终端经处理达标后排放。另外新建避灾救灾安置点、便民服务中心、社区医疗服务站、老年活动室、门球场、篮球场、广场、农民休闲公园、文化走廊等场所，方便村民开展各项活动。小曹娥镇中心幼儿园、镇中心小学、镇中学、镇卫生院、派出所、邮电分局、电信分局、余姚市农村商业银行、宁波银行、乐山公园等均在境内。

村境交通便捷，329国道复线，余姚大道、崇孝路（一号公路）、朗建路穿村而过。境内建有城乡公交车站，余姚城乡公交535路、530路，泗门公交303路、103路、105路在境内有9个停靠站。

村落文化蓬勃发展，先后投入200余万元用于加快村文化设施建设，成立门球队2个，佳木斯健身操队1个，铜管乐队1个，1人乐队1个，男女篮球队、乒乓球队各1支，建有“非遗”土布展览馆。建有“道德、孝道”评议庭，订立“道德孝道”章程，制定“孝敬”公约，每年开展十佳文明户、十佳绿色家庭、十佳平安家庭、十佳好公婆、十佳孝子女、十佳好学生、十佳孝心奉献企业、十佳优秀党员等“十佳”评比活动。朗海村先后获得全国农村优秀学习型村居、全国综合减灾示范社区、全国妇联基层组织示范村、浙江省文明村、浙江省卫生村、浙江省民主法治村、浙江省体育俱乐部、浙江省老年体育活动中心等称号。

辖13个自然村，2个住宅小区

有12个自然村名源于旧时徐、杨、符、刘姓大族围涂造地做路，地分丘，以各自姓氏命丘，后渐成村落，成自然村名。海塘南则以地理位置作名。

徐家路二丘　村委会驻地。有村民90户，520人。

海塘南　位于村委会驻地西南1.3千米。位于四塘之南，故名。有村民175户，432人。

徐家路头丘　位于村委会驻地南870米。有72户，161人。

徐家路三丘　位于村委会驻地北750米。有153户，306人。

杨家路头丘　位于村委会驻地东南方990米。有76户，124人。

杨家路二丘　位于村委会驻地东550米。有164户，355人。

杨家路三丘　位于村委会驻地东北900米。有184户，421人。

符丁头丘　位于村委会驻地西南930米。有140户，315人。

符丁二丘　位于村委会驻地西北面460米。

有 85 户，210 人。

符丁三丘　位于村委会驻地西北面 810 米。有 136 户，306 人。

刘丁头丘　位于村委会驻地西南面 1040 米。有 120 户，263 人。

刘丁二丘　位于村委会驻地西南面 610 米。有 98 户，206 人。

刘丁三丘　位于村委会驻地西北方 730 米。有 143 户，318 人。

朗海新村　位于村委会驻地北 20 米。2003 年始因余姚大道建设，周边村民拆迁形成的安置小区，命名为朗海新村。有 124 户，425 人。

朗海第二新村　位于村委会驻地南 900 米。2005 年始因安置省滩坑、钦寸水库移民而建的安置小区。现有 39 户，85 人。

附　并村后历任主要干部名录

党总支书记：沈新康（2001 年 4 月起）。

村委会主任：施天军（2001 年 4 月至 2005 年 5 月）、张炳森（2005 年 5 月至 2012 年 5 月）、姚雪芬（2012 年 5 月至 2017 年 5 月）、冯建祥（2017 年 5 月起）。

滨海村

村委会驻地符丁五丘。位于小曹娥镇人民政府驻地北偏西约 2.5 千米。2001 年 4 月由符丁村、杨丁村合并而成。因地理位置紧靠杭州湾，村以濒海而得名。

村境东与建民村交界，南依五塘横江，与朗海村为邻；西与人和村接壤；北与慈溪市周巷镇双潭村相连。东西极距 3.40 千米，南北极距 2.62 千米，面积 4.21 平方千米。至 2017 年底，有 1625 户，户籍人口 4312 人，分 11 个村民小组，另有常住村内的外来务工人员 1500 人。人口密度每平方千米 1204.2 人。境内交通便捷，余姚大道、环镇公路穿村而过，余姚城乡公交 530 路，泗门公交 103 路、105 路在境内设停靠站 6 个。

◎ 滨海村党群服务中心（2020 年吴华春摄）

全村有耕地面积 250.47 公顷，种植榨菜、辣椒、黄瓜、刀豆、葡萄、蜜梨、芥菜、高粱、棉花等优质农产品。2017 年，实现农业总产值 0.94 亿元。

自 20 世纪 70 年代末开始，工业有了稳步的发展。至 2017 年，全村有民营企业 23 家，现已形成了微型电机、五金、电镀加工、纸板箱加工、蔬菜加工为主导的产业体系。境内有商店 12 家，居民购物方便。2017 年，全村实现工业总产值 20.7 亿元，社会总产值 21.64 亿元，人均年收入 2.81 万元。村集体经济收入 504 万元。

加强新农村建设，先后开展环境整治，消灭露天粪缸，建造合格公厕 3 个；建立村级环保队伍，落实保洁责任制，并购置垃圾收集车 4 辆；改善河道环境，疏浚整治河道 6400 余米，极大部分河道两岸砌筑石驳坎；村道硬化 27688 米，实现了户户通水泥路目标。并在主要村道边安装路灯 301 盏，路边种植树木。2016 年 10 月，政府投资 2000 多万元，铺设污水地下排放管道 8 万米左右，集中排放到村北市污水处理池进行净化处理。外来民工子弟小学滨海小学、滨海幼儿园均在境内，符丁教堂也在境内。

村落文化蓬勃发展。有老年活动室 2 个，村落文化宫、欢乐大舞台、篮球场、舞蹈广场、群众文艺团队 5 支。

先后获得浙江省卫生村、宁波市全面小康村、宁波市生态绿化村等称号。

辖 8 个自然村

旧时徐、杨、符、刘姓大族围涂造地做路，地分丘，以各自姓氏命名，后渐成村落，成自然村名。

符丁五丘　村委会驻地。有 142 户，433 人。

杨丁四丘　位于村委会驻地东南面 600 米处。有 288 户，901 人。

杨丁五丘　位于村委会驻地东面 500 米处。有 353 户，889 人。

徐丁四丘　位于村委会驻地东南 300 米处。有居民 197 户，433 人。

抽斗丘　位于村委会驻地东面 200 米处。因丘形似抽斗而得名。有 219 户，511 人。

符丁四丘　位于村委会驻地东南面 200 米处。有 148 户，388 人。

刘丁四丘　位于村委会驻地西南面 200 米处。有 158 户，436 人。

刘丁五丘　位于村委会西面 200 米处。有 120 户，319 人。

附　并村后历任主要干部名录

党总支书记：马长乔（2001 年 4 月至 2004 年 3 月）、张贵富（2004 年 3 月至 2007 年 12 月）、王建春（2007 年 12 月至 2017 年 4 月）、章传新（2017 年 4 月起）。

村委会主任：金友木（2001 年 4 月至 2002 年 5 月）、王建春（2002 年 5 月至 2008 年 4 月）、施亚珍（2008 年 4 月至 2017 年 4 月）、毛月华（2017 年 4 月起）。

南新庵村

村委会驻地南新庵。位于小曹娥镇人民政府驻地西南约 3 千米处，2001 年 4 月由南新庵村与方家路村 7 队（480 亩头）合并而成。以境内有南

◎ 南新庵村党群服务中心（2020 年吴华春摄）

新庵而得名。

村境东邻朗海村，南与泗门镇交界，西至北排江与泗门镇毗邻，北与镇海村相连，东西极距 2.47 千米，南北极距 1.60 千米，区域面积 2.64 平方千米。至 2017 年，全村共有 841 户，户籍人口 2266 人，有 11 个村民小组。另有常住村内外来务工人员 406 人。人口密度每平方千米 860 人。

全村有耕地面积 173.47 公顷，境内江河纵横，排灌极为方便。村民主要种植榨菜、芥菜、小黄瓜、长豇豆、刀豆、毛豆、包心芥、西蓝花等经济作物。2017 年，实现农业总产值 0.20 亿元。

2017 年底，全村有民营企业 35 家，主要生产磁瓦、毛纺织、电机配件、教育仪器、塑料模具、纸箱包装、线路板、农产品加工等。村内有农贸市场 1 家，各类大小商店 20 家。2017 年底，全村实现工业总产值 3.04 亿元，实现社会总产值 3.236 亿元。村集体经济收入 334 万元，村民年人均收入 2.87 万元。

南新庵交通便捷，329 国道复线沿村前而过，距离 S8 慈余高速泗门收费站入口处约 1.3 千米。泗门公交 103 路在境内有停靠站 3 个。

以绿色村庄、绿色田园、绿色通道、绿色屏障等"四绿"为重点，以展示生态景观，体现乡土气息，留住田园风光为目的，对园区横路、公路及环镇公路等沿线设置绿化景观带，种植杨梅、桂花、蜜柚、红叶石楠等景观林带，总长度 1500 米，

宽度 8 米。全村道路边种上花木，并安装了路灯。按村庄整治规划，建成占地 0.71 公顷的农民公寓小区，建有联建房及别墅，安置农户 42 户。至 2017 年底，全村已有 90% 以上的农户翻建了新楼房。供水、供电、排水设施完善。全村大小村道全部实现硬化。全村主要河道全部进行疏浚或砌石，消灭了露天粪缸，建造公厕 2 个。2015 年 5 月，政府投入 430 万元，建成地下排污管道 15900 米，集中纳管到城市泵站净化处理。卫生室 1 个。

村成立了门球队、地掷球队、舞蹈队、乒乓球队、拔河队、腰鼓队、篮球队、民乐队、象棋队。门球队、舞蹈队在余姚市文体比赛中名列前茅。

先后获得浙江省文明村、浙江省卫生村、浙江省平安农机示范村、浙江省绿化示范村、浙江省森林村庄、浙江省美丽宜居示范村、宁波市全面小康村、宁波市园林式村庄等称号。

辖 4 个自然村

南新庵　村委会驻地。因境内庵名得名。有 444 户，1216 人。

王丁丘　位于村委会驻地东面 0.1 千米。因旧时由王姓大户为主围丘得名。有 255 户，673 人。

营房头　位于村委会驻地东南约 0.3 千米。因旧时境内有驻军营房得名。有 100 户，269 人。

480 亩头　位于村委会驻地西约 0.8 千米。因域内共有 480 亩土地而得名。有 42 户，108 人。

附　并村后历任主要干部名录

党总支书记：陈志员（2001 年 4 月至 2006 年 8 月）、张银土（2006 年 8 月至 2017 年 4 月）、宣丽君（2017 年 4 月起）。

村委会主任：张苗田（2001 年 4 月至 2010 年 8 月）、宣丽君（2010 年 8 月至 2017 年 4 月）、谢森龙（2017 年 4 月起）。

镇海村

村委会驻地华丁路。位于小曹娥镇人民政府驻地西面偏南约 1.5 千米处。2001 年 4 月由华丁路村、周洪丘村、方家路村合并而成。原镇海乡所在地。传说此地因经常遭受台风和海潮侵害，为了把海镇住，建有镇海殿，故名镇海。

◎ 镇海村文化宫（2020 年吴华春摄）

村境东接朗海村，南靠南新庵村，西邻泗门镇陶家路村，北连人和村。东西极距 2.57 千米，南北极距 1.98 千米，区域面积 2.755 平方千米。至 2017 年底，全村共有 916 户，户籍人口 2414 人，分 11 个村民小组。另有常住在村内的外来务工人员 316 人。人口密度每平方千米 876.2 人。

境内交通便捷，南距 329 国道复线约 1 千米，东离姚北大道约 500 米，距离 S8 慈余高速泗门收费站约 2 千米。县道高夹线和镇道崇孝路（一号公路）等穿村而过，泗门公交 303 路、103 路在境内设停靠站 3 个。

全村有耕地面积 200.87 公顷。境内江河纵横，排灌方便，80 年代前，以种植棉花、春粮为主。80 年代后随着农业产业结构的调整，村民以种植榨菜、芥菜、辣椒、黄瓜、刀豆等优质农产品为主，增加复种指数。2017 年，农业总产值 0.2 亿元。

自 20 世纪 70 年代开始，工业有了稳步的发展，至 2017 年底，全村有私营企业 35 家，主要生产微电机转子。境内有镇级农贸市场 1 个，有大型超市 2 家，村内拥有一条商贸街，各类大小商店近百家，方便居民购物。2017年，全村实现工业总产值3.82亿元，实现社会总产值4.02亿元。人均年收入2.88万元。

新农村建设不断加强，先后开展环境整治。消灭露天粪缸；建立三格式无害化厕所916户；建造合格公厕2个；建立垃圾中转站1个；建立环保队伍，落实保洁责任制。改善河道环境，村内主要河道已全部进行疏浚和砌石。居民区村道硬化率达100%，实现户户通水泥路目标。并在主要村道边安装路灯，路边种植树木。新建移民小区一个，占地面积约0.4公顷。至2017年，全村有70%以上农户翻建了新楼房。供水、供电、排水设施完善。2013年，政府投入200万元，用于铺设地下排污管道650米及征地、浇路、修筑污水池等，把污水排放至净化点净化处理。境内有幼儿园1所、卫生所1家，基督教堂1座。

村落文化蓬勃发展，有村老年活动室1个，有舞蹈队、乒乓球队、中国象棋队等文体队伍，而乒乓球、男子篮球和拔河项目在镇文体比赛中名列前茅。获得浙江省卫生村、省平安农机示范村、宁波市文明村、宁波市全面小康村、宁波市千村绿化工作示范村等称号。

辖4个自然村

华丁路　村委会驻地。因域内主要道路名得名。有283户，755人。

周洪丘　位于村委会驻地北面约70米。因丘名得名。有216户，566人。

方家路　位于村委会驻地西南面约5米。因域内主要道路名得名。有260户，689人。

仁泰丘　位于村委会驻地西北处约300米。因丘名得名。有157户，404人。

附　并村后历任主要干部名录

党总支书记：宋志银（2001年4月至2002年）、车志祥（2002年至2003年）、马张林（2003年至2013年）、周松校（2013年起）。

村委会主任：车志祥（2001年4月至2002年）、周松校（2002年至2008年）、姚亚君（2008年至2009年）、周松校（2009年至2013年）、姚惠娟（2013年起）。

人和村

村委会驻地人和丘。位于小曹娥镇人民政府驻地西北方约1.5千米处。2001年4月由人和丘村、周洪六丘村合并而成（其中人和丘22组划归曹一村）。旧时，此地海涂属泗门谢氏承和堂，后“承和”演变为“人和”作为村名。

◎ 人和村党群服务中心（2020年吴华春摄）

村境东邻滨海村，南接镇海村，西与泗门镇万圣村交界，北濒杭州湾。东西极距2.47千米，南北极距3.39千米，面积4.668平方千米。至2017年底，全村有1447户，户籍人口3860人，分设20个村民小组。另有外来务工人员273人，人口密度每平方千米826.9人。

全村有耕地面积324.07公顷。境内江河纵横，排灌极为方便。过去种植粮、棉，20世纪80年代后，调整产业结构，逐步成为农业蔬菜基地，主要种植榨菜、毛豆、辣椒、小乳瓜、长豇豆、包心芥等经济作物。同时，着力培育以辣椒为主导产业的“一村一品”农业种植产业格局。先后投入100多万元资金用于辣椒示范核心基地建设，建成标准化示范基地186.7公顷，其辐射面积超过

666.7公顷。为提高市场竞争力，推进辣椒规范化生产经营，以“龙头企业＋专业合作社＋农民经纪人＋农户”生产经营模式，经宁波禾丰食品有限公司深加工的“美味天”牌辣椒系列产品销往广东、湖南、江西等地，还畅销欧洲、东南亚、中东和非洲等市场。2017年，全村实现农业总产值0.88亿元。

至2017年底，全村有民营企业17家，主要有金属加工、塑料制品、纸业、小家电和食品加工等，有小超市1家，各类大小商店11家。2017年，全村实现工业总产值3.79亿元，实现社会总产值4.98亿元，人均年收入2.91万元。

人和村交通便捷，镇崇孝路、环镇公路穿村而过，泗门公交303路、103路在境内有7个停靠站。

实行新农村建设，到2017年底，全村已有90%的农户翻建了新楼房。供水、供电、排水设施完善，大小村道全部硬化，并在主要村道边上安装路灯，种植灌木花草。结合“五水共治”和环境整治、疏浚河道，在村河道两岸砌筑石驳坎。消灭露天粪缸，改装冲水式户厕，建造公厕2个。建立村级环保队伍，落实保洁责任制。2015年9月，国家投入207.1万余元，铺设排污地下管道2745米，至方家路江一号公路北净化池净化处理。

2016年，建造村落文化宫、欢乐大舞台、家园馆，村落文化蓬勃发展。有村老年活动室2个，群众文艺团队2个，门球队、地掷球队等。

先后获得国家级“一村一品”示范村、浙江省卫生村、浙江省绿化示范村、浙江省综合档案规范化示范村、宁波市文明村、宁波市全面小康村、宁波市生态村等称号。

辖5个自然村

人和丘 村委会驻地。丘地旧时归泗门谢氏承和堂，承和读作人和，以丘得名。有615户，1880人。

周洪五丘 位于村委会驻地北面1千米处。本丘地原归属朗霞乡大庙周村周、洪两姓宗祠所有，以丘得名，百年前绍兴移民到此定居，以丘得名。有135户，470人。

周洪六丘 位于村委会驻地北约1.35千米处。丘名由来同上。有194户，663人。

后凉亭 位于村委会驻地西北约1千米。清咸丰十一年（1861）建“济歇亭”，俗称后凉亭，以亭得名。有53户，169人。

公祭丘 位于村委会驻地西北约1.4千米处。本丘地原归属泗门镇谢家宗祠公祭地，故名公祭丘。有197户，678人。

附 并村后历任主要干部名录

党总支书记：沈申桥（2001年4月至2004年4月）、姚菊芬（2004年4月至2017年5月）、章银良（2017年5月起）。

村委会主任：屠海灿（2001年4月至2002年4月）、姚菊芬（2002年4月至2005年5月）、章银良（2005年5月至2008年8月）、杨兴苗（2008年8月至2014年11月）、章银良（2014年11月至2017年5月）、章伟军（2017年5月起）。

庵街居民委员会

庵街居民委员会办公地点在小曹娥镇政府（朗海中路6号）内。其前身成立于1987年2月10日。1992年5月撤区扩镇并乡，朗海乡、镇海乡非农业人口并入。至2017年底，庵街居委有17个居民小组，917户，1304人，其中男713人、女591人。

庵街居民委员会属分散型居民委员会，多数居民分散居住在外地及本镇8个行政村中。居委会按照《中华人民共和国城市居民委员会组织法》，以服务居民解决实际困难为重点，做好户籍工作，及时分户入册居民户籍变更情况，与派出所户籍管理部门进行核对。此外，围绕“组织、管理、服务”的职能，为无劳动能力、无经济来源、无法定赡养人的特困居民办理低保救助，共有4户家庭享受了低保救助，为1户家庭办理了低保边缘户享受救助。自2010年来，对困难居民调查核实，按政策给予补助。2010—2017年，春节困难救助每年10户左右，共发放救助资金5万余元。临时救助8户，救助资金9万元。每年重阳节、春节，对80周岁以上老年人进行慰问，并送上慰问金。配合上级有关部门做好计划生育、医疗、养老、社保等工作，开展人力资源调查、兵役登记、民事调解等方面的工作。

附 庵街居民委员会历任主要干部名录

党支部书记：潘秀凤（1989年6月至2001年10月）、单周信（2001年10月至2003年1月）、沈彩珍（2003年1月起）。

居委会主任：史济娟（1991年12月至2000年8月）、沈彩珍（2000年8月起）。

第二编

自然环境

镇境地处宁绍平原北部。全境均为平原，土壤肥沃，气候宜人，动植物资源丰富，但饮水资源不足。自然灾害以旱涝、台风、海侵为主。

第一章　地质地貌

镇境地处昌化—普陀断裂带东部，地层出露不全，以第四系最发育，其他均隐伏于第四系地层下。镇境全部为平原，中部略高，南北微倾。

第一节　地　质

地层

小曹娥地层出露不全，以第四系为主，次为侏罗系。第四系分布全境，全新统与中更新统发育较全，下更新统缺失。沉积物以冲击、海积及过渡类型为主，厚度70—130米。余姚标准孔岩心显示，41.7米以下为晚更新世地层，其上为全新世地层。

中更新统之江组，深埋于平原底部，直接覆盖于基岩上，顶板深埋85—124米，厚度3—6米，为洪积或洪积成因的堆积物，岩性为黄灰色黏性土混砾石或碎石混黏性土。

上更新统东蒲组，广泛分布于平原深部，一般分上、下两段。下段顶板埋深73—95米，厚20—40米。特征下粗上细，下部系河流相冲积层，岩性以河床相沙砾，暗灰或暗灰绿色，属第一海侵层。上段顶板埋深50米左右，厚25—40米，一般由两个沉积旋回组成。第一沉积旋回下部为冲积砂、沙砾石，上部为冲积湖亚黏土。第二沉积旋回下部以冲积砂含沙砾、中细砂为主，上部为海相亚黏土，是境内第二海侵层。

上更新统宁波组，土层堆积多受古河流侵蚀切割而缺失，顶板深埋20—30米，厚2—10米，系一套河湖相沉积，上部岩性为可塑至硬塑状黏土亚黏土，下部为亚砂土，偶为粉细砂。

全新统滨海组，分布于全境，厚12—28米，以海相和河相为特征，系境内第三海侵层。可分三段：滨海组下段，河口相为主，局部为湖相。岩性以灰色黏土为主，局部为深灰色土质粉砂，局部含动植物残骸。滨海组中段，系冰后期海侵最盛时产物，下部为浅海相，上部滨海相，为灰色深灰色淤泥质黏土、淤泥质亚黏土，分布广，沉积稳定，微体化石丰富。滨海组上段，主要为湖沼相和海相沉积，分布于表部。湖沼相堆积物均为湿黏土，上部灰黄、黄褐色，下部灰褐、灰黑色；海相堆积物由亚砂土、亚黏土组成，自上而下由黄褐色渐变为灰色—深灰色。

岩石

境域内未见各类岩石。

地质构造

长河盆地边界断裂　位于长河断陷盆地东南

侧，为北西倾向的高角度正断层，由多条平行的次级断层构成。控制盆地内第三系、第四系地层沉积，断裂北西盘为第三系沉积。该断裂带切错东西向构造，因第四系沉积较厚，使得地貌形迹显示不明显。最北侧一条断层带西北端伸入镇境东部，断裂最新活动时代为中更新世中晚期，距今16万年左右。

余姚丽水断裂 是浙东较为醒目的一条断裂构造，由福建向北经嵊州过余姚境进入杭州湾水域，走向约30°，组成15—40千米的断裂带，呈30—4000米的挤压破碎带。断层直接控制盆地形成发育，对白垩纪至第四纪地层沉积厚度有明显控制作用。该断层由南西向北东纵穿镇境，最新活动期为中更新世晚期，距今14万年左右。

长兴奉化断裂 西北起长兴煤山，向东南经上虞、余姚、奉化潜入象山港，由多条30—50千米断层斜裂平行或断续出现构成断裂主体。在上虞东南段成为低山与丘陵平原间的分界，控制同走向第四纪小型盆地。该断裂呈西北—东南向斜穿镇境南部，最新活动期为晚更新世中期晚期，距今5万—10万年。

昌化普陀断裂 横跨浙江省北部，由多条平行或斜列的断裂组合成宽约20千米的断裂带。受断裂影响，两侧构造形态不尽相同：南侧北东向紧密线型褶皱构造排列有序，北侧同时发育线型及短轴状褶皱，断裂北侧相对向东推移褶皱构造及地层托曳现象显著。断裂东段直接控制姚江谷地白垩纪盆地形成，该断裂呈东西向横穿镇境，最新活动时期为中更新世晚期、晚更新世早期，距今34万年左右。

地基

软土地基 临潮海塘以南平原地区，分布松散至稍密易液化粉砂、亚砂土层，垂直30米内具多层结构：最上为亚砂土层，表层1.80—3.00米内为黄褐色，中等压缩性地层，含铁锰质斑块或结核（俗称硬壳层），表层为0.30米左右种植土，可作一般建筑物天然地基；往下渐变为灰色、深灰色，中至低压缩性地层，振动易液化，厚4—18米，可作一般建筑物天然地基；再往下为粉细砂层，顶板埋深5.5—19.5米，松散至稍密，常夹有薄层黏性土，层部地段有砾石层出现，厚2.6—20米，沉管灌注桩桩尖极限阻力1000—1500千帕，分布较为稳定，可作中型建筑物桩基持力层；最下为淤泥质土层，顶板埋深14—28米，厚12—25米，含水量大，压缩性高，承载力低，大型高层建筑物一般应越过此层，选择埋深40—60米粉砂层作为桩基持力层。

临潮海塘以北潮间浅滩，分布饱和易液化粉砂、亚砂土层，饱水，结构松散，易陷，振动易液化，单人徒步行走下陷2—10厘米，厚度20米以上，容许承载力小于100千帕。在潮流作用下，形态易变，易发生管涌、渗漏等工程地质问题，不宜作建筑物天然地基。

附 余姚标准孔岩心特征

层1：0—0.60米，无芯；

层2：0.60—1.91米，灰黄色黏土；

层3：1.91—2.71米，灰黄色黏土；

层4：2.71—5.30米，灰黄色淤质黏土；

层5：5.30—7.12米，灰色黏土，夹少量粉砂；

层6：7.12—13.18米，灰色黏土，夹少量粉砂；

层7：13.18—16.10米，灰色淤质黏土，黏性强；

层8：16.10—21.60米，灰色淤质黏土；

层9：21.60—25.99米，灰色黏土，夹深灰色黏土质粉砂层；

层10：25.99—27.30米，灰色黏土，夹深灰色黏土质粉砂层；

层11：27.30—29.30米，灰色黏土，质纯；

层12：29.30—33.30米，灰色黏土与粉砂质黏土互层；

层13：33.30—34.83米，青灰色黏土与粉砂质黏土互层，有贝壳碎片；

层14：34.83—36.94米，黄褐色黏土质粉砂，局部有贝壳碎片；

层15：36.94—39.09米，浅灰色粉砂质黏土，贝壳常见；

层16：39.09—40.07米，灰色黏土质粉砂，有炭块；

层17：40.07—41.70米，棕黑色黏土，致密；

层18：41.70—45.15米，灰色黏土，中部锈染；

层19：45.15—47.41米，白灰黄色粉细砂、黏土夹粉砂质、黄灰色中细砂、灰色黏土逐层向下递变；

层20：47.41—49.26米，灰黄色半粗砂，底部有少量砾石；

层21：49.26—50.10米，灰黄色中粗砂，有砾石夹层；

层22：50.10—50.84米，灰黄色粗砂，底端见次棱状砾石；

层23：50.84—52.83米，青灰色黏土，致密，较硬；

层24：52.83—55.05米，青灰色黏土与砂层互层，黏土较薄；

层25：55.05—59.50米，灰色细粉砂，下部有圆砾石分布；

层26：59.50—60.19米，青灰色黏土夹粉砂质黏土薄层，局部锈染；

层27：60.19—61.88米，浅绿色粉土质粉细砂夹白色细砂夹层；

层28：61.88—64.10米，灰白色细砂与青灰色黏土质粉细砂互层；

层29：64.10—64.80米，灰白色细砂夹黏土层，向下变为粗砂；

层30：64.80—65.99米，白色黏土粉细砂、青灰色粗砂、砾石递进；

层31：65.99—66.30米，灰白色黏土质粉细砂；

层32：66.30—67.04米，浅绿色中粗砂、粗砂递进，有砾石；

层33：67.04—73.00米，青灰色黏土夹少量粉砂，略显锈染；

层34：73.00—76.30米，灰色黏土质细砂过渡到中粗砂；

层35：76.30—77.90米，青灰色黏土，质纯，致密；

层36：77.90—79.85米，灰色黏土质中粗砂过渡到粗砂；

层37：79.85—82.56米，灰色黏土，夹细砂和次圆砂石，顶部严重锈染；

层38：82.56—85.07米，灰黄色中粗砂含青灰色黏土；

层39：85.07—86.08米，灰色黏土，略显青色；

层40：86.08—87.50米，灰色砂砾层，底部发育绿色淤泥；

层41：87.50—91.80米，黄灰色坡积成因的砾石，夹黏土。

第二节 地 貌

镇境地貌以呈中部稍高，南北部稍低的微坡平原格局。北部为淤泥质滩涂，呈西南—东北斜弧形与杭州湾相接壤；全境为滨海沉积平原。

岸滩

镇境临杭州湾海岸为淤涨型岸滩，坡度0.3%—0.6%，滩面宽100—1500米。1999年受西三潮流沟影响，滩涂坍缩，局部地段海潮直迫海塘。2000年后，又逐渐向北淤涨，形成西窄东宽斜弧形滩涂边界曲线。滩涂沉积为粉细砂和沙质泥滩，黄海高程0—4.6米，滩面高程年度变幅一般为30—50厘米，多年变化在1米内。滩坡物质交换随季节变更而变化，上下物质交换约以2米为界，夏季上部堆积下部侵蚀，冬季反之。

◎ 小曹娥海涂（2017 年吴华春摄）

海岸带升降有明显周期性。从海岸剖面观察，可分为长年周期、季节性周期和暴风波周期，此外还有系列潮汐周期。各种周期变化综合作用，产生不同的潮间带宽度、冲刷和淤积程度。一般大潮淤积，小潮冲刷；夏季淤积，冬季冲刷；台风暴潮期冲刷，过后即淤积。综合结果是淤积大于冲刷，海岸逐渐外移。1976 年，堆筑丁坝 9 条，最长 200 米；1977 年后陆续加固延伸丁坝 9 条。淤积日趋加快，使海岸线向北稳步推进。

海滩循环情况分年周期海滩循环和风暴海滩循环。年周期海滩循环：每年 3—8 月为淤涨期，滩地表部覆盖一层淤泥；9 月至翌年 2 月滩面刷低，部分淤泥冲失。高潮位附近，年冲淤变幅为 20—40 厘米；中低潮位间，滩面变幅 10 厘米左右。风暴海滩循环：台风过境一般在每年 7—9 月，8 月最频。若台风与大潮相遇，常酿成异常高潮，滩面冲刷严重，沉积物质粗化。风暴期沉积物一般不易再次冲失。境内海岸线稳定性不一。九塘闸农场以西至镇海段较为稳定，原一号水库段次之。历史上海涂淤坍不定，俗称“三年两头坍”，总趋势呈涨大于坍。1978—1979 年发生大坍涂，海涂全线坍缩，临潮海塘全部坍毁，海岸线往南缩 1—2 千米。1998—1999 年，海涂再一次坍缩，丁坝坍塌，涂面最窄处仅 40—50 米，涂外呈垂直切面，流沟深达 12—15 米。东段丁坝附近海塘直接临潮。2001 年 12 月，余姚市政府开始围涂后，域内实际上已不存在岸滩。

平原

镇境全域为平原，属宁绍平原北部。整个平原南至潮塘、北至杭州湾滩涂。平原上河渠成网，地势呈中部稍高南北略低格局。

境域为滨海平原，系近 600 年内海涂淤涨而成，地势以中部四塘江北至解放塘略高，黄海高程 4.1—4.6 米。南部曹一村后直塘头堰至南新庵村方家路堰略低，为 3.5—3.9 米。北部七塘北至十塘最低为 3.1—3.8 米。组成物质为亚黏土、亚砂土和粉砂。因长期垦殖，原始地貌形态被人为地貌类型所替代。自南而北筑有近 10 条东西横亘的人工土质海塘，现多废弃，部分遗迹犹存。榆柳塘、晏海塘、永清塘已改建为公路，其他土塘多在土地整治时平整为耕地。沿塘基所挖塘河基本保留，成为平原河网中东西向主干河道，与南北向河道沟通。东西向主干河道有四塘横江、五塘横江、七塘横江、八塘横江。南北向主干河道有爱国江、杨家路江、洪家路江、方家路江。纵横河道隔成的地块内，又为众多沟、渠所切割，形成棋盘格状，垦为棉地、菜地、果园、鱼塘等。

第三节　土　壤

小曹娥土壤为典型的组合型滨海平原土壤，自北而南可分为咸砂土、淡涂砂土、淡涂泥土 3 个土类。成土年代近，分布规则，土层深厚，肥力稳长，生产利用率高。

主要土壤

小曹娥土壤母质为海相沉积物，由长江、钱塘江、曹娥江等江河输入的海洋泥沙在海水动力作用下堆积而成，经雨水冲刷及种植耐盐作物逐步脱盐。在长期垦殖过程中，以种植绿肥、豆类及广施有机肥增加土壤养分，改善耕性，成为较肥沃的种植土层。自北而南依次分 3 个土类，5 个亚类，7 个土属，17 个土种。

咸砂土属 属盐土类脱盐土亚类，面积近213.33公顷，分布于七塘与临潮海塘间，垦殖时间仅50年左右。细砂壤土，富含石灰质，盐分威胁大，1米内土层含盐0.1%—0.3%，pH值介于7.4—8.0，有机质含量低于1.25%，全氮含量0.85%，速效磷15PPM，速效钾150PPM。

淡涂砂土属 属潮土类钙质潮土亚类，面积近1330公顷，其中农田近800公顷，分布于解放塘与晏清塘之间，垦殖时间80—150年。轻壤土，结构松散，800公顷，且易板结，久旱仍会返盐。有机质含量1.25%—1.35%，pH值介于7.4—7.6，全氮含量0.096%，速效磷20PPM，速效钾30PPM。

淡涂泥土属 属潮土类钙质潮土亚类，面积近1333.33公顷，其中农田近933.33公顷，主要分布于晏清塘与潮塘之间，垦殖时间150—550年。熟化程度高，钙质反映弱，中壤或重土壤。在朗海村土壤抽样测试，有机质含量1.45%—1.50%，pH值7.2左右，全氮含量0.101%，全磷35PPM，速效磷7PPM，速效钾35PPM。

中华人民共和国成立后，经合理施肥、采用科学耕作制度和大规模兴修水利，土壤不断得到改良。20世纪80年代后，广泛使用化肥，致使地力有所下降。据1993年测量，土壤平均有机质含量为2.43%，比1980年下降0.09%。土壤通透性变差，容重增加，对水、肥、气、热的协调能力降低，耕性下降。90年代中期起，提倡秸秆还田，增加绿肥种植面积，推广配方施肥，全面开展标准农田建设，使土壤耕性有所好转。因仍以化肥为主肥，2008年测定的土质仍无根本改善。

代表土种

夜阴地 主要分布在潮塘至晏清塘之间，曹一、曹娥、朗海、南新庵、镇海等村均有分布。成土历史150—550年。母质为浅海沉积物，质地粉砂壤土，pH值7.4，含盐量低于0.1%。土壤熟化程度高，有夜潮性，土地柔软，耕性良好；雨后不黏不板，久晴不燥不硬，通透性好，肥水供蓄能力强，肥效稳长，是理想的高产稳产土壤。在曹娥村、朗海村土壤抽样测试：耕层有机质含量1.74%，全氮98PPM，速效磷37.5PPM，速效钾155PPM。

黄泥翘土 主要分布在榆柳塘至永清塘之间，各村均有分布。成土历史100—300年。母质为浅海沉积物，质地粉砂壤土，pH值7.0，含盐量低于0.05%。颗粒组成与夜阴地基本一致，但因土壤淡化，夜潮性消失，质地比较轻松，土体干燥后结皮翘起，耕性轻松，雨后易板结。以栽培棉花为主，部分为稻棉轮作地。在曹一村土壤抽样分析：耕层有机质含量1.89%，全氮93.5PPM，速效磷30.5PPM，速效钾75PPM。

流沙板土 部分咸碱地主要分布在解放塘与永清塘之间，在建民、滨海、人和等村均有分布。由咸沙土逐步脱盐演变而成，成土历史100—200年。母质为浅海沉积物，轻壤土，土层沉厚；颗粒组成以粗粉砂为主，表土结构差，易被雨水冲刷形成流沙使地面板结；天晴时颗粒分散，不抗风蚀，易发生飞沙；毛细管发达，有夜潮性。土壤含盐低于0.1%，分布区域内尚有零星“咸坻”。在滨海村土壤抽样测试：耕层有机质含量1.42%，全氮含量78PPM，速效磷29.5PPM，速效钾124.5PPM。

第二章　气　候

镇境处于北亚热带季风气候，四季分明，夏冬稍长，春秋略短，光照充足，气温适宜，雨量丰沛，温暖湿润，冬夏季风交替明显，有较明显的雨季和旱季。

第一节　四　季

四季特征

小曹娥镇四季分明，冬夏季风交替明显。冬季（12 月至次年 2 月）受冷高压控制，以晴冷干燥天气为主；夏季（6 月至 8 月）受副热带高压控制，多晴热高温天气；春（3 月至 5 月）、秋（9 月至 11 月）两季则为过渡性季节，受冷暖空气交替影响，气温变化剧烈，天气变化复杂。

由于季风交替，常有春秋季的低温阴雨，梅汛期暴雨，夏秋强对流（雷雨大风、雷击、短时强降水）、干旱、高温、台风、冰雹、大风和冬季的霜（冰）冻、寒潮、大雪（暴雪）等灾害性天气和气象灾害出现。

春季　春分后天气转暖，平均气温上升至 17.9℃左右。时有冷空气南下天气时冷时热，气温曲折回升。据记载，1957 年 4 月 3 日最低气温 0.4℃，1967 年 4 月 30 日最高气温 34.1℃，相差 33.7℃。春季雨量明显增多，降水量和降水日占全年的 25%左右。清明后，常出现倒春寒天气，易造成作物苗期灾害。春季为冰雹主要出现的季节。

夏季　春夏之交，冷暖空气交锋，常出现连阴雨、暴雨、冰雹、龙卷风、时有洪涝灾害发生，俗称梅雨期。一般 6 月上旬入梅，6 月底 7 月初出梅，平均 25 天。梅雨期降水量和降水日占全年的 10%—13%。暖气流偏强的年份，出现“少梅”或“空梅”现象，俗称“旱黄梅”。出梅后，副热带高压日趋增强，气温迅速上升，天气晴热干旱，时有雷阵雨，俗称伏旱。伏旱时期，旱年镇境内河流池塘经常出现干涸断流现象。夏季，又是热带风暴（台风）影响季节，常有暴风骤雨。热带风

四季历期一览表

表 2-2-1

项目＼季节		春　季	夏　季	秋　季	冬　季
入季时间	最早	2 月 9 日	5 月 2 日	9 月 13 日	11 月 13 日
	最迟	4 月 6 日	6 月 6 日	10 月 8 日	12 月 14 日
	平 均	3 月 13 日	5 月 21 日	9 月 28 日	11 月 28 日
平均季长		69 天	130 天	61 天	105 天
平均气温		16.4℃	26.5℃	17.2℃	6.6℃
平均雨量		236.3 毫米	650.6 毫米	217.6 毫米	291.2 毫米
平均雨日		30.5 天	58.8 天	21.5 天	46.2 天

暴伴随的暴雨，在一定程度上能缓解伏旱酷暑。

秋季 夏秋之交，东南季风转向东北季风，冷空气南下。同时，热带风暴侵袭频繁，暴雨大风多发。深秋，昼夜温度差大，降水减少，是秋高气爽的天气。有时暖气流偏强，出现秋雨连绵的秋涝或气温居高不下的“秋老虎”天气。

冬季 受北方冷空气控制，多刮西北风，天气晴冷干燥，早年常有降雪天气，现今偶有降雪。有时暴发寒潮，短时间内气温骤降至零度以下，出现冰冻天气。也有少数年份暖气流偏强，气温偏高，雨水偏多，出现“暖冬”。冬季天气偏旱，12月及1月为全年降水最少的月份，因蒸发量小，一般不会出现河流断流现象。

第二节 日 照

日照

据《余姚市统计年鉴》资料：1964—2004年，年平均日照1959.3小时，最多的1963年为2400小时，最少的2002年为1550小时；年日照率47%。各月日照时数以8月最多，历年平均260.9小时，其中：1967年8月达370.7小时，日照率91%；2月最少，历年平均115.5小时，日照率38.1%；历史上日照最少的月份为1954年5月仅69.6小时，日照率16%。

根据余姚国家气象站观测资料显示：2007—2016年，年平均日照时数1784.5小时。最多2013年为2071.5小时，最少2015年为1567.3小时；各月平均日照时数差异较大，最多7月为234.4小时，最少1月为102.4小时。

太阳辐射

历年平均太阳总辐射量112千卡/平方厘米，折合光合有效辐射量54.4—56.1千卡/平方厘米。全年辐射量以7月最多为146千卡/平方厘米，12月最少为5.8千卡/平方厘米。

太阳辐射光能利用率

耕作制与光能利用率的关系，棉花、大麦轮作制为0.53%，丰收年可达0.74%。水稻、大麦轮作制为0.83%，丰收年可达1.1%。光温效率的时间分布：6—9月接近1%，12月至次年2月仅0.2%。

第三节 温度

平均气温和极端气温

据《余姚市统计年鉴》资料分析：1971—2004年，年平均气温16.5℃。其中1971—1987年，年平均气温16.2℃；1988—2004年，年平均气温17.1℃。1976年最低，年平均气温15.5℃；1998年最高，年平均气温18℃。年际相对变率2.5%。7月平均气温最高，历年平均28.3℃，极端最高气温41.7℃，出现在2003年7月17日。1月平均气温最低，历年平均4.6℃，极端最低气温-9.3℃，出现在1977年1月5日。

根据余姚国家气象站观测资料显示：2007—2016年年平均气温17.3℃；历年极端最高气温40.5℃，出现在2013年8月6日；历年极端最低气温-6.9℃，出现在2016年1月25日。

2007—2016 年平均气温、极端最高、极端最低气温一览表

表 2-2-2

年份	年平均气温（℃）	极端最高气温		极端最低气温	
		温度（℃）	出现时间	温度（℃）	出现时间
2007	18.1	37.8	7 月 31 日	−2.3	2 月 2 日
2008	17.2	38.8	7 月 5 日	−5.0	2 月 4 日
2009	17.3	39.6	7 月 17 日	−5.2	1 月 25 日
2010	16.9	39.2	8 月 13 日	−3.8	1 月 14 日
2011	16.3	38.5	7 月 7 日	−4.5	1 月 17 日
2012	16.7	38.6	7 月 5 日	−3.3	12 月 31 日
2013	17.7	40.5	8 月 6 日	−3.1	12 月 28 日
2014	17.2	37.0	7 月 11 日	−3.5	1 月 18 日
2015	17.2	39.1	8 月 4 日	−3.7	2 月 10 日
2016	17.9	39.5	7 月 27 日	−6.9	1 月 25 日

注：数据来源于历年《余姚市统计年鉴》。

界限温度与积温

界限温度 0℃—0℃积温 5919℃，5℃—5℃积温 5581℃，10℃—10℃积温 5124℃，15℃—15℃积温 4491℃，10℃—20℃积温 4220℃，10℃—22℃积温 3992℃。界限温度在 10℃—10℃之间，为棉花、水稻等夏季作物的生长期，以活动积温历年平均 5124℃，80%保证率计算，都小于麦—稻—稻一年三熟制的要求指标 5300℃。20 世纪 50 年代末至 80 年代末，采用延长秧龄、推广早熟早稻和春粮早稻割青等措施调节季节，以推行三熟制。20 世纪 90 年代起，一般采用二熟制。界限温度 15℃—20℃为连作稻的安全生长期，活动积温历年平均 3758℃，比连作稻栽培积温要求 3600℃略高，对安全齐穗仍有一定风险。

界限温度 5℃—20℃与积温一览表

表 2-2-3

日期 界限	5℃		
	开始日期	结束日期	累计温度 / 时
平均	1 月 21 日	12 月 19 日	6134.9
最小	1 月 5 日	12 月 1 日	5533.7
最大	2 月 8 日	12 月 31 日	6348.6

续表 2-2-3

日期 / 界限	10℃		
	开始日期	结束日期	累计温度 / 时
平均	3 月 12 日	11 月 27 日	5612.2
最小	2 月 9 日	11 月 12 日	4145.5
最大	4 月 6 日	12 月 13 日	5980.2
	20℃		
平均	5 月 7 日	10 月 10 日	3996.9
最小	4 月 30 日	9 月 19 日	3180.2
最大	5 月 23 日	10 月 27 日	4536.1

霜

霜的观测目前仍采用人工观测，由于无小曹娥实际观测数据，故采用余姚国家气象站观测资料。

2007—2016 年无霜期、终霜日、初霜日一览表

表 2-2-4

类别 / 年份	终霜日	初霜日	无霜期（天）
2007	3 月 8 日	11 月 29 日	265
2008	3 月 15 日	11 月 20 日	249
2009	2 月 4 日	12 月 2 日	243
2010	3 月 11 日	12 月 8 日	271
2011	5 月 4 日	12 月 3 日	241
2012	3 月 21 日	11 月 27 日	250
2013	3 月 4 日	11 月 18 日	258
2014	3 月 14 日	12 月 2 日	262
2015	3 月 11 日	11 月 27 日	260
2016	3 月 12 日	12 月 16 日	278

第四节 降 水

降水量

1954—2004年，镇境年平均降水（含雨、雪、冰雹，下同）量1314.9毫米。年际变幅：1954年1821.6毫米为最多，1967年679.2毫米为最少。年降水量少于1000毫米的旱年有1955年、1967年、1968年、1978年、1979年，出现概率9.1%。大于1500毫米的涝年有1954年、1959年、1961年、1966年、1973年、1983年、1989年、1998年、1999年、2002年，出现概率18.2%。

降水量在年内分配不均匀。春雨、梅雨、秋雨与伏旱、秋冬旱互相交替。降水最高峰在8—9月台风季节，历年平均641.3毫米，占全年的45%。降水次高峰在6月梅雨季节，历年平均298.4毫米，占全年的22.7%。

1960—2006年降水量一览表

表2-2-5　　单位：毫米

年份	1月	2月	3月	4月	5月	6月	7月	8月	9月	10月	11月	12月	全年
1960	66.7	15.5	163.9	151.8	146.7	108.3	3.43	174.5	176.6	13.7	115.2	46.5	1213.7
1961	51.9	111.6	110.7	66.7	214	266.5	131.7	96.4	241.8	204.3	61.4	21.9	1578.9
1962	25.6	72.3	38.2	140.3	65.5	92.0	99.8	120.0	448.8	237.7	73.1	28.1	1441.4
1963	0	20.7	48.5	114.4	176.4	161.9	56.6	31.4	266.7	30.7	134.6	51.6	1093.5
1964	100.1	109.2	43.3	201.6	68.9	153.7	103.2	104.6	83.5	194.5	1.1	30.6	1194.3
1965	9.0	120.3	80.8	140.7	43.7	261.6	52.8	111.8	61.0	80.8	26.5	132.1	1121.1
1966	91.4	60.0	120.8	156.3	103.0	202.7	149.0	98.5	379.9	42.7	72.9	142.2	1619.4
1967	21.7	66.1	145.3	133.5	99.6	39.7	31.2	17.1	22.2	18.4	75.4	9.0	679.2
1968	41.5	32.6	71.0	94.0	176.3	77.1	116.6	149.7	57.4	40.5	12.7	92.9	962.3
1969	158.0	107.0	110.4	102.0	143.5	135.5	204.7	127.7	205.4	0.8	53.1	14.8	1362.9
1970	50.9	69.8	217.8	55.2	174.4	238.6	112.3	58.6	190.8	19.6	68.0	54.2	1310.5
1971	25.5	67.1	72.2	67.0	162.6	306.6	48.2	79.1	308.5	121.8	1.9	53.5	1314.0
1972	21.9	165.6	96.2	93.1	119.9	15.3	55.5	129.5	79.1	133.4	54.8	92.0	1194.3
1973	67.2	223.3	104.4	173.0	252.8	256.1	101.6	105.1	259.2	79.8	8.9	0.2	1631.6
1974	84.2	66.2	56.0	117.8	119.2	109.9	297.2	104.6	64.8	144.0	122.7	159.1	1445.7
1975	39.0	121.7	75.3	105.7	128.4	248.1	132.2	73.8	182.1	206.3	45.8	75.1	1433.5
1976	21.9	65.0	150.1	146.9	63.6	194.7	125.8	44.8	259.9	96.0	59.4	55.7	1283.8
1977	127.2	39.7	38.1	167.1	132.3	175.1	65.6	373.0	199.3	42.1	15.5	76.9	1451.9
1978	50.7	59.9	64.7	97.5	142.4	55.3	76.9	75.1	62.5	32.3	36.3	26.3	779.9
1979	91.6	20.8	98.9	123.4	70.8	113.9	72.7	147.8	75.9	0	36.3	50.3	902.4
1980	55.7	56.5	184.1	73.0	208.2	188.3	192.8	299.9	54.0	134.3	35.1	8.3	1490.2
1981	53.7	71.9	140.5	106.2	95.5	54.1	125.1	136.2	129.2	129.1	160.3	10.0	1211.8

续表 2-2-5

年份	1月	2月	3月	4月	5月	6月	7月	8月	9月	10月	11月	12月	全年
1982	23.3	72.9	118.4	105.6	104.7	183.0	246.1	150.1	57.7	24.2	106.1	24.4	1216.5
1983	55.3	50.9	69.5	190.2	185.8	336.3	196.3	71.9	199.9	210.4	4.0	11.2	1581.7
1984	87.0	56.8	183.3	93.1	143.1	298.6	78.5	56.0	101.5	59.6	55.8	73.5	1286.8
1985	60.5	110.6	164.8	20.8	95.4	81.0	232.5	86.7	157.4	75.5	15.6	10.2	1111.0
1986	16.0	24.8	105.2	160.8	87.8	140.3	79.9	61.6	219.7	94.6	51.6	8.5	1050.8
1987	62.2	38.8	200.7	196.2	128.5	194.7	168.7	155.4	195.5	73.0	33.3	0	1447.0
1988	49.3	138.9	128.9	57.2	141.5	264.3	109.9	164.8	148.0	16.6	0	16.5	1235.9
1989	62.2	75.9	70.9	145.1	225.6	154.5	193.9	467.9	294.2	20.1	50.7	49.1	1810.1
1990	68.1	175.5	53.0	108.5	125.1	124.1	38.4	241.9	148.1	47.1	111.3	47.4	1288.5
1991	69.0	76.4	145.9	136.7	121.4	148.2	85.2	132.8	156.6	5.9	37.0	40.6	1155.7
1992	79.3	20.3	273.3	43.1	125.3	161.2	132.0	293.8	148.6	2.4	21.3	45.5	1346.1
1993	79.6	69.3	149.1	81.6	127.0	224.7	244.4	153.8	127.6	116.2	69.4	18.8	1461.5
1994	72.4	119.9	88.6	89.4	73.5	471.5	3.4	226.1	34.2	73.8	68.5	162.1	1483.4
1995	82.3	35.8	153.1	229.1	188.3	189.4	141.3	143.9	29.8	132.1	14.0	17.3	1356.4
1996	110.6	29.7	193.1	66.8	42.5	188.7	150.0	90.6	18.7	136.5	67.6	15.9	1110.7
1997	45.5	46.0	55.5	100.5	78.1	125.5	315.1	158.9	41.9	63.5	183.6	146.0	1360.1
1998	270.9	60.2	195.3	124.8	139.8	161.4	308.4	50.0	180.9	31.1	21.4	55.3	1599.5
1999	73.1	17.1	219.6	101.5	110.4	438.0	70.0	235.9	147.5	59.7	50.5	0	1523.3
2000	115.3	82.1	106.0	60.3	59.3	233.4	98.4	218.3	103.1	128.6	145.6	38.4	1388.8
2001	98.0	95.9	42.0	62.4	96.9	407.7	143.3	171.6	76.8	27.1	34.9	154.3	1410.9
2002	117.2	62.5	179.0	205.9	142.9	159.1	149.8	355.1	91.6	57.1	89.5	186.7	1796.4
2003	58.7	152.8	121.2	76.8	72.1	113.3	87.0	276.6	19.2	29.4	73.3	23.6	1104.0
2004	68.4	76.5	119.3	115.5	125.5	190.8	128.6	150.5	147.9	79.3	58.6	54.1	1315.0
2005	87.6	162.9	92.9	79.6	108.2	36.3	179.4	295.7	149.4	100.2	96.7	51.5	1440.4
2006	143.8	93.1	42.5	106.9	187.5	191.3	91.8	15.7	178.5	10.1	97.0	39.7	1197.9

据选取余姚市小曹娥镇建民中尺度自动气象站气象数据分析，2007—2016年，年平均降水量1395.8毫米，最多2015年1798.5毫米，最少2011年985.4毫米；年平均降水日数156.9天，月平均降水日数最多6月达18.2天，最少10月8.7天。月降水量最多的为2013年10月330.4毫米；最少的为2014年10月0.3毫米。

2007—2016 年各月降水量

表 2-2-6　　单位：毫米

年份	1月	2月	3月	4月	5月	6月	7月	8月	9月	10月	11月	12月	全年
2007	74.4	70.6	161.3	79.3	34.2	218.5	73.4	91.8	255.1	171.6	22.3	46.6	1299.1
2008	92.4	48.3	46.4	97.4	197.3	288.3	73.1	119.5	102.7	86.3	99.3	38.4	1289.4
2009	46.8	208.8	93.6	87.3	52.9	100.4	259.4	160.6	71.9	44.4	124.9	59.4	1310.4
2010	34.9	138.9	260.6	99.5	54.8	117.7	188.1	107.0	123.1	146.4	34.6	65.4	1371.0
2011	48.2	29.8	34.5	40.7	53.2	470.1	30.1	128.6	62.8	47.7	54.2	46.5	1046.4
2012	111.3	116.4	198.3	78.4	221.0	290.3	152.9	214.8	99.2	25.3	128.0	102.6	1738.5
2013	46.5	78.5	95.0	91.9	133.5	257.5	101.4	75.1	27.8	330.4	30.8	75.4	1343.8
2014	27.0	164.0	71.0	95.6	109.1	158.1	95.1	314.0	285.8	0.3	64.7	9.3	1394.0
2015	78.5	112.5	142.3	130.9	108.4	194.8	346.1	146.6	208.8	53.6	177.1	98.9	1798.5
2016	127.1	34.8	54.3	193.1	193.0	280.6	86.8	98.5	393.3	128.0	65.8	63.4	1718.7
2017	64.8	26.6	155	226.6	112.7	246.57	70.9	98.6	266.8	203.6	149	44.3	1665.4

降水日数

1954—2004 年，年平均降水 151.2 天。1989 年最多，计 180 天；1967 年最少计 111 天。一年中 5 月最多，平均 16 天；11 月最少，平均 9 天。暴雨日年平均 2.8 天，最多年份 6 天，以 5—9 月出现频率最高，其中 9 月受热带风暴影响尤为频繁。

蒸发情况

据历年《余姚市统计年鉴》资料：1960—2004 年历年平均年蒸发量 1386.8 毫米，略高于降水量。7 月、8 月蒸发量最大，分别比降水量大 32% 和 43%。

据余姚国家气象站 2007—2016 年资料显示：年平均蒸发量 1447.3 毫米，最大 2007 年 1720 毫米，比当年年降水量 1336.3 毫米偏大 28.7%；最小 2015 年 892.8 毫米，比当年年降水量 2076.6 毫米偏小 57%。

第五节　灾害性天气

四季寒旱暴雨天气

春寒　1961—2004 年，清明后平均气温连续 3 天小于等于 11℃的倒春寒出现 13 年，概率 30%，最近一次出现于 1996 年。日极端最低气温小于等于 4℃的春寒出现 15 年，概率 36%，其中 7 次出现在 4 月中旬。

夏寒　1961—2004 年，5 月下旬连续 3 天日平均气温小于 20℃出现 13 年，概率 30%，最近一次出现在 1974 年 6 月 4 日。

秋寒　立秋后，连续 5 天滑动平均气温小于 20℃或 22℃称为秋寒。1961—1987 年，连续 5 天平均气温大于等于 20℃的终日平均日期为 9 月 27 日，保证率 80% 为 9 月 22 日。其中出现在 9 月上旬、9 月中旬、10 月上旬的各 2 年，概率 7%。出现在 9 月下旬 16 年，概率 59%。最早见于 1981 年 9 月 9 日，最迟见于 1962 年 10 月 13 日。

干旱 有伏旱、秋旱、冬旱。伏旱发生在7月、8月，秋旱发生在9月、10月，冬旱发生在冬季。1961—2004年共发生干旱18次，概率32.7%，其中伏旱9次，占50%；秋旱4次，占22.2%；冬旱5次，占27.8%。最严重一次出现在1967年7月22日至10月11日，旱期持续82天，其间降水量仅217毫米，达极旱标准。

梅季暴雨 均发生于6—7月，概率22%。最严重一次出现在1983年5月27日至7月18日，实测雨量526毫米，占当年雨量的39%，660余公顷棉田被洪水淹没。

风暴雹雪天气

热带风暴（台风） 1961—2017年，镇境受热带风暴影响72次，平均每年1.3次。热带风暴影响一般为8—9月，最早出现为1961年5月20日3号台风，最晚出现为1964年10月15日23号台风。热带风暴侵袭时，常伴随大风暴雨。风力最强为2004年8月12日"云娜"台风，最大风速58米/秒，最大风力逾12级。雨量最多为1962年9月3—6日的14号台风，达564.1毫米，农田受淹达17天。56年中，雨量100毫米以上的热带风暴影响51次，概率70.4%。因热带风暴引起灾害18次，概率25%。

◎ 1983年9月遭受龙卷风危害的房屋

龙卷风 镇境北部沿杭州湾一带为龙卷风易发地区。最严重一次出现在1983年9月16日15时40分，龙卷风自万圣一带向东移动，席卷小曹娥、朗霞等乡镇。4分钟内，造成死10人，小曹娥9人，分别为人和村4人、曹娥村4人、镇海村1人，重伤69人，塌房9830间，棉地受灾206.67公顷，晚稻受灾100公顷，直接经济损失1196万元。其次是1973年7月10日下午3时遭二股龙卷风袭击，原曹娥公社新民大队，朗海公社二、三、四、五大队，镇海公社四大队受灾，倒房33户67间，受伤16人，所经之处棉花严重倒伏。

冰雹 1960年、1979年、1980年、1998年分别在镇境出现4次。最近一次在1998年4月7日，春粮作物稍受影响。

积雪 1960年后，因积雪造成不同程度灾害的有10次，平均4.5年1次。因镇境属平原地区，积雪造成的灾害影响较轻。

附 小曹娥主要自然灾害

明

成化七年（1471）九月，海溢，余姚县沿海溺男女700余口，庄稼无收，饥荒。

成化九年八月，海溢。

成化十二年，大雨害稼。

成化十七年至十九年，涝灾连年，大饥荒。

成化二十三年秋，大旱，饥。

弘治七年（1494）七月，海溢。十一月大旱至次年三月。

弘治十一年六月，涝灾，水高三四尺。

弘治十二年春，不雨。

弘治十四年秋，旱，大饥。

弘治十五年春，麦绝收。七月，大雷电，海溢。

弘治十八年，地震，鸡雉皆鸣。

正德元年（1506）夏，旱，饥。

正德三年六月至十二月，不雨，饥。

正德四年七月，涝灾。十一月，大冰害豆、麦、橘、柚。

正德五年十月，涝灾，饥。

正德七年七月十九日天将曙，海溢，决堤。淹没庐舍人畜，夜磷火被海，有兵甲声，大饥，民食草根树皮。

正德十年三月，雨雹，大者如拳，伤麦杀禽鸟。

正德十二年四月，地震。十二月，大雪。

正德十三年秋，海溢。

正德十四年夏，旱，饥。秋，海溢，饥荒严重。

正德十五年夏，旱，饥。

嘉靖二年（1523）夏，旱，饥。

嘉靖三年，螟，饥。

嘉靖四年夏，旱，瘟疫。

嘉靖六年春夏，涝灾，无麦苗，大饥。

嘉靖十年八月，涝灾。

嘉靖十八年，旱。

嘉靖十九年夏，蝗灾。秋，发大水。

嘉靖二十三年至二十四年，连年旱灾，饥荒。

嘉靖二十五年，海溢。

嘉靖二十九年，瘟疫。

嘉靖三十六年，岁饥。

嘉靖三十八年至三十九年，连年旱灾。

嘉靖四十年秋，涝灾。

嘉靖四十三年夏，大旱。

隆庆三年(1569)，飓风，海啸，漂没人畜无算。

万历元年（1573），大旱。

万历三年六月，海啸坏庐舍。

万历十四年，地震。

万历十六年春，大饥，疫盛行。夏，旱。

万历二十三年春，雪弥月不霁。

万历二十四年秋，大水。

天启七年（1627）七月，大水。

崇祯元年（1628）七月二十三日，海溢，漂没人畜无数。

崇祯七年八月，大水。

崇祯八年，地震。

崇祯十四年正月，雨雪不止。六月，蝗灾，大饥。

清

顺治元年（1644），旱，饥。

顺治五年四月，雨雹。

顺治十一年夏，大旱，河底开裂。十二月，大雪。

顺治十五年三月，大雨雹。七月，大风。

顺治十八年，大旱，饥。

康熙二年（1663）六月，大风潮，漂庐舍，坏禾棉，伤人畜无数。

康熙三年八月，大水。

康熙七年六月，地震。

康熙九年六月，大风，害稼。

康熙二十九年七八月间，涝灾；平地水高丈余，漂溺民舍无数，庄稼无收，饥荒。

康熙三十二年夏，旱，歉收。九月，大水。

雍正元年(1723)七月，海啸，飓风作潮坏堤，漂庐舍万家，人畜俱淹。秋，大旱，饥荒。

雍正二年七月十八日夜，海溢，平地水高一丈，塘南余六七尺，濒海居人溺死者以千计。堤冲坏十之二三。

乾隆元年（1736）九月，大疫，棺价腾涌，送丧号哭不绝于耳。

乾隆九年七月，海啸，棉花歉收。

乾隆十六年，旱，大饥。

乾隆十九年七月，涝灾。

乾隆三十五年七月，大风潮。

乾隆四十六年六月，大风拔木，损民舍。

嘉庆元年（1796），海溢，利济塘下木棉尽坏。

道光三年(1823)七月初二日，大风，海溢毁堤；初八日，大雨，平地水高数尺，稻棉受淹；八月初四、初五、初六日，复大雨，海溢，木棉尽坏，岁饥。

道光五年七月十日，大风，拔木、坏庐舍，损木棉。

道光七年七月二十四日，大风，海溢。

道光十三年九月，海啸，棉地尽淹，大饥，米尽，人食草根树皮。

道光十五年夏，旱。七月，大风雨坏海塘，没庐舍，沿海溺死人畜无算。

道光十六年，大疫。

道光二十年十一月，大雪厚三尺余，市中鲑鱼薪樵皆绝。

道光二十三年六月，大水，坏塘，漂没庐舍；七月，大风，海溢。八月，复大水。

道光二十六年，大旱。七月三十日，夜半地震。

道光二十九年，芒种后大雨十日，平地水高三尺，饥民泛舟乞食。

咸丰三年（1853）三月初十，夜半地震；十一日昼、十三日昼、十四日夜，连日皆震。

咸丰六年八月，蝗灾。

咸丰十一年十二月二十六日，大雪，平地积四五尺。

光绪三年（1877）五月二十三日，大风拔木。

光绪七年闰七月初四，大风毁房，沿海木棉摧折过半。

光绪九年九月初二日，大风雨，海溢。

光绪十五年七月二十七日，大水冲坏堤塘，坏庐舍无算。八月至十月，淫雨十七天，木棉歉收，饥民四起。

光绪二十七年夏，霍乱流行，多人死亡。

宣统二年（1910）闰六月十六日，台风暴雨，民房被卷，人畜受淹。

宣统三年七月，海溢。八月，淫雨，木棉歉收。

中华民国

元年（1912）6月中旬，飓风，早稻稍损，棉花无收。

2年7月中旬，飓风，早稻稍损，棉花无收。

3年，大旱，时疫流行，儿童夭亡尤多。

4年7月16日夜，海潮涌入利济塘，冲没房舍、人畜、盐板无数。

7年2月13日，午后地震，夜半又震。7—9月，3个月不雨，旱灾。

16年7—9月，3个月不雨，旱灾。

18年3—5月，3个月不雨，旱灾。

20年春，低温久雨，涝灾。

29年夏，至大暑不雨，大旱。

31年，中伏大旱；8月12日夜，强台风袭境。

37年7月7—10日，暴雨成灾，平地水高三尺。

38年7月24日，台风暴雨，海堤决口，死91人，伤11人，沿海各乡棉花绝收。

中华人民共和国成立后

1951年8月20日，遭强台风袭击，沿海潮位比平时高近3米，潮水冲毁海塘。9月19日，台风暴雨再次袭击，海塘多处被毁。余姚沿海倒房舍277间，死伤11人。

1953年5月6日晚，冰雹。6月30日起，连旱59天。

1954年5月7日至6月13日，先后暴雨4次，涝灾，损禾稼。

1956年7月8日下午6时，大风暴雨夹冰雹，坏房舍，伤人畜，损庄稼。8月1日，12号强台风过境，泗门区倒房300余间，稻棉严重受损。

1958年5月23日至8月27日，连续干旱，农田严重受灾。

1961年5—8月，干旱60天，秋粮减产。

1962年9月3—6日，受14号台风影响，雨量达566.7毫米。

1967年7月22日至10月11日，连续82天基本无雨，河、池、井均干涸。群众生活用水靠刮井底和在河底掘井解决，一担水价高至0.8—2元。

1969年2月，低温多雨，极端最低温度降至−9℃。10月初起，连续干旱43天。

1971年6月24日至9月15日，连续干旱，稻棉减产。

1972年2月5—12日，大雪8天，积雪30厘米，公路交通中断。

1973年7月10日下午3时，遭二股龙卷风袭击，倒房33户67间，受伤16人。所经之处棉花严重倒伏。

1973年10月28日至次年1月底，连续干旱70余天。

1974年8月18日，遭13号台风袭击，曹娥公社围丘东涵洞倒塌，133.33公顷土地受淹。

1976年6月27日5时，遭飑风暴雨袭击，44户房屋严重受损，2人受伤；所经之处棉花严重倒伏。

1976年3月18日至4月10日，春寒。

1977年1月，下雪21天，积雪20厘米。1月5日，极端最低气温−9.3℃，此最低气温纪录保持至今。8月21—23日，台风暴雨，涝灾，棉花歉收。

1979年7月9日18时57分，发生3级地震。8月23日，受10号台风袭击，海塘毁坍，海涂棉地受淹。

1981年8月31日至9月2日，受14号台风影响，风力9—11级，阵风12级，强风暴雨持续36小时。

1983年9月16日15时40分，龙卷风自万圣乡向东席卷镇海、朗海、曹娥、朗霞等乡镇。4分钟内，死10人，重伤69人，塌房9830间，棉地受灾206.67公顷，晚稻受灾100公顷，直接经济损失1196万元。

1984年6月13—14日，暴雨一昼夜，雨量161毫米，农作物受淹。

1985年12月9日，大雪，严寒持续11天，最低气温−8.1℃，公路交通受阻。

1988年8月8日，7号台风过境，最大风力11级，8级大风持续6小时。

1989年8月17—23日，连续暴雨，雨量达300毫米以上，棉花严重减产。

1990年春夏之交，出现“空梅”天气。7月4日起，伏旱。8月30日至9月1日受15号台风影响，暴雨，8级以上大风持续29小时。

1991年1月4—5日，连续降雪14小时，公路交通受阻。12月27—28日，大雪，严寒持续近一周。

1992年8月30—31日，受16号台风影响，风力9—10级，伴大暴雨。9月23日受19号台风影响，大暴雨，棉花大面积倒伏。

1994年8月21日，17号台风过境，大暴雨，8级以上大风持续15小时。1420公顷棉田受损，300米海塘塌方，19间在建房倒塌，直接经济损失140万元。

1997年8月18—19日，11号台风过境，暴雨，8级以上大风持续30小时，阵风11级。棉田、水稻受损，1639间房屋损坏，直接经济损失达2500万元。

2000年8月7日，台风“杰拉华”过境，最大风力9级。8月30日，受台风“派比安”影响，出现8—9级东北大风。9月13—15日，台风“桑美”过境，时逢天文大潮，杭州湾涂地坍缩，危及海塘。

2001年6月下旬，受台风“飞燕”外围影响，又逢梅雨季节，连续暴雨。6月26日，雨量100毫米以上，是月降水量占全年降水量近30%。

2002年9月16日，台风“森拉克”影响镇境，最大风力10级。

2004年8月12日，台风“云娜”过境，中心风力17级，过程最大风速58.7米／秒，强度超过有记录的1956年12号特大台风。因抗御台风措施得当，故无重大经济损失。

2013年10月5日至8日上午，台风“菲特”过境，带来长时间的暴雨，雨量547.5毫米，境内部分农田被淹，民房进水。

第三章 资 源

第一节 土 地

镇境陆域面积33.04平方千米，分耕地、林地、居民点及工业用地、交通用地、水域及水利设施用地、其他6类。

耕地

包括旱地、水田、田间路、园地等，面积1897.7公顷，计18.977平方千米。水田151.3公顷，约占耕地面积的8%；旱地1653.7公顷，占耕地面积的82.4%，原以棉花、春粮套种为主，20世纪80年代后，大面积改种榨菜、辣椒、黄瓜、包心菜、萝卜、玉米、大豆、豇豆等经济作物。田间路面积占耕地面积的3.1%。园地面积占耕地面积的6.5%。

林地

主要为人工种植的防风林带、绿化带、果园、草坪等，另有少量竹园，总面积4.4平方千米。

居民点及工业用地

面积6.2平方千米，其中建成区用地0.56平方千米，占9.03%；农村居民点用地3.38平方千米，占54.52%；工业用地2.26平方千米，占36.45%。

交通用地

包括等级公路用地和非等级公路用地（不含居民点及工业区内道路用地），面积1.6平方千米。

水域及水利设施用地

水域及水利设施用地面积1.768平方千米。

其他

指上述五类之外的杂地面积约0.095平方千米。

第二节 森 林

林业用地4.4平方千米，均为人工林。人均占有森林面积157平方米，森林覆盖率13.3%。平均100平方米林地森林蓄积0.4立方米，人均森林蓄积0.23立方米。年均林木生长量462立方米，综合平均生长率9.6%。

按用途分

防风林和景观林（兼用材功能）1.8平方千米，占森林面积的40.9%；经济林（主要是果木）0.747平方千米，占16.97%；另有园林0.948平方千米，占21.55%。

按树种分

阔叶林面积4.08平方千米，占乔木面积的92.8%；针叶林0.317平方千米，占乔木面积的7.2%。

按树龄分

幼龄林面积1.12平方千米，占乔木面积的25.46%；中龄林面积2.14平方千米，占乔木面积的48.64%；成材林面积1.14平方千米，占乔木面积的25.9%。

第三节 水

年均水资源总量1580万立方米，其中四明湖、牟山湖调水598万立方米，保证率98.5%。多年人均水资源占有量552立方米，耕地亩均水资源占有量168.9立方米。

降水

年均降水量4610万立方米。其中河川径流1844万立方米，占40%；蒸发量2760万立方米，占60%。地下水量未探明。一年之内，梅季、台风季节雨水多，水量充沛；7月、8月伏旱期，雨水少，干旱威胁严重。

地下水

境内未大规模开发深层地下水。民间挖掘水井，以提取浅表层地下水供生产生活使用，井深均未超过11米。1951年，曹娥棉站开挖深井作食堂用水，井深10.5米，1992年弃用。居民家庭挖掘水井一般不超过5米。1992年自来水普及后，井水仅作辅助用水。

蓄水

年均蓄水量235万立方米，以河网蓄水为主，达213万立方米，占90.6%；地下水22万立方米，占9.4%。工农业生产和居民生活年需水量860万立方米，供需相抵尚缺625万立方米，属水资源短缺地区。农业用水不足部分由西上河水网调度。

水质

20世纪80年代后，因生产生活污水排放量逐年增多，水质呈下降态势。其中以榨菜加工业污水排放最为严重，年均榨菜废水排放量5万吨以上。每年清明前后为榨菜废水排放高峰期，河网水质严重恶化，连农业灌溉亦不能保证。2000年后，采取榨菜废水统一收集、集中排放，搬迁电镀等重污染企业，推广三格式无害公厕等措施，河道水质有所好转。南部河网水质达三类饮用水标准，中部、北部河网水质可供工农业生产用水。2004年起，建成区逐步实施雨水和生活污水分流。

第四节 动 物

境内动物资源丰富，其中脊椎动物有哺乳类、鸟类、爬行类、两栖类、鱼类等，无脊椎动物有软体动物、甲壳动物、腔肠动物等，昆虫则更多。

哺乳类

镇境有野生物种7科、14种，即刺猬；小伏翼；华南兔；田鼠；黑线姬鼠、小家鼠、黄胸鼠、屋顶鼠、褐家鼠、社鼠；黄鼬、鼬獾、水獭；赤腹松鼠。

主要物种介绍

华南兔，亦名短耳兔，俗称野兔。兔科兔属。田野里时有出没。

黄鼬，俗称黄鼠狼、黄狼。鼬科鼬属。栖息于河岸、土坡、沟沿、村落附近。

水獭，俗称水猢狲，鼬科水獭属。国家二级保护动物。栖息于河流、池沼，2015年濒危物种红色名录。

刺猬，猬科猬属。境内时有发现，亦有人作宠物豢养。国家三级保护动物。

赤腹松鼠，俗称松鼠，丽松鼠亚科丽松鼠属。远离居民区的林带时有出没。

普通伏翼，蝙蝠，蝙蝠科伏翼属。栖息于屋檐、房屋的天花板、墙及门窗的缝隙中，傍晚出来活动，捕食昆虫，尤其嗜食蚊类。

鸟类

野生物种28科、76种，即绿翅鸭、针尾鸭、花脸鸭、罗纹鸭、斑嘴鸭、赤膀鸭、琵嘴鸭、鸿雁、豆雁、白眉鸭、绿头鸭；鸊鷉；苍鹭、白鹭、大白鹭、牛背鹭；鸢、雀鹰；红隼；环颈雉、竹鸡、鹌鹑；普通秧鸡；凤头麦鸡、灰头麦鸡；白腰杓鹬、红腹滨鹬、尖尾滨鹬、黑腹滨鹬、白腰草鹬、针尾沙锥；斑鸠；四声杜鹃、大杜鹃；长耳鸮；银鸥、燕鸥、白额燕鸥、棕头鸥、黑尾鸥、灰背鸥、灰翅鸥、红嘴鸥；戴胜；黑枕绿啄木鸟、斑啄木鸟；家燕；黑叉尾海燕；灰鹡鸰、白鹡鸰、田鹨、树鹨；黄臀鹎、白头鹎、黑鹎；红尾伯劳、棕背伯劳、虎纹伯劳；黑枕黄鹂；八哥、丝光椋鸟、灰椋鸟；画眉、柳莺；喜鹊、乌鸦；山雀；暗绿绣眼鸟；麻雀、山麻雀、白腰文鸟；金翅雀、黑尾蜡嘴雀、黄胸鹀、灰头鹀、三道眉草鹀。

主要物种介绍

麻雀，雀科雀属。是境内分布最广、种群最大的鸟类，栖息于居民区附近树木成荫的地方。

绿头鸭，俗名野鸭。鸭科鸭属。常栖息于沿海滩涂、鱼塘。

白鹭，鹭科白鹭属。20世纪70年代后一度绝迹，2000年后逐渐恢复种群，2004年发展至千余只。白天多在农田、海涂觅食。

◎ 白鹭（2019年吴华春摄）

鸢，俗称老鹰。鹰科鸢鹰属。数量稀少，偶可见到一两只盘旋于天空。

大杜鹃，俗名布谷鸟。杜鹃科杜鹃属。南部有少量分布。

猫头鹰，别名鸮、枭。鸱鸮科耳鸮属。栖息于山坡林密处，早年有发现，现近绝迹。

翠鸟，翠鸟科翠鸟属。常见于南部近山稻区。

白头鹎，俗名白头翁。鹎科鹎属。果园内时有发现。

黑枕黄鹂，黄鹂科黄鹂属。数量稀少，偶见于河道边绿化带。

环颈雉，俗名雉鸡。雉科。早年在南部山坡有栖息，今绝迹。

喜鹊，鸦科。栖息于高大乔木，境内少见。

家燕，燕科燕属。每年春季在村庄房舍筑巢，秋季回南方越冬。

豆雁，俗名大雁。鸭科雁属。过境候鸟，春秋季偶见于北部海涂荒滩。

丹顶鹤，俗名仙鹤。鹤科。过境候鸟，1986年2月在镇海乡海涂曾有发现。

画眉，鹟科画眉亚科。早年有分布，野生今已绝迹，仅见于养鸟者豢养。

爬行类

野生物种有9科、24种，即乌龟、梭皮龟、巴西龟、海龟；鳖；多疣壁虎；石龙子、蓝尾石龙子、蝘蜓；北草蜥；赤链蛇、水赤链蛇、乌梢蛇、灰鼠蛇、王锦蛇、红点锦蛇、黑眉锦蛇、翠青蛇、中国水蛇；银环蛇、眼镜蛇；蝮蛇、竹叶青蛇；青环海蛇。

主要物种介绍

乌龟，龟科乌龟属。栖息于池塘、河道、漕斗等处，野生今罕见。

鳖，俗名甲鱼。鳖科鳖属。栖息于水质较好的河流、池塘。野生今罕见，多为人工饲养。

多疣壁虎，壁虎科壁虎属。常栖息于房屋墙隙，旧砖木结构建筑尤多见。

蝘蜓，俗称四脚蛇。石龙子科蝘蜓属。常见于野郊坟滩杂地。

乌梢蛇，俗名池鳗。游蛇科乌梢蛇属。以鼠蛙等小动物为食，常见于水网地带。

黑眉锦蛇，俗名菜花蛇。游蛇科锦蛇属。常栖息于民居之中，故又称家蛇。

眼镜蛇，俗名犁头扑。眼镜蛇科眼镜蛇属。早年在坟滩有栖息，绝迹。

中国水蛇，游蛇科水蛇属。常见于水田、河渠、池塘等地。

银环蛇，蝙蝠蛇科环蛇属。20世纪90年代在南部尚有捕获，绝迹。

两栖类

野生有4科、10种，即中华大蟾蜍、黑眶蟾蜍；中国雨蛙；饰纹姬蛙、小弧斑姬蛙；泽蛙、金线蛙、黑斑蛙、虎纹蛙、石蛙。20世纪90年代后，陆续引进美国青蛙、牛蛙，均为人工养殖。

主要物种介绍

中华大蟾蜍，俗名癞蛤蟆。蟾蜍科蟾蜍属。常见。

中国雨蛙，俗名水鸡。雨蛙科雨蛙属。常栖息于河流、池塘等处，南部稻田尤多见。

黑斑蛙，俗名青蛙。蛙科侧褶蛙属。旱地、水田均有栖息。

石蛙，俗名大水鸭、石亢。蛙科蛙属。外形似蟾蜍无疣，多栖息于南部稻田的河流池塘，因人为捕食今已罕见。

鱼类

野生有23科、79种鱼类，即太湖大银鱼、姚江银鱼；鲤鱼、青鱼、草鱼、鲢鱼、鳙鱼、白鲫、银鲫、团头鲂、鳡鱼、白鲦、长春鳊、似鲚、鳘鱼、银飘鱼、红鳍鲌、鱼梢红鲌、蒙古红鲌、翘嘴红鲌、黄尾鲴、圆吻鲴、鳑鲏、唇䱻、花䱻、麦穗鱼、华鳈鱼、似鮈鱼、棒花鱼、蛇鮈鱼、罗非鱼、南方长须鳅鮀；泥鳅、大鳞泥鳅、花鳅、黄沙鳅、江鳅、条鳅、无斑条鳅；鲶鱼、胡子鲶鱼；黄颡鱼、光泽黄颡鱼、岔尾黄颡鱼、大鳍鳠鱼；中华纹胸鮡鱼；鳗鲡；青鳉鱼；乌鳢鱼、斑鳢鱼；沙鳢鱼、塘鳢鱼；鲈鱼；翘嘴鳜鱼、大眼鳜鱼、斑鳜鱼；黄蚴鱼；黄鳝；真栉虾虎、栉虾虎；刺鳅；风鲚鱼、鲚鱼；大弹涂鱼、弹涂鱼；大黄鱼、小黄鱼、梅童鱼、米鱼、鲳鱼；带鱼；鲥鱼；舌鳎鱼、孔鳐鱼；鲻鱼、丈鱼、乌眼、梭鱼；龙头鱼。

主要物种介绍

青鱼，鲤科青鱼属。以螺蛳、蚌、蚬、蛤、虾为食。为中国四大家鱼之一，境内多人工养殖。

草鱼，鲤科，草鱼属。草食性鱼类，多栖息于江河湖泊近岸多水草区域。为中国四大家鱼之一，境内多人工养殖。

鲢鱼，亦名白鲢。鲤科鲢属。形似鳙鱼头略扁小。为中国四大家鱼之一，境内多人工养殖。

鳙鱼，俗名花鲢、胖头鲢。鲤科，鲢亚科鳙属。似鲢而色黑，头胖大。为中国四大家鱼之一，境内多人工养殖。

乌鳢鱼，亦名黑鱼、乌鱼。鳢科鳢属。属凶猛肉食性鱼类，早年均为野生，现多人工养殖。

黄颡鱼，俗名昂刺。鲿科黄颡鱼属。肉食性鱼类，无鳞，背鳍、胸鳍有硬刺三枚。早年均为野生，有人工养殖。

胡子鲇鱼，胡子鲇科胡子鲇属。无鳞，口部有须8条，主要特征与鲇鱼相似。20世纪80年代后，又引进革胡子鲇新鱼种。

鲇鱼，鲇科鲇属。无鳞，肉食性鱼，食量极大，早年均为野生，有人工养殖。

革胡子鲇，胡鲇科胡鲇属。胸鳍有两枚短钝硬刺，头背部有骨质突起，生存力强。20世纪80年代后引进鱼种。

鳗鲡鱼，俗称鳗、河鳗。鳗鲡科鳗鲡属。降河性洄游鱼类，海中产卵繁殖，溯河至淡水中生长。以人工养殖为主，野生罕见。

黄鳝，亦称鳝鱼。合鳃科黄鳝属。常见于池塘、小河、沟渠、稻田，幼时为雌性，生殖一次后转为雄性。多人工养殖。

花鳅，鳅科花鳅亚科泥鳅属。常栖息于静水底层或淤泥表层，一年四季均能捕获，以野生居多。有人工养殖。

鲤鱼，鲤科鲤鱼属。可作观赏鱼和食用鱼，河流池塘有野生鲤鱼，亦有人工养殖。

鲫鱼，鲤科鲫属。常见于河流、池塘、沟渠，在水田中亦能生存，人工养殖较普遍。

团头鲂鱼，又名武昌鱼，俗称鳊鱼。鲤科鲂属。多人工养殖。

鳜鱼，俗名鳜花鱼、桂花鱼。鮨科鳜属。野生已罕见，多人工养殖。

沙鳢鱼，俗名土步鱼。塘鳢科沙塘鳢属。平时栖息于江河池塘底层淤泥，境内常见。

鲈鱼，真鲈科花鲈属。栖息于河口咸淡水交汇处，野生罕见，今有人工养殖。

鲻鱼，俗称狗头鱼。鲻科鲻属。北部杭州湾水域常见，今有人工养殖。

凤鲚鱼，俗称黄鲚、凤尾鱼、籽鲚。鳀科鲚属。体形与鲚相似，较小，为小曹娥近海小海产中大宗鱼，常加工成鱼干。

鲚鱼，俗称油鲚、刀鱼、刀鲚。鳀科鲚属。个体较鲚属其他种大，每尾可重达90—140克。

大弹涂鱼，俗名夏弹鱼、弹乌。弹涂鱼科弹涂鱼属。栖息于海涂泥滩，肉质细嫩，经济价值高，今多人工养殖。

梅童鱼，俗名梅鱼。石首鱼科梅童鱼属。成鱼个体长10—15厘米，为小曹娥近海小海产主要鱼种。

龙头鱼，俗名虾潺、潺鱼。龙头鱼科龙头鱼属。全身细嫩如豆腐，故有豆腐鱼之称，晒制后称龙头烤。

甲壳动物

有13科、20种甲壳动物，即糠虾；锯齿新米虾；秀丽长臂虾、日本沼虾、沼虾、细螯沼虾、罗氏沼虾；小龙虾；虾蛄；脊尾白虾；明虾；中华绒螯蟹；蟛蜞蟹；沙蟹、招潮蟹；青蟹；梭子蟹、石蟹；潮虫。

主要物种介绍

日本沼虾，又名河虾、青虾。长臂虾科沼虾属。早年常见于镇境内河水域，现以人工养殖为主。

脊尾白虾，俗名白虾。长臂虾科白虾属。为小曹娥近海主要海产品之一，除可供鲜食外，亦可加工成虾干，其卵还可制成虾子酱。

中华绒螯蟹，俗名河蟹。方蟹科绒螯蟹属。原系野生，现多人工养殖。

青蟹，俗称黄甲蟹。梭子蟹科青蟹属。栖息于北部杭州湾泥涂及近海水域，膏红肉美，为蟹中上品，今有人工养殖。

昆虫

经普查，境内有农林昆虫97科、605种，分类如下。

农、林、库房害虫，计67科、502种：

直翅目　5科、30种。蝗科：中华蚱蜢、花尖翅蝗、短额负蝗、棉蝗、日本黄脊蝗、宁波稻蝗等19种。麦蝗科：小麦蝗1种。螽斯科：小螽斯、长翅螽斯等5种。蟋蟀科：花生大蟋、油葫芦、小蟋蟀、黑蟋蟀4种。蝼蛄科：非洲蝼蛄1种。

同翅目　7科、48种。叶蝉科：棉叶蝉、大青叶蝉、二点叶蝉、稻叶蝉、黑尾叶蝉、白翅叶蝉等11种。沫蝉科：稻赤斑沫蝉、葡萄沫蝉、象蛰3种。蝉科：黑蝉、蚱蝉等4种。粉虱科：棉粉虱、黑刺粉虱、葡萄粉虱3种。蚜科：棉蚜、高粱蚜、桃蚜、玉米蚜、稻蚜、麦蚜、橘蚜、梨二叉蚜、甘蔗粉角蚜、菜缢管蚜等14种。蚧科：龟蜡蚧、白蜡蚧、糠片蚧、黑点蚧、梨园蚧等12种。粉蚧科：蔗红粉蚧1种。

半翅目　6科、27种。缘蝽科：稻棘缘蝽等6种。盲蝽科：中黑盲蝽、绿盲蝽等3种。盾蝽科：稻褐蝽等4种。龟蝽科：浙江圆龟蝽1种。网蝽科：梨网蝽1种。蝽科：大稻缘蝽、伊蝽、臭蝽等12种。

缨翅目　2科、2种。蓟马科：花蓟马1种。管蓟马科：稻管蓟马1种。

鞘翅目　12科、77种。象甲科：棉小灰象甲、稻象甲、蚕豆象、豌豆象、米象甲、绿豆象等13种。叩头虫科：棉苗叩头虫、沟金针虫2种。芫菁科：锯角豆芫菁等4种。金龟科：铜绿丽金龟、黑绒金龟等25种。天牛科：星天牛、麻天牛等11种。叶甲科：黄曲条跳甲、猿叶虫、甘薯小龟甲、榆紫金花虫等13种。龙虱科：福田龙虱1种。扁甲科：长角扁谷盗等2种。谷盗科：大谷盗、锯谷盗2种。拟步甲科：赤拟谷盗1种。瓢甲科：二十八星瓢虫、马铃薯瓢虫2种。长蠹科：谷蠹1种。

鳞翅目　25科、301种。麦蛾科：棉红铃虫等3种。菜蛾科：小菜蛾1种。夜蛾科：地老虎、棉铃虫、棉夜蛾、斜纹夜蛾等51种。螟蛾科：亚洲玉米螟、棉大卷叶螟、桃蛀螟、稻纵卷叶螟、二化螟、三化螟、梨大食心虫等57种。尺蛾科：大造桥虫、柑橘尺蛾等40种。灯蛾科：红腹灯蛾、黄腹灯蛾、红缘灯蛾等9种。尖蛾科：玉米尖蛾1种。卷叶蛾科：梨小食心虫、大豆食心虫等8种。蓑蛾科：大蓑蛾、白榆袋蛾等4种。木蠹蛾科：棉茎木蠹蛾1种。天蛾科：豆天蛾、旋花天蛾、甘薯天蛾等20种。枯叶蛾科：李枯叶蛾、思茅松毛虫、马尾松毛虫等5种。潜叶蛾科：豆潜叶蛾、柑橘潜叶蛾2种。刺蛾科：褐刺蛾、绿刺蛾、黄刺蛾、白榆刺蛾等17种。透翅蛾科：葡萄透翅蛾1种。水蜡蛾科：水蜡蛾1种。钩蛾科：窗翅钩蛾等3种。大蚕蛾科：绿尾大蚕蛾等4种。毒蛾科：豆毒蛾、乌桕毒蛾、松毒蛾、柳毒蛾、舞毒蛾等20种。舟蛾科：竹镂舟蛾、茅莓蚁舟蛾等16种。凤蝶科：柑橘凤蝶、玉带凤蝶等5种。弄蝶科：一字纹稻苞虫、曲纹稻弄蝶等5种。蛱蝶科：苎麻黄蛱蝶等18种。粉蝶科：菜粉蝶、黄粉蝶等6种。灰蝶科：黑灰蝶等3种。

双翅目 5科、7种。瘿蚊科：稻瘿蚊1种。蝇科：稻虻蝇1种。秆蝇科：稻秆蝇1种。潜蝇科：稻潜蝇、豌豆潜叶蝇、油菜潜叶蝇3种。摇蚊科：萍摇蚊1种。

等翅目 1科、2种。白蚁科：黑翅大白蚁、黄胸大白蚁2种。

天敌昆虫，境内发现有32科、109种：

蜻蜓目 2科、3种。蜻科：黄衣、赤卒2种。蜓科：蜓1种。

直翅目 1科、1种。螳螂科：拟宽腹螳螂。

革翅目 1科、2种。肥螋科：黄足肥螋、黄褐肥螋2种。

缨翅目 1科、1种。蓟马科：塔六点蓟马。

鞘翅目 4科、28种。隐翅虫科：青翅隐翅虫1种。瓢虫科：色纹瓢虫、异色瓢虫、七星瓢虫、稻红瓢虫等13种。步甲科：中国曲胫步甲等11种。虎甲科：中国虎甲、曲纹虎甲等3种。

双翅目 3科、11种。食蚜蝇科：黑带食蚜蝇、大灰食蚜蝇等5种。寄蝇科：玉米螟厉寄蝇、稻苞虫鞘寄蝇等5种。瘿蚊科：食蚜瘿蚊1种。

脉翅目 3科、5种。草蛉科：中华草蛉、大草蛉、丽草蛉3种。蝶蛉科：灰背蝶色蛉1种。鱼蛉科：中华斑鱼蛉1种。

半翅目 4科、8种。花蝽科：小花蝽1种。姬猎蝽科：小姬猎蝽1种。猎蝽科：日月猎蝽、黄足猎蝽、乌猎蝽、环足猎蝽4种。长蝽科：大腿长蝽、茶色长蝽2种。

膜翅目 13科、50种。赤眼蜂科：澳洲赤眼蜂、松毛虫赤眼蜂、玉米螟赤眼蜂、稻螟赤眼蜂4种。小蜂科：棉叶蝉柄翅小蜂、广大腿小蜂2种。螯蜂科：稻虱螯蜂、两色螯蜂2种。黑卵蜂科：松毛虫黑卵蜂、长腹黑卵蜂2种。金小蜂科：红铃虫金小蜂1种。土蜂科：金毛长腹土蜂1种。姬小蜂科：卷叶虫姬小蜂1种。茧蜂科：中华茧蜂、小造桥虫绒茧蜂、螟蛉绒茧蜂、红铃虫甲腹茧蜂、松毛虫脊茧蜂、菜粉蝶绒茧蜂、稻螟小腹茧蜂等15种。蚜茧蜂科：日本柄瘤蚜茧蜂、棉蚜茧蜂、菜蚜茧蜂3种。姬蜂科：螟蛉悬茧姬蜂、中国齿腿姬蜂、台湾瘦姬蜂、螟蛉瘤姬蜂、稻苞虫黑瘤姬蜂、松毛虫黑胸姬蜂、大螟瘦姬蜂等15种。胡蜂科：普通长脚胡蜂、大胡蜂2种。跳小蜂科：蚜虫跳小蜂1种。木蜂科：中华木蜂1种。

蛛形动物

蛛形纲蜱螨目 3科、3种。直绥螨科：拟长毛钝绥螨1种。绒螨科：食蚜绒螨1种。谷野螨科：谷野螨1种。

蜱螨目 3科、5种。叶螨科：棉叶螨、柑橘金爪螨、柑橘六点黄蜘蛛3种。粉螨科：腐嗜酪螨1种。瘿螨科：柑橘锈壁虱1种。

蛛形纲蛛形目 7科、11种。微珠科：草间小黑蛛1种。球复蛛科：八斑球腹蛛1种。圆蛛科：

茶色新圆蛛1种。蟹蛛科：三突花蛛、T-纹豹蛛2种。狼蛛科：日本水狼蛛1种。管巢蛛科：拟日本管巢蛛、斑纹管巢蛛2种。肖蛸科：日本肖蛸、鳞纹肖蛸、圆尾肖蛸3种。

软体动物

有26种，即三角帆蚌、褶纹冠蚌、无齿蚌、茅蚌、黄蚬、环棱螺、双旋环棱螺、硬环棱螺、角形环棱螺、拟沼螺、格氏短沟蜷、萝卜螺、黑螺、旋螺、烟管螺、扁卷螺、田螺、福寿螺、钉螺、白蛤、青蛤、花蛤、蛏子、泥蚶、泥螺、灰巴蜗牛。

主要物种介绍

三角帆蚌，俗称河蚌。珠蚌科帆蚌属。境内有少量分布，可用于淡水育珠。

蛏子，竹蛏科。境内杭州湾泥涂产野生蛏子，其体形较小，肉质鲜美。

泥蚶，俗名蚶子。蚶科。栖息于近海泥涂，境内杭州湾泥涂鲜见。

泥螺，俗名吐铁。阿地螺科泥螺属。杭州湾潮间区泥滩随处可见，居民历以腌食为主。

田螺，田螺科圆田螺属。常见于南部稻区的池塘、河流、沟渠、水田。境内水域中还生存一种体形较小的淡水螺，俗称蛳螺。

钉螺，盖螺科钉螺属。为血吸虫唯一中间宿主，曹一、朗海、南新庵村一带曾有分布，后几经灭螺，20世纪80年代绝迹。

福寿螺，瓶螺科瓶螺属软体动物。贝壳外观与田螺相似。早年未发现，近年较多。为外来物种。

柄眼目　2科、2种。蜗牛科：灰蜗牛1种。蛞蝓科：野蛞蝓1种。

环节动物

有5种、15属，即白线蚓、颤蚓、缟蚯蚓、线蚯蚓、环毛蚓；蛭蚓；沙蚕；水蛭、山蚂蟥、日本医蛭、中华颈蛭、石蛭、金线蛭、柳叶蚂蟥；扁蛭。

腔肠动物

海蜇，杭州湾水域常见，渔民捕捞加工成咸海蜇，经济价值较高。

常见家庭害虫

家蝇，蝇科家蝇亚科。成虫体呈深灰色，长5—7毫米，是境内数量最多的蝇类害虫。

红头苍蝇，丽蝇科绿蝇属。成虫体呈绿色，头部呈红色。

库蚊，俗称家蚊。双翅目蚊科。雌虫吸血，是传播疟疾、黄热病、丝虫病、登革热的主要媒介。

白纹伊蚊，俗称花蚊虫，也被称为亚洲虎蚊。属于长角亚目蚊科，是东南亚和中国的常见蚊种。是传播登革热、罗斯河病毒和西尼罗病毒等疾病的主要媒介。

马陆，又名蛐蜒，俗名臭花娘。多足纲蛐蜒科。全身分15节，有15对腹足，体有异臭，能携带病菌，易传播疾病。

美洲大蠊，俗称蟑螂。蜚蠊目蜚蠊科。个体较大，成虫可达30—35毫米，能传播病菌及寄生虫，是世界性害虫。

德国小蠊，个体较小，成虫体长15毫米以下，色棕黄。

德国姬蠊　体形较小，色淡褐，触角极长。

第五节　植　物

境内常见植物包括孢子植物、裸子植物、被子植物各门类，人工引进种植品种日增。水杉为国家一级保护植物。银杏、杜仲、鹅掌楸、罗汉松为国家二级保护植物。广玉兰、杜鹃花分别为市树、市花。

孢子植物

菌类植物　多系人工培植的食用菇类，野生菌类则多数有毒。计11科、20种：银耳；木耳；灵芝、茯苓；蘑菇、平菇、香菇、金针菇、草菇；

黄曲霉、黄青霉、点青霉、白粉霉、黑根霉；蝉花；竹黄；酵母；马勃；毒伞；地衣。

苔藓类植物 计18科、21种：绿片苔；平叉苔；带叶苔；南溪苔；钝叶护蒴苔；石地钱；黄牛毛藓；长蒴藓、长叶曲柄藓；大凤尾藓；小石藓；银叶真藓；疣灯藓；虎尾藓；尖叶油藓；羊角藓；羽枝青藓；鳞叶藓；波叶仙鹤藓、苞叶小金发藓、东亚小金发藓。

藻类植物 镇境内有水绵、衣藻、小球藻、蓝藻等。

蕨类植物 计24科、39种：卷柏、江南卷柏、毛枝卷柏；紫萁；镰叶瘤足蕨；海金沙；芒萁、黑白蕨；阴地蕨；水蕨；铁线蕨；边缘鳞盖蕨；乌蕨；凤尾蕨、井栏边草；凤丫蕨；长江蹄盖蕨；倒拆铁角蕨、北京铁角蕨、虎尾铁角蕨；金星蕨；胎生狗脊蕨、狗脊蕨；镰羽贯众、贯众、斜方复叶耳蕨；黑足鳞毛蕨；金鸡脚、江南星蕨、瓦苇、抱石莲、石苇、槲蕨、水龙骨；槐叶蘋；满江红；石松；节节草。

裸子植物

多为乔木，少数为灌木或藤木，计7科、42种：苏铁；银杏；马尾松、黑松、湿地松、火炬松、五针松、华山松、短叶五针松、日本冷杉、雪松、金钱松；杉木、水杉、池杉、落羽杉、柳杉、日本柳杉；侧柏、千头柏、柏木、圆柏、龙柏、匍地柏、翠柏、金星柏、福建柏、刺柏、日本扁柏、云片柏、孔雀柏、日本花柏、凤尾柏、绒柏、香柏、线柏、垂枝柏；罗汉松、短叶罗汉松竹柏；三尖杉、香榧。

主要物种介绍

银杏，俗名白果树、公孙树。银杏科银杏属。在园林、防风林、河道边道路旁多有种植。

水杉，杉科，水杉属。植株高大挺拔，在用材园林绿化等方面有极高价值，境内有人工种植。

杉木，杉科杉木属。常绿乔木。是主要的用材林木，境内有人工种植。

柳杉，杉科柳杉属。常绿乔木。境内有人工种植。

池杉，杉科落羽杉属。落叶乔木。树冠尖塔形，具有较高观赏价值，多用于园林绿化。

三尖杉，三尖杉科三尖杉属。常绿乔木。种子、枝、叶、茎均可提取植物碱，有少量引种。

雪松，松科雪松属。常绿针叶乔木。作园林观赏树木多有引种。

马尾松，松科松属。针叶常绿乔木。树干富含松脂，耐腐蚀，常用作桩基木。因不耐盐碱，少有种植。

黑松，白芽松科松属。常绿针叶乔木。可制作观赏盆景，有少量引种。

五针松，松科松属。常绿针叶乔木。多为盆景培植，鲜有野外种植。

罗汉松，罗汉松科罗汉松属。常绿针叶乔木。境内均为人工种植，或植于庭院，或制作盆景。

侧柏，又称扁柏、香柏。柏科侧柏属。常绿乔木。作景观树有少量引种。

扁柏，柏科扁柏属。常绿灌木。作景观绿化树引种。

刺柏，柏科刺柏属。常绿小乔木。作景观树引种。

铁树，又名苏铁。苏铁科苏铁属。常绿乔木。境内以盆景种植为主，亦作园林绿化种植。

被子植物

为境内最大的植物类群，种类繁多，从草本到木本均有分布，计116科644余种：三白草、鱼腥草；金栗兰、宽叶金栗兰；垂柳、旱柳、龙爪柳、叶柳、杞柳、加拿大杨、响叶杨、意大利杨；化香、枫杨、青钱柳；苦槠、青冈、麻栎、栓皮栎、白栎；桤木；榔榆、白榆、刺榆、榉树、沙朴、朴树；柘木、桑树、无花果、薜荔；苎麻、赤车、糯米团；马兜铃、杜衡；红蓼、水蓼、戟叶蓼、稀花蓼、杠板归、虎杖、何首乌、荞麦、羊蹄、酸模、金钱草；土荆芥、藜、无翅猪毛菜、菠菜、碱蓬；鸡冠花、刺苋、苋、尾穗苋、牛膝、千日红、莲子草；紫茉莉；商陆；马齿苋、大花马齿苋、土人参；鹅不食草、石竹、繁缕、牛繁缕、王不留行、漆姑草；雀舌草；荷花、芡实、萍逢草；金鱼藻；牡丹、芍药、天葵、大叶唐松草、小毛茛、威灵仙、山木通、女萎；大血藤、三叶木通、木通、白木通；六角莲、八角莲、淫羊藿、三叶九芝草、日本小檗、十大功劳、南天竹、阔叶十大功劳、庐山小檗；木防己、千金藤、金线吊乌龟、石蟾蜍；冷饭团、厚朴、广玉兰、白玉兰、紫玉兰、白兰花、含笑、鹅掌楸、木莲；蜡梅、夏蜡梅；樟、山鸡椒、檫木、紫楠；虞美人、荷花牡丹、黄堇、罂粟；醉蝶花；卷心菜、甘蓝、大头菜、油菜、芥菜、白菜、青菜、萝卜、荠菜、碎米荠、水田碎米荠、蔊菜、蔊菜、花椰菜；茅膏菜；瓦松、晚红瓦松、景天、垂盆草、佛甲草、凹叶景天；溲疏、宁波溲疏、绣球、虎耳草；海桐、崖花海桐；二球悬铃木；檵木、枫香、红花檵木；杜仲；龙牙草、地榆、草莓、蛇莓、野山楂、石楠、小叶石楠、光叶石楠、火棘、石斑木、海棠、野海棠、玫瑰、月季、硕苞蔷薇、野蔷薇、小果蔷薇、金樱子、枇杷、李、郁李、紫叶李、重叶梅、杏、桃、寿星桃、碧桃、山桃、垂枝碧桃、毛樱桃、重瓣榆叶梅、榆叶梅、毛山樱、山樱、樱桃、樱花、棠梨、贴梗木瓜；龙须藤、云实、山皂荚、皂荚、山槐、合欢、紫荆、槐树、龙爪槐、刺槐、南苜蓿、铁扫帚、紫藤、黄檀、含羞草、田菁、红花锦鸡儿、野大豆、草木樨、紫云英、铁马鞭、鸡眼草、落花生、小巢菜、蚕豆、豌豆、三籽两型豆、宜昌杭子梢、短叶决明、豆茶决明、山蚂蟥、马棘、胡枝子、大豆、野葛、刀豆、赤豆、豇豆、绿豆、扁豆、眉豆、野扁豆、鸡血藤、苦参；酢浆草；野老鹳草、天竺葵；叶下珠、蓖麻、铁海棠、一品红、地锦、泽漆、算盘子、重阳木、油桐、千年桐、野桐、白背叶、乌桕；枸橘、金橘、金柑、橘、柚、甜橙、代代酸橙、佛手、臭辣树；苦木、臭椿、香椿；楝树、川楝；南酸枣、黑漆树、盐肤木、黄连木；鸡爪槭、红枫、羽毛枫、青榨槭、槭树、青枫、三角枫；无患子；冬青、枸骨、小果冬青、龟甲冬青、斑叶冬青；卫矛、冬青卫矛、扶芳藤、雷公藤；凤仙花；雀舌黄杨、黄杨、小叶黄杨、长叶黄杨、细叶黄杨；枣、酸枣；七叶树；葡萄、毛葡萄、刺葡萄、爬山虎、异叶爬山虎、青龙藤、蛇葡萄、三裂叶、乌蔹莓；杜英；木槿、紫色重瓣木芙蓉、苘麻、洋麻、棉花；黄麻；茶梅、山茶、木荷；梧桐；金丝桃、地耳草、元宝草、小连翘；紫花地丁、毛堇菜、三色堇、戟叶堇菜；胡颓子、木半夏；柞木；紫薇；柽柳；秋海棠、中华秋海棠、四季海棠；仙人掌、蟹爪兰、昙花；石榴、月季石榴；喜树；倒挂金钟；常春藤、五加、刺楸；蛇床、破子草、天胡荽、积雪草、山芹菜、苦爹菜、柴胡、旱芹、水芹、茴香、前胡、胡萝卜；长叶鹿蹄草；朱砂根、紫金牛；点地梅、过路黄、星宿菜、珍珠菜；马银花、羊踯躅、满山红、杜鹃、米饭花、乌饭树、闹羊花；野柿、柿子；野茉莉、折花龙；白蜡树、桂花、金桂、丹桂、月桂、小蜡、女贞、小叶女贞、水蜡、茉莉花、迎春花、金叶女贞；夹竹桃、络石、白花夹竹桃；龙胆；柳叶白前、徐长卿、萝藦、夜来香；菟丝子、马蹄金、打碗花、蕹菜、牵牛花、茑萝；马鞭草、长叶紫珠、莸、兰香草、豆腐柴、牡荆、蔓荆、黄荆、大青、臭牡丹；藿香、筋骨草、紫背金盘、半枝莲、薰衣草、活血丹、长毛韩信草、野芝麻、夏枯草、益母草、风轮菜、一串红、野薄荷、留兰香、紫苏、水苏；酸浆、辣椒、龙葵、白英、马铃薯、番茄、茄、曼陀罗、烟草、枸杞、挂金灯；通泉草、阴行草、光叶翼萼、母草、胡淋草、马先蒿、鹿茸草、婆婆纳、蚊母草、泡桐、洋地黄、浙玄参；凌霄、梓树；马兰；爵床、穿心莲；大车前、车前、平车前；黄毛耳草、白花蛇舌草、栀子、重瓣栀子、茜草、猪殃殃、钩藤、虎刺、六月雪、白马骨、鸡矢藤；忍冬、八仙花、接骨草、珊瑚树；丝瓜、西瓜、香瓜、菜瓜、冬瓜、苦瓜、葫芦、蒲瓜、南瓜、栝楼、北瓜；半边莲、沙参、桔梗；下田菊、胜红蓟、白鼓丁、佩兰、泽兰、一枝黄花、雏菊、风菜、女菀、一年蓬、多茎鼠麴草、天名精、苍耳、鳢肠、向日葵、鬼针草、菊花、野菊、除虫菊、甜叶菊、瓜叶菊、石胡荽、牡蒿、四方蒿、茵陈蒿、艾蒿、黄花蒿、奇蒿、细叶艾、野艾、一点红、百日菊、兔儿伞、千里光、白术、小蓟、大蓟、球子草、矢车菊、金盏菊、红花、杏香兔耳风、大丁草、稻槎菜、蒲公英、万寿菊、苦苣菜、莴苣、丁萝卜、黄鹌菜、山苦荬、旋覆花、剪刀股、菊芋、大丽菊、紫菀、美国紫菀、小白酒草、刺儿菜、沙苦荬菜；眼子菜、竹叶眼子菜；泽泻、窄叶泽泻、长喙毛茛、慈姑；黑藻、水鳖、苦草、水筛、水车前；箬竹、苦竹、毛竹、淡竹、雷竹、芦竹、稻、茭白、淡竹叶、芦苇、小麦、大麦、野燕麦、看麦娘、牛筋草、龙爪茅、狗牙根、大米草、盐鼠尾粟、稗、光头稗子、雀稗、紫马唐、升麻唐、大狗尾草、狗尾草、狼尾草、黑麦草、芒、荻、白茅、甘蔗、高粱、白羊草；荆三棱、海三棱、香附子、短叶茳茳、水蜈蚣、牛毛毡；棕榈；马蹄莲、芋、半夏；浮萍、紫萍、无根萍；竹叶吉祥草、吊竹梅、水竹草；凤眼莲、鸭舌草；灯芯草、野灯芯草；百部；吊兰、黄花菜、郁金香、百合、葱、洋葱、蒜、韭菜、万年青、多花黄精、天门冬、文竹、麦冬、丝兰、虎尾兰、牛尾菜、土茯苓、七叶一枝花；石蒜、水仙、葱莲、晚香玉、君子兰；黄独；蝴蝶花、射干、唐菖蒲；芭蕉；姜、山姜；美人蕉；春兰、蕙兰、墨兰、白及、寒兰。

主要木本物种

响叶杨，又名白杨树，风响杨。杨柳科杨属。落叶乔木。曾用于防风林带种植，是主要的造林树种。

白杨，又名大叶杨，毛白杨。杨柳科杨属。曾有引种，因多病虫害趋于淘汰。

加拿大白杨，杨柳科杨属。落叶乔木。曾为主要的绿化、防护林树种，因多病虫害趋于淘汰。

枫杨，又名元宝树、枰柳。胡桃科枫杨属。落叶乔木。作行道树引种。

榆树，又名白榆、榆树。榆科榆属。野生较少，多作为园林景观树引种，或制作为观赏盆景。

桑树，桑科桑属。早年曾广泛种植，今庭院、河边偶见。

乌桕，俗名桕脂树。大戟科乌桕属。落叶乔木。有少量野生。

香椿，楝科椿属。曾有少量植于庭园，现作景观树引种。

臭椿，古称樗，又名木砻树。苦木科臭椿属。落叶乔木。有少量野生。

广玉兰，木兰科木兰属。阔叶常绿乔木。是主要的行道树和园林景观树种。

樟树，又名香樟。樟科樟属。阔叶常绿乔木。为种植最多的人行道绿化树。

楝树，又名苦楝。楝科楝属。阔叶落叶乔木。早年有少量种植，罕见。

刺槐，又名洋槐。豆科刺槐属。阔叶落叶乔木。近年有少量引种。

梧桐，梧桐科梧桐属。阔叶落叶乔木。早年有野生，今罕见。

法国梧桐，悬铃木科悬铃木属。曾作为行道树引种今趋于淘汰。

泡桐，玄参科泡桐属。阔叶落叶乔木。20世纪60年代曾作为造林树种大量引种，因气候不适，今少有种植。

棕榈，棕榈科棕榈属。常绿乔木。早年为农家主要经济树种，多作景观树种植。

第三编

人口　姓氏

明成化年间潮塘筑成以后，已有先民在沿海一带的滩涂、浅海从事刮泥淋卤和近海捕捞营生。清雍正二年至十二年（1724—1734），榆柳塘（三塘）、利济塘（四塘）相继筑成后，绍兴府会稽、山阴等地移民陆续徙居于此，渐成村落。清嘉庆年间(1796—1820)，先后兴筑晏海塘（五塘）、永清塘（六塘），海岸线北移、涂地增加，四塘至六塘的外来人口数量聚增，形成现小曹娥境域较大规模的移民潮。由于境内人口均系迁徙而来，因此没有单一某姓的村落，姓氏杂而多，百姓种族观念轻，没有祠堂，鲜有宗谱。在经济社会各方面活动中，显现了移民文化的特性，艰苦、勤劳、忠厚、开放、包容、创业精神明显，文化根底浅，有多种口音。

第一章　人口变迁

明成化七年（1471）潮塘筑成以后，有先民在沿海一带的滩涂、浅海从事刮泥淋卤和近海捕捞营生。清代始先后经历三次较大规模的移民潮，域内人口逐渐增加。清光绪三十四年（1908）至宣统元年（1909）始属开元乡，后属朗霞乡、泗门乡，人口变迁情况无记载。

第一节　民国时期人口

民国时期，因区划变动，人口变动较大。据1993年版《余姚市志》载：民国三十五年（1946），曹娥乡辖10保，122甲，有1789户（人口无记载）。

又据民国36年（1947）《余姚县全县人口统计报告表》列：曹娥乡有10保、131甲、2099户，共11215人，其中男5753人、女5462人。

第二节　中华人民共和国成立后人口

中华人民共和国成立后，境内人口因区划变动时增时减，除去行政区划变动因素，人口总体呈不断增长趋势。

1953年7月1日零时，第一次全国人口普查，小曹娥镇境内有3917户，16816人，其中男8635人、女8181人。时曹娥乡1268户，5526人，其中男2835人、女2691人；朗海乡1036户，4580人，其中男2348人、女2232人；镇海乡1272户，5353人，其中男2739人、女2614人；海南乡一村（现曹一村曹一片）有245户，998人，其中男522人、女476人；海南乡五村（现朗海村海塘南片）有96户，359人，其中男191人、女168人。

1964年7月1日零时，第二次全国人口普查，小曹娥镇境内有5009户，22790人，其中男11614人、女11176人。时曹娥公社1930户，8568人，其中男4326人、女4242人；朗海公社1554户，7107人，其中男3618人、女3489人；镇海公社1525户，7115人，其中男3670人、女3445人。（海南乡一村、五村已于1956年并入）

1982年7月1日零时，第三次全国人口普查，小曹娥镇境内有7446户，27759人，其中男13971人、女13788人。时曹娥公社2811户，10504人，其中男5209人、女5295人；朗海公社2340户，8619人，其中男4395人、女4224人；镇海公社2295户，8636人，其中男4367人、女4269人。

1990年7月1日零时，第四次全国人口普查，小曹娥镇境内有9545户，29233人，其中男14507人、女14726人。时小曹娥镇3535户，11035人，其中男5443人、女5592人；朗海乡3102户，9211人，其中男4606人、女4605人；镇海乡2908户，8987人，其中男4458人、女

4529人。

2000年7月1日零时，第五次全国人口普查，小曹娥镇有9626户，30581人，其中男13809人、女16772人。

2010年7月1日零时，第六次全国人口普查，小曹娥镇有12020户，30364人，其中男15136人、女15228人。总人口比2000年第五次全国人口普查时减少217人，下降0.71%。

2017年末，小曹娥镇有11142户，28592人，其中男13892人、女14700人。总人口比2010年第六次人口普查时减少1772人。7年间下降5.84%。

1964—2017年小曹娥镇人口统计一览表

表3-1-1

年份	户数（户）	人口数（人）			平均每户人口数（人）
		合计	男	女	
1964	5009	22790	11614	1117	4.55
1965	5095	23865	12828	10442	4.68
1966	5160	24294	12377	11917	4.71
1967	5210	25974	12724	13250	4.99
1968	5362	25512	12892	12620	4.76
1969	5638	26042	13253	12789	4.62
1970	5735	26515	13342	13172	4.62
1971	5825	26795	13415	13380	4.60
1972	6006	27086	13529	13557	4.51
1973	6219	27679	13684	13995	4.45
1974	6217	27369	13704	13665	4.40
1975	6428	27516	13792	13724	4.28
1976	6566	27290	13604	13686	4.16
1977	6805	27556	13825	13731	4.05
1978	7130	27622	13887	13736	3.87
1979	7101	27677	13399	14278	3.90
1980	7224	27688	13923	13765	3.83
1981	7524	27848	13964	13884	3.70
1982	7446	27759	13971	13788	3.72
1983	8138	28125	14137	13988	3.46
1984	8403	28100	14130	13970	3.34
1985	8783	28237	14225	14012	3.21
1986	9344	28577	14366	14211	3.06
1987	9735	29124	14569	14555	2.99

续表 3-1-1

年份	户数（户）	人口数（人）			平均每户人口数（人）
		合计	男	女	
1988	10279	29439	14680	14759	2.86
1989	10526	29412	14664	14748	2.79
1990	9545	29233	14507	14726	3.06
1991	10531	30008	14905	15184	2.85
1992	10303	30020	14955	15065	2.91
1993	10292	30699	15057	15642	2.98
1994	10381	30828	15049	15779	2.97
1995	10453	31027	15038	15989	2.97
1996	10538	30975	15006	15969	2.94
1997	9906	30953	15024	15929	3.12
1998	10698	30812	14903	15909	2.88
1999	10620	30685	14787	15989	2.89
2000	9626	30581	13809	16772	3.18
2001	10179	30283	14434	15849	2.98
2002	10422	30023	14299	15724	2.88
2003	10657	29759	14281	14814	2.79
2004	10892	29832	14253	15579	2.74
2005	11127	29779	14231	15562	2.68
2006	11251	29909	14219	15690	2.66
2007	11362	29039	14210	14829	2.56
2008	11642	28983	14176	14807	2.49
2009	11292	29956	14136	15820	2.65
2010	12020	30364	15116	15228	2.53
2011	11252	28866	14056	14810	2.57
2012	11234	29934	14016	15918	2.66
2013	11213	30701	15931	14770	2.74
2014	11193	30669	16008	14661	2.74
2015	11174	30789	15840	14949	2.76
2016	11161	30096	15303	14793	2.70
2017	11142	28592	13892	14700	2.57

注：此表数据来源于历年《余姚统计年鉴》，与人口普查年数据有出入。

第三节　人口分布

2017年，小曹娥镇全域人口密度为每平方千米865.4人。全镇8个行政村平均人口密度为每平方千米891.2人，各行政村之间总体较平均。其中：滨海村最高，为每平方千米1024.2人；人和村最低，为每平方千米826.9人。

随着经济发展，农业人口比例下降，1964年，全镇总人口22790人，其中农业人口22388人，占98.2%。2017年，全镇总人口28592人，其中农业人口27288人，占95.4%。

2017年各行政村人口分布

表3-1-2

村（居）名	人口数（人）	面积（平方千米）	人口密度（平方千米/人）
曹一村	2380	2.628	905.6
曹娥村	4083	4.784	853.5
建民村	3527	3.881	908.8
朗海村	4446	5.06	878.7
滨海村	4312	4.21	1024.2
南新庵村	2266	2.635	860
镇海村	2414	2.755	876.2
人和村	3860	4.668	826.9
各行政村	27288	30.621	891.2
庵街居委	1304	居委人口分散居住在各村当中	
镇属	—	2.419	—
全镇	28592	33.04	865.4

注：1. 居住在各村的非农居民人数没有记入各村。
2. 镇属面积为未分到各村的海涂地、原水库及海塘面积。
3. 各村面积根据市土管局1：10000土地利用现状图和区域面积量算图表测算。

第四节　人口变动

自然增长

中华人民共和国成立前，人口出生率高，死亡率亦高。1949—1970年，人口向高出生率、低死亡率的高自然增长型转化。1964年6月底总人口比1953年增加5974人，11年间自然增长355.3‰。自然增长率较低的1963年，出生730人，出生率32.9‰，死亡120人，死亡率5.4‰，自然增长率27.5‰。

1971年起重视推行计划生育，人口向低出生率、低死亡率、低自然增长率过渡。1979年，出生141人，出生率5.09‰，死亡72人，死亡率2.6‰，自然增长率2.49‰。1982年总人口比1964

年第二次全国人口普查时增加4969人。18年间增加218‰，年均增加12.1‰。1990年总人口比1982年第三次全国人口普查时增加1474人。8年间自然增长率53.1‰，年均增加6.64‰，增幅明显回落。1992年，小曹娥镇出生391人，出生率13.1‰，死亡227人，死亡率7.6‰，自然增长率5.5‰，增幅继续回落。1998年，首次出现人口负增长，出生224人，出生率7.41‰，死亡252人，死亡率8.3‰，自然增长率负0.9‰。1999—2015年，人口持续呈低出生率、低死亡率的负增长型。2016年1月国家调整计划生育政策，放开二胎，人口出生率开始回升。当年，出生271人，出生率9.48‰；死亡232人，死亡率8.1‰；自然增长率1.38‰。2017年，出生264人，出生率9.23‰；死亡256人，死亡率8.95‰；自然增长率0.28‰。

人口流动

明成化年间，境内始有人活动。随着海涂淤涨、开发，大批绍兴、萧山、上虞等地外来人口移居镇境内。其间，虽亦有人移居外地，但总体上以迁入居多。清康熙末期，来自各地的移民，在今四塘（利济塘）南北一带的滩涂地上刮泥淋卤和捕捞。清雍正四年（1726），清查灶地，“摊丁入亩”，灶丁有一半的“丁银”摊入地亩。四塘筑成后，绍兴府山阴、会稽等县大批移民陆续徙居四塘一带，从事淋卤煎盐和捕捞业。乾隆二年（1737），灶丁“丁银”全摊地亩，灶丁人头税被彻底废除，还允许灶户私自煎盐。税制的改革和海塘的增筑，杭州湾南岸盐滩灶地渐广，山阴、会稽等县的居民大量徙居于此。民国《余姚六仓志》载：“乾隆以来丈地分丁，近数十年山会（即山阴、会稽县）客民入境，原赁卤地刮泥摊晒蒸卤为止。六仓丁户悯其穷无所依，既赁之地，或驰其租，由是来者众。”境域移民多为雍正、乾隆、嘉庆年间从山阴、会稽、上虞、诸暨等地迁入，在此繁衍生息。

中华人民共和国成立后，因升学、分配工作、参军、转业、婚嫁、投亲及工作调动，经常有人口流动。1958年，抽斗丘从西三乡划入曹海乡八庄，共43户132人。同时有55户211人因种地与晒盐专业划分，从西三乡划入曹海乡四庄、八庄、九庄（坊间的说法叫作种地的白地里人划到花丘里）。同年，八庄及十三庄有6户22人迁移到慈溪县沿海公社太平闸落户。1962年2月，朗海公社四大队12户社员43口人，迁移到龙山区龙场公社落户，称朗海队。1971年10月起有11户社员61口人陆续返回原籍。1969—1975年，在非农业户口青年中开展“上山下乡”运动。通过组织分配及投亲靠友，原曹娥、朗海、镇海3个公社共接收泗门镇知识青年148人，上海、杭州、宁波、绍兴等城市知识青年14人。知识青年到农村“插队落户”后，国家给予一定的经济补助：无房户补助建房费200元；个别生活困难的追加补助50—120元；农家具补助费20元、25元、40元、60元不等；木材补助0.5—0.8立方米。1978年前后，“上山下乡”知识青年通过招工、升学、参军等途径，大部返回原籍，亦有38名和农村青年结婚留在小曹娥安家落户。

1984—2015年，本域共分3批接纳安置省、县水库建设移民60户，197人。其中，1984年，四明湖水库移民10户，38人；2006年，滩坑水库移民17户，74人；2015年，钦寸水库移民33户，85人。

1967—2017 年小曹娥镇人口变动情况表

表 3-1-3

年份	农业人口（人）	非农人口（人）	出生（人）	出生率（‰）	死亡（人）	死亡率（‰）	自然增长率（‰）
1967	25716	258	249	9.5	52	2	7.5
1968	25254	258	239	9.3	62	2.4	6.9
1969	25855	187	264	10.1	60	2.3	7.8
1970	26320	195	243	9.1	47	1.77	7.33
1971	26443	352	219	8.17	57	2.12	6.05
1972	26784	302	203	7.49	49	1.81	5.68
1973	—	—	—	—	—	—	—
1974	27149	220	111	4.05	61	2.22	1.83
1975	27300	216	91	3.30	58	2.10	1.20
1976	27070	220	94	3.44	53	1.94	1.50
1977	27322	234	118	4.28	70	2.54	1.74
1978	27379	243	112	4.05	57	2.06	1.99
1979	27412	265	141	5.09	72	2.60	2.49
1980	27246	442	90	3.25	60	2.16	1.09
1981	27509	339	142	5.09	66	2.37	2.72
1982	27428	331	176	6.29	65	2.32	3.97
1983	27785	340	168	5.97	67	2.38	3.59
1984	27761	339	95	3.38	52	1.85	1.53
1985	27904	333	132	4.67	56	1.98	2.69
1986	28243	334	188	6.57	74	2.58	3.99
1987	28795	329	257	8.82	65	2.23	6.57
1988	29060	379	204	6.92	65	2.20	4.72
1989	29035	377	—	—	—	—	—
1990	28924	309	—	—	—	—	—
1991	—	299	—	—	—	—	—
1992	29523	470	391	13.10	227	7.55	5.45

续表 3-1-3

年份	农业人口（人）	非农人口（人）	出生（人）	出生率（‰）	死亡（人）	死亡率（‰）	自然增长率（‰）
1993	30191	508	466	15.49	161	5.35	10.14
1994	30303	525	375	12.42	211	6.99	5.43
1995	30489	538	402	13.04	238	7.72	5.32
1996	30428	547	283	9.3	227	7.46	1.84
1997	30404	549	316	10.39	243	7.99	2.4
1998	30254	558	224	7.41	252	8.29	-0.92
1999	30090	595	183	6.05	217	7.17	-1.12
2000	29967	614	185	6.15	256	8.51	-2.36
2001	29668	615	219	7.31	234	7.81	-0.50
2002	29396	627	166	5.60	229	7.72	-2.12
2003	29109	650	151	5.14	254	8.64	-3.50
2004	29135	697	206	7.08	237	8.14	-1.06
2005	29019	780	131	4.39	242	8.11	-3.72
2006	29041	868	161	5.38	210	7.01	-1.63
2007	28071	968	147	5.06	241	8.3	-3.24
2008	27930	1053	157	5.41	282	9.6	-4.19
2009	29373	583	157	5.42	274	9.45	-4.03
2010	29582	655	155	5.36	263	9.10	-3.74
2011	28152	714	176	6.09	246	8.52	-2.43
2012	29158	776	172	5.97	249	6.49	-0.52
2013	29600	1101	213	7.40	253	8.80	-1.40
2014	29476	1193	235	8.22	264	9.23	-1.01
2015	29511	1278	236	9.16	275	9.58	-0.42
2016	28760	1336	271	9.45	232	8.09	1.36
2017	27288	1304	264	9.23	256	8.95	0.28

注：以上数据来源于历年《余姚统计年鉴》，与人口普查年数据有出入。上述“—”，因资料缺失，无法考证。

第二章　人口结构

第一节　民族结构

小曹娥素为汉族聚居区，1953 年第一次全国人口普查，全境 16816 人，均为汉族。20 世纪 70 年代后期，始有少数民族人口因婚嫁、工作等原因迁入境内居住。1980 年已有壮族 4 人，均因婚嫁迁入，其余均为汉族。至 2000 年 7 月，全镇有汉族 28226 人，占总人口的 99.72%，其他民族有 12 个，其中，回族 1 人，藏族 4 人，苗族 27 人，彝族 3 人，壮族 15 人，布依族 22 人，朝鲜族 1 人，侗族 2 人，土家族 1 人，畲族 1 人，土族 1 人，仡佬族 2 人，计 80 人，占总人口的 0.28%。

2017 年，全镇有汉族 28447 人，占总人口的 99.49%，其他民族有 16 个，计 145 人，占总人口的 0.51%。

2017 年小曹娥镇各民族人口一览表

表 3-2-1　　单位：人

民族	人数	民族	人数
汉族	28447	土家族	11
回族	3	傣族	1
苗族	21	傈僳族	2
彝族	3	畲族	3
壮族	36	水族	1
布依族	42	土族	2
满族	2	仫佬族	3
侗族	7	仡佬族	2
瑶族	6	合计	28592

第二节　性别　年龄结构

性别结构变化

1953 年，镇境内有男性 8635 人，女性 8181 人，性别比为 105.55（女为 100，下同）；

1982 年，现镇境内有男性 13911 人，女性 13788 人，性别比为 100.89；

1990 年，镇境内有男性 14505 人，女性 14727 人，性别比为 98.49；

2010 年，全镇男性 14091 人，女性 14800 人，性别比为 95.21；

2017 年，全镇有男性 13892 人，女性 14700 人，性别比为 94.5。

历年来人口性别比：20 世纪 80 年代前男性

略多于女性，90年代以后男性略少于女性，性别比率女性呈上升，主要表现为60岁以上老年人中女性比例远高于男性，2017年底，全镇60岁以上7882人中，男性为3666人，女性为4216人，性别比为86.95。2017年底全镇2个百岁老人，均为女性。

年龄结构变化

0—9岁人数：1990年4163人，占人口总数的14.24%；2000年3034人，占人口总数的10.75%；2010年1468人，占人口总数的5.08%，是年，该年龄段人数比1990年下降9.16个百分点；2017年1822人，占人口总数的6.37%，是年该年龄段人数比1990年下降5.87个百分点；比2010年上升1.29个百分点。

60岁以上人数：1990年3590人，占人口总数的12.28%；2000年4440人，占人口总数的15.69%；2010年5928人，占人口总数的20.5%；2017年7882人，占人口总数的27.57%。是年，该年龄段人数比1990年提高15.29个百分点。

1990年小曹娥镇人口年龄、性别情况一览表

表3-2-2

年龄	人口数（人）			占人口总数比例（%）			性别比例（女=100）
	小计	男	女	小计	男	女	
0—4	2642	1309	1333	9.04	4.48	4.56	98.20
5—9	1521	778	747	5.2	2.66	2.56	104.15
10—14	1363	651	712	4.66	2.23	2.43	91.43
15—19	1788	908	880	6.12	3.11	3.01	103.18
20—24	3058	1472	1586	10.46	5.04	5.42	92.81
25—29	3514	1733	1781	12.02	5.93	6.09	97.3
30—34	3539	1886	1653	12.11	6.45	5.66	114.1
35—39	2110	1110	1000	7.22	3.8	3.42	111
40—44	2078	974	1104	7.11	3.33	3.78	88.22
45—49	1274	645	629	4.36	2.21	2.15	102.5
50—54	1254	648	606	4.29	2.22	2.07	106.93
55—59	1497	764	733	5.12	2.61	2.51	104.23
60—64	1371	674	697	4.69	2.31	2.38	96.7
65—69	947	449	498	3.24	1.54	1.70	90.16
70—74	586	269	317	2.00	0.92	1.08	84.86
75—79	352	129	223	1.20	0.44	0.76	57.85
80—84	216	75	141	0.74	0.26	0.48	53.19
85—89	94	28	66	0.32	0.09	0.23	42.42
90—94	22	2	20	0.075	0.005	0.07	10
95—99	2	1	1				100
100岁及以上	0	0	0				
合计	29232	14505	14727		49.62	50.38	98.49

注：此表数据来源于人口普查年数据，与表3-1-1数据有出入。

2010年小曹娥镇人口年龄、性别状况一览表

表 3-2-3

年龄	人口数（人）			占人口总数比例（%）			性别比例（女=100）
	小计	男	女	小计	男	女	
0—4	641	333	308	2.22	1.15	1.07	108.12
5—9	827	415	412	2.87	1.44	1.43	100.73
10—14	1148	570	578	2.97	1.97	2	98.62
15—19	1949	959	990	6.75	3.32	3.43	96.87
20—24	2429	1188	1241	8.4	4.11	4.29	95.73
25—29	1469	747	722	5.08	2.59	2.49	103.46
30—34	1172	567	605	4.05	1.96	2.09	93.72
35—39	1617	797	850	5.67	2.76	2.91	93.76
40—44	2903	1402	1501	10.04	4.85	5.19	93.4
45—49	3520	1732	1788	12.18	5.99	6.19	96.87
50—54	3157	1649	1508	10.92	5.7	5.22	109.35
55—59	2101	1102	999	7.27	3.81	3.46	110.31
60—64	1945	895	1050	6.69	3.06	3.63	85.24
65—69	1208	572	636	4.18	1.98	2.2	89.91
70—74	859	407	452	2.97	1.41	1.56	90.01
75—79	941	390	551	3.26	1.35	1.91	70.78
80—84	622	245	377	2.15	0.85	1.3	64.99
85—89	281	99	185	0.92	0.31	0.61	53.51
90—94	58	21	37	0.2	0.07	0.13	56.76
95—99	10	1	9	0.034	0.004	0.03	11.11
100岁及以上	1	0	1	0.003		0.003	0
合计	28891	14091	14800		48.77	51.23	95.21

注：此表数据来源于人口普查年数据，与表3-1-1数据有出入。

2017年小曹娥镇人口年龄、性别状况

表 3-2-4

年龄	人口数（人）			占人口总数比例（%）			性别比例（女=100）
	小计	男	女	小计	男	女	
0—4	1088	592	496	3.81	2.07	1.74	119.4
5—9	734	362	372	2.57	1.27	1.3	97.31
10—14	747	369	378	2.61	1.29	1.32	97.62
15—19	923	446	477	3.23	1.56	1.67	93.5
20—24	1724	847	877	6.03	2.96	3.07	96.58
25—29	2088	1001	1087	7.3	3.5	3.8	91.09
30—34	1943	1007	936	6.79	3.52	3.27	107.59
35—39	1369	670	699	4.79	2.34	2.45	95.85
40—44	1193	557	636	4.17	1.95	2.22	87.58
45—49	2649	1280	1369	9.27	4.48	4.79	93.5
50—54	3386	1619	1767	11.84	5.66	6.18	91.62
55—59	2866	1476	1390	10.02	5.16	4.86	106.19
60—64	2700	1402	1298	9.44	4.9	4.54	108.01
65—69	1857	879	978	6.49	3.07	3.42	89.88
70—74	1392	611	781	4.87	2.14	2.73	78.23
75—79	665	308	357	2.33	1.08	1.25	86.27
80—84	689	272	417	2.41	0.95	1.46	65.23
85—89	412	136	276	1.44	0.48	0.96	49.28
90—94	151	55	96	0.53	0.19	0.34	57.29
95—99	14	3	11	0.05	0.01	0.04	27.27
100岁及以上	2	0	2	0.007		0.007	0
合计	28592	13892	14700		48.59	51.41	94.5

注：此表数据来源于派出所人口数据，与表3-1-1数据有出入。

附　百岁老人

据各行政村调查，1976—2017 年小曹娥境内百岁老人计 13 人，其中男 3 人、女 10 人。建民村中灶五丘周登记，女，1976 年 6 月满 100 岁，为境内已知的第一位百岁老人，去世时 103 岁。2010 年第六次人口普查时，全镇有百岁老人 2 人，均为女性。2017 年下半年尚健在的百岁老人 2 人，均为女性。

王阿连，女，滨海村人，生于民国 3 年（1914）3 月，育有一子一女，平时荤素皆吃，喜欢喝点酒，无大病，身体稍有不适注重及时求医，视力尚可，唯耳聋。2017 年底仍健在，身体硬朗，仍能自己做饭、生活自理。

周调凤，女，滨海村人，生于民国 6 年（1917）9 月，卒于 2017 年 12 月，育有五子三女，平时荤素皆吃，不沾烟酒，喜吃零食。性格温和，从不生气，人缘好。身体硬朗，很少生病，视力好，百岁时仍能穿针线。

◎ 104 岁的王阿连（单周信摄）

1976—2017 年小曹娥镇百岁老人名录一览表

表 3-2-5

姓名	性别	民族	出生年月	亡故年月	住址
周登记	女	汉族	1876.6	1979.5	建民村中灶五丘
鲍才高	男	汉族	1883.4	1985.7	朗海村徐家路
陈普正	女	汉族	1883.11	1988.10	朗海村杨家路
周新惠	男	汉族	1895.5	1996.1	建民村全灶五丘
陈冬梅	女	汉族	1901.10	2002.4	人和村人和丘
施杏姑	女	汉族	1901.12	2002.11	曹娥村全灶二丘
卢荷花	女	汉族	1908.10	2011.11	镇海村方家路
徐爱香	女	汉族	1913.5	2013.8	曹娥村中灶二丘
陈小土	女	汉族	1911.2	2015.1	曹娥村全灶三丘
韩钊妹	女	汉族	1910.10	2015.7	镇海村仁泰丘
姚芹美	女	汉族	1915.8	2016.2	曹一村全灶头丘
施国林	男	汉族	1916.9	2017.4	滨海村符丁四丘
周调凤	女	汉族	1917.9	2017.12	滨海村杨丁四丘
王阿连	女	汉族	1914.3	健在	滨海村杨丁五丘

第三节　婚姻状况

1990年，原小曹娥镇有15岁以上8916人（男4405人、女4511人）。其中未婚1618人（男933人、女685人），占18.15%；已婚7298人（男3472人、女3826人），占81.85%。在已婚人数中，有配偶的6641人，占91%；丧偶623人，占8.53%；离婚34人，占0.47%。

是年，小曹娥镇现境内共有15岁以上23702人（男11767人、女11935人）。其中未婚4172人（男2484人、女1688人），占17.6%；已婚19530人（男9283人、女10247人），占82.4%。在已婚人数中，有配偶的17760人，占90.94%；丧偶1659人，占8.49%；离婚111人，占0.57%。

2000年第五次全国人口普查时，对全镇15岁以上人口进行10%抽样调查。在调查的2255人（男1094人、女1161人）中，未婚251人（男148人、女103人），占11.13%；已婚2004人（男946人、女1058人），占88.87%。在已婚人数中，有配偶的1802人，占89.92%；丧偶185人，占9.23%；离婚17人，占0.85%。

2010年第六次全国人口普查时，对全镇15岁以上人口进行10%抽样调查。在调查的2975人（男1468人、女1507人）中，未婚446人（男238人、女208人），占14.99%；已婚2529人（男1230人、女1299），占85.01%。在已婚人数中，有配偶的2254人，占89.13%；丧偶227人，占8.97%；离婚48人，占1.9%。

2017年，全镇15岁以上26023人（男12569人、女13454人），其中未婚3949人（男1985人、女1964人），占15.18%；已婚22074人，占84.82%。在已婚人数中，有配偶的20349人，占92.19%；丧偶1658人，占7.51%；离婚67人，占0.3%。

第四节　文化程度

1964年，小曹娥镇境内有6岁以上16037人，其中文盲、半文盲10398人，占64.84%；小学文化程度5000人，占31.18%；初中文化程度561人，占3.5%；高中文化程度76人，占0.47%；大学文化程度2人，占0.01%。

1982年，小曹娥镇境内有6岁以上25933人，其中文盲、半文盲7805人，占30.097%；小学文化程度11277人，占43.485%；初中文化程度5420人，占20.9%；高中文化程度1418人，占5.468%；大学文化程度13人，占0.05%。

2000年，小曹娥镇有6岁以上26804人，其中未上过学2039人，占7.607%；扫盲班847人，占3.16%；小学文化程度12488人，占46.59%；初中文化程度9656人，占36.025%；高中文化程度1493人，占5.57%；中专文化程度193人，占0.72%；大专文化程度66人，占0.246%；大学文化程度22人，占0.082%。

2010年，小曹娥镇有6岁以上29320人，其中未上过学2039人，占6.954%；小学文化程度11564人，占39.44%；初中文化程度11023人，占37.595%；高中文化程度3781人，占12.896%；大专文化程度688人，占2.347%；大学文化程度221人，占0.754%；研究生4人，占0.014%。

第五节　职业分布/结构

1990年第四次全国人口普查时，原小曹娥镇15岁以上有8916人。其中在业8079人，占90.61%；不在业837人，占9.39%。在业人数中，从事农、林、渔、牧、水利业6862人，占84.936%；工业685人，占8.478%；建筑业13人，占0.161%；交通运输、邮电通信业79人，占0.978%；商业、公共饮食、物资供销和仓储业

262 人，占 3.243%；房地产管理、公用事业、居民服务和咨询服务业 47 人，占 0.58%；卫生、体育和社会福利事业 27 人，占 0.334%；教育、文化、艺术和广播电视业 63 人，占 0.78%；其他 41 人，占 0.51%。

是年，小曹娥镇现境内 15 岁以上的有 23702 人。其中在业 21724 人，占 91.65%；不在业 1978 人，占 8.35%。在业人数中，从事农、林、渔、牧、水利业 19316 人，占 88.915%；工业 1315 人，占 6.05%；建筑业 30 人，占 0.14%；交通运输、邮电通信业 127 人，占 0.585%；商业、公共饮食、物资供销和仓储业 489 人，占 2.25%；房地产管理、公用事业、居民服务和咨询服务业 69 人，占 0.32%；卫生、体育和社会福利事业 60 人，占 0.28%；教育、文化、艺术和广播电视业 194 人，占 0.89%；其他 124 人，占 0.57%。

2000 年第五次全国人口普查时，对全镇 15 岁以上人口进行 10% 抽样调查。在抽样调查的 2282 人中。在业 1831 人，占 80.24%；不在业 451 人，占 19.76%。在业人数中，从事农、林、渔、牧、水利业 107 人，占 5.84%；工业 375 人，占 20.48%；建筑业 99 人，占 5.41%；交通运输、邮电通信业 38 人，占 2.08%；批发和零售贸易、餐饮业 916 人，占 50.03%；金融保险业 4 人，占 0.22%；社会服务业 211 人，占 11.52%；其他 81 人占 4.42%。

2010 年第六次全国人口普查时，对全镇 16 岁以上人口进行 10% 抽样调查。在抽样调查的 2942 人中，经济活动人口 2445 人，其中就业 2415 人，正在工作的 2411 人，未工作的 4 人，失业 30 人。非经济活动人口 497 人，劳动参与率 83.11%，失业率 1.23%。

第三章　人口管理

第一节　计划生育

中华人民共和国成立前，居民人口生育无计划，出生率高、死亡率亦高。

中华人民共和国成立初期，人口出生率仍高，死亡率开始降低。1957 年后，受“人多好办事”的思想影响，人口高速增长。至 1963 年，现境内曹娥公社人口出生率、自然增长率分别为 31‰和 22.82‰。朗海公社，出生率 47.9‰，自然增长率 40.5‰；镇海公社，出生率 48‰，自然增长率 37.5‰。各公社平均出生率、自然增长率分别为 42.3‰和 33.6‰。同年，中共中央、国务院下发《关于认真提倡计划生育的指示》，境内各公社相继成立计划生育领导机构，提出“生得少、生得好”口号。

1974 年，曹娥公社推行慈溪县“革委会”（是时隶属慈溪）提出的“晚、稀、少”方针。是年，曹娥公社出生率、自然增长率分别降至 4.05‰和 7.5‰。朗海公社，出生率 12.9‰，自然增长率 6.7‰；镇海公社，出生率 12.5‰，自然增长率 6.2‰。各公社平均出生率、自然增长率分别为 9.8‰和 6.8‰，分别比 1963 年减少 32.5 个和 26.8 个千分点。

1979 年，慈溪县“革委会”对晚婚年龄、独生子女待遇作出规定。各公社配备计划生育专职干部，各大队配备计划生育兼职联络员。

1980 年，中共中央发表公开信，号召共产党员、共青团员带头响应“一对夫妇只生育一个孩子”的号召。

1986年，余姚市在泗门区塘后乡进行农村独女户照顾生育第二胎的试点，随后全市各乡镇推行七种对象可以生育第二胎政策。

1992年，全镇加强提倡晚婚宣传，落实孕前管理，并实施独生子女父母养老保险、独生子女健康平安保险以及计划生育联络员养老保险等计划生育系列保险。

1995年，在育龄妇女中开展以“晚婚晚育、少生优生、文明幸福、勤劳致富”为主要目标的计划生育新家庭建设活动。

1987—1999年，实行生育条件和出生指标的双轨政策。历年计划生育率均在98%以上。

1999年起，全镇开展计划生育优质服务活动，实施生殖健康、优生优育等工程。

2000年，小曹娥镇取消人口出生指标。

2017年，全镇共有户籍人口28592人，育龄妇女6154人，女性初婚73人，全镇共出生264人，其中一孩203人、二孩60人、多孩1人，自然增长率为0.28‰。

1986年，小曹娥镇、朗海乡、镇海乡均被评为宁波市计生工作先进集体。镇海乡、朗海乡分别于1988年、1991年被评为宁波市计生工作先进集体。钱志娣于1984年被评为宁波市计生工作先进个人；王晓华自1983年至2005年多次被评为宁波市计生工作先进个人；1991年，曹妙芬被评为宁波市计生工作先进个人；王晓华被评为省“七五”期间计划生育宣传先进工作者。

第二节　晚婚晚育

中华人民共和国成立前，居民普遍早婚早育。1951年后，按《中华人民共和国婚姻法》规定的年龄结婚，少有晚婚者。

20世纪60年代，提倡男满25周岁、女满23周岁，或男女青年合计年龄在48虚岁以上结婚。

1974年起，全面推行晚婚。1978年，规定男满25周岁、女满23周岁为晚婚年龄。

1982年，《浙江省计划生育条例（试行草案）》对晚婚晚育作统一规定：男女青年按法定年龄各推迟3年结婚为晚婚；妇女24周岁以上生育或晚婚后生育的为晚育。1984年，曹娥乡晚婚率达100%。时境内其他乡镇晚婚率分别为朗海乡98.6%、镇海乡99.1%。

1995年，申请生育第一个孩子的夫妇，女方须年满23周岁，夫妻一方在28周岁以上的给予适当照顾。

2002年，对机关、团体、企事业单位和其他组织职工实行晚婚的，增加婚假12天，工资、奖金和其他福利待遇照发。晚育的，男方可享受7天护理假，工资、奖金和其他福利待遇照发。

1993—2015 年小曹娥镇晚婚情况表

表 3-3-1

年份	女性初婚人数（人）	晚婚人数（人）	晚婚率
1993	249	128	51.41%
1994	306	192	62.75%
1995	233	135	57.94%
1996	217	142	65.44%
1997	141	91	64.54%
1998	160	91	56.88%
1999	139	76	54.68%
2000	202	92	45.54%
2001	148	66	44.59%
2002	127	63	49.61%
2003	83	47	56.63%
2004	175	67	38.29%
2005	108	52	48.15%
2006	144	79	54.86%
2007	93	53	56.99%
2008	146	52	35.62%
2009	114	51	44.74%
2010	204	127	62.25%
2011	134	97	72.39%
2012	239	181	75.73%
2013	161	122	75.78%
2014	235	189	80.43%
2015	143	112	78.32%

注：2016 年起不再统计晚婚情况。

第三节　优生优育

1950年《中华人民共和国婚姻法》颁布后，一度实行婚前体检，数年后停止。

1985年5月起，恢复婚前体检制度。1999年10月1日，在市第四人民医院设婚检室，参检范围包括泗门、临山、黄家埠、小曹娥、朗霞等乡镇。2000年10月至2003年9月，市第四人民医院共登记参检3270对。男性中查出宜暂缓结婚（含不育）的51人，患有各种疾病的88人（其中含传染病50人、遗传病2人、生殖系统疾病9人，内科系统疾病27人），婚检不合格的占参检男性人数的4.86%。女性中查出宜暂缓结婚（含不育）的30人，患有各种疾病的299人（其中传染病17人、遗传病3人、生殖系统疾病208人、内科系统疾病71人），婚检不合格的占参检女性人数的10.06%。2003年10月1日取消强制婚检制度，至2004年底，只有4对男女青年主动进行婚检。

1985年，始建孕、产妇围产期保健卡，把孕妇产前检查、分娩及新生儿访视等情况记录入卡。2015年，镇卫生院妇产科被评为宁波市四星级孕产妇保健门诊单位。至2017年，建卡及产后访视率均达99%以上。

1982年后，对儿童健康实行系统管理。

1993年5月，设镇计划生育服务站，为育龄妇女提供计生服务。

第四节　流动人口计划生育管理

1992年起，对流动人口（含外来人口和外出人口）建立计划生育情况登记册。以实际居住地为主，由村、社区居委会对外来育龄妇女进行属地化管理，查验其婚育证明，定期向计划生育后遗症患者发放生活补助。对外出人口中的育龄妇女，每年联系2次，以及时掌握她们的计划生育状况。

1993年，制定《小曹娥镇流动人口计划生育管理实施细则》。1996年起，镇政府建立外来人口计划生育管理网络，使外来人口享受与常住人口同等的计划生育服务。2004年，全镇有外出育龄妇女230人，外来育龄妇女4250人，对应落实计划生育措施的2980人全部落实计划生育措施。

第五节　计划生育协会

1996年6月，小曹娥镇计划生育协会成立。主要开展自我服务、自我管理、宣传国策、控制人口等服务、管理工作。2006年7月，全镇有行政村、居委计划生育协会9个，协会会员3416人，占全镇总人口的11.9%，会员联系户5282户，占全镇总户数的47.4%。

第四章 姓氏

第一节 姓氏录

境内居民历来从父姓，亦有极个别的居民从母姓。2017年全镇有户籍人口28592人，244个姓，其中单姓243个，复姓1个。所有姓氏中，以周姓人口最多，2135人，王姓次之，2077人，陈、沈2姓分别为2052人、1840人；1000—1800人的有姚、施、张3姓；500—1000人的有应、章、马、阮、金、杨、毛7姓；1姓1人的有：木、尤、贝、化、尹、双、艾、占、申、白、宁、刑、邢、乔、先、向、邡、祁、闫、牟、丽、巫、轩、连、谷、沐、闰、郁、欧阳、国、於、荀、查、禹、饶、耿、晏、涂、留、阎、隆、菇、覃、雅、喻、温、游、靳、蒲、蒙、赖、詹、解、腾、雍、阚、管、穆58个。

全镇244个姓氏以笔画排列

丁（64）、干（207）、于（80）、万（3）、山（2）、马（711）、王（2077）、韦（15）、木（1）、尤（1）、车（8）、贝（1）、毛（501）、化（1）、文（4）、方（54）、尹（1）、孔（3）、邓（16）、双（1）、水（5）、甘（6）、艾（1）、古（2）、左（3）、厉（10）、石（14）、龙（15）、占（1）、卢（37）、申（1）、叶（130）、田（12）、史（8）、付（4）、代（2）、白（1）、包（16）、兰（3）、宁（1）、冯（282）、边（2）、刑（1）、邢（1）、戌（19）、成（105）、吕（58）、朱（245）、乔（1）、先（1）、任（241）、华（3）、向（1）、刘（140）、齐（2）、江（7）、汤（3）、安（12）、邡（1）、祁（1）、许（373）、闫（1）、阮（635）、牟（1）、孙（84）、寿（4）、花（4）、严（418）、劳（52）、苏（7）、丽（1）、杜（39）、巫（1）、李（276）、轩（1）、杨（574）、连（1）、肖（12）、吴（452）、岑（4）、邱（27）、何（146）、余（26）、谷（1）、邹（106）、应（907）、汪（194）、沈（1840）、沐（1）、闰（1）、宋（93）、张（1109）、陆（137）、陈（2052）、邵（126）、苗（318）、苟（2）、范（277）、茅（12）、林（57）、杭（9）、郁（1）、欧（2）、欧阳（1）、卓（3）、尚（3）、国（1）、易（4）、罗（118）、季（2）、岳（4）、金（602）、周（2135）、庞（7）、於（1）、郑（53）、单（251）、宓（2）、房（2）、屈（2）、练（2）、孟（23）、封（3）、项（2）、赵（161）、胡（184）、荀（1）、茹（13）、查（1）、柳（2）、郦（2）、钟（160）、段（27）、禹（1）、候（2）、俞（290）、饶（1）、施（1676）、闻（3）、姜（24）、洪（85）、奕（5）、宣（78）、祝（28）、费（2）、姚（1779）、贺（3）、骆（23）、秦（7）、袁（61）、耿（1）、聂（4）、莫（105）、桂（2）、贾（4）、夏（161）、顾（71）、晏（1）、钱（425）、倪（238）、徐（305）、翁（19）、栾（2）、高（47）、郭（15）、唐（50）、凌（2）、涂（1）、诸（120）、留（1）、陶（112）、桑（90）、黄（113）、茹（13）、梅（5）、曹（111）、戚（110）、龚（8）、盛（17）、常（2）、崔（65）、符（50）、康（2）、章（874）、商（5）、阎（1）、梁（27）、屠（303）、隆（1）、彭（6）、葛（7）、董（41）、蒋（35）、韩（163）、景（15）、菇（1）、覃（1）、雅（1）、喻（1）、程（26）、傅（71）、焦（4）、舒（2）、鲁（107）、童（38）、曾（13）、温（1）、游（1）、谢（209）、靳（1）、蓝（2）、蒲（1）、蒙（1）、楼（7）、裘（68）、赖（1）、雷（3）、虞（22）、詹（1）、鲍（183）、解（1）、腾（1）、

雍（1）、阙（1）、褚（15）、蔡（65）、裴（2）、管（1）、廖（5）、漏（2）、谭（3）、熊（133）、缪（54）、樊（29）、黎（8）、滕（7）、潘（246）、操（2）、薛（7）、穆（1）、磨（4）、戴（66）、魏（47）、瞿（2）

注：括号内为具体人数。

第二节　部分姓氏来历

境内居民均为数百年来陆续从外地迁入定居，姓氏来历少有记载，无宗祠，史存宗谱仅有《俞氏宗谱》一套六卷。另有近年编纂之“周”“陈”二本宗谱及正在筹编之“张”“阮”氏宗谱。

周姓

在境内为人口最多之姓，2135人，占全镇总人口的7.47%。迁来支脉甚多，其中有资料可查的一支来自“爱莲堂”绍兴诸善弄周家台门。据周加钿近年主编的《姚北小曹娥周氏宗谱》载：清嘉庆四年（1799）间，祖籍河南汝南辗转而绍兴，其烈祖父、母（名字不详）从绍兴诸善弄周家台门迁移到余姚县姚北指挥庙界下老四塘以北周家路湾下定居，定居十年左右因无子女，从绍兴兄长家过房一个八岁侄儿为子（名字无考），此孩长大娶妻后生育七子，长子周梅涨被奉为小曹娥周氏先祖。清光绪二十四年（1898），周梅涨给四个儿子分家，其中长房周凤鸣分到杨家路三丘（今朗海村）以种地为业；二房周凤和分到许丁四丘（今建民村曹丁片）以晒盐为业；三房周凤春、四房周凤锦分到全灶四丘、缪路潭湾下（今建民村）以晒盐为主业辅以捕鱼。2017年，该周姓在境内有88户，269人。其他无考。

陈姓

为境内人口第二多之姓，有2052人，占全镇总人口的7.18%。支脉亦甚多，其中有资料可查的一支为清道光二十六年（1846）。陈细有自绍兴啸金到姚北做长工，11年后入赘施家改姓施，岳父母亡故后被施族瓜分家产后逐出，自立门户后复陈姓，2009年，绵延至八代，共130户，334人，其后代在境内主要分布于建民村和滨海村。其他无考。

张姓

境内有1109人，占全镇人口的3.88%。祖籍河北省清河县，祖先为唐高宗时宰相张文瓘，于唐永徽五年（654）迁至浙江绍兴皋埠，在绍兴马山镇建起祠堂为清河分支百忍堂。其中有资料可查的一支为清光绪四年（1878）至民国2年（1913），绍兴西张一支张茂康等陆续迁移至余姚，定居于杭州湾滨海一带。境内南新庵、镇海、朗海海塘南为聚居地，2017年该张姓在境内有74户，285人。其他无考。

俞姓

境内有290人，占全镇人口的1.01%。境内该姓支脉甚多，其中有资料可查的一支祖籍为山东青州，第二十世光泽于宋末自新昌迁上虞百官，再迁余姚高甸庙，复徙龙泉山北将坛。光泽被奉为迁姚世祖，至今已繁衍至二十三世，现在余姚该支人口已逾万人。七世澜、八世介、十二世嶙为清廷进士、知县。十三世璟（1691—1756）距今约300年时徙居境邻西缪路。十八世增扬徙居直塘头，现存2户，俞姓6人。其他无考。

◎《俞氏宗谱》（单周信摄）

第四编

经济总情

明代始有经济活动，先民以捕捞和晒盐为主。清代开始逐步发展到晒盐为主，种植和近海捕捞多业并举。民国初，因海水淡化，境内大面积制盐停止，以种植业为主，晒盐和捕捞为辅，同时工商业活动开始活跃。中华人民共和国成立前是封建土地所有制，1950年进行土地改革后，经济体制经过多次变革，1981开始实行家庭联产承包责任制，1994—2000年进行企业和商业产权制度改革，经济行政管理逐步加强，经济发展加速，工业经济在经济总量中所占比重从1980年的34.46%，到2017年上升至95.5%，使原本相对单一的农业经济发展为以工业经济为主，农、工、商协调发展的综合经济，2006年，跻身全国综合实力千强镇行列。2017年，工农业总产值达到167.9亿元。

第一章　农业经济体制

第一节　中华人民共和国成立前土地所有制

据民国 35 年（1946）统计，境内耕地总面积 2062.67 公顷，总户数 2846 户，户均耕地 0.725 公顷。其中有近一半土地为人口只占极少数的地主、富农、小土地出租者、大佃农所占有。人口众多的贫农、雇农占地甚少，靠租种土地赖以为生。

在封建土地所有制中，土地租赁有大租田、小租田之分。大租田是由业主直接出租给佃户耕作，田赋由业主承担，佃户上缴田租给业主。此类租田，经佃户长期斗争取得田面权，业主不得随意抽回转租，称永佃权。田面权可出租、出卖，卖价高于田底权价格。小租田是由佃户将承租的田面权转租（第二次出租），一般在佃户之间转租，亦有转让给原业主，又由业主转让给第三者，使业主成为田底权、田面权两层出租人。小租田承租人无田面权，耕作使用权仅一年或一季，出租人可随时收回转租。小租额一般与大租额相仿。一般年景，耕作者在收获后缴出大、小租，所剩无几。

民国时期地租有议租、板租、垫租、押租等形式。议租亦称活租，一年一议，一般在早稻成熟时或秋收后，由业主、佃户根据年成丰歉确定租额，或对半，或四六（佃户四、业主六）。正常年景视土地肥瘦，每亩实缴租谷 35—50 千克不等，时亩产不过 100 千克左右。民国 27 年（1938），浙江省政府提出“二五”减租（田租在往年的基础上减少 25%，规定田租不得超过农产品收获量的 37.5%），佃农负担有所减轻。此后，常由乡议会、农会、乡镇公所派代表参加议租。板租亦称包租、死租，业佃双方在建立租佃关系时订立契约，确定每亩每年租额，以后不论年成好坏，均须照约缴租。公堂地、庙产、学产等亦多用此法。垫租又称预租、稍租，佃户租田时须预付下年租金，不预付不得租种。民国 2 年（1913），经余姚县政府审准，垫租每亩至多 4 元。押租是业主在佃户租田时收取一定数额的押金，佃户缴付押租后仍要照常缴租，待退佃时才退还押租。广大佃户租种小租田，要缴纳田底权所有者的地租和田面权所有者的地租，受双重剥削。

小曹娥境内土地田底权、田面权的分离租赁、买卖始于清，盛于民国 15 年（1926）前后。同一块土地，有占有者、佃权者、耕作者三方，常为承租、转租和租税缴纳诸事引起争执纠纷。民国 28 年（1939），中共党员马青以县政工队员的合法身份，召集地主代表 28 人、农民代表 30 余人协商开会，要求取消垫租，保障佃农永佃权，斗争最后取得胜利。抗日战争时期，中共领导的余上县民主政府在潮塘北的抗日根据地继续实行“二五”减租。

第二节 土地改革

1950年春，镇境内开始宣传土地改革政策。是年冬，县人民政府派出土改工作队到各乡、村全面开展土地改革。工作队发动贫雇农成立农民协会，提出“一切权力归农会”，划分阶级成分。执行“依靠贫雇农，团结中农、中立富农、消灭封建剥削制度、发展农业生产”的路线。按照政策没收地主土地，分给无地、少地农民。佃户有永佃权的土地以30%作自留田保护，70%统一分配，得田户原耕作面积多于应分得数的，允许分田数高于人均分田额5%—10%，单身雇工得2份。留3%—6%作备用机动地。同时，对家住农村且有劳动能力的地主亦分给一份土地，促其劳动，成为自食其力的劳动者。时曹娥乡二村有近93.33公顷土地，原来多为地主、富农所有。土地改革后，全村划地主1户、半地主式富农1户、富农6户，人均分得土地2.5亩。朗海乡全乡78%以上为贫雇农，靠租种地主、半地主式富农、富农的土地生存。土地改革后，全乡划半地主式富农2户、富农6户、小土地出租者1户。人均分得土地1.96亩。各乡、村还把没收地主、半地主式富农的耕牛、农具、粮食、房屋家具等分给贫雇农。同时，县、区建立人民法庭，对抗拒土地改革运动的地主、富农依法给予严厉打击。其间，共开庭5次，镇压恶霸地主、反革命分子9个，惩办、管制18个。到1951年10月，土地改革基本结束。现镇境内共3448户，划地主9户、半地主式富农12户、富农30户、小土地出租者8户、大佃农5户、中农695户、贫雇农2576户、其他113户。1952年4—5月，复查土地改革政策，向农民颁发土地证。经过土地改革，延续数千年的封建土地所有制被废除，实现耕者有其田，调动了农民生产积极性，生产力得以解放。

1951年镇境内土地改革阶级成分划分情况一览表

表4-1-1　　单位：户

乡	地主	半地主式富农	富农	小土地出租	大佃农	中农	贫农	雇农	其他	合计	备注
曹娥乡	4	4	14	7	4	346	509	104	40	1032	—
朗海乡	—	2	6	1	—	109	712	48	15	893	—
镇海乡	4	6	7	—	1	214	839	50	54	1175	—
海南一村	1	—	3	—	—	18	207	14	2	245	辖直塘头、潭、柴场头、后直塘头、廿四湾、廿八湾6个自然村
海南五村	—	—	—	—	—	8	79	14	2	103	海塘南
总户数	9	12	30	8	5	695	2346	230	113	3448	—

注：1950年土地改革时，曹娥乡曹一村尚属海南乡一村，共245户，朗海村海塘南尚属海南乡五村，共103户，1956年撤区并乡时划归现境至今，时称曹海乡。

第三节 互助合作

农业生产互助组

土地改革后，广大贫苦农民分得土地，困难亦随之产生。由于土地是按人口分配，部分农户人口多，分得土地多，而劳动力不足，有些农户人口少，分得土地少，劳动力出现剩余。大部分农民缺少生产资金和农具，农村开始出现两极分化，有些农户把刚分得的土地卖出或典进，也有农户出卖劳动力。

1951年冬，部分农户在原有代耕、调工、帮工等形式基础上，组成农业生产互助组，实行“以工抵工、差额找补”“人抵牛工”等办法，开始走社会主义集体化道路。是时，曹娥乡五村周长记、王开春、杨家宝、王开成、周纪林、周增灿、周增江7户贫雇农办起境内第一个互助合作组。至翌年春，互助组发展到50多个，规模也不断扩大。互助组一般以组长名字冠名，如曹娥乡一村桑桂林互助组、朗海乡一村谢建堂互助组、朗海乡三村周开法互助组、镇海乡一村张纪潮互助组、镇海乡三村周登高互助组。曹娥乡二村应森荣等户的互助组则起名为全义互助组。

互助组分常年和临时两种。常年互助组成员始终在一起劳动，土地各自所有，成本各自投放，收获归各自所有。临时互助组只占少数，由农户根据农事季节凑合，农忙时集中互助，农忙后解散。临时互助组成员多为同一自然村和临近自然村散户及左邻右舍，其规模从几户至十几户不等。曹娥乡三村曹维新互助组是跨自然村互助组，全组13户，多数组员家住全灶三丘，离住在二丘的曹海根、金庭槐家有1千米路程。各户虽居住相隔较远，土地分散，但因工作细致，政策处理得当，曹维新互助组的发展反比其他互助组快。到1953年，境内各村普遍建立常年互助组。如曹娥二村有25个、镇海三村有15个、朗海三村有27个、曹娥四村有16个，镇境内近46%的农户参加了互助组。

初级农业生产合作社

互助组的土地归各户所有，其经济体制仍属个人所有制。1953年下半年，曹娥乡曹丁三丘曹维新、全灶四丘周长记、朗海乡刘丁四丘许志根、镇海乡南新庵应光奎、人和丘黄焕张等率先把互助组升级为初级农业生产合作社(简称“初级社”)。在办社过程中由于情况复杂、思想认识各异，时有反复，如曹维新初级社建了散、散了又重建，第三次终于得到巩固发展，故起名为三发社。

初级社属半社会主义性质，保留社员生产资料私有权，实行土地入股，统一经营，产品统一分配，每年在收益时提存积累储备以扩大再生产。社员除按劳动工分获得劳动报酬外，入股的土地和交社使用的生产资料亦可得到规定份额的报酬。

1955年，境内各村均建立初级社。因各村情况不一，初级社数量亦不同。曹娥乡的三村有9个初级社，朗海乡的二村有11个初级社，镇海乡的二村有6个初级社。初级社名称有的沿用社长名字冠名，如曹娥乡全灶三丘有章增根社、许丁三丘有高松记社；有的另起名，如曹娥乡三村的三发社，镇海乡四村的联谊社、永乐社、三利社。各初级社规模亦各不相同，如三发农业社参加农户有近200户，曹娥二村应森荣农业社仅23户。

高级农业生产合作社

1955年冬，部分初级社开始升级为高级农业生产合作社（简称“高级社”）。社员土地除少量自留外全部入社，废除土地分红，耕畜、大中型农具折价归社，统一组织生产，分配产品，实行按劳分配。

1956年春，全面推行并社升级，即把数个初级社合并升级为一个高级社（又称农庄）。许丁头丘桑长根社、许丁头丘应森荣社、中灶头丘施善标社、中灶头丘杨美标社、全灶二丘沈水尧社、中灶二丘章钦荣社等6个初级社合并组建为曹海乡第二高级社。曹丁四丘，许丁四丘、五丘，全灶四丘、五丘，中灶四丘、五丘7个自然村范围内，原有8个初级社，共457户，合并组建为曹海乡第四高级社。华丁路、周洪丘、方家路、仁泰丘4个自然村的5个初级社合并为曹海乡第十一高级社，也有246户。人和丘的联谊、永乐、三利3个初级社合并为曹海乡第十二高级社。

1956年3月起，合作社陆续吸收农户中的地主、富农、反革命分子入社。至秋收前，除个别农户外全部入社，基本完成农业社会主义改造。

1957年原曹海乡高级农业生产合作社情况表

表4-1-2

原乡名	社数（个）	入社户数（户）	人数（人）			劳动力（人）
			小计	男	女	
曹娥	4	1545	6806	3511	3294	3881
朗海	5	1297	5710	2946	2764	3257
镇海	4	1288	5674	2928	2747	3236
全乡合计	13	4130	18190	9385	8805	10374

注：1956年4月，撤区并乡，曹娥、朗海、镇海3个乡合并为曹海乡。

第四节　人民公社

1958年10月，曹海乡和泗门镇、光明乡、海塘乡、塘后乡四乡一镇的一共116个高级农业生产合作社合并建立卫星人民公社，参加社员1.5万余户，6万余人。卫星人民公社实行政社合一，农工商一体新体制，下设13个大队（现境为第一、二、三大队），每个大队辖若干个小队，小队辖若干个生产队。生产、组织实行军事化，由公社统一指挥，收益统一分红或发工资，兴办集体食堂，推行“吃饭不要钱”的伙食供给制，取消自留地，土地、房屋等公共财产在公社内无偿平调。1959年2月，卫星人民公社创造综合利用海水制造钾镁肥、氯化钾、海泥混合肥以及土骨粉、磷肥、细菌肥料等11种土造化肥的试验，并在全县推广。后演变成把柴草烂在河里，把鱼、虾、蟹等海产品倒入粪池造沤肥。甚至发生个别干部强迫拆卸人和丘、公祭丘30户社员的近百间草房所盖草苫、稻草（房子仅剩屋架，无法居住）作沤肥，欲作典型推广的事件，幸被上级及时制止，所拆房屋得以修复。公社化初期一度盛行的“共产风”、“浮夸风”、干部特殊风、强迫命令风、生产瞎指挥风（俗称“五风”）严重影响了农业生产和社员生活。

1959年3月，公社贯彻中央“郑州会议”精神，纠正农业生产上的瞎指挥、“浮夸风”，纠正无偿调用生产小队、生产队生产资料的错误。县成立清账退赔办公室，先后4次召开清账退赔会议。卫星人民公社改称泗门人民公社，大队改称管理区，以原乡名冠管理区名，小队改称生产大队。时现镇境为曹娥、朗海、镇海3个管理区，13个生产大队，若干个生产队。确定生产大队为基本核算单位，是时生产大队又称为核算单位。

1961年9月，泗门人民公社恢复为泗门区，各管理区改为人民公社，称“复区分社”，镇境为曹娥、朗海、镇海3个人民公社，是年，各公社贯彻中共中央《关于农村基本核算单位问题给各中央局，各省、市、区党委的指示》，确定公社、生产大队、生产队三级所有，以生产队为基本核算单位（三级所有、队为基础）。使组织生产和进行分配的单位统一起来。1962—1966年，农业生产得到恢复和发展。

1968年，开展“农业学大寨运动”，全面进行农田水利基本建设。翌年春，各生产队普遍开展“以一祝、二唱、三请示”为内容的“三忠于”活动。受“左”倾思想影响，推行“政治评分”，“并队升级”，重复平调风错误，又一次严重挫伤广大农民的生产积极性。

1979年9月，余姚、慈溪两县再次调整县境，本域复属余姚县，镇境内曹娥、朗海、镇海3个人民公社，共20个生产大队。各生产大队又下辖数量不等的生产队。

自1958年建立人民公社后，生产大队、生产队的规模和数量变动较大。以曹娥公社为例，1958年10月至1961年9月，仅划分为4个大队（核算单位），1961年9月，分为9个大队。1977年新建农场大队（不设生产队），至此已有了10个大队。生产队的规模、数量变化亦很大。以新民大队为例，1958年时仅划分为4个生产队，几经拆分，至1983年人民公社改乡时有生产队13个。

1983年10月，改变“政社合一”的人民公社体制，实行政社分设，恢复乡、村建制。

第五节　农村经济体制改革

家庭联产承包责任制

1981年4月开始试行家庭联产承包责任制，从分组作业、联产计酬起步，发展为大田包干到组、户，果木等经济特产实行专业承包。是年5月，朗海公社三大队在第六生产队试行家庭联产承包责任制。1983年春，开始实行按人口、劳动力分地到户经营的大包干，生产队与农户签订3—5年承包合同，“交够国家的，留足集体的，剩下都是自己的”。朗海公社三大队是全县棉区最早实行家庭联产承包责任制的大队之一，该大队支部书记陈贵荣曾在全县推行家庭联产承包责任制的大会上发言介绍。1984年春，境内所有生产队普遍实行家庭联产承包责任制，大田承包期延长到15年以上。至此，历时3年的农村经济体制改革第一步基本完成，境内所有农村集体生产单位（生产队）由集体经营转为家庭经营（生产队改称村民小组）。1995年，小曹娥镇23个村实行家庭联产承包责任制，农户共9712户，全镇1929.7公顷耕地全部实行“双田”（口粮田、承包田）制经营。

产业结构调整

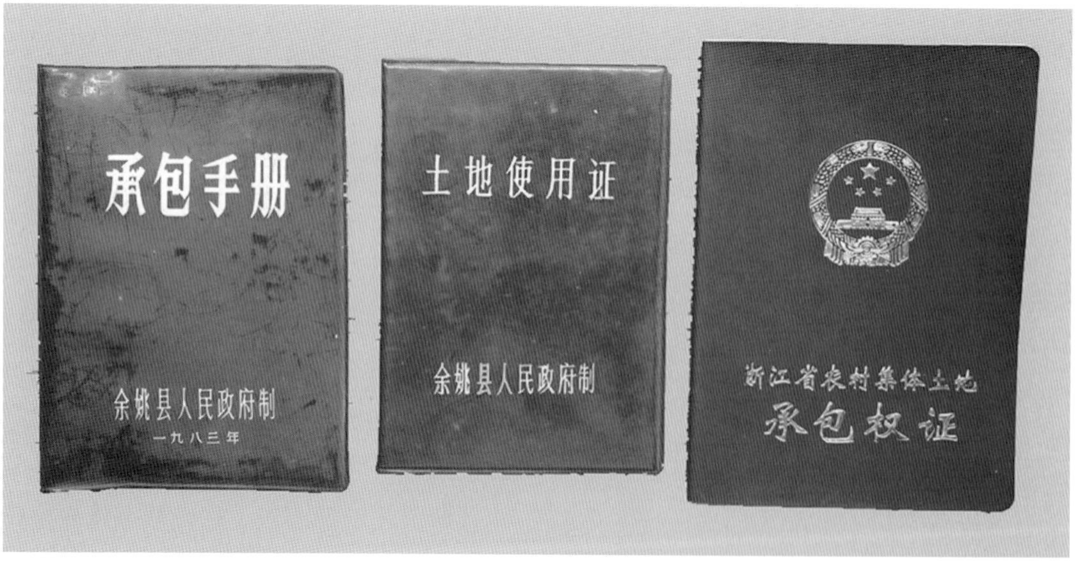

◎ 土地承包手册、使用证、承包权证（2018年吴华春摄）

1995—1999 年（第一轮）家庭联产承包责任制情况表

表 4-1-3

年度	1995	1996	1997	1998	1999
村（个）	23	23	22	22	22
生产队（个）	233	233	233	233	233
家庭承包经营的农户（个）	9712	9743	9778	9812	9818
家庭承包经营的耕地面积（亩）	28946	28548	28335.5	28027	28138
实行“双田”制的生产队（个）	233	233	233	233	233
口粮田面积（亩）	2892	1386	10564	2382	5771
承包田面积（亩）	27037	27712	28158	28027	27115.99
按人口承包的耕地面积（亩）	13518.5	13856	14079	14013.5	13558
按劳动力承包的耕地面积（亩）	13518.5	13856	14079	14013.5	13558
招标承包的耕地面积（亩）	1341	1095	831	—	—
转包转让的农户（个）	1254	1254	1032	—	—
转包转让的耕地面积（亩）	7700	7700	7066	—	—

1984 年后，农村在完善家庭联产承包责任制的同时，逐步进行以调整农业内部产业结构为主要内容的农业经济第二步改革。以粮、棉生产为主，全面发展工、商、副业及多种经营。承包田向种田能手、专业户集中。1995 年，全镇承包耕地 3.33 公顷以上的承包户有 29 户，承包耕地 239.3 公顷。1999 年发展到 1254 户，承包耕地 513.3 公顷。2007 年，全镇 8 个行政村实行适度规模经营的耕地面积 973.5 公顷。随着农村各业经济全面发展，农村劳动力向多方面转移。专业合作社、家庭农场陆续创办。2017 年，全镇农村总劳动力 18605 人，以务农为主的劳动力 5577 人，占 29.98%；牧业占 0.15%，渔业占 0.1%，工业占 40.2%（职工总人数 7480 人），其他 29.57%。

建立双层经营体制

1985 年后，农村经济体制改革在稳定和完善家庭联产承包责任制的同时，重视发展村级经济。各行政村积极创办集体经营的工厂、副业及为农业生产配套的各项事业，村级固定资产总值逐步增长。

1993—2017 年村级财务情况表

表 4-1-4

单位：万元

年度	村级财务收入	村固定资金产值	年度	村级财务收入	村固定资金产值	年度	村级财务收入	村固定资金产值
1993	101	540	2002	66	2425	2011	19	11606.51
1994	89	1043	2003	58	2768	2012	42	12541.71
1995	120	1327	2004	66	3346	2013	30	19273.85
1996	107	1250	2005	25	4453	2014	26	22198.56
1997	108	1256.56	2006	11	5037	2015	34.4	24942.17
1998	118	1533	2007	8	5873	2016	81	26856.39
1999	78	1624	2008	7	7021.16	2017	41.28	28185.91
2000	104	1783	2009	20	7676.08			
2001	108	1948	2010	22	8549.65			

第二轮土地承包

2000 年，第一轮土地承包到期后，在“大稳定、小调整”的前提下，按照明确集体土地所有权，稳定农户土地承包权，搞活土地经营权的原则，把各农户的土地承包期再延长 30 年，农村土地家庭联产承包经营责任制得以稳定和完善。

2014 年 7 月至 2017 年 7 月，在全镇范围内实施了农村承包经营权确权登记工作，通过清理规范土地承包档案、查核承包地块面积及四至、建立土地承包经营权登记簿、开展承包经营权登记和变更注销登记、实施土地承包信息化管理等系列工作，进一步明晰农村土地承包经营权归属，赋予农民更加充分的农村土地承包经营权，保护农民土地承包权益，进一步促进农村土地依法有序流转。2017 年，土地流转 33.91 公顷。土地流转加快了农业集约化、规模化经营，提高土地利用效率，进一步促进城乡要素自由流动，实现资源优化配置，增强农业农村发展活力，促进农村经济繁荣发展。

2000—2017 年第二轮农村土地承包责任制情况表

表 4-1-5

年度	2000	2001	2002	2003	2004	2005	2006	2007	2008
行政村（个）	22	8	8	8	8	8	8	8	8
家庭承包经营的农户数（户）	10697	10672	9716	9504	9865	10138	9878	10046	9878
家庭承包经营的耕地面积（亩）	28537	26888	27886	26443	26715	24922	24348	24377	25576
完成两轮承包的行政村（个）	22	8	8	8	8	8	8	8	8
完成两轮承包的耕地面积（亩）	28537	26888	27886	26443	26715	24922	24348	24377	25576
机动地面积（亩）	1341	1341	1095	831	214	420	325	309	325

续表 4-1-5

年度	2000	2001	2002	2003	2004	2005	2006	2007	2008
承包田面积（亩）	28537	26888	27886	26443	26715	24922	24348	24377	25576
按人承包耕地面积（亩）	14268.5	13444	13943	13221.5	13357.5	12461	12174	12188.5	12788
按劳动力承包耕地面积（亩）	14268.5	13444	13943	13221.5	13357.5	12461	12174	12188.5	12788
招标承包耕地面积（亩）	—	—	—	—	—	—	—	—	—
转包转让的农户数（户）	—	—	1156	—	—	32	122	156	262
转包转让的耕地面积（亩）	—	—	2721	—	—	550	—	524	805
实行耕地适度规模经营的行政村（个）	—	—	—	—	—	1	4	8	7
实行耕地适度规模经营的土地面积（亩）	—	—	—	—	—	550	1159	14602	11461
年度	2009	2010	2011	2012	2013	2014	2015	2016	2017
行政村（个）	8	8	8	8	8	8	8	8	8
家庭承包经营的农户数（户）	9762	9762	9762	9762	9762	9762	9762	9762	9762
家庭承包经营的耕地面积（亩）	24348	24303	24303	23655	23564	23559	23318	23274	23253
完成两轮承包的行政村（个）	8	8	8	8	8	8	8	8	8
完成两轮承包的耕地面积（亩）	24348	24303	24303	23655	23564	23559	23318	23274	23253
机动地面积（亩）	325	329	329	329	434	453	532	524	524
承包田面积（亩）	24348	24303	24303	23655	23564	23559	23318	23274	23253
按人承包耕地面积（亩）	12174	12151.5	12151.5	11827.5	11782	11779.5	11659	11637	11626.5
按劳动力承包耕地面积（亩）	12174	12151.5	12151.5	11827.5	11782	11779.5	11659	11637	11626.5
招标承包耕地面积（亩）	—	—	—	—	—	—	2545	—	—
转包转让的农户数（户）	122	122	621	1414	2709	2937	3064	2936	5032
转包转让的耕地面积（亩）	1374	1374	656	3226	5300	4673	4738	5952	7630
实行耕地适度规模经营的行政村（个）	8	8	8	7	8	7	8	8	8
实行耕地适度规模经营的土地面积（亩）	12261	12261	15152	15520	16916	16922	16907	16860	16860

注：2001 年，22 个村合并调整为 8 个行政村。

村经济合作社股份合作制改革

2015年4月，全镇8个村经济合作社均按镇党委、镇政府统一部署，进行了股份合作制改革，改革后将原村经济合作社统一改名为村股份经济合作社，设董、监事会，社长改称为董事长。股改后，集体资产所有权不变，明晰产权，确权到人。根据本镇各村经济状况，实施基本型股改，按照“搭股改框架，打股改基础”的要求，先界定固化成员，暂不量化资产，实行确权确股不确股值，股权统一设置“人口股”，不设“集体股”，只明确成员在集体资产中的股份数，暂不量化集体资产。股改中，按照全面、准确、公平和不遗漏、不两头占、不两头落空的原则界定成员资格，确定股权，股权原则上实行静态管理，股权份额一次性核定，固化到户，股跟人走，实行生不增、死不减、可继承、可按规定在股份经济合作社内部转让，但不得退股提现。

2017年，各村股份经济合作社董事长：曹一村陈巨峰、曹娥村金建煊、建民村章国锋、朗海村沈新康、滨海村章传新、南新庵村宣丽君、镇海村周松校、人和村章银良。

第二章 工商业经济体制

第一节 中华人民共和国成立前工商业经济体制

明成化年间，境内始有人垦殖，从事经济活动。小曹娥经济历以制盐、植棉为主，辅以近海捕捞。境内盐场随着海岸线北延而不断外移，种植棉花为主的农业得到较快发展，渐成“浙棉”主要产地。农业生产的发展带动农产品加工、销售、运输业的兴起。至清末，境内英生街成为方圆数十里内商贸兴盛、购销两旺的货物集散地。大多乡民均有手工业和经商专长，农忙务农，农闲搞副业，家庭手工业遍布乡里。

盐业生产、销售历来由国家专营，生产规模、场地设施均有专门机构统配或审定。清末民国初，海涂淡化，盐业萎缩，境内大规模制盐逐渐停止。

民国时期，境内以棉花种植为主的农业及近海捕捞业发达，商贸、手工业发展比较活跃。是时，有工场3家、手工业20余户、店铺42家，摊贩100来户，主要分布于英生街和曹娥街。商贸、手工业均属私人经营，按资本归属分，有独资经营、合股经营，以独资经营为主。独资经营、工厂商店为一体的商号有乾康米店、添源米店、施同兴米店、成氏磨坊等，从业人员10余人；合股经营、商店工场为一体的商号有王合兴、荣大行、复大行、济美酱园，股本金均在2000元，职员20余人。按业主从业状况分，有地主兼营工商业者，有工商业主购置田产者，亦有单一从事工商业的业主。英生街原有商铺24家。1941年，日本侵略军炮轰英生街，民房被毁，王合兴的商船被烧。1943年，日伪把英生街围入海地笆墙内并以此为据点，以致店铺歇业、小商小贩逐渐消散，是时仅剩5家店铺，均为独资小本经营，商业职员不足10人。抗战胜利后虽陆续有所恢复，但已难及昔日兴旺。曹娥老街在中华人民共和国成立初期有近10家商铺，商业职员20余人，其中资本在1000元以上的2家，手工业从业人员40余人。各业工匠、小贩、货郎担无固定经营场所，或走村串乡，或沿街叫卖，亦无固定资本。

第二节　手工业　私营工商业社会主义改造

手工业社会主义改造

中华人民共和国成立后，人民政府根据自愿结合的原则，鼓励成立手工业生产合作社或生产小组。1952年，王金根、阮连清、潘水康、潘友康等7人率先建立竹业小组。后又建立2个木业小组，参加人员20余人。属初级社形式，生产工具个人所有，分散经营，统一管理供销，自负盈亏。

1956年，在社会主义改造中，手工业组织并社升级，按行业组建竹业、木业、五金铁业3个手工业生产合作社，参加社员49人，后发展至133人。各社负责人为陈双夫、唐世表、邹小牛等。实行生产资料折价入股，股金陆续归还，统一经营，统负盈亏，实行固定工资和劳动分红相结合的分配制度。

私营工业社会主义改造

中华人民共和国成立初期，曹娥乡有私营工业1家济美酱园，由施渭林、戚仁甫、金松和、周永森4人合伙经营。

1951年，人民政府对私营企业进行资产重估，采取供应原料、贷放资金、收购成品、调整工商关系等扶持措施，帮助恢复和发展生产。酱油加工业通过加工订货、统购包销，使之纳入国家计划。

1956年，按照"利用、限制、改造"的方针，对私营工商业开展公私合营形式的社会主义改造。是年2月，济美酱园完成公私合营改造。1958年6月，济美酱园和泗门同润、同和酱园合并，改名为公私合营泗门油酱商店，归泗门供销社管理。

对私营工业的社会主义改造采取"赎买"政策，通过清产核资核定私股总额，按股定期付息。自1956年1月起付5%年息，20年结清（实际到1966年9月停止付息）。对私营工业从业人员采取"包下来"的方针，量才使用，职工全部录用，私方代表戚仁甫被任命为济美酱园副经理。

私营商业社会主义改造

中华人民共和国成立时，境内共有私营零售商业130多家，其中坐商34家，摊贩近百户。

1951年，对股本2000万元（旧币）以上的商户进行资产重估。1952年，在私营工商业中开展"五反"运动。3—4月间整顿改造行商，反对行商霸市，降低佣金（由10%降至5%以下）。以供销社为主体，建立交易所，取代私营行商。1953年，在小商小贩中成立联购分销组，由行业相近的商贩自愿组合，集中采购，分散经营，风险自担，盈亏自负。是年11月，实行粮食统购统销，私营粮店全部歇业或转业，由供销社粮食供应站、代销店经销粮食。1954年，棉布实行统销，曹娥2家棉布店改并为1家联营经销店。1955年，私营油商停止采购加工，油坊歇业。

1956年初，私营商业社会主义改造进入高潮，对商业资本家进行社会主义改造。是年冬，对2家私营商号（调元堂药店、华美布店）实现了公私合营。政府对私商资产作为私股实行"赎买"政策，对其从业人员按"量才录用，适当照顾"原则聘用，调元堂老板施正福、华美布店老板周永森被任命为副经理，雇员则全部留用。

对31户（35人）小商小贩按"统筹兼顾、全面安排"的方针，组建合作商店。部分商贩在土改中已放弃商贩身份，分了土地，就不再安排商业岗位。是年，曹娥鱼蔬合作商店成立，为曹娥乡第一家合作商店，经理姚炳良。后又建立3家综合性合作商店，47人组成合作小组。小商小贩原有的经营资产经折价后投入合作商店，逐年还本。1956年底，境内私营商业社会主义改造全部完成。

第三节　工商业经济体制改革

在改革开放大潮中，域内工商业经济体制改革逐步推进。

工业体制改革

工业体制改革大致划分为两个阶段：第一阶段为20世纪80年代至90年代初，工业企业由点到面进行经济体制改革，主要是调整和理顺行政与企业、计划经济与市场经济的关系，扩大企业自主权。扩权范围，县属大集体企业有15个方面50条，乡镇企业有10个方面23条。境内无国营企业，集体企业多为独立核算，自负盈亏，生产、销售、分配等方面享有较多的自主权，经营机制灵活。第一阶段改革侧重理顺政企关系，调整企业内部经营管理体制，主要改革内容有：

改革企业内部经营管理体制　调节企业与职工的关系，实施奖金制，实行以绩利挂钩为主要内容的经济责任制。1980年前，公社集体企业职工每月到手现金为6元补贴及加班费，工资则由企业拨给生产队，生产队给职工记同等劳力工分，参加生产队分配。1980年后，企业职工工资与生产队实行半脱钩办法。企业按职工工资的5%拨给生产队，职工在生产队参加粮、油、柴草等分配，其余工资直接发到职工。企业实行评级工资制，评级工资报公社备案，同时实行职工奖金制，由公社工业办公室按照前三年平均利润和企业发展情况，确定利润包干基数，超利润包干部分按适当比率作为职工年终奖，经工业办公室审核后由企业分配到职工。公社内各企业的职工工资基本一致。男职工工资每月28—34元，女职工工资每月22—26元。1983年后，分配形式开始多样化。各企业实施基本工资加浮动工资办法，以后逐步实行男女同工同酬、按劳取酬。至1987年，基本形成浮动工资、计件工资、超额工资、计时工资、联利计奖、记分计奖、职务补贴等多种分配形式。对供销人员，采取核定基数、超额奖励的报酬形式。

实行厂长负责制　1983年，乡镇集体企业开始实行以厂长（书记）为主的集体承包制。1984年，在厂长负责制试点之初，乡镇工业办公室对企业的厂长（书记）实施百分考核，按企业主要经济指标完成情况，年终单独考核，强化厂长为代表的承包责任制。1985年基本实行厂长负责制，确认厂长在企业的中心地位。在遵守国家政策、法令、法规，加强企业民主管理的前提下，厂长有人事任免、职工奖惩、机构设置的权力；主持制订和组织实施生产计划的权力；对人员、资金、物资调度和处理的权力；决定企业经营政策、制订技改计划的权力；安排产品品种、产量，决定产品价格浮动的权力；以法人身份对外履行经营、司法责任的权力。1989年，全面推行厂长负责制。

推进企业改组和经济联合　20世纪80年代后，乡镇企业逐步实行内部行业结构的调整及外部经济联合，陆续出现跨部门、跨地区、冲破所有制界限的经济联合体和多种横向经济联营。主要形式，有借用外地名牌生产的联营，如洁丽日化厂借用上海“霞飞”品牌生产化妆品系列；有以军工企业为主体的专业协作生产的联营，如831厂；其他还有为扩大资金来源，解决原料困难的补偿贸易联合，为扩大产品销路的工贸联合；为扩大生产门路的市内企业间的联合。80年代末至90年代初，企业开始寻求与科研单位、大专院校进行教育、科研、开发等“一条龙”协作，如食品添加剂厂（宁波王龙科技股份有限公司前身）与中科院原子能研究所协作。1991年，境内共有联合企业4家。通过第一阶段的改革，使企业增加了活力，工业经济发展速度加快，企业的管理水平和经济效益明显提高。

第二阶段是进行工业企业产权制度的改革。1994年上半年，首先对余姚食品添加剂厂进行企业主个人买入全部资产，承担全部债务的经营机制转换试点工作，当时该企业资不抵债数额较大，经政企双方协商，决定由企业主个人承担全部实际债务，占总负资产额的2/3，镇政府承担1/3，即以企业所用土地折价相抵，由此拉开了小曹娥乡镇企业转制的序幕。当年11月，在朗海教仪厂开展以股份制形式的改制试点，另选定小曹娥针塑厂、朗海石棉厂、朗海新颖保温材料厂、镇海菜厂等4家企业为第一批转制企业。开展动产拍卖、不动产租赁等4种类型的经营机制转换，由镇转制工作领导小组负责指导。1995年下半年，转制工作全面铺开。主要步骤是企业自行组织清产核资；镇转制领导小组成员到企业实地评估；评估材料报镇党委、政府审定；上报市乡镇工业局、财政局批准，组成股份合作制形式的新企业。1996年，全镇64家集体企业中（村办企业36家），转制57家，占89.1%。其中组建了3家有限责任公司和4家股份合作企业；动产拍卖、不动产租赁的3家，全拍卖的15家，全租赁的16家，兼并1家，原属挂靠企业应扎帽的15家，实行资产增值承包的7家，形成由企业经营者独资或合资经营的私营企业。与镇属集体企业同步转制的还有村办企业。村办企业转制是在镇转制领导小组指导下，由村民委员会直接负责，方法步骤与镇属企业相似。至1998年，全镇企业转制基本结束。第二阶段改革使企业产权得以明晰，企业经营者的责、权、利达到基本统一，民营企业进入迅速发展时期，为现代企业制度的创建打下了良好的基础。

商业体制改革

1979年起，逐步改革商业体制，扩大商业流通渠道，全面开放集市贸易，鼓励和扶植合作商业、个体商贩的发展。提倡多种经济成分、多种经营方式、多种流通渠道并存，打破城乡封锁、条块分割、行业单一的局面。棉布、食油、粮食及大多数商品由统购包销逐步改变为计划收购、订购选购、代批代销、自由购销。供销部门所属商业网点逐步由统一经营、统一核算转为商店独立经营、独立核算、自负盈亏。1983年起，供销社恢复为集体所有制，重申以组织上的群众性、管理上的民主性、经营上的灵活性为办社原则，重新清股扩股，召开社员代表大会，民主选举理事会、监事会。1984年，合作商业与供销社脱钩，成立商业公司。

2000年6月，泗门供销社所属全部网点（包括曹娥供销分社、镇海供销分社）和商业公司先后改制。所有在职职工按工龄补偿，供销社资产实行拍卖、租赁，商业公司资产全部拍卖。结束了供销社、合作商业在商品流通领域长达40余年的主导地位。商业体制改革促进了市场竞争，推动了个体商业的发展。使商业流通中间环节减少，众多商品产销直接见面，市场购销两旺。

第三章 经济发展

第一节 发展概况

镇境濒临杭州湾，明成化年间，随着海涂北延，潮塘围筑，已有先民活动。清代，数条海塘穿境而筑，外地移民陆续在此定居，广辟盐场，引种棉花桑麻，经济初现繁荣。至清末，境内荫胜街（后称英生街）集市逐渐兴起，成为境域及周边地区的农贸集散地之一。

晚清始海涂淡化，盐业萎缩，至民国初大规模制盐停止。民国35年（1946），时境内耕地总面积2062.67公顷，农作物遭受返盐威胁，产量低微，农业靠天时，主要种植棉花。粮食作物主要是冬作的大麦、小麦、蚕豆及夏作少量高粱、玉米、小米等，自产粮食不足一季口粮，其余靠外地输入。棉地正常年景亩产皮棉15—20千克，可折换稻谷150—200千克，如无风潮等灾害尚可勉强自给。工商经济发展极其缓慢。

中华人民共和国成立后，经过土地改革，生产力获得解放，工农业，特别以棉花种植为主的农业经济得到较快的发展，1951—1961年，棉花产量年平均增长12.2%，手工业生产得以恢复发展。

1952年，工业产值（主要是棉花加工）31.90万元；1953年为24.95万元；1954年为78.23万元。

1951—1961年原曹娥乡（管理区、公社）棉花产量一览

表4-3-1　　单位：吨

年份	1951	1952	1953	1954	1955	1956	1957	1958	1959	1960	1961
总产量	412.2	553.2	557	743	1239	409.2	1350.5	1283.1	1420	1313.4	1462.3
增长率（%）	—	34.2	0.69	33.39	66.76	−66.97	230.03	−4.991	10.67	−7.51	11.34

注：1956年遭遇风暴台风灾害。

1953—1956年，农业、手工业和私营工商业社会主义改造基本完成，建立和发展公有制经济，生产条件得以改善，社会经济稳步发展。

1958年，工农业生产大搞“大跃进”“高指标”，土法上马的小工业遍地开花，如小钢炉、小化肥，工业产值比上年成倍增加，生产员工则多达上年的8倍。1959—1961年，因高指标、平调风挫伤工人、农民的积极性，加上三年困难时期，致使工农业生产急剧下降，物资匮乏、市场萎缩、人民生活陷入困境。

1961年后，贯彻国民经济“调整、巩固、充实、提高”的八字方针，缩短战线，关停不具备生产能力的工厂，精减职工，压缩非农业人口，调整农村积累比例，使经济得到恢复发展。1966年“文化大革命”开始，经济工作受到严重干扰。由于政策限制发展多种经济，造成市场生活必需品缺乏。社队工业虽然开始起步，但整个农村经济增长缓慢，以棉花为主的农业产值徘徊在1965年前的水平。

1976年10月“文化大革命”结束，经济进入持续发展阶段。1978年12月，中共中央召开十一届三中全会后，农村实行家庭联产承包责任制，使农村经济得到快速发展，乡镇企业进入第一个快速发展时期。1980—1985年，工业产值年均递

增 41.4%，农业产值年均递增 14.2%。

1986—1991 年，工农业总产值年均递增 11.67%，其中工业年均递增 10.08%，农业年均递增 28.19%。

1992 年 5 月撤区扩镇并乡后，工业企业由点到面开展以经营机制转换为重点的产权制度改革，进一步激发企业活力，民营企业进一步崛起。农业通过调整产业结构，实施第二轮土地承包，农业生产稳步发展。其间，外向型经济和第三产业亦得到迅速发展。1992—2000 年，工农业生产总值年均增长 27.03%，其中工业年均增长 36.3%，农业年均增长 14.06%，财政收入年均递增 23.85%。1999 年设立工业功能区，后来改为余姚市食品园区。2000 年后，全镇工商企业产权体制改革基本完成，在社会主义市场经济规律指导下，注重一、二、三产业协调发展，严格控制增量，严格环境准入门槛，淘汰落后产能，调整产业结构，促进工艺、设备和产品的升级换代，依托先进科学技术、现代企业管理，全镇经济进入快速、稳定、可持续发展阶段。

2003 年，食品工业园区、滨海产业园落成，促进了全镇工业的发展。2014 年，工业产值在工农业总值中的比重占到 87.38%。2003—2017 年，全镇工农业生产总值年均递增 17.53%，工业产值年均递增 18.7%，财政收入年均递增 20.97%。至 2017 年底，全镇共有注册企业 2381 家，其中工业企业 735 家，从业人员 10983 人，股份制企业 9 家、中外合资企业 4 家、外资企业 9 家、私营企业 713 家，个体工商户 1673 家。全镇实现工农业总产值 167.85 亿元，是 1980 年的 1051 倍，其中工业总产值 160.30 亿元，比 1980 年增长 2914 倍；农业总产值 7.55 亿元，比 1980 年增长 72 倍；农民人均收入 2.9 万元，比 1980 年增长 136 倍；财政总收入 3.98 亿元。

1983—2017 年工农业生产总值一览表

表 4-3-2

年份	总产值（万元）	工业（万元）	比重（%）	农业（万元）	比重（%）	年份	总产值（万元）	工业（万元）	比重（%）	农业（万元）	比重（%）
1983	3351	1600	47.8	1751	52.2	2001	112100	91100	81.27	21000	18.73
1984	4627	2467	53.3	2160	46.7	2002	13800	115000	83.33	23000	16.67
1985	5144	3111	60.5	2033	39.5	2003	161300	13.6	84.31	25300	15.69
1986	5440	3306	60.8	2134	39.2	2004	21400	187000	87.38	27000	12.62
1987	4165	1520	36.5	2645	63.5	2005	276500	248000	89.69	28500	10.31
1988	5948	2463	41.41	3485	58.59	2006	350000	320000	91.43	30000	8.57
1989	6878	3055	44.42	3823	55.58	2007	511800	480000	93.79	31800	6.21
1990	7688	3531	45.93	4157	54.07	2008	758500	720000	94.92	35300	4.65
1991	12001	5028	41.9	6973	58.1	2009	827900	789600	95.37	38300	4.63
1992	14033	7056	50.28	6977	49.72	2010	1051700	1010700	96.1	41000	3.9
1993	18517	10517	56.8	8000	43.2	2011	1222100	1177000	96.31	45100	3.69
1994	27710	17100	61.71	10612	38.29	2012	1405500	1355000	96.41	50500	3.59
1995	46000	33000	71.74	13000	28.26	2013	1558000	1501000	96.34	57000	3.66
1996	66700	50100	75.11	16600	24.89	2014	16134000	1550000	96.07	63500	3.93
1997	69600	52200	75	17400	25	2015	1542000	1475000	95.65	67000	4.31
1998	82000	63500	77.44	18500	22.56	2016	1591400	1520000	95.5	71400	4.5
1999	94800	73800	77.85	21000	22.15	2017	1678500	1603000	95.5	75500	4.5
2000	107500	8.5	79.07	22500	20.93						

1992—2017年财政税收情况表

表4-3-3　　　　单位：万元

年度	合计	税收	基金	预算外
1992	283	240	—	43
1993	286.7	183	—	103.7
1994	417	351	—	66
1995	659	348	—	311
1996	293	163	—	130
1997	567	271	67	229
1998	1136	311	127	698
1999	1567	506	101	960
2000	2026	782	152	1092
2001	2647	1079	429	1139
2002	3239	1487	310	1442
2003	4459	1957	1871	631
2004	6230	2466	1206	2558
2005	7488	3360	2159	1969
2006	10376	6386	9	3981
2007	13200	8971	308	3921
2008	16725	13341	375	3009
2009	18394	15106	326	2962
2010	24062	19832	648	3582
2011	22670	21200	1470	—
2012	25485	25485	—	—
2013	27441	24420	3021	—
2014	32000	30405	1595	—
2015	32657	32130	527	—
2016	28309	27611	698	—
2017	39867	39048	819	—

第二节　产业构成

农业比重

清雍正二年（1724）筑榆柳塘前后，盐业、农业遂成主业。至民国初期，因海涂淡化，盐业逐渐萎缩，现境成为植棉为主的农业区。民国时期，境内农业比重占社会总产值的96%以上。

中华人民共和国成立后，农业稳步发展，工商业、副业发展迅速，农业比重逐渐下降。20世纪60年代，农业产值占社会总产值的90%左右，70年代降至85%以下。1977年，农业产值占社会总产值的75.32%，1984年，工业产值首次超过农业产值。1994年，农业产值由1993年的8000万元攀升至1亿元，至1999年突破2亿元。尽管农业持续快速发展，农业总产值从90年代前的2000万—4000万元，上升至2000年的2.25亿元，2017年的7.55亿元。但由于工业的高速发展，农业所占比重还是逐年下降。从90年代前的约60%，下降到2000年后的20%以下，2017年，农业总产值仅占工农业生产总值的4.5%。

中华人民共和国成立后，农村经济收入构成亦发生显著变化。1949年，农村收入中，农业收入占95%以上。20世纪60年代，社办企业开始起步，至70年代，农业收入占85%左右。70年代末，农业收入占75%—80%。1981年，农村开始实行家庭联产承包责任制，农、工、副、商业全面发展，农村经济摆脱了单一的农业生产传统结构。农村收入构成中，农业收入比重逐年下降。1990年，农业收入占总收入的53.56%。1993年，工业收入开始超过农业收入。1998年，农业收入占总收入的30.71%，工业收入占总收入的60.1%，商贸服务业收入占总收入的9.19%。至2017年，工业、商贸服务业收入在农村经济收入中的占比进一步上升。

工业比重

中华人民共和国成立前，境内主要以农业为主，工业只有1家酿造企业和粮食、棉花等加工作坊6家。中华人民共和国成立初期，境内工业总产值不足工农业总产值的3%。20世纪50年代，由于大办工业，工业比重有所上升，占4%左右。

60年代，二轻工业，社队企业开始起步，1977年的工业产值在工农业总产值中的比重达到24.68%，1980年达到34.46%。1980—1995年，乡村工业中主要是蔬菜加工业发展较快，但工业门类相对单一，全镇榨菜的产、销、利占全镇工业的40%以上。1996年后，工业结构门类逐渐增多，机械、建材、化工、电子等行业兴起，产值分别占20%、18%、17.45%、6.5%，比重逐步上升。2000年后，乡镇工业快速发展，2001年，工业产值在工农业总产值中的比重超过80%。特别是2003年，工业功能区、滨海产业园落成后，极大地促进了全镇工业的发展，2004年，工业产值在工农业总产值中的比重占到87.38%。2006—2016年持续超过90%，2017年，工业产值已占工农业总产值的95.5%。

商业比重

中华人民共和国成立初期，全镇商业总产值占社会总产值不足2%。20世纪80年代后，个体商业发展迅速，市场活跃，商业比重有较大提升。1983年社会总产值3755.63万元，其中商业150.19万元，占4%。1993年，上升至4.9%。2000年商业体制改革后，个私商业遍布全镇，现代物流、现代商业发展方兴未艾。2017年，社会总产值174亿元，其中第三产业12亿元，占社会总产值的6.8%。境内主要商业区商贸服务企业445家，其中修理27家、服务44家、餐饮81家、商业293家。社会消费品零售额占社会总产值比重为3.3%。镇内东起曹娥老街，西至镇海街，形成吃、穿、用、住、行、通信、旅游、服务业等行业较全的商贸街。传统商贸服务业有了新发展，全镇专营店、超市卖场、饭店、银行网点布局日趋合理，商贸经济呈现持续、稳定、健康发展的趋势。

第三节　固定资产投资

全社会固定资产投资

1977年前，境内基本建设项目少、规模小、投资少，年固定资产投资不足100万元。1978年中共十一届三中全会后，农村经济全面发展，新建项目逐年增多，固定资产投资增长。1990年，固定资产投资总额250.2万元，其中生产建设性投资190.6万元，非生产性建设投资59.6万元。1992年后，固定资产投资增长加快，1993年3492万元，1994年3557万元。2000年后，固定资产投资超亿元。2017年达156183万元。

政府投资

1985年前，乡镇政府属报账单位，基本建设投资由县财政直接安排。地方公共事业投资主要靠社会募集和上级补助，乡镇一级不投入专项资金。1986—1991年，基本建设项目增多，时境内乡镇财政规模小，难以安排基本建设项目资金，公共性基本投资主要还是依靠社会集资。1992年撤区扩镇并乡后，投资逐步增加。2000年后投资幅度迅速增大，2003年增至12864万元。2004年34272万元，2017年38455万元，这些投资主要用于城乡公共设施建设。

集体单位投资

1978年，社队办企业固定资产投入29.061万元。1992年前，集体单位投资主要集中在乡镇企业。1978—1992年，乡镇集体所有制企业发展，生产规模不断扩大，基本建设投资年均60万—70万元。1993年后，工业企业开始产权制度改革，镇村集体资金逐步退出对企业的直接投入，转由企业自主投入。1996—2006年，全镇工业企业固定资产投资年均递增14.7%，2011—2017年，年均递增17.6%。2017年，投入117728万元。

农村私人建房投资

20世纪70年代起至80年代初，农村建房以草房翻建瓦平房为主。1983年，农村私人建房44048平方米，其中楼房17322平方米，占农村私人建房的39.32%。80年代后期开始，农村建房向楼房发展。1991年，私人建房46660平方米，其中楼房45693平方米，占农村私人建房的97.93%。2017年，私人建房40套、8290平方米，投资额约2800万元。

1993—2017年工业企业固定资产投资

表4-3-4　　单位：万元

年份	总额	基建投资	设备投资
1993	2080	818	1262
1994	1182	813	369
1995	1369	411	958
1996	1259	590	669
1997	324	114	210
1998	417	157	260
1999	715	356	359
2000	1077	452	625
2001	3086	1294	1792
2002	4402	1238	3164
2003	6697	1647	5050
2004	10657	4959	5698
2005	7699	5212	2487
2006	8659	3482	5177
2007	—	—	—

续表 4-3-4

年份	总额	基建投资	设备投资
2008	4271	1635	2636
2009	14964	4166	10798
2010	数据缺失	—	—
2011	44460	29769	14691
2012	19961	14321	5640
2013	79850	48943	30907
2014	80545	15360	技改投入：65185
2015	90627	10101	技改投入：80526
2016	98830	5754	技改投入：93076
2017	117728	9259	技改投入：108469

注：1993—1996 年摘自《余姚市乡镇企业统计资料汇编》，1997 年后摘自镇档案工办报表。

第四章　经济行政管理

第一节　计划管理

1953 年起，国民经济实行计划管理。是年，国家对粮食、棉花等实行统购统销，由县计划委员会制订统购统销计划。1958—1960 年，实行高度集中的指令性计划管理制度。因受“大跃进”影响，确定生产指标过高，基建计划安排过大，致使劳动生产率、生产速度下降。1961 年后，执行“调整、巩固、充实、提高”八字方针，调整各业发展计划，国民经济发展趋向正常。国家对农副产品实行分类管理。一类粮食、棉花、油料等，由国家计划收购和凭票限量供应，不得自行交易；二类以上工业原料及黄麻、茶叶、柑橘、蚕茧、木材、毛竹、生猪等农产品为主，由国家收购，计划供应；三类物资（除一、二类物资外）完成交售和合同任务后，允许就近上市，但不得超过国家牌价，不得运销。1966—1976 年，受“文化大革命”的影响，各项计划管理基本废弃。1977 年 6 月，全面恢复计划管理，计划编制范围逐步扩大。1978 年，中共十一届三中全会后，根据“改革、开放、搞活”的方针，国民经济以计划管理为主，市场调节为辅，逐步缩小指令性计划范围，增加指导性计划。1994 年，中共十四大提出调整国民经济的战略布局，从计划管理转向市场调节。至 2001 年，社会主义市场经济体制初步形成。

生产计划

农业　1953 年后，国家对粮食、棉花、油料等农作物实行统购统销。县计划委员会每年编制棉花、水稻、春粮、油菜等主要农作物种植面积指令性计划，由各乡镇（公社）落实到各生产大队、生产队，并采取相应的政策和奖励措施，保证种植面积有效落实。1954—1985年，境内棉花种植面积在1486.67—1766.67公顷，粮食作物种植（主要为大麦、小麦、蚕豆）面积年均在1000—1666.67公顷。1985年后，农作物种植面积计划由指令性改为指导性。1999年，取消指导性计划。2000年后，承包户根据市场需求，自行决定农作物种植。

工业 1959年，县计划委员会开始按不同所有制（全民、集体）编制工业生产发展计划，受急于求成的冒进思想影响，计划指标定得过高。1961年，调整计划，把支农产品和日用工业品列为发展重点，对生产企业按产品产量、质量、产值、成本、劳动生产率、利润等指标实行计划管理。先后被列入计划的支农产品有插秧机、脱粒机、农用船、中小农具、农用小水泵等10余种。日用工业品有五金类53种、木器类31种、竹器类31种、其他日用品39种。手工业系统的生产则按“先维修、后制新”原则，以“一修、二配、三改、四制”顺序安排生产。1978年后，按工业行业分别制订计划，指令性计划减少，指导性计划增加。1985，企业开始实行以厂长（经理）为主的集体承包制，企业自主权逐步扩大。1993年实行产权制度改革后，企业有权按市场需求自行安排生产。

物资分配

1956年，开始对钢材、木材、毛竹、水泥、煤炭、机电产品、化工产品及有色金属等国家统配物资实行计划管理，用于支农的生产资料全部统购统配。物资分配“以条为主、条块结合”，县计划委员会将物资分配指标下达至各主管部门，再由部门分配到工厂企业，按分配计划供应。物资分配指标分申请单位和非申请单位两种，物资供应有计划供应和市场供应两个体系。县计划委员会物资供应组对部管、县管物资进行平衡、分配、调剂，并经营部分钢材、机电产品、化工原料等物资。20世纪70年代，物资计划管理内容增加，物资分配由县计划委员会审批和调拨。1980年，物资供应逐步实行“双轨制”，计划统配部分缩小，市场调节数量增加。至1985年，除国家统配的煤炭、石油、部分钢材、水泥、机动车辆、化工产品以及当地产的部分红砖、水泥实行计划管理外，绝大部分物资由市场调节供应。1993年，国家取消指令性计划物资分配制度，除统配物资、稀有金属、剧毒品、放射性物品、爆炸品及其他危险品等由国家专营控制外，其余均进入流通领域，实行市场调节。

基建安排

1958年起，基本建设项目逐步纳入计划管理。20世纪70年代，全民、集体企业投资在1万元以上的基本建设项目报省计划经济委员会审批，1万元以下的作为零星土建项目由县计划委员会审批，以后县审批额增加到2万元。1985年放宽基建项目的审批权限，简化审批手续：全民所有制企业投资在5万元以内的基建项目，由主管局（公司）审批；集体所有制企业投资在20万元以内的生产性建设项目，由企业主管部门审批；乡镇工业基建项目，除涉及利用外资、银行贷款以及规模较大者外，归乡镇工业局审批。

1986年起，实行全社会固定资产投资计划管理，全民单位实行指令性计划，集体和个体企业实行指导性计划。全民单位投资在300万元以上的生产性建设项目与投资在100万元以上的非生产性建设项目由市计划委员会审批。县属集体和乡镇企业投资在10万元以上的项目，由市计划委员会审批。为严格控制土地使用，投资在10万元以下需征用土地的基建项目，亦由市计划委员会审批。

第二节　工商行政管理

民国时期，境内工商企业登记和市场监督由县政府建设科（实业科）委托县商会及泗门镇商会代管。1950—1966年，现境工商企业登记、商标注册、市场及物价先后由县人民政府实业科、工商科、商业局、县工商行政管理局、县工商行政管理科负责管理。1967年，撤销县工商行政管理科，改设县打击投机倒把办公室，并在泗门区设分支机构，配置工作人员4人。1979年，成立慈溪县工商局泗门工商所（辖区为泗门区，含小曹娥现境，下同），负责辖区内工商企业登记注册、市场及个体商贩管理、合同、商标、广告管理，监督查处经济违法活动。是年，余姚、慈溪再次调整县境，原名改为余姚县工商局泗门工商所，配置工作人员6人。1983年，改称余姚县工商局泗门工商行政管理所，有工作人员8人。后陆续增设市场专案、企业商贸、经济合同、内勤、综合办公室，以及工商执法巡查队、消费者协会、个私企业协会（2004年改名为民营企业协会）等机构。2014年，改名为余姚市市场监督管理局泗门分局，2017年，泗门分局共有工作人员31人，其中在编干部21人。

市场管理

1949年5月，余姚解放，军管会采取行政、组织、教育等措施管理市场，打击奸商抢购、囤积，规定粮棉比价。1950年底，曹娥供销社成立，逐步确立国营经济在市场中的主导地位，设立交易所，有计划地实行全面的市场管理。1952年，泗门区成立市场管理委员会，加强辖区内的市场管理。1957年，因限制农村家庭副业和自留地种植，集市贸易减少，市场管理时断时续。1959年，经济遭遇暂时困难，为促进余粮和农副产品上市，按“活而不乱，管而不死”的原则，开放集市贸易，恢复建立市场管理委员会。

1967年，市场由泗门区打击投机倒把办公室接管，因管理过紧，使得市场萧条，部分农副产品出现场外交易，市场混乱。1979年7月，成立泗门市场管理委员会，市场逐渐繁荣。1984年后，开放三类工业品市场，一、二类工业品管理亦有松动，计划外产品和完成计划后的计划管理产品允许在指定市场交易。1985年，全面整顿市场，取缔无证商贩，处理违法交易。1988年，处理粮食、棉花违法交易71起，处理鳗苗走私15起。1991年，处理黄金走私案23起。2006—2017年，先后共查处各类违章违法案件183起，罚没款103.43万元。

1995年，开展创建“五好”“文明规范”“星级”市场活动，曹娥农贸市场达标上星级。

工商企业登记

1962年1月1日，慈溪县曹娥综合商店登记注册，为境内首家集体所有制工商登记企业。1963年，对工商企业进行整顿和全面登记。“文化大革命”期间，工商企业登记、管理、变更失控。1978年后，加强对企业开业登记、变更及歇业注销的管理。1980年，境内登记的工商企业7家。1981年9月，换发工商企业营业执照，建立企业档案和经济户口。1987年恢复对公司登记，公司企业可增挂厂牌，发展联营企业。1988年恢复对私营企业登记。1992年后，弱化前置审批，缩小许可范围，强化监督管理。1995年，国有、集体企业转换机制，工商部门采取“一歇一开”，允许保留企业名称等方法确保企业转制工作的顺利开展。

2000年，全镇登记在册工商企业632家。2013年3月，改革工商登记制度，将“先证后照”改为“先照后证”，将注册资本实缴登记制改为认缴登记制，并放宽工商登记其他条件。截至2017年底，全镇登记在册市场主体2381家，其中商业681家、餐饮50家、修理66家。按行业分类有交通运输65家，制造业1032家，批发和零售业798家，其他486家。

1980—2017年部分年份工商注册企业登记统计表

表 4-4-1　　　　单位：户

年度	集体企业	私营企业	个体工商户	合计
1980	6	—	1	7
1990	16	3	106	614
2000	34	130	468	632
2010	41	537	1589	2167
2017	19	689	1673	2381

合同管理

民国时期，民间房屋典卖租赁、现金借贷、遗产继承等流行合同形式的契约，组织经济互助会则具会单，在工商经济活动中偶有合同，因无专门管理机构，纠纷甚多，无章可循，无法可依。

1952年，供销社开始与农民签订棉花、生猪、禽蛋等购销合同。20世纪60年代初期，商业与工业部门普遍实行工商产销合同。“文化大革命”期间，经济合同制度废止，1978年恢复。

1983年，工商行政管理局建立经济合同管理股，经济合同仲裁委员会、经济合同咨询服务处等机构。是年，泗门工商所建立经济合同咨询服务站，负责辖区内经济合同执行情况的监督、检查和调解，仲裁合同纠纷。1987年设立仲裁庭，指导企业和业务主管部门搞好经济合同管理，组织企业开展“重合同、守信用”活动。至1994年，累计调解仲裁合同纠纷974件，解决争议金额465万元。1995年后，国家对仲裁制度实行重大改革，仲裁职能从工商管理分离，合同管理工作重点由仲裁向行政监督重大转变。随着《中华人民共和国担保法》《中华人民共和国合同法》《中华人民共和国拍卖法》的颁布实施，合同管理领域得以拓宽，工商部门增加对企业动产抵押物登记管理和拍卖活动的监督，重点加强对企业欺诈行为的查处和经济合同的签订工作。1993—2004年，先后命名264家企业为“重合同，守信用”企业。2017年，重续命名A级“重合同，守信用”企业4家，其中小曹娥的余姚市海正仪器有限公司为AA级“重合同，守信用”企业。

商标　品牌

1985年3月，由余姚市第一菜厂申请注册“嫦娥”牌商标，工商部门核发证照，为境内第一件注册商标。2011年6月，小曹娥镇品牌工作指导站成立。指导站充分发挥在品牌调研、创牌规划、商标注册上的优势，将商标品牌工作融入乡镇整体工作规划，引导企业开展品牌工作。至2017年，全镇注册商标610件。其中，宁波久久红食品有限公司的“久久红”商标被评为浙江省著名商标；余姚市德威电器电机有限公司的“德威”商标被评为宁波知名商标，宁波世茂铜业股份有限公司的“世茂”商标被评为余姚知名商标。另外，宁波王龙集团有限公司获浙江名牌，宁波世茂铜业股份有限公司、余姚市明达玻纤有限公司、余姚市德威电器电机有限公司等4家企业获

◎ 嫦娥牌商标
（2019年吴华春摄）

宁波名牌。

广告

中华人民共和国成立后至1977年，重要商品按计划购销，不重视广告的作用。1978年起，运用广告宣传的商品增多。1980年，工商部门开辟广告宣传专栏，指定位置张贴广告。2017年，境内从事广告的商家2家。

个私协会

1993年，余姚市个体私营企业协会泗门分会成立，协会招聘工作人员3人。协会对个私会员进行行业管理，开展“自我教育”“自我管理”“自我服务”等工作。2004年余姚市私营企业协会泗门分会改名为余姚市民营企业协会泗门分会。

截至2017年，协会评选境内个体工商户“五好经营户”80户、“诚信经营户”20户、“诚信企业”20家。

消费者协会

1987年，余姚市消费者协会泗门分会成立，接受消费者投诉，解决消费纠纷。每年在“3·15”消费者权益日前后，在小曹娥镇主干街道上悬挂消费主题横幅，公布消费投诉途径，开展各类投诉维权及咨询活动。2001年起，消费投诉网络扩大至村、社区，投诉范围从日常消费领域的质量纠纷，扩大至医疗、公用事业消费纠纷，买卖房屋纠纷等。至2017年，共处理小曹娥镇消费纠纷12起。

计量演变

清代，以尺、升、两为度量衡主计量单位。计量器具沿用尺、秤、斗、吊、提。清光绪年间，钱庄、银楼已使用天平秤计量。

民国时期，量具有三元尺、1市尺木尺、码尺、三折木尺、杆秤、戥秤、三纽秤、天平、台秤、磅秤及木制斗、升、合。民国16年（1927），废营造尺，改用米制。次年，实施《权度标准方案》，确定标准制，市制并用。民国22年（1933），以新量器市制为准，后又相继公布《度量衡法》《度量衡法实施细则》等法规30余个。但市场上仍是多种单位值并存，如有0.96尺为1尺，0.9斗、0.95斗、0.98斗、1.00斗、1.05斗为1斗，13.6两、14.16两、18.20两、24两为1斤。

中华人民共和国成立后，1950年废三元老尺，1952年废斗、升、合，标准量具由国家定点制造。1959年6月25日，国务院发布《关于统一计量制度的命令》确定公制为基本计度单位。10月，改16两制为10两1斤制。市上通行木竹制市尺、米尺、米制皮卷尺、钢卷尺，木杆市秤、公斤小秤、戥秤、台秤、磅秤、电子台秤、地秤、天平，粮油自动计量机、吊提。1977年5月，国务院颁布《中华人民共和国计量管理条例（试行）》后，逐步采用“国际单位制”。1979年1月，中医处方用药、中药销售计量一律以克、毫克、升、毫升为计量单位，取代两、钱、分。1985年1月开始使用定量木杆秤和不锈钢量提，商业部门销售液体商品按容积计价，并逐步淘汰非定量砣木杆秤和非不锈钢量提。1987年，农贸市场设电子台秤为公平秤，1992年起统一使用电子台秤。

第三节　审计　统计管理

审计

1999年3月，成立镇审计所，由镇长兼所长，配备专职副所长和审计干部，负责对镇属部门、行政村财务收支、基本建设项目等经济活动进行审计监督。2002年，审计范围从原机关内部财务收支审计，逐步向村级和工程项目延伸。并与镇纪检委联手开展监察工作，实行多管齐下，加强监督力度。2010年12月，成立监察审计室，基本职能不变。2017年，机构改革中审计工作归入财政办公室。

2002—2017年度，共完成审计项目140个，查出违纪违规金额38.22万元，收回违规资金38.22万元，核减工程款2087.56万元。提出建议、意见469条，督促村追讨欠交承包金24.36万元。

表 4-4-2

2002—2017 年审计工作情况

内容 年度	完成审计项目（个）	查出违规违纪金额（万元）	收回违规金额（万元）	核减工程款（万元）	提出建议意见（条）
2002	6	—	—	—	28
2003	13	—	—	—	37
2004	10	—	—	—	35
2005	7	—	—	70.34	26
2006	11	—	—	29.71	22
2007	8	0.6	0.6	23.4	28
2008	10	1.64	1.64	205.76	39
2009	9	1	1	61.93	27
2010	8	0.3	0.3	163.6	24
2011	9	0.95	0.95	85.1	28
2012	9	—	—	74	32
2013	8	1.05	1.05	104	27
2014	8	0.15	0.15	108	28
2015	8	2.4	2.4	400	29
2016	9	4.23	4.23	548.53	34
2017	7	25.9	25.9	213.19	25
合计	140	38.22	38.22	2087.56	469

统计

1981 年 10 月，各公社配置兼职统计人员，开始统计全公社工农业总产值和经济发展有关数据。1984 年后，增加国民收入等综合指标。1992 年 5 月撤、扩、并后，配备专职统计人员，年度统计有综合、工业、农业、固定资产投资、财政等 10 余项内容。

第四节　国土资源管理

管理机构

1998 年 6 月，余姚市小曹娥镇国土管理所成立，属市国土管理局派出机构，实行市国土局和镇政府双重领导的管理体制。2002 年 9 月，余姚市机构编制委员会调整乡镇国土管理机构，由原泗门镇国土管理所更名为余姚市泗门国土资源管理所，负责泗门、小曹娥两镇国土资源管理工作。

2010 年 4 月，根据中共余姚市委办公室、余姚市人民政府办公室《关于印发余姚市泗门镇机构设置方案的通知》，原“余姚市泗门国土资源管理所”更名为“余姚市国土资源局泗门分局”，由泗门国土分局负责泗门、小曹娥两镇的国土资源管理工作，受市国土局直接领导。主要参与土地利用总体规划编制和基本农田保护，办理建设用地审批、土地使用权登记，开展国土资源执法监察，接受群众来信来访等工作。至 2017 年底，余姚市国土资源局泗门分局共有工作人员 15 人，其中在编 10 人、编外 5 人。主要负责泗门镇、小曹娥镇两镇的国土资源管理和余姚不动产登记中心泗门分中心的行政管理工作。

筑塘围地

1949 年 7 月 24 日，因遭台风、大潮袭击，澄清塘以北多处圩丘坍塌。1950 年春，余姚县人民政府发动群众，以工代赈，在澄清塘旧址上修筑新塘，该塘东起今慈溪洋浦，西至上虞界，后改称解放塘。全长 45 千米，其中小曹娥段 6.39 千米。1952 年围筑东起朗海乡刘丁丘西至上虞交界处的胜利塘，刘丁丘以东段围筑于 1963 年（其中小曹娥段 4.15 千米）。1964—1965 年围筑 64 塘，围涂面积 255.47 公顷。1969—1971 年围筑海塘 9.71 千米，建造泗门区一、二号水库。1971—1976 年围筑九塘 8.1 千米，围涂面积 168.27 公顷。1979 年 8 月，遭 10 号台风、大潮袭击，朗海段 1.82 千米海塘全线坍塌，46.67 公顷棉花受淹，当月下旬，朗海公社发动群众，退上 100 米重新筑塘，减少围涂面积 18.23 公顷。1980 年以后，筑塘围地工程由县（市）统一进行，小曹娥镇没再围筑。

造田造地

中华人民共和国成立后 30 年间，镇境内先后两次开展大规模的造田造地运动。第一次是 20 世纪 50 年代的平毁旧坟、无主坟、平整老塘、平整土地运动，使土地不平整、河道弯曲、道路狭窄等地貌得以改观，土地面积增加。第二次是 70 年代的“农业学大寨”运动，开展大规模农田基本建设，使农田成方、道路变直、沟渠畅通，土壤改良，土地面积增加。

2000 年前后，全镇分三期开展农业土地整理项目，对沟渠进行整理改造，田间道路加宽至 4 米混凝土路肩砂石路面，共整理土地 1778.97 公顷。

2015 年起，实施农村土地综合整治项目，2017 年拆旧区 5.36 公顷，复垦新增耕地 4.91 公顷。

农田土地利用

中华人民共和国成立后至 1977 年，境内农田土地利用贯彻“以粮为纲”发展战略，造成农作物种植品种单一、产出不高。1978 年中共十一届三中全会后，农田土地利用实施“以粮为纲，全面发展”战略，调整产业结构，开发特色农业，在种粮、种棉基础上，套种、纯种榨菜等其他农作物及发展果木、养殖等，使土地利用率得以明显提高，农业经济效益明显增长。

农田保护

1991 年起，划设基本农田保护区，2000 年起，逐步调整农田保护工作，至 2017 年，划定基本农田 257 块，2109 块图斑，面积为 2063.7304 公顷，其中永久基本农田保护示范区 117 块，1574 块图斑，保护面积达 1719.2301 公顷，保护率 83.31%。埋设永久基本农田保护界桩 78 个，其中永久基本农田保护示范区 63 个，竖立镇级大型永久基本农田保护牌 2 块，村级永久基本农田保护牌 8 块。

地籍管理

1988 年 11 月开始，开展城镇非农建设用地申报登记工作，3 年中共计申报 190 宗，用地 17.0487 公顷，其中国有土地 20 宗，12.0349 公顷；集体土地 17 宗，3.4494 公顷；个人建房 153 宗，1.5646 公顷。

2017 年，共计申报 49 宗，用地 7.9271 公顷，其中国有土地 3 宗，6.325 公顷；集体土地 5 宗，1.1786 公顷；个人建房 41 宗，0.4235 公顷。

土地登记发证

1991 年 1 月，按《中华人民共和国土地管理法》规定，对境内城镇非农建设国有土地、集体土地实行登记发证。

地籍测量调查

1998 年 3 月开展地籍测量，至 1998 年 10 月完工。

土地利用现状调查

1989 年 3 月，开展土地利用现状调查，至 1989 年 12 月结束，完成各个行政村境界线（权属界线）、各种插花土地权属界线及各类土地的利用现状界线划分，以此签订村镇境界、权属界、插花地协议书和争议原由书，并绘制 1 : 10000 土地利用现状图和区域面积量算图表。

2016 年测算出小曹娥镇总区域面积 33.04 平方千米，耕地面积 1978.5535 公顷。其中曹一村耕地 184.0667 公顷，曹娥村耕地 302.2667 公顷，建民村耕地 282.9333 公顷，朗海村耕地 256.8 公顷，滨海村耕地 250.4667 公顷，南新庵村耕地 173.4667 公顷，镇海村耕地 200.8667 公顷，人和村耕地 324.0667 公顷，小曹娥镇涂田 3.62 公顷。

建设用地管理

民国期间，建设用地极少，境内道路等用地均由修建单位直接出资征购。

中华人民共和国成立初期，建设用地大多以公地为主，土地调拨、调换及须征用的，由县人民政府审批和上报。1956 年后，建设用地逐年增加。1958—1960 年"大跃进"时期，耕地任意平调、无偿占用或多头审批。1961 年后加强土地管理工作，严格审批权限，退赔平调土地，土地资源浪费现象有所控制。

1981 年 10 月，镇土地管理小组成立，配备兼职管理人员，逐步建立和健全土地管理制度。1986 年，颁发《中华人民共和国土地管理法》，土地管理工作纳入全面科学管理轨道。1987 年，各项建设用地实行计划管理。1988 年起，用地计划由余姚市计委、土管局对下年建设用地进行调查预测后上报宁波市，经宁波市审批后下达用地计划指标。用地计划指标分国家建设、乡镇村建设和个人建设 3 项，实行分项管理，专项使用。其中农村个人建设用地指标由市政府下达至乡镇，再由乡镇政府管理。

审批权限

1981 年 3 月起，国家单位征用耕地 1 亩以下（含 1 亩，下同）、非耕地 3 亩以下由县政府审核批准；乡村企事业单位征用耕地 1 亩以下的，由乡镇政府审核，报县农业局批准。建设用地征用耕地 1 亩以下，由乡镇政府审查，报县农业局批准；1 亩以上的由县农业局报县政府批准。

1983 年 7 月，国家单位和乡村企事业单位征用耕地 1 亩以下、非耕地 3 亩以下，由县农业局审查，县政府批准；征用耕地 1 亩以上至 2 亩、非耕地 3 亩以上至 5 亩，由宁波市土地管理部门审核，报宁波市政府批准。

1984 年 9 月，国家单位和乡村企事业单位征用耕地 2 亩以下、非耕地 5 亩以上至 20 亩，由宁波市政府批准；征用耕地 5 亩以上、非耕地 20 亩以上，由省政府批准，征用耕地 1000 亩以上、非耕地 1 万亩以上，由国务院批准。

1987 年，《中华人民共和国土地管理法》和《浙江省土地管理实施办法》规定：征用耕地 3 亩以下，非耕地 10 亩以下的，由县土地管理部门审查，县政府批准，报浙江省、宁波市土地管理部门备案；征用耕地 3 亩以上至 5 亩、非耕地 10 亩以上至 20 亩，由宁波市土地管理部门审查，宁波市政府批准，报省土地管理部门备案；征用耕地 5 亩以上，非耕地 20 亩以上，由省土地管理部门审查，省政府批准；征用耕地 1000 亩以上、非耕地 2000 亩以上，由省政府审查，报国务院批准。

1999 年 1 月 1 日《中国人民共和国土地管理法》修订后规定：建设占有土地，涉及农用地转为建设用地的，应当办理农用地转用审批手续。基本农田以外的耕地超过 35 公顷，其他土地超过 70 公顷的由国务院批准，国务院批准规定以外的由省政府批准，并报国务院备案。农村个人建房使用土地，应向所在村村民委员会提出申请，按村镇规划统一安排，经村民委员会集体讨论通过。1999 年 1 月前使用耕地，由乡镇政府审核，报市土地管理部门批准。使用非耕地，由乡镇政府审批，报市土地管理部门备案。1999 年 1 月 1 日后，农村村民住宅用地，经乡（镇）政府审核，由县（市）政府批准。

土地法规和监察

1982年，县政府制定《村镇建设用地管理实施细则》，对村镇建房规划、宅基地面积标准、审批制度等作出具体规定。此后，市政府根据《中华人民共和国土地管理法》和《浙江省土地使用制度改革条例》《浙江省土地使用制度实施办法》，先后制订具体实施规定、城镇国有土地使用权出让和转让的实施办法等，加强土地管理法规建设及土地监察工作。1988年成立市土地监察大队。

2002年，成立余姚市国土资源管理第四监察大队，开展土地执法检查，对各类违法占地行为作出处理。

第五节 招投标管理

2005年5月，镇公共资源交易（招投标）分中心建立。做到专职人员落实、办公设施齐全、经费单独切块保障，并由一名副镇级调研员专职分管，任镇招投标领导小组副组长兼任分中心主任。分中心专职工作人员3人，兼职人员5人。

单项合同估算价50万元以下的项目，镇招投标分中心负责招投标，50万元以上的建设项目由市招投标中心招标。单项合同估算价在市政府规定的强制招标额度以下的1万—5万元行政村集体资金投标的工程建设项目，经村民代表大会讨论通过，招标人可自行招标。但相关资料应报镇招投标分中心备案。2010年6月，小曹娥镇招投标分中心获得“宁波市级小型平台”的称号。工程建设项目招标权限扩大至单项合同估算价200万元。200万元以上的建设项目由市招投标中心招标。

土地及产权交易项目镇级国有资产、村级集体资产及所属集体所有制控股企业资产对外承租、出（转）让项目标的在1万元以上的各类招投标活动包括:（1)大宗土地流转;（2)集体资产处置;（3）村集体土地使用权转让、租赁承包等；（4）土地整理、中低产田改造、农业生态示范园区建设、小流域治理的项目建设，都必须进入招投标中心进行交易。

表4-4-3 小曹娥镇2005—2017年部分年份招投标交易数据统计表

年度	交易平台	交易次数（次）	概（预）算额（万元）	成交（中标）额（万元）	节减资金（万元）	节减率（%）
2005	市中心	9	967.9158	809.375	320.1222	13
	镇分中心	12	1538.9214	1377.34		
2006	市中心	13	1398.7913	1294.597	354.7928	8.77
	镇分中心	41	2645.9078	2395.3097		
2007	市中心	7	1692.8691	1605.5481	280.1664	4.76
	镇分中心	37	4194.6149	4001.7695		
2008	市中心	14	2122.1905	1853.2181	629.5012	11.99
	镇分中心	44	3126.622	2766.0932		
2009	市中心	3	525.0788	467.553	160.4123	8.75
	镇分中心	32	1309.0937	1206.2072		
2010	市中心	3	1355.6159	1207.1238	234.4562	8.58
	镇分中心	43	1567.4802	1465.2538		

续表 4-4-3

年度	交易平台	交易次数（次）	概（预）算额（万元）	成交（中标）额（万元）	节减资金（万元）	节减率（%）
2011	市中心	2	1869.7184	1733.6396	234.4562	6.01
	镇分中心	50	2030.6752	1932.2978		
2012	市中心	2	10730.446	10507.296	427.7625	2.81
	镇分中心	44	4496.4086	4291.7961		
2013	市中心	6	—	2154.8204	—	—
	镇分中心	41	—	2407.97		
2016	镇分中心	—	—	—	55.2341	1.82
	市中心	5	119.325	77.5893		
2017	镇分中心	45	2917.375	2634.133	—	—
	市中心	3	—	1463		

第六节　安全生产监督管理

1992 年，小曹娥安全生产监督管理开始由镇政府工贸办公室落实人员负责兼管。2007 年，建立小曹娥镇安全生产监督管理所，负责辖区内公共安全综合监督管理职能。

安全生产目标责任制

1992 年开始，事故目标管理作为镇政府和所属部门安全生产监督管理考核的一项内容。2012 年，镇政府与镇所属单位签订安全生产目标管理责任书，签订率 100%。2013 年，制定《小曹娥镇安全生产责任制实施细则》，明确安全生产一把手负责制，建立安全生产监管网格，进一步明确安全生产责任。把危化、剧毒、喷涂、金属粉尘、有限空间、棉纺、涉氨等 12 类、涉及 72 家企业作为重点监管对象。2017 年，辖区内共有企业 232 家，其中年产值 2000 万元以上规模企业 39 家，危化生产单位 4 家，危化生产经营许可单位 14 家，涂装企业 7 家，加油站 3 家，煤气站 1 家，8 个行政村和 9 个镇所属部门、事业单位，责任书签订率 100%。

安全教育

根据小曹娥特点和实际，每年制订教育计划和教育内容，强化安全教育，强化全员安全意识和防范意识。2008—2017 年，组织企业负责人、安管员、企业员工等人员，开展消防安全、特种设备、危化行业等安全培训 35 次，参加培训达 7000 多人次。

检查和整治

根据辖区内产业状况和行业特征，每年确定一批行业作为安全生产重点整治对象，开展专项行动与整治。

“打非治违”专项行动　2012—2015 年，开展以道路交通运输、消防、建设工程、工业生产企业等领域安全生产专项整治为重点的打击非法、违法生产经营、建设的“打非治违”专项行动，关闭 13 家违法生产企业，取缔 2 家非法电镀加工点和 1 家非法爆竹加工点，停止生产经营建设的非法违法单位 60 家。

餐饮场所燃气安全专项治理　2013 年，对辖区内 29 家餐饮场所燃气安全专项治理，查出隐患 69 处，整改 69 处，整改投资 1.2 万元。

用电安全专项行动 2012—2014年，联合供电部门开展安全用电专项检查，确定重点用电单位为检查对象，对查出的安全隐患发出安全整改书，限时进行整改。2014年，查出隐患36条，现场开出限期整改12家，列入限期整改的隐患32条，整改率100%。

有限空间整治 2015年10月，成立有限空间作业场所专项整治领导小组，并确定重点检查内容。2016年，确定21家单位作为有限空间作业场所为专项整治对象，并加强培训和整治力度。严格履行有限空间作业监管责任，强化有限空间事故应急处置能力。

粉尘专项整治 2016年，对粉尘和涉及粉尘作业的企业进行专项整治。检查走访，摸底排查60家重点监管企业和216家小微企业，整改3家，责令停止作业1家。

电镀行业专项整治 2017年3月，组织环保、安监、消防、公安等部门联合实施了对电镀行业危险化学品存储、使用进行规范性整治。以实现"清洁生产"；整治"三废"排放，防止渗漏；开展"五整治一提升"专项行动。专项行动检查企业20家、车间296个，查出隐患1654条，清理扩产扩建电镀企业生产线17条，责令20余家电镀企业和车间停产整改，整改率100%。

标准化创建

自2011年起，开展安全生产标准化和安全生产"标准化、规范化、信息化、示范化"和"四化联动联创"的创建工作。机械制造、化工电镀、纸品包装、玻纤、食品等行业率先开展安全生产标准化创建。2012—2017年，共有82家企业通过宁波级的验收，宁波科博特钴镍有限公司、宁波世贸铜业股份有限公司、创虹电机有限公司、余姚高思特日用包装有限公司等企业通过国家二级安全生产标准化验收。

五星级安监所创建

2016年，小曹娥安全监督管理所在公共安全综合监督管理工作中总结出"一张图、一张表、一张网、一个机制、一支队伍"工作方法（简称"五个一工作法"），积极创建五星级安监所。"五个一工作法"得到副省长高兴夫的肯定，作出"应予推广"重要指示。以"机构健全、人员专业、职责明确、制度完善、保障有力、监管有效"为工作目标，提升安监所规范化、信息化、专业化和效能化建设水平。2017年3月，被评为2016年度宁波市五星级乡镇（街道）安监机构。

2013—2017年小曹娥镇各类事故一览表

表4-4-4

年份	工矿商贸			道路水上交通			生产经营性火灾			渔业船舶			合计		
	事故（起）	死亡（人）	直接经济损失（万元）	事故（起）	死亡（人）	直接经济损失（万元）	事故（起）	死亡（人）	直接经济损失（万元）	事故（起）	死亡（人）	直接经济损失（万元）	事故（起）	死亡（人）	直接经济损失（万元）
2013	0	0	0	8	8	9.4	4	0	50.1	0	0	0	12	8	59.5
2014	1	1	10	10	4	11.21	8	0	114.6	0	0	0	19	5	135.81
2015	—	—	—	8	4	—	15	—	—	—	—	—	23	4	—
2016	—	—	—	2	2	—	—	—	—	—	—	—	2	2	—
2017	2	2	—	2	2	—	—	—	—	—	—	—	4	4	—
合计	3	3	10	30	20	20.61	27	0	164.7	0	0	0	60	23	195.31

第五章 人民生活

民国时期，人民生活水平贫富悬殊。丰收年景，普通民众尚可维持温饱，遇战乱灾祸则冻馁逃荒常有发生。中华人民共和国成立后，经济发展、人民生活逐步改善。1959—1961 年，受“大跃进”影响，物资匮乏，粮食极度紧张，生活水平普遍降低。1961 年后，贯彻国民经济调整方针，经济恢复发展，人民生活水平有所好转。1966—1976 年“文化大革命”期间，工农业生产发展缓慢、生活必需品多凭计划配给供应，生活水平提高不明显。1978 年后，贯彻改革开放政策，经济发展迅速，人民生活显著改善。至 21 世纪初，已基本达到小康水平，少部分企业主、经商者已过上富裕生活。

第一节 收 入

农民

民国时期，多数农民靠租地，做雇工为生，收入微薄。租地农户一般四六拆账（年收成的六成归地主，四成归租户），丰年尚可维持生计，荒年得借贷度日。雇工俗称“叉棒槌”，按日计算工钱，生计更是艰难。民国 20 年（1931），农村雇工日工资，一般为男工 0.35 元、女工 0.20 元、童工 0.10 元（时值大米分别为 3.5 市斤、2 市斤和 1 市斤）。据 1949 年 5 月余姚解放时调查数据，境内除部分中农以上富裕户有隔年储粮可度春荒，其余均入不敷出。

中华人民共和国成立后，经过土地改革和农业合作化，农民拥有自己的生产资料，收入逐年增加，生活得到改善。1959—1961 年，农业减产、农民分配收入下降，年人均收入不足 100 元，年人均分配口粮 231 千克。1962 年，农村经济复苏、农民分配收入回升。至 1965 年，人均分配收入 129 元，年人均分配口粮 277 千克，加上家庭副业、自留地收入、农民年人均实际收入超过 150 元。1966—1976 年“文化大革命”期间，取消家庭副业，实际收入减少。1981 年后，推行家庭联产承包责任制，农业经济全面发展，农民收入有明显增长。20 世纪 80 年代中期开始农业产业结构调整，农民从事工、副业生产的收入比重逐年上升。至 2017 年，农民年人均收入 29000 元，是 1982 年的 84.5 倍。

城镇居民

民国时期，城镇居民谋求职业困难，失业较多。有业人员收入低微，工作无保障。据民国 17—20 年（1928—1931）余姚工商事业状况调查资料记载，时工厂长工每月工资 6—15 元；短工按日计算，每日 0.3—0.6 元；手工业者按日计算，每日 0.3—0.8 元。商店职员每月工资 8—20 元，其聘任期规定以全年为度，亦有以节（春节、端午节、重阳节）计者。

中华人民共和国成立后，职工工作有保障，工资逐年提高。1949—1956 年，职员年工资由 190 元增至 510 元，工人年工资在 401—497 元。政府组织无固定职业的城镇居民从事手工业、小生意。1958 年兴办街道厂、加工店等，吸收城镇待业人员就业。1966—1977 年，发展社办工业、就业面扩大。1978 年，恢复奖金制度，职工收入增加。1985 年职工年平均工资达 748 元。1985—1990 年，物价虽有上涨，但职工工资上涨幅度大于物价上涨幅度。1991 年后，社会主义市场经济进一步完善，城镇居民收入趋向多元化，职工平均工资不断提高，奖金占职工收入的比重亦逐年增加。至 2017 年，全镇城镇居民年人均收入 49532 元。

表 4-5-1

1958—2017 年农民分配、经营收入一览表

单位：元

年份	人均收入	年份	人均收入	年份	人均收入	年份	人均收入
1958	71	1973	94	1988	826	2003	6817
1959	78	1974	121	1989	912	2004	7242
1960	98	1975	115	1990	970	2005	7625
1961	81	1976	117	1991	1274	2006	8381
1962	92	1977	116	1992	1423	2007	9052
1963	120	1978	116	1993	1736	2008	10183
1964	126	1979	165	1994	2377	2009	11195
1965	129	1980	213	1995	3625	2010	12889
1966	101	1981	278	1996	4800	2011	14848
1967	98	1982	343	1997	4466	2012	16956
1968	165	1983	392	1998	5061	2013	19161
1969	107	1984	582	1999	5350	2014	21767
1970	96	1985	636	2000	5987	2015	—
1971	81	1986	675	2001	6109	2016	—
1972	112	1987	740	2002	6430	2017	29000

注：1962—1981 年为生产队集体分配收入，不含家庭副业及自留地收入。

第二节　消　费

饮食

民国时期，农民丰年以大米、杂粮相济，勉强糊口，灾年则青黄不接，常以野菜充饥。佐餐以自种蔬菜为主，咸菜、干菜是农家常年主菜。中华人民共和国成立初期，仍有春荒。1953 年粮食统购统销后，口粮由集体分配。棉区农户一年供应三季口粮，一季以春粮周转，由集体分配，春粮缴售给国家粮站，以蚕豆 100%、小麦 85%、大麦 70% 发给周转粮票，可向粮站购买大米。1955 年，人均分配口粮 251 千克。1958 年，在“大跃进”“共产风”以及“鼓足干劲搞生产，放开肚皮吃饱饭”等错误口号影响下，公共食堂用粮无计划，浪费严重，造成先吃后空。1959—1961 年三年困难时期，粮食连年减产，农村实行口粮分配低标准，口粮逐年减少。1959 年，每月人均口粮 18 千克，1960 年降至 15.8 千克，1961 年仅 13.5 千克，早、晚各吃 2 两，中午 3 两，被称为吃“223”，粮食形势严峻。1961 年，县委、县政府发动群众，贯彻自力更生、生产自救的方针，动员大种瓜菜，并开展计划用粮节约用粮教育，公共食堂大力提高出饭率，做到吃粗吃稀粮菜混吃。1962 年后口粮供应有所增加，并增发每人每月熟食品票 0.5 千克。1966 年调整定销指标，对月均口粮不足 18 千克的增加定销。1979 年，口粮水平由每月人均 19 千克提高到 21 千克。1987 年取消熟食品票，1992 年粮食放开供应，农户可按实际需要购买，年人均粮食消费在 200 千克。

1954 年，农业合作化后，农民副食由集体统一分配，加上自留地及家庭养殖，自给有余部分可到农贸市场出售。“文化大革命”期间，限制

家庭养殖，农民副食紧缺。1981年，农村实行家庭联产承包责任制后，种养殖业迅速发展，副食日益丰富，普通家庭能每日不断荤，讲究荤素搭配，时鲜营养，农民饮食水准显著提高。

民国时期，城镇居民收入低，多数人家“饭无隔日粮，菜无点滴油”，少数殷实人家亦难得鱼肉上桌。中华人民共和国成立初期，城镇居民饮食无明显改变。1953年，口粮以人定量，平价供应。油、糖、肉、蛋等主副食，亦以人定量，平价供应。1959—1961年，计划供应标准降低，农民自留地被取消，农贸市场副食紧缺，城镇居民度日艰难，这种情况至1962年有所缓和。“文化大革命”期间，城镇居民有定量主副食供应，虽是拮据，但饮食水准超过农民，非农户口成为人人羡慕的身份。1978年后，副食品市场逐步放开。1980年前，平常菜肴以自种自加工的雪里蕻、苋菜、大白菜为主，间或有自捕鱼虾蟹等小水产、自养鸡鸭所生禽蛋等菜肴。其间农村居民除招待客人、逢年过节外，少有上市购买菜肴者。遇喜庆待客，则通行“三汤三糊”（三碗汤三碗糊）、“四冷八热”（4个冷盘、8个热菜）或“八角吊”（8个冷盘、8个热菜）招待。

1990年后，城镇居民粮食消费充足，副食品消费量上升，档次提高，佐餐之菜开始多样化、并荤素搭配，不少家庭平常亦备有水果、副食品。若遇喜庆，则以“十二味全”“廿四味全”待客，2000年后，菜肴多具高档海鲜和山珍等，并配以高档水果、点心、名酒和饮料。人们的日常饮食经历了从过去的向往吃得饱，后来的讲究吃得好，到现在的注重吃得健康安全的变化。

表4-5-2

1954—2017年城镇居民主副食供应标准一览表

单位：千克/年

年代	粮食	食油	肉蛋	糖
50年代中后期	按户计口凭证	1	市场购买	—
60年代	以人分档定量	2.2—2.4	逢节发票	3.5
70年代	以人分档定量	2.2—2.4	逢节发票	—
80年代初	以人分档定量	3.2—4	逢节发票	—
1985—1991年	以人分档定量	平价油1.5千克 议价敞开	敞开供应	敞开供应
1992—2017年	敞开供应	—	—	—

衣着

民国时期，除少数士绅、殷户穿纺绸、洋布，一般农户和集镇平民皆以土布为衣，“新三年、旧三年、缝缝补补又三年”，旧衣破衫比比皆是。中华人民共和国成立后，衣着水平有所提高。1959—1961年，一度有更生布面市。20世纪60—70年代，服装款式多为中山装、军装、青年装，布料多为土布、沙卡等。70年代中后期，出现化纤布，少数人开始穿着的确良、涤卡等，成为时尚。80年代后，纺织品市场敞开供应，出现销售成衣店铺，衣着款式开始多样，有茄克衫、蝙蝠衫、休闲装、西装、套装、披风、裙子等。呢绒、绸缎、皮草衣为婚嫁喜庆必备。2000年后，品牌、时尚逐渐成为衣着追求的标准。

住房

民国时期，沿海棉农、盐农，多居草舍，鲜

有瓦屋。中华人民共和国成立之初，境内有住户3435户，没有一户楼房，仅有瓦平房75户，其余均为草舍（连墙壁也是稻草或秸秆的），人均住房面积仅14平方米，有部分家庭还是人畜（禽）混居，床下关鸡鸭，床顶头是羊栏，且尚有无房户36家。20世纪60年代后期，境内棉农开始翻建砖木瓦平房。80年代，城乡兴建砖混结构楼房。至1988年，楼房占48%，平房占52%，草房基本绝迹。1986年后，集镇开始兴建公寓式商品房。进入21世纪，农村钢混别墅式新楼房逐步取代砖混结构楼房。2003—2004年，朗海村、滨海村借余姚大道农房拆迁之机，规划建设了3个别墅楼新村，共建别墅式新楼房191幢，总建筑面积42000多平方米。2012—2014年，朗海村建成5层农民公寓5幢，曹娥村建成4层农民公寓4幢，总建筑面积3万多平方米，可住192户，已基本入住。至2017年底，全镇共有别墅式楼房1148幢，占11.17%；砖混结构楼房7834幢，占76.19%；瓦平房1300所，占12.64%，总住房面积1754309平方米，户均170.6平方米，人均62.29平方米，人均住房面积是中华人民共和国成立初期的4.45倍。另有不少农户同时在城镇拥有商品房。

20世纪50年代初期小曹娥镇各村居民住房情况统计表

表4-5-3

村名	总户数（户）	总人口（人）	住房分类						合计面积（平方米）	户均住房面积（人·平方米）	人均住房面积（人·平方米）	无房户（户）
			草房			瓦房						
			户数（户）	占（%）	面积（平方米）	户数（户）	占（%）	面积（平方米）				
曹一	382	1776	361	94.5	32736	18	4.71	1764	34500	90.31	19.43	3
曹娥	508	2648	481	94.7	46920	22	4.33	2730	49650	97.74	18.75	5
建民	379	2010	363	95.8	19535	12	3.17	665	20200	53.3	10.05	4
朗海	516	2610	502	97.2	26850	8	1.55	992	27842	53.96	10.67	6
滨海	480	2329	471	99.1	18856	4	0.83	350	19206	40.01	8.25	5
南新庵	313	1423	302	96.5	24570	8	2.56	1088	25658	81.97	18.03	3
镇海	332	1509	327	98.5	15778	1	0.3	60	15838	47.7	10.5	4
人和	525	2409	517	98.5	41000	2	0.38	220	41220	78.5	17.11	6
合计	3435	16714	3324	96.8	226245	75	2.18	7869	234114	68.16	14.01	36

小曹娥镇2017年各村居民住房情况统计

表 4-5-4

村名	总户数（户）	总人口（人）	住房分类									总面积（平方米）	户均住房面积（人·平方米）	人均住房面积（人·平方米）
			瓦平房			楼房			别墅					
			户数（户）	占（%）	面积（平方米）	户数（户）	占（%）	面积（平方米）	户数（户）	占（%）	面积（平方米）			
曹一	877	2380	258	29.4	21636	599	68.3	104597	20	2.3	4712	130945	149.3	55
曹娥	1548	4083	283	18	21613	1159	74.9	205130	106	6.7	38480	265223	171.3	65
建民	1235	3527	120	9.72	8596	1018	82.43	169360	97	7.85	22565	200521	162.4	56.9
朗海	1799	4446	91	5.05	7280	1385	77	287850	323	18	81980	377110	209.6	84.82
滨海	1639	4312	127	7.8	18800	1286	78.5	192109	226	13.8	38375	249284	152.1	57.8
南新庵	841	2266	74	10.5	6870	555	66	115747	212	31	46640	169257	172.2	74.7
镇海	922	2414	148	16.1	9701	629	68.2	106901	145	15.7	34633	151235	164	62.6
人和	1421	3860	199	14	14523	1203	84.7	193121	19	1.3	3090	210734	148.3	54.6
合计	10282	27288	1300	12.64	109019	7834	76.19	1374815	1148	11.17	270475	1754309	170.6	64.29

注：以上数据系通过各村逐户调查登记、统计得出。

出行

民国时期，仅少数豪富家庭备有轿、船，民众出行一般步行，远道则去邻近集镇乘航快船。1955年观曹公路恢复通车，去远处县镇须步行约10千米到朗霞、周巷等邻近集镇乘公共汽车。1963年，曹娥经周家路、周巷到马渚汽油航班船开通才可以乘船外出。20世纪60年代，始有家庭购置自行车。进入80年代，自行车成为重要的代步工具，当时多为泥路，往往出现晴天车载人、突然下雨人背车的情形（下雨泥路变烂，车轮卡住无法转动了，只得背着走）。1979年11月至1982年9月，朗霞至朗海、曹娥、镇海公路先后建成并开通了客车，方便了境内群众的出行。1979年，朗海公社阀门厂购置上海产客货两用车（人称“小上海”），为境内第一辆自购汽车。至80年代中期，自行车基本普及，平均每百户家庭达到80辆以上。条件较好的人开始购置摩托车，姚百海于1983年购置幸福牌摩托车，是为境内最早摩托车拥有者之一。电动车等多种交通工具也逐年增加。1995年起，家用轿车开始出现，张迪锋、陈兴苗、姚志洪等为境内首批购置轿车者。进入21世纪，家用轿车呈快速增加之势，成为主要交通工具。城乡公共交通也大为改善。公共汽车、摩托车、电动车为短途出行的主要代步工具，自行车逐年减少。2017年，全镇有家用轿车3686辆，两轮摩托车618辆、电动车9076辆。

2017 年各类车辆调查一览表

表 4-5-5　　单位：辆

村（居）名	轿车	其他汽车	拖拉机	机动、电动三轮农用车	两轮摩托	二、三轮电动车	四轮电动车
曹一	375	11	10	368	58	916	7
曹娥	547	51	11	296	129	1442	1
建民	411	76	8	371	106	971	3
朗海	646	125	16	785	66	1732	15
滨海	512	42	11	295	63	1272	1
南新庵	316	34	12	233	50	691	1
镇海	340	27	13	300	37	607	4
人和	517	48	17	534	104	1347	8
庵街居委	22	4	—	—	5	58	—
合计	3686	418	98	3182	618	9036	40

注：以上数据系通过各村民小组逐户调查登记汇总得出。

生活用具

民国时期，“二只二口加大柜”（二只箱子、二口箱柜、一口大柜）是富庶人家才有的嫁妆。20 世纪 70 年代，手表、自行车、缝纫机是青年男女结婚向往的“三大件”。进入 80 年代，逐渐通行“三机一表嘀铃铃”，收音机、电视机（黑白）、缝纫机，手表，自行车。整套新式家具取代“老三件”。进入 21 世纪后，轿车、存单、商品房已成为婚嫁时尚。厨卫设施、卧室设施、客厅设施及各类生活用具趋于完备。

灶具　20 世纪 50 年代前，有烟囱的清水大灶很少，大多数农户仅有用草板泥垒起的泥头灶。60—70 年代，基本改用砖砌、有烟囱的清水大灶，辅之以经济炉、煤球（饼）炉；80 年代出现燃气灶具；进入 90 年代后，普遍使用燃气灶，辅之以电磁炉、微波炉等。2017 年，柴灶鲜见。

燃料及助燃设备　20 世纪 70 年代之前，境内住户素以棉秆及其他农田秸秆作燃料，不足部

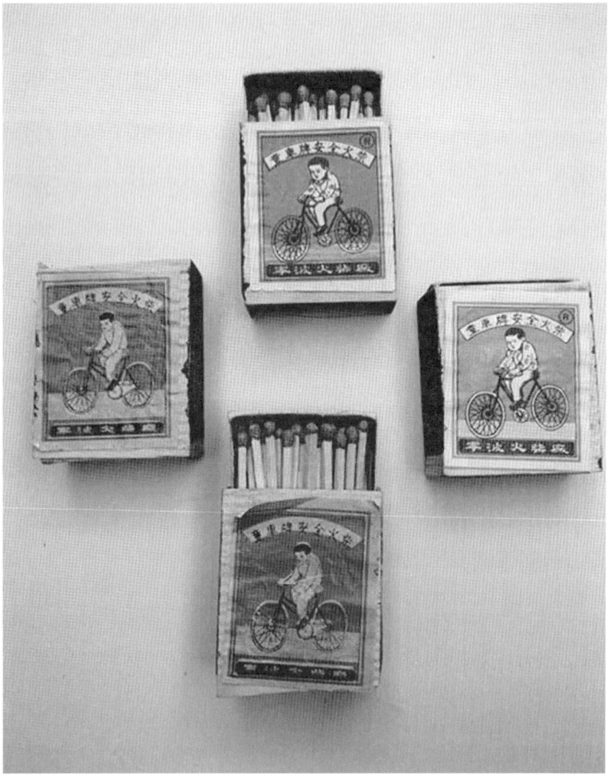

◎ 1985 年生产的童车牌火柴（自来火）（吴华春摄）

分则割路边沟沿野柴野草或以谷壳、棉籽壳、煤（柴）油、煤球（饼）作燃料，还有人去外地挖掘泥炭作为燃料。助燃用具经历火筒竹管、风箱、鼓风机三个时期。80年代起，逐渐改用液化气作燃料，无须再用助燃设备。

餐具 20世纪70年代之前，一般家庭就餐用小圆桌、小方桌和竹椅、木凳。殷实人家有“八仙桌”，可供8人用餐，主要供祭祀和办酒席及招待较多客人时使用。进入21世纪，经济宽裕家庭始用价值3000元上下的长方形西餐桌和较好的椅子。喜庆设宴则有一条龙服务厨师随带圆台面及椅（凳）子。盛饭菜碗、盆，1980年前比较粗糙，破了补补再用；之后逐渐精细，进入21世纪，不少家庭均使用或备有成套餐具。筷子由普通竹筷、塑料筷到精制竹木筷、钢质筷，少数家庭使用银质筷、红木筷。

寝具 20世纪50年代前，一般居民家庭，用木凳、酒甏搁上木板或竹榻乃至废弃盐板，再在上面摊些稻草当床；富裕家庭，睡床有“倚栏”“卷帘”“七弯”，凉床有“平板”“卷书”“三弯”等。有“有钱人家睡倚栏，无钱人家困盐板”之说。60—70年代，睡木板或竹榻床，条件好点的有棕棚床。年轻人结婚时，一般置有大眠床。大眠床前设有踏床，靠墙一边置马桶箱，另一边放箱橱；床内铺竹肋或木板，上面摊稻草，经济宽裕家庭铺棕棚。80年代中期开始，少数村民逐渐以样式优美、大小适度、价格300元上下的西式高低床取代旧床，床靠墙两边各置一床头柜。1990年以后，高低床逐渐普及，床品普遍使用通透性好，既柔软又舒适的席梦思、棕棚、棕垫。进入21世纪，高低床从式样、档次上更显豪华、气派。

1970年以前，床上用品多为自种的棉花弹被褥，自织的土布作被面、床单、蚊帐，少有用“洋布”的。80年代后，逐渐用化纤布、棉织品、绸缎取代土布作被面、床单。2000年前后开始，被褥不再是清一色的棉花制品，不少家庭还兼有弹力絮、蚕丝、羽绒、羊绒为原料的被褥，并用被套代之被面、被单。

座椅 1970年以前，座椅多为竹椅、木板凳。家境好的家庭有靠手椅、藤椅、太师椅。80年代中期始，木制或钢管靠背椅、木架包人造革或花布的沙发、人造革转椅渐渐进入一般家庭。木板凳逐渐减少，男女结婚备有长短沙发配茶几，之后档次不断提高，部分家庭结婚或搬新家购置真皮沙发、红木椅，配以茶几、花架等。

灯具 民国时期，使用油灯盏、蜡烛、灯笼照明；20世纪50年代以后，使用煤油灯（又分洋油壶、洋灯泡）、三箍灯照明，遇婚、丧等则租贳汽灯照明。60年代中期，华东电网输送电源到境内，有部分村庄开始用简陋设备安装电灯照明，70年代中期，境内全部家庭均安装了电灯，初时使用白炽灯泡，因电力不足光线仍较暗淡，是时停电较频繁，停电时仍用煤油灯或蜡烛。90年代开始，出现挂灯、吊灯、壁灯、台灯、落地灯、水晶吊灯等，种类、样式繁多，不仅用作照明，还兼具审美价值。白炽灯泡逐渐淘汰，改用日光灯、节能灯、LED（发光二极管）灯，既省电又明亮。进入21世纪后，晚间已鲜见停电，煤油灯等旧时

◎ 铜制煤油灯、玻璃罩煤油灯（旧称洋油壶、洋灯泡）（2020年吴华春摄）

照明灯具已难觅踪迹。

洗涤用品　旧时村民用木槿叶揉搓水洗头发，用皂树果或豆秆等秸秆燃烧后泡水来洗衣去污。20世纪60年代起，多用肥皂洗头、洗澡、洗衣。80年代后，洗涤用品开始多样化，洗头有洗发液，洗澡有沐浴露，洗衣有洗衣粉、洗衣液，还有丝毛净，洗手洗碗有洗手液、洗洁精等。

日用品　旧时，洗脸、洗脚、提水、端菜等用具多为木制品，少数富庶人家则用铜盆洗脸。20世纪80年代后，逐渐使用塑料、搪瓷及铝制品。2000年后，不锈钢制品不断增多，木制用品逐渐被淘汰。

纳凉、取暖用品　旧时炎夏纳凉用扇子，寒冬取暖用火熜、火盆。20世纪70年代，开始用电风扇纳凉，80年代起开始用汤婆子、电热油汀、电取暖器取暖。90年代后，始有家庭安装空调，2000年后空调开始普及。

视听设备　1970年前，有线广播为多数家庭的唯一视听设备，极少有收音机。20世纪70年代中期，收录机、黑白电视机开始进入家庭，80年代部分集体单位购置投影电视机，晚间为村民放映。90年代以前，电视靠天线接收信号，每家每户高高竖起的电视天线，一度成为农村的一道风景线。90年代后，家庭逐渐购置彩色电视机，安装有线电视，可收看的频道增加，电脑亦开始进入家庭。进入21世纪以后，电视机不断更新换代，日趋智能化、数字化、网络化。目前，家家户户均有一台或多台电视机、电脑，几乎人手一部的智能手机除用于通信外，也是一部多功能的视听设备。轻巧精美的随身听也深受中老年人的青睐，随处可见。

◎ 台式收音机

1989—2017年农村记账户人均消费情况表

表4-5-6　　　　单位：元

年份	收入	支出	其中					
			生产支出	食品支出	衣着支出	居住支出	用具支出	其他支出
1989	2755.7	2753.4	1112.3	673.9	109.7	652.5	121.1	83.9
1990	1944.3	2660.7	1070.7	689.9	101.6	649.1	81.7	67.7
1991	2377.4	2289.2	891.6	921.3	102.0	225.9	78.2	70.2
1992	3149.3	—	—	996.6	312.5	2448.9	110.5	91.4
1993	2413.2	—	—	703.2	109.9	284.9	114.6	144.3
1994	3221.9	—	—	940.6	156.4	399.3	146.8	281.4
1995	4069.7	3211.7	928.0	987.0	189.5	632.5	130.6	344.1

续表 4-5-6

年份	收入	支出	其中					
			生产支出	食品支出	衣着支出	居住支出	用具支出	其他支出
1996	5372.8	4575.2	1400.7	1227.9	279.9	448.8	455.1	762.8
1997	5287.1	4684.2	1284.0	1323.3	257.8	821.8	191.3	806.0
1998	5546.0	5357.9	1344.2	1796.4	230.2	656.4	277.9	1052.8
1999	5521.5	5374.1	812.5	1879.5	219.6	984.9	332.1	1145.5
2000	5729.1	5331.0	1077.7	1728.9	223.2	822.8	199.4	1279.0
2001	6356.1	5912.0	1374.5	1718.0	247.9	761.7	179.6	1630.3
2002	7162.8	7191.4	2121.2	1816.1	271.1	926.3	229.7	1827.0
2003	7667.7	7240.2	2115.8	1663.4	278.8	1025.1	339.5	1817.6
2004	7625.0	7306.5	2169.4	1732.3	291.7	1063.1	489.6	1560.4
2005	7981.0	7584.7	2346.9	1829.4	329.2	1124.1	516.7	1438.4
2006	8381.0	7987.3	2529.1	1932.7	345.8	1317.2	620.1	1242.4
2007	8452.4	8325.6	2830.4	2147.3	389.4	1526.3	701.2	731.0
2008	9153.7	8743.5	2842.9	2235.2	406.5	1531.7	725.6	1001.6
2009	10183.1	8986.6	2985.7	2341.3	420.9	1607.1	749.2	882.4
2010	10564.9	9678.3	3147.1	2569.7	468.2	1782.4	804.5	906.4
2011	11268.3	10971.5	3581.3	2792.4	581.6	1892.5	964.1	1159.6
2012	12889.2	11976.2	3679.4	2992.3	685.8	2176.3	1020.9	1421.5
2013	12945.3	12647.5	3829.7	2964.5	715.4	2206.1	1061.5	1870.3
2014	14876.5	14546.2	4238.6	3129.8	836.8	2682.6	1174.3	2484.1
2015	16345.7	15896.2	4876.9	3483.2	984.7	2965.4	1296.2	2289.8
2016	21706.2	19876.5	5219.3	3978.4	1626.8	3976.7	1485.1	3590.2
2017	22349.2	21975.9	6329.5	4682.3	2029.6	4582.3	1829.4	2522.8

第五编

农 林 渔 牧 盐

清代以晒盐、近海捕捞为主，植棉为辅。民国时期以植棉为主，晒盐、捕捞为辅。中华人民共和国成立后，成为种棉区，冬季种春粮。1980年后，以种植榨菜果蔬菜为主，并发展果木等，棉花逐渐减少。从传统种棉花、晒盐、捕小海鲜，到种植榨菜、果蔬，一直是老百姓生存发展的根基。

第一章　主要农作物

第一节　棉　粮　油料作物

镇境地处姚北平原，原为棉花主产区，同时种植水稻、油菜和间作套种小麦、大麦、蚕豆、辣椒、芝麻、花生等小宗作物，现为榨菜、蔬菜重点产区。

棉花作物

棉花古时又称木棉、吉贝花。明清时期，潮塘以北围垦涂地广种棉花。姚棉、姚产土布畅销省内外。据清光绪《余姚县志》引录乾隆六十年（1795）《修助海候庙碑记》："姚邑之北乡濒海，沿海百四十余里，皆植木棉。每至秋收，贾集如云，东通闽粤，西达吴楚，其值岁以百万计，邑民资是以生者十之六七。"棉花成为当时姚北农民赖以生存的主要经济作物。

清道光二十年（1840）鸦片战争后，洋布倾销，棉花种植面积减少。民国时期逐渐恢复发展。抗日战争时期余姚沦陷期间，棉花外销受阻，棉价暴跌，种植面积及产量锐减。

中华人民共和国成立后，通过土地改革和农村合作化，普及良种，改进栽培技术，调整棉、粮收购比价（0.5 千克皮棉换 5 千克大米），发放 20% 的预购定金，并下达指令性种植计划，棉花产量稳定上升。1956 年，曹海乡（曹娥、朗海、镇海三乡合并）棉花种植面积发展到 1653 公顷，占总耕地面积的 89.1%。是年，旱、涝、台风、龙卷风等自然灾害频发，平均亩产仅为 16.5 千克（皮棉，下同）。1957 年，植棉 1637 公顷，亩产皮棉 55 千克，时曹海乡所在的慈溪县成为全国第一批《农业发展纲要》规定的南方亩产皮棉 50 千克超纲要县。1954—1979 年，境内棉花种植面积稳定在 1500 公顷上下，年平均亩产皮棉在 50 千克，其中 1965 年平均亩产皮棉 79.6 千克。1966 年按县委指示精神，棉花高产单位、公社、大队，选派植棉能手，去外地做技术员。境内派罗长根、施国轩、童伟前等人去湖南省、本省金华等县市

◎ 棉花花桃

作植棉技术指导。1984 年境内棉花平均亩产皮棉 103 千克，创历史最高纪录。是年，境内棉花种植面积 1822.92 公顷，共向国家提供商品棉 2800 吨。

1986 年后，农村进行产业结构调整，棉花种植计划由指令性改为指导性，加上棉花生产周期性长、成本高、经济效益低，植棉面积逐年下降。此间，棉田推行了间作套种技术，提高了亩植经济效益。1994 年，该项目获浙江省人民政府颁发的农业丰收集体三等奖。2017 年，棉花种植面积仅为 15.67 公顷，亩产皮棉 64 千克，总产 15 吨。

1949—2017 年植棉面积、产量一览表

表 5-1-1

年份	种植面积（亩）	亩产皮棉（千克）	总产皮棉（吨）	年份	种植面积（亩）	亩产皮棉（千克）	总产皮棉（吨）
1949	24251	30.0	727.5	1971	22309	28.0	624.6
1950	22304	23.5	524.1	1972	22450	48.2	1082.0
1951	21033	19.6	412.2	1973	22480	43.6	980.0
1952	23844	23.2	553.2	1974	22331	49.2	1098.7
1953	24220	23.0	557.0	1975	22472	56.3	1265.2
1954	26539	28.0	743.0	1976	22526	45.6	1027.2
1955	26552	46.7	1239.9	1977	22620	51.4	1162.7
1956	24800	16.5	409.2	1978	22896	62.5	1431.0
1957	24555	55.0	1350.5	1979	25130	55	1379
1958	27300	47.0	1283.1	1980	27728	53	1459
1959	25633	55.4	1420.0	1981	27825	44	1230
1960	23967	54.8	1313.4	1982	26718	68	1815
1961	24912	58.7	1462.3	1983	26578	63	1664
1962	24100	53.0	1277.3	1984	27344	103	2816
1963	26483	68.9	1824.6	1985	25972	59	1519
1964	26980	78.0	2104.4	1986	24192	49	1189
1965	27300	79.6	2173.0	1987	21988	56	1224
1966	25774	59.5	1533.5	1988	23294	24	564
1967	23607	52.9	1248.8	1989	22295	46	1025
1968	23337	78.0	1820.2	1990	23295	64	1489
1969	23062	59.8	1379.1	1991	22953	81	1865
1970	22974	56.0	1286.5	1992	23068	52.0	1199.5

续表 5-1-1

年份	种植面积（亩）	亩产皮棉（千克）	总产皮棉（吨）	年份	种植面积（亩）	亩产皮棉（千克）	总产皮棉（吨）
1993	16340	63.0	1029.4	2006	3432	84.0	288.3
1994	19845	75.0	1488.4	2007	3952	72.0	284.5
1995	18703	70.0	1309.2	2008	3835	81.0	310.6
1996	18706	76.0	1421.7	2009	3248	84.0	272.8
1997	18706	36.0	673.4	2010	4073	47.0	191.4
1998	18733	80.0	1498.6	2011	4270	63.0	269.0
1999	9842	73.0	718.5	2012	2720	100.0	272.0
2000	6604	72.0	475.5	2013	1557.1	78.0	121.5
2001	9352	78.0	729.5	2014	987	78.0	77.0
2002	5389	76.0	409.6	2015	469	79.0	37.0
2003	4599	67.0	308.1	2016	401	78.0	31.3
2004	4851	64.0	310.5	2017	235	64.0	15.0
2005	3968	66.0	261.9				

注：1949—1991 年从当时泗门区曹娥、朗海、镇海乡报表摘录，下同。1992—2017 年从镇报表中摘录，下同。

粮食作物

境内粮食生产以水稻、大小麦、蚕豆为大宗。水稻分早稻、晚稻，1967—1979 年间，各生产大队有一定比例种植。大部分种植棉花，棉地在冬季套种小麦、大麦、蚕豆等春粮，畦中间作绿肥。夏秋季，部分耕地种植玉米、番薯、高粱等旱杂粮。

民国时期，粮食产量低而不稳，正常年景亩产粮食 100 —200 千克。土地改革后的 1953 年，总产达到 3857 吨，比 1949 年增长 9.6%。1959—1961 年刮“浮夸风”，生产盲目指挥，粮食产量剧降。1967 年调整生产计划，开始种植水稻。1972 年，粮食总量 6129 吨；1975 年，种粮 1674.27 公顷，均创历史最高纪录。1979 年后，不再种植水稻。1980 年，粮食面积减至（春粮、秋杂粮）1308 公顷。1986 年起，种春粮面积逐年减少。1992 年后，农业生产结构进一步调整，实行产业化生产，春粮面积急剧下降。2010 年，种粮面积 1242.6 公顷，因推广农业科学技术，亩产达 356.7 千克，总产为 6648.8 吨，创历史最高纪录。2017 年，种粮面积 302.87 公顷，亩产 500 千克，总产 227.15 吨。

表 5-1-2

1949—2017 年主要粮食作物种植面积、产量一览表

年份	早稻		晚稻		小麦		大麦		玉米		番薯		其他杂粮	
	面积（亩）	总产（吨）	面积（亩）	总产（吨）	面积（亩）	总产（吨）	面积（亩）	总产（吨）	面积（亩）	总产（吨）	面积（亩）	总产（吨）	面积（亩）	总产（吨）
1949	—	—	—	—	4208	504	5850	760	6134	3189	37	24	766	268
1950	—	—	—	—	4685	591	6824	886.9	7832	3994	54	35	512	190
1951	—	—	—	—	4552	637	6964	940	7839	4100	29	19	395	163
1952	—	—	—	—	4849	654	6189	773	7269	3650	32	20	508	152
1953	—	—	—	—	5952	809	5860	761	7845	3950	53	36	646.7	226
1954	—	—	—	—	4614	692	7875	1008	6686	3650	26.6	16	120.6	43
1955	—	—	—	—	4334	606	6527	835	3727	1826	4	2.6	37	14.8
1956	—	—	—	—	3745	561	7180	976	1628	814	15	10	13	6.5
1957	—	—	—	—	3717	538	6463	937	3439	1788	126	80	36	17
1958	—	—	—	—	3310	496	7999	1103	3744	1860	400	248	160.9	67.5
1959	—	—	—	—	70.9	9.9	412	61.8	3306	1586	339.5	213	583	221
1960	—	—	—	—	621	93	2496	361	2210	1171	2	1.2	66	29
1961	—	—	—	—	664	91	2377	344	3261	1663	16	9.7	523	156.9
1962	—	—	—	—	1153	170	3140	423	2212	1150	25	15	370	129
1963	—	—	—	—	1164	174	2619	382	1045	522	29.5	18.9	155	54
1964	—	—	—	—	1307	181	2948	421	1074	547	26	16	18	5.4
1965	—	—	—	—	1389	194	3166	468	773	390	75.5	44.5	26.3	9.2

续表 5-1-2

年份	早稻		晚稻		小麦		大麦		玉米		番薯		其他杂粮	
	面积（亩）	总产（吨）	面积（亩）	总产（吨）	面积（亩）	总产（吨）	面积（亩）	总产（吨）	面积（亩）	总产（吨）	面积（亩）	总产（吨）	面积（亩）	总产（吨）
1966	—	—	—	—	1797	260	2975	413	1011	511	62	36.6	36.8	10.6
1967	4131.5	1607	4734.7	544.5	2998	488	4357	609	575	299	75.8	45	46	13
1968	3899.8	1530.6	4142	987.9	3507	526	5014	676	892	454	136.9	87	72	32
1969	4093.1	1617	4430	1089.8	4135	603	4001	580	541	110	152	94	84	46
1970	4722.6	1978.7	4937.6	1140	5291	772	3549	479	337	175	152.6	93	125	56
1971	6273	2208	4348	519.6	4958	753	3502	497	531	270	98.8	59	167.5	72
1972	6190	2472.2	4692.5	1259.1	4498	607	3789	511	229	112	157.4	102	1632	542
1973	5965.4	2490.5	5619.2	1522.8	4536	589	3725	484	160	72	160	104	—	—
1974	6016	2304	5474.2	868.5	4222	527	3504	452	264	121	177.6	111.8	—	—
1975	5854.7	2049	6125.7	1255.8	4144	518	3504.9	438	527	221	205	15.5	—	—
1976	6677.7	1689.4	6327.3	1091.4	4218	459	3248	448	793	396	224.6	130	—	—
1977	6550	2109	5631	1357	4183	543	3086	365	977	474	225.9	128.7	—	—
1978	5884.8	1612	5698.6	1373.4	4555	614	3008	379	1052	526	276.8	163	—	—
1979	3757.8	1516	4171.5	1159.7	3618	452	2753	330	831	406	146	85	—	—
1980	—	—	—	—	2922	379	1819	232	142	65	24.9	156	—	—
1981	—	—	—	—	3331	449	1053	147	64	33	2.5	16	—	—
1982	—	—	—	—	3673	470	1253	165	49	25	3.8	2.3	—	—

续表 5-1-2

年份	早稻		晚稻		小麦		大麦		玉米		番薯		其他杂粮	
	面积（亩）	总产（吨）	面积（亩）	总产（吨）	面积（亩）	总产（吨）	面积（亩）	总产（吨）	面积（亩）	总产（吨）	面积（亩）	总产（吨）	面积（亩）	总产（吨）
1983	—	—	—	—	3894	587	798	98.9	57	27	1.9	1.2	—	—
1984	—	—	—	—	4182	568	721	90	75	26.7	2.56	1.6	—	—
1985	—	—	—	—	4617	595	714	101	226	104	112	68	—	—
1986	—	—	—	—	5012	636	1127	145	198	95	189	128	—	—
1987	—	—	—	—	2623	346	1106	139	132	53	119	73	—	—
1988	—	—	—	—	2860	377	7557	959	161.2	77	62.6	38	—	—
1989	—	—	—	—	3287	414	664	82	120.3	58	115	66.7	—	—
1990	—	—	—	—	3806	695	830	130	454	86	253	160	1620	410
1991	—	—	—	—	3675	669	706	108	369	55	212	129	1560	389
1992	—	—	—	—	2473	450	502	77	135	20	114	70	1296	328
1993	—	—	—	—	1169	196	258	44	190	27	117	73	13	3
1994	—	—	—	—	1880	253	331	49	60	11	85	51	840	210
1995	—	—	—	—	2930	556	391	58	270	51	263	157	1210	350
1996	—	—	—	—	950	180	436	64.5	300	66	180	111	1400	354
1997	—	—	—	—	800	148	336	49	380	171	160	107	1180	401
1998	—	—	—	—	1580	295	802	117	470	225	218	411	2960	1124
1999	—	—	—	—	7	0.9	2	0.3	388	178	118	74	5641	1829

续表 5-1-2

年份	早稻		晚稻		小麦		大麦		玉米		番薯		其他杂粮	
	面积（亩）	总产（吨）	面积（亩）	总产（吨）	面积（亩）	总产（吨）	面积（亩）	总产（吨）	面积（亩）	总产（吨）	面积（亩）	总产（吨）	面积（亩）	总产（吨）
2000	—	—	—	—	2	0.3	—	—	498	149	78	40	9069	1776
2001	—	—	—	—	15	1.5	6	0.72	262	207	98	58	7813	2734
2002	—	—	—	—	25	3.2	12	1.5	750	345	60	37	5426	2170
2003	—	—	—	—	30	3.7	18	2.5	902	432	120	76	6231	2367
2004	—	—	—	—	30	5	70	10.1	980	247	55	36	5285	1014
2005	—	—	—	—	1030	133	91	12.9	790	187	300	63	2300	690
2006	—	—	—	—	700	98	120	14.4	838	240	59	37	689	248
2007	—	—	—	—	850	114	112	15.1	784	392	44	46	265	103
2008	—	—	—	—	1369	522	100	13	826	297	165	102	96	28
2009	—	—	—	—	57	16	330	46	912	295	1697	1052	97	38.8
2010	—	—	—	—	158	44	10	2	365	312	93	39	3141	2138
2011	—	—	—	—	140	41	—	—	1450	633	108	46	17231	4181
2012	255	70	—	—	668	56	54	15	495	878	118	50	13065	3106
2013	236	98.5	230	63.3	820.5	244.3	19.9	5.9	3858	1543.3	50	21	11033	2495.7
2014	119	48	836	385	831	249	108	32	3161	1269	100	42	6930	2694
2015	—	—	—	—	1048	341	5	1	3726	1491	425	50	13071	3059
2016	7852	2791	1225	615	1358	208	14	3	2955	1156	113	48	2301	809
2017	180	80	1675	660	1620	511	—	—	3162	1239	48	20	2670	945

油料作物

清乾隆年间，境内普遍种植油菜。1949 年后，受粮食歉丰及收购价格影响，种植面积及产量变化较大。1949 年，油菜种植面积 18 公顷，亩产菜籽 39.5 千克，总产 10.6 吨。1959—1960 年，连续两年种植面积、总产量分别为 431.87 公顷、540.2 吨，421.4 公顷、403.9 吨。1962 年后种植面积减少，1968 年仅为 24.27 公顷，总产 16.16 吨。1972—1999 年，种植面积保持在 100—186.67 公顷，总产量 180—340 吨。亩产最高的 1987 年为 154 千克，总产最高的 1981 年为 427.68 吨。2000—2017 年，种植面积逐步减少，2017 年，油菜种植面积 26.2 公顷，总产量 61 吨。

除油菜外，境内还种植少量花生、大豆、芝麻。1984 年前，因执行棉花指令性种植计划，种植面积及产量均较少。1985 年后，种植面积和产量增长较快，其中花生改以鲜售为主，2015 年春、秋两季种植花生 35.8 公顷，总产 173 吨。芝麻零星种植面积 6.93 公顷，总产 20 吨。2017 年芝麻种植面积 4.13 公顷，总产 11 吨；花生种植面积 31.93 公顷，总产 155 吨。

1949—2017 年主要油料作物种植面积、产量一览表

表 5-1-3

年份	油菜		花生		芝麻		年份	油菜		花生		芝麻	
	面积（亩）	总产（吨）	面积（亩）	总产（吨）	面积（亩）	总产（吨）		面积（亩）	总产（吨）	面积（亩）	总产（吨）	面积（亩）	总产（吨）
1949	270	10.6	147	11.5	93	4.2	1963	2932	168.6	19.8	3	17	1.38
1950	270	11.8	147	11.5	93	3.8	1964	3300	206	25.1	3.6	15.6	1.56
1951	228	10.9	287	25.3	177	9.9	1965	3168	178.9	12.9	1.8	3.7	4
1952	192	8.6	245	34.5	163	9.1	1966	1354	92.7	17	4.9	1	0.1
1953	228	10.95	287	29.5	89	5.1	1967	422	29.9	48	11.7	1.4	0.15
1954	251	9.2	250	27.6	144	6	1968	364	16.16	37.4	10.9	1.36	0.2
1955	293	12.3	195	24.2	33.9	1.65	1969	949	67.7	87	21.2	1	0.07
1956	135	9.45	295	330.9	23.4	1.2	1970	1073	97.6	39.1	10	—	—
1957	321	18.8	224	282	37.8	29.4	1971	1356	132.9	23.8	5.6	0.68	0.017
1958	505	28.5	86	5.1	15	0.72	1972	1769	172.4	39.8	6.8	15.6	1.5
1959	6478	540.2	152	12.5	25.8	1.6	1973	1614	101.7	39.2	5.3	15.5	1.4
1960	6321	403.9	29.7	37	1.2	0.12	1974	2056	188	49.2	10.1	16.7	0.93
1961	5655.6	212	17	4.8	0.9	0.3	1975	2155	119	62	8.4	15.5	1.1
1962	2754	201	15	2.4	7.5	0.69	1976	1958	136	62.5	9.7	16.4	1.07

续表 5-1-3

年份	油菜		花生		芝麻	
	面积（亩）	总产（吨）	面积（亩）	总产（吨）	面积（亩）	总产（吨）
1977	2350	129	67.6	9	13.5	1.1
1978	2771	256	56.2	10.2	14.8	1.3
1979	2473	295	87	10.4	16	1.2
1980	2034	264	61.6	8.2	16.7	1.2
1981	2800	427.68	52.7	5.1	19.2	1.0
1982	1946	277.4	23.7	1.7	16.1	0.75
1983	1624	172	16.1	1.2	17.6	0.98
1984	1070	138.6	41.4	3.45	27.4	104
1985	1439	195.7	104	9.5	35.6	3.9
1986	1985	250	104.4	11.6	41.8	3.6
1987	1570	242	97	10.7	49.2	3.75
1988	1673	239	87.4	10.1	22.5	2.2
1989	2112	222	75.6	11.6	21	1.8
1990	2298	289.6	96.7	13.1	30.9	3.2
1991	1886	232	84.7	13.7	32.3	3.3
1992	1670	218	68	8	25.6	2.9
1993	746	138	105	19	40	4
1994	2249	1256	214	35	41	5
1995	937	131	275	46	101	9.3
1996	993	115	264	44	144	15
1997	747	62	850	160	234	31.5
1998	747	61.6	682	150.9	408	42.44
1999	178	23	1033	191.8	939	99.2
2000	147	16	791	125	354	44
2001	34	121	1193	135	251	31
2002	30	5	918	110	302	39
2003	145	15	720	103	271	35
2004	47	4.9	530	84	310	29
2005	220	37	188	163	170	25
2006	115	17	882	143	120	17
2007	90	14	715	111	50	6
2008	362	46	285	49	69.3	10
2009	3627	548.9	521	106	183	25
2010	1785	277	348	203	43	8
2011	737	120	214	62	106	22
2012	3166	529.5	453	159	60	12
2013	1581	270.6	370.8	128.4	94.7	18.4
2014	1070	184	474	150	111	21
2015	662	106	537	173	104	20
2016	780	117	414	131	52	10
2017	393	61	479	155	62	11

第二节 榨 菜

1962年，慈溪县曹娥公社新建大队社员姚长灿自萧山王长清处引进榨菜种子0.375千克，在自留地试种成功。次年起，泗门区、周巷区等沿海各乡镇棉农相继效仿种植，面积不断扩大。20世纪70年代初，改在棉田里与春粮间种。1982年后，棉农在棉花收获后开始纯种榨菜，曹娥、朗海、镇海3个公社成为“浙式”榨菜主产区域。经过55年的发展与推广，品种更新，产业化程度不断提高，质量好、产量高、经济效益好。2017年全镇榨菜种植面积873.93公顷，亩产5241.9千克，总产68716.5吨，平均每亩收入4000—4500元。

1962—2017年榨菜面积、产量一览

表5-1-4

年份	面积（亩）	亩产（千克）	总产（吨）	年份	面积（亩）	亩产（千克）	总产（吨）
1962	3.5	3000	10.5	1981	16750	3800	63650
1963	30	2500	75	1982	21521	3500	75323
1964	120	2800	336	1983	26450	3200	84640
1965	350	3500	1225	1984	27000	3500	94500
1966	860	3200	2752	1985	27300	4000	109200
1967	1500	3500	5250	1986	27310	4250	116068
1968	2300	2950	6785	1987	27420	4700	128874
1969	2450	3000	7350	1988	2602	3800	98876
1970	2480	2850	7068	1989	26890	3560	95728
1971	2560	3480	8908	1990	27500	3700	10175
1972	2576	3500	9016	1991	26246	3300	86611
1973	2580	4000	10320	1992	25417.4	4563	115979
1974	2612.9	3540	9249	1993	25417	5832	148231
1975	2625	3715	9751	1994	23157	4907	113602
1976	2648.6	2250	5959	1995	24381	4888	119181
1977	2625	4200	4025	1996	26268	4632	121679
1978	2685.4	4050	10875	1997	26683	4391	117165
1979	3400	3600	12240	1998	26020	4286	111521
1980	12000	3200	38400	1999	25681	3865	99251

续表 5-1-4

年份	面积（亩）	亩产（千克）	总产（吨）	年份	面积（亩）	亩产（千克）	总产（吨）
2000	25681	4052	104071	2009	16745	3424	53728
2001	26437	4060	107334	2010	17475	3162	55262
2002	24325	4256	103527	2011	16692	4842	80830
2003	22318	3400	75881	2012	14874	3511	5226
2004	21635	2519	54491	2013	13548.5	4377.8	59312.8
2005	22125	3120	69030	2014	16590	4049	67168
2006	22318	4082	91071	2015	14680	4300	63124
2007	14498	2620	37987	2016	13670	5500	75185
2008	19044	4242	80778	2017	13109	5241.9	68716.5

第三节　其他蔬菜

品种

据民国《余姚六仓志》等史料记载，清末民初，境内蔬菜品种有50余种。1949年后，又陆续引进新品种。2017年，有13类70余种，主要包括：

豆类　传统品种有蚕豆、大豆、扁豆、豌豆、豇豆、刀豆等。1949年后又陆续引进架梅豆、矮梅豆、甜豌豆、荷兰豆等。

蚕豆，俗称大豆、罗汉豆，以本区域棉地间种所产“大白蚕”品种为最佳。1990年后，又引进日本白蚕。蚕豆在秋季棉花收获后套种，春天成熟。原作春粮，现以鲜食为主。

大豆，俗称毛豆。有梅豆、六月白、七月白、油豆、秋黄豆等品种，成熟干黄豆供榨油及做豆腐制品、豆浆。1995年后，引进台湾75、292毛豆、皖豆十五、浙农6号等黄豆新品种。

豇豆，1997年后引进浙江省农科院之豇28-2、“106”、“绿豇1号”、“特长100”、美国供给者、杨江40、绿令4号、路路通、天喜玉带等新品种。

◎ 采摘长豇豆（吴其坤摄）

◎ 辣椒

茄果类　传统品种有长茄、圆茄、辣椒等。1958年引进上海合作903番茄。1997年引进朝鲜“新红奇”辣椒、四川小椒。灯笼菜椒、杭茄1-3

号等。

果瓜类 传统品种有南瓜、冬瓜、黄瓜(瓠瓜)、西瓜、丝瓜、蒲子、葫芦等。1984年后陆续引进青瓜、苦瓜等。

白菜类 传统品种有小白菜、高脚白、落雪大、黄芽菜等。1974年，引进山东大白菜(俗称交菜)。后又陆续引进塌塌菜、小堂菜等。

芥菜类 传统品种有雪里蕻、大叶菜、弯头芥、弥陀芥。20世纪70年代后，陆续引进上海金丝菜、金华胡江芥、鸡毛芥。1998年引进香港蔡兴利包心芥，2003年引进日本高菜。

甘蓝菜类 70年代从温州引进包心菜，又从福建引进花菜，品种有国内春丰系列，温州瑞安龙大白花菜，50天、60天、70天、80天、120天，日本西蓝花。2010年引进台湾松花菜等。

根菜类 传统品种有大头菜、长萝卜、圆萝卜、胡萝卜等。1985年后，陆续引进朝鲜白玉春萝卜、日本胡萝卜、广东短叶十三萝卜、四川种都儿菜等。

绿叶菜类 传统品种有莴苣、茼蒿、苋菜、芹菜、菠菜等。1990年后，陆续引进空心菜、生菜、香菜、木耳菜、西芹、实芹等。

水生菜类 传统品种有茭白、慈姑、藕、荸荠。

薯芋类 芋艿、马铃薯。2010年后，引进山药等。

葱蒜类 传统品种有韭菜、洋葱、大蒜、小葱。1998年引进日本黄洋葱、日本锦藏大葱。2000年引进甘肃韭葱。

多年生菜类 包括竹笋、金针菜、香椿等。2000年后引进芦笋、鱼腥草等。

产量

1985年前，农户在屋前屋后的园地、自留地零星种植日常蔬菜，仅供自给，每年不足233.33公顷。棉地间套种大豆、蚕豆，面积广、产量多、商品率高。大豆种植面积最大，总产量最高为1953年的603.9吨。蚕豆种植面积最大为1965年，达562.27公顷，总产量1429.6吨。1985年后，农业种植结构调整，蔬菜种植面积逐年增加。2016年，达2841.73公顷，亩产3500千克(含复种面积)，创历史最高水平。2003年，豆类总面积690.67公顷，总产5521吨，为历史最高。茄果类面积400公顷，总产4800吨；叶菜类面积2320公顷，总产139200吨；块茎类面积1126.67公顷，总产72795吨；蒜葱类面积30公顷，总产112.5吨。2017年，全镇蔬菜种植面积2955.4公顷，总产量155587吨。2009年，小曹娥镇政府申报的“甬瓠系列瓠瓜新品种选育及推广应用”获浙江省农业丰收奖二等奖。

1992—2017年蔬菜种植面积一览表

表5-1-5

年份	1992	1993	1994	1995	1996	1997	1998	1999	2000	2001	2002	2003	2004
面积(亩)	27571	35951	31329	26327	31676	28335.3	29625	44685	19105	38585	27758	25578	40126
年份	2005	2006	2007	2008	2009	2010	2011	2012	2013	2014	2015	2016	2017
面积(亩)	51232	54543	61589	46228	40800	42310	45366	42817	40737	41366	42942	42626	44331

第二章 种植培育

第一节 耕 作

棉田

境内素有棉粮套作的习惯，即秋季棉花收获后种植春粮（大小麦、蚕豆）。春粮种植多采取粮肥间作，即在宽1.2—1.45米的田畦两侧种两行春粮，中间种一行绿肥（苜蓿），翌年绿肥青埋后种两行棉花，谓“一二二”种植法。亦有在宽2.4米的田畦里三行春粮，春粮行间种两行绿肥，翌年绿肥青埋后种四行棉粮，谓“二三四”种植法。20世纪70年代，化肥供应量增加，绿肥种植面积减少，改为榨菜与春粮间作。80年代起，棉花收获后基本上纯种榨菜。随着棉花种植面积减少，还出现棉地间种花生—玉米、矮刀豆—玉米—榨菜等的轮作方式。从1990年开始棉农还在棉地里套种辣椒、毛豆、花生、玉米、高粱等农作物，其面积占棉花地面积的30%以上，每亩地能净增收入300元左右。1994年度获浙江省人民政府颁发的棉田推广套种技术农业丰收三等奖。2017年棉地复种指数为283.48%。

稻田

1966年前，境内没种过水稻。1967—1979年试种水稻，面积不多。推行早稻、晚稻二熟制。由于水稻种植成本高、效益低，于1979后改种经济作物。2012—2017年，大包户种植水稻，但面积不多。2017年，水稻面积121.67公顷，产量740吨。

第二节 栽 培

棉花

民国时期，一般在立夏后播种棉籽，棉地原为撒播。1950年后推广条播，1955年条播面积占90%。1956年，全境推广露地方格育苗174.4公顷，占棉地面积的11.4%。1958年，推广营养钵育苗移栽882公顷，1960年，达1597.8公顷，占棉地面积的90.6%。1973年开始推广尼龙棚方格育苗和营养钵保温育苗，播种提早到3月下旬。至1978年前后，每年保持约100公顷，占棉地面积的4.5%—6.5%。1982年，开始用地膜覆盖直播棉花，播种期在4月15—25日。首年播种2公顷示范方，比一般棉地增产20%以上。1984年，政府给予地膜覆盖直播植棉资金补助，播种面积扩大到219.2公顷。1987年后补助金取消，地膜覆盖直播植棉面积有所减少。

植棉管理重视去木枝、抹赘芽、打脑、摘边心、重施花铃肥，补施涨部肥，重点防治棉铃虫、棉蚜虫、红蜘蛛、红铃虫等害虫。80年代后，广用化学除草剂替代人工削地除草。

水稻

1967—1979年试种水稻期间，多采用薄膜覆盖育苗，推广小苗带土育秧。2012—2017年，大包户种植水稻，采用大田撒播免插法。耕作整田采用拖拉机带铧犁深耕，机耕牛耖，牛耕机耙。一直沿用到1979年。2012—2017年，全部采用机耕机耙。1967—1979年，均采用人工插秧。水稻生长期管理，1967—1979年，耘田2—3次。采用长灌深灌。推广薄水插秧、深水护苗、浅水促蘖、足水养胎。2012—2017年，采用化学药剂除草，不再耘田。推行未种先开沟，留操作行，适时搁田。

麦

民国时期，霜降前后播种，以点播为主，亩用麦种2—3千克。1949年后，小麦仍在霜降前后播种，大麦则在立冬至小雪间播种。1960年后，推广点播。1970—1974年，推广阔畦撒播，亩用麦种12千克。1975年后，推行密植点播，部分阔幅条播。1982年后，多条播。

油菜

1958年前，多寒露前后直播，活棵后松土、间苗、施肥，清明前后摘菜脑，小满前后收割。1959年后，推行育苗移栽，秋分后播种，亩播菜籽0.75—1千克，间苗2—3次。霜降前后移栽，亩栽6000—8000株。1998—2017年，部分田块又开始直播，在立冬前播种，亩用菜籽0.5千克。

榨菜

1962年，9月底至10月初播种；2010年前后，部分农户提前到9月20日播种；2015年起，普遍于10月上旬播种；承包大户及部分农户，采用大田直播的一般在10月下旬至11月上旬播种。苗地播种采用精细整地、适量施用基肥、撒药防地下害虫、均匀播籽、踩平、遮阳网覆盖。推广一分育苗地播0.05千克菜籽，秧苗栽种1亩大田。播种期如遇少雨，泥土过干，苗基地还要先浇透水，使土壤湿润，确保种子发芽出苗。苗期加强管理，出苗后适时施肥、除虫，播后25天间苗、除草，

◎ 榨菜收割（2008年吴其坤摄）

苗龄35—40天，在5—6片真叶、苗高20—30厘米时进行移栽。移栽前整好地，施好基肥，分批起苗、分批种植，栽后及时施治根水（肥）。至11月底寒冬到来前移栽完毕，以确保秧苗发根，安全越冬。加强生长期田间管理，适时补苗、除草、追肥、防治病虫害。根据节气和苗情进行追肥，采用薄肥勤施，一般施3—4次，早期轻施、后期重施。最后一次追肥控制在3月上旬，过迟追肥会影响榨菜头品质。每间隔10天左右可喷施一次植物生长调节剂。榨菜病虫害主要是菜蚜、软腐病、白粉病、霜霉病。运用农业防治、物理防治、化学防治相结合防治病虫害发生。3月下旬至4月上旬视情适时采收。

第三节　良种推广

民国时期，农作物种子以农家自选、自繁、自留、自用为主。1955年，成立泗门区农技站，配备专职农技人员负责良种推广等农业技术。1971年，境域各公社成立农科站，配备专职技术人员共6人。同时建生产大队科技所，配备植保员22人，形成社队二级良种推广网络。1981年后，推行家庭联产承包责任制，村级科研组织解散，大部分植保员成为农村良种推广示范户，后发展成为重点户、专业户，蔬菜、水果专业合作社等。

棉花

明清时期，素以亚洲棉（中棉，俗称本花）为主，分大箾种、小箾种及南阳种，均系短绒。民国17年（1928），引进改良中棉“百万棉”、陆地棉品种脱字棉（俗称洋花）。20世纪50年代，推广陆地棉“岱字15号”。60—70年代，还先后引进过“沪棉204”“盐棉协作2号”“徐州142”“929”“湘棉3号”“抗病棉”等品种，因其性能各有缺陷，种植面积均较少。1975—1980年引入抗病品种陆地棉“86-1”逐渐取代其他品种。1980年后，曹娥、朗海、镇海公社等种

植 86–1 和“盐棉 48”。1990—2017 年，种植“泗棉 3 号”“中棉 12”“慈抗三号”“33B”“20B”“南抗 3 号”“湘杂棉 3 号”“标记杂交棉”等品种。

油菜

从清乾隆年间引种油菜起，境内素来种植白菜型土种，易患病。1956 年引进“胜利油菜”，20 世纪 60 年代引进“金华油菜”，70 年代推广“九二油菜”，80 年代多种“九二 13 系”“九二 58 系”。1990—2017 年引进种植“高油 605”和“浙双 72”双低油菜两用油菜。

大麦

20 世纪 60 年代，大麦推广“二棱麦”“六棱麦”“米麦”。70 年代，大麦以“早熟 3 号”为主，还有“钱江 2 号”。80 年代至 2017 年，大麦有“光芒二棱”“舟麦 1 号”。

小麦

70 年代，小麦推广“浙麦 1 号”“杨麦 1 号”“杨麦 3 号”。20 世纪 80 年代至 2017 年，大多选用“杨麦 4 号”。

榨菜

品种有半降叶、草腰子、三层楼、三转子、半碎叶种。20 世纪 90 年代后，选用浙桐 1 号，培育良种余缩 1 号（碎叶）。

蚕豆

有“大白蚕”“青蚕”两个传统品种。20 世纪 80 年代引进种植“日本蚕豆”“江苏启豆 1 号”，2017 年 4 个品种均有种植。

玉米

20 世纪 50 年代后推广“金皇后”早玉米，80 年代引进“苏玉糯 1 号”“苏玉糯 2 号”“浙玉糯 2 号”“浙糯 1 号”“农大 108”“掖单 13”，2000—2017 年引进“金菲”“金利”“中甜 2 号”“科甜 87–8”等甜玉米新品种。

第四节　肥　料

境内农耕地用肥素以绿肥、河泥、土杂肥、人粪肥、畜肥、饼肥、灰肥等农家有机肥料为主。民国时期，开始少量使用硫酸铵、过磷酸钙、氯化钾等化肥。1949 年后施用有机肥逐年减少。1984 年后以施用化学肥料为主。

◎ 罱河泥

有机肥料

绿肥　棉区素以苜蓿为主，与春粮间作。20 世纪 80 年代后，因棉区纯种榨菜，基本没有绿肥种植面积。榨菜收割后的菜叶作为绿肥，水面生绿肥有水花生草、水葫芦、水浮莲和绿萍等。

粪肥　人粪肥和畜肥自古为农家主要肥料。畜肥有猪粪、牛粪、羊粪、兔粪、鸡鸭鹅粪等。以 1 头猪计，垫草软栏，年可积肥 100 余担，硬栏也可积 40—50 担。

杂肥　清代及民国时期，冬春罱河泥，夏秋割野草，沤制草浆河泥作基肥，至 20 世纪 70 年代，冬修水利积河泥。1980 年后化肥用量增加，罱河泥减少，至 2000 年后不见使用。

饼肥　有棉饼、菜饼和豆饼 3 种。棉饼、菜饼为当地产，豆饼则由外地少量输入。民国时期，棉饼多作晚稻基肥，豆饼、菜饼多作棉田基肥。1949 年后，棉饼多作耕牛过冬精饲料。先饲畜，后以畜粪肥田。

灰肥 有草木灰和焦泥灰两种，为农家传统肥料。草木灰用于绿肥、豆类作物，焦泥灰常用作基肥和早稻秧田覆盖，还有砻糠灰盖秧。20世纪80年代后，灰肥使用减少，至2000年后，灰肥极少使用。

化学肥料

民国时期即开始使用化学肥料。20世纪50年代至80年代初，国家实行计划供应：一是生产队向国家出售棉花、油菜等农产品后的奖售化肥；二是国家按田亩面积下达的资助化肥。80年代中期后，市场放开供应。

氮肥 20世纪50年代以硫酸铵为主，60年代有硫酸铵、氨水、碳铵，70年代后，以碳铵、尿素为主，逐渐淘汰硫酸铵。50年代平均亩施5.5千克，60年代26.7千克，80年代为82.5千克，2000年后至2017年达125千克。

磷肥 以过磷酸钙为主，用于蚕豆、苜蓿、油菜等作基肥。20世纪50年代，平均亩施3.2千克，60年代12.8千克，70年代35千克，1987年38.4千克，2000年至2017年50千克。

钾肥 以氯化钾为主，20世纪70年代用于棉花种植，80年代初用于各种作物（重点榨菜）。70年代0.5千克，80年代初2.5千克，1984年3.3千克，2000年至2017年达15千克。

复合肥 1974年始用“氮磷二元”“氮磷钾三元”复合肥，主要用作基肥。1985年引进俄罗斯“48%、44%、40%三元”含氯复合肥。1993年小曹娥镇农技站通过配方试验，根据地力及榨菜吸收养分需要，特配方榨菜专用肥料，与宁波市硫酸厂协商确定，配氮磷钾各含量9%，总含量27%，有少量硼肥掺拌。200吨榨菜专用复合肥使用后，效果明显，受到广大菜农的欢迎。3年后，因厂家转产而停止。2000—2017年引进“希腊45%”“芬兰45%”及国内产的含硫复合肥。

微量元素 20世纪80年代起推广使用。2017年，硼肥多用于油菜、棉花，钼肥多用于蚕豆，平均亩施0.5千克。

微生物肥料 主要是“5406”菌种。1971年在大麦上应用，1971—1972年与饼肥拌和发酵作棉花当家肥，1975年用于早稻催芽。1980年后水稻面积外调改种棉花，随着地膜育秧技术的推广，微生物肥料逐渐淘汰。

调节素 品种较多，以“助壮素”用量较大，广泛应用于棉花壮苗（胖苗）、矮化植株、防止作物倒伏。另还有“多效唑”用于油菜育秧、大豆初花期调控；“乙烯利”用于棉花催熟、果子催红等；“防落素”早春用于点花，以提高坐果率；“烯效唑”用于秧苗控长，促蘖防败苗。

第五节 植 保

主要病虫害

境内常见棉花病害主要有立枯病、炭疽病、疫病、角斑病、枯萎病、黄萎病、红腐病等。棉虫害主要有棉蚜虫、红蜘蛛、蓟马、红铃虫、棉铃虫、金刚钻、斜纹夜蛾、玉米螟、棉盲蝽、棉叶蝉、蜗牛、地老虎、野蛞蝓等。水稻病虫害有稻瘟病、纹枯病、矮缩病、白叶枯病、蝗虫、螟虫、纵卷叶虫、稻椿象等。蔬菜病虫害有根腐病、软腐病、锈病、白粉病、霉病、蚜虫、潜叶蝇、菜青虫、根结线虫、绿叶甲、黄曲跳甲（俗称乌壳虫）等。麦类主要有赤霉病、锈病等病害。

1954年，棉花病死苗210公顷。1956年12号台风后，棉花角斑病暴发，平均亩产仅16.5千克。1960年6月，棉花发生茎枯病992公顷。1961年，棉花苗病殃及1157.33公顷。枯萎病在1964年首次发生后迅速蔓延，遍及全境，最高年份发病率占总面积的80%，至1983年普及抗病棉品种才有所减轻。1971年，棉铃虫暴发，平均每亩棉地有虫2万条以上，致棉花严重减产。1973年，棉花苗期死苗660公顷。是年斜纹夜蛾暴发，最多一亩棉地有虫10万条。1975年8月，棉花角斑病暴发。1975年和1978年，棉铃虫间发。1982—1985年又连发4年，棉花产量损失二三成。1988年，中黑螨春暴发，棉花成“光杆树”，平均亩产仅24.16千克。

大小麦赤霉病在20世纪50年代、70年代间发。1973年，受害面积占49.3%。1975年，62.4%的小麦发生锈病。1978年，小麦锈病又大发，危害面积233.33公顷，占总面积的80%。

◎ 黑光灯（除虫灯）
（马渚中国农具博物馆2019年吴华春摄）

防治措施

1955年后，泗门区农技站派专职农技人员指导农民开展病虫害防治工作。1978年各公社设棉花病虫中心测报点。1987年，镇内有专职农技员8人、农民技术员30多人，配药站6个。2017年，全镇有专职农技员7人，其中高级职称3人、中级职称3人、初级职称1人。

选种防治 作物选用高产抗病品种，提倡合理施肥、灌水和推广轮作制。20世纪70年代，水稻抗病良种由点到面推广。1975年，引进抗枯萎病棉种“86-1”“慈抗三号”“泗棉3号”。2000—2017年，引进杂交抗虫“南抗3号”“湘杂棉3号”“标记杂交棉”棉种。

人工防治 20世纪50年代，烧田边杂草除越冬害虫。60—70年代推行黑光灯诱蛾，90年代用高压杀虫汞灯灭蛾。棉区发动农民开展人工捕捉害虫，冬翻柴蓬灭蛹减少棉铃虫越冬基数。

生物防治 1972年起，县政府多次发布保护青蛙通告。农业部门试放赤眼蜂、绒茧蜂防治稻纵卷叶虫，棉区试放金小蜂防治红铃虫、棉铃虫。2000年后，全镇注重生物防治，减少对农作物的危害。

药物防治 主要以药剂防治病虫害。20世纪60年代，主要用“六六六”“二二三”“八八九”“1059”等农药。70年代，多用敌百虫、马拉松、乐果、1605、甲胺磷等。80年代沿用有机磷，推广杀虫双、叶蝉散等高效低毒低残留农药，停用有机氯农药。90年代，多用高效低毒复配农药。2000—2017年，应用以毒斯蜱、锐劲特、吡虫啉、阿维菌素为主要成分的高效、低毒低残留农药，防治蔬菜病虫害。

杀菌剂主要用于防治农作物病菌害，先后有稻脚青、西力生、波尔多液等，采用拌种、喷雾等防治棉花、水稻等害病。20世纪60年代，用多菌灵、托布津防治小麦赤霉病。70年代，用代森锰锌、代森锌等杀菌剂。80年代用百菌清。1990—2017年，三唑铜、杀毒矾、杜邦福星等杀菌剂广泛应用于防治蔬菜病害，除草剂中的丁草胺、拉索等则用于粮、棉、蔬菜等芽前除草。

综合防治 主要采取种子消毒处理，改进耕作技术，合理施用氮肥，增施磷钾肥，提高作物自身抵抗力和科学配施农药措施，放宽防治指标，减少防治次数，提高天敌控害能力。1988年，提出棉花“抓两头、控中间，病虫草综合防治”方案，以后每年实施面积约813.33公顷，用药下降18%。

第六节 蔬菜基地

旧时蔬菜多在房前房后园地里种植，故称蔬菜种植为“翻园头”。1980 年前，蔬菜种植较集中的原曹娥公社曹一大队直塘头自然村，面积也不多。除蔬菜种植外，还培育蔬菜秧苗，其中以茄秧、辣椒秧最有名。当时蔬菜种在一家一户的自留地上。1998—2004 年，由大光明菜业有限公司从广东省引进包心芥种子 5 千克。在曹娥村永久片种植面积 3.33 公顷，办高产高效示范方，后移到朗海村。

1999 年，由农技部门组织实施“十大主栽”作物种植，模式适宜沿海区域。各村按“一村一品”要求发展蔬菜基地，至 2017 年形成曹一村果蔬基地；人和村辣椒、乳黄瓜基地；朗海村包心芥、高菜基地；曹娥村黄瓜、长豇豆基地；建民村毛豆、吴江芥基地。阿姚皇、乡下妹、久久红、朝阳、老板等菜类加工企业，亦各建蔬菜基地。基地累计种植面积 1345.33 公顷，累计收购量 1816 万吨。2017 年，全镇种植反季节栽培大棚 248 只，占地 41.33 公顷。境内全年复种面积 2979 公顷，复种指数提高到 283.48%。

奖状

二〇〇九年度浙江省农业丰收奖

二等奖

受奖项目：甬瓠系列瓠瓜新品种选育及推广应用

受奖单位：余姚市小曹娥镇人民政府 （第五完成单位）

编号：FSJ200909-05

二〇一〇年七月

◎ 2009 年度浙江省农业丰收二等奖

种植模式，“冬春菜 + 黄瓜 + 豇豆”“菜 + 毛豆 + 菜”“菜 + 矮刀豆 + 抗虫棉”“西蓝花 + 豆类 + 包芥 + 榨菜 + 辣椒”等高效生态种植布局至 2017 年。

2009 年，小曹娥镇农业技术推广中心的“甬瓠系列瓠瓜新品种选育及推广应用项目”获得浙江省农业丰收二等奖。2010 年，小曹娥镇农业技术服务中心获得全国农牧渔业丰收奖、农业技术推广成果奖、甬瓠系列瓠品种选育及推广应用三等奖。2011 年，人和村获得中华人民共和国农业部授予的“全国一村一品示范村”称号。

第七节 农民蔬菜专业合作社

2013 年，境内有宁波级示范性家庭农场 7 家、农民专业合作社 35 家，其中三星级专业合作社 1 家、二星级 1 家、一星级 2 家、规范化合作社 5 家。总面积 373.33 公顷，总农户 1986 户。销售农产品达 8800 余吨，产值 2640 余万元。全镇 100 余名农民经纪人销售各类农产品达 1800 万元。

小曹娥镇曹娥村村民杜国明于 2007 年 7 月成立龙民蔬菜专业合作社。初创时，有承包户 58 户，耕地 45 公顷，注册资金 20 万元，场地面积 3008 平方米，房屋建筑面积 3018 平方米。通过 10 多年经营与发展，带动周边合作社及农户。建有冷库 1 个 350 平方米，拥有拖拉机 1 台，播种机 1 台，喷灌机 5 台。喷滴灌面积 23.33 公顷，大棚 6.67 公顷。引进新品种 10 多个，其中 2010 年引进台湾“松花菜”，种植 16.67 公顷，亩值超万元。年均销售农产品 5000 余吨。2012 年被宁波市评为先进“菜篮子”基地，2013 年被评为宁波市示范性家庭农场，2017 年入选宁波市菜篮子行业协会会员单位。

第三章　农机具

第一节　传统农机具

民国时期，传统农机具主要有：

耕作农具　翻耕有犁、铁耙，平整有耙、耖，播种有种孔对、豆锹，除草有耨(俗称刮子)、茅刀，耘田有骑马夹、推苗，掘沟有铁锹、铁鐝(坑铣)等。

排灌农具　早有戽斗、水桶，继为木制龙骨水车（分手摇、脚踏和牛拉3种）。

收割农具　有镰刀、稻桶、连枷、箩、簟、秋笼、风车、畚斗等。

运输工具　有木船、羊角车、扁担、抬杠、粪桶（俗称皮桶）等。

农副产品加工具　主要有石捣臼、石磨、碾子、铡刀、踏锥、木砻、木榨等。

中华人民共和国成立后，逐渐推广改良农具，发展农业机械，龙骨水车、木砻、木榨、捣臼、石磨、碾子等先后淘汰。

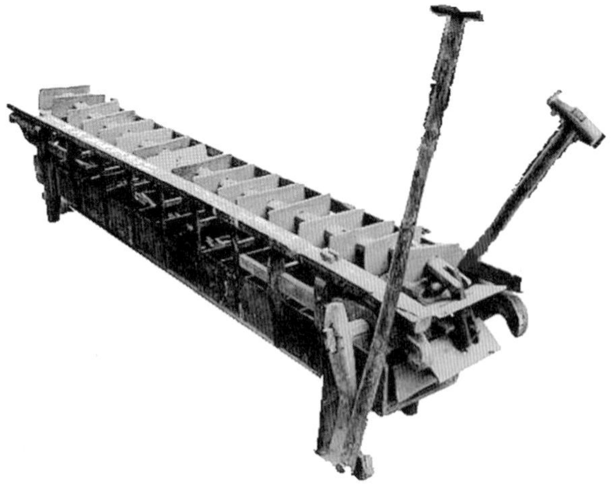

◎ 手摇龙骨水车（马渚中国农具博物馆吴华春摄）

第二节　现代农机具

耕作机械

拖拉机　1961年，朗海农机厂购置方向盘式拖拉机1辆，是为境内第一辆拖拉机。1970—1975年，引进双轮双铧犁和机动绳索牵引机数台，后停用。引进永康产手扶拖拉机210台，逐渐成为农田耕、耙主机。1980年后，境内全部改种棉花，以12型手扶拖拉机为主，数量保持114台。1996年全镇有各类拖拉机123台，2017年为50台。

脱粒机　1967年，脱粒始用双人脚踏打稻机，工效比旧式木桶提高1—2倍。当时生产队打豆用脚踏打稻机，比人工用架子可提高3—5倍，效益好，豆粒不会破碎。1971年，使用电动打稻机，工效比脚踏打稻机提高10倍。1978年，境内共有脱粒机械406台。1980年后，由于水稻面积外调，打稻机减少。至2017年，共有脱粒机20台。

收割机　2014—2016年，滨海村、镇海村2村民购置自走式久保田L2-2.5式联合收割机，为农户收割水稻，脱粒实现全程机械化。

榨菜收割器　2012年4月，镇海村村民刘法忠发明新型榨菜收割器，菜农收割榨菜时，劳动强度减轻，而且工效比使用毛刀收割提高5倍。获得国家专利。

排灌机械　1957年，始有8马力柴油抽水机。1964年，基本普及机灌，并由电动机逐渐取代柴油机。1993年，全镇共有机电排灌动力机328台，总动力为1878千瓦。至2017年，境内共有机电排灌动力机3641台，总动力为8267千瓦，其中柴油机125台，1818千瓦；电动机3516台，6449千瓦。农用水泵4210台，节水灌溉工具800套。

植保机械

1953年，始用人力手动压缩式圆筒喷雾（粉）器防治病虫害。20世纪60年代，改用单管喷雾器。1973年，镇境内共有人力手动喷雾（粉）器2084台，并开始推广机动喷雾（粉）器，共添置机动喷雾（粉）器11台，计23.8马力。1979年后，以背包式喷雾器为主。至1993年，机动喷雾机械92台，计98.4千瓦，人力喷雾机7363台。2017年，全镇共有植保机械2635台，计2450千瓦。机动喷雾（粉）机（汽油机）、背包式充电喷雾机5800余架，还有少量人力手动喷雾（粉）器。

农用运输机械

20世纪60年代，引进手扶拖拉机，改变靠人力运输的局面。70年代初，先后引进东方红20、奔野24、上海35、上海50等中型拖拉机。1986年，境内出现由手扶拖拉机改型的方向盘式拖拉机。后因交警部门禁止拖拉机上公路，农用运输车逐步向仿汽车型发展。1998年，全镇有各类农用运输车153台，计1630匹马力。

2017年，镇境内有各类农用运输车369台，计15741匹马力，以第三代单缸农用运输车，第四代多缸农用运输车及汽油三轮车运输为主，少量为第一代手扶拖拉机，第二代方向盘式拖拉机。

农副产品加工机械

20世纪30年代，加工籽棉用脚踏木棉车去籽，后引进日本大阪府铁制“洋车”，用牛作动力加工籽棉。油坊均为木榨。民国32年（1943），周巷复坊米厂首用机器碾米，境内农户有谷子加工。1956年，始用机电加工稻、麦。1959年，曹娥管理区第二核算单位（全义），首办粮食加工厂。1962年，曹娥公社曹娥大队开办油厂。此后，各大队利用机埠电动机，相继办起粮食加工厂，农忙抽水灌溉，农闲碾米磨粉。1996年，有棉花加工机械78台，油料加工机械11台，蔬菜加工机械113台，计动力2595千瓦。至2017年，全镇有农副产品加工机械556台。其中，粮食加工机械230台，棉花加工机械116台，油料加工机械23台，果蔬等加工机械187台，计动力4634千瓦。

第三节　农机管理

1955年后开始农机具改革。1959年10月，成立卫星人民公社拖拉机分站，经济上独立核算，业务上受慈溪县拖拉机总站领导。1963年4月，撤销泗门区拖拉机分站，境内拖拉机由国营慈溪县拖拉机站接收。1975年，泗门区各公社建农机管理站。1978年，各大队设农机管理小组，配备农机辅导员1人。1980年，各公社建立农机管理所。1984年，建泗门区农机管理站，下辖乡镇农机管理所。至1992年，撤区扩镇并乡后，建立小曹娥镇农机管理站，负责全镇农机安全管理和技术管理，实行农机档案管理制度。

1979年前，境内农机操作人员由慈溪县“五七大学”负责专业技术培训和区、公社自行培训。1984年，实行县、乡两级培训，农机操作人员需经市农机局培训合格才能上岗。2017年，全镇有农机运输人员427人，农机操作人员157人。农机三级维修点1个，维修人员2人。

第四章　渔　业

第一节　杭州湾小海鲜

主要品种简介

全镇海岸线长 8.1 千米，潮起潮落，滩涂广阔，海水渔业资源丰富。主要特色水产资源有以下几种：

◎ 渔船（2019 年吴华春摄）

泥螺（吐铁），如蜗牛状，壳薄，包黑如铁。潮退后，吐舌爬于泥涂。冬季少。四季中以三月桃花，八月桂花时，其味尤佳。上等者壳黄，满壳皆肉，无泥土味。涂上多油泥时，吐铁好。称黄壳大吐铁。若捕自沙涂，则味差且含沙泥。

沙蟹　生活在海涂水草场下的小蟹，灰黑色。其壳脆，足上有毛，群生涂上。无人时出洞口爬行，胆小，见人即入洞，至四月后渐少。

黄蛤　形如蛤蜊，不扁，黄白色，壳有黑纹，生于海涂浅层泥下，可用手挖取。

海瓜子　也叫“黄蚬”，壳薄而有纹，梅雨时节最肥，称“梅哈”。

青蟹　俗称“黄甲蟹”，生于海边泥穴中，潮退后可探取之。青蟹壳沿锯齿状，两侧有尖角，两大钳特大，自卫时两钳高举。大者有 500 克以上。夏月，满壳皆肉，蟹壳内有膏如黄酥，是佐酒好菜。《酉阳杂俎》：“黄甲腹下有毛，食之杀人（有毒）。”今野生日少，20 世纪 90 年后，近海鱼塘多有养殖，味不如野生。

蟛蜞蟹　亦称彭越蟹，两钳一大一小，用大钳争斗，小钳钳食物。蟛蜞蟹虽小，盐酒醉之，味鲜美异于常蟹；另有两钳一样大者，暗白色，乡人称“白牛蟹”。

白蟹　俗呼“母蟹”，蟹壳两头尖，钳细长。常蟹都有膏，唯此蟹无膏，故称白蟹。杭州湾白蟹，多自四月至七月，七月最肥。内中有最肥者叫顶壳白蟹，剥开该蟹壳，内又有嫩蟹壳。此蟹价最高。刚脱壳者称蝻子，蟹肉嫩而鲜。白蟹中有一种叫“小味子蟹”，重 50 克左右。该蟹是白蟹中“老勿大”，较肥。取白蟹作蟹酱，味佳，但不耐久，四五宿后即变味。

海虾　种类多，常见有白虾、红虾、钩虾等。白虾一烤就熟，壳即变红。五月麦熟时多，满腹带子，称“麦头虾”。红虾，壳红、厚，多产于四月。钩虾，个大，壳带环形花纹，形若钩子，味道鲜美，重有 150—200 克者，成对行，称为对虾，但量少。

跳鱼　一名弹鸟，又名“弹涂鱼”，形如小鳅，眼凸，有黑灰两种，黑者拇指大小，长 3—4 寸；灰者，长 2—3 寸。跳鱼身上有白色斑点，星状布列。潮退后，跳于泥涂和水洼中，黑大者称为“华弹”。

梅鱼　金黄色，头大身小，口微红，俗称“梅弓头”，肉细嫩、味佳。因梅热季节多此鱼，故名“梅鱼”。《异物志》：“梅熟，鱼来，故名。”但境内濒临海域中，此鱼不限梅熟时，四季都有。

比目鱼　别名鲽鱼，俗称箬鳎，体扁平，皮粗糙，肚上有鳞，须剥皮食之。平时涂中少见，篰网，小笆中有一定捕获量。农历每月初十、十一两日，在潮退后，可在海涂水洼中寻而得之。

鲻鱼 随潮而来，食涂中油泥，身圆，口小，骨软，肉细，小者近500克，大者有5000克者，杭州湾多此鱼。自围九塘、十塘、十一塘后，有挖掘鱼塘养殖鲻鱼，产量高，收入丰。该鱼味鲜美。介象《雨航杂录》："吴王论鱼，以鲻鱼为上，取其益阴，且该鱼不食其类。"

鲈鱼 口大，鳞鱼，体扁圆。鳞中杂有黑色斑点，性猛，食鱼虾，亦食同类，肉质鲜嫩，亦为鱼中上品。体大，常晒干，称"龙鲞"。

鲚鱼 一名鮆鱼，子多而肥。体狭薄而大，大者长30余厘米，称刀鱼。境濒海域中多6厘米左右的鲚鱼，渔民将其分为肉鲚、膛鲚两种。肉鲚为雌，膛鲚为雄。三月旺，人们或煎或炸着吃，还晒干备食，四月后渐少。

米鱼 形似鲈鱼，体侧扁略延长，口腔内鲜黄色，上颌外齿为犬齿状，尤以前端2枚最大。体背部为银灰褐色，腹部灰白，背鳍灰黑，尾柄细长，尾鳍楔形。

溏鳢鱼 体型较小，黑褐色，体表发亮。肉质细腻、鲜美，红烧、炖汤皆宜。一般很难登大雅之堂，但其味却极受人们赞誉。

虾孱（又名龙头鱼） 全身柔软若无骨，白灰色，无鳞，长16—18厘米，重50克左右，可煎食，烧豆腐味尤鲜，晒干称"龙头烤"。

鳉（江）鳅 又名"赤鳝"，状似小黄鳝，紫黑色，平时得而弃之，唯在秋后，获此鱼，多以清蒸，味鲜。旧时网篰多获此鱼，销往坎墩、道林，因该两地人喜食此鱼。

箭鳗 形似箭，细长。三月时捕捉最佳。境北所产箭鳗，骨软而肉肥。境内相传多吃箭鳗，补腰。

海鳉 俗称（海鳉猪），个大，重达五、六十公斤，皮厚，浅海处少，不易捕捉。

此外，有一定捕获量的海水产品，如黄鱼、鲳鱼、鲥鱼、孔鳐鱼、龙头鱼、黄鲫、海鳗、蛏子、海蜇、鳗苗、螃蟹苗等。

主要捕捞方法

民国时期，近海捕捞以海涂采捕、木帆船下海为主。捕捞方法主要有网具（如网篰、矮串网、跳网、腰网、吐铁网、沙蟹网等）捕捞、其他工具（如拉钓、铁耙、蟹钩、蟹撬等）捕捞、手工采拾3种。海涂退潮时，采捕栖息在海涂上的蛤类、蟹类、泥螺、箭鳗等，常年采捕，夏、秋季最旺。

木帆船俗称"翘头船"，船上装有风帆，无风时以摇橹为动力，既可捕鱼，也可短途运输。民国时期有16艘。1958年，卫星人民公社组织渔民成立渔业队，逐步发展机帆船，在沿海进行深水张网作业，捕捞量增加，又发展小型机动渔船，也以涨网为主，兼有溜、拖、钓等作业。20世纪60—70年代，曹娥、朗海、镇海3个公社渔业队（组）有近海捕捞船25艘，专业渔民200多人，以捕捞鱼虾为主。1978—1986年，杭州湾水域海蜇旺发，近海捕捞渔民，渔船兼捕海蜇。1984年，原曹娥乡后中灶村村民张来法新造18吨渔船一艘。1987年后，每年2月中旬至4月底，渔船以捕捞鳗苗为主，主要工具有三角网、涨网、人字网和虾子网等。至2008年，尚有近海持证捕捞船18艘。

除专业渔民外，也有农民兼职从事近海捕捞采拾的习惯，捕捞之后大多自家食用，也有把多余部分拿到市场卖的，近海捕捞亦是沿海农民的一项副业生产。

2017年，全镇有近海捕捞渔船10艘，总计164匹马力，总吨位68吨。人和村有常年从事近海专业捕捞队1个，人员14人，滨海、建民等村专业从事近海捕捞23人。季节性从事近海捕捞的有百余人，年产值约800万元。

牵沙蟹 沙蟹，穴居，胆小、机灵，见人即入洞。牵蟹人据其特点，用网捕捉。沙蟹网合拢约长20

米，每网眼边长15厘米，拉开后每个网眼呈菱形。天气晴好时，牵蟹人选好沙蟹密集且较平坦海涂，分开网眼，一张网呈特大酒坛形，网一端系条长10多米、宽2厘米的薄篾片，为拉网用。牵蟹人远避静候，等沙蟹爬行时，牵蟹人双膝跪地，悄悄地爬至篾片头，猛拉篾片迅捷朝另一端快奔。途中网眼速合，爬行沙蟹遭遇突袭，来不及进洞，被网线缠住，牵蟹人则将所缠之蟹捕捉入笼。后再另选一地，继续牵捕。沙蟹四季可牵，夏季旺，深秋和春二月最肥，多时，一张网（一般两个人合伙）一天能捕30—40千克。

拉钓捕鱼 拉钓，用直径3毫米钢筋做成柄长7厘米、钓齿尖锐、齿长2.5厘米的鱼钓，再用粗2.5毫米、长5厘米的苎麻线，把拉钓系在3毫米粗的苎麻线钢绳（后用塑料线）上，每隔6—7厘米装一钓。渔民装钓有“宽三指，紧四指”之说。一钢绳系108枚拉钓为一夹，一般一捕鱼人能管25夹拉钓。有经验捕鱼人，潮退后，根据潮向选择鱼儿常出入滩涂，插桩放钓。一夹长近8米，25夹钓近200米。一字形排列。钓近泥，但不碰泥，会摆动。为使钓不碰泥，每夹两桩间又插桩系纲，使钓不下坠。涨潮或退潮时，鱼儿随潮而动，不小心则被钓扎住。若鱼儿负痛挣扎，旁边拉钓又会扎住鱼儿他处，故很少逃脱。退潮时，捕鱼人则提取钓上的鱼儿。拉钓所扎鱼儿是水底游动的鱼儿，多为鲻鱼，个儿大，秋冬季，天气突冷北风劲吹，鲻鱼亦多。谚有：“秋寒老北风，鲻鱼直地攻。”故用此法捕鱼正适宜。拉钓捕鱼，在退潮时作业，人身较安全。

矮串网捕鱼 潮退时在浅涂选好位置，南北向隔1米插一排高2米许串竹竿，形成长150—160米的串网横。再在串网横的东边隔米插竹，形成与串网横垂直的长50—60米串网直。串网横与串网直形成一个迎潮的“八”字形，用1.4米高网片上下系在串竹上，下面入泥，网眼大小视季节捕鱼对象而不同。装好串网，远望若角尺形篱笆，在串网横西头装有旋涡形网片组成的机关，叫“箩头”。使鱼儿只能进，不能出。涨潮时，鱼顺潮而上，至退潮时，鱼虾被露出水的串网拦住。唯沿网内侧游去，至串网横碰头。西游入箩头，就出不来了。捕鱼人则在潮尽时，入箩头取鱼。此法四季皆捕，所获海产品较杂，泥鱼、箬鳎、鳅、丈鱼之类。还有季节之分，上半年3月多梅鱼，4月多鲚鱼，下半年多鲻鱼和丈鱼。

网簖捕鱼 网簖由4段碗口粗毛竹围成一个牢固的等腰梯形，叫平耙。上底叫“上担”，长3.6米；下底叫“下担”，长4米；两腰叫“柱头”，高2.3米左右。再将3根长10米左右重量相等的中等毛竹的根部分别固定在两柱头中间和上担中间（固定在“柱头”上者叫“甲竹”，固定在“上担”上者叫“风竹”），3根竹尾部用绳扎紧，合称“三须”。后将网口均匀系在平耙（梯形）四边，网身置“三须”之间。网尾部系在风竹尾部，接装袋筒，且拉紧使网身直。这样就组成网簖。离网簖12米处打1桩，深4米许，名为“簖根”。上牢系两根篾索，叫“首索”，粗5厘米，各长12米，分别紧缚在平耙两边柱头的中间，作用是使网簖不被潮水冲走。概括网簖工具两句话：“两根首索一条根，三须平耙一张网。”这样的网簖每隔十六七米安置一个，十几户渔民所有的百余个网簖，“一”字形排列，叫作“网簖行头”。网簖行头一般安放在潮流湍急的深水区（俗称“江滩头”）。潮来前，渔民移动网簖位置让平耙口朝北，三须在南；潮退时，平耙会在潮流带网自动转向，平耙朝南，三须连网又会转到北边。这样平耙网口始终迎潮。鱼、虾、蟹随涨潮和退潮的潮流入网到袋筒，由于水流湍急，进去就出不来。捕的鱼货以鱼、虾、蟹为主，也有海鳗、海蜇等，随季节不同而各有特色。

捕捉工具还有㧟网、白蟹网、虾子网、游丝网、棒棒网等，方法多种多样。除网捕外，还有他法，沙蟹除网牵外，还可用手抓取，用锹掘、彭越蟹用草引、晚上用灯照捕、箭鳗用鳗刀撬、蛤蜊用小铁耙淘、黄蛤可挖可牵、蛏子用弯头扁铁丝钩、海瓜子用耥网耥、鳗可用钩钓、吐铁（泥螺）可用网牵，还可用手拾，弹涂鱼可用细长竹竿缚一细丝线，另一端系一枚钩钓扎取等。

海涂养殖

中华人民共和国成立后，沿海有近万亩围垦海涂，因地势低，土质咸碱，不宜种植棉花。1969 年 12 月由原曹娥、朗海二乡围筑曹朗平原水库。1971 年 5 月竣工，面积 64 公顷，既解决生产用水，又进行鱼类养殖。养殖品种有适宜在咸水、淡水交汇处生长的鲻鱼、青蟹等，近年还养殖了南美白对虾。2017 年，塘内养殖面积 88 公顷。渔民在近海捕捞的同时，在塘外海涂上拦箔养殖青蟹等数百亩。

第二节　淡水养殖与捕捞

境内河道纵横，池塘星罗棋布，淡水渔业资源丰富。民间素有在池塘放养鱼虾的习惯。20 世纪 50 年代始，泗门区组织渔业队，曹娥、朗海、镇海三乡各组织渔业组，利用江河、滩涂等拦箔养鱼。70 年代，利用一号、二号水库养殖淡水鱼 220 公顷，到 2000 年废库开地止。1984 年后，发展多种经营，利用低洼地开辟鱼塘。曹娥乡九塘闸农场在围垦海涂地开辟精养鱼塘 14.67 公顷。2000 年后，东超渔业公司在水库养殖，面积 238.33 公顷。至 2017 年，养殖面积达 266.67 公顷。养殖的鱼类品种有青鱼、草鱼、鲢鱼、鳙鱼、鲤鱼、鲫鱼、鳊鱼、红鳇鱼、鳜鱼、花鲳鱼、鲇鱼、罗非鱼、鳗鱼、泥鳅等，甲壳类有青虾、河蟹和甲鱼等。

民国时期，内河渔民以船为家，几代人共栖一只小渔船，终年漂泊打鱼。捕捞渔具主要有五大类：迁网类（大水迁、小水迁）、刺网类（三层刺网、单层刺网）、掩网类（打网、鹰爪网）、定置网类（涨网、耥网、扳罾、跃进兜、簖网）、钓具类（拉钓、弹钓、鳗钓）。此外，还有拖束、鳗头龙等小型网具，以及用鸬鹚捕鱼等。1958 年，6 户内河专业渔民及其拥有的 6 艘 2.5 吨渔船，全部加入卫星人民公社（泗门区）渔业队。1959 年，鸬鹚捕鱼因破坏鱼类资源被淘汰。20 世纪 60—70 年代，部分渔民转行，专业渔民减少。2000—2017 年，镇境内淡水捕捞无专业组织及渔民，仅有兼业淡水捕捞渔民 10 余人。

第三节　渔业组织与管理

中华人民共和国成立后，1951 年，泗门区渔业协会成立，这是余姚县第一个区级渔民协会。1954 年，境内渔民先后就近成立渔业互助组。1957 年，曹海乡沿海各高级社（庄）渔民自发组织成立渔业捕捞队，时有四庄渔业队，渔民 40 人。九庄渔业队，渔民 10 多人。十三庄渔业队，渔民 20 多人。1958 年，卫星人民公社成立渔业队，境内队员近 20 人。渔业队分内河捕捞队和外海捕捞队。内河捕捞队有渔民 6 户，2.5 吨渔船 6 艘。外海捕捞队有渔船近 25 艘，渔民 200 多人。1978 年后，渔业队解散，内河渔民大多转行。2017 年，人和村有外海捕捞专业队 1 个，人员 14 人，以个人或合伙方式继续从事捕捞。镇政府分管水产养殖事业干部 1 人。

第五章 盐 业

境内先民最早的生产活动主要就是开辟盐田、沥卤制盐。清雍正十二年（1734）筑利济塘（四塘）后，盐田移至利济塘北。时石堰买纳场置埋上、埋下、梁上、梁下东、梁下西共5团，煎灶28座。时境内有许东一灶，许东二灶，许西三灶，道塘东灶、全灶、中灶、西灶、方东五分灶，方路一分灶，方路二分灶等。清咸丰二年（1852）后，制盐改煎熬为板晒，盐区内地名亦由“××灶”改称“××潭”。石堰买纳场共有27潭，现境内永清塘后有梁上涂汛潭、缪路潭、十丁潭、泥墩潭，梁下仓洪家路潭、方家路潭、周洪丘潭。据《慈溪盐政通志》载：清宣统三年（1911），石堰买纳场改称余姚场。民国初，因境内海水淡化，境内部分盐田改为垦区，制盐面积缩小。但至民国29年（1940）建曹娥乡时，仍归属于庵东盐区管辖，说明制盐依然为时境的主要产业。1950年4月，行政区划调整时将抽斗丘、泥墩潭、十墩潭、涂汎潭等主产盐区划归庵东区西三乡后，域内已无大面积制盐，但少数农户及后来的生产队集体仍有少量日晒盐生产供自食，直至20世纪70年代中期停止。

第一节 盐业生产

◎ 盐场晒盐（19世纪60年代前）（来源《宁波盐业志》

境内盐场制盐方法经历了煎熬、板晒两个阶段。自明代至清咸丰二年（1852），全部用火力煎熬。

据清《两浙盐法志》载：“有明洪武年间编充灶丁，每丁拨与草堂一段，令其自行砍伐煎烧，不相侵袭。每年每丁须纳盐三千二百斤，值银七八两。”又据《费氏潜录本》载：“灶丁以年至十六岁成丁，逾六十岁退丁。退丁者开除，成丁者签补。”境内灶丁多来自绍兴、上虞等地贫民，灶丁虽免除其杂役，但《两浙盐法志》称“灶户煎盐最苦”。煎盐分篾盘煎熬和铁盘煎熬两种。民国《余姚六仓志》第八卷《盐法》载：一用篾盘煎熬，盘系竹篾制成，两面涂以壳灰之外，刷以柴灰，以防渗漏，盘搁于灶，灶之中角直竖竖木四支，直木之上又架以横木四支（横木即谓之大桁），上纵架粗竹十六枝，谓之子桁，悬绳四十根，下各系以钩，钩于篾盘之格棂，使盘受卤重量不致有坍塌破裂之虞。新制之盘先用火烘干，同时倾以灰卤，使盘底罅隙为堵塞，然后可倾卤煎盐（煎时卤汁沸腾，泡沫污物浮游上面，随时掬去，功候至乃结晶，用扒集聚以木瓢盛之）。一用铁盘煎熬（凡小灶多用铁盘），每灶设深锅二口，平釜二口，先以卤汁倾注深锅中，煎熬渐浓乃用杓掬倾平釜中，俾结成盐，法与篾盘相同。清咸丰二年（1852），改煎熬为板晒，初为泥板。咸丰十一年（1861），岱山盐板夹潮水冲来，余姚盐区遂依式改用木板。

开辟盐田

境内原是海涂，海涂淤沙积涂渐生水草，沿塘岸已出现大片水草场，境内先民陆续来到这里，在滨海潮来潮去的水草地开辟盐田（白地）。其方法是：先割去柴草，堆积成垛，备作他日筑土之用。然后在盐田四周掘约1米宽、0.5米深的沟道，用掘起之泥于沟道两旁筑成高0.2米左右的土防，再于盐田一角掘直径 4—5 米、深 1 米左右的水汪一个。这水汪一般都有一条沟连通通向大海的湾沟。用掘水汪的土在水汪旁筑约 8 米 ×14 米的土基，视盐田大小，于四角或四边堆成 1—4 个小基，约 4 米 ×8 米，其高度为 2 米左右，基上筑高漏碗为淋卤工具。漏碗筑法：于盐田边角土基上挖圆台形土坑，口径为 2 米左右，底径为 1.5 米左右，深为 0.5 米左右。底与四周漏墙夯得坚实平滑，其下埋一根中通竹管，管口斜截，露于漏碗底中心，集渗聚盐卤流经竹管外滴，竹管另一端处掘地成坑，坑中埋一缸以接竹管外滴之卤，缸上筑一缸井桶，其口仅容卤吊上下，上盖缸井盖，以免雨水入缸。在开辟盐田时，还要另掘一个汪（池塘），一般比漏碗汪（俗称“咸水汪”）要大一点。这个汪四周都要围起来，以防潮水进入。这个汪主要积雨天淡水供平时生活之用，所以叫淡水汪。用掘汪的泥土填一块盐板基或盐板基兼舍（屋）基和盐仓基。在潮来潮去的海滩上，盐板、住所、盐仓都必须建（摆）在高 2 米以上，长、宽在十米至几十米之间的高坨基上。高坨基上摆上几十块盐板晒盐，再搭一个用毛竹为支撑材料，稻草为屋面和墙身材料的草棚用以储盐和安身。

刮泥淋卤的板晒盐，俗称“老法晒盐”。清咸丰后，盐板晒盐日兴。盐板晒盐一般一户盐民有一块白地，约 1 公顷，有漏碗 10 —15 个，盐板基 1 块，盐板 80 —100 块。刮泥淋卤的板晒盐分制卤和晒（制）盐有两个工作流程。

漏碗制卤的 8 道主要工序

摊泥　俗称“挑生泥头”。一年中整漏起出淡泥堆积于漏碗外侧，须在年底到年初挑开，摊平，待潮水没过或雨水淋瘪起咸。高漏改地漏实施轮番操作后，生泥大多随出随挑开。

刮泥　俗名“拖泥”。连续几个晴天后，白地起盐，表面有间花白点，即可开始刮泥。刮泥用铁制拖刀，宽 52 厘米，镶装于木架之上，双手扶之，步步倒退。刮泥步骤，先盐先刮，刮完全部盐田称为一梯咸泥。

耖泥　耖耙木制，宽 0.8 米、长 1.8 米的长方形木框，下装耖齿，状如稻区的农用耙，由 2 人或 1 人拉引，将刮起的泥耖松、耖碎，促使水分蒸发。耖泥一般在午后烈日下进行。

集泥　俗称“栈泥”。栈板木制，上有拉手，下系绳。栈泥时，一人扶板，一人拉绳，将已拖起耖过之泥，两面对栈集拢，俗称“泥鳅塘”，一般 6 拖刀泥为一塘。栈泥负荷轻，常为妇女小孩两人操作。

挑泥　用木制耙幅将已栈拢之泥盛入土箕，挑至漏碗基上，成垛，称“泥篷”。挑泥劳动负荷重，常由青壮年盐工承担。高漏改地漏后大多把咸泥直接挑入漏碗。

整漏　整漏先出漏壳，即把漏碗中淡泥取出，刮净漏底，漏壁，铺好漏草，再填入咸泥，将及一半时沿边踏实，称为“踩腰漏”，然后填满咸泥，用耙幅拍平，用力踩实，或用漏锤夯实，称为“踏漏”，尤其是边沿，更须结实，以免倒漏。

淋漏　俗名“发漏水”。在踏（夯）实之漏面养海水（中途不能断水），使之慢慢下渗溶解咸泥中盐分。半日左右，即有头卤滴出，若两日后卤水渐淡，用莲子测定卤水比重，至一定标准即开漏缺放漏水，停止淋漏。

藏卤　俗名“盘卤”。把漏碗缸中卤水吊出，运至盐板基缸内，称为“盘卤”。

晒盐工序

杠板　杠板就是在晴天的早上，由两人把盐板杠置于盐板桩上接受日晒。

加卤　用卤吊或水勺（俗称“水料”）从鲜卤缸中舀卤注入盐板。卤吊可容卤水 10 千克。旺季每块盐板需卤 1 吊；平季 3 块 2 吊；淡季每块加卤半吊。

检查　加卤后须巡回检查一遍，检查盐板是否搁平，有无漏板。中午后又须检查一遍，如卤不够，应加盐卤以便继续结晶。

淌盐排（花）　上午 9 时，卤面结晶开始时，用耙搅拌板内之卤，使浮在卤面的盐粒下沉，能加速结晶，并提高盐质（粒细）。午后要淌盐排，也是为了加速结晶。

收盐 下午5时左右，用盐耙将盐集于盐板左角，另一人用盘铲收盐，然后将盐倒入搁在苦卤缸上的盐箩里，沥卤一夜，次日上午挑盐入仓。

每板产量 旺季（如蒸发量大的7月、8月），每天有2—2.5千克，平季（如蒸发量一般的3月、4月、10月）每天1—1.5千克，淡季（如蒸发量小的12月、1月、2月）每天仅0.25千克左右。

境内刮泥淋卤、板晒晒盐（老法晒盐）必备工具

表5-5-1

名称	材质	件量	用途
拖刀（把）	木架铁刀	1	刮泥用
耖耙（乘）	木制	1	耖松、耖碎刮起的泥
栈板（块或面）	木制	1	集拖起的泥使之成为一塘
耙幅（张）	鸡枫木制，竹柄	1	将集成塘的泥置于土箕内
土箕（双）	竹制，有大小数种	2	盛泥挑上漏碗坨基用
铁锄（把）	竹柄铁质	1	掘漏碗上部淡泥用
铧锹（把）	竹柄铁质	1	起出漏碗底部淡泥用
［挑耙］、草耙（把）	竹柄铁质	1	扒松漏底填草，抖落填草上的泥土
卤桶（双）	木制	2	挑运卤或水
［水舀］、水勺（只）	竹柄木制	1	舀卤或水
卤吊（只）	竹柄木制	2	吊缸井桶中卤水
莲子（贯）	竹筒竹柄，筒装莲子5颗	1	测定卤水浓度
卤缸和苦卤缸（只）	陶质	15	储存鲜卤和苦卤的大缸
缸盖（只）	篾质	10	遮盖卤缸之设备
泥勾扁担（条）	坚木制	2	挑泥用
盐箩（双）	竹制	10	盛盐用
丁勾扁担（条）	竹制	2	挑盐用
盐扒（条）	竹柄铁质	2	将盐板上的盐集拢于盐板一角
盘铲（把）	短木柄铁质	1	将集拢的盐铲到水料内

注：以上工具可供一男一女或一个正劳力加一个辅助劳动力管理约1公顷的盐田、10—15个漏碗、80—100块盐板使用，且是晒盐必备工具。另外少数盐民备有水车1部，用于纳潮或提水灌溉盐田；较富裕的盐民还配有大卤桶（杉木制，埋在地下，一桶可容卤7—10缸），1—2只装卤晒盐。

中华人民共和国成立前，一户人家（一男一女）两个正劳动力和一两个老小辅助劳动力参加劳动，一年产盐多的15—20吨，少的10吨左右。域内所产素称“姚盐”，质量上乘，尤以色白、粒细、味鲜闻名。民国以前，没有化验设备，故以色泽和味道定盐质。据《盐法通志》载：“余姚场分煎晒二种，晒盐质松味咸，间带苦性，色泽白，结晶呈粗大，方粒；煎盐性质坚，味微带甘性，色泽洁白，结晶呈不正形，细粒……”

20世纪50—60年代，每逢夏季小潮汛，农

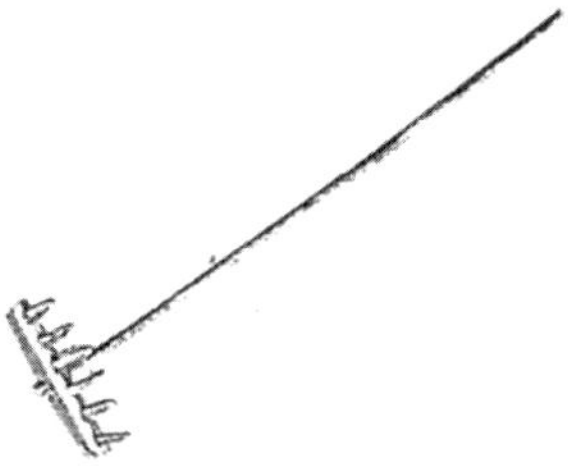
挑耙

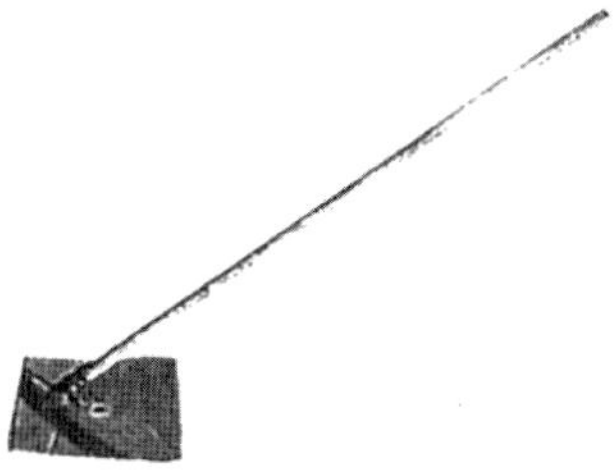
耙幅

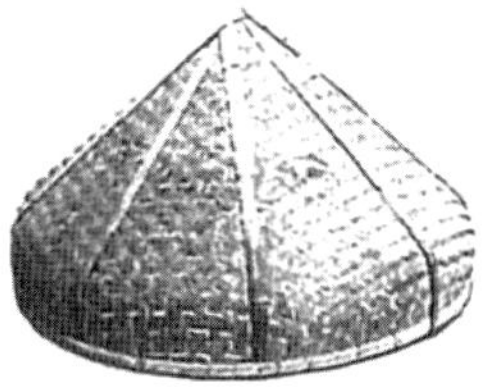
卤缸盖

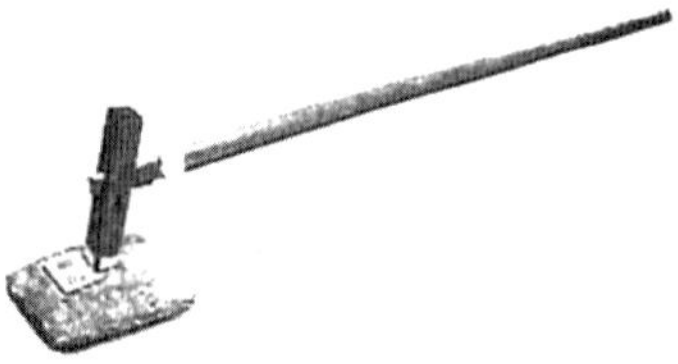
漏搭

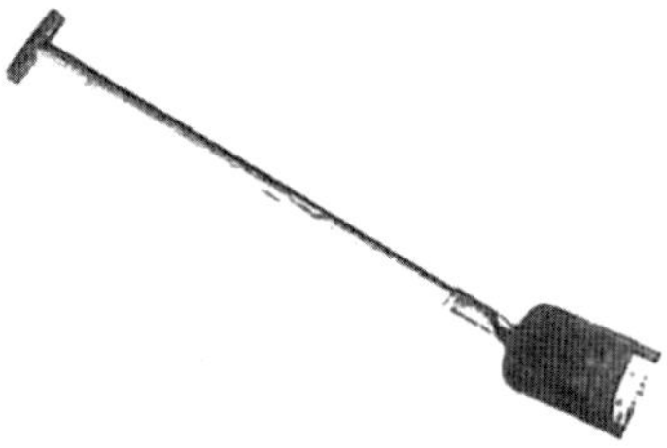
铧锹

盐板

水料（勺）

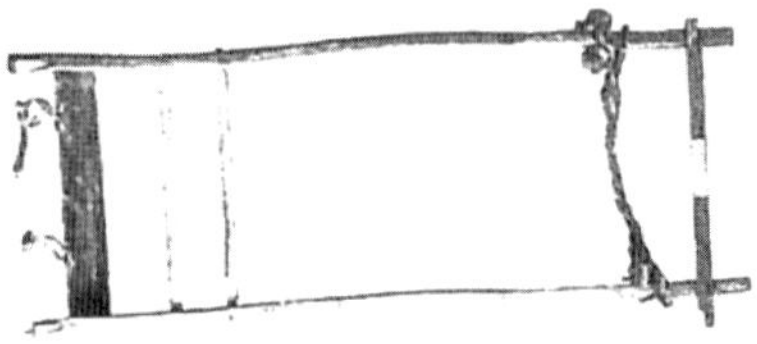
拖刀

度表、波美表、水度表

耖（坌耖）

卤桶

盐箩

土球

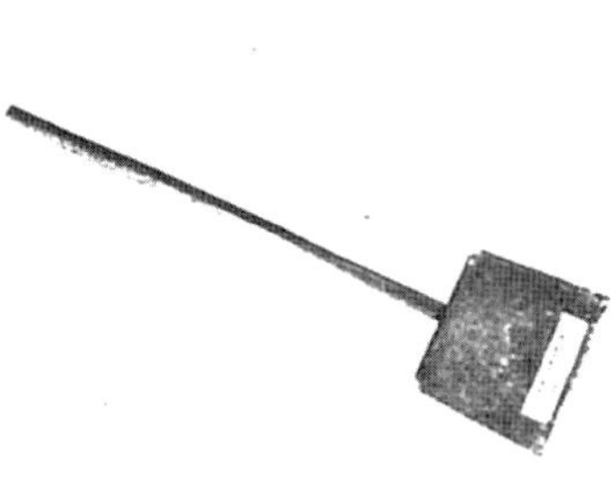
漏枪

盘枪

卤吊

◎ 晒盐工具（来源《海星村村志》）

民刮海涂发白的盐土挑至家中，用箩筐装上沙泥土，搭成四周高、中间低的碗状，中间放盐土，泼上海水，下面接上大桶过滤，然后把这种卤水装在各类盆中放到太阳下蒸发，最后结晶成盐，自用。1976年九塘围筑后，境内不再制盐。

第二节　盐业管理

清时，盐场设廒，分篷认板，所有产盐均归廒商收购，并设篷长管理盐户。盐税税种多，凌乱复杂，派遣军、警驻盐场，缉禁私盐贩运。盐民制成盐成品后，盐税历来颇重，常数倍于盐价，故原盐走私之风甚盛。清、民国政府多设严禁、立重典，在场区实行聚团煎办，设立保伍连坐法，对盐民进行严格控制。

盐政机构

历代王朝渐次立盐并置官及专司机构管理，以保障国家利税收入。清光绪三十三年（1907）余姚县石堰场之庵东设立缉私局。民国初，浙江省成立巡缉总局，改石堰盐课司为场公署，设盐事长，盐事长改称场知事，各场知事兼督察员。设置场警，派缉私营驻庵东，为两浙缉第一分局，并分别在傅家路、二灶市、一灶、水霪浦、新浦沿、大牌头、长胜市、登州街、缪路潭、泥墩潭等地置派出所。余姚场两浙第一巡缉舰驻崔陈路。马家路潭、周家路潭、涂汛潭、泥墩潭等水道出口处亦分别驻巡缉舰。民国32年（1943）税警团教导队第一总队部设浒山，所属第三营部设周巷，各连队分布在长河市、英生街、坎墩、相公殿、段头湾等地。

1949年5月30日，杭州市军管会和余姚军管会接管余姚场，成立余姚盐务分局（县级），隶浙江省盐务管理局。1958年7月1日起，盐务部门主办的盐税稽征管理工作，移交税务机关办理。盐场的缉私，仍由盐务部门负责，场区以外由税务部门负责。各区、乡税务以及工商行政管理人员兼理私盐查缉工作。1991年9月1日起，盐的缉私工作复由盐业部门管理。1992年12月，余姚市供销联社增挂市盐业管理局牌子。1998年3月，余姚市盐业管理局改为余姚市盐务管理局后与盐业公司合署办公，在盐务局内设立盐政科，负责余姚市境内盐业市场的监督、检查等盐政执法工作。2002年2月，市盐务管理局成立公安驻盐业联络室。公安联络室在业务上受公安局与盐务管理局双重领导。2001年，余姚市盐务管理局在泗门镇海南村设立盐政检查队，主要负责黄家埠、临山、泗门、小曹娥4个乡镇的盐政执法工作。

中华人民共和国成立后，废除一切附税，数次降低征率，几次减税。至1993年，盐税每吨降为75元。盐税总额占工商总税额由1950年的22.65%降至1993年的0.195%，盐业税收占国家财政收入已微不足道。

盐政执法

《食盐专营办法》第一条指出：为了加强对食盐的管理，保障食盐科学加碘工作的有效实施，确保食盐质量安全和供应安全，保护公民的身体健康，食盐实行专营管理。

境域是榨菜等蔬菜的腌制加工地区，腌制用盐需求量大。20世纪80年代以来，特别是进入21世纪年以来，腌制用盐需求进一步上升。

2001—2017年，市盐业公司在镇海、小曹娥2个食盐供应点常年销售腌制用盐在1.6万吨以上。故使盐业违法分子所觊觎，进行盐业违法活动。以低廉的价格销售劣质盐、工业盐等不合格盐产品冲销蔬菜腌制用盐市场，严重影响榨菜质量和产业的安全，影响人们的身体健康。

2000—2017年，境域共查获各种涉盐违法案件44起，没收违法盐产品657.8吨，罚款3.4万元，行政处罚44人，被依法判刑4人。

第六章 养殖业

猪、牛、羊、鸡、鸭、鹅等的饲养为当地农家传统副业。民国时期，境内缺粮，畜禽饲养量较少。中华人民共和国成立后，畜禽饲养发展较快。20世纪80年代后，境内还出现地蚯蚓、蛇等特种饲养。如人和村一名村民在2015年养过蛇。

第一节 家 畜

猪

民国时期，域内因棉区缺饲料，少有养猪。少数饲养户也是逢年过节宰杀自家食用。1949年，境内饲养生猪594头，年末存栏308头。1957年，贯彻“以粮食生产为中心，生猪生产为重点”方针，饲养量升至5037头。1959年后受经济暂时困难影响，到1961年饲养量降至3554头。1964年，贯彻“公私饲养并举，以私养为主”的畜牧业生产方针，分饲料地、饲料粮到户，饲养量增到8932头。1968年，取消奖励政策，饲养量降至2633头。1970年，提倡集体养猪，办公社、生产大队、生产队三级牧场。至1972年，有畜牧场69个，饲养量升至10850头。1975年后，因牧场管理不善，又轻视农户私养，1977年降至4960头。是年，泗门区及所辖各公社均成立畜牧生产办公室，抓公社、生产大队、生产队三级牧场，1979年饲养量升至6300头。20世纪80年代，生猪饲养向专业化发展，每年饲养量稳定在3000头左右。2000年，全镇上规模养猪专业户10家，饲养量稳定在25640头。2009年，增加至28572头。2017年，饲养量升至103683头，出栏56427头，年末存栏47256头。

品种 传统品种有“本地黑”和“金华猪”。民国时期，仅在周启传家繁育少量仔猪供应本地市场，多数仔猪从上虞、嵊县等地输入。20世纪60年代，建公社生猪良种繁育场及11个生产大队牧场，引入“约克夏猪”“长白猪”公猪与本地产母猪杂交繁育，推广良种。时朗海公社牧场有公猪2头，“杜洛克猪”母猪近15头。至70年代，现境内仔猪实现自给。

饲养方法 民间向为圈养，以青、粗饲料为主，喂养苗猪及宰杀前亦喂粮食等精饲料。1976年后推广“高投入、高产出”的直线育肥法，肉猪生产速度加快，饲养时间缩短，效益增加。

1949年推广棉地套种蔬菜主供猪饲料，1958年试养水浮莲作饲料，1972年推广水浮莲、水葫芦、水花生和绿萍等水生饲料，1974年推广“703”中曲糖化发酵饲料、棉饼、菜饼和“九二〇”“腐殖酸钠”等饲料添加剂，2000—2017年推广混合饲料和微量元素饲料添加剂。

牛

民国时期，少有农户饲养。1949年存栏38头，1954年存栏增至167头。1956年农业合作化时，耕牛折价入社。1958年，限制农户私养，取消耕牛交易市场，存栏数降至137头。1962年后，各生产队饲养耕牛数增加，至1967年存栏451头，为历史最高纪录。1970年后，手扶拖拉机日增，耕牛锐减。1993年仅存栏13头。至2017年全镇耕牛存栏5头。镇境内黄牯牛主要来自浙南黄岩、天台等地，水牛主要来自上海南汇、崇明等地。饲养多为割草舍饲。

羊

境内品种有山羊、绵羊。民国时期，仅供食用而不取毛。1949年存栏1085只，1957年存栏

2170只，1966年增加到9756只，后时兴时衰。2012年，建民村村民钟秀娟成立余姚市金贝牧业有限公司，场地面积0.67公顷，建筑场舍4280平方米，年山羊自养量3800只上下。2017年，全镇存栏7812只。

◎ 绵羊（2020年吴华春摄）

兔

民国时期，境内有少数农家饲养肉兔。20世纪50年代中期始养长毛兔，1958年，存栏3923只。1985年，存栏23459只，为历史最高纪录。后受兔毛价格影响，饲养量骤起骤落。2014年后，加强环境整治力度，饲养量下降。2017年，仅为1080只。

民国时期饲养当地杂种兔，20世纪60年代初引进安哥拉英系长毛兔。1969年前，采用地笼或平地饲养。1970年后采用笼养（竹笼或砖砌水泥笼），饲养密度高、经济效益好。饲料以草料为主，入冬后掺入少量颗粒饲料、玉米、小麦或糠麸等。

表5-6-1

1949—2017年畜牧业生产一览表

年份	生猪饲养量（头）	生猪年末存栏（头）	牛年末存栏（头）	羊年末存栏（只）	兔年末存栏（只）	年份	生猪饲养量（头）	生猪年末存栏（头）	牛年末存栏（头）	羊年末存栏（只）	兔年末存栏（只）
1949	1594	308	38	1085	300	1967	5664	3455	451	6926	17591
1950	734	368	40	1400	340	1968	2633	1343	450	5864	15306
1951	758	341	46	1435	400	1969	2446	1296	370	6232	13086
1952	785	400	60	1500	4501	1970	6039	2727	228	4340	13961
1953	1998	1198	138	1851	502	1971	8400	5040	144	5460	13065
1954	2277	1411	167	2041	564	1972	10850	2725	145	8865	8874
1955	1726	1087	162	2100	532	1973	4967	2378	145	4784	16692
1956	3716	2304	167	2178	670	1974	6783	2062	137	4878	19457
1957	5037	2468	156	2170	800	1975	2471	1304	115	5345	17171
1958	5016	2390	137	3923	691	1976	3287	1796	112	4470	13931
1959	5100	2420	193	4056	790	1977	4960	2579	105	3648	11333
1960	5800	1361	196	2837	400	1978	3251	2512	78	3584	10913
1961	3554	1361	229	2962	380	1979	6300	1920	25	4151	10165
1962	3459	1613	263	4559	680	1980	3000	1464	16	4182	10147
1963	3334	2067	261	6819	2595	1981	2491	1270	14	4165	10647
1964	8932	4019	268	6892	4680	1982	1458	1204	17	3816	10607
1965	4926	2512	424	7721	14906	1983	2373	1163	11	3945	10085
1966	6439	3606	302	9256	15350	1984	2390	1242	10	3627	9724

续表 5-6-1

年份	生猪饲养量（头）	生猪年末存栏（头）	牛年末存栏（头）	羊年末存栏（只）	兔年末存栏（只）	年份	生猪饲养量（头）	生猪年末存栏（头）	牛年末存栏（头）	羊年末存栏（只）	兔年末存栏（只）
1985	2560	1229	9	3006	23459	2002	2390	781	16	976	2760
1986	2322	1138	13	3314	22198	2003	1962	1047	9	489	6008
1987	2538	964	10	3824	18160	2004	4806	1680	2	168	5800
1988	2332	1212	14	3808	11158	2005	4708	1422	5	5437	3400
1989	2974	1219	20	7420	11763	2006	4980	1630	17	2657	2111
1990	2580	1315	13	4415	9675	2007	6749	2826	7	682	1950
1991	3432	1616	15	3210	4840	2008	6544	2410	7	411	2021
1992	5521	2166	23	4670	3698	2009	28572	12693	9	1172	2360
1993	5675	2355	13	5085	3055	2010	45380	16520	6	2075	2170
1994	6189	2239	6	5200	2867	2011	64870	35500	6	1610	2500
1995	5809	218	9	5437	1718	2012	83525	37692	7	3641	2405
1996	4980	1630	17	2657	2111	2013	70952	36352	7	4500	2200
1997	4700	1528	19	2870	1907	2014	93654	48482	5	10130	1800
1998	5094	1363	8	2465	1505	2015	97014	42097	5	10017	1580
1999	4297	1711	14	2224	1023	2016	110119	42161	5	8892	1200
2000	2564	596	16	932	1689	2017	103683	47256	5	7812	1080
2001	2054	865	29	882	2320						

第二节 家 禽

境内家禽主要有鸡、鸭、鹅等品种。民国时期多为农家自孵、自育、自食，部分上市出售。中华人民共和国成立后，饲养量逐年增加，1979年，家禽饲养量达37240羽。20世纪80年代初，饲养肉鸡、蛋鸭、白鹅等专业场、户兴起，主要有各公社牧场以及曹娥村的章林钊养鸭专业户等。80年代后期至2000年，发展鹌鹑、鸽子、珍珠鸡、野鸭等特种养殖。2006年，全镇禽总量342210羽，其中鸡年末存栏199350羽、鸭存栏55700羽、鹅存栏3480羽、鹌鹑8万羽、鸽子420羽、野鸭驯养3260羽。2017年，全镇禽总量55300羽，其中鸡年末存栏6200羽、鸭存栏13400羽、鹅存栏17200羽、野鸭驯养18500羽。

鸡

传统品种有芝麻鸡、萧山鸡和芦花鸡等，1949年后又引入来杭鸡、AA鸡、伊莎蛋鸡、白洛克等。

鸭

主养蛋、肉兼用的绍兴麻鸭，还有少量北京鸭、番鸭。

鹅

主要是浙东白鹅。

饲养方法

农户一般采用散放式饲养，春养冬宰，鸡喂米、糠，鸭食稻谷糠麸，鹅除冬喂精料外，余食草禾。专业户采用群养方式，鸡舍饲、鸭圈养，以喂配合饲料为主。

1979—2017年禽业生产统计一览表

表5-6-2　　单位：只（羽）

年份	禽总量	鸡年末存栏	鸭年末存栏	鹅年末存栏	鹌鹑	鸽子	野鸭驯养
1979	38379	25189	11925	1265			
1980	36425	24674	10392	1359			
1981	41823	26230	12631	2962			
1982	43564	29452	12516	1596			
1983	37600	20821	14792	1987			
1984	175391	21943	152100	1348			
1985	46571	31092	13218	2261			
1986	42467	28737	12062	1668			
1987	40281	25719	13425	1137			
1988	40558	19264	19692	1602			
1989	37049	18639	16321	2089			
1990	39045	21784	14924	2337			
1991	41699	26700	12596	2403			
1992	52598	42500	7200	1898	1000		
1993	82100	50200	15000	4900	12000		
1994	76800	48000	14700	5030	9070		
1995	80320	48320	29500	2500			
1996	85070	57650	21600	5820			
1997	77853	45503	26750	5600			
1998	67182	10430	42000	5252	9500		
1999	23449	14125	9324				
2000	39725	14125	11000	1600	13000		
2001	44900	20605	6295	700	14800	500	2000
2002	63580	18000	14000		28500	580	2500
2003	169628	79000	22000		65000	610	3018
2004	290980	192900	23000	5400	65000	680	4000

续表 5-6-2

年份	禽总量	鸡年末存栏	鸭年末存栏	鹅年末存栏	鹌鹑	鸽子	野鸭驯养
2005	389991	238880	51470	5980	90000	711	2950
2006	342210	199350	55700	3480	80000	420	3260
2007	350000	320000	30000				
2008	444200	375000	69200				
2009	365350	241070	124280				
2010	452000	415607	36393				
2011	298008	253891	44109		7		1
2012	221787	179309	42270	200	7		1
2013	145008	110862	33838	300	7		1
2014	111097	33517	76950	630			
2015	109000	15420	93580				
2016	148607	26790	120140	670	7		1000
2017	55300	6200	13400	17200			18500

第三节 蜂

境内少数农户素有桶养中蜂（中华蜜蜂）的习惯，采用割巢取蜜的传统饲养方法。

20世纪50年代末开始集体经营，曹娥公社曹一大队集体蜂场许荣根负责引入意蜂（意大利蜂），采用活框蜂箱和饲养新技术，养蜂业日益发展。1961年，养蜂250箱，至1971年达到2658箱，其中原曹娥公社养蜂最多。1972年后集体蜂群转为个体放养，收入交队记工分，蜂农领取补贴，养蜂业继续发展。1975年，原曹娥公社新建大队、新新大队、三发大队等，有条件的养蜂户包队，上交生产队包队费，生产队给其记工分。是年，境内共养蜂4860箱。1979年，集体蜂场实行个人承包，或折旧归户、或联户饲养，养蜂业向专业化方向发展，蜂群猛增，1989年达9680箱，为历史最高纪录。1992年后，养蜂业逐渐萎缩，2010年，全镇养蜂1505箱。至2017年略有增加，养蜂2300箱。

饲养方法，以大转地饲养为主，其次为小转地和定地饲养。大转地饲养是流动于全国各地区，追花夺蜜的饲养方法，可广泛利用全国各地蜜源，生产期长，产量高。小转地饲养是利用当地蜜源为主，以邻近地区和邻县、市蜜源为补充的饲养方法，灵活、稳产、风险少。定地饲养分在家副业定地饲养和出省专业定地饲养两种。副业定地饲养是利用房前屋后放蜂，数量少、产量低，作为副业经营。专业定地饲养多在新疆、云南、贵州、广西、四川、山东、内蒙古等地定点放蜂，终年不返家。在外春繁、生产、越冬，产量高，收益好。蜂产品有蜂蜜、王浆、蜂蜡和花粉。

1961—2017 年蜂业生产一览表

表 5-6-3

单位：箱

年份	1961	1962	1963	1964	1965	1966	1967	1968	1969	1970	1971	1972	1973
饲养量	250	320	356	409	523	678	901	1200	1600	2183	2658	2850	3002
年份	1974	1975	1976	1977	1978	1979	1980	1981	1982	1983	1984	1985	1986
饲养量	3670	4860	3741	718	326	789	2640	399	478	390	350	1140	1225
年份	1987	1988	1989	1990	1991	1992	1993	1994	1995	1996	1997	1998	1999
饲养量	4585	5861	9680	4747	4674	4889	4596	4738	3347	2174	1880	3335	3335
年份	2000	2001	2002	2003	2004	2005	2006	2007	2008	2009	2010	2011	2012
饲养量	1845	7560	7452	7092	7000	6500	6500	6500	1558	1560	1505	920	1560
年份	2013	2014	2015	2016	2017								
饲养量	1560	1360	1340	1230	2300								

第四节　畜禽疫病及防治

境内畜禽疫病，猪有猪瘟、猪丹毒、气喘病、传染性胃炎、水肿病等；牛有牛炭疽、牛流感、恶性卡他热；羊有羊肝蛭；兔有兔瘟；禽有鸡瘟、鸭瘟、小鹅瘟、禽霍乱、雏鸭病毒性肝炎等。1979 年，发生散发性鸡瘟，致使肉鸡大量死亡。1984 年，兔瘟大面积流行，饲养户损失惨重。1999 年，养猪场发生口蹄疫病。2000—2005 年，沿海一带乡村发生散发性羊瘟。2006 年后未发生畜禽疫病。

民国时期，民间仅有少数“牛郎中”，钟永仁沿用祖传针灸技术和中草药兼治常见牛病。中华人民共和国成立后，建立畜禽疫病防治和检疫机构，贯彻预防为主方针，进行畜禽免疫注射，积极开展畜禽疫病防治工作。1954 年，组织民间兽医，建立乡兽医阉割点。1962 年，建泗门区民间兽医站，1963 年各公社建立民办兽医站，培训农村防疫员。至 1970 年各公社均建兽医站，各生产大队有赤脚兽医 1 人，形成区、公社、大队三级农村兽医防疫体系。1985 年，境内配有 3 名畜牧兽医技术人员，重点对各牧场和各养殖专业户进行饲养管理及疫病防治技术培训。1992 年，改为小曹娥镇畜牧兽医站，有专职畜牧兽医技术人员 2 人。

1953 年开始，春秋季对猪、牛进行免疫注射，后对家禽也进行免疫注射。1966 年，由曹娥供销社负责对生猪进行检疫，禁止未经检疫的猪肉上市销售。1980 年，在农贸市场设检疫点。1987 年，对苗猪交易市场内苗猪进行检疫。1992—1997 年小曹娥镇农贸市场实施家禽活禽检疫。1995 年 7 月，投资加入建造位于泗门镇后海舍村姚北生猪屠宰场。1997 年 7 月竣工后，拆除个体屠宰点，生猪实行集中屠宰。2000 年起各农贸市场均配有畜禽检疫人员。

病死动物处理。2015 年前，病畜作消毒深埋处理。2015 年 8 月始，由养殖户报告病畜无害化处理收集点，集中至余姚市悟能病死动物无害化处理有限公司火化处理。养殖户通过保险联动和财政获得理赔及补助。以防止病死动物流失，严格控制动物疫病蔓延。

第七章　林业特产

第一节　绿化造林

小曹娥镇属平原乡镇，林业主要是平原绿化和沿海防护林。

采种育苗

民国时期，镇境内无专门苗木培育基地，民间多自采苦楝树、棕榈树等野生树种，培育后供自家零星栽种。1965年后，陆续引进水杉、白榆、泡桐、意大利杨树等速生树种，由群众利用自留地和房前屋后等杂地扦插育苗。20世纪80年代至1990年，引进以刺槐和白榆两个树种为主，用以建沿海防护林。2000年中后期，为推进园林绿化，又引进香樟、杜英、广玉兰等乔灌木和地被植物，催生不少苗木专业户。至2017年，规模较大的苗圃有朗海村村民阮光中发起成立的余姚市阮艺种业有限公司苗圃基地，面积7.33公顷。

植树造林

境内土壤偏盐碱，古木大树甚少。榆柳塘（三塘）前后村落，素有在房前屋后栽种果树、棕榈等经济树种的习惯。利济塘（四塘）北因成陆较晚，树木相对更少。1951年后，政府组织机关、团体、学校在植树季节义务植树，也有群众自发种植。1958年秋在“大炼钢铁、大办食堂”中，树林遭乱砍滥伐。20世纪60年代，县委号召各公社开展绿化造林活动，各生产大队均建有绿化林带，群众在屋旁、河旁、路旁、渠旁植树，树种以水杉、白榆、泡桐、意大利白杨等速生用材树种为主。至1977年前后，这些树林成材，被用作建筑材料、家具原料等而砍伐。1981年，经过勘测规划，在解放塘（七塘）、64塘后沿杭州湾营建农田防护林。在新建大队至人和村、解放塘（七塘）、64塘种植杨树、刺槐南北各一行，林带长6500米，6508株。后逐年扩种，至1984年完成第一期工程，共植树7102株，林带长7.78千米，成活率77.5%。第二期工程于1987年完成，共植树1.13万株，林带长11.67千米，成活率74%。1985年后，抓建成区绿化，并开展庭院绿化，在住宅前后栽种桃、梨、葡萄等果木，兼收林果之利。至2017年，全镇拥有林地230.56公顷，森林覆盖率14.58%。建成绿化带105条，长度153200米，栽种各类树木45.6万株。境内绿化树种达200余种，活立木总蓄积量0.4万至0.52万立方米。

灌木面积5.8万平方米。建成区绿化率31%。林木覆盖率29%，人均公园绿地19.9平方米（乔木树种比重达到85%），单位与居住区绿化率25.7%，90%以上居民出门平均500米有公园、休闲绿地。2008—2017年，境域8个村先后获得“宁波市级森林村庄”称号。2010—2016年，南新庵村、

◎ 省级森林村庄

朗海村、曹娥村先后获得“省级森林村庄”称号。2017年度，小曹娥镇政府申报“浙江省森林城镇建设示范镇”。

第二节　管理养护

树种引进

境内土壤pH值自南向北从7.0至7.88逐步递增，成陆越晚盐碱度越高。绿化造林时，在不同地段选择不同的适生树种种植。20世纪60年代后，主要引进水杉、白榆等速生、优质、丰产树种。90年代后以引进香樟、杜英等观赏植物为主，主导树种由乔木为主，向多树种、乔灌花草相结合的立体绿化方向转变。为适应土地、气候等特点，在引进树种时，实行“先驯化、后引进”的方法。

病虫防治

境内树木病虫害，主要有樟巢螟、天牛和其他各类食叶害虫等。20世纪80年代前，大多采用自然消长的办法（利用天敌），很少进行人工防治。90年代起，针对树木病虫害发生规律进行防治。首先是引进优良树种，选择一些抗病虫害能力强的树种，增强树种优势，发挥树木的综合生态效应。其次是在发生病虫害时，为保护生态环境，采取以生物防治为主，化学防治为辅的综合防治措施。在病虫危害较轻时，以使用无污染的生物制剂为主。

林业管理

1981年前，由县林特局直接指导各公社的林业管理工作。1982年由泗门区农技站主管辖区内林业工作，并配备1名林业专业技术人员负责业务指导。1984年，县林特局在泗门区所辖8个乡镇各聘请1名林管员，至1987年取消林管员岗位，人员全部辞退。1988年，境内3个乡镇各选派1名人员（基本是原林管员）赴省林业厅培训半年，经考试合格，招收3人为林业干部，列入大集体事业编制。至2017年林业干部空缺，由其他事业干部兼管。

绿化管护

2001年前，绿化管护以聘请临时护林员为主，并动员中小学生认养管护。2002—2013年，投入20万元组建专业护林队伍，人员3人，并按年度承包。镇财政出资购置机动车辆、除虫机械、草坪机械、修剪机械、割灌机、电锯、高级修枝剪及其他护绿设备。对全镇绿化资金和管护经费，镇政府分三块进行落实：一是建成区，绿化资金和管护经费由镇财政全额承担；二是农田整理区和农业园区，绿化资金由镇财政负担，管护经费由所属村承担50%，镇政府补助50%，绿化物的权属归村所有；三是村级绿化，绿化资金和管护经费由村全额承担，镇政府对绿化工作成绩突出的村和个人在年终予以适当奖励。

2003年成立镇绿化领导小组，制定《小曹娥镇人民政府关于加强绿化树木管理的若干意见》，把全镇绿化分为建成区、农田整理区、农业园区、行政村4类管护区域，对绿化管护采取招标承包的办法。先由绿化物权属所有单位（镇政府或行政村）与中标人签订《绿化树木管护合同》，内容包括林地保护、清除杂草、防病除虫、施肥、林木护理等10余条。再按照《镇绿化树木管护标准》，分10个项目对中标人进行半年和年终两次考核，视考核结果给予奖励或处罚。

第三节　水果种植

境内群众素有在房前屋后栽种果树的习惯，主要有桃、梨、柑橘、枣、葡萄等品种，多供自家食用。民国时期，出现专门栽种水果的私营果园。1949年后，私营果园衰落。

1958年后，各公社、生产大队亦相继创办集体果园。20世纪60—70年代，朗海公社杨家路大队四塘南创办桃园。每年清明，附近幼儿园、中小学生常由教师带领去春游踏青。1979年后，建立多种形式的经营责任制，集体果园承包给个人经营。1982年，政府政策扶助果树生产，水果业迅速发展。至2000年，全镇果园面积达277.13公顷，产量5127吨，创历史最高纪录。后随工业园区开发，2017年果园面积降至141.73公顷，产量4474吨。

桃子

小曹娥镇曹一村、朗海村等种植水蜜桃。1958年后创办果木场，以种植水蜜桃为主。1980年引种北京黄桃，收获期在国庆节期间，是走亲访友最佳礼品。2000—2017年，种植的桃子有一点红、夏白桃、早红桃、水蜜桃等10余个品种。

梨

有青梨、沙梨、酥梨三大品种。1987年第二次种植调整后，以引进黄花梨为主栽，还有翠冠、翠绿、杭青、新世纪等10多个早中熟梨品种。1994年，曹一村生产的黄花梨被宁波市命名为“一村一品”专业村。2001年后，品种嫁接更新换代，在翠冠类选用嫁接“8-1”“8-2”成功后，使用套果袋新技术。该品种质量好、产量高、口味佳。2017年，梨园面积74.67公顷，梨头专业合作社4家。在慈溪、余姚等地销售，是走亲访友的馈赠佳品。“瑞晶牌”蜜梨连续5年被评为省金奖、银奖（2008—2012年）。

葡萄

20世纪60—70年代，境内居民在庭院零星栽种葡萄。1979年后，境域引种金皇后、红香蕉、白香蕉等品种。2000年，以曹一村葡萄专业户、大户为良种基地，引进无核白鸡心、维多利亚、高墨、黑蜜、粉红亚都、意大利秋红、甬优、红富士、藤稔等10余个欧亚新品系。2010—2017年，先后成立葡萄专业合作社5家，并建立种子、种苗基地，采用双十字棚架和篱笆式棚架、尼龙大棚等栽培保护设施措施，以及微喷微灌、套果袋等栽培新技术，提高果品科技含量。所产“美人指”葡萄，在2012年度被评为浙江省银奖，“里扎马特”葡萄被评为省优质奖。“泉宏”牌葡萄名闻余姚、慈溪等地。

柑橘

1980年后，棉区产业结构调整，引进黄岩蜜橘和早熟柑橘为主。因土质、气候因素，不适宜大规模种植。至2017年，仅有少量农户在自家房前屋后种植。

第四节　其他林业特产

蚕桑

据民国《余姚六仓志》记载：“桑产塘（大古塘）北蚕地，有低桑、高桑二种。低桑叶小而瘠，属本产。高桑俗称海北桑，叶大而肥，栽植园宅及河堤。自蚕利兴，腴地间亦间种桑。”抗日战争爆发后，养蚕业衰落。60—70年代，曹娥棉厂（七厂）内有种植，并有养蚕室。1987年，境内共有桑地面积23公顷。1992年后，因丝绸出口受阻，桑树渐被砍伐。至2017年，境内已无蚕养殖，零星有几棵桑树。

竹笋

境内竹子以小杂竹为主。相传明嘉靖年间，戚继光驻守临山卫时，命令附近农民栽竹，用长竹竿做刀把抗击倭寇。旧时大古塘南北两侧村落，几乎家家户户房前屋后均有竹园，竹笋自家食用，少量出售。品种以俗称家园竹的淡竹、刚竹和孵鸡竹为主。利济塘（四塘）后少有竹园。1987年后，在解放塘（七塘）、六四塘（八塘）等海塘坡地上引种象牙竹、白孵鸡竹等小杂竹新品种，面积达百余亩。2000年后，仅有少数家庭房前屋后种有杂竹。

第六编

海　塘

小曹娥镇北临钱塘江、杭州湾，海岸线长达8.1千米，海涂资源丰富，历代向北围垦筑塘，故有“秦则海也，汉则涂也，唐则灶也，宋则民居也”之说。自汉至唐，涂区垦殖者为防潮患，于低处筑堤塘，高低横直不一，谓之“散塘”。后随海涂逐步淤积、北移，又先后筑潮塘，榆柳塘，利济塘，晏海塘，永清塘，解放塘，胜利塘，64塘，九塘，市围涂指挥部一期工程、二期工程等主要海塘10条之多。潮塘以北陆地已延伸11.5千米，面积约70余平方千米。

第一章　海塘围筑

第一节　中华人民共和国成立前历代海塘围筑

潮塘（新御潮塘）　据 1992 年 6 月版《慈溪县志》载："潮塘即新御潮塘。东至坎墩镇东潮塘，经西潮塘……长河镇街……西至西缪路村入余姚县曹娥乡境。"建于明成化七年（1471）。明万历《余姚县志》记述：新塘筑成后，"沙堧益起，海水北却十里许，其中俱可耕牧。成化间，水利佥事胡复率民于海口筑塘以御潮，曰新御潮塘，自是斥地之利岁登。"东由慈溪市周巷镇西缪路入域内曹一村直塘头江（北纬 30° 11′ 57″，东经 121° 5′ 38″），往西至余慈高速泗门互通收费站东侧（北纬 30° 11′ 56″，东经 121° 4′ 38″），入泗门镇施家境域。境内段长 1.65 千米。

榆柳塘（楝树塘）　因在榆柳塘南慈溪境内有二塘（二新潮塘），泗门境内有二塘（大新塘），故此塘俗称三塘。清光绪《余姚县志》记载："清雍正二年（1724）增筑，乾隆二年（1737）复请公捐钱，加筑完固。"自慈溪市桥头镇洋浦往西，至泗门方家路止，长一万六千二百六十四丈零。慈溪境内段曾遍植榆柳，故名榆柳塘，小曹娥镇境内段遍植楝树，故亦称楝树塘。在慈溪市建塘牛角尖与四塘合后，经直塘（沿牛角尖直塘江）往南至西缪路界后，再往西折入域内曹一村直塘头（北纬 30° 12′ 16″，东经 121° 5′ 35″），经横潭、柴场头、明达玻纤，西至政通路余姚圣颖食品机械厂（北纬 30° 11′ 46″，东经 121° 3′ 43″），向西南方入泗门镇旺家境域，境内段长 3.15 千米。

利济塘　俗称四塘。清雍正十二年（1734）按丁捐筑。东起观海卫，西抵上虞沥海所，全长约 70 千米。清乾隆十二年（1747），请帑银一万四千余两，以工代赈，添筑梁下仓冯东干墩直塘。东由慈溪市周巷镇板桥路村入域内曹丁头丘（北纬 30° 12′ 57″，东经 121° 5′ 59″），经后直塘头、廿四湾、廿八湾、海塘南、南新庵，西至余姚市姚北屠宰中心（北纬 30° 11′ 34″，东经 121° 2′ 37″），入泗门镇陶家路境域。境内段长 5.7 千米。

晏海塘　俗称五塘（老圩塘）。清嘉庆年间（1796—1820）筑。东起慈溪市桥头镇洋浦，西迄梁下干墩（今余姚县兰塘乡境）。东由慈溪市建塘协同兴村板桥路入域内曹丁四丘（北纬 30° 14′ 8″，东经 121° 5′ 45″），沿五塘江经许丁四丘、全灶四丘、中灶四丘、杨丁四丘、符丁四丘、周洪五丘，西至人和界牌头路（北纬

30° 13′ 9″，东经 121° 2′ 29″），入泗门镇万圣村境域。境内段长 5.6 千米。

永清塘 俗称六塘（二圩塘）。清嘉庆二十年（1815）始分段兴筑，至民国 8 年（1919）竣工。东由慈溪市建五村（毛丁路）入域内曹丁四丘（北纬 30° 14′ 34″，东经 121° 5′ 24″），经许丁五丘、全灶五丘、中灶五丘、杨丁五丘、符丁四丘、周洪六丘，西至人和界牌头路（北纬 30° 13′ 26″，东经 121° 2′ 17″），入泗门镇万圣村境域。境内段长 5.42 千米。

澄清塘 俗称七塘（三圩塘）。筑于民国 6 年（1917）。今慈溪市境内又称永宁塘（方位、走向与解放塘相同）。在七塘后，有四圩塘（俗称四丘，今慈溪市境内称千固塘）、五圩塘（俗称五丘，今慈溪市境内称万安塘）。五圩塘后离海更近，海塘时筑时坍，不称塘而称圩或称丘，有六圩（俗称六丘）、七圩（俗称七丘）、八圩（俗称八丘）、九圩（俗称九丘）。小曹娥镇境内各圩塘（丘）多由宗族、祠堂组织围筑，故称周洪丘、刘丁丘、全灶丘、中灶丘、曹丁丘、许丁丘等之称。民国时期，三圩塘以南海塘大多废弃，三圩塘以北诸圩丘常坍常筑。

历代修筑海塘所需劳动力和资金，一般采用国家以工代赈，或按丁、按亩摊派，或乡人助工，或官府拨款。

第二节 中华人民共和国成立后海塘围筑

1949 年后，修筑海塘所需劳动力和资金均由市（县）和乡镇政府组织，民众出工，国家适当补助。1964 年后，慈溪县政府按围筑面积，每亩补助 15 元，公社按投工把围筑面积分到各大队、生产队。2000 年后，余姚市成立海塘除险治江围涂工程指挥部，统一围垦开发全市所有海涂。

◎ 筑塘围涂

解放塘 原澄清塘，俗称七塘、三圩塘。1949 年 7 月 24 日，因遭台风、大潮袭击，七塘以北多处圩丘坍塌。海潮内侵，坍房死人，损失严重。1950 年春，余姚县人民政府发动沿海各区、乡群众，以工代赈，在澄清塘旧址上修筑新塘，该塘东起今慈溪洋浦，西至上虞界，改称解放塘。塘高 4 米，顶面宽 4 米。东由慈溪市建五村入域内许丁五丘北端（北纬 30° 14′ 59″，东经 121° 5′ 19″），经全灶五丘、英生街、杨丁五丘、抽斗丘、周六丘，西至人和丘界牌头路（北纬 30° 13′ 38″，东经 121° 2′ 10″），入泗门镇万圣村境域。境内段长 6.39 千米。

胜利塘 1952 年围筑，为纪念土地改革胜利，故名，东起朗海乡刘丁丘，西至横塘乡与上虞县交界处。塘高 4 米，顶面宽 4 米。2001 年平整为耕地。（慈溪县于 1963 年在现双潭村北筑塘与胜利塘相接，称作八塘。1993 年 3 月出版的《余姚市志》亦称此塘为八塘）。境内段东从滨海村刘丁直塘起（北纬 30° 14′ 9″，东经 121° 3′ 11″），西至人和丘界牌头路（北纬 30° 13′ 46″，东经 121° 2′ 6″），入泗门镇万圣村境域。塘长 4.146 千米，其中横塘长 2.2 千米。

64 塘 俗称八塘，以围筑年份名塘（1993 年 3 月出版的《余姚市志》称此塘为九塘）。东起曹娥公社西三闸至横塘乡西的上虞县界。1964 年 11 月至 1969 年分段围筑，全长 10 千米，投工 60 多万工，投资 40 多万元，完成土石方 100 余万立方米，围涂533.4公顷，其中，1965年，由曹娥、朗海、镇海3个公社组织群众围筑，称“大寨田”。曹娥段东塘直长516米，西直长515米，后横长1.1千米，围涂37.5公顷。朗海段西塘直长513.7米，北段横长1.82千米，围涂93.6公顷。镇海段西塘直长514.7米，北段横长1.9千米，围涂98.4公顷。东起曹娥公社农场北端爱国江西100米（北纬30° 15′ 34″，东经121° 4′ 21″），西至人和村（北纬30° 13′ 59″，东经121° 1′ 57″），入泗门镇境域，全长4.82千米。

九塘 东起慈溪县庵东农场，西至横塘与上虞交界处（1993年3月出版的《余姚市志》称此塘为十塘）。是1969年至1976年分段围筑水库的临潮横塘。1969年12月8日至1971年建泗门区一、二号水库，新筑横、直塘共9.71千米，其中九塘（原临潮横塘）3.453千米，投工109.7万工，完成土方145万立方米，护塘抛石21.8万立方米，投资193.35万元，其中国家投资45.7万元。1971—1972年，朗海、镇海两公社筑九塘（原临潮海塘），总长4.146千米，投工124.2万工，国家投资9.3万元，完成土方161.6万立方米，石方18.1万立方米。围垦种植面积123.93公顷，其中镇海公社53.3公顷，朗海公社70.6公顷。1976年，曹娥公社围筑九塘503.2米，面积44.3公顷（农场地）。同年，在此塘上建爱国江入海闸——九塘闸，两孔，但《余姚市水利志》称十塘闸，是泗门区区域内唯一的行洪排涝闸。1979年8月，朗海段海塘长1.82千米，被10号台风大潮侵袭，全线坍塌，46.7公顷棉花受淹。是年8月下旬，朗海公社发动群众，向南100米，重筑新塘，减少围涂面积18.3公顷。东由原泗门一号水库东直塘余慈交界线界碑（北纬30° 16′ 56″,东经121° 5′ 30″），西至人和村（北纬30° 16′ 56″，东经121° 1′ 53″），入泗门镇境域。境内段长8.1千米。

十塘 （余姚市海塘除险治江围涂工程）位于九塘往北2千米（北纬30° 16′ 56″，东经121° 3′ 50″），现已改建为中意生态产业园滨海大道，在杭州湾余姚岸线中东段，曹娥东直堤（泗门一号水库西直堤）至泗门陶家路江东600米（北纬30° 16′ 56″，东经121° 1′ 14″）。工程于2001年12月31日动工兴建，2007年9月10日竣工。新建筑海塘防潮标准提高到20年一遇，一期工程顺堤长5.235千米，总投资10575万元，围涂面积714公顷。

十一塘 位于九塘往北4千米（一期工程再往北2千米），曹娥东直堤（泗门一号水库西直堤）（北纬30° 17′ 47″，东经121° 3′ 18″）至泗门陶家路江东600米（北纬30° 15′ 56″，东经121° 0′ 41″）。工程于2006年12月开工，2011年12月完工。二期工程顺堤（与杭州湾岸线平行的横塘）长5.382千米，总投资33610万元。建100年一遇标准海塘，具体做法是棱体抛填，主体土袋吹填，堵龙口，初步迎潮面防护（大方脚施工及块石混合料抛填，二级护坡，挡浪墙，塘裙，环塘河），标准海塘（迎潮面）硬化，塘高10米，塘面宽8米，且铺浇沥青，是当今临潮海塘。二期工程围涂1478公顷。

第三节 海塘围筑技术

据1993年《余姚市水利志》载，钱塘江河口及杭州湾以“北塌南涨”为其总趋势。形成姚北涂地北涨主要动力因素是强劲的潮汐和潮流。潮汐涨落引起水体一日之中有数次吞吐大量的长江、钱塘江、曹娥江入海泥沙在此沉积。海涂的不断淤涨、北伸，为筑塘围垦创造了条件。在涨到黄海高程4—5米后可以围涂成陆。进入2000年后，采用先围塘后促淤的办法。

现境内各条海塘围筑历时长短不一，多为数十年或数年。围筑海塘时间一般在冬季农闲的10月左右，在小潮汛的农历初八或廿三左右开始围筑，几天内围筑成形，把海水拦在堤坝以外，而后继续加宽加高。

古时至20世纪末，海塘多以土堆筑，全靠手掘、肩挑、车拉等繁重体力劳动。筑塘时用铁耙或锹把泥挖掘到土箕，肩挑二土箕泥到塘上。海塘高低宽窄各异，为防潮患，少数海塘临潮面下打木桩，上砌块石，也有抛石的。石块用船运，车拉、人抬到塘上抛石护坡。近代一般外坡抛50厘米塘渣、20厘米大片石、50厘米块石砌面，塘面铺塘渣，直至成塘。

海塘断面习惯称之为“五高四面”，即塘高5米，顶宽4米。其内外坡比均为1∶2—1∶2.5，抛石厚度约为1米。海塘顶高程一般均在10米以上。塘内留塘裙20米，掘一条江，用江泥筑塘，一塘一江。塘内岸种植芦苇等，以防泥土流失。

70年代后，临潮海塘外还需抛筑丁坝（与杭州湾岸线垂直的坝）促淤，以形成涂头，防止倒塘和尽快成陆。丁坝一般外伸200米左右。

到2000年后，由人工劳作改为机械化操作，采用了人工促淤。先筑丁坝截断潮流，改变潮流方向，减缓潮流涨退速度，使丁坝两侧潮流平稳进入涂面，形成静水区，使大量泥沙尽可能沉淀下来，促使涂面加快淤积。再筑顺坝（与杭州湾岸线平行的坝）、减缓退潮流速，增加泥沙沉积。先建丁坝、顺坝、网坝，护滩促淤，而后筑塘围涂。围筑成功后再用机械喷沙进一步增加高程。

泥浆泵灌土（泥浆灌入无纺土布袋）等机械化操作方式，不但加快了施工速度，更是对工程质量和龙口安全合龙起到关键作用。

除临潮海塘外，还必须保留一条以上备塘，以防临潮海塘万一倒塌后海水倒灌入内地成灾。

第二章 海塘抢险加固

因钱塘江、曹娥江主泓滨槽南北摆动频繁，小曹娥段海涂易淤亦易坍。加上台风风暴潮袭击，海塘屡筑屡溃，险象环生。历次坍涂有东流到曹娥终，西槽到曹娥止的规律。

第一节 海塘抢险

◎ 1994年12月抢修海塘图（来源小曹娥档案）

◎ 1994年12月抢修海塘图（来源小曹娥档案）

清雍正二年（1724）七月十八日丑时，海啸、飓风作潮摧毁杭州湾两岸各县海塘。清《东山志》载：“平地水高一丈，塘南余六七尺，东山濒海居人溺死者以千计，堤冲坏十之二三。”位于大古塘南，始建于元代的泗门龙王庙亦被毁。朝廷下旨："及时修筑，动正项钱粮，作速开工，沿海失业居民借此庸役，日得工作以资糊口。"雍正三年春，吏部尚书朱轼奉朝廷之命，会同巡抚法海、布政使佟吉图，到余姚察看海塘情况。地方耆老说旧海塘只要加高三四尺，加厚五六尺，即使遇风潮也不致冲决漫溢。因灾后灶户无力修筑，朱轼等命令地方官动用公费兴修。时任绍兴知府特晋德委派余姚县令叶瑄文治理海塘坍缺，特晋德亦亲冒暑雨督治。雍正四年（1726）七月，沿杭州湾余姚等五县海塘报竣。此次修筑，塘底开深二尺，填筑乱石，每丈上铺大条石六尺，宽六尺，贴石筑土宽二丈，高一丈三四尺。雍正十二年（1734），民灶按丁捐筑利济塘（四塘）后，灶户又自发在利济塘北修筑多条圩塘。

民国36—38年（1947—1949年9月30日止），曹娥、朗海、镇海共坍草涂2667公顷，冲失七、八、九3丘棉地200多公顷。1949年7月24日，因遭台风大潮冲毁澄清塘6800米。1950年春，余姚县人民政府发动沿海群众，以工代赈，全线加固澄清塘，改称解放塘。

1956年8月1日台风大潮。原镇海乡劳动塘（解放塘后戤塘）出现险情，涂面坍塌至塘脚，第一次组织抢险，护塘抛石270米，用块石1700立方米。

1974年8月18日遭受13号台风袭击，曹娥围丘东涵洞倒塌，潮水淹没两公社64围丘，135公顷土地积水。水库南塘河因排泄洪水，河底迅速凌深，河面扩大，在3—4天时间内，水库渡漕桥、翻水站倒塌。曹娥公社发动群众3次堵塘缺未成，后在围丘内筑小圩塘500米，朗海公社又堵筑塘河，才把潮水拦出。水库翻水站闸于1975年由一号水库管理所负责重建。

1976年，东部潮流沟冲失海涂，从泗门一号海涂水库向西延伸到万圣75塘东半塘。慈溪县成立海塘抢险指挥部，由副县长现场指挥，发动全区群众对曹娥乡北海塘一号水库和曹朗（二号水库）进行抢险，曹娥、朗海、镇海公社誓保64塘（俗称八塘）。为加固海塘，抢险抛石，各公社组建开山队，曹娥、朗海、镇海3个队计101人。是年6月20日，一号水库和二号水库抢险，抛丁坝6条，长950米，护塘盘头7个计抛石3450米，总抛石14万立方米。

1994年12月8日，北横塘（外海塘）倒缺口80米，小曹娥镇发动群众在库内筑燕子窝塘拦出潮水。

第二节　海塘除险加固

防渗补强

1997年，对1号水库及东段海塘进行防渗补强工程建设，工程总长2901米，其中1号水库海塘2405米。几年来，此海塘外侧受西三潮流沟影响，冲刷塌方严重，处于长年抢险抛石状态。1997年12月开工，1998年9月中旬完工。塘面高程由9.72米加高至11米，塘面宽度由3.8米加宽至7米。1号水库塘裙高程8米，面宽33米，同时整铺塘面抢险道路，完成水库内坡砌石任务。完成土方73.98万立方米，石方4.59万立方米，投入资金515.7万元。

◎ 修筑海塘

1995—1997年，由市三防指挥部统一指挥，对临潮海塘进行防渗补强，加高加宽海塘。曹娥、朗海、镇海段75塘，长5305米的临潮海塘塘顶高程筑到 10.5 米，塘面宽 5 米，内坡比：曹娥、朗海段为 1 ∶ 2；镇海段为 1 ∶ 2.5，填筑塘裙宽 20—30 米，全部用吸泥泵机械吹筑加固，总完成土方 43.4 万立方米，共投资 173.1 万元（其中市财政补助 104.2 万元、镇负担 68.9 万元）。

抗滑稳定加固

小曹娥镇境内海塘全长 8102 米，占全市海塘的 35%。海塘一号水库段受慈溪西三潮流影响严重，原海塘标准低，塘顶高程不足，外坡抛石薄，内坡无塘裙，经常出现险情。镇人民政府成立除险加固指挥部，负责实施该工程。对受西三潮流沟影响严重的 3 千米海塘加高、帮宽，增做塘裙，并在 1 号水库段新做塘裙内坡砌石护坡、外坡抛石，增加抗御风浪能力。工程在 1997 年冬季开工，1998 年 8 月完工。开挖石方 1.02 万立方米，土方填筑 67.6 万立方米，海塘内外护坡块石 4.45 万立方米，石方填筑 0.62 万立方米。工程投资 600 万元。

为根除隐患，对 1 号水库 2405 米海塘再次进行加固。工程于 1998 年 8 月开工，至 2000 年 2 月底全面完工。共完成岸抛加固石方 5.32 万立方米，塘脚增设潜水反压平台 3.87 万立方米，并完成配套抢险道路 6.3 千米，总投入资金 736.22 万元。

1978—2001 年，小曹娥镇又对临潮海塘（一号、二号水库）增抛石方 22 万立方米，投入资金 563.2 万元（其中市财政补助 450 万元、镇财政负担 113.2 万元）。

西三潮沟整治

西三潮沟于 1976—1977 年形成。塘外 20 米内，潮沟深度常在高程负 10 米以下，且岸坡陡峭。从西三潮沟口进入的涨潮流与海塘垂直，顶冲塘脚，且沟口变化不定，抢险难度高，对东线海塘构成直接威胁。21 世纪初，实施治江围涂工程，潮沟的进出口位置得到一定的控制。曹朗东北则用“丁”坝，截断潮沟部分流路，促使潮沟淤积，最深点高程不断抬高。2007 年 5 月，在潮沟进口的中沙与海塘之间平抛石块抬高潮沟河床，并用泥充编织袋垒坝保护中沙，再在靠近潮沟段建一条长 50 米的石坝，形成抗冲的坝头，待潮沟部分抬高，在南侧抛石进一步缩小宽度，减少潮量。2007 年 11 月，潮沟平均积幅度达 2 米，险情缓解。

◎ 小曹娥镇海塘示意图（2017 年）

第三章 海塘管理

第一节 中华人民共国成立前历代海塘管理

清雍正十二年（1734），民灶按丁捐筑利济塘。海塘日常管理重点放在利济塘。据乾隆《余姚县志》载："乾隆十八年（1753），奉部咨于鸣鹤、石堰二场（曹娥属石堰场）民户、灶户按田捐钱，每年共额征五百二十四千五百二十八文，积收成数，分年修筑支销。"乾隆二十三年（1758），利济塘依"千字文"编号落实专管人员，每20丈立碑一块为号。曹娥所属梁下仓有"火官始制服裳位让国有虞民周商汤坐问道垂拱平章爱育黎首臣伏戎羌遐迩体率宾归王鸣凤在竹白驹食场化被草木赖及万方盖此身发大常恭惟鞠养岂敢慕贞洁男效才良知得能莫忘罔谈恃己长信使可器欲量墨丝染诗赞羔羊景行维贤克念作圣德建名立形端表正谷传声堂习听因积福缘善庆尺璧宝寸阴是竞资父事君日严与敬孝当力忠命临履夙兴温清似兰斯馨如松之盛息渊澄取映容止思言辞安定笃初诚美慎终宜令荣业所基籍甚竞学优登仕摄职从政存以甘棠去"，计197号，共3923丈。乾隆二十六年（1761）发公捐钱（随课灶带征，每钱六文，民国元年停征），在塘边排积土牛1554座，每10丈一个土牛，以防海塘抢险时取土困难。塘外留护沙20丈，禁刨土刮淋以卫塘基，并勒碑于海塘中道。

民国时期，新筑各圩塘多由宗族、祠堂自行管理。对海塘禁令和乡规民约亦不少，如规定夏秋汛期，利济塘禁割柴草，禁放畜牧。

第二节 中华人民共和国成立后海塘管理

1950年解放塘筑成后，余姚县人民政府县长郭子栋专门就海塘管理管护工作发出公告，明确禁止开垦、埋葬、放牧、建房等事项，还刻石碑多处立于塘上。1951年，县成立水利委员会、区成立分会，乡设水利委员，具体管理水利、海塘工作。沿塘各村派专人管理养护解放塘、胜利塘，泗门区水利会定期检查督促。

1961年后，曹娥、朗海、镇海等公社先后成立海塘指挥部，负责海塘抢险抛石，围筑新塘前期准备和日常的管理养护。各公社配备2—5名专职人员，在海塘第一线建造管理用房，现场指挥管理。经费主要由公社自筹，县财政适当补助。1987年，余姚市成立海塘管理养护处（为全民事业单位），加强对海塘的专职管理。1992年5月，撤区扩镇并乡后，改由小曹娥镇海塘指挥部统一指挥管理全镇海塘。

2004年5月至2017年，全市临潮海塘统一由市海塘管理养护处专业管理，经费亦由市政府、市水利局拨款。海塘工程出现险情时，由管理处向上级报告，并落实海塘防汛抢险措施。凡遇抗击风暴潮或海塘险情特别严重时，实行各级政府首长负责制。

第七编

水　利

境内河流纵横交错，多系人工开挖或自然河通过改造而成，东西向的四塘横江、五塘横江与南北向的爱国江、杨家路江、洪家路江、方家路江等11条镇级以上河流和207条小河，一起构成总长183.05千米，水域总面积1.97平方千米，总蓄水量达276.87万立方米的河网水系；20世纪70年代所建海涂水库时为创举；堰闸、机埠布局合理，排灌便利。

第一章 水体

第一节 江河

境内江河众多，纵横交错。以利济塘（四塘）为界，塘南属姚江西上河水系，塘北属四塘河水系。南北水系间建有节制闸和堰坝以调节水位。2017年有镇级河道11条，全长47.18千米，水域面积122.35万平方米，水域容积226.87万立方米。村级河道207条，全长135.87千米，水域面积75万平方米，水域容积50万立方米。河道均具有行洪排涝、水量储蓄、环境美化、生态保护、灌溉引水等功能。

镇级河道

四塘横江 西起临山镇老寨堰，东至慈溪市道林镇四灶浦，全长30余千米，为姚西北沿海防旱蓄水和防涝排水河。1951年9月，余姚县人民政府发动临山、泗门、周巷、周朝、浒山、道林6区群众开掘，至1952年春完成。江面初宽14米，1956年拓宽至25米。1986年10月，泗门区发动全区群众修掘四塘横江。进入21世纪，浙江省启动浙东引水工程建设，四塘横江属于曹娥江—慈溪市引水河道。自2006年6月开工至2007年3月竣工，并在曹娥村全义片新开掘河道0.84千米，平均宽度40米，改道与慈溪市三塘江贯通，新建拦水（计量）闸1座。境内段自泗门镇万圣至周巷镇三江村板桥路，长7.23千米（剔除原四塘江折北转东长度1.44千米，划入爱国江后，实际长度5.79千米），平均宽度30—40米，河岸线高程4.29—5.62米，水域面积26.00万平方米，水域容

◎ 四塘横江（2020年吴华春摄）

◎ 五塘横江（2019年吴华春摄）

积 56.68 万立方米。

五塘横江　西起黄家埠镇，东至周巷镇三江村板桥路，全长 18.60 千米，宽度 8—23 米。1989 年，泗门区发动群众修掘，境内段自泗门镇万圣界至慈溪市周巷镇三江村板桥路，长 5.63 千米，河岸线高程 4.13 米，河底高程 0.63 米。水域面积 12.38 万平方米，水域容积 21.78 万立方米。

七塘横江（又称八塘江）　七塘横江横穿小曹娥镇北部，是曹娥江—慈溪引水工程的主要引水河道，也是小曹娥镇北部主要的行洪排涝河道。河道全长 5.79 千米，其中引水工程段长 2.51 千米，宽 26—40 米，新建计量闸 1 座，其余河宽 17—30 米。河岸线高程 4.20 米，水域面积 23.16 万平方米，水域容积 50.49 万立方米。

八塘横江　西起泗门万圣界，东至泗门一号水库西直塘，全长 3.89 千米，河宽 13—39 米。河岸线高程 4.13 米，水域面积 13.62 万平方米，水域容积 23.97 万立方米。

爱国江　南起曹一村后直塘头，北至九塘闸，全长 5.32 千米，加上原四塘江引水河道改道后转入 1.44 千米，实际长度为 6.76 千米，平均宽度 22.5 米。河岸线高程 4.13 米，水域面积 15.95 万平方米，水域容积 28.06 万立方米。

杨家路江　南起朗霞街道，经泗门镇海南村，北至解放塘，全长 4.74 千米，平均宽度 10.5 米。河岸线高程 4.13 米，水域面积 6.1 万平方米，水域容积 5.15 万立方米。

洪家路江　南起朗霞街道，经泗门镇海南村，北至九塘，全长 5.87 千米，平均宽度 21.5 米。河岸线高程 4.13 米，水域面积 11.74 万平方米，水域容积 20.67 万立方米。

方家路江　南起泗门镇方家村，北至九塘，全长 5.36 千米，平均宽度 9.5 米。河岸线高程 4.13 米，水域面积 5.3 万平方米，水域容积 6.59 万立方米。

老四塘江　东起曹二，西至海塘南，长 1.28 千米，平均宽度 17.5 米，河岸线高程 4.13 米，水域面积 3.30 万平方米，水域容积 6.43 万立方米。

工字江　南横江为直塘堰—杨丁路，北横江为后直塘头—杨丁路，中间有一直江称东干路河，合并成“工”字形，称工字江。全长 3.22 千米，平均宽度 15 米。河岸线高程 4.13 米，水域面积 4.40 万平方米，水域容积 6.38 万立方米。

直塘头江　西缪路—直塘堰，全长 636 米，平均宽度 10 米。河岸线高程 4.13 米，水域面积 0.40 万平方米，水域容积 0.67 万立方米。

村级主要河道简介

符丁 1　长 1.08 千米，平均宽度 6 米，河岸线高程 4.13 米，水域面积 0.60 万平方米，水域容积 0.67 万立方米。

符丁 2　长 259 米，宽度 4 米，河岸线高程 4.13 米，水域面积 0.10 万平方米，水域容积 0.83 万立方米。

符丁 3　长 718 米，平均宽度 6 米，河岸线高程 4.13 米，水域面积 0.40 万平方米，水域容积 0.18 万立方米。

符丁 4　长 267 米，平均宽度 7 米，河岸线高程 4.13 米，水域面积 0.20 万平方米，水域容积 0.50 万立方米。

符丁 5　长 703 米，平均宽度 10 米，河岸线高程 4.13 米，水域面积 0.70 万平方米，水域容积 0.14 万立方米。

符丁 6　长 602 米，平均宽度 8 米，河岸线高程 4.13 米，水域面积 0.50 万平方米，水域容积 0.78 万立方米。

符丁 7　长 255 米，宽度 4 米，河岸线高程 4.13 米，水域面积 0.10 万平方米，水域容积 0.55 万立方米。

符丁江　长 1.48 千米，平均宽度 11 米，河岸线高程 4.13 米，水域面积 1.60 万平方米，水域容积 0.18 万立方米。

高丁路沟　长 1.52 千米，平均宽度 6 米，河岸线高程 4.13 米，水域面积 0.90 万平方米，水域容积 0.92 万立方米。

浏丁江 长 1.26 千米，平均宽度 7 米，河岸线高程 4.13 米，水域面积 0.90 万平方米，水域容积 1.06 万立方米。

庵直河 长 780 米，平均宽度 10 米，河岸线高程 4.13 米，水域面积 0.80 万平方米，水域容积 1.02 万立方米。

曹娥 1 长 432 米，平均宽度 7 米，河岸线高程 4.13 米，水域面积 0.30 万平方米，水域容积 0.25 万立方米。

曹娥 2 长 440 米，平均宽度 7 米，河岸线高程 4.13 米，水域面积 0.30 万平方米，水域容积 0.26 万立方米。

曹娥 3 长 350 米，平均宽度 6 米，河岸线高程 4.13 米，水域面积 0.20 万平方米，水域容积 0.19 万立方米。

曹娥 4 长 170 米，宽度 6 米，河岸线高程 4.13 米，水域面积 0.10 万平方米，水域容积 0.08 万立方米。

曹娥 5 长 610 米，平均宽度 5 米，河岸线高程 4.13 米，水域面积 0.30 万平方米，水域容积 0.41 万立方米。

曹娥直沟 长 611 米，平均宽度 7 米，河岸线高程 4.13 米，水域面积 0.40 万平方米，水域容积 0.23 万立方米。

全义 1 长 320 米，宽度 5 米，河岸线高程 4.13 米，水域面积 0.17 万平方米，水域容积 0.07 万立方米。

全义 2 长 816 米，平均宽度 13 米，河岸线高程 4.13 米，水域面积 1.10 万平方米，水域容积 1.37 万立方米。

全义直沟 长 1.23 千米，平均宽度 8 米，河岸线高程 4.13 米，水域面积 1.00 万平方米，水域容积 0.65 万立方米。

老四塘江（全义段）长 831 米，平均宽度 8 米，河岸线高程 4.13 米，水域面积 0.70 万平方米，水域容积 0.55 万立方米。

毛丁路直沟 长 764 米，平均宽度 8 米，河岸线高程 4.13 米，水域面积 0.60 万平方米，水域容积 0.53 万立方米。

三发 1 长 514 米，平均宽度 8 米，河岸线高程 4.13 米，水域面积 0.40 万平方米，水域容积 0.34 万立方米。

三发 2 长 388 米，平均宽度 8 米，河岸线高程 4.13 米，水域面积 0.30 万平方米，水域容积 0.30 万立方米。

三发直沟 长 853 米，平均宽度 6 米，河岸线高程 4.13 米，水域面积 0.50 万平方米，水域容积 0.56 万立方米。

永久 1 长 727 米，平均宽度 6 米，河岸线高程 4.13 米，水域面积 0.40 万平方米，水域容积 0.36 万立方米。

永久 2 长 379 米，平均宽度 5 米，河岸线高程 4.13 米，水域面积 0.20 万平方米，水域容积 0.17 万立方米。

永久东直沟 长 874 米，平均宽度 8 米，河岸线高程 4.13 米，水域面积 0.70 万平方米，水域容积 0.49 万立方米。

永久西直沟 长 741 米，平均宽度 7 米，河岸线高程 4.13 米，水域面积 0.50 万平方米，水域容积 0.47 万立方米。

曹二横河 长 1.24 千米，平均宽度 7 米，河岸线高程 4.13 米，水域面积 0.90 万平方米，水域容积 0.93 万立方米。

曹二直沟 长 308 米，平均宽度 6 米，河岸线高程 4.13 米，水域面积 0.20 万平方米，水域容积 0.12 万立方米。

曹二直河 长 647 米，平均宽度 9 米，河岸线高程 4.13 米，水域面积 0.60 万平方米，水域容积 0.68 万立方米。

曹西直沟 长 337 米，平均宽度 9 米，河岸线高程 4.13 米，水域面积 0.30 万平方米，水域容积 0.33 万立方米。

小三发沟 长 328 米，平均宽度 6 米，河岸线高程 4.13 米，水域面积 0.20 万平方米，水域容积 0.25 万立方米。

曹丁横沟 长 298 米，平均宽度 7 米，河岸线高程 4.13 米，水域面积 0.20 万平方米，水域容积 0.16 万立方米。

曹丁直沟 长 950 米，平均宽度 6 米，河岸线高程 4.13 米，水域面积 0.60 万平方米，水域容积 0.55 万立方米。

后中灶 1 长 718 米，平均宽度 6 米，河岸线高程 4.13 米，水域面积 0.40 万平方米，水域容积 0.35 万立方米。

后中灶 2 长 710 米，平均宽度 6 米，河岸线高程 4.13 米，水域面积 0.40 万平方米，水域容积 0.37 万立方米。

后中灶 3 长 1.08 千米，平均宽度 7 米，河岸线高程 4.13 米，水域面积 0.80 万平方米，水域容积 1.39 万立方米。

后中灶 4 长 669 米，平均宽度 6 米，河岸线高程 4.13 米，水域面积 0.40 万平方米，水域容积 0.35 万立方米。

后中灶 5 长 651 米，平均宽度 6 米，河岸线高程 4.13 米，水域面积 0.40 万平方米，水域容积 0.38 万立方米。

后中灶 6 长 633 米，平均宽度 6 米，河岸线高程 4.13 米，水域面积 0.40 万平方米，水域容积 0.32 万立方米。

后中灶直沟 长 794 米，平均宽度 6 米，河岸线高程 4.13 米，水域面积 0.50 万平方米，水域容积 0.49 万立方米。

解放塘横沟 长 437 米，平均宽度 7 米，河岸线高程 4.13 米，水域面积 0.30 万平方米，水域容积 0.52 万立方米。

全灶 1 长 1.10 千米，平均宽度 8 米，河岸线高程 4.13 米，水域面积 0.90 万平方米，水域容积 0.54 万立方米。

全灶 2 长 1.11 千米，平均宽度 6 米，河岸线高程 4.13 米，水域面积 0.70 万平方米，水域容积 0.74 万立方米。

全灶 3 长 1.09 千米，平均宽度 6 米，河岸线高程 4.13 米，水域面积 0.70 万平方米，水域容积 0.60 万立方米。

全灶 4 长 1.09 千米，平均宽度 6 米，河岸线高程 4.13 米，水域面积 0.70 万平方米，水域容积 0.65 万立方米。

全灶 5 长 655 米，平均宽度 6 米，河岸线高程 4.13 米，水域面积 0.40 万平方米，水域容积 0.55 万立方米。

全灶 6 长 666 米，平均宽度 5 米，河岸线高程 4.13 米，水域面积 0.30 万平方米，水域容积 0.08 万立方米。

全灶直河 长 1.50 千米，平均宽度 7 米，河岸线高程 4.13 米，水域面积 1.00 万平方米，水域容积 1.04 万立方米。

许丁直河 长 629 米，平均宽度 6 米，河岸线高程 4.13 米，水域面积 0.40 万平方米，水域容积 0.34 万立方米。

大寨畈 1 长 832 米，平均宽度 5 米，河岸线高程 4.13 米，水域面积 0.40 万平方米，水域容积 0.33 万立方米。

大寨畈 2 长 810 米，平均宽度 6 米，河岸线高程 4.13 米，水域面积 0.50 万平方米，水域容积 0.45 万立方米。

大寨畈 3 长 774 米，平均宽度 8 米，河岸线高程 4.13 米，水域面积 0.60 万平方米，水域容积 0.66 万立方米。

浏丁路沟 长 1.01 千米，平均宽度 6 米，河岸线高程 4.13 米，水域面积 0.60 万平方米，蓄水量 0.61 万立方米。

乡横江 长 616 米，平均宽度 5 米，河岸线高程4.13米，水域面积0.30万平方米，蓄水量0.32万立方米。

营房河 长680米，平均宽度6米，河岸线高程4.13米，水域面积0.40万平方米，蓄水量0.43万立方米。

千斤畈沟 长834米，平均宽度8米，河岸线高程4.13米，水域面积0.70万平方米，蓄水量0.62万立方米。

供销社江 长348米，平均宽度6米，河岸线高程4.13米，水域面积0.20万平方米，蓄水量0.20万立方米。

华丁路沟 长788米，平均宽度5米，河岸线高程4.13米，水域面积0.40万平方米，水域容积0.51万立方米。

解放塘河 长841米，平均宽度8米，河岸线高程4.13米，水域面积0.70万平方米，蓄水量0.82万立方米。

仁泰丘河 长242米，平均宽度4米，河岸线高程4.13米，水域面积0.10万平方米，水域容积0.15万立方米。

镇海横沟 长515米，平均宽度6米，河岸线高程4.13米，水域面积0.30万平方米，蓄水量0.36万立方米。

徐家路江 长1.62千米，平均宽度9米，河岸线高程4.13米，水域面积1.40万平方米，蓄水量1.38万立方米。

第二节　河道水环境整治

小曹娥镇地处姚江流域姚西北河区的东末端，地势北高南低，土质又呈粉砂土，部分或局部地段的河道岸坡坍塌严重，造成河床抬高，过水流量减少，蓄水总量衰退，凸显了伏旱期和冬种期的用水紧张矛盾，造成农田灌溉用水难以保障。又由于旱期水少导致断流，更加剧了水质污染的恶性循环。2005年开始，提出了“关注民生造福百姓，大力改善水环境”的总体思路，委托相关单位编制《小曹娥镇河道规划》，并分期分批对全镇11条镇级河道进行了水环境整治。尤其是2011年被列入宁波市第一批8个水环境整治试点乡镇后，又完成了投资3000万元的宁波市级水环境建设示范镇项目。同时利用和借助了六期的中央财政小型农田水利重点县项目及海塘备塘复垦工程、滨海现代农业园区建设、曹娥江至慈溪引水工程等建设。截至2017年底，已累计投入资金13673万元，完成了全镇“四纵四横”骨干河道和工字江、老四塘江、直塘头江等11条镇级河道的治理。在此基础上，全镇8个村，村村实现了宁波市级水环境整治示范村项目全覆盖。2013年，小曹娥镇荣获宁波市第二届水利“大禹杯”竞赛先进乡镇一等奖。2012年、2016年，周志新分别获得浙江省水利厅首届和第二届“首席水利员”称号。

小曹娥镇镇级河道水环境整治建设情况表

表 7-1-1

序号	河道及整治段名称		长度（米）	工程投资（万元）	涉及工程	实施时间	备注
一	爱国江		现 5315 实 6175	1865.22	—	—	原四塘江转入 1440 米，未砌毛丁路东 400 米，减桥闸长度 180 米
1	整治河段	南段	720	96.9	小曹娥镇水环境整治三期工程	2009 年 1 月至 5 月	—
2		东段	360	79	2010 年小农水重点县工程	2010 年 12 年月至 2011 年 7 月	原四塘江转入 360 米
3		爱国江	3618	1171.57	小曹娥镇水环境整治二期工程	2007 年 5 月至 11 月	原四塘江转入 680 米
4		农场段	735	257	宁波市水环境建设一期工程	2012 年 5 月至 10 月	—
5		农场北段	742	260.75	2017 年宁波市级小农水项目	2017 年 10 月至 12 月	不包括新增水库横江 324 米
二	杨家路江		现 4737 实 4697	1123.7	—	—	减桥闸长度 40 米
1	整治河段	南段	949	542	宁波市水环境建设二期工程	2013 年 5 月至 11 月	—
2		徐家路段	398	131	第三批中央财政小农水重点县 2016 年项目	2016 年 8 月至 2017 年 12 月	—
3		杨家路江	3350	450.7	小曹娥镇水环境整治三期工程	2009 年 1 月至 5 月	—
三	洪家路江		现 5871 实 5321	1976.1	—	—	未砌解放塘北 400 米，减桥闸长度 150 米
1	整治河段	园区段	320	183	宁波市水环境建设二期工程	2013 年 5 月至 11 月	—
2		塘南南段	180	63	宁波市水环境建设一期工程	2012 年 5 月至 10 月	—
3		塘南中段	180	30	小曹娥镇洪家路江塘南村庄段砌石工程	1996 年 6 月至 12 月	—
4		塘南北段	590	135.46	第三批中央财政小农水重点县 2016 年项目	2016 年 8 月至 2017 年 12 月	—
5		洪家路江	3382	1183.7	宁波市水环境建设一期工程	2012 年 5 月至 10 月	—
6		泵闸南段	239	83.84	余姚市滨海现代农业园区中低产田改造项目	2013 年 8 月至 2014 年 7 月	—
7		泵闸段	150	198.29	宁波市水环境建设一期工程	2012 年 5 月至 10 月	—
8		海塘段	280	98.81	余姚市滨海现代农业园区中低产田改造项目	2013 年 8 月至 2014 年 7 月	—

续表 7-1-1

序号	河道及整治段名称		长度（米）	工程投资（万元）	涉及工程	实施时间	备注
四	方家路江		现 5361 实 4981	1238.65	—	—	减市场闸桥长度 380 米
1	整治河段	南段	367	128	宁波市水环境建设一期工程	2012 年 5 月至 10 月	—
2		南新庵段	635	106	南新庵村方家路江砌石工程	2000 年 6 月至 12 月	—
3		镇海南段	910	147.5	小曹娥镇水环境整治四期工程	2010 年 10 月至 2011 年 1 月	—
4		镇海北段	450	51.8	小曹娥镇方家路江镇海段砌石工程	2005 年 10 月至 12 月	—
5		王龙段	385	220	宁波市水环境建设二期工程	2013 年 5 月至 11 月	—
6		王龙北段	335	38	小曹娥镇水环境整治一工程	2006 年 7 月至 9 月	—
7		人和南段	405	47	小曹娥镇方家路江人和段砌石工程	2007 年 6 月至 10 月	—
8		人和中段	810	179	2010 年小农水重点县工程	2010 年 12 月至 2011 年 7 月	—
9		人和北段	464	195.35	余姚市滨海现代农业园区中低产田改造项目	2013 年 8 月至 2014 年 7 月	—
10		海塘段	220	126	宁波市水环境建设二期工程	2013 年 5 月至 11 月	—
五	四塘横江		现 7229 实 5789	1405.8	曹娥江至慈溪引水工程	2006 年 6 月至 2007 年 3 月	新开河 840 米，减少已转入爱国江 1440 米
六	五塘横江		现 5626 实 5626	648.85	小曹娥镇水环境整治一期工程	2006 年 2 月至 6 月	—
七	七塘横江		现 5789 实 5287	1142.52	—	—	未砌爱国江东 330 米，减桥闸长度 172 米
1	整治河段	园区段	1880	215.94	小曹娥镇水环境整治一期工程	2006 年 7 月至 2007 年 2 月	—
2		大道西段	900	207	小曹娥镇备塘复垦工程	2007 年 12 月至 2008 年 7 月	—
3		引水工程段	2507	719.58	曹娥江至慈溪引水工程	2006 年 6 月至 2007 年 3 月	新开河 484 米

续表 7-1-1

序号	河道及整治段名称		长度（米）	工程投资（万元）	涉及工程	实施时间	备注
八	九塘横江		现 3891 实 1785	411	小曹娥镇备塘复垦工程	2007 年 12 月至 2008 年 7 月	未砌南岸3569平方米，折 1785 米，减污水厂征用及桥梁长度 322 米
九	南直塘头江		现 636 实 636	77.29	小曹娥镇直塘头江工程	2015 年 9 月至 2016 年 1 月	—
十	工字江		现 3221 实 3221	940.57	—	—	—
1	整治河段	南东横	505	111.96	2011 年小农水重点县工程	2011 年 11 月至 2012 年 4 月	—
2		南西横	797	456.3	宁波市水环境建设二期工程	2013 年 5 月至 11 月	—
3		曹一直河	598	80.5	小曹娥镇曹一村东干路河砌石工程	2019 年 8 月至 10 月	—
4		东北横	100	12.81	小曹娥镇曹一村老四塘江砌石工程	2013 年 4 月至 6 月	—
5		北横	1221	279	第三批中央财政小农水重点县 2016 年项目	2016 年 8 月至 2017 年 12 月	—
十一	老四塘江		现 1280 实 1080	206	第三批中央财政小农水重点县 2016 年项目	2016 年 8 月至 2017 年 12 月	未砌大道东段单边 400 米，折合 200 米
另	十闸一泵		—	491	小曹娥镇水环境整治一期工程	2006 年 7 月至 2007 年 2 月	—
	总计		现 48956 实 44598	11526.7	—	—	未砌 3114 米，减桥闸长度 1244 米

注：1. 序号中，中文数为河道名，阿拉伯数为整治河段名。

2. 现为总长度，实为整治长度。

3. 顺序由南到北，由东到西。

小曹娥镇小型农田水利项目建设情况表

表 7-1-2

序号	发改局批文号	项目名称	工程规模	实施时间		投资（万元）			受益面积（亩）
				开工	竣工	概算	审计	市补	
1	〔2010〕231 号	2010 年小农水重点县项目	高效节水灌溉 707.27 公顷，新建 115 千瓦泵站 1 座、15 千瓦机埠 1 座、移动泵站 18 座、排水沟 6519 米，排水沟清淤 4495 立方米，河道砌石 2075 米，河道清淤 8190 立方米，挖通河道 123 米等。采购微型水泵 2821 台、微喷带 328.1 万米	2010 年 12 月 7 日	2011 年 7 月 30 日	1304	1148.81	1043.2	10609
2	〔2011〕340 号	2011 年小农水重点县项目	新建 1.5 米排水沟（建民）2088 米、2.5 米（曹一）排水沟 555 米，河道砌石工字江 505 米、毛丁路直河 1800 米、全义 5 队横河等 2 条 807 米（毛丁路沿线为主）	2011 年 11 月 29 日	2012 年 4 月 10 日	499.5	491.2	421	3000
3	〔2013〕210 号	2014 年小农水重点县项目	新建 1.5 米排水沟 806 米、2 米排水沟 1024 米、机耕桥 10 座、农田道路 1999 米，河道砌石 2346 米及河岸景观绿化等（480 亩为主）	2014 年 4 月 25 日	2014 年 10 月 4 日	600	563.07	541	1000
4	〔2015〕26 号	第三批中央财政小农水重点县项目	河道砌石 5338 米，新建排水沟 1560 米、灌溉泵站 1 座、排涝泵站 1 座、拦水坝 1 座、水闸 1 座、桥梁 2 座，疏通河道 228 米，疏浚河道 614 米等（九丘泵站为主）	2015 年 6 月 6 日	2016 年 6 月 23 日	1500.9	1488.58	1339.73	8140
5	〔2016〕13 号	第三批中央财政小农水重点县 2016 年项目	河道砌石老四塘江 5830 米，曹二西直河 1330 米，杨家路江 793 米，南新庵 3、4 河道 2779 米，洪家路江 1171 米；新建水闸 3 座；修理 1 座、新建桥梁 2 座、杨家路江泵闸 1 座等。（四塘江以南为主）	2016 年 8 月 1 日	2017 年 12 月	1654.17	1441.76	1297.58	10000
6	〔2017〕88 号	2017 年宁波市小农水项目	爱国江农场北段河道砌石 1064 米、护岸长度 1923 米，新建农田道路 879 米	2018 年 1 月 1 日	2018 年 5 月 12 日	26.75	272.86	260.37	800
合计	—	—	—	—	—	5549.32	5406.28	4902.88	33549

小曹娥镇村级水环境整治情况汇总表

表 7-1-3

序号	村别	发改局批文号	工程规模		实施时间		投资（万元）			
			河道护岸	景观绿化（平方米）	开工	竣工	概算	审计	其中上级补助	
									宁波	余姚
1	朗海	〔2010〕129 号	13 条 3810 米	2368	2010 年 6 月 15 日	2010 年 10 月 25 日	240.63	242.05	30	50
2	曹娥	〔2011〕102 号	7 条 3795 米	2618	2011 年 5 月 16 日	2011 年 8 月 25 日	299.85	237.21	50	50
3	人和	〔2011〕103 号	4 条 3812 米	2428	2011 年 5 月 16 日	2011 年 8 月 26 日	267.24	212.56	50	50
4	滨海	〔2011〕323 号	符丁江、符丁 3 等 2 条 3480 米	2041	2012 年 5 月 3 日	2012 年 8 月 2 日	263.39	264.22	50	50
5	建民	〔2011〕324 号	全灶 3、后中灶 3 等 2 条 3180 米	3000	2012 年 5 月 3 日	2012 年 8 月 20 日	249.18	227.38	50	50
6	镇海	〔2013〕11 号	抢险路河、华丁路河、宋家畈 2、仁泰丘河等 4 条 1846 米，护岸 3121 米	2130	2013 年 5 月 30 日	2013 年 8 月 11 日	258.6	224.85	50	50
7	南新庵	〔2014〕29 号	3 条 3720 米	2620	2014 年 4 月 30 日	2014 年 8 月 30 日	340.65	246	50	50
8	滨海	〔2016〕21 号	徐家路江、符丁江 3 等 2 条 1123 米，护岸 2184 米	1685	2016 年 6 月 8 日	2016 年 9 月 25 日	264.16	276.16	—	50
9	曹一	〔2017〕68 号	东干路河、西干路河、童丁河等 4 条 1012 米，护岸 1923 米	1637	2017 年 10 月 25 日	2018 年 6 月 4 日	221.68	215.45	50	50
合计	—	—	41 条 25778 米	20527	—	—	2405.38	2145.88	380	450

第三节 池 潭

海涂淤涨，人们围筑海塘、造地后，在地势低洼处形成池塘、潭。民众又在房前屋后，农田中间挖掘池塘，以作生活、消防、灌溉之水源。因此，清朝、民国时期，境内先后形成池塘25口，潭12口。

至20世纪50—60年代，大搞农田基本建设，平坟复耕，把大部分池、潭填埋，成为耕地。如全义村的盐沙池，曹一村的横潭，朗海村的协心池、兴茂大池，人和村6000平方米的东大潭，1600平方米戚家大潭等7口潭，垦为耕地。又如1930年，王英生为了解决周围老百姓的饮水问题，带领村民挖掘一口东西走向池塘，占地面积1400平方米，蓄水量3500立方米，当时取名为王英生大池塘。到2012年，由于倾倒垃圾、淤泥积存，该池塘逐步被填埋，昔日的池塘垦为农田。

至2017年，有人和村后大潭，面积2500平方米，现辟为公园，造九曲桥，养鱼，供村民游观。另3口潭缩小面积，保留4口旱舍池，供村民生产生活用水。

第四节 水 库

20世纪60年代末，曹娥、朗海二个公社为解决境内水源奇缺问题，设计建造海涂水库获得成功，时为创举。为此后建造泗门、周巷、长河等众多海涂水库积累和提供了经验。

曹朗水库（后称泗门二号水库）

1969年12月，曹娥、朗海两公社发动社员建造。设计水库大坝长3.44千米，其中北横塘（外海塘）1千米，南横塘1.05千米，东直塘690米，西直塘700米，坝高4.5米，顶宽6米。围库面积64公顷，计划蓄水200万立方米。是年12月8日开工建造，最多时每天投入劳力5000余工。先筑北横塘和东西两直塘，至1971年5月完成土方19万立方米，防汛抛石3500立方米，内坡防浪装运塘渣11000吨。建输翻水站闸一座，并建渡漕桥一座，接两公社海涂田总渠，可自流灌溉农田。1971年6月翻水入库，当年蓄水32万立方米，灌溉海涂田125.7公顷。1971年12月5日，两公社又加高加宽南横塘，完成土方6万立方米，县财政为此补助资金15万元。一号水库兴建后，曹朗水库运抛石方、塘渣被纳入全区任务，并由区统筹兑现运输资金。

1974年8月18日遭受13号台风袭击，曹娥围丘东涵洞倒塌，潮水淹没两公社64塘围丘，133.4公顷土地积水。水库南塘河因排泄洪水，河底迅速浚深，河面扩大，在3—4天时间内，水库渡漕桥、翻水站倒塌。曹娥公社发动群众3次堵塘缺未成，后在围丘内筑小圩塘500米，朗海公社又堵筑塘河，才把潮水拦出。水库翻水站闸于1975年由一号水库管理所负责重建，为一号水库补充水源。养鱼面积50.4公顷。1994年12月8日，北横塘（外海塘）倒缺口宽80米，小曹娥镇发动群众在库内筑燕子窝塘拦出潮水。1995年春，市财政投入150万元修筑堵住倒塘缺口。

泗门水库（又称泗门一号水库）

在曹朗水库蓄水灌溉成功后，1971年冬，泗门区公所发动全区11个公社，在曹朗水库东围建泗门水库。土石方任务按各公社土地面积和劳力数分配负担（曹娥、朗海不负担，兑现曹朗水库任务）。水库大坝（土塘）总长6.212千米，其中北横塘（外海塘）2.4528千米，南横塘2.1234千米，东直塘778.1米，西直塘857.7米。塘基宽36—40米，顶宽4米，塘高5米。塘高4米处设平台，平台宽7—11米。内坡1∶3，外坡1∶2，内坡防浪平均铺30厘米厚塘渣（下20厘米，上40厘米）及30厘米厚大片石。围库面积172公顷，计划蓄水深3米，总库容560万立方米。大坝分两期施工：第一期1971年12月9日至18日，筑北横塘和东西二直，高3米；第二期1972年1月13日至23日，加高北横塘和东西二直塘。同时加宽加高南横塘，新掘进出水江1.8千米。最多时每天投入2万个劳力，完成总土方56.2万立方米，抛防汛石16530立方米。为在1972年顺利蓄水，6万吨塘渣任务分配至各公社、生产大队。自1972年1月20日至4月5日，用肩挑、人抬、船载等人力“笨”方法完成任务，当年蓄水100万立方米。水库整体工程至1974年4月竣工，共完成塘渣石方11万立方米。建输翻水站闸1座，涵长18米，断面2.2米×2.2米，流量16立方米/秒。装50轴流泵2台，完成混凝土500立方米。总投工65.7万工，县财政补助30.7万元。1974年蓄水500万立方米，使全区11个公社受益。水库成立管理处，统一管理一、二号水库，由泗门区直辖。

1992年撤区扩镇并乡后，经泗门与小曹娥两镇协商，二号水库归小曹娥镇所有，一号水库所有权泗门与小曹娥两镇各半，经营权归小曹娥镇。2003年，市政府决定将一号水库和二号水库废库改地，蓄水调剂至市除险治江围涂工程指挥部新围筑的市海涂水库，由该水库负责供应包括小曹娥镇在内的姚西北地区干旱时用水。

第二章 堰 闸

第一节 内河堰闸

堰坝

民国28年（1939），由施春茂出资在利济塘后直塘头建有一座堰坝，俗名后直塘头堰。该堰坝为人力车堰坝，以人力推动绞盘，将船牵引过堰。1951年，土坝改建为石砌堰坝，人力车坝属民办，由曹娥乡管理，人力工资在过船收费中列支。从而保证人们生产生活用水和南北船只往返需要，随着四塘江疏通，此堰废弃。

境内还有杨家路江堰坝、洪家路江堰坝、方家路江堰坝。以上堰坝，随着江河开掘，形成同一水系，堰坝随之废弃。

闸

境内节制闸分三类：一类是因地势高低而常年拦水的节制闸；另一类是为抗旱季节性蓄水的节制闸，一般在每年7—8月闭闸，未旱先蓄，并建有翻水泵站补充蓄水量；还有一类是圩丘节制闸，在低洼地区周边筑圩塘，河流建闸，涝时用电力泵站强排洪水。

曹娥四塘江北泵闸（1号泵闸） 位于曹娥村爱国江与四塘江北交汇处，属常年拦水、翻水、排涝的重点节制闸。2005年，镇政府启动全镇水环境整治工程而建，2006年7月动工，至2007年2月竣工。2孔，孔径3米，水泥闸板，电力启闭。

建民泵闸（2号泵闸） 位于建民村爱国江增产闸南20米处，属季节性蓄水节制闸。建于2007年2月，2孔，孔径3米，水泥闸板，电力启闭。

杨家路江四塘江北闸（3号闸） 位于朗海村杨家路江与四塘江北交汇处，属季节性蓄水节制闸。建于2007年2月，1孔，孔径3米，水泥闸板，电力启闭。

洪家路江四塘江北节制闸（4号闸） 位于洪家路江与四塘江北交汇处，属季节性蓄水节制闸。建于2007年2月，1孔，孔径3米，水泥闸板，电力启闭。

洪家路江七塘江南节制闸（5号泵闸） 位于洪家路江与七塘江南交汇处，属季节性蓄水节制闸。建于2007年2月，1孔，孔径3米，水泥闸板，电力启闭。

方家路江四塘江北节制闸（6号泵闸） 位于方家路江与四塘江北交汇处，属季节性蓄水节制闸。建于2007年2月，1孔，孔径3米，水泥闸板，电力启闭。

镇海方家路江七塘江南节制闸（7号闸） 位于方家路江与七塘江南交汇处，属季节性蓄水节制闸。建于2007年2月，1孔，孔径3米，水泥闸板，电力启闭。

五塘横江人和节制闸（8号泵闸） 位于五塘江人和村与泗门万圣村交界处，属季节性蓄水节制闸。建于2007年2月，1孔，孔径3米，水泥闸板，电力启闭。

八塘江园区东闸（9号闸） 位于建民村八塘江与爱国江西交汇处，属常年拦水的节制闸。建于2007年2月，2孔，孔径3米，水泥闸板，电力启闭。

八塘江园区西闸（10号闸） 位于海涂工业园区八塘江余姚大道东50米处，属常年拦水的节制闸。建于2007年2月，2孔，孔径3米，水泥闸板，电力启闭。

曹娥四塘江南节制闸（11号闸） 位于曹娥村爱国江与四塘江南交汇处，属季节性蓄水节制闸。建于2017年7月，1孔，孔径3米，水泥闸板，电力启闭。

七塘江北爱国江农场节制闸（12号闸） 位于建民村农场片爱国江与七塘江北交汇处，属季节性蓄水节制闸。建于1982年2月，1孔，孔径3米，松木闸板，人力启闭。

八塘江南爱国江农场节制闸（13号闸） 位于建民村农场爱国江与八塘江南交汇处，属季节性蓄水节制闸。建于2016年6月，1孔，孔径3米，水泥闸板，电力启闭。

八塘江东水库节制闸（14号闸） 位于建民村农场片八塘江东，属季节性蓄水节制闸。建于1987年11月，1孔，孔径3米，水泥闸板，人力启闭。

九塘排涝闸（15号泵闸） 位于东片九丘畈排涝站（原1号水库内），属季节性蓄水节制闸。建于2016年6月，1孔，孔径3米，水泥闸板，人力启闭。

杨家路江老四塘南节制闸（16号闸） 位于朗海村杨家路江与老四塘江南交汇处，属季节性蓄水节制闸。建于1996年10月，2015年2月改建，1孔，孔径2.8米，水泥闸板，人力启闭。

杨家路江四塘江南泵闸（17号泵闸） 位于朗海村杨家路江与四塘江南交汇处，属季节性蓄水节制闸。建于2017年4月，1孔，孔径3米，水泥闸板，电力启闭。

洪家路江海塘南节制闸（18号闸） 位于朗海村洪家路江海塘南堰坝，属季节性蓄水节制闸。建于1996年10月，2孔，孔径3米，水泥闸板，电力启闭。

洪家路江四塘江南节制闸（19号闸） 位于洪家路江与四塘江南交汇处，属季节性蓄水节制闸。建于2017年4月，1孔，孔径3米，水泥闸板，电力启闭。

洪家路江六塘节制闸（20号闸） 位于洪家路江南海涂六塘，属季节性蓄水节制闸。建于1952年10月，2015年2月改建，1孔，孔径3米，水泥闸板，人力启闭。

洪家路江七塘江北泵闸（21号泵闸） 位于洪家路江与七塘江北交汇处，属季节性蓄水节制闸。建于1965年10月，1孔，孔径3米，水泥闸板，人力启闭。

方家路江三桥头节制闸（22号闸） 位于方家路江南新庵村营房头，属季节性蓄水节制闸。建于1996年10月，1孔，孔径3米，水泥闸板，人力启闭。

方家路江仁泰丘节制闸（23号闸） 位于方家路江镇海村朗夹公路南10米处，属季节性蓄水节制闸。建于2013年11月，1孔，孔径2.5米，水泥闸板，人力启闭。

方家路江王龙闸（24号闸） 位于方家路江镇海村朗夹公路老王龙厂西，属季节性蓄水节制闸。建于2013年11月，1孔，孔径2.5米，水泥闸板，人力启闭。

方家路江六塘节制闸（25号闸） 位于方家路江南海涂六塘，属季节性蓄水节制闸。建于1952年10月，2015年2月改建，1孔，孔径3米，水泥闸板，人力启闭。

毛丁路节制闸（26号闸） 位于四塘横江毛丁路，属季节性蓄水节制闸。建于1979年8月，3孔，孔径3.4米，水泥闸板，螺杆人力启闭。20世纪90年代中叶开始，常年封闭至今。

方家路江八塘节制闸（27号闸） 位于方家路江与八塘江北的交汇处，属季节性蓄水节制闸。建于1965年10月，1孔，孔径3.2米，水泥闸板，人力启动。

水闸建设一览表

表7-2-1

序号	地址及名称	数字闸号	序号	地址及名称	数字闸号
1	曹娥四塘江江北泵闸	1号泵闸	15	九塘排涝闸	15号泵闸
2	建民泵闸	2号泵闸	16	杨家路江老四塘南节制闸	16号闸
3	杨家路四塘江北闸	3号闸	17	杨家路江四塘江南泵闸	17号泵闸
4	洪家路江四塘江北节制闸	4号闸	18	洪家路江海塘南节制闸	18号闸
5	洪家路江七塘江南节制闸	5号泵闸	19	洪家路江四塘江南节制闸	19号闸
6	方家路江四塘江北节制闸	6号泵闸	20	洪家路江六塘节制闸	20号闸
7	镇海方家路江七塘江南节制闸	7号闸	21	洪家路江七塘江北泵站	21号泵闸
8	五塘江人和节制闸	8号泵闸	22	方家路江三桥头节制闸	22号闸
9	八塘江园区东闸	9号闸	23	方家路江仁泰丘节制闸	23号闸
10	八塘江园区西闸	10号闸	24	方家路江王龙闸	24号闸
11	曹娥四塘江节制闸	11号闸	25	洪家路江六塘江节制闸	25号闸
12	七塘江北爱国江农场节制闸	12号闸	26	毛丁路节制闸	26号闸
13	八塘江南爱国江农场节制闸	13号闸	27	方家路江八塘节制闸	27号闸
14	八塘江东水库节制闸	14号闸			

第二节　出海闸

爱国江增产闸

余姚解放后，余姚第一任县长郭子栋带领人民群众开掘姚北第一排水工程——爱国江。1952年在七塘（解放塘）爱国江口建筑姚北第一排水闸——1增产闸（现建民村），共2孔，孔径3.5米，螺杆人力启闭。1990年夏季，为确保泗门一号水库放水，解决农田抗旱需要，对西孔闸底凿深0.25米。2008年，为便于交通，废除增产闸中墩及闸顶，改为面宽5米的交通桥。2017年底，又改为面宽6米的交通桥。

爱国江八塘闸（西三闸）

1963年建造，共2孔，孔径3.5米。1979年泗门区划归余姚后，闸由慈溪控制。2004年因排涝纠纷，经协调后，闸由小曹娥镇与原杭州湾镇两水利站站长控制。

爱国江九塘闸

《余姚市水利志》称十塘闸。建于1976年，属季节性拦水排淡排涝行洪闸，2孔，孔径3.5米，水泥闸板，螺杆人力启闭。原为泗门区小曹娥排涝闸，至1997年冬季实施海塘防渗补强工程时封闭。

◎ 林网绿化——田间沟渠（2019 沈华苗摄）

第三章　灌　排

第一节　灌　溉

农田灌溉

据宋《嘉泰会稽志》等文献记载，在南宋绍兴年间，余姚西北地区就已形成以汝仇湖为中心的农田灌溉体系，受益农田覆盖东山、开元、兰风、孝义等乡，计有九千七百二十五顷。汝仇湖南依龙首、鸡鸣诸山，地势高于田，田又高于江，旱则放湖水灌田，涝则决田水由江入海。清康熙七年（1668），汝仇湖废湖为田后，时境内农田从河流、池塘取水灌溉。遇大旱年，决上虞后郭塘引曹娥江水抗旱。20世纪70年代，曹朗水库（二号水库）、泗门水库（一号水库）、临山水库（三号水库）等陆续建成，在梅雨季节翻水入库，蓄水抗旱。1992年后，镇内水利泵闸设施进一步完善，夏季和榨菜种植季节在主干河蓄水，各村进一步蓄水至沟渠，满足群众抗旱灌溉田需要。

民国时期，灌溉工具主要是以人力、畜力牵引的手车、脚车、牛车和戽斗为主。到1963年，曹娥、朗海、镇海3个公社20个生产大队有木制水车约180部。中华人民共和国成立后，注重发展机电排灌。1957年，曹娥乡三发高级社（后改称曹娥公社三发大队）始有8马力柴油机抽水灌溉。1965年，新安江电力入境后，潮塘以北棉区1967年亦开始种植水稻，机电排灌迅猛发展。时境内各生产大队均建造电灌机埠，并形成与之配套的农田灌溉渠道网络。至1979年后，境内安装机电动力364台，总动力1662千瓦。至2017年，全镇共有机电排灌动力机4272台（其中农用水泵4210台），总动力为2193千瓦。

◎ 镇海村1号机埠（镇海东机埠）
（2019年吴华春摄）

翻水站

境内河网相对稀疏，径流量450毫米左右，人均仅有450立方米，水资源相对紧缺。从20世纪70年代后期开始，陆续兴建3座电力翻水站，主要用于雨季时调蓄淡水。

曹娥海塘指挥部翻水站　建于1970年，属垦区河网调换淡水和农忙季节蓄水灌溉，受益农田81.8公顷。

朗海海塘指挥部翻水站　建于1971年，属垦区河网调蓄翻水站，受益农田164.2公顷。

镇海海塘指挥部翻水站　建于1971年，属垦区河网调蓄翻水站，受益农田151.7公顷。

水费征收

1991年，根据《余姚市水利工程水费核定收缴和管理办法》，小曹娥镇、朗海乡、镇海乡开始全面征收水费。河网提水灌溉收费标准为：旱地每年每亩1.8元，水田每年每亩3元。2017年，全镇农业用水收费，旱地1827.74公顷，按每公顷27元计，共收49348.98元。其中60%缴市水利行政主管部门，40%留乡镇用于乡镇水利工程管理维修。

第二节 排 涝

排涝方向

清雍正十三年（1735）利济塘围筑后，塘后围丘内积水通过围筑海塘时埋下的木制涵管引水排泄。引水均为南北走向，北通杭州湾，时境内有洪家路引水、方家路引水、杨家路引水等。为防海水倒灌，引水两旁筑有高塘，俗称夹塘。

1950年解放塘围筑后，曹娥乡组织群众挖掘爱国江，建造增产闸，利济塘（四塘）以北自成水系，称四塘河水系。四塘河水系积水通过增产闸向杭州湾排涝，利济塘以南西上河水系仍向南汇入姚江排涝。1956年，为解决增产闸排淡与庵东纳咸制盐的矛盾，泗门区在今临山镇临海建造四洞闸，四塘河水系积水通过四洞闸向杭州湾排涝。

1991年，市政府为减轻姚江排涝压力，利用陶家路江旧河道挖掘北排江，并兴建陶家路出海闸。西上河水系216平方千米面积内的积水，以及四塘河水系内的积水，经陶家路闸和临海浦闸两路北排。

排涝能力

民国时期，利济塘以北河流稀少，河道淤积严重，靠通过涵洞分散排涝，故排水不畅，易涝易旱。中华人民共和国成立后，通过挖掘四塘江、五塘江、七塘江、八塘江4条横江，以及爱国江、杨家路江、洪家路江、方家路江4条直江，同时兴修农田水利，农田小型水利板渠建设，形成小沟通大沟，直沟通横沟，大沟横沟通河流这样四通八达的水利网络，使排涝能力大大提高。

1966—1981年现境内各乡镇机电排灌设施一览表

表7-3-1

年份	原乡镇名称	排灌机械 柴油机（台）	柴油机（马力）	电动机（台）	电动机（千瓦）	农用水泵（台）
1966	曹娥公社	—	—	—	—	9
	朗海公社	—	—	—	—	6
	镇海公社	—	—	—	—	7
	合计	—	—	—	—	22
1967	曹娥公社	9	72	9	63	9
	朗海公社	6	48	6	42	6
	镇海公社	7	56	7	49	7
	合计	22	176	22	154	22
1968	曹娥公社	9	72	9	63	9
	朗海公社	6	48	6	42	6
	镇海公社	7	56	7	49	7
	合计	22	176	22	154	22
1974	曹娥公社	20	160	56	224	30
	朗海公社	15	120	42	172	20
	镇海公社	18	144	50	200	23
	合计	53	424	148	596	73
1975	曹娥公社	26	208	80	320	34
	朗海公社	20	160	60	240	25
	镇海公社	22	176	71	284	30
	合计	68	544	211	844	89
1976	曹娥公社	30	240	80	320	34
	朗海公社	20	160	60	240	25
	镇海公社	22	176	71	284	30
	合计	72	576	211	844	89

续表 7-3-1

年份	原乡镇名称	排灌机械				农用水泵
		柴油机		电动机		
		（台）	（马力）	（台）	（千瓦）	（台）
1969	曹娥公社	9	72	9	63	9
	朗海公社	6	48	6	42	6
	镇海公社	7	56	7	49	7
	合计	22	176	22	154	22
1970	曹娥公社	14	120	45	180	25
	朗海公社	10	80	30	120	18
	镇海公社	12	96	40	160	21
	合计	36	296	115	460	64
1971	曹娥公社	14	120	45	180	25
	朗海公社	10	80	30	120	18
	镇海公社	12	96	40	160	21
	合计	36	296	115	460	64
1972	曹娥公社	16	132	56	224	25
	朗海公社	13	104	42	172	18
	镇海公社	14	112	50	200	21
	合计	43	348	148	596	64
1973	曹娥公社	18	144	56	224	25
	朗海公社	14	112	42	172	20
	镇海公社	16	132	50	200	23
	合计	48	388	148	596	68
1977	曹娥公社	25	200	66	264	40
	朗海公社	18	128	52	208	30
	镇海公社	20	160	68	272	32
	合计	63	488	186	480	102
1978	曹娥公社	68	340	66	480	78
	朗海公社	56	280	50	200	60
	镇海公社	62	310	62	284	65
	合计	186	930	178	732	203
1979	曹娥公社	68	340	66	284	78
	朗海公社	56	280	50	200	60
	镇海公社	62	310	62	248	65
	合计	186	930	178	732	203
1980	曹娥公社	120	840	—	—	—
	朗海公社	90	630	—	—	—
	镇海公社	105	735	—	—	—
	合计	315	2205	—	—	—
1981	曹娥公社	128	896	—	—	—
	朗海公社	98	686	—	—	—
	镇海公社	118	826	—	—	—
	合计	344	2008	—	—	—

1992—2017 年全镇排灌机械动力一览表

表 7-3-2

年份	1992	1993	1994	1995	1996	1997	1998	1999	2000
数量（台）	172	179	186	214	248	298	331	349	408
功率（千瓦）	463.2	465.2	467.4	475.8	486	501	510.9	516.3	534
农用水泵（台）	144	151	158	186	220	270	303	321	380

年份	2001	2002	2003	2004	2005	2006	2007	2008	2009
数量（台）	528	556	630	741	854	950	1060	1280	1400
功率（千瓦）	584.7	607.8	747.6	810.3	844.3	990.6	1053	1177.8	1272.6
农用水泵（台）	499	526	592	701	814	902	1010	1226	1342

年份	2010	2011	2012	2013	2014	2015	2016	2017	
数量（台）	1500	1610	2405	2895	3460	3782	4180	4272	
功率（千瓦）	1302.6	1335.6	1603.5	1750.5	1920	2046	2165.4	2193	
农用水泵（台）	1442	1552	2345	2835	3400	3720	4118	4210	

第三节　机　埠

经多年水利建设，镇内自成体系，承担着行洪、排涝、蓄水、抗旱的重要任务，而且在抗洪、灌溉等方面发挥着重要的作用。境区内有水闸 27 座，其中泵闸 8 座，机埠 35 座。

2017 年各村机埠一览表

表 7-3-3

序号	名称	规格（米）	数量（座）
1	曹一机埠	12”混	1
2	曹北机埠	12”混	1
3	曹北机埠	12”混	1
4	曹二机埠	12”混	1
5	全义机埠	12”混	1
6	曹娥机埠	12”混	1

续表 7-3-3

序号	名称	规格（米）	数量（座）
7	三发机埠	12” 混	1
8	永久机埠	10” 混	1
9	曹丁机埠	10” 混	1
10	全灶南机埠	12” 混	1
11	全灶北机埠	8” 混	1
12	后中灶南机埠	12” 混	1
13	后中灶北机埠	8” 混	1
14	塘南东机埠	10” 混	1
15	塘南西机埠	8” 混	1
16	徐家路机埠	12” 混	1
17	杨家路西机埠	12” 混	1
18	杨家路东机埠	8” 混	1
19	朗海西机埠	8” 混	1
20	朗海中机埠	12” 混	1
21	朗海北机埠	8” 混	1
22	符丁南机埠	12” 混	1
23	符丁北机埠	12” 混	1
24	海涂南机埠	12” 混	1
25	海涂北机埠	10” 混	1
26	南新东机埠	12” 混	1
27	南新中机埠	12” 混	1
28	南新西机埠	12” 混	1
29	镇海东机埠	12” 混	1
30	镇海西机埠	12” 混	1
31	人和东机埠	12” 混	1
32	人和东机埠	12” 混	1
33	人和中机埠	8” 混	1
34	海涂北机埠	12” 混	1
35	海涂南机埠	8” 混	1

◎ 小曹镇镇域主要河道水闸示意图（2017 年）

第八编

工业经济

小曹娥工业起步较晚，民国时期仅为数家手工作坊。中华人民共和国成立后，始引入动力机械。20世纪60年代，开始兴办社队企业。80年代后，工业经济发展较快，工业产值开始超过农业产值。90年代，集体企业转制为私营企业，民营经济得到快速发展。1998—2003年间新建南北两个工业园区，工业经济发展驶入快车道，逐步形成门类众多的工业经济体系。2017年，工业产值达160.3亿元，实现了历史性突破。

第一章　发展概况

第一节　中华人民共和国成立前工业　手工业

小曹娥工业、手工业的形成与发展，与域内人口集聚、繁衍、集市发展密切相关。明成化年间，始有先民在现境南部活动，工业、手工业的形成与发展都比较晚。是时，村民生活用品和生产工具都要到十里外的集镇或更远的地方去购买。清代，境内有少量的手工业者，篾匠、木匠、铁匠、石匠、砖瓦匠、箍桶匠、裁缝师傅散落民间，无固定场所，以夹乡（走村串户）寻工干活。工作量大一点的工活，如建房、做嫁妆等，有大师傅（亦称作头）带小师傅，一般三五同行或数人合伙工作。由于经济的落后，手工业的发展极其缓慢。

民国时期，有成氏号磨坊、济美酱园、金耀定铜匠店、陈利新银匠店等手工作坊7家，从业人员近20人，多采用前店后坊、自产自销的经营方式，另有走村串乡各业工匠30余人。砻谷机、脚踏轧花车、织布机以及以牛拉转盘带动的棉花脱籽车（又称牛洋车），算是当时的工业机器，没有现代意义上的工业。铜匠从事家庭五金用具制作修理，如制作手炉、脚炉（火熄）及锡瓶、锡壶、锡烛台等。铁匠制作小型农具及家庭生活用具，如铁耙、刮子、茅刀、菜刀、锅铲等。家庭手工业亦开始发展，民间家庭多有土布加工者，除自己穿着外，还卖给夹乡上门收购的商贩或直接销往外地集镇、山区。妇女编织草帽盛行，有民谚“姚北三件宝，棉花白盐草凉帽”，呈现十里乡间无闲女，家家尽是织帽人的繁盛景况。

第二节　中华人民共和国成立后工业　手工业

1949年5月曹娥解放后，人民政府扶持发展工业、手工业，建立工会、工商联，协调劳资矛盾，加强组织管理。1950年，土地改革时，兼顾两者利益，维护工商业主的利益，调动工人、职员积极性，生产经营逐步恢复发展。1952年，全境有工厂1家、作坊6家，年产值34.4万元。是年，竹业小组率先建立，参加人员7人，后又建手工业小组2个。

1952年，工业主要生产设备24匹马力内燃机1台，碾米机1台、皮辊机22台（用于棉花加工）。1954年，皮辊机增至26台。经济流向也往曹娥乡集市转移，出现以铁匠、铜匠、竹木加工、箍桶等民间的手工业店铺。工业、手工业生产总值为：1953年27.96万元，1954年81.23万元。

1956年，对私营工业、手工业进行社会主义改造。境内1家企业实行公私合营，员工5人。是年，境内工业、手工业总产值65万元。手工业按行业组建了园木木业、竹业、五金铁业合作社3个，参加社员49人。

家庭手工业依然兴旺，编织金丝草帽和加工土布遍及乡里，成为家庭的重要经济来源。

1958年公社化运动时，整个泗门区为卫星人民公社，手工业合作社也随之合并。曹娥公社竹、木业生产合作社70多人，归并泗门营造厂。是年，五金、铁业合作社改为曹娥五金车间，隶属泗门机械厂，生产喷雾器、营养钵、铁耙、刮子等农具。1958年，在曹娥增产闸兴办砖瓦厂，1959年产值39.18万元，后因土质关系，砖瓦质量差，不久关闭。土农药、土化肥、土高炉各乡均有兴办。1959年，曹娥化肥厂、朗海化肥厂、镇海化肥厂合计生产混合肥174.7吨，钾镁肥35.58吨，氯化镁23.65吨。1959年，曹娥管理区第二核算单位（全义）办起粮食加工厂，为现境内最早的队办企业。1960年，朗海管理区开办粮油加工厂。

◎ 棉花加工

1961年，根据中共中央“调整、巩固、充实、提高”的八字方针，粮、棉、油等加工工业和手工业恢复原管理体制，由县主管局直属管理。1962—1963年，曹娥、朗海、镇海3个公社相继成立建筑队。1963年，竹、木业归泗门建筑队管理。1964年，朗海公社由粮油加工厂扩建为农机厂，增设塑料、五金、农机具修配等车间。1966年，毛泽东主席作出“公社农民以农为主……在有条件的时候，也要由集体办些小工厂”的“五七”指示后，社队企业得到发展。朗海公社石棉厂、曹娥公社综合厂、镇海公社综合厂等社办企业相继建立。大队办企业开始由公社成立联办厂，统一对外经营。家庭手工业以再生棉和石棉手工纺线为主。

20世纪70年代起，掀起办工业的热潮。手工业合作社开始转向塑料、五金、建材行业；社队企业亦以农机修配为主转向为国营企业加工塑料、五金配件；各公社、大队陆续兴办胶木、塑料、电子电器配件、机械、五金、阀门、仪表、纺织等工厂；其间菜类加工业开始起步。1973年，三发大队开办现境第一家榨菜加工场。随着社队办工业的发展，经济亦得以发展，农村草舍逐步改建瓦平房，砖瓦需求量激增，先后有13个大队办起砖瓦厂。

1976年，公社联办厂解体，大队办企业开始独立经营。是年，境内有社队企业23家，其中社办4家，队办19家，从业人员1473人，年产值335.17万元。1979年，境内有社队办企业26家，其中社办企业7家，从业人员1381人，固定资产原值87.57万元，年总产值421.42万元，创利22.49万元。

1983年，社队企业改称乡镇企业。时境内乡镇企业发展至67家，其中乡办企业22家，从业人员1729人，固定资产原值198.39万元，年总产值1601万元，创利81.84万元。是年起，逐步推行以厂长为主的集体承包责任制。

20世纪80年代，榨菜加工业和玻纤业快速发展，乡、村普遍办起榨菜厂。至1984年，榨菜加工厂和加工大户近100家，实现产值1387.14万元。玻纤厂8家，生产玻纤布578万余平方米，产量占全市的89%，被称为“玻纤之乡”。1991年，现境内共有乡镇企业59家，年末职工数2036人，固定资产原值877万元，全年总产值5028万元，创利262万元。

在此期间，家庭手工业也向织造玻纤布发展，几乎家家户户都利用木制土布机日夜织造，一度出现姐妹、母女、夫妻调班，“停人不停机”的景况。90年代后，玻纤企业发展铁机织造玻纤布，家庭木制土布机手工织造逐渐停止。

1992年5月，撤区扩镇并乡，朗海、镇海两乡并入小曹娥镇。是年，境内共有乡镇企业108家，其中乡镇集体企业17家，村级48家，联户、个体企业43家，工业总产值7056万元，利润363万元，固定资产净值931万元，从业人员2773人。

1994年上半年，对镇办企业开展以转换经营机制为重点的工业体制改革。首先对余姚食品添加剂厂进行转换经营机制工作试点。是年11月，选定4家企业为第一批转制企业，开展4种不同类型的企业转制工作。1995年下半年，转制工作全面铺开，至1998年，镇办企业经营机制转换全部结束。同时，村办企业经营机制转换工作亦由各村组织实施完成。企业转制后，以股份合作、民营独资、“三资”企业为主体的民营经济发展迅速，尤其是微电机和小家电行业得到快速发展，乡镇工业产值年均递增37.5%。

1998—2003年，小曹娥工业功能区（又称南园区）和滨海产业园（又称北园区）相继建立，用地面积分别为59.5公顷和147.6公顷。工业园的建立，使得工业经济得以快速发展，行业门类主要向食品、金属、化工、电镀四大类拓展。2000年，镇内工业企业204家，从业人员3369人，全镇工业总产值8.5亿元，实现利税6400万元。至2017年，南北两园区共有98家企业入驻，其中南园区18家，2000万元规模以上企业7家；北园区80家，2000万元规模以上企业32家。实现年产值100.76亿元，占全镇工业总产值的62.86%。

2017年，境内有工业企业735家，2000万元规上企业39家，其中产值2000万—5000万元企业15家，5000万—1亿元企业8家，1亿元以上企业16家，从业人员11231人。全镇共实现工业总产值160.30亿元，其中39家2000万元以上规模企业实现工业总产值、销售收入、利润分别为103.2亿元、102.5亿元、3.4亿元，分别同比增长21%、24%和15%；规上工业增加值达到13.3亿元，同比增长7.2%；规上企业实现高科技产值25.5亿元，新产品产值39.3亿元，战略性新兴产业产值达到41.2亿元，同比增长15.5%；税金5.1亿元，企业资产总额72.97亿元，企业出口交货值8.67亿元。

◎ 1953年生产的发动机（马渚农具博物馆吴华春摄）

第二章　管理体制

20 世纪 50 年代初，区、乡镇未设工业、手工业管理机构，私营粮、油、棉、食品加工作坊归县工业统计，私营铁器、五金、竹木建筑、衣鞋、渔业、盐业等归手工业统计。1956 年，完成对私营工业、手工业的社会主义改造。1958 年 10 月，人民公社化时，工业、手工业划属人民公社，由县工业交通局（1960 年改称县工业交通部）统一管理。

1961 年 6 月，泗门区手工业办事处成立，在县工业交通部指导下，管理辖区内手工业社（组），兼管公社化后陆续兴办的社队工业企业。1976 年，曹娥、朗海、镇海 3 个公社分别建立社队工业办公室，负责对辖区工业、手工业的管理。1992 年 5 月，撤区扩镇并乡，成立小曹娥镇工业办公室。1994—1998 年，镇、村办企业经营机制转换改革，1998 年结束。至 2017 年，境内由企业经营者独资或合资经营的民营企业全部归属镇发展服务办公室管理。

第一节　二轻工业

1956 年，曹娥乡完成对私营手工业的社会主义改造，从业人员 49 人。1957 年，境内的手工业合作社 3 个，职工 60 人，全年手工业总产值 32 万元。1958 年 10 月取消手工业生产合作社体制，手工业社改建下放人民公社。境内竹、木、铁手工业归泗门营造厂、泗门机械厂管理，下放人民公社，转为社办企业。

1961 年 6 月，恢复手工业生产合作社（组），并由新成立的泗门区手工业办事处管理。“文化大革命”期间，因国营企业生产停滞，市场供应匮乏，手工业社先后转产机械、五金、塑料等行业。20 世纪 70 年代初，合并改建为 3 家工厂，为县属集体所有制企业。其中，以建筑社、竹业社为基础创办的泗门竹建电器塑料社（后改名为泗门蓄电池厂、余姚第四塑料厂、余姚塑料四厂），以铁业社、五金社为基础创办的泗门农机具五金厂（后改名为余姚五金工具厂），以造船社、衣鞋社、木业社、圆木社为基础创办的塑料加工厂（后改名为余姚市塑料十一厂），均归工业交通局（又称二轻局）管理。

第二节　乡镇工业

境域乡镇工业起步于 1958 年，时称公社工业。主要由三部分组成：一是公社、生产大队办粮棉油饲料加工厂、小砖瓦烧制、草编、绳索加工场等集体副业单位；二是合并下放的手工业社（组）转为公社所属工厂；三是公社、生产大队集资兴办的土农药、土化肥、麻纺、建材、农机修配等企业。1959 年，境内有公社工业 4 家（曹娥窑厂，曹娥、朗海、镇海化肥厂，不久全部关停）。1960 年，全义大队开办五金厂。1961 年，改称社队办工业，手工业社归属县属工业交通局管理。1966 年，境内社办工业 4 家，分别为朗海农机厂、曹娥公社综合厂、镇海公社综合厂、朗海石棉厂。队办工业有全义五金厂、曹娥油厂、曹二粉丝厂、曹二麻厂、朗海二大队五金厂、朗海三大队五金厂、朗海四大队五金厂、塘南胶木厂、镇海一大队废花厂、镇海三大队废花厂、麻厂以及全义、曹娥、新民、镇海四大队的粮食加工厂等15家。

“文化大革命”期间，因城市国营企业正常生产停滞，市场商品供应匮乏，公社、生产大队纷纷兴办塑料、胶木、五金、农机、电器仪表等企业，为城市国营企业加工配件。先后有曹一胶木厂、东风胶木厂、新民五金厂、新建胶木厂、朗海曙光五金塑料厂、朗海四大队钢管（伞件）厂、镇海二大队五金厂、一大队玻璃制品厂等社队企业开办。此后，公社组织大队企业成立联办厂，统一对外经营，联营形式有社队联办、队队联办。其中，朗海四大队、五大队联办的朗海曙光五金塑料厂为队队联办实体企业，其余均为公社统一开票、大队各自生产的社队联办企业。1976年，曹娥、朗海、镇海3个公社分别建立工业管理办公室，负责对辖区工业、手工业的管理。是年，公社联办厂解体，大队办企业开始独立经营。时境有社队办企业23家，其中社办企业4家。1978年，工业管理办公室改名为社队企业管理办公室。

1980年后榨菜加工企业兴起。1983年，实行政社分设，社队办工业改称乡镇工业。境内有乡镇办企业67家，其中乡办企业22家。1984年，中央对乡镇工业实行“积极扶持，合理规划，正确引导，加强管理”方针，乡镇企业开始推行经济承包责任制，开展多种形式的横向联营，促进乡镇工业的发展。是年现境内榨菜加工企业发展到30家，员工393人，榨菜加工年产值1387万元，加工榨菜35378吨。1984年，社队企业管理办公室改称乡镇企业管理办公室。

1985年，现境乡镇企业工业产值首次超过农业产值，乡镇企业经济成为支撑农村经济最坚实的支柱，乡镇企业的发展深刻地改变了农村经济单纯依靠农业发展的格局。

1989年，境内玻纤织造、五金冲件、五金机械、塑料制品，蔬菜加工等行业已初具规模。其中玻纤制造创产值496万元、创利23万元。1990年，全镇乡镇办企业59家，工业总产值3531万元，销售收入2198万元、利润总额129万元。1992年5月，撤区扩镇并乡后，成立小曹娥镇工业办公室，负责管理全镇工业、手工业。

1993年至1998年，59家镇属企业先后完成经营机制转换工作，村办企业转制工作同时进行。镇、村办企业转制民营企业后，企业生产经营自主权增大，企业发展加速。

2000年前后，小曹娥镇积极推进“工业立镇”战略，加快工业功能区建设，吸引外商投资。至2007年，工业功能区共引进企业66家，其中外资企业3家，内资（市外）企业9家，市内镇外企业35家，镇内企业19家。工业功能区内企业立项总投入为20.78亿元。其间，小曹娥镇工业办公室改称为小曹娥镇工贸办公室，同时设立经济发展服务中心，两块牌子一套班子，负责全镇工业、手工业、商贸的管理、服务和经济发展计划、招商引资。

2017年，境内工业企业735家，实现工业生产总值160.30亿元，资产总值72.97亿元。是年，工贸办公室和经济发展服务中心统称为发展服务办公室，基本职能不变。

第三节　部门企业

现境部门企业，始于20世纪50年代。1956年私营工商业完成社会主义的改造后，公私合营、地方合营企业分别归属县对口部门领导管理，成为部门企业。1958年，部门企业下放人民公社，成为公社工业。1961年6月，恢复原体制。80年代，时境有部门企业8家（其中教育部门校办企业5家）。90年代后，企业先后进行改制、经营体制转换，部分企业解体或转为民营个体企业。2000年后，境内无部门企业。

供销合作社所属工业

棉花加工厂　1952年5月，由国家投入为主，供销社创办棉花加工厂。创办初期，生产除收购、加工棉花外，还附带碾米、轧麦，为当地农户代加工粮食。1952年，生产皮棉145吨，产值319000万元（旧币）。1953年，加工大米、大麦共319.2吨，加工籽棉344.29吨，生产皮棉97吨，产值249557.5万元、利润39926万元。1954年，加工大米、大麦共383.5吨，加工籽棉923.10吨，生产皮棉336吨，产值782309.4万元，利润96114万元。1954年，棉花采购移交给采购局，隶属县农产品采购部门。1955年5月，棉花加工厂移交给慈溪县供销社，改名为慈溪县第七棉花加工厂。1958年7月，棉花加工厂、收购站合二为一，生产工人65人，产值20.88万元。1960年后，碾米、轧麦逐步退出，转为专业收购、加工棉花。

1966—1980年，棉花加工厂一度划属县商业局，1981年复归县供销社。1979年，第七棉花加工厂部分设备、人员、收花站划属临山棉花加工厂。1980年5月，撤销小曹娥棉花加工厂，其设备、人员分别划归泗门、临山两家棉花加工厂，仍保留棉花收购站。2000年，棉花收购站改制，企业停产歇业。历任厂长有黄国清、高惠先、毛文虎、邱阿来、汪水云、阮万尧、吴文斌等。

蔬菜加工厂（又称曹娥供销社服务部） 1972年，由曹娥供销分社创办，以手工方式加工榨菜、萝卜、鲜辣椒等蔬菜，兼营收购辣椒干、梅干菜、丝瓜络、瓜果等农副产品。计划时期，曹娥供销社菜厂代慈溪县副食品公司收购、加工榨菜。由慈溪县副食品公司提供加工榨菜的香料、辣椒粉、防腐粉等辅料，并提供销售计划、销售对象、车皮计划。各大队、生产队办的榨菜厂，榨菜生产加工技术由供销社派辅导员进行技术辅导，成品榨菜由供销社负责质量鉴定和代为销售。1975—1980年，年收购鲜头榨菜500—700吨，年代发车皮70—80个，年销售额130万—150万元，加工旺季有员工30多人。1984年，销售榨菜1993担，1985年销售榨菜5244担。20世纪80年代后期，市场进一步放开，各乡、村办榨菜厂兴起，供销社菜厂退出经营。其间，棉花加工厂亦开办过榨菜加工厂。

教育局所属工业

1958年，教育系统开展勤工俭学。1959—1961年，国民经济暂时困难，各校通过“小三场”（工场、农场、饲养场）建设，发动师生在校园内外、空闲杂地种植瓜、菜，改善学校食堂伙食，度过三年困难时期。

1970年，贯彻毛泽东主席提出的“五七”指示，本着“以学为主，兼学别样”的精神，境内各中小学相继创办“小三场”，建立学工、学农基地，实行队校挂钩，经常组织师生下生产队劳动。1971年后，校办工厂开始发展，先后有曹娥中学、朗海中学、镇海中学、曹娥中心小学、朗海中心小学等学校创办校办企业。其中，朗海中学机电厂因经营得法，效益较好，改善了办学条件。

1980年，县教委指示各学校开展勤工俭学活动，校办工厂继续发展。除曹娥中学、朗海中学、镇海中学、曹娥中心小学、朗海中心小学校办厂由学校投资并提供厂房外，其余校办企业均为社队企业（后改称乡镇企业）挂校办厂牌子（时称红帽子企业），实属社队企业。校办工厂盈利大部分用于扩大再生产，小部分上缴学校用于补充教学经费、改善办学条件、提高教师福利待遇。

1993年后，乡镇企业进行经营机制转换，挂校办企业牌子的乡镇企业逐步转为民营企业。1997年，小曹娥镇中、朗海小学、小曹娥镇小、曹娥小学4学校校办企业总计销售收入229.75万元，利润总额7.18万元，上缴所得税0.32万元，上缴学校教育基金7.2万元。

1999年，国家逐步取消对校办企业的税收优惠政策，校办企业或转型为民营企业，或关闭停业。2000年后，境内已无校办企业。

第四节　私营企业

中华人民共和国成立前，境内有磨坊、酱园等私营手工作坊7家。1956年，对私营企业开展公私合营。1958年，对公私合营企业中的私有部分采取"赎买"政策，至此境内无私营企业。1978年，中共十一届三中全会后又开始出现私营企业。20世纪80年代至90年代初，私营企业有了一定程度的发展。1993年起，开展集体企业经营机制转换，至1998年，所有集体企业均转换为私营企业。此后私营企业发展加快，至2016年，全镇销售额1000万元以上的私营企业有81家，职工9672人，产值1345035万元，销售额1234097万元，利润45597万元，纳税额15772万元，固定资产原值742593万元。

2016年小曹娥镇销售一千万元以上私营企业情况

表 8-2-1

序号	企业名称	职工人数（人）	产值（万元）	销售额（万元）	利润（万元）	固定资产原值（万元）	法人代表
1	宁波王龙科技股份有限公司	483	148100	148000	4128	155000	王国军
2	余姚市永钧铜业有限公司	35	1853	1992	184	1320	史赞权
3	余姚市明达玻纤有限公司	43	2325	2194	–113	3051	张渭明
4	余姚市元翔电器有限公司	50	9123	9112	38	2784	韩文元
5	余姚市勤展电器有限公司	61	5612	5500	302	3265	姚安泰
6	宁波甬磁磁业有限公司	40	1420	1420	745	2855	应礼淼
7	宁波世茂铜业股份有限公司	530	641815	550727	5359	149174	李立峰
8	宁波力盟盛世车业有限公司	448	10837	9804	403	14156	陆国杰
9	余姚市舜江电器有限公司	62	29327	28008	321	12947	李立峰
10	余姚市江为纸业有限公司	39	1144	1144	89	1548	周菊英
11	宁波精运辊筒模具有限公司	30	1144	1784	27	5261	贾宇晶
12	余姚市宏邦热浸锌有限公司	77	4215	3265	–328	2560	韩水金
13	余姚市兴盛电镀厂	50	1598	1929	358	964	陈筱君
14	余姚市小曹娥镇建华铸件厂	25	1665	1601	158	355	章利娟
15	宁波恒力仪表有限公司	28	1125	1012	399	492	周解忠
16	余姚市博远电镀有限公司	44	1124	1064	548	699	罗绍迪

续表 8-2-1

序号	企业名称	职工人数（人）	产值（万元）	销售额（万元）	利润（万元）	固定资产原值（万元）	法人代表
17	余姚市舜南纺织有限公司	64	7588	8845	352	2637	金忠伟
18	余姚市特种防腐材料厂	82	5596	5205	209	6548	沈国标
19	余姚市康华电镀有限公司	75	3346	3346	420	2339	周伯宁
20	浙江杭州湾盐业配送有限公司	63	3155	5233	–58	13621	施云波
21	浙江创虹电机有限公司	160	3922	4052	165	3912	陈雪江
22	余姚市永旺冲件厂	17	1671	1671	486	557	周美娣
23	余姚市怡佳粉末冶金有限公司	96	2900	2851	106	2046	姚雄慧
24	余姚市龙芳水暖电镀厂	24	1632	1243	–198	387	姚小龙
25	余姚市众泰电路板有限公司	46	2190	2190	152	3211	成徐彬
26	浙江威宝高科涂料有限公司	101	6862	6656	295	8272	茅迪苗
27	余姚市鸿雁化工塑料有限公司	49	9395	8964	170	5290	江汉波
28	余姚市乡下妹菜业有限公司	38	1036	1036	135	523	王福明
29	宁波久久红农业发展有限公司	83	10860	10860	169	6941	钱国炎
30	余姚市天云电镀有限公司	75	2517	2517	399	586	徐云才
31	余姚市爱迪升电镀科技有限公司	220	14232	14232	854	9002	徐松苗
32	余姚市银花工贸有限公司	75	8660	8584	575	10452	金建雅
33	三江购物俱乐部股份有限公司余姚曹娥分公司	28	1337	1337	89	1101	郑庆军
34	宁波正庄铝塑有限公司	276	9118	7581	600	8525	黄健壮
35	余姚市鼎力微电机厂	80	1842	1842	598	1255	应柏康
36	宁波普力丝日化制造有限公司	270	12919	12087	924	6528	钱文君
37	余姚市鑫鑫电镀有限公司	60	2610	2452	218	1416	陈利明
38	余姚市亿路达换向器厂	32	1581	1581	125	359	陈展明
39	余姚谷满仓食品有限公司	93	5732	5679	–98	6884	吴建平

续表 8-2-1

序号	企业名称	职工人数（人）	产值（万元）	销售额（万元）	利润（万元）	固定资产原值（万元）	法人代表
40	余姚市姚东棉麻有限公司	25	1924	1864	-223	620	曹君飞
41	余姚市慈力机械厂	37	1586	1060	960	1863	屠婉君
42	余姚市舜吉塑化有限公司	369	37546	40809	2431	34327	刘相烈
43	宁波杭桥铜业有限公司	63	2514	2342	47	1095	史立明
44	余姚市亚东电镀厂	119	2046	2719	368	2119	莫亚东
45	余姚市林烨电器有限公司	68	1794	1794	287	1688	章传尔
46	余姚市小曹娥镇永恒冲件厂	48	1056	1225	129	1022	沈　权
47	余姚市南山电镀厂	85	3790	3790	383	2479	罗云章
48	余姚市盛泰电镀化工原材料经营部	16	1479	1479	59	430	陈红军
49	余姚市舜茂纺织有限公司	155	6432	5803	206	7038	俞　郎
50	余姚市阿姚皇食品有限公司	33	1009	1478	236	512	姚建才
51	宁波新韩洁具有限公司	42	3126	2855	92	2496	李银根
52	余姚市小曹娥镇顺利冲件厂	39	1168	1168	65	557	张丽娟
53	余姚市双河电镀有限公司	130	3606	3580	435	6810	黄建生
54	余姚市滨海铜材有限公司	54	2029	2029	47	1410	史定张
55	余姚市合田铜业有限公司	53	18116	17403	79	4031	朱志明
56	余姚市章兴包装印刷有限公司	310	12720	14583	-75	12572	章志桥
57	余姚市风韵环保科技有限公司	31	1154	1154	-113	854	胡文传
58	余姚市长丰电镀厂（普通合伙）	39	1125	1093	150	442	许鑫章
59	余姚市登屹五金电器有限公司	52	1520	1374	-536	1525	宋志刚
60	宁波章盛包装用品有限公司	310	14351	14351	255	1002	陈天奇
61	余姚市锦坤电镀有限公司	85	2555	2555	363	2254	毛建炜
62	余姚市谷祥电镀有限公司	62	2666	2702	509	2213	金国强

续表 8-2-1

序号	企业名称	职工人数（人）	产值（万元）	销售额（万元）	利润（万元）	固定资产原值（万元）	法人代表
63	余姚市舜凯电镀厂	36	1203	1332	425	357	俞　凯
64	余姚市宏贸日用制品有限公司	19	1432	1432	112	524	戚洪涛
65	余姚市圣诺电镀有限公司	66	3712	3712	199	2366	李银根
66	余姚市五星金属电镀有限公司	298	30862	24707	1853	10780	陈兴苗
67	余姚市小曹娥镇吉利微电机厂	20	1589	1479	456	3021	周利平
68	宁波锦莱化工有限公司	60	19063	16332	2511	16966	叶文良
69	余姚市德威电器电机有限公司	387	10002	9057	481	3449	蔡冠军
70	余姚市圣聚安化工材料有限公司	15	1022	1022	156	258	杨久凯
71	宁波合瑞磁业有限公司	60	1205	1233	20	1522	周德泉
72	宁波市舜扬电器有限公司	43	2021	2021	298	1527	孙　沓
73	余姚市伟英特国际贸易有限公司	15	1023	1146	254	504	马永林
74	宁波龙事达纸业股份有限公司	75	7518	6264	414	8399	王国江
75	宁波博青铜业有限公司	62	19576	20256	–192	16762	章利娟
76	浙江明星包装印刷有限公司	344	10543	10544	–3	21280	陈登土
77	宁波金和锂电材料有限公司	631	84751	78415	4497	42004	刘相烈
78	宁波海惠电镀科技有限公司	593	14591	14188	1409	6927	杨海军
79	余姚市增辉电镀有限公司	384	1227	1227	966	5567	徐仁苗
80	宁波众茂姚北热电有限公司	150	22973	19638	6285	49597	王小平
81	宁波大胜铜业有限公司	37	2282	2282	–3	2601	史国外
	合计	9672	1345035	1234097	45597	742593	—

第三章　行业门类

小曹娥工业历经数十年的建设发展，逐步形成金属加工、化工、电镀、小家电、微电机、食品六大门类构成的加工制造体系。

第一节　金属冶炼加工　五金　机械

金属冶炼　加工

小曹娥有色金属冶炼行业始于清代。至1949年5月，有铜、锡、银业作坊5家，职工8人。这些作坊以风箱、炭炉、坩埚为熔炼工具，沿袭传统手工制模倒模生产工艺，从事铜、锡和少量金银熔炼。1980年，朗海公社四大队陈建华开始采用焦炭地炉、坩埚熔炼旧杂铜生产再生铜棒，供本地企业加工螺丝件。至1990年，发展到12家，规模亦逐渐扩大。2005年，世茂、杭桥等有色金属冶炼企业在滨海产业园落户后，形成了一定规模的产业。至2017年底，域内共有金属加工企业183家，总产值576874万元（占全镇工业总产值的36%），其中2000万元以上规上企业7家，主要以有色金属冶炼为主，从业职工932人，总产值550090万元，销售额546898万元，实现利润4378万元，出口交货值43812万元。

黑色金属冶炼始于1958年“大办钢铁”时期，时现境内兴建多个土高炉炼铁，因质量低劣，次年均停产。1973年，朗海公社阀门厂设翻砂车间，熔炼生铁翻制阀门外壳，供本厂生产各型阀门使用。至1986年阀门停产，生铁熔炼亦即结束。此后，境内无黑色金属冶炼行业。

五金

1949年，小曹娥有小五金作坊4家，职工7人，主要从事铁器、黑白铁、铜、锡器的加工修理，均为手工作坊生产。1958年，由手工业铁业合作社改为曹娥五金社，有职工33人，年生产农用喷雾机101台，铁耙852把、刮子510把，年产值19万元。1961年，产值21万元。20世纪60年代，各公社先后兴办农机厂或农机具修配厂，进行五金、农机维修，兼营粮食加工、塑料等业务，其间部分生产大队亦开办五金厂。1977年，有切削机床38台，仪表车床203台，五金加工产值82.5万元。1984年，境内五金类企业8家，主要产品为螺丝、螺帽、螺钉、小五金件等，从业人员271人，产值111.79万元，销售税金8.52万元，利润10.15万元，固定资产原值53.91万元。

2017年，五金企业31家，实现产值35066万元，从业人员422人。其中，规上企业2家，实现产值25696万元，利润130万元，税金174万元。

机械

1960年，曹娥管理区第二核算单位（全义）在粮食加工厂的基础上，购入七尺机床、五尺机床、牛头刨床各1台，为当时境内唯一有机床、牛头刨床机器设备的队办企业。1962年，工人20人，年产值60余万元，是当时办厂最早、效益最好的队办厂。1968年因一场火灾，一蹶不振。1984年，境内机械企业4家，主要产品为低压阀门、压铸件、紧固件、铝制品等，从业人员194人，产值50.94万元，固定资产26.61万元。1997年，生产轴承197万套，标准紧固件5吨。

2017年，境内有机械企业共20家，无规上企业，产值4590万元，员工142人，主要生产食品机械、汽车配件等。

◎ 世茂铜业

企业选介

宁波世茂铜业股份有限公司　创建于2001年，是一家以综合回收利用废杂铜，生产电解铜、铜线材的铜加工企业。主导产品世茂牌电工圆铜线。2005年，在余姚小曹娥滨海产业园投资4.5亿元开始了二次创业。引进新技术、新设备，形成冶炼、电解、铜杆、拉丝等一条龙生产线，成为一个完整的产业链。2014年，总投资6亿元的德国西马克连铸连轧生产线和德国尼霍夫多头高速拉丝生产线正式投入运行，形成了年产10万吨电解铜、22.5万吨低氧铜杆、15万吨低氧环保铜丝的生产能力。产品已通过ISO质量体系认证，适应欧美市场的质量和环保要求，广泛应用于电线、电缆、家电、汽车配件、IT等企业。公司占地面积34.13公顷，厂房建筑面积137293平方米，注册资本200万元，固定资产33752万元，被评为浙江省安全生产标准化二级企业、浙江省重点骨干企业、中国民营企业制造业500强。2017年，实现产值502825万元，销售502510万元，出口交货值43812万元，创利3811万元，税收2384万元。常年有员工568人，全员劳动生产率885.26万元/人，固定资产原值181210万元。公司地址位于广兴路18号，总经理李立峰。

余姚圣颖食品机械厂　前身为创办于1994年的小曹娥兴颖食品机械厂，2014年改名为余姚圣颖食品机械厂，是一家专业制造生产蔬菜加工专用机械的企业。注册资金200万元，厂房面积1万平方米，主要产品有切菜机、搅拌机、清洗机、提升机、压榨机。2011年，该厂自主研发制造的LS318D系列多功能切菜机，具有使用高效化、维修简单化的特点，产品遍布全国30多个省市、500多家企业。2017年2月18日，中央电视台10套《我爱发明》栏目专门播出了陈兴焕发明研制切菜机给酱菜深加工带来革新的节目《又见飞刀》，被称为“从乡村走来的发明家”。

◎ 圣颖机械

2017年，产值498万余元，销售530万元，利润185万元，税收15万元。有职工36人，全员劳动生产率13.83万元/人，固定资产原值458万元。厂址位于政通路11号。

第二节　化　工

发展概况

小曹娥化工发端于20世纪90年代初。1991年5月，钱文君创办余姚市洁丽日用化学品厂。主要生产洗发液、洗手液、洗洁精、润肤露、婴儿油等洗涤类和护肤类两大类产品，20多个品种。

1992年，王国军创建余姚市食品添加剂厂（宁波王龙科技股份有限公司的前身），起始阶段生产山梨酸、山梨酸钾，后扩展为生产山梨酸、山梨酸钾、双乙烯酮、乙酰乙酸甲（乙）酯、醋酐等产品。2000年，产值升至17523万元，实现利润309万元，上缴税金164万元。

2003年，随着滨海产业园的开发，先后有宁波科博特钴镍有限公司、鸿雁化工、舜吉塑化、锦莱化工、威宝高科涂料等化工企业迁入和创建。

2017年，全镇共有化工企业8家，产值403977.32万元，从业人员2147人，其中规上企业6家，产值255497.32万元，利润21433万元，税金43344万元。主要生产钴镍产品、酚醛、氨基塑料及日化产品、塑化、工业化工原料等。

企业选介

宁波王龙科技股份有限公司 前身为余姚市食品添加剂厂，成立于1992年。1994年，企业转制为民营企业，原址朗夹公路6号。2011年3月26日，移止于中意宁波生态园朗海北路19号的新厂区开业，注册资本10180万元，占地面积25.47公顷，员工483人。主要生产食品添加剂——山梨酸、山梨酸钾。产品广泛用于食品、腌制水产品、酱菜、酱油、饲料、医药、造纸、油漆等行业，出口50多个国家和地区，是科技部认定的国家火炬计划重点工程高新技术企业。

◎ 王龙科技生产车间

公司拥有浓厚的技术力量，具有大专以上的科技人员161人，占职工人数的30%以上，其中专职研发人员54人。公司积极开展专利的研发和申报，拥有“山梨酸钾制备工艺”“高纯度结晶山梨酸制备工艺”“高纯度双乙烯酮制备工艺”“脱氢醋酸钠的制备工艺”等多项专利技术。

完成ISO 9001：2000质量管理体系、ISO 22000：2005食品安全管理体系、OHSAS 18001：2007职业健康安全管理体系、ISO 14001：2004环境管理体系、欧洲饲料添加剂与预混饲料FAMI-QS质量安全管理的认证和犹太、BRC的认证。按照各项体系的管理要求开展工作，产品山梨酸、山梨酸钾符合GB1905-2000GB 13736-2008标准和美国PCCV版标准、USP标准、EP标准。目前，公司产品山梨酸、山梨酸钾、双乙烯酮、乙酰乙酸甲（乙）酯等5个产品生产规模达到全球第一，醋酐产能排全国第一，公司已成为全国最大的醋酸下游衍生物产品生产基地，也是全球最大的山梨酸（钾）生产企业。

2017年，实现产值148100万元，利润4128万元，纳税4417万元，出口交货值突破9000万美元，全员劳动生产率306.6万元/人，固定资产原值155000万元，董事长王国军。

宁波普力丝日化制造有限公司 前身是1991年5月创办的镇海乡福利企业余姚市洁丽日用化学品厂。1993年，实现产值801万元，利润19万元，税金37万元，固定资产原值127万元，为当时境内产值、利润最高的一家乡镇企业。是年，登上

◎ 普力丝生产车间

余姚市产值500万元以上乡镇企业榜。1995年，更名为宁波普力丝日用化学品厂，产值突破1000万元。主要生产洗发液、洗手液、洗洁精、润肤露、婴儿油等洗涤和护肤两大类产品20多个品种，产品以出口为主，主要销往美国以及中东地区。1997年转制为民营企业，更名为宁波普力丝日化制造有限公司。2000年，产值3117万元，销售3032万元，利润258万余元，出口交货值3023万元。2017年，实现产值13590万元，销售13367万元，出口交货值13366万元，利润864万元，税金730万元，注册资金750万元，固定资产原值8570万元。厂址位于朗夹公路4号，厂区占地面积1.61公顷，厂房建筑面积26390平方米。员工282人，其中残疾职工66人，全员劳动生产率48.19万元/人，总经理钱文君。

宁波容百锂电材料有限公司（又名宁波金和锂电有限公司）　前身是由余姚市三七市镇祝家渡村陈金豪、陈绍峰父子俩投资，创立于2003年9月的宁波科博特钴镍材料有限公司。注册资本1800万元，固定资产3982万元。公司现有博士9人、硕士92人、本科学历人才170人、大专学历人才138人，已成为动力正极材料的“人才硅谷”。公司是集钴镍领域高品质盐类化合物新材料的研发与生产和销售锂离子电池正极材料为一体的国家级高新技术企业，拥有先进钴镍领域多品种、高品质精细化学品工业化制造平台，主要产品为球形四氧化三钴、氯化钴、氧化钴、硫酸钴、氢氧化亚钴、镍钴锰酸锂、三元基体等产品系列。产品广泛应用于锂电池、镍氢电池、硬合金、陶瓷、化工等行业，畅销国内市场并出口韩国、日本等国家。公司呈现强劲发展后力和良好的发展态势，2013年实现销售达80000万元。2017年3月启动上市进程，成为准上市公司。

◎ 宁波容百锂生产车间

2017年，实现产值163970万元，销售达193238万元，出口交货值11916万元，税后利润11333万元，税收5070万元。公司地址位于恒兴路39号，占地面积5.67公顷，厂房面积3万余平方米，员工741人，全员劳动生产率221.28万元/人，固定资产原值240639万元，总经理刘相烈。

宁波锦莱化工有限公司　成立于2005年3月，注册资本1518万元，固定资产7543万元，占地面积6公顷，厂房面积4万余平方米，是一家专业生产甲基氯丙烯及下游产品的高新技术企业。

◎ 锦莱化工

公司建有年产5万吨甲基氯丙烯和年产2000吨腈纶油剂生产线。拥有自主知识产权的专利技术，在同行业中具有领先水平，是全球500强企业合作伙伴，是国内外甲基氯丙烯的主要供应商之一。公司先后获得余姚市十佳亩均效益示范企业、余姚市十佳成长之星企业、优秀企业经营者、成长型企业、工业经济税收突出贡献奖等荣誉。

2016年初开始投资建设甲基氯丙烯下游产品生产线（甲基丙烯醇、甲基丙烯磺酸钠），产品广泛用于医药、农药、香料、合成材料等领域。随着高效减水剂在要求使用年限长的混凝土中的广泛运用及以甲基氯丙烯为原料的产业链得到延伸，公司的产品市场广阔，发展前景良好。

2017年，实现产值18314万元，销售15012万元，出口交货值2375万元，创利2091万元，税收1047万元。有员工64人，全员劳动生产率191万元/人，固定资产原值18865万元。公司地址位于广兴路6号，总经理朱兴荣。

第三节　食品　农副食品加工

谷物加工

谷物加工历来以稻谷为主，小麦、大麦次之，亦有少量杂粮。旧时沿用手推木砻、石臼舂米、石磨磨粉。民国32年（1943）初，成才标在原曹娥乡许丁三丘酱园街南侧创办“成氏号”磨坊，用畜力拉车。至民国34年（1945）秋，“成氏号”磨坊扩大，为合股经营，时有牛6头、大石磨2具、箩舱4副、雇帮工4人，以加工粗粮及米粉，到秋冬季拉洋车加工籽棉，至1950年歇业。

1959年，曹娥管理区第二核算单位开办粮食加工厂，时为境内首家大队办粮食加工企业。时有28匹马力柴油机1台，直机、横机、砂砻、滚动机各1台。1963年曹娥公社曹娥大队开设粮食加工车间。60年代中后期，全境内各生产大队利用抽水机动力，相继创办粮食、饲料加工厂。1981年农村实行家庭联产承包责任制后，各粮食加工厂歇业或转制给个人经营。至2017年，全镇粮食类加工机械230台，青贮饲料收获机12台，180千瓦，饲草料加工机械15台225千瓦，辣椒粉碎机2台，均系个私经营。

植物油加工

旧时榨油业是域内农产品加工业的组成部分。油脂作物主要是棉花籽、油菜籽。《余姚六仓志》记载：“仓地出油，以花油为多，菜油次之。业此者曰油车。”“油车”也称油坊。棉籽通过晒、碾、蒸、制饼、上榨出油完成榨油全过程，50千克棉籽可榨10千克左右的花油。油菜籽通过炒、碾、蒸、制饼、上榨完成榨油过程，50千克油菜籽可榨15余千克菜油。1962年，曹娥公社曹娥大队开办油厂。时有砖木结构厂房16间，2米木榨油车3台，棉籽壳为燃料的24匹蒸汽机1台、抖动轧籽机1台，采用脚踏草包饼，人工榔头敲榨油。1965年后，设备改造更新，95型榨油车替代吊锤木榨，新设化验室。至1984年承包给钱张海经营管理。1996年转制给曹娥村村民应礼森，更名为余姚市大农特产有限公司，近年搬迁至镇海市场北侧生产。

20世纪70年代初，朗海公社开办油厂，属社办企业，至1998年转制给王炳昌生产经营、管理，厂址在杨家路三丘江西。2000年后交由儿子经营、管理，在自己的住宅旁生产棉籽油、菜油，芝麻、花生等加工、调换。

酿造业

酱油加工　民国27年（1938），施渭林、周乐明等人开办酱油厂（济美酱园），系合股经营，占地0.33公顷，房屋800平方米，场地500平方米，职员6人。原厂址在孝女乡许丁三丘。1956年2月，济美酱园实行公私合营。

2015年，宁波统一食品有限公司迁入境内，该公司采用高盐稀态发酵方式生产酱油，对高盐稀态酱油采取传统的压榨方式进行取油，采用了独特的工艺增加酱香味，不添加任何香料，具有独特的风味。所产出的产品在浙江同行业中具有一定的知名度。

黄酒加工　1979年，曹娥公社永久大队开办永久酒厂，属队办企业。员工10人，占地面积0.17公顷，建筑面积1500平方米，其中房屋1000平方米，年加工大米50吨左右，生产黄酒90吨，原址在爱国江东侧曹建公路南。1989年承包给温州人杨明明至1998年歇业。1981年，朗海三大队第五小队在生产队仓库开办酒厂，翌年转为大队联办，因规模较小，质量、效益不佳，于1984年转产菜类加工。

白酒加工 民国时期，民间自制白酒，经济条件好的农户逢年过节用大米(晚米)自制土酒(搭白酒)，做米醋、酱板等。农户自产杂粮、高粱、玉米、绿豆等烧白酒，一直沿用至今。2017年，镇境内农户自家用杂粮（高粱、玉米为主）请师傅加工烧酒，制成品白酒计150吨左右，除农户自用外，大部分向市场销售。

茶食糕点业

民国时期，境内商贩经营的糕点大多到周巷等地采购进货，境内少有生产糕点的工厂和作坊，英生街王合兴王纪水南货店经营的糕点质量上乘、品种繁多；戴氏、诸氏、蔡氏等开设食品店，制作各式糕点，逢庆典节日、生日等可定制寿桃、卜糕、粽子、馒头、面条等。

1963年，曹二大队创办粉丝厂，员工10人，产值2万元。1974年冬，原曹娥公社三发菜厂增设年糕加工车间，至1984年歇业。1982年，朗海公社农机厂增设食品车间，原址在杨家路头丘四塘江边，生产棒冰。1985年，该棒冰车间分划，单独建立食品厂，为朗海食品厂，生产棒冰和各类糕点，数年后停产。1984年，曹娥公社农机厂增设曹娥食品厂，原址设曹娥东街，开发生产棒冰、糕点，至1986年转办针织塑料厂。1998年，由曹娥村村民姚小国在曹娥菜市场旁开设境内首家蛋糕房，生产花式奶油蛋糕和各式糕点。此后，集镇上陆续开起“开心”“红樱桃”“蕾蒙娜”等多家烘焙房、蛋糕房，生产蛋糕、面包及各式糕点，现做现卖，可以定制自提，也可以美团外卖。

其他农副食品加工

肉类加工 民间习惯把专门屠宰猪、羊、牛的场所称作猪锅、羊淘、牛淘。猪锅以鲜肉出售为主。民国时期，英生街王继敖长年从事杀猪售肉，现宰现卖。羊淘、牛淘以加工、销售熟肉为主。1956年后，肉类加工由县商业局主管，由供销部门统购猪、羊，按计划定量供应城镇居民。农村农户逢年过节屠宰生猪，一般由生产队统一分配。1979年，生猪由食品组加工销售。1983年后，农副产品市场逐步开放，个体屠宰业逐步发展。1999年7月，生猪实行定点屠宰，小曹娥镇与泗门镇联合在后海舍北排江东侧建屠宰场，结束了家庭作坊屠宰生猪的历史。至2017年，全镇有牛、羊屠宰加工销售者6户，均为家庭作坊式加工，在市场设摊自销。在集镇农贸市场内有5家禽类加工作坊，代客宰杀鸡、鸭等。

禽蛋类加工 境内素有沿用传统工艺进行禽蛋加工，制皮蛋（俗称拷皮蛋）的师傅走村串户，上门为客户加工皮蛋。1980—2010年，先后有姚仁元、宣志长、周伟江等6人创办过禽蛋加工厂，生产皮蛋、咸蛋。2010年后，均已陆续停业。至2017年，境内已无禽蛋加工企业，但仍有传统的拷皮蛋师傅夹乡串户，上门代人加工皮蛋。

水作坊 民国24年至38年（1935年至1949年9月30日止），原曹娥乡曹许村村民马银山用石磨磨浆制作豆制品，品种有豆腐、油烰、素鸡、

◎ 豆腐店（2019年摄）

压板豆腐、香干、千层、豆腐皮、豆浆等。人工操作，一人越磨，磨浆后，用火烧开，丝布袋滤浆，榨浆再制成各种豆制品。豆腐渣喂猪，人也可食用。豆制品在集市上销售，或夹乡串村送货上门。

20世纪40—50年代，吴长安、戴天乐、马水林等开办水作坊，所产豆制品数戴天乐（人称小和尚）的最有名。1962—1975年，各大队都有水作坊，最多时全境内有30余家。多数农户逢年过节自备黄豆到水作坊做豆腐，有的付加工费，有的自己带柴草，豆腐渣等抵加工费，回家再制成油豆腐或霉豆腐。1965年后，改用电动小钢磨磨浆，至2010年后逐步改用滤浆机滤浆。

1990年后，随着农村人民生活条件改善和提高，家用电器产品发展，现农村不少农户拥有家用式豆浆机、果汁机等。至2017年，全镇境内生产豆制品加工的逐年减少，上市场销售者仅剩6家，其中杨家路桥头豆腐店最有名气，所产豆制品曾获余姚市农产品博览会金奖。

菜类加工

境内居民素有家腌咸菜习惯，以腌白菜、雪里蕻为主，萝卜、黄瓜、大头菜、弥陀芥菜次之。雪里蕻咸菜及晒干制成的干菜为居家必备，亦是馈赠外地亲友的土产。20世纪60年代开始种植、加工榨菜，80年代以后，辣椒和花菜、瓜、豆类的种植以及菜类加工得到了较快发展。

榨菜加工 1962年，原曹娥公社新建大队社员姚长灿从萧山引进榨菜子0.375千克，姚长灿及周边农民开始在自留地试种榨菜，随后几年逐渐发展。当时只在自留地一家一户种植，加工与销售两条门路。一是农民自行加工后，到税务部门打自产自销证明在市场上销售。二是通过生产队集体加工，由曹娥供销社组织销售，并有供销社派技术员到生产队指导加工腌制技术，经过剥皮、削筋、腌压、上榨脱水，再腌压、上囤、上榨（木榨、石榨）等脱水、修整、分等级、拌料、装坛等多道工序制成坛装块形榨菜。最初每50千克鲜

◎ 榨菜腌制

头榨菜可加工成品榨菜14千克左右，其基本工艺，调料配方均仿效四川涪陵榨菜，产品风味亦与涪陵榨菜相似。

1972年，原曹娥公社三发大队筹办榨菜加工场，1973年投产，时为全县首家村级菜类加工企业。开始时收购农户腌过的榨菜半成品，再经企业加工为成品后，由供销社统一销售。1975年起直接收购鲜榨菜头，由菜厂加工成坛装榨菜销售。

1980年后，榨菜种植面积逐步扩大，产量提高，大田计划面积实行榨菜与春粮间作。当年，种植面积突破800公顷，总产量达到38400吨。1981年后，各公社、大队相继兴办榨菜加工厂。1981年，曹娥公社开办余姚市第一菜厂。1982年农业产业结构调整，榨菜种植面积扩大至1434.73公顷，总产量达75323吨。1984年，榨菜加工企业30家，生产工人428人，加工鲜头榨菜25439.85吨，实现产值1387.14万元。同年，余姚市第一菜厂实现了年销量200多个车皮的业绩，厂长姚菊英因而被评为宁波市先进厂长，1985年获浙江省劳动模范称号。1986年，余姚市第一菜厂研制生产精制小包装榨菜，注册“嫦娥”牌商标获得成功。1980—1990年间，榨菜加工企业包括粗加工企业

及腌制大户达200余家。

1987年，榨菜种植面积为1828公顷，总产量达到128874吨，种植面积和总产量为1962年以来历史之最。是年，境内有3家企业的成品榨菜出口，分别是朗海五香调味品厂、朗海朝阳菜厂、镇海第三菜厂，出口交货值36万元，是境内最早实现出口的企业。1987—1990年，榨菜出口值占全镇总出口产品的83.3%。

1987年后，精制小包装榨菜逐步取代髫装块形榨菜，形成了丝、片、芯、丁形小包装系列榨菜新产品，年均加工生产量达10万吨。

1995年12月，余姚被中华人民共和国农业部命名为“中国榨菜之乡”。小曹娥则是余姚榨菜的主要生产加工基地，种植面积占全市的25%以上。1985—2000年，全镇榨菜种植面积保持在1667—1800公顷。

2003年，实施榨菜质量振兴工程，全镇共有榨菜精加工企业38家，淘汰不符合要求的榨菜精加工企业26家，榨菜粗加工农户15家。对12家榨菜精加工企业安装高温杀菌流水线，禁止使用防腐剂和有关对人体产生危害的添加剂。2004年，“余姚榨菜”获得原产地地理标志标记认定。

◎ 髫装榨菜

至2017年，境内12家榨菜精加工家生产厂家，引进先进全自动不锈钢设备5家，半自动设备7家。境内主要榨菜企业先后通过国家级绿色食品认证5家，ISO 9001国家级质量体系认证7家，HACCP食品安全体系认证3家，QS认证6家，有省级名牌11家；余姚市朝阳榨菜厂出口榨菜获美国FDA（美国食品药品管理局）认证和欧盟卫生注册。产品畅销国内各省、市、自治区及香港、台湾，部分出口美国、澳大利亚及东南亚等国家和地区。

2017年，12家榨菜精加工企业加工榨菜鲜头7499吨，产值16503万元，销售16123万元，利润833万元，税金326万元，员工243人。

辣椒加工 境域农民有种植辣椒的习惯。20世纪80年代之前，农民没有辣椒加工，随着榨菜加工业的发展，辣椒种植加工也随之发展。

宁波禾丰食品有限公司是境内一家上规模的辣椒加工龙头企业，也是宁波市最大的辣椒加工企业。公司把辣椒加工成辣椒干、辣椒油、辣椒酱、腌辣椒、辣椒糊、泡辣椒、辣椒粉、辣椒片等系列产品在广东、湖南、江西等主辣区的超市中进行销售。禾丰公司的“美味天”商标成为中国驰名商标，获国家级品牌食品等认证。出口辣椒获美国FDA（美国食品药品管理局）认证和欧盟卫生注册，产品远销美国及东南亚、中东等20多个国家和地区，2017年销售额约500万美元。

其他蔬菜加工 1995年，余姚市老板菜厂、余姚市人和菜厂等企业研制乳黄瓜、豇豆、萝卜、泡菜、莴笋、甘蓝、大头菜、高菜等各式小包装产品，颇受市场欢迎。1998年，光明菜厂钱伯勋从广东引进包心芥菜推广种植，用包心芥菜制作酸菜，加工成瓶装、袋装酸菜，销路较好。至21世纪初期，包心芥菜种植面积有所扩大，总产高，境内大部分菜厂均有生产。但由于种植产量低、效益差，近几年种植面积减少，酸菜加工量亦随之减少。2013年，余姚谷满仓食品有限公司建立，该公司生产加工的速冻蔬菜、水果、水产品及日式调味菜心、盐味毛豆、海鲜配菜、罐头等休闲食品，除销往国内各大中型城市外，还远销俄罗斯、日本、韩国、美国及欧盟、东南亚等国家和地区。2017年，实现产值527万元。

20世纪50—70年代，农民自留地种植和生产队分得的雪里蕻菜用老工艺制成梅干菜，由供销社按质论价收购、外销。80年代后，农户引进一种形似雪里蕻菜的高产品种，名为吴江芥菜，整株盐制后晒成梅干菜，卖给营销户及上门收购的商贩。营销户再行加工后外销。2002年，朗海村徐志苗办起余姚市超洁蔬菜加工厂，专业加工梅干菜，并注册“菜大嫂”商标，规模逐年扩大，占地面积5000余平方米，厂房近1000平方米，职工20多名，2017年销售额超1494万元。

食盐加工

境域居民有史以来即以制盐为主业，直至民国时期才逐渐停止大规模制盐转为以植棉为主。2012年，浙江杭州湾盐业配送有限公司入驻境内，年加工配送食盐12万余吨。

附　榨菜加工工艺

小曹娥是余姚榨菜的发源地。自1962年曹娥公社新建大队农民姚长灿从萧山引进0.375千克榨菜子，在自留地试种成功后，种植范围逐年扩大，种植面积不断增加。小曹娥成为浙式榨菜的主产区，榨菜成为农民收入的主要来源。

榨菜加工工艺随着榨菜加工业的不断发展，工艺亦不断创新。主要经过了手工制作甏装榨菜和机械化制作精制小包装榨菜两个发展阶段。两个阶段，各有一套严谨、规范、完整的工艺流程。

第一阶段　手工制作甏装榨菜加工工艺

1962—1985年，从榨菜鲜头—块形成品（基本保留榨菜原始茎瘤状）—包装销售，全部用传统手工工艺制作，包装工具以甏装为主，也有少量用竹筐、纸箱内衬尼龙袋包装销售。

一、原料采收预处理　原料须适时采收，采收过早菜头过嫩，水分过高，易受伤，产量低，采收过迟则外皮老硬、纤维多、空心多，影响品质和产量。在正常气候年份，当地一般在3月下旬至4月中旬采收。采收时要求榨菜叶片呈黄绿色，叶脉坚挺，未抽薹，抢晴天采收。采收中要割平，削去环叶片、菜心末梢，割平根蒂，去泥去杂，剔除烂头，长梗。

二、腌制加工　经采收、预处理后的榨菜鲜头，进行腌制加工，主要加工工艺有扦皮清理、初腌踏青、淘洗上囤、复腌舀花、修剪整形、复洗上榨、配料拌料、上甏称重、封口捆扎等工艺。

1. 扦皮、清理　用小刀从鲜头根部往上扦除较老皮层，至其自然断落；割除采收时遗留的叶片、菜心，清除残留泥土杂质，装筐或装袋待腌。

2. 初腌、踏青　把扦皮清理后的鲜头倒入水泥池或大缸，每100千克鲜头用3千克食盐撒匀，用脚翻动菜头，翻至菜头充分发绿，加一层翻一层，至池（缸）满或鲜头倒完后，压上竹片石块，腌过12—15个小时，卤水会漫上菜面。

3. 淘洗、上囤　初腌卤水漫上后，搬去石块竹片，池内挖出一个洞，用长柄捞兜边淘洗边装箩筐，然后倒入用竹竿编制的围囤内，用脚踩实，上面再压上石头以脱水，上囤一天一夜后即可复腌。

4. 复腌、舀花　初腌上囤后的菜头入池复腌，总量每100千克新鲜菜头用盐8千克，掌握下少上多，预留一定数量的食盐作封面，一层菜头撒匀一次盐，用脚踏实，至池（缸）满或菜头盐完，撒上封面盐。封面盐一般要基本盖住菜头（看上去基本是盐，很少见到菜头），其上放上竹片，竹片上压上石块。过几天就会起卤，这样腌渍一个月以上。其间，池面会有卤花出现，每天进行观察并把卤花舀掉，以保证腌制质量。

5. 修剪、整形　复腌后的榨菜头用小刀、剪刀割除叶根，挑去筋络，剪除斑点、飞皮，对头形较长的适当切除，修整其形状，使菜头美观，大小较为均匀。一般一个女工一天可修剪菜头100

千克左右。

6. 清洗、上榨　把修剪整形后的菜头倒入大桶或大缸内，用原卤淘洗干净，然后装入木榨，压榨一个晚上（约 12 个小时）进行脱水，100 千克鲜菜头可腌制成约 30 千克半成品咸头。

7. 配料、拌料　用八角茴香粉 2 千克、干姜粉 2 千克、甘草粉 4 千克、花椒 2 千克、白胡椒 0.5 千克，辣椒粉 50 千克，拌成五香混合辅料，再加 2 千克防腐粉（苯甲酸钠），充分拌匀备用。在拌桶（长方形木桶）内放入榨菜咸头，每 100 千克咸头加入 1.7 千克上述混合辅料，用拌铲、拌耙反复腌拌，充分拌匀，使辅料充分黏附在榨菜头上面。

8. 上甏、称重　用大口陶土甏（称榨菜甏）盛装榨菜头，称为上甏。上甏前首先要请补甏匠检查购入的榨菜甏，修补裂缝、沙漏，清洗晒干，称好甏重，写上“皮 ××”备用。上甏时，每装一层拌好料的菜头，即用棒槌捣压结实。棒槌有盾形、棍形、锥形、契形 4 种，根据需要调换使用（俗称作榨菜），作榨菜既是力气活又是技术活，需熟练掌握捣的角度、力度，既要完全捣实使菜头之间不留空隙，又要避免捣破菜头。

起初几年整个上甏过程全部采用棒槌捣压，后改为先用脚（穿上乳胶袜）初步踏实（俗称踏榨菜），两只脚各伸进一只甏中踩踏已装入的榨菜，加一层踏一层，然后再用棒槌捣压。第一次踏、捣实后，过 3—4 天再进行捣压，称作“复甏”，直至卤浆溢出不再回落，稳定在甏面，说明菜头之间已没有空间，甏内无空气为止，至甏口 4 厘米，加封口椒盐粉，然后称重，称出毛重除皮为净重分量，用颜色漆在甏外标明净重等有关标记。

9. 封口、捆扎　首先，把甏口擦拭干净，在菜头上面摊上干荷叶或竹箬，荷叶（竹箬）上面放一层整株（瓣）菜干（白菜干、雪里蕻菜干、榨菜叶干均可），最后用沙拌水泥封口。

待出售出运前，用草绳捆扎甏体或装竹篓，一来便于装运过程中提、挑；二来可起到保护甏体，以避免和减少在装运过程中榨菜甏因碰撞破碎。

甏装榨菜生产工艺流程图

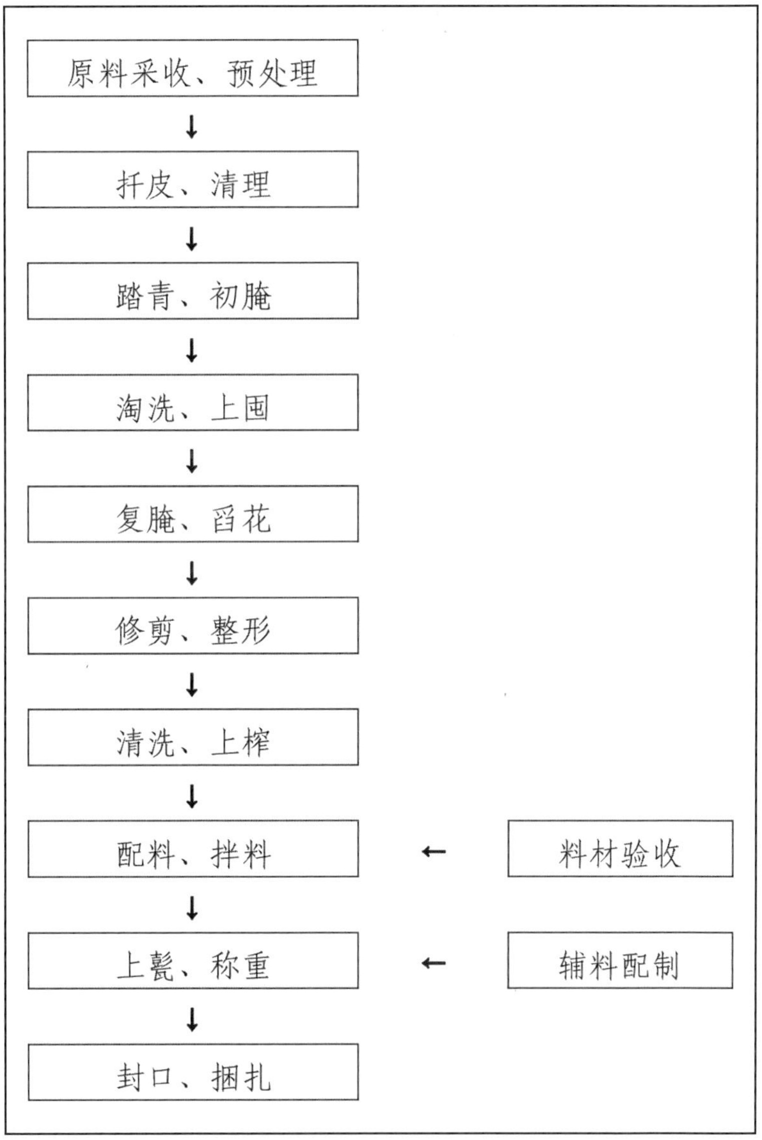

图 8-3-1

第二阶段　精制小包装榨菜生产工艺

1985 年，余姚市第一菜厂，为境内首家试产铝箔袋小包装榨菜，并注册“嫦娥”商标。1987 年后，精制小包装榨菜的制作，逐渐取代手工甏装榨菜，生产设备得到不断更新和发展，机械化、自动化水平不断提高。先进工艺取代落后工艺，淘汰取缔不合规企业，形成专业化、规模化生产。按照国际标准生产，采用巴氏杀菌，不再添加防腐剂。产品种类有丝、片、丁等多样化、多品种。包装材料采用铝箔袋、薄膜袋、塑料瓶、玻璃瓶、陶瓷瓶等，规格有 50—150 克小包装、1—2 千克中包装，用纸箱作外包装，美观大方，方便实用。在制作配料中，根据销区人们的饮食习惯和口味，制作不同口味的榨菜。各生产厂家注重研制独特配方，形成秘方不予外泄行规。但基本生产工艺流程不变。主要有原料检验收购、预处理、腌制、修整分级、机械成型、脱盐漂洗、脱水、配料拌料、真空包装、巴氏杀菌、检验装箱、入库。关键控制点主要工艺在于原料验收、腌制、修剪、配料、真空包装、巴氏杀菌 6 个方面。

1. 原料验收　在原料菜种植基地或在无污染产地收购新鲜榨菜头。通过现场实地调查，当地行政部门证明、种植户承诺等进行控制，建立基地种植栽培记录，对种植过程的有关信息进行记录，禁用剧毒农药，施化肥需期满。外观、新鲜度、规格大小符合要求，剔除老根、烂叶。

2. 腌制　验收合格的新鲜榨菜进厂（初腌场地）后，当天在初腌场内的泥池内（摊塑料薄膜）进行初腌（分类确定初腌池号），初腌时按每 100 千克新鲜榨菜加食盐 4 千克左右，腌渍时加盐要均匀，一层菜一层盐，并用盐水循环冲洗，当一池腌满后及时压石脱水。经 2—3 天后，在原池的盐水中进行冲洗，以清除榨菜中所残剩的泥土等杂质。经清洗后的榨菜，按每 100 千克新鲜榨菜加 7 千克左右食盐的比例，一层菜一层盐翻池再次复腌。撒盐下少上多，预留封面盐掌握，池满后用塑料薄膜覆盖池面后，压上泥土进行密封。

3. 修整、分级　生产前将腌渍的半成品进行修整分级，切除根蒂，剥掉老皮、筋络，剪除叶根，剔除不合格的菜头，分级装筐。

4. 配料、拌料　根据不同产品配制辅料，食

小包装榨菜生产工艺流程图

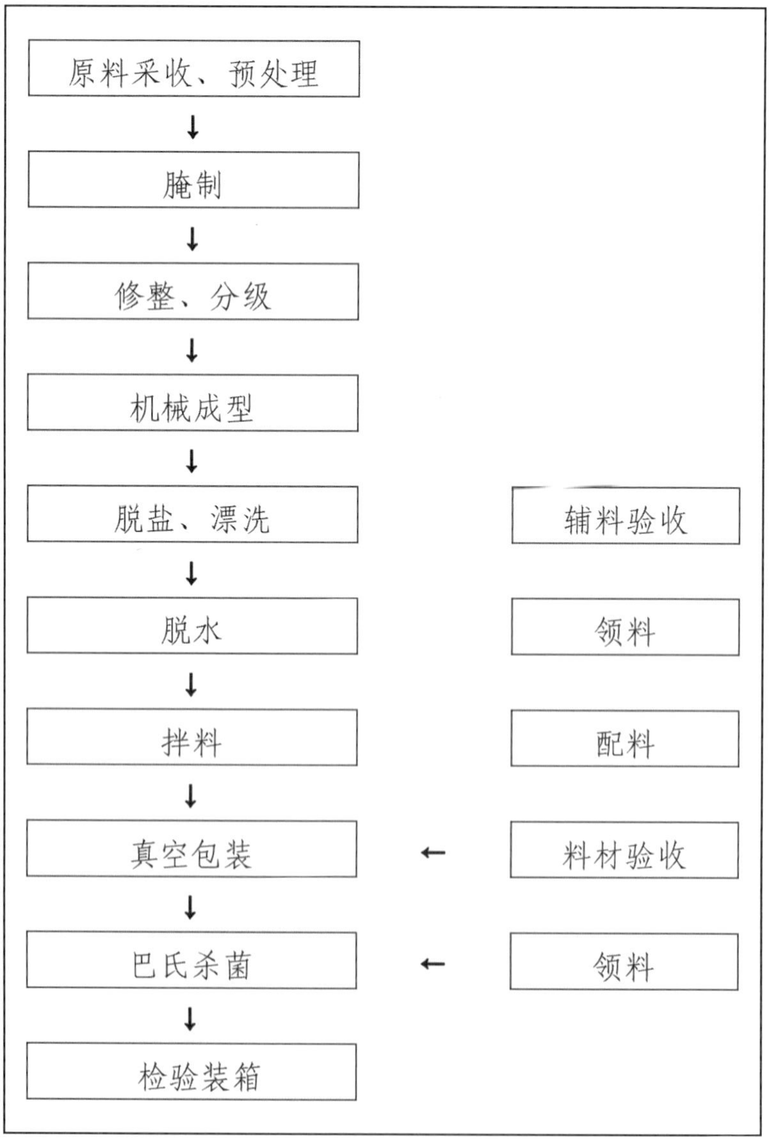

图 8-3-2

品添加剂严格按 GB 2760 要求使用，辅料必须来自合格供方，不得添加与食品标准不符的辅料，禁止添加防腐剂。

5. 真空包装　真空时间 10—12 秒，热合温度档选择为三档，真空压力 0.085Mpa（兆帕）。

6. 巴氏灭菌　杀菌温度 85℃—90℃，杀菌时间 13—16 分钟。冷却后进行检验、装箱、入库。

◎ 榨菜杀菌车间

企业选介

余姚市阿姚皇食品有限公司　企业前身原名为小曹娥镇北酱菜厂，创建于 1990 年初。2002 年通过股份制改造，更名为余姚市阿姚皇食品有限公司。现公司占地面积 2 公顷，建筑面积 6000 平方米，注册资金 500 万元，固定资产 1540 万元。

公司经过二十多年的努力，已发展成为集原料品种培育、基地试验推广、产品工艺创新、新产品腌制开发等研、育、产相结合的综合性新颖农业龙头企业。2004 年通过国家绿色食品认证和

◎ 阿姚皇榨菜加工生产车间

ISO 9001 国家质量管理体系认证、HACCP 食品安全体系认证、QS（食品质量安全）认证。2008 年，企业被评为“宁波市农业龙头企业”，先后获得“宁波市知名商标”“宁波名牌产品”和“浙江名牌农产品”等称号。

2017 年，实现产值 1722 万元，销售额 1728 万元，创利 226 万元，税收 60 万元，常年有职工 33 人，全员劳动生产率 52.18 万元 / 人，固定资产原值 512 万元。公司地址位于朗海北路 4 区 3 号，总经理姚建才。

余姚市乡下妹菜业有限公司　前身是创建于 1994 年的余姚市小曹娥镇绿色酱菜厂，企业性质私营独资企业。2001 年 6 月，新设立余姚市乡下妹菜业有限公司，企业性质为有限责任公司，注册资本 500 万元。企业已通过 QS 认证和 ISO 9001 质量管理体系认证。主要设备有全自动灌装机 10 台，高温杀菌线 2 条，生产小包装榨菜系列，年产量 15000 吨。产品主销本省、东北三省及江苏、广东等地，是三江、华润万家、家家福等大中型超市上架商品。

2017 年，实现产值 3650 万元，销售额 3621 万元，创利 158 万元，税收 95 万元。有常年职工 98 人，全员劳动生产率 37.24 万元 / 人，固定资产原值 523 万元。公司地址位于朗海村海塘南一区 8 号，总经理王福民。

余姚市朝阳榨菜厂 前身是1982年开办的朗海公社三大队榨菜厂。1987年因扩大规模搬迁至小曹娥镇朗海南路110号。企业更名为余姚市朝阳榨菜厂。1994年，余姚市榨菜研究所在该厂成立，承担榨菜系列产品的开发研究，率先研制量产小包装，运用高温杀菌新工艺，不再添加防腐剂。1999年转制为民营企业。产品获得HACCP食品安全体系认证。公司占地面积0.51公顷（不包括腌制点面积），建筑面积4200平方米，注册资金50万元，固定资产350万元。

2017年，经美国食品和药物管理局现场检查，成为全市首家通过美国FDA（美国食品和药物管理局）许可的榨菜企业，取得通往北美市场的通行证。“龙山牌”商标为“宁波市知名商标”，企业被评为“宁波市农业龙头企业”。产品主销美国、新加坡、马来西亚及国内的北京、长春、海口、江苏等地。2017年，实现产值1192万元，销售额1192万元，出口交货值567万元，占总销售的47.57%，创利80万元，税收60万元，有常年职工21人，全员劳动生产率56.76万元/人，固定资产原值504万元，厂长王小平。

宁波久久红食品有限公司 前身是钱国炎于1982年开办的余姚市镇海公社中心小学校办榨菜厂，厂址方家路。1989年更名为余姚市镇海乡劳武菜厂，隶属于人武部管辖。1998年转制为私营企业。2002年迁建于海塘南一区32号，成立宁波久久红食品有限公司，注册资金1000万元。是年，与浙江工商大学、宁波大学合作，引进先进设备，成为全国首家采用巴氏杀菌工艺的腌菜行业企业，结束了在菜类腌制工艺中使用防腐剂的传统做法。2016年，引进整套全自动生产设备，专业生产酱菜系列，年产量1.4万吨，其中金菇梅菜、老坛酸菜为企业独创，获得国家专利，价值1000万元。产品主销福建、北京、广东等地。注册商标“久久红”获浙江省著名商标，企业已通过QS认证、HACCP体系认证和ISO 9001质量管理体系认证，为宁波市农业龙头企业。

2017年，实现产值4210万元，销售额4027万元，创利250万元，税收88万元。有常年职工68人，全员劳动生产率61.91万元/人，固定资产原值6941万元，总经理钱国炎。

宁波禾丰食品有限公司 成立于20世纪90年代后期，拥有固定资产1800万元，占地面积1.33公顷，厂区建筑面积11000多平方米，加工场地面积3500平方米，冷库面积3000立方米。种植基地面积533.33多公顷。2003年发展农业订单，鲜辣椒面积653.33余公顷，农户5180户，订单收购数量3500吨。同年成立辣椒股份制合作社，农户188户，耕地面积26.67公顷。有常年职工110人，其中技术人员5人。2004年，引进台湾生产的国际上最先进的专用设备，采用先进技术，生产工艺严格按流程操作，生产的产品质量符合欧盟及美国标准。

公司先后被评为“宁波市级农业龙头企业”“重合同守信用单位”“浙江省诚信暨质量达标单位”“消费者信得过产品”“浙江省优秀农副产品购销大户”“浙江省绿色农产品”“浙江省无公害基地”。企业先后通过国家绿色食品认证、ISO 9001国家质量体系认证、HACCP食品安全体系认证、QS认证。产品主要出口到欧盟、美国、东南亚等国家和地区。

2017年，实现产值311万元，销售额352万元，出口交货值800万元，创利55万元，税收16万元。有常年职工40人，全员劳动生产率7.78万元/人，固定资产原值1328万元，公司位于人和村南里66号，总经理姚宏霏。

浙江杭州湾盐业配送有限公司 公司成立于2012年，是浙江盐业集团宁波市盐业有限公司下属子公司，注册资金1000万元，固定资产4967万元，总占地面积6.52公顷，建筑面积21395平方米，2014年8月投产运行。

2014年9月通过国家食盐定点生产企业验收。

◎ 杭州湾盐业食盐仓库（2018 年）

公司建有一条粉洗盐生产流水线（设计产能为每小时 60 吨），为国内先进的腌制加工用盐生产企业。主要生产加工符合国家标准的粉洗盐、日晒盐。建有 13500 平方米室内仓库和 3800 平方米的管理服务用房以及近 2 万平方米的室外堆场，共可堆存原料盐和成品盐 12 万吨以上。公司主要从事蔬菜加工用盐和食品加工用盐的生产、储存和配送业务，其主要职能是满足沿杭州湾岸线一带的蔬菜加工用盐需要，同时还兼顾省内其他地区加工用盐的供应。公司还担负宁波市政府储备 8000 吨食盐、浙江省政府储备 1 万吨食盐的任务，履行保障供应的社会责任。2014—2017 年，公司生产加工粉洗盐、日晒盐累计 3891117.65 吨。

2017 年，配送粉洗盐、日晒盐合计 127425.65 吨，其中配送余姚市内 57358.65 吨。产值 5681 万元，销售额 5416 万元，有长期职工 56 人，全员劳动生产率 101.45 万元 / 人，固定资产原值 8959 万元。公司地址位于政通路 9 号，总经理施宏波。

余姚谷满仓食品有限公司　始建于 2013 年，厂区按外贸出口企业标准规划建设，占地面积 2.03 公顷，建筑面积 18000 平方米，注册资金 1000 万元。该企业是一家集食品研发、种植、养殖、保鲜、速冻加工、销售为一体的农业产业化企业。公司拥有 8000 吨低温冷库房、千吨保鲜库、百吨恒温库，另有两个无菌生产车间共 8000 平方米。拥有

◎ 余姚谷满仓食品有限公司（2018 年）

3 条 IQF（单体速冻技术）全自动流态生产流水线（水产 1 条、蔬菜 2 条），年蔬菜加工能力可达 8000 吨、水产品 6000 吨，日储存能力达万吨。拥有 2 个经国家检验检疫局备案（水产、蔬菜）基地。通过食品安全管理体系 ISO 22000、HACCP 认证、国际食品全球标准 BRC（英国零售商协会）认证、美国 FDA 及犹太洁食认证等出口卫生注册。公司与两所高校进行科研合作，拥有一支高素质的研发、生产管理队伍。公司生产加工的速冻蔬菜、水果、水产品及日式调味菜心、盐味毛豆、海鲜配菜、罐头等休闲食品，除销往国内各大中型城市外，还远销俄罗斯、日本、韩国、美国及欧盟、东南亚等国家和地区。

2017 年，实现产值 7158 万元，销售额 7157 万元，出口交货值 362 万元，创利 98 万元，税收 32 万元。有常年职工 103 人，全员劳动生产率 69.50 万元 / 人，固定资产原值 5149 万元。公司地址位于政通路 11–2 号，总经理罗杰。

宁波统一食品有限公司　公司创建于 20 世纪 90 年代，是专业生产高盐稀态酱油的企业，年产高盐稀态酱油万吨以上。该公司于 2015 年 12 月从余姚凤山街道同光村迁入境内。注册资金 200 万元，总资产 5000 多万元，厂占地面积 2.5 公顷，厂房建筑面积 8200 平方米，拥有一批中、高级职称的科研人员，长期致力于开发各种系列的酱油，是一家高知名度的规模型农业龙头企业。企业产

◎ 宁波统一食品有限公司加工车间（2018 年）

品有：特鲜酱油、香酱油、中式快餐酱油、海鲜饭店酱油、酱鸭酱油、粽子酱油、包子酱油、红烧酱油、宁波老酱油等多款具有个性的产品。

2016 年，公司与浙江工商大学食品学院通力协作，倡导健康理念，以独特的传统发酵（发酵 180 天）工艺与现代科技相结合，开发出具有宁波本地特色的酱油，不添加任何色素和防腐剂，并富含 38 种氨基酸。

2017 年，实现产值 359 万元，销售额 387 万元，利润 93 万元，税收 60 万元。员工 42 人，全员劳动生产率 11.11 万元 / 人，固定资产原值 500 万元。公司地址位于贯通路 10 号，总经理施林。

第四节 微电机 小家电

发展概况

微电机、小家电制造业是镇域新兴发展行业，始于 20 世纪 80 年代，2000 年后进入兴盛时期。境内最早专业生产微电机（转子）的厂是镇海村的原迪富电器厂，创建于 1986 年。1989 年，朗海冲件厂亦开始生产微电机（1990 年更名为余姚市微电机三厂）。1990 年起，同时生产电动剃须刀，电吹风等小型家用电器，年销售额达 500—600 万元。1994 年，迪江微机电器厂（舜杨电器有限公司前身）创建。1995 年，境内微电机企业发展到 8 家，从业人员 130 多人，产值 2000 多万元。生产的各类转、定子广泛用于汽车、电动工具、家用电器、童车及农机等。1996 年，余姚市长虹微电机厂建立，专业生产微型电机。2003 年，余姚市德威电器电机有限公司创立，生产电吹风、直发器、卷发器、直发梳等电器。2011 年，舜杨电器有限公司自主研发自动压模自动叠片机，为当时业内独创。

2017 年，微电机企业 50 家，从业人员 866 人，产值 34053 万元，其中规上企业 1 家，产值 5900 万元，利润 251 万元，税收 266 万元。小家电企业 24 家，从业人员 409 人，产值 26356 万元，其中规上企业 1 家，产值 10215 万元，利润 443 万元，税金 409 万元。

◎ 舜扬电器生产车间

企业选介

浙江创虹电机有限公司 公司的前身是创建于 1996 年的余姚市长虹微电机厂，以 20 万元资金起家，生产直流电机机壳、转子模具。2003 年，新批余姚市创虹微电机有限公司。同年 7 月，更名为浙江创虹电机有限公司。注册资金 1000 万元，总资产 6945 万元，占地面积 0.83 公顷，厂房建筑面积 11000 平方米。主要生产各类微型电机，广泛适用于汽车、电动工具、电动玩具、家用电器、童车等。主要设备有 GGV55-7 空压机 2 台、BMD-A0220-C 全自动点焊机 5 台、全自动无刷绕线机 4 台、有刷绕线机 15 台、三合一组合机 1 台、机壳充磁机 3 台、端盖组装一体机 3 台等。该公司拥有多项发明，实用新型专利 16 项，获得 ISO

9001、ISO 14001、OHSAS 18001 质量体系认证，GB/T 24001 环境体系认证，GB/T 28001 职业健康安全管理体系认证。2017 年，实现产值 5900 万元，销售 5956 万元。出口交货值 243 万元，利润 251 万元，税收 361 万元，员工 175 人，全员劳动生产率 33.71 万元 / 人，固定资产原值 6949 万元。公司地址位于朗海村海塘南一区 32 号，总经理陈雪江。

◎ 创虹电机产品展示

余姚市德威电器电机有限公司　成立于 2003 年，占地面积 1.4 公顷，建筑面积 19322 平方米，注册资本 100 万元。公司主营小家电，包括电吹风、直发器、卷发器、直发梳及夹板等美容美发器具。主要设备有 MCV-1020A、MCV-880 立式加工中心各 1 台及各式注塑机 19 台，注塑成型机 12 台，HS-2300B 全自动波浪绕线机 4 台，FORM 数控精密电火花成型机床 3 台，纵走伺服 HAYE700ID、800ID 机械手各 10 台，还有精密高速雕铣机、高速数控铣床、三坐标测量机各 1 台等。公司集设计、模具开发、注塑成型于一体，产品取得 ISO 9001 质量管理体系认证；产品还取得德国 GS（安全认证）、CE（安全认证）、EMC（电磁兼容认证）、CB（电工产品合格测试于认证的专业管理体系），澳大利亚 SAA（电器产品强制认证）及美国 UL（保险商试验所）等产品认证。产品大量出口美国、英国、德国、俄罗斯、意大利、南非、澳大利亚等 38 个国家和地区。2015 年，“德威”商标获宁波市知名商标，“德威”电吹风获宁波名牌商品。

2017 年，实现产值 10215 万元，销售 9626 万元，出口交货值 9625.8 万元，利润 443 万元，税金 554 万元。员工 400 人左右，全员劳动生产率 25.5 万元 / 人，固定资产原值 5130 万元。公司地址位于海塘南一区 28 号，总经理蔡冠军。

◎ 德威电器产品展示

第五节　电　镀

发展概况

小曹娥电镀始于 20 世纪 90 年代后期，先由一些企业内部建立电镀车间，进行产品电镀，发展于 2003 年。滨海工业园区落成后，根据市政府统一安排，先后有爱迪升电镀科技有限公司、宁波新韩洁具有限公司等 23 家电镀企业迁入。电镀行业经过近 20 年发展，形成锌、铜、镍、铬以及合金等多镀种门类齐全的电镀加工体系和规模效应。2011 年开始，开展以电镀企业的专项治理。以高标准、严进入，加强电镀企业治理，关停一些设施落后、污染严重的电镀企业，淘汰落后的原辅材料、工艺和设备，采用先进生产工艺装备，从源头控制污染物的产生和排放，初步实现绿色生产、绿色产品、绿色排放，达到清洁生产要求。

2017 年，电镀企业 20 家，车间 318 个，从业人员5500余人，其中11家规上企业，从业人员2879人，产值10.19亿元，销售10亿元左右，利润7080万元，税金4867万元。

企业选介

余姚市五星金属电镀有限公司 公司成立于2000年7月，注册资本280万元，固定资产5236万元，总占地面积6.9公顷，建筑面积6.4万平方米。该企业是一家新兴的高科技电镀企业，镀种齐全，有金属镀铜镍铬、塑料铜镍铬、滚镀镍、镀锌、镀铜、镀金、镀银、镀铜锡、镀铜镍铁、镀镍铁铬、镀锌钴、镀锌镍等。现有生产车间53个，拥有全自动电镀生产线78条，全自动铝氧化生产线36条，共有镀槽756个，镀缸总容积2421立方米。公司下设年产800万套多色铝件生产企业——余姚市三星皮塑金属厂。

◎ 五星电镀生产车间

2017年，实现产值35727万元，销售33203万元，出口交货值3073万元，创利3373万元，税收2702万元（余姚市纳税百强企业排行第40位）。员工785人，全员劳动生产率45.5万元/人，固定资产原值15368万元。公司地址位于恒兴路8号，总经理陈兴苗。

爱迪升电镀科技有限公司 公司创建于1998年，由余姚市福音无线电材料厂发展而来。经过近20年的经营，从20万元起动资金、年产值50万元的小企业，发展为占地0.7公顷、厂房面积10280平方米的大公司。公司拥有电镀脉冲电源、超声波清洗系统、离子交换净水器、X-RAY测试仪、原子吸引分光光度仪、盐雾试验和蒸汽老化试验箱，并实施ISO 9001（质量管理最新版体系）的研发适合当今电镀的科研成果，取得了欧盟ROHS（环保认证）。2008年起，成为“中国航天”的合作方。2017年获评中国航天优秀供应商，获评浙江省经济发展理事单位。

2017年，实现产值17240万元，销售17240万元，利润981万元，上缴税费1260万元。员工225人，全员劳动生产率76.6万元/人，固定资产原值12782万元。公司地址位于恒兴路37号，总经理徐松苗。

◎ 爱迪升申镀

宁波新韩洁具有限公司 前身为创建于1999年的余姚市精艺浴配厂，专业生产卫浴挂件及其他五金制品。2003年，从陆埠支溪岙村迁到小曹娥滨海产业园区，更名为宁波新韩洁具有限公司。注册资金200万元，总资产1648.83万元，厂区占地面积1.06公顷，建筑面积5393平方米。是一家拥有模具开发、压铸机加工、缝焊、抛光、电镀、装配一条龙生产线，原材料仓、中转仓、半成品仓、包材仓、成品仓等一套管理规范的物料控制体系的制造企业。获得国家专利164项。产品远销欧洲、北美、南美、中东、东南亚等50多个国家和地区，与美国科勒、泰国高陶等多家世界一流品牌建立了长期的合作关系。

2017年，实现产值3266万元，销售2691万元，出口交货值2666万元，利润219万元，上缴税费253万元。员工47人，全员劳动生产率69.49万元/人，固定资产原值2650万元。公司地址位于恒兴路21号，董事长李银根。

第六节 其他工业门类

包装印刷

1994年，章志桥办起了余姚市明星包装用品厂，为小曹娥包装用品厂之始。余姚是中国“榨菜之乡”，种植面积大、产量高、榨菜质量好，产品远销美国等10多个国家和地区，榨菜销量占全国销量的60%以上。1985年后，逐步改进榨菜加工工艺，将腌制成熟的粗加工的榨菜经切丝、配料后装入铝箔袋真空包装，制成小包装榨菜，缸甏包装逐渐被纸板箱包装所替代。包装的改进，促进了榨菜质量的提高和销量的提升，同时也促进了包装和印刷业的发展。至2017年，境内包装印刷企业31家，从业人员579人，产值33918.3万元，利润378万元，税收955万元。其中规上企业2家，产值25598.3万元，利润423万元，税收955万元。

玻纤

玻璃纤维制品，是一种用于外墙的保温系统建筑节能材料。小曹娥玻纤始于20世纪70年代，是全市玻纤业的开端。1970年初，曹娥公社曹二麻纺厂供销员赵国涨与“八三工程”（大庆输油管工程）签订管道玻纤包扎布的第一份合同起，从此开启了曹娥玻纤业的发展之路。1979年，建筑业在房屋平顶上开始用玻纤布加涂料，替代三油二毡防漏。因此，玻纤业改变了单纯依靠石油工业市场局面，开辟了新的建筑市场领域。是年，曹娥公社玻纤厂销于建筑业的玻纤布占本厂总销售的50%。1989年，全市建筑业玻纤布使用量剧增，全市80%的玻纤布销于建筑业。同年，全市玻纤企业14家，其中小曹娥镇就占8家，职工328人，加工户达3000多户，几乎每家都有一台土布机织造玻纤布。共生产玻纤布578.48万平方米，产值469万元，利润23万元。产量、产值、利润分别占全市玻纤企业的89%、85%和80%，被称为“玻纤之乡”。至2017年，全镇10家玻纤企业，产值6839万元，从业人员138人，其中规上企业1家，产值2099万元，利润170万元，税收54万元。

胶木、塑料制品

境内胶木、塑料制品起步于20世纪60年代，发展于70年代。1967年，曹一胶木加工厂和三发塑料厂创办，时为境内胶木、塑料行业之始。70年代开始，曹娥、朗海、镇海3个公社农机厂均增设塑料车间，后不少生产大队先后创办起胶木、塑料加工厂。专业胶木、塑料加工厂家较少，一个厂内设有多个生产车间，如胶木、塑料、五金、机械、玻纤等车间，互相兼营。1978年，生产设备有胶木压机4台、塑料压机17台，1979年发展至胶木压机33台、塑料压机44台。

1979年，境内有曹娥农机具塑料厂、曹一胶木厂、新民塑料五金厂、朗海曙光五金塑料厂、胜利胶木塑料厂、镇海联办五金塑料厂、海塘南胜利胶木塑料厂等社队办胶木塑料加工企业16家，生产塑料制品22.18吨。至2000年，塑料企业18家，从业人员95人，年产值4075万元，产品产量1366吨，产品主要是矿灯配件、电器开关、闸刀壳等小型电器塑料配件。小曹娥塑料业起步虽早，但规模小，发展缓慢。

2017年，境内塑料企业79家，年产值24018万元，从业人员740人，主要进行各种塑料元件的注塑、吹塑加工。其中，年产值在1000万元以上企业有余姚市绿源塑料制品厂、余姚市林烨电器有限公司、余姚市小曹娥镇百强吹塑厂。

纺织服饰

民国时期始，境内盛产棉花，民间多有纺织

棉纱、织土布外销者。2010年，小曹娥土布制作作为“余姚土布制作技艺”被列入全国非物质文化遗产。20世纪60—70年代，再生棉纺织一度较多。其间，曾组织过缝纫社加工服装，不久解体。1984年，朗海乡曾创办丝织厂，一度形成相当规模，厂长曾在全区大会上发言介绍，几年后因产品积压停产。1993年，杨丁村创办轻纺厂，几年后关闭。至2000年，境域无纺织企业。2017年，现境内有宇儿服饰等小型服饰厂和服饰加工作坊10余家。

企业选介

宁波新明星包装科技有限公司 前身是创建于1994年的余姚市明星包装用品厂。1994年，章志桥用自己的20多万元钱开始创业，在杨丁村租用土地0.17公顷，建造了300多平方米的厂房，购置手动纸箱设备，招了10多名员工，办起了境内第一家纸板箱厂——余姚市明星包装用品厂，第一年实现销售196万元。1999—2012年，先后4次在镇南工业园区购地4.43公顷，扩建厂房，添置新设备。2008年，企业产值超亿元，企业更名为“浙江明星包装印刷有限公司”。主要设备有德国产BHS纸板生产线，五色水印机，罗兰、三菱胶印机等，由此组成一条龙包装生产线。厂区占地面积4.33公顷，建筑面积38690平方米，注册资金300万元，固定资产1.45亿元，职工300余人。2006年以来，公司被授予“浙江省名牌包装印刷企业”“宁波地区包装印刷行业十佳企业”“百家成长型企业”等荣誉称号。

◎ 明星纸业

2017年底，公司更名为“宁波新明星包装科技有限公司”。实现产值16793万元，销售15169万元，出口交货值379万元，利润60万元，税收125万元。员工310人，全员劳动生产率55.98万元/人，固定资产原值12572万元。公司地址位于朗海村海塘南一区9号，董事长章志桥。

宁波龙事达纸业股份有限公司 成立于2004年，主要经营纸制品、纸板、纸箱、纸盒的生产、加工。主要设备有七层瓦楞纸板生产线一套；自动双色、三色、四色印刷开槽机，五色对开全自动进口印刷机，全自动裱胶机，压痕机，全张双色胶印，电脑横切机，激光雕版机等生产纸板、纸箱、彩盒等。企业通过FSC（森林管理）体系认证，为宁波市余姚市出口包装印刷协会副会长单位，余姚市出入境检验检疫局自理报检单位。公司产品合格率一直达98%以上。公司注册资金1500万元，总资产9000余万元，厂区面积2公顷，钢结构厂房面积13030平方米，附属建筑面积1000平方米，员工135人。

2017年，产值8805万元，销售7143万元，利润438万元，税收352万。员工75人，全员劳动生产率117.4万元/人，固定资产原值9694万元。公司地址位于朗夹公路2号，董事长王国立。

余姚市明达玻纤有限公司 前身为余姚玻纤厂，创建于1970年，创始人赵国涨。在1994年，当玻纤行业跌入低谷时，租赁承包了镇办厂厂房和几十台织机，以自己积蓄的十几万元资金，开始玻纤布经营。1997年，注册余姚市明达玻纤有限公司，注册资金500万元。经过十几年的努力，公司发展为拥有固定资产超3000万元，年产量超过8000万平方米，产值过亿元。是一家集研究、开发、制造、销售与服务为一体，并具有出口经营权的科技型企业，是目前国内较大的外墙保温增强网格布的制造企业。公司与浙江大学建立了技术合作伙伴关系，以勇于创新的精神，不断更新产品。公司主要产品：涂覆耐碱玻璃纤维网格布、外墙外保温增强网格布、内保温增强网格布、玻璃纤维自粘带、屋面防水布、玻璃纤维壁布、增强大理石网、马赛克背网等。公司已通过ISO9001：2000国际质量管理体系和ITB国际行业质量标准体系认证。所生产的高强度、优质网格布除畅销全国各地外，还大量出口德国、意大利、

◎ 余姚市明达玻纤有限公司（2020年吴华春摄）

西班牙、希腊、捷克、波兰、土耳其、俄罗斯等18个国家和地区。

2017年，产值2099万元，销售2050万元，出口交货值1597万元，利润71万元，税收54万元。员工27人，全员劳动生产率48.81万元/人，固定资产原值2255万元。公司地址位于广盛路2号，总经理张渭明。

余姚市林烨电器有限公司　前身是钱龙菜业

◎ 林烨电子产品展示

有限公司，2008年转产塑料制品，当年加工电力仪表塑料配件，产值400万元。2019年，转产电子蜡烛，产品80%以上出口美国，产值超过800万元。此后以年均12%速度平稳增长。公司占地面积0.8公顷，厂房建筑面积7500平方米，注册资金50万元，拥有100克—2千克注塑机11台，专业生产电子蜡烛，品种近100种，产品具有遥控、定时、闪光、变色功能，还具有节能、环保等优势。

2017年，实现产值1385万元，营业收入1335万元，出口交货值1445万元，创利271万元，税金86万元。从业人员68人，全员劳动生产率20.37万元/人，固定资产原值2255万元。公司地址位于滨海村朗海北路四区26-1号，总经理章传尔。

第七节　已消失的行业

石棉制品

石棉是具有可纺性的硅酸盐类矿物产品，具有高度耐火性、电绝缘性和绝热性，是重要的防火、绝缘和保温材料。石棉加工始于1967年，时境内不少大队办有石棉加工场，集中组织年轻妇女纺织加工石棉，也可以拿石棉原料在自家进行纺织加工，石棉加工人员最多时近千人。石棉纺织是当时农村妇女一种主要副业，也是农村家庭的一大经济来源。1978年，境内共有石棉加工厂9个，石棉加工人员416人，加工石棉制品96.6吨，石棉收入292247元。20世纪80年代后期，朗海无尘石棉厂和曹娥石棉厂是当时规模较大的石棉制品企业，两家企业员工近百人，产值300万元以上，朗海无尘石棉厂生产的石棉产品一直保持出口。

1985年后，由于乡镇企业的发展较快，就业门路拓宽，农村妇女不愿再从事有硅肺威胁的石棉行业。再则，劳动部门也一再控制有尘石棉的生产，减少粉尘对人体健康的危害。80年代后期，石棉机纺取代人工纺织，无尘石棉取代有尘石棉。2000年后，境内无石棉纺织。

砖瓦窑

原小曹娥境内居民住房以草屋居多，少有瓦房。70年代开始，农村经济逐渐得以发展，农村草房开始翻建瓦平房，砖瓦土窑建造逐渐增多。1978年，境内有砖瓦窑13座，生产砖瓦企业9个，生产工人229人，生产砖319万块、瓦235.56万张。80年代后，翻建瓦房，新建新房掀起热潮，砖瓦需求增加。1981年，生产砖417.8万块、瓦262.4万张。境内规模最大一座砖窑建于1995年，地址在毛丁南路西四塘江边，是由慈溪横河人史通海投资70万元所建的轮窑。占地2公顷，日产红砖5万块。后因经营和政策因素，1999年歇业，窑厂废弃。2007年后，国家为保护耕地需要，出台禁止使用实心黏土砖的政策，砖瓦土窑逐步拆除。2017年，境内已无砖瓦窑。

铜匠　铁匠　锡匠

20世纪80年代以前，铜匠、锡匠手工制作的手炉、脚炉（火熜，取暖用品）、锡瓶、锡壶、锡烛台等用具是家庭必需的生活用品。1958年，铁器社划归人民公社后，由社队企业负责制造。1962年，手工业社（组）回归手工业局管理，只根据市场需要或手工业局委托，制造少量铁耙、刮子、茅刀、铳铣等铁制小农具。80年代起，铁匠铺由私人经营。80年代后，铜、锡生活用具逐渐被其他用品所替代。铜匠、锡匠也随之歇业。2017年，境内仅存一家铁匠店，店主沈泉根，亦时开时关。铁制小农具由杂货店或山货店经营，货源为外地购入。

◎ 铁匠在制作建筑小工具（2018年吴华春摄）

第四章　电　力

第一节　发　电

1953年，曹娥棉花加工厂自备24马力柴油发电机组一台，发电供本厂使用和曹娥乡政府、曹娥中心小学照明用，为时境内发电之始。

1980—2010年，由于国家电网供电量不足，时常停电。机关、企事业单位、商场（店）普遍自备柴油发电机发电，曹娥、杨家路、华丁路等行政村购置并安装50—70千瓦柴油发电机发电，供村民照明。不少家庭亦自备有汽、柴油发电机，其间仅家用发电机就有400多台。

2003年12月，宁波众茂姚北热电有限公司在小曹娥滨海产业园破土动工，一期投资1.6亿元，规模为2台75吨/时，循环流化床锅炉（1#、2#）并配套1台B12汽轮发电机组，于2007年8月投入运行。2011年，改扩建为余姚生活垃圾焚烧发电，工程项目总投资2.5亿元，公司更名为宁波世茂能源股份有限公司。2015年6月并入国家电网。2017 年，发电上网量 8044.2354 万千瓦时。是年，有农户开始在屋顶安装光伏发电装置自家发电。

第二节　供　电

1965 年 4 月，35 千伏临山变电站投运，3200 千伏安变压器投产，是宁波地区第一座由华东电网供电的变电站。是年，沿四塘横江架设的临驿 1 线通到曹娥，沿五塘横江架设的临驿 2 线通到朗海徐家路，至此始有国家电网向境内供电。1965 年冬至 1966 年，曹娥大队、新民大队、朗海二大队、民强大队等率先安装照明线路向农户照明供电，随后陆续有大队安装照明线路。至 1973 年，时境内全部普及照明线路安装，家家户户都用上了电灯，从而结束了用油点灯的历史。

20 世纪 70 年代后期起，电力供应出现缺口，停电的情况时有发生。政府采取厂际轮休避峰用电（开三停二，即开工 3 天，停工 2 天），农用轮供，购置发电机等措施，仍不能满足工农业生产和人民日常生活用电的需要。不少农户则安装逆变器以解决停电时的照明。是时，境内年用电量约 300 万千瓦时。2010 年以后，电力供应趋于正常，除电力设施维修临时停电外均能保证正常供电，年用电量超过 22000 万千瓦时。2017 年，年用电量达 60684.22 万千瓦时。

第三节　电力设施

输变电设施

境内有变电站 2 座，10 千伏线路 32 条。2003 年 7 月 23 日，35 千伏曹镇变电站建成，地址位于朗海村洪家南路 122 号，占地面积 0.22 公顷，输变电工程资金 725 万元，由余姚市供电局投资。两台主变装机容量 12500 千伏安 ×2，同时投运 10 千伏线路 6 条：曹镇 943、滨海 945、杨曹 949、南新 942、杭湾 946 及乐山 948。导线型号 LJ–150，总长 13.47 千米。

2008 年 12 月 12 日，110 千伏曹娥变建成，地址位于滨海产业园恒兴路 9 号，占地面积 0.24 公顷，输变电工程资金 4395.6 万元，由浙江省电力公司投资。一期投运主变 50000 千伏安 1 台，同时投运 10 千伏线路 6 条：九塘 C532 线、曹围 C535 线、曹工 C536 线、建民 C537 线、围涂 C538 线、曹农 C547 线。导线型号 LJ–240，总长 19.21 千米。2013 年 1 月 22 日二期建成投运，输变电工程资金 889 万元，由浙江省电力公司投资。新增 50000 千伏安主变 1 台，总共 50000 千伏安 ×2，共投运 10 千伏线路 24 条。其中二期新增线路 18 条：杨丁 C530 线、三星 C531 线、王龙 C533 线、北海 C534 线、经东 C539 线、曹王 C540 线、曹龙 C541 线、海东 C542 线、信镀 C543 线、朗海 C544 线、符丁 C545 线、兴滨 C546 线、经西 C548 线、镀东 C549 线、滨城 C550 线、开南 C551 线、容百 C552 线、开北 C553 线。导线型号 LJX–240，总长 47.15 千米。其中用户专线 6 条：三星 C531 线、王龙 C533 线、曹王 C540 线、曹龙 C541 线、信镀 C543 线、容百 C552 线。

变压器

1965 年 4 月，共安装变压器 7 台，其中临驿 1 线分别在曹娥东干南路西侧、朗海杨家路江西、镇海南新庵、仁泰丘各安装 80—100 千伏变压器一台；临驿 2 线分别在徐家路西、人和桥头、后凉亭各安装 100 千伏变压器 1 台。至 1970 年，在总容量不变的情况下陆续分设变压器，达到各大队均有变压器，基本完成以农业灌溉为主的农村电网建设。随着用电量的增加，变压器数、容量不断增加，至 2017 年，变压器总数达到 527 台，其中公变 193 台，专变 334 台，用户 12299 户。公变中曹一村 14 台、曹娥村 41 台、建民村 25 台、朗海村 35 台、滨海村 22 台、南新庵村 22 台、镇海村 13 台、人和村 21 台。

农村低压电网

1965年下半年起，有大队陆续架设农村低压电网供农户安装照明灯。最初几年，低压电网用材极其简陋，基本上均以支木或毛竹竿做电线杆，分拆旧电缆线作导线。20世纪70年代起，陆续用当地水泥预制场制作的7米方形水泥杆作电线杆取代毛竹竿，导线亦不断更新，大多使用裸铝线。

1989年，以朗海等村为试点，进行用电标准化改造，开展农村低压电网“一室（专用配变室）、四化（配电装置标准化、计量表记规格化、线路安装规范化、电网布局合理化）”工作，主线电杆全部换成8米圆杆，实行一户一表，开始对居民生活用电和工业用电分开计量，所需资金由国家、集体、农户三方按一定比例负担。1990年，朗海村成为境内首个农村电气化标准合格村。至1992年，全镇共整改低压线路28.91千米，有曹丁、朗海、杨家路、符丁、南新庵、方家路、华丁路、周洪丘、人和丘、周六丘等12个村完成用电标准化改造，成为农村电气化标准合格村。2001年，全境22个村均建成农村电气化标准合格村。2007年以后，农村网线改造全部由国家投资。2010年7月，投资300万元，完成对朗海新村95户电源线入地工程。至2017年，农村低压电网基本采用10—12米圆杆和集束电线，成为农村电气化标准合格镇。

电表　电价

20世纪60—70年代，农村照明用电以生产队为单位安装一只机械式电表，农户按照明灯支光数分负电费，电价0.15元/千瓦时。1980年前后，陆续有农户分装电表，农村网线改造后实行一户一表。2001年11月1日起，城乡居民生活用电实行同网同价。2007年，改用电子电表，抄表员使用遥控式抄表器抄录用电量，电价0.53元/千瓦时。2011年起，全部改用“用电信息智能采集系统”电表，电价0.538元/千瓦时。

第四节　管理机构

1964年，泗门供电所成立，负责包括小曹娥现境的全泗门区农业、农村高压用电的领导和管理。

1973年10月15日，朗海公社机电站成立，人员2人，站长阮长江。是年年底，曹娥公社机电站、镇海公社机电站亦相继建立，人员各2人，负责公社辖区内低压用电的安装和管理。1983年，改名为乡电管站。1986年，曹娥乡电管站改名为小曹娥镇电管站。

1994年11月，余姚市政府发文批准，成立小曹娥镇供电所，与小曹娥镇电管站合署办公，两块牌子，一套班子，实行统一领导、统一管理、统一考核，人员10人，地址在朗海南路79号，所长兼站长阮光良。2000年10月，合并到泗门供电所，人员40人，所长姚捷。2001年前，电力调度全由人工操作。2002年开始运用计算机管理。

第九编

环境污染治理

20世纪80年代前，境域经济以农业为主，农业产值占工农业总产值的65%以上，工业经济发展缓慢，污染比较轻微，能在自然环境下自我净化而基本得到修复。进入80年代后，工业产值年均以20%—30%速度增长，随之工业废水、废气、废渣也大量增加。金属冶炼、电镀、化工等污染行业的发展，农药的广泛使用，汽车的大量普及，人口的大量增加（主要是外来务工人员），水污染、大气污染、土地污染、噪声污染日益严重，环境问题随之突出。1997年起，小曹娥镇政府把环境保护开始由侧重于工业企业“三废”排放管理走向源头治理。制定《工业循环经济发展规划》和《小城镇环境综合整治实施方案》及相关制度措施，加强责任落实，节能减排，促进工艺、设备和产品的升级换代，淘汰落后产能，关闭污染严重的企业。产值能耗从2006年的0.163吨标煤/万元，下降至2017年的0.098吨标煤/万元。2006年，根据余姚市环境监测站对小曹娥镇区现状环境空气质量进行的监测结果，镇区环境空气质量各项监测指标均符合《环境空气质量标准》（GB3096—1996）二级标准。

2017年，南、北2个工业区98家企业污水实现达标排放，实现“污水零直排区”，基本达到污水治理从治标向治本转变，从末端向源头转变。初步实现“天蓝、水清、景美”的治理目标。

第一章 污 染

第一节 水污染

1990年，市环保部门对余姚境内杭州湾等水系水生物取样化验表明，小曹娥境内江河内水系中，有机氯含量为25毫克/升。2006年，根据余姚市环境监测站对小曹娥镇内的主要河流四塘江水质的监测结果，除了pH（氢离子指数）值和DO（溶解氧含量）外主要的监测指标均超过了《地表水环境质量标准》（GB 3838—2002）的V类标准。工业废水、蔬菜腌制废水、生活污水的排放是导致境域水环境质量差的主要原因。

工业废水

2006年，全镇规模以上企业的总用水量为167.75万吨，水的循环使用率约为30%。根据耗水量的80%折算，全镇规模以上工业企业2006年共排放废水134.2万吨，其中工业废水129.0万吨，工业废水主要集中在电镀、化工、食品和纸制品4个行业，分别占工业废水总量的48%、43%、5%和4%。

蔬菜腌制废水

20世纪80年代中期后，榨菜加工工业的快速发展，全镇榨菜种植面积由80年代前的133—266.6公顷跃增至80年代后的1800公顷以上，年产榨菜鲜头10万吨左右，再向外购入5万吨左右，合计15万吨左右榨菜鲜头。2000年，蔬菜加工企业48家，个体粗加工农户30多户。2006年，3家规上榨菜加工企业蔬菜腌制废水排放量约为62014吨，从2010年开始榨菜种植面积虽有减少，但芥菜种植面积增加，二者相加仍保持1800公顷左右。境域榨菜废水年均排放量10万吨，其中食盐含量0.268万吨，化学需氧量0.09万吨。在榨菜、芥菜腌制加工的4—6月，境内多数江河河水变黑变臭。

生产、生活废水

农业生产方式改变，河道淤泥沉积，化肥农药的超量使用，畜禽养殖，家庭自制白酒的废水，秸秆等农业废弃物丢弃田间路沟腐烂，经雨水冲刷流入河流也是导致水质变差的重要因素。

随着人民生活水平的提高，居民生活用水量增加，生活污水增多。特别是在人口密度高的地方，粪便水、洗衣水、厨余水等污水直接排入河沟，使水质变差。有的私人建房化粪池建造不符标准，污水处理不符要求排入河道。

第二节 大气污染

主要污染源一是冶炼、化工、电镀等工业废气；二是工业、生活用锅炉及饮食业等煤炉燃料废气；三是各类机动车废气排放以及建筑工地拖拉机、推土机的扬尘；四是秸秆焚烧、燃放鞭炮等，从而使空气质量下降，污染指数上升，雾霾天数增加。

2006 年规模以上企业废水排放情况表

表 9-1-1

行 业	数量（家）	废水量（吨）	主要污染因子	产生浓度（毫克/升）	处理方法
化工	4	557500	COD	1000	企业自行处理
食品加工	3	62014	COD	2000	罐装清运到污水处理厂
纸制品	2	52398	COD	400	罐装清运到污水处理厂
电镀	6	618534	重金属	10—100	集中收集到电镀废水处理厂
合计	27	1238048	—	—	—

第三节 土壤污染

主要为居民生活产生废弃物，如厨余垃圾，塑料袋、瓶、各类包装废弃物，废弃家电、生活用具、建筑垃圾等。各种废弃物不但使地表造成脏乱差，污染土壤，而且使土壤有害化学物质增加和板结，石头、塑料薄膜、玻璃等有形异物使耕作困难和作物根系生长受阻，有害成分还向地表、地下渗透，土地质量下降。

第四节 噪声污染

声源主要为企业动力机械及交通运输工具等生产生活领域。逢年过节、婚丧喜事、乔迁开业、生日庆典以及各类公共活动，人们放鞭炮、烟花噪声更为刺耳。特别是进入 21 世纪后，机动车数量猛增，工业企业增速加快，噪声等污染也随之增加。

另外微生物污染、外来生物污染、放射性污染、光污染、电磁辐射污染等也有存在。

第二章 污染治理

20 世纪 80 年代前，乡镇政府没有管理环保工作的部门。1992 年前，环保由各乡镇农办联络员兼管。1992 年扩镇并乡后，环保工作由镇工贸办兼管。1994 年后，小曹娥镇环保工作仍由镇工业办公室兼管，具体业务工作归属余姚市环境保护局第四环保所管辖。2010 年 8 月后，归属泗门环保所管辖。2013 年 9 月，余姚市环保局在小曹娥设立工作站，站长王坤。2015 年 7 月成立余姚市环保局小曹娥环保所，所长王坤，共有员工 6 人，负责管辖小曹娥镇和余姚市滨海新城的环保工作。主要工作职责贯彻落实环境保护相关法律、法规、规章的监督、检查贯彻执行情况；对环境保护工作实施统一监督管理；对工业污染治理等情况现场执法、监督、检查；企业的排污申报登记和污染物排放量的初步核定、排污费催缴；突发环境事件的报告和调解处理；制订环境规划，信访处置等。

第一节　工业污染治理

电镀行业整治

电镀行业是污染比较严重却治理难度较大的行业，废水pH值很低，酸性很高，锌、镍、铬、铜、金、银等重金属离子含量很高，对水质包括地下水、土壤造成的污染严重，废气污染空气，是环保治理的重点行业。电镀厂分散建在全市各地，对电镀厂的管理监督难度较大。2003年，根据市政府要求，将全市电镀厂集中迁建到小曹娥镇和临山镇、黄家埠镇三个工业园区，先后有23家电镀企业进入小曹娥电镀园区。新建的电镀厂按要求安装了废水、废气处理设备，但在生产一段时间后，由于设备老化，有些企业偷排漏排废水、废气，污染仍比较严重。2010年开始，镇政府会同泗门环保所共同对电镀行业进行了首次整治，重点是进一步完善雨污分流，拔高镀槽，增加自动线设备比重，完善污水管道设施，地面防渗改造整治，废气排放处理设施改造提升。2011年，开展以电镀企业治理为重点的“电镀企业整治提升”专项行动，关闭整改电镀等污染企业38家。

2012年，再次开展以淘汰落后的电镀工艺和设备，提升废气处理设施，严厉打击企业污水偷排、漏排等违法行为为重点的专项整治。同时，对生产规模小、工艺装备落后、整治无望的车间实行关停。对20家企业中的282个车间进行整治，其中31个手工线车间停产改造成自动线车间，其他251个车间全部进行了改造提升。同时彻底清除了地下电镀厂。

2014年下半年起，又对电镀行业实施专项治理，重点是全面淘汰半自动线，全面改造废气装置。2016年又对电镀行业环境污染开展深度治理，清除违法建设的生产设备，废水、废气污染物排放达到《电镀污染物排放标准》（GB 2019—2008）的要求，固体废物规范贮存和处置。清理电镀企业扩建设生产线17条，关停车间12个。2017年，环保部门立案查处环保违规电镀企业5家，罚款计23.3万元。

在电镀企业搬迁至电镀园区的同时，镇政府投资400万元，建造了占地面积1500多平方米，1000立方米高位池，250平方米管理用房。组建众泰废水排放管理有限公司，有员工6人，主要作用为24小时监测监督企业的废水处理是否达标，同时监督管理滨海工业园区所有企业的废水、废气达标排放情况。2015年，再投资200万元进行改造提升和扩容1000立方米高位池，合计2000立方米，并将监测合格的污水排放到城市污水处理厂进行再处理。2014年，又投资800万元，在朗海北路和广兴路交叉处，新建了占地面积3200平方米，总蓄水量达4470立方米高位池，用于监测五星、海惠、力盟、康华四家各自独立处理废水的企业废水是否达标，并把达标废水排入城市污水处理厂进行再处理。

石棉行业整治

有尘石棉厂是20世纪70年代初乡镇企业创办时的产物，全镇共创办过9家石棉厂，纺石棉是当时家庭经济收入的主要来源，但有尘石棉的空气污染十分严重，对石棉厂员工和家庭纺石棉人员的身体危害很大，长时间工作造成硅肺的可能性较大。70年代后期改进操作流程，对石棉扎花车加防尘罩，80年代乡镇政府采取措施取缔了有尘石棉，改为无尘石棉和机纺，家庭手纺石棉取消，2005年石棉行业消亡。

废塑料行业整治

废塑料再利用是保护环境、节约资源、节省成本的一条路径。但是在废塑料再生的过程中，特别是清洗过程中产生的污水排入河沟，对水体的污染很重。为此，2013—2014 年间镇政府会同环保所取缔了无证照、乱排放的14家废塑料加工企业。

燃煤锅炉整治

在小包装榨菜、化工企业中普遍使用燃煤锅炉供热，但锅炉在燃烧过程中产生的烟雾对大气的污染严重。进入 21 世纪，在政府的引导下，锅炉尾气采用水幕除尘的方法去除烟雾，把有烟煤改成无烟煤，2016 年改用天燃气锅炉。

2015—2017 年，全镇共淘汰锅炉 37 台，其中 2017 年淘汰 23 台，完成 10 蒸吨 / 时及以下高污染燃料锅炉淘汰改造工作，推进天然气等清洁能源的使用。

铜冶炼行业整治

铜冶炼厂从 80 年代开始出现，当时在家庭园内用焦炭炉炼铜，无环保处理设施。2007 年，把焦炭炉或重油炉改为天燃气炉或电炉，加料密封，淘汰了落后的上引法工艺，采用连铸连轧工艺，用废气处理装置处理废气。

其他企业整治

2004 年以后，全镇多数工业企业逐步实施雨污分流，各企业把污水处理达标后用污水管道统一排放至市城市污水处理厂再处理。至 2014 年，又投资 439.4 万元建设了污水纳管工程，把滨海工业园区七塘江北岸的生活污水也通过管道全部排入城市污水处理厂。

再生水回用

再生水俗称中水，就是把生活污水、工业废水经处理后达到一定的水质标准，可在一定范围内重新使用的非饮用水。再生水回用，一方面为城镇市政用水和生产用水开辟了第二水源，可降低自来水的消耗量，节约了水资源；另一方面在一定程度上解决了污水对水源的污染问题，从而起到保护水源的作用。再生水价格便宜，也为用户节约了资金。

电镀行业中水回用 2003 年，由 16 家电镀企业联合投资众泰废水处理站，在 2012 年又投入 2500 万元，用于提高污水处理技术水平和把处理后的中水回用设施，中水回用率达 55% 以上。其他 4 家（五星、海惠、力盟、康华）电镀企业共投资 5000 万元各自安装了废水处理和中水回用设施，中水回用率达 50% 以上。

余姚市城市污水处理有限公司中水回用 2011 年，投资 4302 万元，建设了总占地面积 1.78 万平方米的滨海再生工业水厂，该厂可近期供水 1 万吨 / 日、远期规划 5 万吨 / 日，2011 年 7 月开始对外供水。截至 2017 年，已建成管网 25 千米，近期供水局域主要分布在宁波中意生态产业园的兴姚路、兴舜路、兴滨路、兴曹路、兴海路、曹一路、曹娥路、建民北路、乐山路、朗海北路、涛声路，有 19 家单位使用了再生水。远期规划将遍布整个中意宁波生态产业园。

第二节 农业污染治理

榨菜污水治理

2004 年，组建专业废水运输队，配置 20 套废水装运设备，用拖拉机开始对各榨菜加工点、企业及农户的榨菜、芥菜等蔬菜腌制废水实行统一免费装运处理。从 2006 年开始，镇每年免费为农户装运榨菜污水，至 2017 年累计装运 501850 吨，镇、村负担费用累计 284.4898 万元。

2008 年，投资 465.19 万元建设 29619 米长度的榨菜废水收集系统，1 座污水提升泵站，17 套榨菜企业排污设备。2009 年 8 月完工并投入运行。将全镇 12 家榨菜精加工企业的生产废水全部收集、集中处理排放，18 家粗加工企业和 60 余家散户、大户产生的废水由保洁公司统一装运至镇污水泵站后集中处理排放。

2013 年，投资 173 万元对全镇榨菜污水管网进行维修，并延伸管网 5000 米到 6 个相对集中腌制区块，扩建 800 立方米暂存池 1 个，将排放总管连接到城市污水处理厂达标排放。

2006—2017 年榨菜污水免费装运一览表

表 9-2-1

年份	装运污水数量（吨）	镇、村负担经费（万元）
2006	25450	7.126
2007	29040	8.2038
2008	29700	8.3937
2009	33700	9.5242
2010	37720	10.7838
2011	51700	17.5975
2012	48040	34.5888
2013	50430	36.3180
2014	44520	36.3180
2015	38720	36.3180
2016	53780	36.3180
2017	59050	43.0000
合计	501850	284.4898

养殖业整治

家家户户养鸡、鸭、鹅、羊、猪、兔是农村几千年来的传统，但对环境的污染比较严重。随着工业企业发展，农民生活水平的提高，各类养殖专业大户的发展，从 80 年代开始散养快速减少，进入 21 世纪后，只有少量农户在庭园内实行圈养。

养殖大户，特别是养猪大户严重影响水环境，使养殖场周边河沟水体发黑发臭。2010 年，对 65 家规模养殖场，特别是 38 家生猪养殖场进行整治。规模养殖场排泄物进沼气池作无害化处理，一般养殖场实行干湿分离、雨污分流改造，即畜粪集中堆放，废水收集入池。

2014—2017 年，对禁养区和市级河道 50 米、镇级河道 25 米范围内及生态化治理未达标和无整改价值的畜禽场采用补贴的方式进了关停拆除，共计关停拆除 96 家，其中 2014 年 5 家、2015 年 3 家、2016 年 73 家、2017 年 15 家。

至 2017 年，通过市生态化治理达标验收的畜禽场共计 24 家，其中猪场 18 家、禽场 3 家、羊场 3 家。这些养殖场都达到了远离河道，场内做到了雨污分离，规模大的场采用沼气发电，沼液沼渣生态消纳式循环利用，规模一般的采用干粪堆积发酵作有机肥，污水净化处理。

生猪屠宰治理

生猪屠宰一直来都是分散型的，屠宰过程中的污物和噪声对环境产生污染。为此，政府主导在 329 复线与北排江交汇处建造了余姚市生猪定屠宰中心，2010 年开业，将姚北一带的生猪都集中到该企业屠宰，日屠宰量 500—600 头，对屠宰后的废弃物作环保处理，既改善了环境，也使百姓吃上放心肉。规划对牛集中屠宰也将在 2020 年实施。

作物秸秆处理

作物秸秆长期以来是作为燃料使用的，但从 80 年代开始，农户多用煤气作燃料，作物积秆成为环境污染的一个源头，田间焚烧污染大气，乱堆乱放污染地表，烂在地里污染水环境。镇政府对作物秸秆的处理方式作了积极的尝试。采用补助政策，鼓励农民把毛豆秆制作成颗粒饲料，通过市场销售给养羊、养兔专业大户；把作物秸秆制作成蚯蚓生活基质，用蚯蚓与动物排泄物混合，发酵后转化成有机肥料。把五塘江河以北867公顷农田实施秸秆还田，达到改良土壤，提升肥力；把榨菜叶、绿化菜叶腌制后晒成干菜。

2015年，农资部门建立农药瓶、农药袋回收制度，解决农药瓶、农药包装袋乱丢、乱扔问题。

外来生物治理

境域外来生物主要有加拿大一枝黄花、水葫芦、水花生、福寿螺等。其中加拿大一枝黄花和福寿螺对农业的危害最大。加拿大一枝黄花于1935年作为观赏植物引入中国。20世纪80年代，开始扩散蔓延境域河滩、荒地、公路两旁，农田边、农村住宅四周。由于繁殖力极强，传播速度快，生长优势明显，生态适应性广阔，与周围植物争阳光、争肥料，直至其他植物死亡，从而对生物多样性构成严重威胁。2010年被列入中国外来入侵物种名单。2012开始，镇政府采取措施，组织各村进行清除。落实专门经费，实施镇村户三级联动清除加拿大一枝黄花，确保不留死角。此外，动员广大村民开展自家农田、房前屋后的加拿大一枝黄花清除工作。至2017年，在基本农田上基本清除，但在一些荒芜的空地仍可见到加拿大一枝黄花的影踪。

福寿螺，1981年由巴西籍华人引入广东中山市养殖，被视为高蛋白食品。后由于福寿螺味道不佳，还可能引起寄生虫在人体内感染，以致被大量遗弃野外，使其自然繁衍蔓延。2000年后开始侵入并蔓延境域河沟、湿地。福寿螺由于繁殖能力强，环境适应能力强，以植物性饵料为主的杂食性螺类，食性广，对水稻、茭白、芋头等水生、湿生植物危害极大。2003年，国家环保总局就将福寿螺列为重大危险性农业外来入侵生物之一。镇政府采取“预防为主，综合防治”的措施，以人工捕螺摘卵，养鸭、养青鱼食螺和药物防治等方法，多管齐下灭杀。由于防控处置措施得力，重发面积少，未形成实际灾害。

第三节 生活污染治理

垃圾清扫处理

20世纪80年代以前全镇没有垃圾清扫工，垃圾主要依靠自然净化及当作燃料烧火煮饭。1986年，集镇主要街道配备了环卫员工每天清扫垃圾。1995年，首先在曹娥街开始，逐渐延伸到朗海十字街口、镇海街。1996年，镇建造垃圾填埋场3.3公顷。2008年，又异地新建2公顷。2002年，在集镇、村主要道路和住户放置垃圾桶，并向村民收取每人每月1.5元的保洁费，聘请保洁员每天到每户清运垃圾到村垃圾中转站，由镇垃圾装运车把垃圾装运到镇垃圾填埋场。2002年，镇级道路的垃圾清扫实行公司化运作。2004年，成立环卫站，有3名职工，站长马长桥，主要负责集镇区域主要道路保洁、全镇垃圾收集处理及粪便清运等方面的监督和管理。2005年，村级建造垃圾中转站。2007年，各村聘用环卫员工负责村级主要道路保洁。是年，投资120万元，在安息堂后建造垃圾压缩站，占地3600多平方米。垃圾压缩站污水排放到市污水处理厂。2008年，镇配置了道路洒水车一辆。2011年开始，把垃圾装运到余姚市垃圾发电厂焚烧发电。2017年，开始尝试垃圾分类，把垃圾分成厨余垃圾、可回收物、有害垃圾、其他垃圾。同年，投资100万元建造垃圾高温发酵棚（阳光房），把厨余垃圾经高温发酵处理做堆肥使用，进行减量化处理。对垃圾压缩站增设压缩机一台95万元，增设垃圾粉碎机一台50万元。至2017年全镇有道路环卫员工27人，村级道路环卫员工58人。

生活污水处理

80年代以前，基本没有处理生活污水的概念和措施，露天粪缸随处可见，洗涤水都流入河道或直接在河内洗涤。80年代后，随着经济的发展，人们的生产生活习惯也有改变，大量化肥的使用，农民已不太喜欢使用人粪料，使露天粪缸满溢，是水质污染和疾病传播的主要源头之一。另外，洗衣粉、液体皂、沐浴露等大量洗涤用品的使用，对水质污染也造成很大影响。为此，1990—2003年消灭露天粪缸，把农户的粪缸改为三格式无害化粪池。2013年，开始建设生活污水纳管工程，共投资4872.2万元，将污水管道连接到每一户，把马桶水、厨房水、洗涤水都排入污水管道后进入预处理池、人工湿地池进行处理或用管道输送到城市污水处理厂处理。其中，建民村生活污水每户独立建池处理。

农村生活污水收集处理工程一览表

表 9-2-2

村名	建造年份	投入资金（万元）	污水管道（米）	检查井（口）	提升井（口）	预处理池（座）	人工湿地（座）
曹娥村	2013	429.4	3850	490	—	2	2
朗海村	2013	226.8	6029	835	—	1	1
镇海村	2013	186.9	2900	369	—	1	1
南新庵村	2015	531.8	8669	462	6	—	—
人和村	2015	207.1	3055	113	2	—	1
曹一村	2016	1283.5	7800	600	12	—	1
滨海村	2015	2006.7	9660	1105	—	7	7
合计	—	4872.2	41963	3974	20	11	13

附一　余姚市小曹娥城市污水处理有限公司

余姚市小曹娥城市污水处理有限公司位于小曹娥镇滨海工业园区西北侧。2004年，由余姚市政府授权余姚市住建局，与上海复旦水务工程技术有限公司签署协议，采用BOT（建设—经营—转让）形式建设成立，用地19.16公顷。截至2017年，总建设投资3.4亿元。

余姚市小曹娥城市污水处理有限公司是余姚市唯一城市污水处理厂，用于处理余姚市城区及各乡镇生活污水及部分工业废水，规划总设计规模30万立方米／天，出水达到《城镇污水处理厂污染物排放标准》GB 18918-2002一级A标准，还将进一步提标改造。

该公司自2004年开始建设时日处理能力为3万吨，依据发展需求，不断创新改进扩建，日处理能力不断扩大。2010年，日处理能力为12万吨。2014年，日处理能力为15万吨。至2017年，日处理能力达22.5万吨。

污水处理的流程：一是先送入综合池（水解酸化池）；二是生物池（AA/O工艺和Bardenpho工艺并存），即厌氧—缺氧—好氧工艺和厌氧—缺氧—好氧—缺（好）氧工艺并存；三是稳定塘（藻菌动植物共生系统）；四是过滤站，起到对水质的深度净化；五是二氧化氯发生器，采用二氧化氯消毒，使大肠杆菌达标后排入杭州湾域或再生水厂；六是污泥脱水，采用带式压滤机脱水后把污泥送往宁波光耀热电有限公司焚烧及慈溪市新浦镇马潭路村的砖瓦厂焚烧制砖。

附二　宁波世茂能源股份有限公司（垃圾发电厂）

该厂成立于2003年12月，位于余姚市小曹娥镇滨海产业园。一期建设规模为每台每小时75吨汽的循环流化床燃煤炉2台，配套1台12兆瓦背负式汽轮发电机组，于2007年8月投入运行，为宁波世茂铜业股份有限公司的自备发电和全镇需热大厂的供热。二期建设规模为每台每天焚烧500吨垃圾的循环流化床垃圾焚烧炉3台，配套1台6兆瓦背压式汽轮发电机组和1台12兆瓦抽凝式汽轮发电机组，于2011年4月投入运行。2018年5月开始对3台循环流化床垃圾焚烧炉再次进行改造。改造后的烟气处理工艺为SNCR（选择性催化还原法）脱硝+半干法脱酸+干法脱酸+活性炭吸附+布袋除尘+SCR脱硝。烟气排放口均独立安装了烟气在线监测系统，包括CO与二噁英的监督性监测。2018年8月400吨/日的渗滤液处理系统投入运行，采用的处理工艺是过滤—沉淀—厌氧—生化—超滤，处理后的废水达到《污水综合排放标准》（GB 8978—1996）的三级排放标准后纳管到城市污水处理厂。

2015年6月，通达110千伏胜北1792线路接至220千伏武胜变电所并网发电。至2017年发电量为1.2亿千瓦时/年。为全余姚市焚烧垃圾45万吨/年。

电厂从建厂至今一直使用城市污水处理厂的再生水，至2017年使用再生水23万吨/年。

电厂为余姚市滨海新城、宁波中意生态产业园和小曹娥镇南工业园区（食品园区）、小曹娥镇滨海产业园区供气。已建供气管道20千米。2017年供气为8.9万吨/年。

◎ 市污水处理厂（2021年沈华苗摄）

第四节　五水共治

2013年11月，省委提出“五水共治”（治污水、防洪水、排涝水、保供水、抓节水）。2014年，成立了以镇长为组长的“五水共治”领导小组，并建立河长制。境内11条市、镇级河道由市、镇领导干部担任河长，65条村级河道由镇、村领导干部担任河长。把“五水共治”责任，特别是治污责任落实到河长，每日一报，使每一条河都由1名干部负责抓，并把河长的姓名、职务、电话号码、投诉电话号码公布在河边的公示牌，接受群众监督。建立责任考核制度，实行一河一策，特别是“三河”（黑水河、臭水河、垃圾河）治理提升、“摘帽”，具体措施落实到人、办。

实施“三洁九无”（河岸整洁、河面整洁、河流整洁，河岸无垃圾、无违章建筑、无污水直排、河面无垃圾、无漂浮物、无杂草、河中无障碍、无沉船、无严重淤塞）。建立长效保洁制度，全镇有河道保洁员24人，河道保洁监督员3人，定人、定责、定河道每日清理保洁。河岸垃圾突击清理，2015年突击清理垃圾6次，装运垃圾杂物1560吨。

防洪水

投资建设“十一闸三泵”，把全镇水域连成一个整体，新建出海闸一座，可有效地灌溉和抗洪排涝。渔网集中清理2次，拆除地笼、插网1100余处。

排涝水

2015年，投资1500.9万元，实施小型农田水利项目。

治污水

治污水是“五水共治”中的重中之重，围绕污水源头治理，查清河道的每一个出水口的源头，贴上标牌，标明流入河道的水来自何处，污水截污纳管，进入城市污水处理厂。7条劣五类水质河道都“摘帽”，至2017年全镇76条河道水质都达到了四类水以上。

保供水

完善供水管网，优化供水服务。投资600万元维修和改造自来水管网和供水设备。

抓节水

坚持工程性节水、技术性节水、政策性节水、全民化节水四措并举。高效农业节水，投资1150万元，推广微灌技术707公顷。在企业中推广中水回用，电镀企业、发电厂等用水大户都已实施。

河道疏浚、砌石、绿化

2003年，从五塘江开始全镇共投资2800万元，对河道进行清淤疏浚、砌石和绿化，砌石一条河沟，疏浚一条河沟，绿化一条河岸。至2017年，境内主要河道两岸全部砌石、疏浚、绿化。全镇三座泵房不定期给内河进行蓄排水，保持水源达到要求。

第十编

水陆交通

中华人民共和国成立前，小曹娥的交通较闭塞。出行仗步行，运输凭人力。内河宜航河道极少，杭州湾缪路潭外海航道为域内外运之主要通道。中华人民共和国成立后，随着数条内河开掘，水上交通有较大发展。1979年建造境内第一条砂石公路后，始有通县城班车。此后手拉车、拖拉机、农用机动三轮车等陆路运输工具大量使用并不断增加和更新；代步工具亦从自行车、摩托车、电动车向私家轿车发展。路网不断完善，等级不断提高，至2017年，已有5条省、县级公路穿境；5路公交车通镇，实现村村通公交。小曹娥镇逐渐从交通末端变成了交通枢纽。

1000
0 500 1500M
滨海新城
周巷镇
泗门镇
朗霞街道
图例
高速公路
快速路
主干路
次干路
支路
铁路
公交首末站
高速互通口
加油站
市民广场
停车场
城乡客运站
高铁站

◎ 镇域道路交通规划图

第一章 陆　路

第一节　公　路

1979 年，朗霞至朗海公路建成，是为境内第一条公路。1980—2017 年，先后建成 329 国道复线、余姚大道、朗海至夹塘公路、朗海至建塘公路、小曹娥至西缪路公路、329 国道复线至农场公路等县道、乡道 20 多条，形成纵横交错的区域公路网。

省道

余慈高速公路　编号 S8，又名杭州湾跨海大桥杭甬连接线或余慈连接线。整线起点为杭甬高速至小曹娥互通枢纽。其中余夫公路至小曹娥互通段利用余姚大道（又名兰曹大道）中央分隔带全线敷设高架桥，终点连接规划中的杭甬高速公路复线小曹娥互通，双向四车道，全长 17.9 千米。其中小曹娥境内 6.521 千米。

县道

329 国道余慈复线　简称 329 国道复线（又称姚北大道，慈溪境内又称中横线），编号 X231。一期工程起点小曹娥镇，经泗门镇、临山镇，终点黄家埠镇，全长 16.3 千米，其中小曹娥境内 5.2 千米。

工程于 2005 年 5 月开工，2008 年 12 月完工，并通过交工质量鉴定和交工验收。

工程按一级公路标准并兼顾城市道路功能设计、建设。路基宽 58 米，机动车道宽 22.5 米，双向六车道，中央绿化带宽 5 米，两侧绿化机非隔离带各 3 米宽，非机动车道 7 米和人行道 4.25 米，沥青混凝土路面，设计行车速度 100 千米 / 小时。

余姚大道　一期工程，（又名兰曹大道）曾称杭甬高速公路至宁波沿海北线高速公路余姚连接线，编号 X232。一期工程于小曹娥境内，起点 329 国道复线，终点宁波沿海北线（规划），长 7.521 千米（桩号 K17+635—K25+156）。工程于 2004 年 4 月开工，2008 年 8 月完工，9 月通过交工质量鉴定和交工验收。

工程按一级公路标准并结合部分城市道路功能设计、建设。路基宽 56 米，主车道宽 22.5 米，双向六车道，两侧辅车道宽各 7 米，沥青混凝土路面。中间绿化带宽 10 米，两侧绿化带宽各 3 米，设计行车速度 80 千米 / 小时。有中桥 4 座、小桥 5 座计 352 延米，有板涵 1 道、管涵 129 道，桥涵与路基同宽，设计荷载标准为汽—20 吨、挂—120 吨，工程投资 39685 万元。

朗霞至夹塘公路　是黄家埠高桥至上虞夹塘线（简称高夹线）中的一段，编号 X207，原为泥结碎石路面。路基宽 7 米，路面宽 3.5 米，该路分 3 期工程建设。第一期，自朗霞镇 329 国道至朗海乡杨家路三丘，在原机耕路基础上改建，长 6 千米。1979年初动工，同年11月13日建成通车。由朗海公社组织沿路大队建造。第二期杨家路三丘至曹娥，长1.1千米，杨家路三丘至镇海公社方家路，长2千米。于1979年5月动工，次年5月29日竣工通车。由曹娥公社、镇海公社组织沿路大队建造。第三期自方家路至夹塘公社谢家路二丘，长4.2千米。1980年底动工，1982年9月20日竣工通车。由镇海公社、万圣公社、夹塘公社组织沿路大队建造。

2001年7月至2002年4月，小曹娥至朗霞3.77千米段按2级公路标准改建。路基宽18—20米，路面宽2×7米，中间设绿化带，水泥混凝土路面。工程由小曹娥镇人民政府组织实施，宁波市公路管理局组织验收。2006年8月至2007年6月，高夹线小曹娥集镇穿镇4.024千米段拓宽改造工程竣工。路基宽9—12米，路面宽7—9米，水泥混凝土路面，投资803.2万元（329国道至海塘南段2008年建为余姚大道）。

曹建公路 又称朗建公路、朗建线，编号X216，自余姚市小曹娥镇朗海至慈溪市建塘。余姚段起点相交于高夹线K20+500，途经小曹娥，终点曹丁，后进入慈溪界。为四级公路，路基宽7—8米，路面宽6米，泥结碎石路面，投资40万元。全长3.073千米，1992年建成通车。有小桥二座，涵洞5道，荷载标准为汽—20吨，挂车—100吨。1998年，由乡道调整为县道。2013年4—12月，改建成沥青混凝土路面。路基宽度为8—12米，路面宽度为6—10米，改建总投资1500万元。

此路为原有朗海至小曹娥公路和小曹娥至曹丁公路组成。朗海至小曹娥段：1980年5月建成通车，泥结碎石路面。1993年，1998年，分为二期改建为水泥混凝土路面，路基宽8.3米，路面宽6米，其中1998年投资187万元。2003年9—11月，路面中修。2007年11月至2008年2月，永久桥上部结构改变。

乡道

曹缪路 编号Y252，长2.229千米，东起慈溪市周巷镇西缪路，西至高夹线。1999年8月开工建设，同年12月竣工。2000年11月通过余姚市交通局验收。工程按平原微丘三级公路标准设计、建设。路基宽9米，泥结碎石路面宽7米，有涵洞12道。2003年7—10月，由砂石路面改建为宽6米的水泥混凝土路面，投资142万元。

村道

政通路 位于食品园西区、329复线北首，东起洪家路江，西至方家路江，全长1.24千米。路面宽10米，水泥混凝土路面，双车道，四级。

贯通路 编号C025330281，位于食品园西区与海塘南、南新庵村交界处，东起余姚大道，西至方家路江，全长1.48千米。路面宽10米，水泥混凝土路面，双车道，四级。

四塘江横路 位于四塘横江北岸，东起杨家路江，西至洪家路江，全长0.9千米。路面宽4米，水泥混凝土路面。2009年1月改造，投资255万元。

崇孝路 位于镇政府北约500米处，东起爱国江，西至泗门万圣村，横跨曹娥村永久片、朗海村、镇海村、人和村，全长4.5千米。路面宽设计24—36米，已建12—18米，沥青混凝土路面，双车道，四级。2014年8月开工建设，2016年9月竣工，投资3000万元。

五塘东路 位于五塘横江北岸，东起板桥路，西至余姚大道，全长3.2千米。路面宽4米，水泥混凝土路面。2012年改造，投资540万元。

五塘西路 位于五塘横江北岸，东起余姚大道，西至万圣村，全长2.4千米。路面宽4—5米，水泥混凝土路面。2017年改造，投资440万元。

永清塘东路 编号C027330281，位于原永清塘，东起毛丁北路，西至朗海北路，横贯建民村、滨海村杨丁片，全长2.72千米。路面宽6米，水泥混凝土路面，四级。2012年改造，投资720万元。

永清塘西路 编号C029330281，位于原永清塘，东起朗海北路，西至镇海北路，横贯滨海村符丁片、人和村周六丘，全长1.85千米。路面宽6米，水泥混凝土路面，四级。2007年改造，投资450万元。

恒兴路　位于小曹娥滨海产业园南部，东起曹娥北路，西至余姚大道，全长1.9千米。路面宽10米，水泥混凝土路面，双车道，四级。2010年1月开工建设，2013年12月竣工，投资354万元。

科兴路　位于小曹娥滨海产业园中部，东起曹娥北路，西至余姚大道，全长2.0千米。路面宽13.4米，水泥混凝土路面，双车道，四级。2010年1月开工建设，2012年12月竣工，投资306万元。

广兴路　位于小曹娥滨海产业园北部，东起建民路，西至朗海北路，全长1.0千米。路面宽13.4米。水泥混凝土路面，双车道，四级。2013年3月开工建设，2014年7月竣工，投资156万元。

毛丁南路　位于镇境东部，南起慈溪西缪路，北至曹建公路，纵穿曹娥村全义片，全长1.4千米。路面宽6米，水泥混凝土路面，四级。2017年改造，投资290万元。

毛丁北路　位于镇境东部，南起曹建公路，北至永清塘东路，纵穿曹娥村三发片、建民村曹丁片，全长1.7千米。路面宽6米，水泥混凝土路面，四级。2017年改造，投资245万元。

曹娥南路　编号C267330281，位于原曹娥乡中部，南起329国道复线，北至曹建公路，纵穿曹一村、曹娥村曹娥片，全长2.95千米。路面宽7米，水泥混凝土路面，双车道，四级。2012年6月起分期开工改造，2014年7月全线竣工，投资490万元。

曹娥北路　编号C341330281，位于原曹娥乡中部，南起曹建公路，北至九塘，纵穿曹娥村永久片、建民村后中灶片、农场片，全长3.03千米（其中解放塘至七塘江段属慈溪市，未列入）。路面宽7米，水泥混凝土路面，双车道，四级。2009年6月起分期开工改造，2014年7月全线竣工，投资680万元。

朗海中路　编号C028330281，位于原朗海乡中部，南起朗夹公路，北至五塘横江，纵穿朗海村朗海片，全长0.9千米。路面宽6—10米，水泥混凝土路面，四级。2008年改造，投资110万元（朗海南路与朗夹公路复合）。

朗海北路　此路分南北两段，南段位于原朗海乡中部，南起五塘横江，北至解放塘，纵穿滨海村，全长1.6千米。水泥混凝土路面，宽6米，四级。2008年改造，投资320万元。北段南起小曹娥滨海产业园科兴路，北至中意宁波生态园滨海大道，全长2.3千米，其中小曹娥滨海产业园内0.5千米。路面宽13.4米，水泥混凝土路面，双车道，四级。

镇海南路　编号C088330281，位于原镇海乡中部，南起贯通路，北至朗夹公路，纵穿南新庵村、镇海村，全长1.97千米。路面宽6米，水泥混凝土路面，四级。2017年改造，投资370万元。

◎ 镇海南路（南星庵段）

镇海北路　编号C340330281，位于原镇海乡中部，南起朗夹公路，北至九塘，纵穿人和村，全长3.1千米。路面宽6米，水泥混凝土路面，四级。2008年8月开工改造建设，2009年2月竣工，投资470万元。

建民路　编号C269330281，位于农场与小曹娥滨海产业园交界处，南起七塘，北至九塘，全长1.44千米。路面宽6米，水泥混凝土路面，四级。2011年2月开工建设，2011年11月竣工，投资144万元。

除上述道路外，1998—2003年，在工业功能区、滨海产业园还先后新建6米以上配套道路10余条，总长6.86千米。主干道有：

园兴路：南起科兴路，北至兴姚路，长730米，宽10米。

宁兴路：东起宁波伟业，西至兴盛电镀，长490米，宽7米。

园达路：南起众泰废水排放管理有限公司，北至恒兴路，长430米，宽7米。

复兴路：南起329复线，北至贯通路，长450米，宽15米。

和兴路：南起政通路，北至贯通路，长330米，宽8米。

久兴路：南起329国道复线，北至贯通路，长470米，宽7米。

长兴路：东起建民路，西至园达路，长370米，宽7米。

园旺路：南起创兴路，北至恒兴路，长190米，宽7米。

广发路：东起德威电器，西至余姚大道，长280米，宽6米。

明达路：东起明达玻纤，西至余姚大道，长320米，宽6米。

创兴路：东起园旺路，西至朗海北路，长520米，宽7米。

园发路：东起众茂热电，西至朗海北路，长280米，宽13米。

第二节　拖拉机路

20世纪50年代末，农业机械化推动农村道路建设。至70年代末，以泥结碎石路面为主的拖拉机路（俗称机耕路）沟通乡村。90年代，村与村之间的拖拉机路进行改造，路面平均拓宽至5—10米，并逐步进行水泥混凝土路面铺浇，形成镇域公路网，实现村村通公路。1999—2004年，结合标准农田改造，重新规划农田机动车路，形成宽4米、水泥混凝土路肩、泥结碎石路面的田间机动车交通网。

较具规模的拖拉机路

曹一村至泗门水库拖拉机路　原名东干路，又称曹娥抢险公路，长5千米。原为宽2米左右泥路。1964年，由曹娥公社加宽至4—5米，铺垫塘渣。1983年再次拓宽，形成宽6米的泥结碎石路面，筑有桥梁7座。于2012年开始分四期工程在原机耕路的基础上，从329国道复线至农场改建成6米宽的水泥混凝土路面。

朗霞至曹娥拖拉机路　长7.1千米，泥结碎石路面，宽6米。1979—1980年改建成公路。

朗海拖拉机路　又称朗海抢险公路，自朗夹公路5K+900至临潮海塘，长4.1千米，泥结碎石路面，宽6米。1993—2002年，分段改建成水泥混凝土路面。

镇海拖拉机路　又称镇海抢险公路，自朗夹公路7K+900至临潮海塘，长3.656千米，泥结碎石路面，宽6米。2008年改建成水泥混凝土路面。

第三节　古　道

古道所经市集村落、交叉要冲，以便于交通往来。历史上小曹娥古道由地方官府或仁人善士修葺。岁月流逝，设施变迁，这些古道现在已了无踪迹，考寻钩沉，择要记之，亦可观旧时曹娥交通之一斑。

东干路

又名庵直路，旧时由朗霞东干为起点经横潭、廿四湾、庵街通往滨海的一条通行道路，故名东干路。境内全长5.5千米，原为泥路且多有弯曲，路面宽仅1—2米，1964年部分路段改建成宽4—

5 米、泥结碎石路面的机耕路。21 世纪初改建成宽 6 米、混凝土路面的公路。

毛丁路

毛丁路旧时是由缪路的毛家为起点，经缪路至永清塘（介于许丁、曹丁之间）的一条通行道路，境内全长 3.1 千米。原为泥路，道路小而弯曲，路面宽仅 1—2 米。1976 年改建成 2—4 米宽的泥结碎石路面。2010 年改建成 4—6 米宽的混凝土通村公路。

童丁路

童丁路旧时由朗霞童家经廿四湾、曹娥通往许丁的一条通行道路，故名童丁路。境内全长 3 千米。原为泥路，路面宽仅 1—2 米，1980 年部分路段改建为宽 2—4 米的泥结碎石路面。2001 年起各行政村分别改建为 4 米的混凝土路面，作为村内通道。

杨家路

杨家路由朗霞杨家为起点，经曹一柴场头、徐家路、朗海通往六塘的一条通行路，境内全长 4.7 千米。原为 1—2 米的沿江道路，均为泥路，20 世纪 70 年代起部分路段改建为 2—4 米泥结碎石路面，2004 年起改建为 4—5 米混凝土路面。

洪家路

洪家路由泗门的洪家为起点，经徐家路、朗海、符丁等自然村通往六塘的一条通行路，境内全长 5.5 千米。原为仅 1—2 米宽的江边泥路，1986 年起部分路段改建成宽 2—4 米的泥结碎石路面，2008 年起改建成宽 4—5 米的混凝土路面。

方家路

方家路由泗门的方家为起点，经南新庵、仁泰丘、人和丘等自然村通往六塘的一条通行道路，境内全长 5.5 千米。其中，后海舍至后凉亭约 4 千米段为石板路，其余为仅 1—2 米宽的江边泥路，70 年代起部分路段改建成宽 2—4 米的泥结碎石路面，2005 年起全部改建成宽 4 米的混凝土路面。

附　凉亭

凉亭为行人憩息及引车肩担者歇力之场所，古已有之。间有供施茶水、售卖酒食处所，多为民间行善捐资建造，亦有郡邑村里出资助建者。随着交通发展，凉亭或弃或毁，现已不复存在。境内历史上有名的凉亭有：

营房头凉亭　位于方家路利济塘南（现南新庵村营房头自然村银江桥西桥头），建于道光末年，坐西朝东瓦平房 3 间加 1 间凉棚，为泗门谢姓种地大户建造，便于耕作使用和过往行人憩息。1950 年土地改革时，人民政府将此房分配给农民居住。

济歇亭　又称后凉亭，位于方家路晏海塘上，清同治三年（1864）始，先后建造坐北朝南瓦平房二进各 3 间。前进为凉亭，因当时交通落后，此地是行人由庵东通往上虞、绍兴的必经之地，为方便路人歇脚、解渴、避雨，由民间热心人士发起，众人捐资修建此亭。后进 3 间供奉菩萨数尊，渐称为济慈庵。1957 年凉亭、庵拆除，改建为民房店铺。

武圣殿凉亭　位于直塘头榆柳塘上（现曹一村直塘头自然村漕斗北首），此地是域内通往周巷的必经之地，始建于清宣统三年（1911）春，由郑余千、应金培等人出资建造。建造格式为前亭后殿，坐北朝南 3 间木结构瓦平房，房前有翻轩石凳，晚上还有照明路灯。正房有菩萨数尊，称武圣殿。1959 年凉亭、殿均被拆除，其材料用于建仓库。

◎ 武圣殿匾

第二章 水 路

境内河道纵横，南接浙东运河，北通杭州湾，舟楫称便。内河有市级支线航道1条，其他宜航河道6条，可供小型客货船运行。外海航道1条，近海航行有悠久历史。在陆路机动交通尚未通畅前，水路是民间生产、生活交往的交通要道。20世纪80年代中期后，水路运输逐年萎缩，至2017年已无客、货船航运。

第一节 内河航道

境内有经交通管理部门命名编号的市级支线航道1条，其他宜航河道6条。

市级支线航道

余姚十一号航道。该航道自临海六洞闸起，流经四洞闸入四塘横江、经泗门镇境至小曹娥，全长18.4千米。小曹娥境内段7.229千米，航道最宽60米，最狭25米，最高通航水位5米，最低4.3米，设船套闸1座。属9级航道，通航20—30吨级船只。

其他宜航河道

清至民国时期，境内并无较大内河。所有内河为中华人民共和国成立后陆续修掘。20世纪50年代修掘四塘横江、爱国江；60—80年代相继修掘五塘横江、杨家路江、洪家路江、方家路江、八塘横江；21世纪初又扩掘了1条七塘横江，形成了四横四纵的内河宜航河道网，可供小型船只通行。

上述宜航河道多无固定航线，但内自成网，外通主江，舟楫甚为便捷，是20世纪80年代之前的交通要道，民间生产、生活所需全仗水运。80年代中期后，陆路交通迅速发展，水路交通日渐衰落。2017年，境内所有宜航河道已无船只通行，仅保留排灌蓄水功能。

第二节 外海航道

境内缪路湾，曾是清至民国时期余姚沿海的主要外海航道之一，是三北沿海聚泊卤担船、渔船最多的海湾。境内及周边地区所产之棉花、卤、盐的外运和所需之生产、生活资料的运入主要通过该航道进出。航道可直达上海、舟山、江阴马堤、萧山、绍兴、平湖、海盐等地乃至全国各港口；也是渔民出入外海捕捞的必经航道。

是时，为确保船舶航运安全，曾在缪路湾临潮海塘上竖立航标灯（最早以孝女殿天灯作航标灯），并在缪路湾航道两侧插上带梢长竹竿作为航标，船员、渔民习惯上称作“样梢”。当地熟悉航道的船员还常被外来船舶聘为领航员，把外船从杭州湾主航道领入缪路湾航道。

20世纪50年代始，由于内河航道的逐步开掘，外海航道的使用量逐年减少；80年代以后，随着陆路运输的发展和海涂的北延，缪路湾外海航道已很少使用。至2017年，除渔船外，已无运输船舶进出。

第三章 桥 梁

据民国《余姚六仓志》记载，境内有桥梁3座：众姓桥，在毛丁路利济塘北（改涵洞）；叶潘桥，在直塘路利济塘北（改闸桥）；孝女桥，在孝女寺东（改涵洞）。2017年，全镇有桥梁92座，其中县级公路桥17座，乡、村公路桥20座，民间桥梁56座。

第一节 公路桥梁

县级公路桥

2017年，境内有县级公路桥17座，共长643.7米，其中20米长以上桥梁15座，设计荷载100吨桥梁13座。

思孝桥 位于余姚大道老四塘江上，桥梁全长59.6米，桥梁净宽47.6米。钢砼结构，三跨一联组合，荷载100吨，2008年建造。

引孝桥 位于余姚大道四塘横江上，桥梁全长59.6米，桥梁净宽47.6米。钢砼结构，三跨一联组合，荷载100吨，2008年建造。

品孝桥 位于余姚大道乡横江上，桥梁全长60米，桥梁净宽46.4米。钢砼结构，三跨一联组合，荷载100吨，2008年建造。

感孝桥 位于余姚大道五塘横江上，桥梁全长60.2米，桥梁净宽46.8米。钢砼结构，三跨一联组合，荷载100吨，2008年建造。

崇孝桥 位于余姚大道滨海村小河上，桥梁全长19米，桥梁净宽47.6米。钢砼结构，平板组合，荷载100吨，2008年建造。

弘孝桥 位于余姚大道七塘江上，桥梁全长63米，桥梁净宽47.3米。钢砼结构，三跨一联组合，荷载100吨，2008年建造。

扬孝桥 位于余姚大道八塘江上，桥梁全长63米，桥梁净宽47.6米。钢砼结构，三跨一联组合，荷载100吨，2008年建造。

◎ 八塘江杨孝桥（2020年吴华春摄）

聚贤桥 位于余姚大道九塘江上，桥梁全长51米，桥梁净宽47.3米。钢砼结构，三跨一联组合，荷载100吨，2008年建造。

杨家路桥 位于329复线杨家路江上，桥梁全长24.5米，桥梁净宽52米。钢砼结构，四跨一联组合，荷载100吨，2008年建造。

洪家路桥 位于329复线洪家路江上，桥梁全长24.5米，桥梁净宽52米。钢砼结构，四跨一联组合，荷载100吨，2008年建造。

方家路桥 位于329复线方家路江上，桥梁全长24.5米，桥梁净宽52米。钢砼结构，四跨一联组合，荷载100吨，2008年建造。

杨家路江桥 位于曹建公路杨家路江上，桥梁全长13米，桥梁净宽8米。平板钢砼结构，荷载50吨，2003年1月建造。

永久桥 位于曹建公路爱国江上，桥梁全长23米，桥梁净宽9米。平板钢砼结构，荷载50吨，2004年建造。

老四塘江桥 位于朗夹公路老四塘横江上，桥梁全长20米，桥梁净宽9.2米。钢砼平桥结构，荷载100吨，2002年建造。

四塘江桥 位于朗夹公路四塘横江上，桥梁全长28.8米，桥梁净宽9.2米。三跨一联钢砼结构，荷载100吨，2016年建造。

洪家路桥 位于朗夹公路洪家路江上，桥梁全长25米，桥梁净宽9米。三跨一联钢砼结构，荷载40吨，1994年建造。

方家路桥 位于朗夹公路方家路江上，桥梁全长25米，桥梁净宽9米。三跨一联钢砼结构，荷载40吨，1993年建造。

乡村公路桥

2017年境内有乡、村公路桥20座，计长449米，其中20米以上桥13座，设计荷载40吨以上桥梁12座。

全义桥 位于毛丁南路浙东引水江上，桥梁全长45米，桥面宽10米。钢砼结构平板桥，设计荷载40吨，2007年建造。

◎ 全义桥

曹一桥 位于曹缪公路曹一村工字江直江上，桥梁全长20米，桥面宽8米。钢砼结构平板桥，设计荷载20吨，2005年建造。

海塘南桥 位于贯通路洪家路江上，桥梁全长16米，桥面宽8.5米。三跨一联钢砼结构，设计荷载50吨，2003年建造。

南星四塘江桥 位于镇海南路四塘江上，桥梁全长38米，桥面宽7.5米。三跨一联钢砼结构，设计荷载20吨，2009年建造。

银江桥 位于贯通路方家路江上，桥梁全长15米，桥面宽11米。平板钢砼结构，设计荷载20吨，2009年建造。

镇海五塘江桥 位于镇海北路五塘江上，桥梁全长11米，桥面宽8米。三跨一联钢砼结构，设计荷载50吨，2004年建造。

洪家路江桥 位于永清塘西路洪家路江上，桥梁全长24米，桥面宽9米。三跨一联钢砼结构，设计荷载50吨，2005年建造。

镇北桥 位于朗海中路至朗海北路五塘江上，桥梁全长20米，桥面宽7米。平板桥钢砼结构，设计荷载20吨，1993年建造。

七塘江桥 位于朗海北路七塘江上，桥梁全长31米，桥面宽8.5米。三跨一联钢砼结构，设计荷载50吨，2004年建造。

朗海八塘江桥 位于朗海北路八塘江上，桥梁全长14米，桥面宽20米。三跨一联钢砼结构，设计荷载100吨，2011年建造。

朗海九塘江桥 位于朗海北路路九塘江上，桥梁全长20米，桥面宽9米。三跨一联钢砼结构，设计荷载20吨，2010年建造。

杨丁桥 （又名杨家路桥）位于永清塘东路杨家路江上，桥梁全长22米，桥面宽7米。钢砼平桥结构，设计荷载40吨，2006年建造。

曹一中东桥 位于曹娥南路曹一工字江上，桥梁全长12米，桥面宽8.5米。平板桥钢砼结构，设计荷载50吨，2008年建造。

曹娥四塘江桥 位于曹娥南路四塘江上，桥梁全长32米，桥面宽9米。三跨一联钢砼结构，设计荷载100吨，2008年建造。

曹娥五塘江桥 位于曹娥北路五塘江上，桥梁全长16米，桥面宽8.5米。三跨一联钢砼结构，设计荷载50吨，2008年建造。

曹娥八塘江桥 位于曹娥北路八塘江上，桥梁全长 30 米，桥面宽 9 米。三跨一联钢砼结构，设计荷载 40 吨，2006 年建造。

洪家路北桥　位于永清塘西路洪家路江上，桥梁全长 11 米，桥面宽 8 米。拱桥钢砼结构，设计荷载 50 吨，2004 年建造。

建民桥　位于永清塘东路爱国江上，桥梁全长 30 米，桥面宽 9 米。钢砼平桥结构，设计荷载 25 吨，1998 年建造。

毛丁路五塘江桥　位于毛丁北路五塘江上，桥梁全长 20 米，桥面宽 8 米。钢砼平桥结构，设计荷载 25 吨，2005 年建造。

镇海九塘江桥　位于镇海北路九塘江上，桥梁全长 22 米，桥面宽 8 米。拱桥钢砼结构，设计荷载 25 吨，2003 年建造。

◎ 镇海九塘江桥

第二节　民间桥梁

至 2017 年，境内有民间桥梁 56 座，共长 787.6 米。其中，曹娥片 15 座，朗海片 21 座，镇海片 20 座。

曹娥片

助富桥　位于曹娥南路曹一工字江南横江上，桥梁全长 5 米，桥面宽 4 米，钢砼桥，设计荷载 20 吨。始建于 1962 年，1990 年重建。

曹二西干路桥　位于西干路曹二中心江上，桥梁全长 5 米，桥面宽 4 米，钢砼桥，设计荷载 20 吨。始建于 1956 年，2017 年重建。

曹二桥　位于曹娥南路老四塘横江上，桥梁全长 9.5 米，桥面宽 4 米，钢砼桥，设计荷载 20 吨。始建于 1997 年，2008 年重建。

曹二中心桥　位于曹二中心横路曹娥直江上，桥梁全长 6 米，桥面宽 5 米，钢砼桥，设计荷载 20 吨。始建于 1954 年，2016 年重建。

曹二西直河桥　位于曹二中心横路曹二西直江上，桥梁全长 8 米，桥面宽 4 米，钢砼桥，设计荷载 20 吨。始建于 1954 年，1990 年重建。

奋发桥　位于曹娥南路曹二中心江上，桥梁全长 5 米，桥面宽 4 米。钢砼桥，设计荷载 20 吨。始建于 1967 年，1997 年重建。

毛丁路闸桥　位于毛丁南路四塘江上，桥梁全长 21 米，桥面宽 4.5 米。钢砼桥，设计荷载 20 吨，1972 年建造。

全义西桥　位于曹娥村全义片西爱国江上，桥梁全长 18 米，桥面宽 5 米。钢砼平桥，设计荷载 15 吨，2004 年建造。

许丁桥　又名新村桥、文革桥，位于曹娥村全义片许丁丘新村旁爱国江上。2001 年重建，钢砼拱桥，桥梁全长 19 米，桥面宽 4.5 米，设计荷载 5 吨。

幸福桥　位于镇老年人服务中心南爱国江上，桥梁全长 19 米，桥面宽 4.5 米。钢砼平桥，设计荷载 15 吨，2002 年建造。

永久二桥　位于曹娥村永久片爱国江上，桥梁全长 23 米，桥面宽 5 米。钢砼平桥，设计荷载 15 吨，2004 年建造。

永久北桥　位于曹娥村永久片五塘江上，桥梁全长 18 米，桥面宽 3 米。钢砼拱桥，设计荷载 5 吨，2001 年建造。

澄清桥　位于建民村南五塘江口爱国江上，桥梁全长 23 米，桥面宽 5 米。钢砼拱桥，设计荷载 10 吨，2004 年建造。

建民南桥　曾名东方红桥，位于建民村委南爱国江上，桥梁全长 23 米，桥面宽 5 米。钢砼平桥，设计荷载15吨，2004年建造。

建民北桥 曾名九大桥，位于建民村委北爱国江上，桥梁全长26米，桥面宽5米。钢砼平桥，设计荷载15吨，2004年建造。

朗海片

杨家路南桥 位于杨家路四塘横江上，桥梁全长26米，桥面宽4.5米。钢砼平桥，设计荷载15吨，2008年建造。

孝贤桥 位于杨家路江孝贤路，初建于1961年，宽2.5米钢筋混凝土拱桥。2012年重建为钢砼平桥，桥梁全长9.5米，桥面宽4米。

朗海南桥 位于杨家路江原朗海村南横路，初建于1961年，宽2.5米钢筋混凝土拱桥。2008年重建为钢砼平桥，桥梁全长9.5米，桥面宽4.2米。

朗海中桥 位于杨家路江原朗海村后横路，初建于1966年，宽2.5米钢筋混凝土拱桥。2006年重建为钢砼平桥，桥梁全长9.5米，桥面宽3.5米。

朗海北桥 位于杨家路江原朗海村五圹江路，初建于1976年，宽2.5米钢筋混凝土闸桥。2012年重建为钢砼平桥，桥梁全长9.5米，桥面宽3.5米。

杨家路五塘江桥 位于杨家路五塘江上，桥梁全长12米，桥面宽8米。钢砼平桥，设计荷载20吨，2002年建造。

杨家路江五圹江北横桥 位于杨家路江五圹江北横路，初建于1970年，宽2.5米钢筋混凝土拱桥。2008年重建为钢砼平桥，桥梁全长9.5米，桥面宽4米。

杨丁南一桥 位于杨家路江杨丁四丘南横路，初建于1961年，宽2米木头桥。2008年重建为钢砼平桥，桥梁全长9.5米，桥面宽4米。

杨丁南二桥 位于杨家路江杨丁四丘后横路，初建于1961年，宽2米木头桥。2008年重建为钢砼平桥，桥长9.5米，桥面宽4米。

杨丁北桥 位于杨家路江杨丁五丘，初建于1961年，宽2米木头桥。2008年重建为钢砼平桥，桥梁全长9.5米，桥面宽4米。

海塘南北桥 位于海塘南北首洪家路江上，桥梁全长18米，桥面宽3米，钢砼拱桥，设计荷载5吨，建于1993年。

洪家路南桥 位于洪家路四塘横江上，桥梁全长30米，桥面宽6米，钢砼平桥，设计荷载15吨，建于2007年。

世纪桥 位于朗海通往南新庵的四塘江口洪家路江上，因建于新世纪第一年故名。桥梁全长20米，桥面宽3.5米，钢砼拱桥，设计荷载5吨，建于2001年。

徐家南桥 位于符丁河符丁四丘，初建于1961年，宽1.5米木头桥。2012年重建为钢砼平桥，桥梁全长9米，桥面宽7米。

徐家北桥 位于符丁河符丁五丘，初建于1961年，宽1.5米木头桥。2012年重建为钢砼平桥，桥梁全长12.5米，桥面宽4米。

符丁南桥 位于符丁河符丁四丘，桥梁全长6.5米，桥面宽3.8米，钢砼平桥，建于2007年。

符丁北桥 位于符丁河符丁五丘，桥梁全长6.5米，桥面宽3.7米，钢砼平桥，建于1994年。

双龙桥 位于刘丁路永清塘西路前，初建于1954年，宽1.5米木头桥。2014年重建为钢砼平桥，桥梁全长9.5米，桥面宽4米。

刘丁南桥 位于刘丁河刘丁四丘，桥梁全长5.5米，桥面宽4.5米，钢砼平桥，建于2014年。

刘丁北桥 位于刘丁河刘丁五丘，桥梁全长5.5米，桥面宽5.9米，钢砼平桥，建于2014年。

41号桥 位于朗海北路七塘横江上，桥梁全长35米，桥面宽5米，钢砼平桥，设计荷载25吨，建于2007年。

镇海片

洪家路江一桥 位于洪家路江镇海村头横路上，初建于1980年，宽1.5米木头桥。2004年重建为钢砼平桥，桥梁全长8米，桥面宽4米。

洪家路江二桥 位于洪家路江镇海村二横路上，初建于1950年，宽2米木头桥。2006年重建为钢砼平桥，桥梁全长 8 米，桥面宽 4 米。

洪家路江三桥　位于洪家路江镇海村三横路上，初建于 1950 年，宽 2 米木头桥。2006 年重建为钢砼平桥，桥梁全长 8 米，桥面宽 4 米。

洪家路江四桥　位于洪家路江镇海村四横路上，初建于 1950 年，宽 2 米木头桥。2008 年重建为钢砼平桥，桥梁全长 8 米，桥面宽 4 米。

洪家路江五圹江北横桥　位于洪家路江五圹江北横路，初建 1965 年，宽 2.4 米钢筋混凝土拱桥。2010 年重建为钢砼平桥，桥长 16 米，桥面宽 4 米。

决心桥　位于洪家路江刘丁四丘，初建于 1965 年，宽 2.4 米钢筋混凝土拱桥。2016 年重建为钢砼平桥，桥梁全长 10.6 米，桥面宽 5.4 米。

南星东桥　位于南新庵村东片四塘横江上，桥梁全长 28 米，桥面宽 3 米，钢砼平桥，设计荷载 10 吨，建于 2009 年。

南星桥　位于南新庵村四塘横江上，桥梁全长 30 米，桥面宽 5 米，钢砼平桥，设计荷载 15 吨，建于 1992 年。

利群桥　位于南新庵村方家路江上，桥梁全长 15 米，桥面宽 3 米，钢砼平桥，设计荷载 5 吨，建于 1992 年。

抢险路直圹河一桥　位于抢险路直圹河镇海村头横路上，始建于 1949 年，宽 1.5 米木头桥。1990 年重建为钢砼平桥，桥梁全长 5 米，桥面宽 4 米。

抢险路直圹河二桥　位于抢险路直圹河镇海二横路上，桥梁全长 5 米，桥面宽 4 米，钢砼平桥，2006 年建造。

抢险路直圹河三桥　位于抢险路直圹河镇海村三横路上，桥梁全长 5 米，桥面宽 4 米，钢砼平桥，2008 年建造。

方家路江一桥　位于方家路江镇海村头横路上，始建于 1949 年，宽 2 米木头桥。2003 年重建为钢砼平桥，桥梁全长 10 米，桥面宽 4 米。

方家路江二桥　位于方家路江镇海村二横路上，始建于 1949 年，宽 2 米木头桥。2005 年重建为钢砼平桥，桥梁全长 10 米，桥面宽 4 米。

方家路江三桥　位于方家路江镇海村三横路上，始建于 1949 年，宽 2 米木头桥。2001 年重建为钢砼平桥，桥梁全长 10 米，桥面宽 4 米。

方家路江四桥　位于方家路江镇海村四横路上，始建于 1949 年，宽 2 米木头桥。2001 年重建为钢砼平桥，桥梁全长 10 米，桥面宽 4 米。

济歇桥　位于人和丘后凉亭直江上，始建于 1864 年，宽 2.5 米石桥。1957 年重建为钢砼平桥，桥梁全长 7 米，桥面宽 3.5 米。

镇海八塘江桥　位于镇海北路八塘横江上，桥梁全长 28 米，桥面宽 5 米，钢砼平桥，设计荷载 20 吨，建于 1996 年。

42 号桥　位于镇海北路七塘横江上，桥梁全长 35 米，桥面宽 8 米，钢砼平桥，设计荷载 35 吨，建于 2007 年。

43 号桥　位于人和村西直路七塘横江上，桥梁全长 35 米，桥面宽 5 米，钢砼平桥，设计荷载 25 吨，建于 2007 年。

第四章 运 输

第一节 运输工具

人力运输工具

境内机动交通未兴时，以人力交通工具为水陆交通的主要运载工具，少有畜力工具。

轿 分客轿、青布小轿、花轿3种。客轿，又称官轿，木柱架，立式长方体形。内置座位，正面遮布帘，余三面围以竹篾薄板，漆黑色。轿底、顶皆为木板，顶梢呈圆形隆起，轿身两侧各置金属环以插抬杠，2人或4人抬行。青布小轿，又称青衣轿，类似客轿。木柱框架，四周围以青布，轿顶亦覆青布，轿底为木板，2人抬行。民国时期，此两种轿舆以官宦世家、豪绅大户自备为主，轿行亦有出租。花轿，略大于客轿，四周围以绸幔，配有饰件，花团锦簇，4人或8人抬行，专供新娘乘坐，轿行（贳器行）有出租。中华人民共和国成立后，以轿代步逐渐淘汰，轿专供结婚人家租用。境内最后一家轿行于1964年关闭，轿子自此绝迹。

独轮车 始见于清末民国初。双柄单襻，中间有脊，形似羊角，俗称羊角车（又称羊头车）。能装货或坐人，可载重100—150千克。有大轮、小轮两类。大轮车轮轴与车底面平，近半个车轮在车平面上，以轮架为中心线，车面分左右两边以搁置货物。小轮车车轮在车平面下，规制较小。境内以大轮车居多，20世纪50年代后被手拉车所取代。

◎ 羊角车

◎ 自行车

自行车 俗称脚踏车。民国时期始见，20世纪50年代逐渐增多，多为行政事业机关和邮电部门所置。70年代起，人们以自行车代步，载物代挑，数量猛增。1990年后，机动交通发展迅速，自行车仍为重要交通工具。是年，全镇有自行车1万辆左右。至2017年，自行车已不足5000辆。

手拉车 又称钢丝车，始见于20世纪50年代初。车轮以钢丝辐条支撑钢圈，嵌橡胶外胎裹充气内胎，铁制或木制车架，能载重200—300千克，70年代是短途运输主要工具。1988年后，机动车辆发展，手拉车逐渐退出短途运输。至2017年，除建筑单位还有改装的钢丝翻斗车外，偶见农户、摊贩作临时代肩使用。

人力三轮车 有载客、载货两种。载客三轮车始见于1988年，均为个体运输户所有，在车轴上制有车兜，外罩篷盖，可载乘2人。1989年后出现外挂简易汽油发动机的载客三轮车，因其不合交通安全技术标准，为交通管理部门所禁止。载货三轮车俗称黄鱼车，后置卧式长扁形车厢。始见于20世纪50年代，70年代多为机关、企事业单位自备，80年代后多为个人、家庭使用。1995年后出现小型三轮车，人力踩踏，后带小型车斗，因其轻便易学，又可带少量货物，成为中老年人的代步、载物工具。

乌篷船 俗称脚划船。木质船体，狭而长，轻灵便捷，可载4人。船身罩黑色竹制篷盖，可遮阳避雨。船置长短二橹，船工手操短橹，以把握行驶方向，脚操长橹，为驱动主橹。中华人民共和国成立前是内河短途客运主要工具之一，1965年后淘汰。此后，农村江河中，偶有不带篷的脚划船，主要用于捕鱼或运送小宗农产品。

航快船 木质船体，平头宽身，船身覆竹编篷盖，船舱内壁两侧设板条座位。船身长9—10米，深0.6米，宽逾1米。以载客为主，可载客30人，兼运零担货物。每船配船工2人，1人摇橹掌舵，1人拉纤点篙，时速7千米左右。1964年后改为机动拖轮，1985年后逐渐停航。

农用船 俗称河泥船。木质船体，能载重1.5—5吨。主要用于农业生产，也用于民间接客、运货。20世纪70年代中期为机动水泥船所替代。

红头樟船 俗称红头百官船，配置帆具的又称木帆船，是以货运为主的船舶。可载货10—20吨，时速5千米。20世纪60年代中期为机动拖轮所替代。

钢丝网水泥船 用钢丝网、水泥构造，有3—16吨各种吨位。1964年起逐渐替代木质船，70年代后为内河主要运输工具。航行时，非机动船编组成队后由拖轮拖带；小功率机动船可拖带1艘，也可独航。

机动运输工具

境内机动交通运输工具始于20世纪60年代。主要是机动船和手扶拖拉机。1977年，朗霞至朗海机耕路建成后出现汽车和拖拉机作为交通运输工具。1979年，朗霞至朗海机耕路改建成公路，境内始有载客汽车营运。21世纪初，汽车、摩托、电动三轮车等逐步作为主要交通运输工具。至2017年，运输用拖拉机已比较少见。

汽车 分载重汽车（卡车）、载客汽车（大巴、中巴、轿车）、特种车（工程车、救护车、消防车）3种。20世纪70年代末，始有汽车达境。1979年，朗海阀门厂购置一辆1.5吨客货两用汽车（人称小上海），为境内第一辆汽车。20世纪80年代，企事业单位自备汽车增多。90年代，开始拥有私家车。进入21世纪，个人购置各类汽车量猛增。至2017年，全镇有汽车6500辆，其中大型货车24辆、小型货车48辆、大型客车10辆、小型客车6406辆、特种车12辆。

摩托车 以汽油为燃料，有两轮和侧三轮两种。20世纪80年代初期，个人始有购置。2017年全镇共有摩托车8320辆。

机动三轮车 俗称三卡，可载货0.5吨，或载客6人，最高时速30千米。初见于20世纪60年代中期，80年代数量增多，多为个体运输户购置，企事业单位也有自备。1990年，有机动三轮车19辆，共18.5吨位，118座。其中，个体户16辆，共12.5吨吨位，96座，单位自备3辆，共6吨位。1998年禁止在公路上运行，至2017年仍有少量用于农村农副产品运送。

拖拉机 有方向盘式和手扶式两种。境内以手扶拖拉机为主，拖斗额定载重1吨。1961年，朗海农机厂购置方向盘式拖拉机一辆，是为境内第一辆拖拉机。20世纪70年代后，手扶式拖拉机逐年增加，农忙时用于耕作，平时用作运输工具，曾大量应用于海塘抛石。1990年有拖拉机155辆，共280多吨位。21世纪后，手扶式拖拉机逐渐退出运输行列。

挂桨机船 是机驾合一机动船。1970年后逐渐兴起，船尾装置3—4马力柴油挂桨机，可装载3—5吨，时速5—8千米。以个体运输户购置为主，逐渐取代内河人力摇橹船只，随后吨位增至10—15吨，时速提高至8—10千米。一度为货运的主要工具。90年代后，随着陆路交通的发展、水路运输的萎缩而逐渐淘汰。

拖轮 1977年，境内始有拖轮，有木质船和钢筋水泥网船两类，配20—40匹柴油机，时速5—10千米，可自航或拖带2—5艘拖驳。

客运航船 船上罩以木质篷盖，以汽油发动机为动力，俗称汽油班，专供小曹娥至马渚客运航班使用。

卤担船 系外海运输船。早期专为沿海盐场装运卤、盐，形似蛋，俗称蛋船。后改运货物，称外海木帆船。配橹1—2支，帆具1—3套，载重10—100吨，利用潮汐、风力航行。1970年以后，逐渐改为机动船，配柴油发动机，重载时速可达15千米。

电动运输工具

电动车 （又称电瓶车）是由蓄电池（电瓶）提供电能，由电动机驱动的纯电动车。进入21世纪以来得到快速普及，成为农村最主要的代步和运输工具。2017年，境内有代步二轮电动车9036辆，四轮观光代步车40辆，农用三轮车3180辆。

第二节 客货运输

客运

客运航班船 1963年，曹娥经周巷至马渚往返客运航班船（俗称汽油班）通航，额定乘员24人，全程票价0.75元，1984年停航。

公交客运汽车 1979年11月13日，朗霞至朗海公路建成通车，在朗海杨家路设车站1个，站长兼售票员阮伯良。时有经朗霞至余姚客车2班/日，票价0.60元。次年5月29日，朗海至小曹娥公路和朗海至镇海方家路公路建成通车，在

◎ 食品园区公交站（2020年吴华春摄）

◎ 镇政府公交站（2020年吴华春摄）

曹娥庵街设车站1个，站长兼售票员张传根。时有经朗海至余姚客车2班/日，票价0.65元。在镇海广播站设客车停靠（调头）站，无固定售票员。时有经朗海至余姚客车1班/日，票价0.65元。1982年9月20日，镇海方家路至万圣、夹塘公路建成通车后，在方家路弯角设停靠站。直至1992年，客运体制改革，营运线路由个体车主承包（俗称招手车），票价曹娥到余姚为2元，车上售票，车站撤销。

2012年5月26日，余姚城乡公交开通余姚西站至小曹娥镇政府535路公交。535路公交在境内设小曹娥镇政府、小曹娥卫生院、徐家路、食品园区4个站点，日行16班，票价统一为2元。2012年10月18日，开通高铁余姚北站至滨海产业园530路公交。在境内设有市食品园区、徐家路、小曹娥镇政府、滨海村南、滨海村北、圣诺

电镀、海惠电镀、滨海产业园 8 个站点。2013 年 11 月 20 日，530 线路延伸至滨海新城产业园，增设站点 6 个。

2012 年 1 月 1 日，泗门公交开通泗门古塘车站至小曹娥 303 路公交。在境内设食品园区、海塘南、朗海村、小曹娥镇政府、小曹娥镇小、洪家北路、镇海乡、镇海市场、人和南里 9 个站点。2012 年 3 月 29 日，303 路增设往小曹娥老镇延伸线。增设二十八湾、曹一菜市场、曹二、曹娥小学、曹娥村、曹娥西街 6 个站点，票价统一为 1 元。

2017 年 7 月 28 日，泗门公交开通泗门古塘车站至小曹娥 103 路公交。在现境内设食品园区、海塘南西、南新庵东、文化路、四塘江、镇海村委、人和村南、五塘江、人和村北、洪家路江、滨海村委、滨海小学、滨海幼儿园、建民市场、全灶西、全灶东、曹丁北、曹丁南、三发东、三发西、曹娥村委、曹娥村、曹娥西街、小曹娥镇政府 24 个站点，票价统一为 1 元。

货运

20 世纪 70 年代之前，大宗货物运输依仗水运，由内河支航道进出姚江、曹娥江等主干航线连通外埠，或经缪路湾航线与外埠相连。周边乡镇的货物运输主要也靠船只运输。小宗货物则靠肩挑或羊角（头）车等人力工具。60 年代末始有拖拉机、手拉车。70 年代开始修建拖拉机路，拖拉机运输逐渐增加。

内河货运 民国时期，因境内并无较大内河，故亦没有内河货运。1951 年开掘四塘横江成为县级支航道，其后又陆续挖掘了五塘横江、爱国江等宜航江河后，内河货运逐渐发展，尤以 20 世纪 70 —80 年代最为旺盛。是时，由于海塘抢险需要大量石头加固和农户普遍草房翻建瓦平房需要大量建筑材料从外面运入，以及榨菜种植面积扩大、产量提高，坛装成品榨菜需要外运，因当时陆路运输极少，货物运输依仗水运。时境内有大小船只 200 多艘，始是个体单船运输。1971—1977 年，镇海、朗海、曹娥 3 个公社相继建立了内河运输队（站）。企业本身无船舶，系组织个体户经营当地内河水路货运，其中镇海运输队建于 1971 年 11 月，地址在镇海方家路，管理人员 1 人；朗海运输队建于 1977 年 7 月，地址在朗海杨家路三丘，管理人员 1 人；曹娥运输站建于 1977 年 8 月，地址在曹娥东街，管理人员 2 人。是时多数船舶改手摇橹、人拉纤为机动挂桨机拖引，减轻了劳动力，提高了运力。

20 世纪 80 年代后期，由于一批公路、机耕路的建造，大量拖拉机、农用货运车投入货运，内河水运逐渐退出货运市场，各运输队（站）相继解体。2017 年，境内已无内河货运。

外海货运

民国《余姚六仓志》卷八记载：南路之西边各海湾则为运卤出口之要道，而以缪路湾、十丁路湾等处聚泊最多。《余姚市志》记载：姚北滨临杭州湾，早年就有零星外海木帆卤担船利用潮汐、风力外运盐区食盐及农副产品。小曹娥北临杭州湾，缪路湾湾口即在境内，是当时海运的主要港口之一。清代至民国时期，主产的食盐和棉花主要在此处通过卤担船外运。亦有部分货物由内河支航道进出姚江、曹娥江等主干航线连通外埠海运。

清光绪三十二年（1906），王荫胜在缪路湾西侧始设商铺后，逐渐形成有 20 多家商行、店铺的英生街。规模较大的“荣大”“复大”等商行所经营的猪、牛、羊及海产品等货物也是通过缪路湾港口从南汇、崇明、平湖、海盐、江阴马堤、岱山等地海运至此，再批发给周巷、朗霞、泗门等集镇商铺及肩挑行贩，成为当时姚北一带的主要货物集散地。

至中华人民共和国成立时，境内尚有卤担船 4 艘，近百吨位。1949 年 10 月，为支援人民解放军解放舟山，余姚县人民政府组织海船运送部队和物资。

至20世纪70—80年代，民间仍有人用卤担船从温州等地海运木头等物资经缪路湾至境内。

因地质原因，小曹娥沿海未建过固定的大型码头，又随着陆运的发展，至21世纪初已很难见到卤担船，至2017年，境内已无外海货运。

陆路货运

20世纪70年代以前，境内陆路货运仅为用羊头车（木制独轮车）、手拉车进行小宗货物短途运输。1970年以后机耕路陆续建成，以及1979—1981年，朗海、曹娥、镇海相继开通公路，购买手扶拖拉机和农用货运车投入货运的农户逐渐增多。1990年后，陆路货运基本取代了水路货运。随后，货运车辆不断升级换代，手扶拖拉机逐渐淘汰。小曹娥货运车均为个体经营，无国营和集体的运输公司（队、站）。2017年，小曹娥有货运汽车414辆、拖拉机92辆。

搬运装卸

《余姚六仓志》记载：运盐由盐仓捆装成包，用盐车（木制竹垫上围短栏，底有木档，平铺竹箦，用牛拖）运至湾口，其责皆归篷长，至湾口后则由备船装载出口，直至销地。运卤售本地煎灶者皆由各灶自备卤车，装运售杭绍各处者，则由盐民自备卤车运至湾口，暂储卤桶中，泻卤入船，转运至各处销售。

除《余姚六仓志》记载的搬运装卸方法外，其他货物也有用羊头车推运和肩挑、背的方法进行搬运装卸，以此为主要生存手段者被称为“甲板”。1956年，成立曹娥搬运站，时有职工10余名，主要负责供销社、粮站、棉站的货物搬运装卸。1986年，撤销曹娥搬运站并入泗门运输公司。

第三节　交通运输管理

1977年，泗门区交通运输管理站成立，隶属慈溪县交通局。1979年，余姚、慈溪两县再次调整县境，泗门区交通运输管理站划归余姚县交通局。1985年1月，改称泗门区交通监理站，由余姚县交通监理所代管。1987年12月，更名为泗门区公路运输管理站，隶属余姚市公路运输管理所。1992年，称泗门公路运输管理站，辖区包括泗门、小曹娥、临山、黄家埠等姚西北4个镇。主要工作职责是负责辖区拖拉机、农用四轮车、摩托车的交通规费征收工作以及客货运输、搬运装卸、机动车维修、运输服务业的行业管理等。2009年，改建为余姚市交通运输管理所姚北管理站，辖区包括泗门、小曹娥、低塘、朗霞、临山、黄家埠等姚北6个镇、街道。主要工作职责客货运输、机动车维修、驾驶培训等。办公楼位于329沿路13号，建于1993年，建筑面积700平方米。2017年，有工作人员10人，站长史姚挺。

2005年5月，成立小曹娥镇交通安全管理站，镇属机构，业务上由泗门公路运输管理站、余姚市交通运输管理所姚北管理站指导。2017年，有工作人员14人，站长马胜苗，办公室设在小曹娥公交车站。主要职责是域内交通安全设施的设置维护、主要道口交通安全值勤、协助上级机构对交通安全事故及纠纷的处置等。域内设有红绿灯1处，位于余姚大道高夹线十字路口，有道口爆闪灯47只、道口值勤点9个，设置安全防护栏26千米，其中钢质护栏19千米、铁链护栏7千米。

第十一编

邮政　电信

民国时期，境域无邮政、电信机构。1954年，始设投递员，1958年始设电话交换总机、邮电代办点，开启了小曹娥区域通邮、通电话的历程，邮政、电信事业进入发展新阶段。特别是到20世纪80年代，进入全面建设发展阶段。90年代后，通信事业进入程控电话、数据通信、互联网等现代化通信工具应用的快速发展时期。

第一章 邮 政

第一节 邮政沿革

古代为邮驿、铺司，清光绪始设邮局。民国2年（1913），驿、铺全部裁撤，为近代邮局所替代。

中华人民共和国成立前，小曹娥境内无邮驿、铺司、邮局及其下设机构。

1954年，配自办邮递员1人。1958年，建立邮电代办点，其性质属于公社集体企业，设备自维自用，经济自负盈亏，归公社统一领导，邮电部门给予技术和业务上的指导。邮电人员来自当地社员，生产队分配口粮，邮电部门按邮路里程和业务量，发给投递津贴和业务酬金。

1962年，建立慈溪县曹海邮电所，职工4人，所长王明星。1965年在曹娥东街设立邮政代办点。1973年，在朗海公社办公楼后进建瓦平房二间。1980年1月1日，邮电所划归余姚县，改名余姚县曹海邮电所，时有职工7人。

1982年，余姚县邮电局报请余姚县人民政府同意，决定成立农村邮电所联营站，由县邮电局代管。是年12月31日，县成立管理委员会，以区为单位设立区管会，境域仍为邮电所。根据“分所核算、自负盈亏”的原则，由联营站统一管理，业务质量上由邮电分局检查、督促、指导，体制为市局集体企业，所有人、财、物与公社脱钩。1985年余姚撤县设市，改名余姚市曹海邮电所。

1988年6月，余姚市农村邮电联营站更名为余姚市邮电管理站，曹海邮电所以乡镇分设曹娥、朗海、镇海3个邮电所，所长分别为屠小娥、王明星、陈张其。1990年7月，小曹娥、朗海、镇海3个邮电所均被评为标准化邮电所。

1992年8月，小曹娥、朗海、镇海3个邮电所合并为小曹娥邮电所，时有职工10人。1992—1998年，时任邮电所所长王明星、陈张其、洪凤英。

◎朗海邮电所（1989年余姚市档案馆）

1998年9月1日，邮政、电信分设，成立中国邮政小曹娥支局。小曹娥邮政支局开办邮政储蓄、信函、包裹、报刊投递、汇兑、明信片发行、电话、水电费、养老保险金、医疗保险金代收等业务。

2015 年 2 月，邮政、邮储分设，建立浙江邮政集团公司余姚分公司姚北分部，经理陈柯奇，址设原朗霞邮政局，经营朗霞、小曹娥地区的信函、包裹、报刊投递、邮政快递等业务。

1998 年至 2015 年 2 月，历任邮政支局局长为戴波、徐亚军、邵政慰、姚丽娟、金丹、史晶晶。

◎ 邮政大楼（2021 年吴华春摄）

第二节 邮 路

清政府时，余姚总铺有邮路 4 条，其中西北路经方桥铺、化龙铺、道塘铺、四门铺至临山卫前铺，入上虞界，计程 62 千米。

民国 8 年（1919），余姚邮政局开辟余姚至临山航船邮路，途经泗门。民国 24 年（1935），观（海卫）曹（娥）公路通车，邮件由客车带运。民国 27 年（1938）3 月，国民政府为阻止日本侵略军入侵，组织民工拆毁观曹公路，邮车停运，改为民船发运。民国 36 年（1947），观曹公路周巷至临山段修复，恢复汽车带运。

1954 年 10 月，泗门区划属慈溪县，慈溪县邮电局开辟浒山至泗门汽车站委办邮路。1979 年 9 月，泗门区复属余姚县，余姚县邮电局开辟余姚至泗门委办邮路。1980 年 9 月，开辟余姚至五车堰自办邮路，沿途经郑巷、低塘、历山、朗霞、泗门、临山、五车堰。镇域邮件由邮递员去泗门邮电支局分拣后用自行车带回本域投递。1991 年 9 月，自办汽车邮路延伸至小曹娥。1995 年，余姚市乡镇自办汽车邮路有 5 条线路，镇域属北线邮路，途经为余姚—郑巷—低塘—朗霞—小曹娥—湖北—泗门—历山，全程 66 千米。

第三节 投 递

1956 年，建立农业社投递员队伍，曹海乡设投递员 1 人，实现乡乡通邮。1958 年，发展至村村通邮，乡及行政村邮件当天送达率 100%。1962 年，曹海邮电所成立后，实行自行车投递，每天早上骑自行车去泗门邮电支局分拣，然后返回投递。1975 年，邮递员增加到 3 人。

1989 年起，推行邮政编码和使用标准信封，镇域邮政编码为 315414。

1992 年 9 月 1 日，市邮电局对自办邮运邮路进行调整，调整变更邮政编码，小曹娥镇曹娥片、朗海片邮政编码为 315475，镇海片为 315476。

2011 年 6 月，根据“平信送到家” 的要求，各行政村建立村邮站，全镇配村邮员 8 人。

2015 年 2 月，邮政、邮储分设，投递归浙江邮政集团公司余姚分公司朗霞支公司。时有投递员 2 人，村邮员 8 人。2017 年，投递量 41 万多件。

第四节 业 务

信函

1958 年，函件有平信、明信片、挂号信 3 类。1959 年开展特种挂号业务，可寄递粮票、布票、油票等票证。1966 年“文化大革命”开始，邮电业务量下降。根据省邮政局通知，1966 年 9 月 1

日起，收寄毛泽东主席著作一律免费挂号交寄。20世纪90年代后，随着现代通信技术的发展，信函量逐渐减少。至2017年，信函业务主要有信函、明信片、印刷品、盲人读物、挂号函件、航空函件、保价邮件等。是年，小曹娥邮政信函业务量为3.6万多件。

中华人民共和国成立后国内常用邮政资费一览表

表 11-1-1

时间	信函		明信片		挂号费
	本埠	外埠	本埠	外埠	
1949年10月25日	50元	100元	30元	50元	300元
1949年11月25日	300元	300元	150元	150元	900元
1950年1月10日	500元	500元	250元	250元	1500元
1950年2月1日	800元	800元	400元	400元	2400元
1950年3月11日	1000元	1000元	500元	500元	3000元
1950年5月11日	800元	800元	400元	400元	2400元
1950年7月1日	400元	800元	200元	400元	1200元
1955年1月1日	4分	8分	2分	4分	12分
1990年7月31日	10分	20分	10分	15分	30分
1996年12年1	50分	50分	40分	40分	100分
1999年3年1	60分	80分	60分	60分	200分
2006年11年15	80分	120分	60分	60分	420分

注：1955年1月1日前为旧币。1955年3月1日新版人民币发行后，旧版人民币1万元兑换新版人民币1元。

包裹　快递

民国时期，包裹业务甚少。中华人民共和国成立后，包裹业务逐年增多。20世纪80年代后，乡镇企业邮寄产品的包裹猛增。2015年开办包裹快递业务，当年快递近10万件。2017年快递包裹增加到40多万件。

境内快递业起始于20世纪末。2017年，境内有邮政、顺丰、韵达、中通、申通、百世等6家快递业营业部，从业人员49人，区域快递收发件量在150万件左右。

报刊征订

民国时期，报刊订送由民间书店、书铺办理。1950年3月，泗门邮政代办所开始订送报纸杂志，种类、数量逐年扩大。1958年由曹娥邮电代办点订送报纸杂志。1966年“文化大革命”开始后，部分报纸停刊，订送量减少，至1971年逐步恢复正常。1988年《余姚日报》《宁波日报》自办发行。1998年前后，报刊征订以《人民日报》《浙江日报》《都市快报》及《求是》杂志等为主。2017年，《余姚日报》《宁波日报》仍归邮政订送，当年报刊征订资金流转额为30万多元。

储蓄

1986年，曹娥邮电所开设邮政储蓄。是年，邮政储蓄额200多万元。2017年，曹娥邮政储蓄点有储户5800多户，存款余额1.7亿多元。

第二章　电　信

第一节　电信机构

1956年，全县实现乡乡通电话。1958年公社化运动中，提出“社社设总机、队队通电话”，招收第一批邮电学徒工，把县以下邮电体制交由公社领导。各公社管理区电话交换机应运而生。曹娥、朗海、镇海3个管理区（原曹海乡）范围内始设20门总机1台，址设朗海管理区内，是为慈溪县曹海邮电代办点，营业面积约15平方米，职工1人。

◎ 电信大楼（2021年吴华春摄）

1962年，慈溪县曹海邮电所建立，总机容量扩大到40门，职工4人，所长王明星。1976年6月在曹娥信用社旁增设20门总机1台。

1980年1月1日，各邮电所划归余姚县，改称余姚县曹海邮电所。是年，在曹娥公社墙门外建瓦平房2间，把曹娥信用社旁总机移装在此作总机房。

1982年，成立余姚县农村邮电联营站曹海邮电所。是年，在镇海公社内增设20门总机1台。1985年余姚撤县设市后，称为余姚市曹海邮电所。1988年分设小曹娥、朗海、镇海邮电所，所长分别为屠小娥、王明星、陈张其。1990年7月，小曹娥、朗海、镇海3个邮电所均被评为标准化邮电所。

1992年8月，小曹娥、朗海、镇海三个邮电所合并为小曹娥邮电所，在朗海南路建造邮电大楼，营业面积扩大到60平方米，是时职工10人。1995年，程控交换机容量2722门。1992—1998年，邮电所所长王明星、陈张其、洪凤英。

1998年9月1日，邮政、电信分设，成立小曹娥电信所。地址为朗海南路63号，营业面积60平方米。1998—2011年，电信所所长洪凤英、劳玲玲。

2011年7月，小曹娥电信所升格为小曹娥电信支局，首任支局局长陈迪威。2017年，支局局长胡明辉。

第二节　电报　电话　无线通信

电报

1983年9月前，境内电报均由余姚县邮电局转发。

1983年10月，开通余姚至泗门电信电报直达业务，域内电报改为泗门邮电局转发。随着乡镇企业的崛起，电报业务量激增。1993年以后，随着程控直拨电话的开通，社会使用电报逐年下降，基本退出通信市场。

电报种类　中华人民共和国成立初期，电报种类分寻常私务、加急私务、军政、寻常企业、新闻、书信等6类，后增改为防空、事故、军政、新闻、公务、天气、水情、公益、普通、汇款等10类。1971年10月又改为特种（警报信号、无线电信号、气象、水情）、军政、新闻、公务、汇款、普通6类。1977年再增改为防空、天气、特种、水情、军政、公益、新闻、公务、普通、汇款、电路公电、特急公务公电、特急业务公电、加急业务公电、公务公电、业务公电等16类。1978年3月1日，电报种类恢复为11类，即防空、天气、特种、水情、军政、公益、新闻、公务、普通、汇款、公电。1985年4月1日起，电报种类改为天气、水情、公益、政务、新闻、普通、汇款、公电8类。1988年2月起，开办礼仪电报，有庆贺、吊唁两种，适用电报种类为普通和政务，可与加急并用。

电报资费 1949年6月，普通中文电每字人民币70元（旧币，下同），外文及中文密码加倍，军政电按普通电报价1/3，新闻电按普通电报价1/4，书信电按普通电报价1/2收费。同年7月，改为中文明码每字150元，中文密码或外文加倍。10月起，气象、水情、防空免费。1950年11月，中文明码改为每字500元，12月改为750元。1951年分省内、省外两种电报价目，省内中文明码每字900元，省外1350元。

1955年3月1日发行新人民币，中文明码省内每字9分、省外1角3分5厘，中文密码和外文加倍。1958年1月1日起，取消省内与省外区别及明码与密码区别，中文每字3分，外文加倍，译电每字收5厘；新闻电每字1分；天气、水情、公益每份电报按实有字数计算，其他电报每份10字起算。1983年12月1日，中文每字由3分调至7分，新闻电由1分调为2分。1992年12月20日起，中文每字由7分调整为1角3分。

电话

1956年，曹海乡始通电话。1958年8月，曹海乡设20门总机后，各大队利用广播线全部安装了电话，区域电话通信网络初具规模。1975年，在“工业学大庆”推动下，开通市内500门供电交换机，通信手段趋于先进，电话机逐年增加。

1983年9月16日下午3时，镇海、朗海、曹娥等乡遭受龙卷风袭击，造成通信线路中断，经合力抢修后当晚恢复通话。

20世纪80年代后，电信事业开始进入全面建设发展阶段。1986年，余姚市内电话号码由4位数上升至5位数。1987年，泗门邮电支局1000门纵横自动电话总机开通，宣告依靠人工接续时代结束。1991年2月，余姚16000门程控电话开通。1992年1月20日，泗门全区程控电话开通，电话号码上升至6位数。是时，程控电话入网费为每户5000元，电话机安装量也大幅度增加。人和丘

◎ 手摇电话机、拨号电话机、程控电话机

村姚志友、杨丁村姚志洪等人为域内第一批个人安装程控电话的用户。1993 年，开设磁卡电话。1994年11月9日，电话号码由6位数上升至7位数，并入宁波通信网络，统一使用长途区号 0574。1995 年 11 月 18 日小曹娥模块局与泗门邮电支局所设的西门子程控母局割接开通，EWSD（电子全球数字交换系统）程式交换机容量 2722 门。2001年5月18日，电话号码由7位数上升至8位数，域内固定电话用户总数超过 6000 户。此后，随着移动电话的不断发展，固定电话用户开始下降，至2017年底，域内尚有电信固定电话用户3609 户。

1956 年 1 月 1 日，长话标准按空间距离制定，共分为十八级，每次三分钟，第一级为人民币 0.15 元，第十八级为 8.40 元，加急加倍，每日 0 时至 7 时为夜间电话，一律按照应收话费减半收取。各类长话销号费按基本价目 1/6 计算。

2000—2017 年部分年份家庭普通电话资费一览表

表 11-2-1

年份	月租费	来电显示费	通话（固话拨打固话）	
			长 3 分钟	以后每分钟
2000	15	6	营业区内前 3 分钟 0.2 元 / 分钟；营业区间前 3 分钟 0.4 元 / 分钟；国内传统长话 0.07 元 /6 秒	营业区内 3 分钟以后每分钟 0.1 元；营业区间 3 分钟以后每分钟 0.2 元
2010	15	6	营业区内前 3 分钟 0.2 元 / 分钟；营业区间前 3 分钟 0.4 元 / 分钟；国内传统长话 0.07 元 /6 秒	营业区内 3 分钟以后每分钟 0.1 元；营业区间 3 分钟以后每分钟 0.2 元
2017	15	6	宁波市内前 3 分钟 0.2 元 / 分钟；国内传统长话 0.07 元 /6 秒	宁波市内 3 分钟以后每分钟 0.1 元

无线通信

手机 20 世纪 90 年代初，出现号码以“9”字开头的模拟电话（俗称大哥大），售价曾高达 3 万—4 万元，吉利号码甚至拍卖到 12 万元，一度成为身价和地位的象征。1992 年 9 月 16 日，余姚移动电话（大哥大）设备正式投入运行，并向社会吸纳用户。本域陆续有人使用大哥大。1994 年后，发展 CSM（呼叫控制模型）通信网络，开始出现手机，境内有中国电信和中国联通两家提供无线通信信号。2001 年，关闭模拟移动电信网，结束模拟和 CSM 两网并存的格局。

2007 年 4 月，中国移动余姚分公司小曹娥支局成立，址设朗海南路 104 号，营业面积 120 平方米，时有员工 9 人，2015 年获浙江省青年文明号称号。2017 年，境域内累计移动手机用户近 5

◎ 大哥大手机

万户，其中4G用户近3万户，虚拟网用户1万余户。

2008年12月22日，小曹娥电信营业厅正式办理189号段基础业务。2014年9月5日，“177××××××××”中国电信4G余姚正式放号，至2017年底小曹娥区域有电信手机用户4158户，其中4G用户2701户。

中国联通在域内未设分支机构，域内有少量中国联通手机用户。

手机资费 1994年5月前，手机入网初装费3000—5000元，基本通话费每月150元，区内通话费主叫或被叫均是每分钟0.50元，漫游通话费主叫或被叫均是每分钟1.10元。1994年5月后，基本通话费改为月租费每月50元，区内通话费调整为主、被叫均是每分钟0.40元，漫游通话费调整为主叫或被叫均是每分钟0.60元。2007年6月30日再次调整手机资费，实行主叫单向收费。

2017年3月取消来电显示费，2017年9月1日起取消国内电话长途、漫游通话费（不含港、澳、台），并推出适合各类用户的多种优惠套餐。

无线寻呼 无线寻呼（又称BP机）是一种只能传递简单信息的单向广播式移动通信系统，它利用无线讯号寻找用户，是便于及时联系的个人通信工具。1989年4月20日，余姚电信局始办无线寻呼业务。1993年6月和11月，中文数字兼容寻呼台和人工寻呼台分别开通。其间，域内人士对小巧玲珑的BP机甚是喜爱，陆续有人使用BP机。1994年12月8日，余姚人武部与邮电联办的八一无线寻呼台开通后，使用人数大幅度增加，至1995年底，BP机用户超过500户。后随着手机的不断普及，BP机逐步退出了市场。

◎ BP机

无线市话 2001年6月无线市话（小灵通）在余姚开通。2006年7月小曹娥开通小灵通电话业务。后因2009年工信部发文明确要求所有1900—1920MHz（兆赫兹）频段无线接入系统（小灵通占用的频段）应于2011年底前完成清频退网工作。为此，小灵通为中国移动3G网络TD-SCDMA让路而逐渐退出历史舞台。

第三节 互联网宽带

2009年，小曹娥开通一线通（窄带综合业务数字网）服务，用户较少。2001年电信宽带业务（ADSL）正式推出，用户迅速增加。至2017年用户发展到5184户。

2010年开通移动宽带。2017年底，移动网覆盖近3万户，已安装有线宽带3000多户。

2017年底，宽带用户已近8360户，其中电信宽带5184户，移动宽带3000多户，广电宽带172户。

电信宽带资费 2010年，2M电信宽带包年858元，包月90元。2017年，100M电信宽带每年1120元或两年2020元，包月190元，或手机保底免费送等。

移动宽带 2010年，2M宽带每年800元。2017年，100M宽带资费每年400元或两年600元，或手机保底消费免费送等。

第十二编

商业贸易

小曹娥商业贸易起步较早。清光绪三十二年（1906）后，英生街逐渐兴旺，一度成为姚北一带商贸集散地。棉花、土布交易西通荆楚，南抵闽粤，北达京师。1949年初，市集有各类大小店铺30余家，商贩100余人。中华人民共和国成立后，历经统购统销、定量供应的计划经济时期，至1978年，逐步放开流通领域，集市、私营经济加速发展。1995—2009年，投资500余万元新（扩）建农贸市场4个，至2017年，全镇有农贸市场8个，专业市场1个，各类商店1678家，超市、专卖、连锁、直销等现代商业网店52家，电子商务企业67家，初步形成“十里长街”，街面整洁，各类商店鳞次栉比。购销两旺，仅8家农贸市场年成交额就达2亿元。

第一章　经营机构与模式

第一节　国营机构

1979年10月，余姚县食品公司泗门食品站曹娥食品组成立，在曹娥直街设店营业，后在镇海乡亦设有食品门市部。主营生猪屠宰、加工、销售，同时经营火腿、香肠、鲜蛋、咸蛋、皮蛋、冷冻禽肉等食品，员工8人，负责人冯云初。平时每天屠宰生猪3—5头，逢年过节按上级计划，屠宰生猪20—30头，20%的鲜肉返还养猪户，养猪户可自行上市销售，亦可与食品组议销。1980年后，

◎ 小曹娥“十里长街”（2021年沈华苗摄）

居民购买猪肉虽敞开供应，但数量很少，仍供不应求。

1985 年取消生猪统购统销后，当地生猪饲养量大幅度下降，生猪收购数锐减，鲜肉供应时断时续。1989 年，食品站划归宁波天一食品有限公司（原余姚食品厂）管理，仍属全民所有制企业。2000 年，小曹娥食品组被撤销。

第二节　供销合作社

民国 37 年（1948）5 月 24 日，曹娥乡合作社在曹娥殿成立，负责人阮国正，社员代表 3 人，王尧根、马燮昌、马兰山。认购社股 3000 股，已交 3000 万元，每股折合金圆券 10 元。1949 年，中华人民共和国成立后关停。

1950 年 12 月，曹娥供销合作社成立，首任供销合作社理事会主任施成尧，理事会成员 8 人，社里干部 5 人，首任监事会主任成德浩，监事会成员 5 人，社员人数 740 人，股金 1087 万元（旧币）。主要业务为批发社员群众生活、生产的必需品；收购和推销社员群众的农副产品和手工业产品；经营社员群众所不能经营的农产品、消费品，生产工具的加工制造、储存和运输，接受上级社、政府和国家企业委托，协助社员办理代购、代销业务；配合国家银行，协助社员办理信贷业务；推进并协助社员办理社员文化卫生等福利事业。曹娥供销社当时业务负责区域为曹娥、朗海、西三、建塘、义五 5 个乡，并设有 3 个供应站，分别为曹娥、义五、英生街。1952 年，共有员工 23 人，社员人数 3376 人，股金 6241 万元（旧币）。曹娥供应站设有棉布、百货、陶山（陶瓷、山货等）、土产收购等部门。供销社为国营机构代购棉花、代销大米，组织供应食盐、食油、火油、香烟等日常生活必需品。公私合营前，供销合作社与私营商业共存，供销合作社因经营价格比市场上便宜，深受群众欢迎。1953 年，英生街供应站因生意清淡撤销。

1951—1954 年商品零售额公私比重一览表

表 12-1-1

年份	合计（万元）	合作社（万元）	比重（%）	私商（万元）	比重（%）
1951	231580	182727	78.91	48853	21.09
1952	417516	357332	85.59	60184	14.41
1953	593971	452506	76.18	141465	23.82
1954	1003969	844200	84.08	159769	15.92

说明：单位万元为旧币。

1954年10月，曹娥供销合作社划归慈溪县供销合作联社。1955年4月，曹娥供销合作社与泗门供销合作社合并，成立泗门区供销合作社，曹娥供销社改名为泗门供销合作社曹娥供销门市部，隶属于泗门供销社管理，同时西三、建塘、义五供应站划归慈溪庵东、周巷，镇海供应站划归曹娥供销门市部。1956年，曹娥供销门市部改名为泗门供销社曹海乡综合商店。同年，对私营工商业进行社会主义改造，2家私营商店和1家私营酱园被批准公私合营，分别是调元堂药店、华美布店、济美酱园，由供销社管理。小商小贩则按资产等条件，部分安排进入供销社，部分组建合作商店，有的成立合作小组。1959年6月，曹娥供销合作社改名为泗门人民公社供销部曹海供销分部。合作商店、合作小组全部并入供销分部。1961年，恢复泗门区供销合作社，改名为泗门供销合作社曹娥分社，把并入供销部的合作商店、合作小组重新划出。

1980年5月，曹娥供销分社新建百货营业大楼竣工开业，大楼主体二楼，建筑面积1100平方米。营业大楼建成后，把部分原老房子的棉布、百货、文具、旅社搬迁至新的营业大楼。曹娥供销分社设有棉布、百货、副食、中西药品、五交化、家电、照相、农资、采购、土产废旧物品收购部和镇海、朗海2个供销站，是一个门类齐全的综合性基层供销分社。1980年，曹娥供销分社在册职工85人。1983年，原隶属于曹娥供销分社的镇海供销站升格为镇海供销分社，隶属于泗门区供销社。1987年，曹娥供销分社实现国内纯销售689.70万元，其中农业生产资料销售364.60万元。

2000年5月，企业实施改制，拍卖资产，置换职工身份（明确不再是固定职工），职工与原企业提前终止或解除劳动合同，以每一年工龄597元给予经济补偿。原棉布、五金、百货、副食品、药店等房子进行拍卖，撤销曹娥供销分社。曹娥供销分社42名职工，认购营业用房的10名职工，自主经营。原有负责食盐经营的8名职工进行返聘，其余职工自行创业、自谋职业。退休职工每月能领到全额养老金。

1955年，曹娥供销门市部获浙江省供销社先进单位、全国供销合作社先进单位。1956年7月，劳裕钿代表曹娥供销门市部出席全国供销合作社第一次先进工作者代表会议，受到毛泽东主席等中央领导人接见并合影留念。1959年11月，曹海供销分部应永正被授予社会主义建设积极分子，出席全国群英大会。

曹娥供销部（分社）历任经理：施成尧、干志成、钱云程、谢春茹、方永照、崔登友、陈志桥、谢伟明、沈月桥。

第三节　合作商店

1950年，泗门总工会组织成立泗门摊贩公会，会员为泗门、泗北、海南、东蒲、天华、朗霞、道塘、曹娥、朗海、镇海、万圣、夹塘等13个乡镇的所有摊贩，以及修雨伞、补套鞋、收鸡毛的流动肩贩，共有1000余人，首任公会主席谢祖耀。1953年，时境在小商小贩中成立工商联摊贩公会，实行联购分销，由行业相近的商贩自愿结合，集中采购、分散经营，风险自担、盈亏自负。负责人王克强、吴根木。1956年，对私营商业进行社会主义改造时，供销社内设商业改造组（后改名为商贸组），组织小商小贩成立合作商店、合作小组。1957年，境内第一家合作商店曹娥鱼蔬合作商店成立，经理姚炳良。后又分别建立曹娥饮食商店，曹娥、镇海烟杂合作商店。1958年，合作商店、合作小组全部并入供销部。

1961年调整国民经济，重新划出并入供销社的原合作商店、合作小组人员58人，恢复和重建曹娥、朗海、镇海3家合作商店，10个合作小组、15家下伸店。1964年，合并为曹娥综合性商店，经理戚增炎。

2000年，合作商店实施改制，撤销合作商店，资产拍卖转让。职工与原企业提前终止或解除劳动合同，工龄得到经济补偿，退休职工每月能领到全额养老金。

第四节 粮 站

曹娥粮站建于1955年，镇海粮站建于1985年，粮站共有职工35人，隶属于泗门粮管所。曹娥粮站地址在曹娥街爱国江东，镇海粮站地址在现镇海市场对面。粮站负责粮油保管和安全，主要做好“四无”（无虫害、无变质、无鼠害、无事故）粮仓工作和负责防火、防事故的安全管理工作；负责境内粮食、油料的按计划购、销；城镇居民户粮和农民户粮的用粮计划供应、行业用粮的安排与管理；饲料分配供应；粮油购销价格计划执行，粮油收购季节的质量检查和收购进度的统计，收购后组织价格鉴定、调运粮油、质量检验等。配备饲料员和农村粮食专管员。1999年4月，粮站改制，所属资产进行评估拍卖，至同年11月转制结束，撤销泗门粮管所。国有粮食商业企业基本退出粮食市场，曹娥粮站、镇海粮站关闭。历任站长：王登初、孙仁夫、王兆元、谢荣夫、戚洪初、李海仁、杜柏年、孙华祥。

第五节 个体商业

1949年，境内有个体商户92户，其中在英生街、曹娥街、直塘头等集市街区30户，有棉布百货店2家、南货店3家、药店1家、银店1家、豆腐店2家及油酱店、烟酒副食店、糕饼点心店、理发店等。

1950年，由泗门工商业联合会组建摊贩入会。1951年，对私营商业重估资产、清产核资、登记发证。

1956年，对私营工商业进行社会主义改造，境内3家较大规模的私营工商业被批准公私合营，分别为济美酱园、华美布店、调元堂药店，部分并入供销部。

1961年调整国民经济时，部分并入供销部的小商小贩恢复夫妻店，增设固定摊位，农村恢复货郎担。“文化大革命”期间，个体商贩受到歧视、批判，大多歇业。1979年起，开始重视个体商业在流通领域的作用，鼓励和扶持个体商业发展。至1990年，个体工商户从1980年的10余户，发展到106户。1992年达到659户，其中商业345户、饮食58户、服务58户、修理73户、其他125户。

2017年，境内有个体工商户1678户，其中商业681户、餐饮86户、服务210户、修理66户、其他635户。经营项目不但涉及粮食、副食品、餐饮、服装百货、五金家电、医药、修理等生活领域，还涉及农业、交通、通信等领域。

第六节 现代商业

超市

1998年，中联超市小曹娥店在朗海南路122号开业，是境内最早的一家超市（为市供销社所属，后因改制关闭）。2002年，朗夹路189号开设慈客隆超市。2008年，家家福超市在朗海农贸市场楼上开业，不久因故关闭。2010年，在朗海南路112号开设三江超市，营业面积2100平方米，员工25人。2013年，慈客隆超市店面转让开办余姚家家福超市便利店。2017年，境内冠以超市之名的店铺有三江超市、家家福超市、中联超市、骋客超市、快乐购精品生活超市、惠又多鞋服超市、建民超市、奋飞购物超市、东兴超市、杰琴超市、阳阳超市、欢乐购超市、百姓超市、好又多超市、优客隆超市、诚惠超市、滨海购物超市、世纪华联超市、东冰购物超市、允浩超市、九哥超市、百分百鞋服超市、范佳乐超市、红利超市等35家，年销售额约5000万元。其中，三江超市当年销售额 1400 万元，为境内最大的一家超市。

◎ 三江购物

连锁店

至 2017 年，境内有同济堂药品零售有限公司连锁药店、三江超市、清新百合洗衣、大光明眼镜等连锁店 5 家，其中同济堂药品零售有限公司连锁药店 2 家。

专卖店

1998 年，市烟草公司在小曹娥设门市部，向辖区内烟草零售户批发卷烟。2001 年 10 月，市盐业公司在小曹娥设立食盐经营部，同时在曹娥、镇海设立食盐供应点，负责供应境内各类蔬菜加工用盐和食用盐批发零售，居民生活用盐同时通过超市、副食品店等代销。

2017 年，境内专卖经营有雅芳化妆品、特步运动鞋、雅迪电动车、绿源电动车、绿佳电动车、五星钻豹电动车、立马电动车、精工电动车、绿宝电动车、立微电动车、香港雪宝板材、广东兴发铝材等 12 个品牌，11 家店铺。

直销

境内主要有安利产品直销，始于 2009 年。安利直销产品有纽崔莱保健品系列、化妆品护肤系列、护发沐浴系列、高科技净化器系列、净水器等 6 个大类 200 余个品种。2017 年，境内从事安利直销人员有专职 1 人、兼职 5 人，销售额在 100 万元左右。

互联网经济

小曹娥镇互联网经济是从 2000 年后开始发展起来的，通过政府培植，互联网经济快速增长。2003 年，明达玻纤开始尝试网上交易。第一年，实现网上销售 350 万元，从而结束了几十年来单纯依赖供销员跑业务的历史。至 2017 年，全镇累计培育电子商务企业 23 家，网上注册交易商家 44 家。全镇规上、限上、龙头企业、专业合作社互联网经济总量达到 8.4 亿元，占全镇经济规模的 5.3%，跨境电商交易额 3.055 亿元，占镇互联网经济总量的 36.4%；区域快递物流发件量 50 万件，完成全年发货量的 100%。

第二章　集市贸易

第一节　集市演变

民国8年（1919）《余姚六仓志》载："朗霞乡内市镇二：曰荫胜街，光绪三十二年（1906），王荫胜始设铺，众业助之遂成市……"荫胜街后称英生街，位于中灶五丘，临近缪路潭港口，为众多船只进出外海之通道，交通便利，人员往来众多，形成以生猪、肉类、海产品、果蔬食品、烟酒批发零售为主的集市，有各类店铺20余家。其中生猪、肉类在东街，粮、油、棉布、南货糕点在中街，水产在西街，银匠店、铜匠店、旅店、理发店等穿插其中。乡人则以自产物品，杭州湾捕捞之鱼、虾、蟹沿街设摊买卖，集市兴盛。

民国30年（1941），余姚沦陷后，日本侵略军在沿海筑海底笆墙（竹篱笆），把英生街围入笆墙内，并设据点驻军，店铺纷纷遣散，街市日趋冷淡。是时，庵街（曹娥街）逐渐形成。其间，酱园街、直塘头、后凉亭等地亦有小型集市。

20世纪50年代初，供销社、棉站、粮站等全民、大集体单位在曹娥街设立，乡人在供销社廊轩下以自产物品、近海捕捞之鱼虾进行交易，随着摊位增多，向两端道路露天延伸，曹娥街集市逐渐兴盛。"文化大革命"期间，集市贸易品种、数量减少。1976年，曹娥公社在振兴路南、东干路东侧搭建简易棚屋100余平方米，摊位迁移至棚内交易。1989年后，随着集市贸易的全面恢复发展，曹娥市场二次易地扩建，朗海、镇海等一批集贸市场陆续兴建、扩建、迁建。在综合性农贸市场周边各类商铺陆续聚集，逐渐形成商贸集市。至2017年，全镇有集贸市场9个，其中有综合性商贸农贸集市4个，农贸市场4个，水果专业市场1个。

◎ 曹娥老街振兴路东段（2018年吴华春摄）

第二节　集市形式

综合性集市

自清代英生街集市形成后，因地处杭州湾缪路潭外海航道口，运输便利，渐成姚北地区海鲜、牛、羊、猪等商品的集散地；粮、棉、油、布、瓜果、蔬菜及生产、生活资料的集市。20世纪80年代后，相继建成曹娥、朗海、镇海、滨海产业园等综合性商贸集市4个，曹一、建民、海塘南、南新庵等农贸市场4个。其中，曹娥等农贸市场凌晨开市，近午散市，下午闭市；朗海等农贸市场上午闭市，午后开市，晚上散市。滨海产业园等农贸市场整日开市。2017年，8个农贸市场共有摊位332个，其中在曹娥、朗海、镇海、滨海产业园4处农贸市场周边形成综合性商贸街。

庙会集市

曹娥庙会始于道光十四年（1834）。当地人民仰慕上虞曹娥之神灵，仿建其殿于此，称孝女殿，又称孝女庵、曹娥殿。每年的农历五月廿二，孝女曹娥投江救父之忌日举办庙会，方圆数十里之乡民前来进行祭祀活动。届时，宁绍地区及外省的农工百作、商贩艺匠，择地搭棚设摊兜售，形成了集市交易。一般是农历五月廿一开始至五月廿四，前后三四天，商户云集，百货竞销，祭祀用品、茶食果品、风味点心、竹木农具、铜锡铁器、农土特产、棉布绸缎、针织绒线、各式鞋帽、民间乐器、儿童玩具、陶瓷缸甏等品种繁多，还有江湖杂耍、草药郎中、大力士卖膏药、大阳伞拔牙等。中华人民共和国成立后，物资交流大会替代庙会。20世纪60—70年代，物资交流会停办。80年代，曹娥乡（公社）政府又组织举办数次以供销社为主体的物资交流会。其中1982年，农历五月二十、廿一、廿二庙会期间，三天的商品交易额总计达10余万元，仅供销社销售额66902元。90年代后，商品供应充足，物资交流会不复举办。

专业集市

民国时期，直塘头有蟹行、柴场头柴行2个专业集市。蟹行经营青蟹、白蟹、沙蟹、白玉蟹、河蟹等蟹类的交易。柴行经营山柴、什柴、稻草等柴草的交易。

2002年，曹一村在329国道复线北侧设立水果市场，批发、零售村民种植的各类名优品种蜜梨、葡萄、桑椹等水果，果实成熟时节，数十家水果摊点竞相销售。

第三节　市场建设

20世纪50—70年代，市场时开时关，均在道路两边露天交易。1976年起，各类市场陆续兴建，市场建设经历从马路市场、棚屋市场到室内市场三个阶段。市场建设还带动饮食业、服务业、修理业、加工业的发展。1976年，租地兴建曹娥市场。1989年易地迁（扩）建曹娥农贸市场。1995—2000年，投资270余万元，兴建农贸市场3个，总面积6460平方米。2001—2009年，投资230余万元，兴建农贸市场6个，总面积3409平方米。至2017年，全镇有农贸市场8个，总面积9869平方米，摊位332个，年成交额逾2亿元。

表12-2-1

小曹娥镇农贸市场一览表

市场名称	成立年份	投资（万元）	占地面积（平方米）	摊位数（个）	2017年固定摊位（个）	2017年临时摊位（个）	2017年成交额（万元）
曹娥农贸市场	1992	100	3960	87	57	30	7800
朗海农贸市场	1994	180	1500	80	58	30	6600
镇海农贸市场	1989	40	1000	52	30	22	2200
滨海工业园区市场	2006	50	1369	25	16	9	1300
海塘南农贸市场	2005	30	600	23	13	10	970
曹一村农贸市场	2009	28	560	16	12	5	625
南新庵村农贸市场	2009	20	300	13	10	3	500
建民村农贸市场	2002	15	580	15	12	5	625
合计		463	9869	335	210	125	20620

曹娥农贸市场

中华人民共和国成立后，随着供销社等单位在曹娥街设立经营机构，往来人口日益增加。乡人便以杭州湾近海捕捞之鱼、虾等海产品及自产物品在供销社廊轩下设摊售卖，供销社设立交易所，指定专人负责过秤、议价、算账。随着摊位的不断增加，集市向道路两端延伸，部分摊位只得在露天摆设。随着农贸市场逐渐形成和扩大，开始影响路人交通和雨天交易。1976年，曹娥公社租用曹娥村村民陈炳坤0.5亩的自留地搭建简易棚屋，作为商品交易地，不收取任何管理费用，交易摊位增至30余个。1986年8月，撤曹娥乡置小曹娥镇后，农贸市场建设被列入第一个城镇建设总体规划。1989年，投入10余万元建造了小曹娥镇历史上第一个规模性农贸市场。占地面积2000平方米，并配备了专门的管理人员，内设摊位50余个，并有熟食、点心等经营摊位。1995年，扩镇并乡后的小曹娥镇，投资100余万元易地迁建曹娥农贸市场。选址在西干南路东侧，孝女寺对面。占地2368平方米，实际经营面积2160平方米，内设固定摊位60个，临时摊位25个。另建经营房8间，建筑面积180平方米，市场内管理服务设施齐全。1996年以来，连续被评为余姚市规范达标市场。2008年，投资50万元进行提升改造。历任场长应长茂、叶登泉、周增森等。2017年，有固定摊位57个，临时摊位30个，年成交额近8000万元，场长叶柏军。

朗海农贸市场

1992年，撤、扩、并后的小曹娥镇政府驻地设于朗海后，在镇政府前十字路口逐渐形成马路市场。1994年，投资10万元在朗夹公路175—177号南侧兴建朗海农贸市场。市场面积1336平方米，场内可设摊位40个。但几经引导入场交易者甚少。至2000年，路边摊位全部迁移入场交易。2008年改造扩建，总投入资金180万元。市场面积2167平方米，场内有标准摊位58个，临时摊位32个，场长陈贵荣。2010年，被评为浙江省星级文明规范市场。2017年商品成交额约6600万元，场长任荣乔。

镇海农贸市场

◎ 小曹娥镇朗海农贸市场（2019年吴华春摄）

早期，后凉亭素有小集市，沿路有10来个摊位，经营一些海水产、肉类、蔬菜等商品。1975年迁移至镇海方家路的小街边。1995年初，投资40万元建设镇海农贸市场，选址在镇海北路西、朗夹公路北侧，占地1000平方米，建筑棚屋860平方米。内设摊位30余个。2017年，摊位达52个，商品成交额达2200万元，现任场长叶柏军（兼）。

滨海农贸市场

2006年，在新开发的小曹娥镇滨海产业园投资50万元兴建滨海农贸市场，占地1369平方米，建筑面积980平方米。2017年，共设摊位25个，其中固定摊位16个，商品成交额约1300万元。场长姚泉明（兼）。

◎ 滨海工业区街景（2018年吴华春摄）

其他菜市场

南新庵村菜市场 于2001年开设，投资20万元，在四塘江南、方家路东侧搭建棚屋300平方米，有常年摊位12个。

建民村菜市场 于2002年开设，投资15万元，在原后中灶村委旁搭建棚屋580平方米，可设摊位30个。

海塘南菜市场 于2005年开设，投资30万元，在余姚大道西、贯通路北搭建棚屋320平方米，设摊位40个。

曹一村菜市场 于2009年开设，投资28万元，在曹缪公路曹一桥南侧搭建棚屋560平方米，可设摊位20个。

第三章 采购 销售 储运

第一节 粮油购销 储运

境内原为盐场，清末至民国初期起，盐场渐变为产棉区，棉籽作为主要油料，粮食品种为大麦、小麦、蚕豆等春粮。粮食不能自给，主要靠外埠调入。20世纪80年代后，棉籽油因农药残留原因不再食用。

征购

粮食 民国时期，境内有乾康米店、添源米店2家私人米店，集收购、加工、销售为一体。粮食主要从马渚、青山一带收购经加工后销售。

1950年，中粮公司余姚分公司委托泗门供销社代购粮食，私商购粮减少。1952年，曹娥供销社代国家收购小麦1120.77担、大麦158.56担、大豆1632.25担。1953年，实行粮食统购统销，对农村余粮户实行计划收购，禁止私商收购。是年，曹娥供销社收购大麦2694.64担、小麦3647.39担、大豆2409.12担。1955年3月，粮食购销业务及资金归泗门粮管所统一经营管理。10月，粮食实行定产、定购、定销的“三定”政策，三年不变。自上而下框定统购任务，按人年均口粮不超过270千克、种子每亩5—7.5千克、每头猪饲料25—50千克、公母种猪每头75—100千克，计每户实际产量，除去口粮、种子、饲料“三留粮”，分余粮、自给、缺粮三种户型。余粮在25千克以下免购，25.5千克以上为余粮户，落实统购任务。1958年4月，实行粮食包干制度，确定统购、统销数量后，

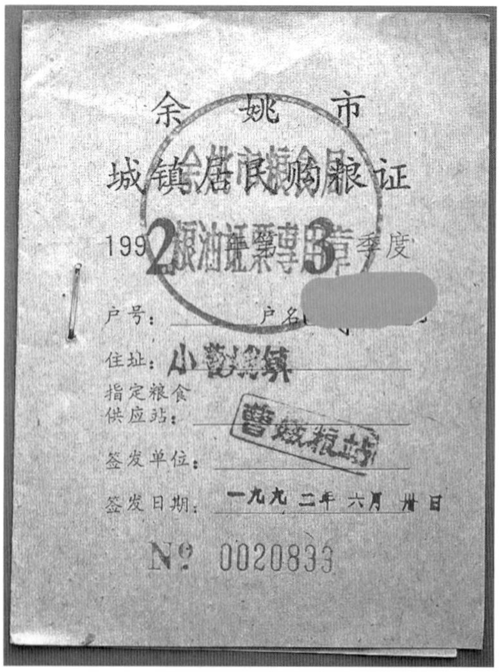

◎ 余姚市城镇居民购粮证（2018年吴华春摄）

增产不增购，减产不减免，五年不变，后连续三年因粮食减产而估产又过高，造成征购困难。

1961年7月，为鼓励农民完成统购任务，确定每投售1000千克原粮，奖售棉布15尺，胶鞋1双，香烟3条，允许在同等金额内选购国家指定的其他工业品或手工业品。1962年3月，实行粮食采购加价奖励办法。1964年1月，粮食换购化肥，以成品粮0.5千克换购化肥0.5千克。1965年10月，调整粮食购销指标，“一定三年”办法延续到1970年。1966年8月，国家提高粮食统购价格。

1971年，实行粮食征购“一定五年”政策，延续到1978年。1979年，再次调整购销指标。

1982年11月，对粮食实行征购、销售、调拨包干，一定三年。1985年，农村产业结构调整后，境内春粮种植面积逐年减少，鲜蚕豆作冷冻食品由冷冻厂自行收购。11月，取消粮食统购，改为合同定购，品种为稻谷、小麦、玉米。1986年，实行粮食购销牌价、议价“双规制”政策，开始出现私营粮贩。1987年，粮食征购实行“三挂钩”办法，每交售50千克粮食，奖化肥21.25千克、柴油0.5千克，并发放预购定金，鼓励农民完成合同定购。1989年，取消“三挂钩”办法，合同内价格高于议价。

1992年11月，改合同定购为合同收购。1999年11月，撤销粮管所，粮食由市场自由购销。

2001年4月，开始执行新的粮食质量标准与作价办法进行收购。取消粮食定购任务，放开粮食购销和价格。取消合同收购，由国有粮食企业采取“订单农业”的形式与农民签订合同。同时放开价格，政府不再出台收购价格，由各地自行定价。市政府制定粮食收购保护价，若市场收购价低于订单合同价的，则按订单合同价收购；高于订单合同价时，则按市场价收购。

油料 民国时期，油料由私营粮商代购或油坊收购。1953年，油料实行统购统销，由国营油脂公司委托供销社代购。1956年起，油料由粮食部门统一经营，实行比例收购：油菜籽按产量75%统购，25%换油；棉籽除每亩留种子10千克外，全部统购。1957年，改为全部统购。1962年，实行以生产队为单位“食油包干，统购余油”，余油队只购不销，缺油队和自给队不购不销。1966年5月，收购油菜籽（油）实行奖售，每担菜籽奖售化肥3.15千克、棉布2.5尺；每担菜油奖售化肥9千克、棉布7尺。1966年7月，提高新棉籽收购价格，每50千克甲级洋棉籽收购价5.35元，本棉籽收购价3.9元。1978年6月，对超售油菜籽在加价30%基础上，每超售0.5千克补贴原粮0.5千克。1995年后，油菜种植面积大幅减少，农民多以自食为主，少有投售。

1985年前，芝麻，花生安排计划面积种植，按定产均作统购处理，并与粮食挂钩。超定产或个人零星种植的作兑油，按出油率付给油票。

大豆，亦称黄豆，境内仅有零星种植，归属于粮食类统计。在零星杂地种植的非食用油原料蓖麻籽，采用每50千克换食用油20千克办法。

1987年5月，撤销购销牌价及奖售办法，实行议购议销。1989年，油菜籽实行比例收购，采取40%政府定购价收购、40%换油、20%按市场价收购。1993年，放开市场，实行多渠道经营。

销售

粮食 民国时期，粮食销售多由私营粮店经营，亦有农民直接在市场交易的。20世纪50年代初期，供销社代销与私营粮商销售并存。1952年，曹娥供销社供应大米975055千克、稻谷428596千克。1953年，大米127916千克、稻谷91780千克。1953年冬，实行粮食统购统销后，境内居民口粮实行计划供应。根据每户人口多少、劳动强度等，居民小组民主评议，确定供应量，分户发证，按月供应。农村销售有统销（统销是按统销政策对缺粮农民口粮不足进行销售的粮食，统销针对缺粮地区，如棉、盐区特种经济作物区）、种子供应借销、奖售、饲料以及补贴用粮等几种。境内为棉区，春粮按比例兑换粮食，发给周转粮票，小麦兑换80%，大麦兑换72%，蚕豆、黄豆兑换100%，交售棉花给予粮食奖励。1955年3月，粮食销售划归泗门粮管所统一经营。同年9月，全国实行票证制度。10月，农村粮食实行“定产、定购、定销”政策，确定销售指标分配到乡到户。同月，粮食复制品——挂面、切面、米粉、年糕均实行凭购粮证购买抵口粮。

1960年1月，城镇居民推行以人定量、计算到户、按月供应的办法。居民依年龄分成十三档，每人每月供应成品粮3.5—12.5千克；中学生（含高中生）分成四档，每人每月14—15.5千克；国家工作人员、企事业人员等脑力劳动者分为三档，每人每月13.5—14.5千克；工人则按工种、劳动强度，每人每月17.5—21千克。年龄增长，以岁调整；工种调整，以季核定；临时变动，如出差、夜餐等，以月申请补助。每季核定调整，发浙江省定额粮票。装订购粮证，买粮凭票凭证，按月记录。1960年3月，饮食行业销售的熟食食品，面条、年糕等，实行凭粮票供应。1961年3月，为防治妇女、小孩浮肿病，凭医生证明，由供销社供应患者“营养粉”。同年10月，城镇凡不满10周岁的儿童，每人每月发糕饼票0.5千克。1962年第四季度起，全民所有制职工每人每月增发熟食票0.5千克。1963年1月，城镇和农村由国家常年供应口粮的人口，每人每月增发熟食票0.5千克。1966年8月起，国家提高粮食统销价格，对干部职工实行粮价补贴，每人每月2元。

1985年4月，改革粮票发放政策，对1985年版浙江省农村粮票按比例价供应，不再印发周转粮票、奖售粮票等。1993年1月起，全省放开粮食购销和价格，全省除军用粮票外，不再使用各种粮票。1994年10月起对城镇居民的粮食购销采用备用证、备用券的过渡办法，每人每月核定12.5千克。1995年4月1日起，每人每月调整为10千克。到1997年4月停止该证（券）的使用，计划供应就此全部结束，粮油销售由各大超市、粮油商店及副食品店销售。

1999年，曹娥粮站、镇海粮站均停止营业，粮食销售由市场调节。

1983年前，对酿酒等工业用粮实行计划供应。1984年，酿酒业用粮被列入专项计划供应，价格在平价和议价之间，1987年后由市场调节。熟食业、副食业、豆制品等行业用粮，1986年前计划供应，1987年后由市场调节。

油料 民国时期，居民食用植物油由王合兴

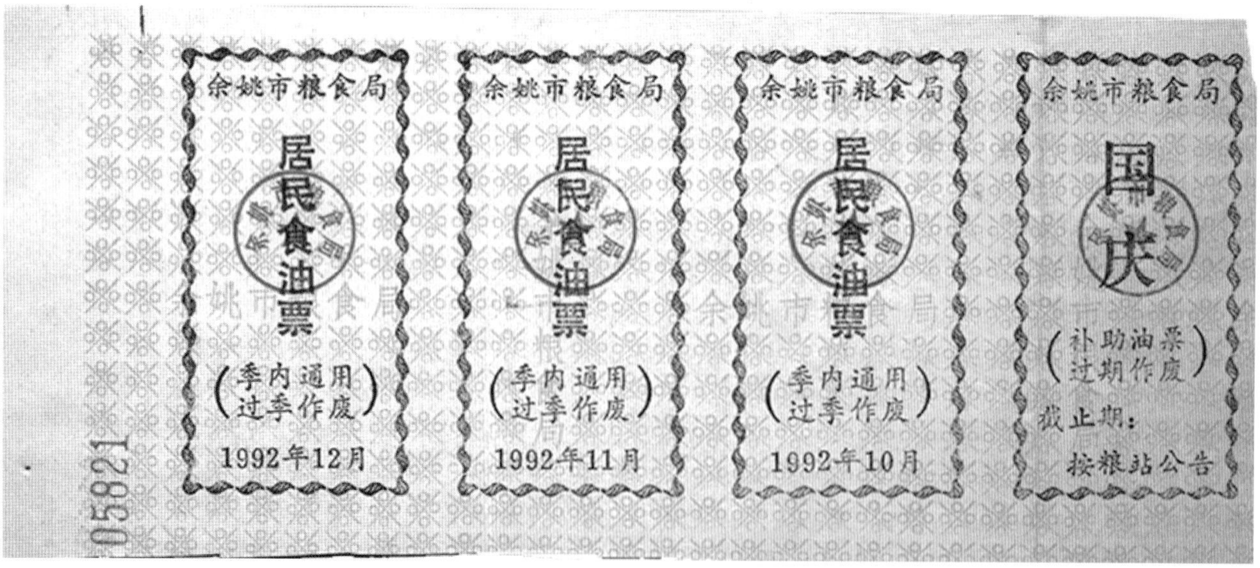

◎ 1992年食用油票（2018年吴华春摄）

等南货店供应。20世纪50年代初期，油料由供销社代销，后归粮管所经营。1954年1月起，食用油实行计划供应，凭证不限量。1956年11月起，凭证定量供应，居民每人每月不超过4两（16两制）、单身户6两。1957年3月，发放居民购油票，每人每月3两，单身户4两，对婚丧喜庆、产妇、病人等发给特种油票给予照顾，凭票购油。

1961年10月，农村实行油脂包干政策，对余油队只购不销，缺油队或自给队不购不销。对城镇和农村吃"国家粮"的人口，继续实行定量供应。行业用油实行计划供应。1964年6月，提高植物油销售价格。8月，用计划定量油票购买棉籽油，可按票面数量增加一倍供应。1965年10月起，城乡非农业人口食用油供应，每人每月由3两增加到4两（10两制），国庆节、春节等重大节日另有补助供应。

1985年起，居民每人每年补助供应平价食油1.5千克，并敞开供应议价油。不久取消油票，食用油料可在市场上自由流通。1989年7月起，计划内行业及部分其他用油，改按优惠价供应。1990年，除供应豆制品用油外，取消计划供应。1991年4月，行业用油全由市场价供应。20世纪90年代后，桶装食用油以其方便、卫生、便于储存的特点逐渐替代散装食用油。在各大超市、粮油商店及副食品店均有桶装食用油销售，品种有大豆油、花生油、菜籽油、米糠油、葵花子油、橄榄油、茶树油、芝麻油等。

储存

民国时期，境内因以棉花种植为主，没有专门储粮仓库。家庭以木板制作的橱柜或缸、坛用于短期储存生活用粮。1955年，泗门粮管所在曹娥建立粮油购销站，年仓容量520万吨，镇海粮油购销站新建于1985年，年仓容量180万吨。2000年粮油购销站被撤销后，仓库移作他用。

调拨运输

民国时期，境内缺粮由私营粮商外购，如乾康米店、添源米店，粮食从马渚一带粮食产区购入。1949年后，调入粮食主要是稻谷、大米、面粉，调出大麦、小麦、蚕豆等春粮。1953年，粮食实行统购统销后，境内所需粮食由泗门粮管所拨入。拨入粮食主要是稻谷、大米、面粉，调出大麦、小麦、蚕豆等春粮。1957年前，油料为拨入成品食用油，调出油菜籽、棉籽。

1985年后，粮油议购议销范围扩大，计划调拨减少。至2000年，粮油全部由各民营粮商自行运输。

粮油市场　民国时期，粮油自由买卖。附近农民少量自产粮油上市买卖。

1953年11月，粮食实行统购统销，严禁私营粮商买卖粮食。1954年10月，政府在泗门开设粮食市场，允许农民完成征购任务后进场销售，缺粮户和经批准的用粮行业单位可以进场收购。1955年3月，由供销社代理的粮食购销业务划归粮食部门经营。1956年4月，撤销粮食市场，粮食购、销、调、存由粮食部门经营。

1961年9月，恢复粮食市场，允许小杂粮及完成国家计划任务后的主粮上市交易。1964年12月，兴办粮食交易所，关闭粮油自由交易市场。

1973年9月，适度开放粮油自由交易市场。1979年起常年开放，同时经营议购议销、代购代销业务，价格制定以"随行就市，收得进、卖得出，保本微利"为原则。

1986年，议销粮购销价差率最高不得超过11%。因粮油种植面积减少，地产粮油极少上市，多向外地采购，购销由市场调节。

1999年，撤销泗门粮管所，组建了泗门粮油经营公司，下设两个粮油批发中心。2002年，泗门粮油经营公司停业。

2017年，建成区28家经营粮油的商店、超市销售粮油。

饲料　民国时期，境内无饲料专营机构。1953年，粮食部门委托米厂加工稻谷，其副产品统糠、细糠、纯大糠粉以及大糠粉与细糠粉和成“四六糠、三七糠”作饲料供应。1954年实行粮食统购统销后，为农户家养牲畜安排饲料留粮，规定肉猪每头25—50千克、公母种猪每头75—100千克，牛每头5千克。1956年，饲料统一由粮食部门经营管理。

1961年，为鼓励养殖牲畜，规定每出售1头肉猪奖励饲料粮（原粮）5千克（后调整为20千克），养殖水牛每头奖售饲料40千克、黄牛25千克。1965年7月起，供销社每收购净肉35千克的生猪1头，奖销售饲料粮25千克。对以粮食为原料的工商企业所产的下脚料（豆渣、酒糟等），统一由粮管所管理，凭票向生产单位购买。是年，开始供应以大麦、玉米、碎米、米糠、棉仁饼为原料加工而成的混合饲料。

1972年，粮站供应“703”发酵粉，帮助社队牧场及饲养户用青饲料通过发酵喂猪。1979年，实行售谷退糠办法，每出售50千克稻谷退糠2千克。

1980年4月，规定收购50千克淡水鱼，供应饲料15千克。1983年，用不同配方生产鸡、鸭、猪、鱼等饲料。1984年8月，按粮食征购任务的稻谷部分，每50千克稻谷供应混合饲料2.5千克。粮食放开后，饲料由个体私营商户经营。

2017年，境内饲料经营店10余家，主要经营小麦、玉米及配合饲料。

第二节 生产资料购销

工业材料

金属材料 民国时期，境内铜、铁、锡等手工业所需金属材料多利用废旧物资或向外地采办。中华人民共和国成立后，由上级部门按计划调拨供应生产企业。1956年起，手工业社所需金属边角边料由慈溪县手工业联社经理部供应，1963年改由新成立的慈溪县物资局供应。1979年后，金属材料实行多渠道经营，除余姚县物资局金属材料公司外，经营单位还有余姚县建筑材料工业公司、余姚县有色金属材料公司等，供应办法为计划分配与议价供应双规制。1993年后，取消计划管理，进行由市场调节。境内工业、手工业所需之铜材、钢板、铁皮等金属材料，主要由专业市场组织购销，需从外地购入部分铜材则由当地冶炼厂从外地购入原料后加工、销售。

1994年，在小曹娥朗海南路开起第一家金属材料店——永明金属，专业供应金属材料（硅钢钢卷），店主姚永明。1997—1998年，年销售额100万元左右。后移交其子姚利建经营。2006年开始，根据客户需求，进行裁剪加工。2017年加工钢卷1万余吨，销售钢卷2.5万吨，销售额逾1亿元。是年，经营金属材料的主要商店还有阿锋五金装潢店、广东兴发平开窗铝材专卖店等。

化工材料 民国时期，境内染料由华美布店兼营。中华人民共和国成立后，化工类产品实行计划管理，由供销社经营。1979年后化工类产品多渠道经营，私营油漆、染料店增加，各企业所需塑料、胶木粉等化工原料，仍需向外埠购买。2017年，境内有经营化工材料的商店8家。其中，销售雅乐士、嘉丽士、多士乐、立邦、晨阳、华润等品牌油漆为主的油漆涂料商店6家；经营汽车轮胎的有康师傅轮胎、阿昌轮胎2家。各车辆修理店均有摩托车、电动车、人力车轮胎销售。

机电设备 20世纪50年代，境内所需少量机电设备由企业向外埠自行采购。60年代，机电设备（主要是农机设备）由慈溪县物资局统一经营。20世纪60—90年代，曹娥供销社五金交电柜经营各类导线、水泵、工具、量具等机电设备，大型号机电设备需至泗门或余姚购买。2017年，建城区经营机电设备的商店有4家，主要经营电动机和水泵，其中2家兼营电机修理。

建筑材料

木材 20世纪50年代初期，木材自由交易。

1953年开始木材纳入计划经营，逐步关闭私营木行。至1978年，木材一直是计划平价，供应量极小，远不能满足群众需要。1979年，木材有计划平价和议价双规制。1984年后，开放木材交易市场，实行多渠道经营，木材多从温州、龙游、遂昌和福建、湖南、云南等地采购调入。1980年，曹娥乡、朗海乡、镇海乡分别办起供销经理部经营木材。1982年以后，朱伟江、周元明、俞林法、沈志灿、陈万荣、单庆祥、苗传忠等先后开起私营木材行。至1985年，境内有经营木材的商家近10家。20世纪90年代后期，砖木结构房逐渐被预制、框架结构所替代，门窗亦有铝合金、不锈钢等材料替代，原木用量减少，原木木材经营店逐渐关闭或转行为装潢店。装潢店经营的木材多为半成品木材，如木条、细木工板、五夹板、复合板、装饰板、地板等，门窗多向专业制作门窗厂家定制。2017年，建成区有香港雪宝板材余姚专卖店、中财板材店、团团圆圆板材、岳真装饰材料批零店等经营木材的店铺4家。

石灰水泥 民国时期，由于经济落后，境内住房多为泥坯稻草房，少有砖木结构的房屋。石灰、水泥用量极少，需从外埠采购。20世纪80年代前，石灰、水泥由供销社经营。1983年，苗新桥在朗海四塘江后开设建材行，是为境内第一家以销售石灰、水泥为主的建材行，年销售量1500吨左右。80年代中期，境内陆续开起多家私营建材商店，供应石灰、水泥。2000年以后，房屋建筑中逐渐采用混凝土现浇工艺，石灰使用量大为减少，水泥使用量激增。商砼开始应用。2017年，建成区有建筑材料商店11家，供应石灰、水泥、瓷砖、玻璃、卫生陶瓷等建筑材料。

砖瓦沙石 20世纪60年代前，境内居民多为草房，很少使用砖瓦，少量使用者则向外地采购坟砖等旧砖瓦。70年代起，居民逐步改建瓦平房，砖、瓦需求量激增，曹一，全义，三发，永久，新民，海塘南，朗海二大队、三大队、四大队，镇海一大队、二大队、三大队等12个大队集体开办砖瓦窑14座，砖瓦由各窑自产自销。1980年后，砖瓦供不应求，县计划委员会向部分地区窑厂下达生产订购任务，部分产品由县计划委员会分配供应，部分自产自销。1995年，在原毛丁路西四塘江边建造轮窑一座，烧制红砖，自产自销。2007年开始，政府限制黏土实心砖，发展新型墙体材料，对8门以下黏土砖瓦窑、立窑、马蹄窑等高能耗、工艺落后的砖窑进行破拆和改造，逐步拆除。至2017年，境内已无砖瓦窑。单位和居民建筑用砖瓦向马渚、上虞、宜兴等地采购。

境内历来不产黄沙，20世纪90年代前，黄沙多从上虞百官等地购入河沙，河沙禁采后改用海沙，仍从外地购入。2005年，建民村村民钟山在杭州湾边海涂开设沙场，销售高峰时日销近万吨。2010年后销量逐渐减少。2017年，全年销售量50万吨左右。

20世纪90年代前，建房石料从泗门、临山、朗霞、马渚等乡镇石塘购入。2000年以后，建房基本不再使用石块，用花岗岩、大理石、钢砖、瓷砖装饰房子的逐渐增加。境内陆续开起老百姓石材、柏君石材、永顺石材、世增建材、亿百欧瓷砖、建焕装饰、云灿建材商行、新时代装潢店、一百建材卫浴商行等经营石材、瓷砖的商店10余家。

钢材 1980年前，钢材属国家统配物资，实行计划管理。1980年后，随着经济体制改革，钢材等物资逐步实行“双规制”。1983年以后，曹娥建材厂门市部、朗海贸易货栈及各水泥预制厂有少量钢材销售。1993年，钢材市场放开。建房钢材需求增加，所需钢材主要从外埠购入。1999年，韩文华在朗海南路开办华盛钢材店，销售建筑钢材，年销售1500吨以上，销售额逾600万元。2008年1月，王立锋在周洪丘一区52号开设余姚市小曹娥阿锋五金装潢店，主要经营H形钢，C形钢，各类方管、圆管、铁板、角铁的销售、加工，年销售各类钢材1400余吨，销售额560万元。2017年，境内较大的钢材销售商共3家，分别为华盛钢材店、阿锋五金装潢店、镇北建材商行，销售各类钢材4000余吨。

农资材料

化肥农药 民国时期，农作物多使用绿肥、河泥、野草、人畜肥等有机肥料。农作物遇病虫害，则使用雷公藤、烟筋、鱼藤精或人工灭杀。中华人民共和国成立后，农药销售由曹娥供销社和镇海供销站的生产资料经营部销售，并配有农资辅导员，负责推广新化肥、新农药的使用方法。20世纪50年代，以豆饼、菜饼、棉饼、骨粉作有机肥，化肥以硫酸铵为主，农药有六六六、二二三、西力生、赛力散、硫酸铜，以及高效剧毒农药1605、1059等。1956年起，按种植面积分配供应化肥，棉花每亩6.15千克、水稻2.8千克、小麦1.55千克、油菜2.3千克。1959年，化肥、农药供应不足，曹娥供销社、曹娥、朗海、镇海3个管理区均建有土化肥、土农药厂，生产钾镁肥、氯化镁、混合肥、硫酸铵钙、苦沾磷、烟中取氯、氯化钾等，还生产土农药，有硫酸铵精、松碱乳剂、1605配剂、417配剂、酸辣乳剂等。帮助解决生产化肥、农药紧缺问题。合计生产混合肥174.7吨，钾镁肥35.58吨，氯化镁23.65吨，60年代，化肥、农药品种增加。化肥有高含量氮肥（尿素）、液氨（氨水）、磷肥、钾肥等，其中过磷酸钙销量增加较快。农药主要是六六六、二二三、八八九。供销社在收棉花时实行化肥奖售。

70年代，供销社开始供应稻瘟净、稻脚青、杀螟松、除草醚、杀虫醚、井冈霉素、呋喃丹、杀虫双、甲胺磷、久效灵及菊酯类农药。逐步淘汰1605，改供敌百虫、八八九、毒杀芬、三氯杀螨醇、马拉松等农药。1979年，供销社实行“一次管理，自由购买”，使农民自主掌握施肥自动权，化肥销量激增。

80年代后，停用有机氯农药，推广杀虫双、叶蝉散等高效低毒、低残留农药，并允许多渠道经营化肥、农药。

2002年起，为从源头上解决农产品的农药残留超标问题，农业部公布禁止使用的农药有六六六（HCH）、滴滴涕（DDT）、毒杀粉、二溴氯丙烷、杀虫脒、二溴乙烷（EDB）、除草醚、艾氏剂、狄氏剂、汞制剂、砷、铅类、敌枯双、氟乙酰胺、甘氟、毒鼠强、氟乙酸钠、毒鼠硅、甲胺磷、对硫磷、甲基对硫磷、久效磷和磷胺。

2004年，农药品种主要有毒死蜱、阿维菌素、三唑铜、杀毒矾、杜邦福星、丁草胺、拉索等，化肥有氮肥、磷肥、钾肥、含硫复合肥、硼肥、调节素等六大类近百个品种。

国家对化肥、农药、农用薄膜等重要农资商品一度实行计划生产、统一调拨、统一分配。1988年，省政府对化肥、农药、农用薄膜由供销社农资部门专营。1993年，由专营调整为经营，化肥流通继续以供销社农资部门为主渠道，农资推广站、土肥站、植保站及化肥生产企业为辅渠道。

2004年，甬舜农资公司在境内开设经营农药、化肥连锁店。2017年，高毒农药、限用农药实行实名制购买管理制度，并禁止在蔬菜上使用毒死蜱、三唑磷农药，禁止使用和销售百草枯水剂、氯磺隆（包括原药、单剂和复制剂）、福美胂和福美甲胂、氨苯磺隆、甲磺隆复制剂。

2017年，境内农资经营店37家，其中“甬舜农”农资连锁销售店19家，农药销售额合计为215.20万元，化肥3555吨（其中“甬舜农”余姚公司进货2150吨，慈溪公司进货400吨，余姚公司约占小曹娥供应总量的65%左右）。各农资经营店亦有从外地采购销售。

农机具 民国时期，竹、木、铁制主要农具由杂货店、山货行、铁匠铺等供应，或从庙会集市及周巷、朗霞、泗门等地集市采购，或向工匠作坊订购，或请工匠上门加工。

1952年，曹娥供销社出租或代销小农具。

1956年，手工业实行合作化后，曹娥竹业社生产竹制农具，所需原料、产品均有供销社供应和销售，曹娥铁业社设立门市部，供应铁制小农具。1963年开始，拖拉机、农用动力及农机配件业务由慈溪县农机公司经营，在曹娥设有修配供应点。1981年后，中小农具可多渠道经营，敞开供应。至2017年，拖拉机、脱粒机等大型农机具由余姚市农机局统一供应，市、镇地方财政对购买者提供一定比例的资金补助。其他小型竹、木、铁农具由山货店、杂货店经营，货源多从外地采购。境域仅存朗海村杨家路桥桥东沈泉根一家铁匠店，根据用户需要，定做少量铁制小农具。

石油　20世纪50年代初，石油产品由县百货公司及供销社经营，后由石油公司购销。50—60年代，煤油主要供应农村照明。1963年起，实行定量凭证购买。60年代后期开始，随着电力照明逐步普及，农村照明煤油用量减少，用于炊事燃料和乡镇工业生产增多。

柴油主要供应农业灌溉、耕作机械及部分交通运输。1983年前按动力供应，后农村实行包干，企业单位实行单车计划供应。

1988年，调足计划内油源的同时，积极开拓计划外油源。1988—1992年，成品油购销取消从单一计划调拨、分配包干，变为平价、议价购销，价格调控的“一油两价”双规制经营模式。1993年后，成品油购销取消计划调拨供应，实施“以供定购”，多种经济成分共同参与建设加油站。1996年，周建庆在曹建公路界塘口开设境内第一家加油站——永春加油站。2017年，境内共有加油站3家，分别为永春加油站、佳力加油站、中国石化小曹娥加油站。3家加油站共有从业人员20人。2017年，共销售汽油3963吨、柴油3911吨。其中，中石化加油站销售汽油2400吨、柴油800吨。

第三节　生活资料购销

猪肉

民国时期，英生街为生猪交易集散地，王荫胜第四个儿子王纪敖开有猪行、屠宰场经营猪肉生意。

20世纪50年代初，供销社和私商并存经营。1955年以前，供销社在元旦至春节期间，在完成猪肉出口任务的前提下临时性供应猪肉。1956年，猪肉由供销社统一经营。1957年后，猪肉实行凭票供应，鼓励农民投售生猪。1962年春节，农民每投售50千克以上生猪1头，奖励卷烟2条（可调换食糖2.5千克）、胶鞋1双（可调换卫生衫1件或卫生裤1条）、饲料15.5千克（可调换黄酒15.5千克）、火油1.5千克、12.5尺绸被料1条（可调换棉毯1条），并按毛猪10%重量发给肉票。1965年敞开供应，但供应量较少。

1976年，对城镇居民实行凭票限量供应。1979年10月，县食品公司泗门食品站在曹娥设食品组，同时在曹娥和镇海设立鲜肉销售点，提高猪肉销售价，敞开供应猪肉。

1985年1月起，猪肉购销全部放开，价格随行就市。2017年，境内8个农贸市场有肉摊21个，年销售猪肉619吨。

蔬菜家禽

民国时期，在英生街、曹娥街、后凉亭、直塘头有蔬菜、禽蛋进行交易，卖方多为临时摊贩或自产自销者。中华人民共和国成立后，蔬菜、禽蛋仍以市场交易为主，曹娥供销社亦有禽蛋经营。1979年，曹娥食品组兼营鲜蛋、咸蛋、皮蛋等，1985年后逐步退出市场。2017年，境内8个农贸市场有固定蔬菜摊位20个，全年销售蔬菜1912吨，销售家禽29200羽。禽蛋由农贸市场和超市销售。

水产

境内杭州湾盛产鲚鱼、梅鱼、鲻鱼等小海鲜。民国时期，小海鲜等海产品在英生街、曹娥街、后凉亭一带有售。小海鲜根据季节和潮汛变化，形成早、晚两市。英生街荣大行水产，主要批发经营带鱼、黄鱼、蟹等东海水产品，从渔民处收购水产品批发给周边集市供应商或行贩夹乡叫卖。中华人民共和国成立后，海产品和淡水鱼仍以集市交易为主。1956年起，水产品由供销社经营。20世纪70年代，沿海海涂水库陆续建成，淡水鱼产量开始增多。1979年后，水产品放开经营。80年代后，相继开发海涂鱼塘，各种水产品销售增多。镇境濒杭州湾，有8千米海岸线，乡民捕捞之小海鲜品种、数量较多。“小曹娥海鲜”成了一张亮丽的名片，招揽着方圆几十里的食客前来品尝。2013年，小曹娥海鲜一条街被宁波市旅游局公布为宁波市十大特色海鲜排档（渔家乐）。

2017年，境内8个农贸市场有水产品摊位43个，其中固定水产品摊位13个，年销售水产品370吨。旺季小海鲜临时摊位30多个，年销售当地渔民捕捞的小海鲜40余吨。

食糖

民国时期，食糖由南货店经营销售，品种以台湾糖为主。20世纪50年代初，因货源受阻，食糖供应趋紧。1954年底实行定量供应：产妇2千克，婴儿每月0.25—0.5千克，其他人每人每月0.1—0.25千克，肝病患者凭医院证明限量优待供应。1965年后货源增多，1969年一度敞开供应。1970—1982年，仍凭票定量供应。1982年后敞开供应。食糖经营在未放开之前，均有供销社、合作商店经营，后由烟酒副食品商店及超市销售经营。

食盐

食盐历来为政府专营。清代，现境多为制盐场，食盐供应充足。清末至民国时期，因海水淡化，大面积制盐停止，大部分食盐由廒商通过油酱商店供应。乡民受生活所迫，多有卖私盐者。

中华人民共和国成立后，食盐由供销社供应。实行食盐批发许可证和食盐零售许可证制度。20世纪70年代榨菜加工业兴起，食盐销量逐年增加。2001年，供销社食盐代销业务终止，余姚市盐业公司在小曹娥设立小曹娥食盐经营部，同时在曹娥街和镇海街设立食盐批发站，批发供应腌制用盐和食用小包装碘盐，超市、烟酒副食品店多有居民生活用盐零售。2015年，国家取消食盐零售许可证制度。2016年，在坚持食盐专营制度下，国家放开食盐区域限制，山东等外地食盐开始在境内销售。2017年，市盐业公司小曹娥、镇海两个食盐批发站供应腌制盐15899吨、小包装碘盐462吨。小曹娥食盐经营部历任主任沈月桥、曹欢金。历任小曹娥食盐批发站站长胡松灿、沈渭先，镇海食盐批发站站长卢国军。

糕点

民间称糕点为茶食、茶点，传统糕点有香糕、蛋糕、蛋卷、麻酥、桃酥、豆酥糖、芝麻饼、芝麻糖、状元片、软糕、麦果、金枣、印糕、寿桃等。民国时期，境内仅有戴记、诸记等数家糕点作坊，生产6—7种糕点，店坊合一，自产自销。英生街王合兴、徐记、戚记、魏记，曹娥街戚记等南货店多经营销售从周巷、泗门等地采购的糕点。

20世纪50年代，糕点由供销社经营。1958年，糕点业产销分离。由泗门供销社食品厂加工生产糕点，品种有香糕、大饼（龙凤饼）、金枣、蛋糕、桃酥、饼干、豆酥糖、麻饼等10余种，负责供应泗门区所辖曹娥、朗海、镇海、万圣、夹塘、湖北、临海、兰海、横塘、塘后、泗北、海南及泗门镇共13个乡镇的供销社副食品销售网点。

20世纪60—70年代，因原料紧缺，生产糕点不能满足市场需求，采取凭证定量供应办法。80年代后，民营食品工业发展，沪、杭、甬各式糕点涌入境内，糕点敞开供应。

1982年，曹娥农机厂单独增设棒冰车间生产棒冰。朗海农机厂增设棒冰、食品车间，聘请上海师傅作技术辅导，生产棒冰和金枣、甲糖（芝麻花生糖）、蛋糕等糕点，自产自销。1985年5月，棒冰、食品车间从朗海农机厂划出单设为朗海食品厂，自行生产、销售，1987年歇业。1998年，姚小国在曹娥街菜市场开设首家花式奶油蛋糕房，前店后坊，自产自销。2000年后，糕点作坊陆续增加。2017年，建成区有开心、红樱桃、蕾蒙娜等多家烘焙房、蛋糕房，生产蛋糕、面包及各式糕点，现做现卖。超市、副食品商店等店铺均有品种繁多的各式糕点销售。

烟酒

民国时期，王合兴商行、徐记商店、戚记商店等商家销售烟丝及卷烟。境内烟民多以吸食烟丝（俗称旱烟）为主，少有吸卷烟者。20世纪50年代后，卷烟销量迅速增加，烟丝渐绝。1953年起，卷烟由国家专卖，通过供销社、合作商店销售。60—70年代，凭票定量供应。80年代，除计划调拨外，多向外埠采购，中高档卷烟实行平价供应，低档烟则放开供应。1990年后，卷烟放开供应。1998年，市烟草专卖局在小曹娥设门市部，向烟草零售户批发卷烟。2002年，市烟草专卖局小曹娥门市部撤销，由市烟草专卖局直接向烟草零售户配送卷烟。

民国时期，白酒、黄酒均为自由销售，民间也有自酿自用。1953年，酒类被列为国家专卖，通过供销社、合作商店销售。20世纪60—70年代，凭票定量供应。70年代以前以销售散装黄酒为主，白酒次之，瓶装白酒、啤酒甚少。80年代后，酒类放开供应，社队企业开始生产白酒、黄酒，酒类品种增多，白酒、啤酒销量激增。1984年，曹娥乡永久酒厂、朗海乡酒厂生产、销售黄酒计74.7吨，多在本地销售。1990年后，酒类商品多有民营商业企业、大小超市、私营副食品商店经营销售。

2017年，镇建成区商业街内，华新烟酒批发、康达烟酒商行、欣玥烟酒商行、景怡烟酒商行、泉森烟酒批发、世忠烟酒副食、才茂烟酒副食、登海烟酒等副食品商家及超市经营烟酒，批发零售。是年，全镇有烟草零售户182户，经营各类卷烟85000条。

纺织品与百货

民国时期，境内经营纺织品和百货的有华美、元大仁2家。华美专营棉布，以经销土布为主，兼营颜料；元大仁主营棉布兼营百货。1949年，元大仁遭土匪抢劫后，不再经营棉布，专营百货。1950年，纺织品与百货由供销社经营。1954年9月，棉布实行统销，纺织品凭票供应。1983年12月后，取消布票，敞开供应。2000年后，成品服装逐渐替代了棉纺布销售。2017年，境内主要商业区有鞋服店41家，其中布店兼做服装6家，其他针纺织品、百货多由超市经营销售。

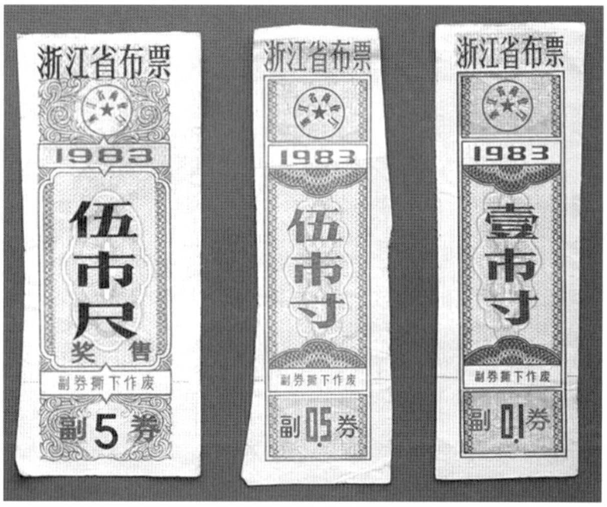

◎ 布票（2018年吴华春摄）

五金交电

20世纪50年代起，供销社经营圆钉、铁丝、门锁、门铰链等材料和榔头、钳子等小型五金工具。1955年，供销社开始供应自行车，1959年后的20多年，自行车实行计划分配，凭票供应。1966年后，圆钉、铁丝、铰链等持续20多年供不应求，实行凭证限量供应，由供销社经营。60年代后期，导线、电表、灯泡、灯管等销量激增。1981年后，手拉车销量激增。1986年，有车辆修理店开始销售轻便摩托车。1990年后，电动车开始热销，摩托车销量减少。2017年，境内经营五金交电的有小曹娥五金批发商行、奔月五金商行、铭阳五金机电有限公司、中意五金交电商行、源齐五金交电商行、建鑫五金交电商行、志龙五金店、东海五金日杂店、胡爱莲五金店、镇海加兴五金装潢店、宏亮五交化店等10余家。经营电瓶车的商店有三飞车行等9家，年销售电瓶车1000辆以上。

家用电器　电脑　手机

民国时期，境内无经营电器的商店。20世纪60—70年代，家用电器由供销社经营。家用电器主要是收音机和电风扇，一般家庭也很少拥有。80年代，录音机、黑白电视机、洗衣机、电冰箱等家用电器开始上市。80年代后期，出现私营五金、交电商店。1988年，政府把彩色电视机、电冰箱等作为紧俏耐用消费品进行经营和管理。90年代以后，彩色电视机、空调、录像机、电磁炉、电脑、手机等家电品种不断增加，销售量逐年上升。2017年，境内主要商业街有豪华电器、百年家电、京东家电、多方达电器、清儿电器、阿军电器、登文电器、镇海厨卫电器等家用电器商店9家，销售冰箱、彩电、空调共计1200多台，销售额400多万元。是年，建成区有炜播电脑、飞翔电脑、华硕电脑、成成电脑、爱琛电脑、文权数据等电脑销售店6家，启航手机卖场、小曹娥电信、健达通信、久久通信、新移手机、吉丰手机、吉飞手机等销售手机的店铺近10家。

日用杂品

民国时期，由私营百杂店经营铁镬、碗筷、缸甏等炊饮用具及草帽、草席、扇子、雨伞等生活用品。20世纪50年代，日用杂品以供销社为主经营，60年代后，由供销社和合作商店经营，80年代后多为私营经营。2000年后，私营商店、各大超市都有经营。

燃料

民国时期，燃料以农作物秸秆和芦苇茅草、灌木等柴草为主。曹一村柴场头原是个柴草交易场地，柴场头地名一直延续至今。20世纪60年代，开始向镇上居民发放煤制品票，供应煤球、煤饼，实行定人定量供应，每人每月7.5千克。煤油作为照明用油，实行定人定量供应，亦有居民以煤油作为经济炉（由铁皮制成，以煤油或柴油为燃料的炉子）的燃料。80年代末，开始使用石油液化气作为燃料，90年代中期开始普及，成为居民的主要燃料。1994年8月，小曹娥石油液化气储配站开业。1997年6月转制为施国荣个人经营，原址在朗海村朗海路路西。2009年，改名为余姚市纯一石油液化气储配站。2011年，搬至朗海路路东，由施国荣女儿施晓宜负责经营。2017年，销售石油液化气3500吨左右。

医药医疗用品

民国时期，境内有一家药店，门号调元堂，由施正福创办，主要经营中药材，原址在英生街，后迁址曹娥街。1956年公私合营后，增设西药专柜，改名为曹娥供销社国新药店，由供销社管理。1983年，施正福子女挂靠曹娥卫生院，在小曹娥老街开设曹娥卫生院中药配方部，专营中草药。现境内药店2家，即曹娥供销社国新药店和曹娥卫生院中药配方部。曹娥供销社国新药店供应中西药材和小型简易家用医疗用品。1985年，曹娥卫生院中药配方部与曹娥卫生院脱钩，自主经营，改名为新华药店，除经营中西药品外，还代煎中药，中药销售占全部药品销售的50%以上。20世纪90年代以后，境内陆续开设同济堂药品零售有限公司连锁药店、正源大药房、春天大药房、三

◎ 中药师配方抓药（2018年吴华春摄）

江源药品等医药医疗用品商店。至 2017 年，境内共有同济堂药品零售有限公司连锁药店（2 家）、新华药店、曹娥国新药店、正源大药房（2 家）、三江源药品等药店 9 家，从业人员 30 余名，销售西药品种近 3000 种、中药 700 多种。

第四节　农副产品购销

棉花

1953 年 8 月，由曹娥供销社、曹娥乡人民政府、朗海人民政府、西三乡人民政府联合向泗门区委、余姚县供销合作社联合报告，设立棉花收购站。1954—1962 年，棉花实行统购，由供销社统一经营，每百斤标准皮棉收购价 86.5 元。1963 年，每百斤标准皮棉收购价 89.5 元。1968 年，投售每百斤标准皮棉收购价 104.38 元。1978 年，每百斤标准皮棉收购价 115 元。1980 年，每百斤标准皮棉收购价 145.8 元，1984 年提高到 163.3 元。1951—1984 年，棉农投售棉花均有粮食、化肥等奖励。

1984 —1985 年棉花丰收，亩产皮棉 95—100 千克，其中 1984 年，皮棉总产量达 2356 吨，皮棉收购量达 2326 吨，为历史最高。

1985 年，取消棉花统购统销政策，收购量逐年下降。2001 年后，棉花收购转为民营。

土布

民间称地产棉布为土布，俗称“驮布”，有花布、白布、新式布、老式布、手巾布、腰布、包布等品种，由土纺纱用木机手工织成。据《余姚六仓志》记载“明末清初，服尚布素，平民不论贫富，皆衣粗布，贵族亦不盛饰。”清代，土布纺织遍布各村，有土布商在民间收购土布销往舟山、东阳、义乌及河南等地。宣统年间，因洋布充斥市场，土布滞销。民国 30 年（1941）4 月，余姚沦陷后，洋布货源断绝，土布市场复苏。抗战胜利后，土布购销再度衰落。20 世纪 80 年代后，土布制作购销已消失。

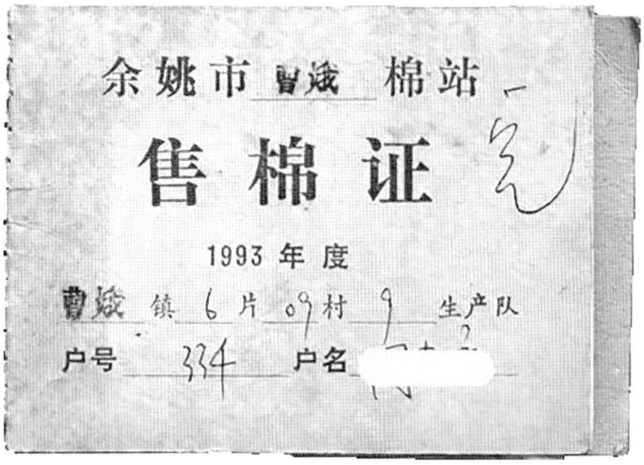

◎ 1993 年度售棉证（2018 年吴华春摄）

第五节　废品回收

1949 年前，废旧金属和日用废品多有小贩串村走巷（民间称货郎担），以兑糖或现金收购，经清理加工后运往宁波、上海等地。1950 年后，废品回收由供销社土产部负责，当时的废旧物品回收品种有废铜、废铁、废锡、废橡胶、杂骨、破布、废棉、旧衣等。1954 年，收购废铜 2818 市斤。1958 年，“大办钢铁”，群众献售铁门、铁窗、铁制生活用具等。曹娥供销分社设有废旧物资收购点，群众称为土产部。收购品种有废旧铜铁、牙膏壳、鸡内金、橘子皮、桃核、破布、破布鞋、破胶鞋、杂骨、甲龟壳、人畜毛发、废旧书报以及兽皮等废旧物品。

1979 年建立废品代购员制度，农村代购代销商店兼营废旧物资回收，供销社按废旧物资的质量及紧俏程度，向代购员给付 3%— 6% 的手续费。20 世纪 80 年代起，废旧塑料开始成为废旧物资回收。

1983 年，供销社废旧金属回收归县金属材料公司废旧金属回收站经营，后又放开废旧物资回收业。

2000 年后，废旧电视机、洗衣机、冰箱、电脑等家用电器也作为废旧物品回收。废旧物资收购由个人经营，多由外来人员夹乡串村上门收购。2017 年废旧金属收购业 1 家。

第四章　饮食　旅游　娱乐服务业

第一节　饮食业

民国时期，境内有戴友仁馒头、包子店，诸利炎焦饼、油条点心店，蔡利炳面食店等5家。1956年，镇上有1家饮食合作商店，供应馄饨、豆浆、包子、馒头、大饼、油条等面点，店址在曹娥东直街，有职工8人。另有3家点心店，供应馒头、包子等。20世纪80年代，日月大酒店、成江饭店等私营餐饮业开业。90年代后，餐饮业发展较快，境内相继开起兴旺饭店、国秀饭店、志桥饭店、曹娥饭店、徐瑛饭店、志苗饭店等多家饭店。2000年后，国秀饭店改名为一帆酒家，为现境内一家较大型饭店。2010年后，开起龙门农家乐、阿成农家乐等多家“农家乐”饭店。2017年，境内主要商业区有一帆酒家、志苗饭店、洋洋饭店、鑫天源饭店、益香大酒店等饭店5家。快餐店及各类点心店81家。2000年后，乡村厨师、餐饮一条龙服务（为婚丧喜事、宴请，配置桌椅、餐具、食材，实行烹饪、端盘、清理一条龙服务的餐饮行业）亦有发展。以曹娥村沈银富为代表的餐饮团队有常年厨师19人，从业人员最多时100多人，最多可以承办500余桌宴席，经营区域远达宁波、绍兴等地。

第二节　旅游业

境内旅游景点

小曹娥地处杭州湾宁绍平原，由海涂开发而来，发展历史不长，境内无历史古迹存留。有红色景点乐山公园，由沈乐山烈士纪念碑、烈士事迹陈列馆、公园组成。宗教景点孝女寺。乡村景观有香丽园花海、千亩梨园（曹一村的瑞晶蜜梨园有133公顷）、美丽乡村精品村等乡村旅游景点。自然景观有小曹娥观潮，这里有广阔的滩涂，漫长的海堤，钱江水和东海潮在这里交汇，形成了一种奇特的自然景观。每逢八月十八前后，观潮的游客达5000多人。

◎ 香丽园花海

旅行社

2012年5月1日，余姚市大世界国际旅游有限公司小曹娥门市部开业。为境内唯一的一家旅游机构。开业第一年旅游人数100多人，随着人们生活水平改善，旅游产品的不断开发和服务质量的提升，旅游人数不断增加。2017年，接待境内旅游人数2000多人。

第三节　娱乐服务业

20世纪50年代，境内有服务行业7家，其中旅店1家、理发店4家、修理2家。1956年，私营商业社会主义改造后，个体服务业发展缓慢。80年代后，个体服务业有较快发展。80年代末至90年代初期，娱乐业开始发展。1992年，境内共有舞厅5家，溜冰场2家。至2017年，境内主要商业区有照相、理发、美容、推拿、足浴、宾馆、旅店、洗车、广告、中介等服务行业门店 44 家。

舞厅　足浴

改革开放后，交谊舞开始流行。1992 年，吴玉昂在曹娥老街开办百事乐舞厅，舞厅面积 150 平方米，时是小曹娥镇第一家舞厅；至 1997 年，境内有百事乐舞厅、红豆舞厅、北海舞厅、海云舞厅、王龙舞厅等 5 家，从业人员 20 多人。小曹娥的舞厅在当时姚西北地区颇有名气。20 世纪末，交谊舞不再流行，舞厅先后关门歇业。海云舞厅转营海云足浴。2016 年，君悦足浴店在朗夹路 58 号开业。

修理业

20 世纪 80 年代以前，由于经济落后，家庭用具很少添置，能用就用，破了补补修修再用。修理业多为家庭锅、盆、壶等五金件的修理。1985 年，境内各类修理人员 83 人。80 年代后期，经济的发展，人们生活水平的提高，传统修理业逐步向修理钟表、自行车、家用电器发展。90 年代后，钟表、自行车修理逐渐减少，电瓶车、摩托车、汽车修理增多，家庭锅、盆、壶等五金件的修理逐渐退出修理业。2017 年，境内主要商业区共有修理店 38 家，其中钟表修理店 2 家，电机、电器修理店 8 家，手机修理店 7 家，电脑维修店 6 家，摩托车、电动车和汽车修理店 15 家。

理发业

民国时期，有 4 家个人理发店。理发师傅多为走村串巷寻找理发生意。1961 年，建立理发店，由合作商店管理。1985 年，境内有理发师傅 56 人。20 世纪 90 年代，理发多兼美容、推拿。2017 年，境内主要商业区有理发美容店 31 家。

照相店

民国时期，境内无照相店。居民寿像一般由民间画匠画描或到周巷、泗门拍摄照片。1981 年，曹娥供销社照相馆开办，至 1987 年歇业。1982 年，曹娥第一家个体照相馆由马田芬在曹娥老街开办。2000 年后，随着数码相机的出现和手机的普及，一般家庭、个人照相都进行自拍，相册存于电脑 U 盘或刻录于光盘，照相经营业务日益清淡。照相馆业务向婚纱照、结婚、生日、升学、开业等喜庆场景摄录像拓展。2017 年，境内有阿苗照相馆等 3 家。

宾馆　旅店　公寓

民国时期，张来根在英生街开设宿夜店，2 间通铺房，可住旅客 8 人。是为境内最早也是当时唯一的一家旅店。1979 年，曹娥供销社旅社在新建的供销大楼开业。1992 年以后，丁香宾馆、海云宾馆、邮电宾馆、日月宾馆、海天旅馆、嫦娥公寓、朋来公寓等宾馆、旅社、公寓相继开业。2005—2010 年，曹娥村、建民村先后在滨海产业园新建公寓楼 4 幢，建筑面积 4000 余平方米，设房间 160 个。接纳 500 余名外来民工入住。2017 年，境内有丁香宾馆、香溢大酒店、海云宾馆、邮电宾馆、日月宾馆等宾馆、旅店、公寓 12 家，房间约 300 间。

第五章　对外贸易

第一节　发展概况

民国时期、境内棉花、蚕豆等农副产品，多经宁波、上海等地的出口商转销国外。20世纪50年代初期，棉花、蚕豆等农副产品出口，归供销社经营管理。50年代中期，家庭妇女以领料加工方式，为慈溪县长河草帽厂编织金丝草帽等草编外贸产品。

1987年，朗海五香调味品厂、朗海朝阳菜厂、镇海第三菜厂3家企业出口榨菜、辣椒干产品，出口数量172吨，交货值36万元，为境内第一批出口企业。2017年，全镇规上外贸出口企业11家，全年出口交货值总计86689万元，其中年出口交货值5000万元以上的企业4家。

表12-5-1

1987—2017年外向经济汇总一览表

年份	企业（家）	出口交货值（万元）	其中			协议引进外资（万美元）	实际外资到位（万美元）
			直接出口（万元）	含自营出口（万元）	间接出口（万元）		
1987	3	36	24	—	12	—	—
1988	8	223	213	—	10	—	—
1989	6	224	208	—	16	—	—
1990	7	156	208	—	—	—	—
1991	7	160	144	—	16	—	—
1992	7	341	239	—	102	—	—
1993	8	510	510	—	—	—	—
1994	7	1054	1054	—	—	—	—
1995	7	1972	1972	—	—	—	—
1996	—	—	—	—	—	—	—
1997	—	—	—	—	—	—	—
1998	10	7352	5301	—	2051	—	—

续表 12-5-1

年份	企业（家）	出口交货值（万元）	其中			协议引进外资（万美元）	实际外资到位（万美元）
			直接出口（万元）	含自营出口（万元）	间接出口（万元）		
1999	10	12327	10822	1700	1505	—	—
2000	11	15419	13602	1984	1817	12	3
2001	13	18145	8262	1747	9883	9.2	—
2002	5	20600	—	266	—	—	—
2003	5	25000	—	617	—	200	100
2004	12	28399	28399	8066	—	250	124
2005	11	32934	32934	—	—	250	250
2006	12	82002	55038	26964	26964	—	—
2007	—	—	—	—	—	—	—
2008	13	114149	67125	67125	47024	—	—
2009	11	117931	72608	72608	45323	—	—
2010	13	159540	95713	95713	63827	—	—
2011	15	104091	—	—	—	500	37
2012	19	163988	—	—	163988	—	11
2013	17	180945	—	—	180945	—	—
2014	14	147481	—	—	147481	—	309
2015	12	57370	—	—	57370	—	330
2016	9	54150	—	—	54150	—	335
2017	11	86689	—	—	86689	—	305

注：上述数据统计范围 1987—2005 年所有企业，2006—2013 年 500 万以上产值企业，2014 年起 2000 万以上产值企业。

第二节 出口商品

1987—1990 年，出口商品 3 类，以农副产品榨菜、辣椒干为主，占总出口商品的 95% 以上；其次是少量石棉制品和鸡杂毛。

1991—1993 年，出口商品种类增加到 4 类，有针织品、塑料制品、文化用品，但榨菜、辣椒干等农副产品仍占总出口商品的 90% 以上。1994 年起，机电产品、纺织服装、化工等轻工产品加入出口商品行列，农副产品出口比例逐步下降。

2000 年，出口商品主要有五大类：

食品类生产企业 4 家，全年出口值 843 万元；

轻工类生产企业 2 家，全年出口值 3397 万元；

五金矿产类生产企业 1 家，全年出口值 17 万元；

化工类生产企业 6 家，全年出口值 8702 万元；

机电类生产企业 2 家，全年出口值 2460 万元；

2008 年，出口商品主要有五大类：

食品类生产企业 4 家，全年出口值 28422 万元；

纺织类生产企业 2 家，全年出口值 8983 万元；

服装类生产企业 1 家，全年出口值 591 万元；

化工类生产企业 2 家，全年出口值 17519 万元；

机电类生产企业 2 家，全年出口值 11610 万元；

2013 年，出口商品主要有六大类：

食品类生产企业 2 家，全年出口值 4405.5 万元；

服装类生产企业 1 家，全年出口值 595.3 万元；

化工类生产企业 6 家，全年出口值 154029.19 万元；

机电类生产企业 5 家，全年出口值 13350.95 万元；

纸制品生产企业家 1 家，全年出口值 210.39 万元；

轻工类生产企业家 2 家，全年出口值 9578.6 万元。

2017 年，出口商品主要有六大类：

化工类生产企业 5 家，全年出口值 30581.97 万元；

有色金属生产企业 1 家，全年出口值 43812.4 万元；

轻工类生产企业 1 家，全年出口值 1903.9 万元；

机电类生产企业 2 家，全年出口值 9650.4 万元；

食品类生产企业 1 家，全年出口值 362 万元；

印刷类生产企业 1 家，全年出口值 379.04 万元。

第十三编

财政　税务

小曹娥原无财政机构。1956年，建立乡财政。两年后实行县统管。1986年，重建乡财政组。1992年，改建为小曹娥镇财政所。境内历来未设税务机构。民国时期，赋税由乡公所代征；中华人民共和国成立后，由泗门税务所（分局）向境内各乡、镇派驻税务专管员征管或直接办理及通过税务代理机构办理。

第一章 财 政

第一节 体 制

1955 年前，乡镇不建财政，只作报销单位。1956 年，时境为曹海乡，乡人民委员会建立财政，实行以收代支，不足由县拨补。杂项收入分成，乡上得 20%，不抵作经费，自筹资金分别列收列支。1958 年人民公社化后，财政实行县统管，县按定员定额预算拨经费，公社包干使用。

1986 年 1 月，重建乡镇财政。时境内的曹娥、朗海、镇海 3 个乡均成立财政组，主要工作为行政事业单位的经费管理、乡办企业管理费和利润监缴、农业税征收及国库券发行等。乡镇财政组组长均由乡镇长兼任，各设专职总会计 1 人、兼职出纳 1 人。原泗门区财政税务所同时设总会计 1 人，负责所属乡镇财政组工作，进行预算资金的划拨和结算。

1992 年撤区扩镇并乡后，小曹娥镇财政组改建为小曹娥镇财政所，预算管理、行政事业财务、企业财务、农业财务等专线工作均由专人负责。1997 年 2 月后，由镇财政所负责全镇会计管理，财政所工作遂涵盖全镇财政管理的各个方面。2002 年，成立镇行政事业单位会计核算中心。至 2017 年，历任所长：陈柏煊、吴伟江、潘彩娣、张霞波。

1986—2004 年，相继实行分成制、包干制、分税制等财政管理体制。其中 1986—1991 年为分成制，先后实行“划分收支，核定基数，定额上缴（定额补助），增收分成，定期包干”及“划分收支，核定基数，超收分成，收支挂钩”的办法。1992—1994 年为财政收支包干制。1995—1999 年为分税包干制。2000—2004 年为分税制，先后实行“划分收入，收入总额分成，定额补助或上缴”和“核定基数，环比递增，超收分成，短收赔补”的办法。

1990 年，市财税局在泗门区试点建立乡镇国库。余姚支金库委托农业银行余姚泗门分理处代理，办理泗门区所属 7 个乡镇的财政固定收入及市、乡两级分成收入的收纳、划分、留解工作。到 2003 年停办。

第二节 财政收入

镇财政收入分为预算内收入（亦称体制内收入）、预算外收入、镇自筹资金（含统筹资金）3 个部分。2004 年，预算内收入包括镇行政区域范围内的企业、个体工商户以及其他单位和个人缴纳的增值税25%部分、营业税、个人所得税、集体企业所得税、城市维护建设税、屠宰税、土地使用税、土地增值税、房产税、车船税、印花税、农业税、农林特产税及其他收入。预算外收入包括行政事业性收费、基金、各项附加、土地转让、罚没等收入。镇自筹资金包括镇属企业上缴利润、事业单位上缴服务管理费、教育经费收费、优抚经费收费、社会公益事业建设收费等项资金。

具体收入项目在不同年度有所变化。1986年，凡隶属乡镇政府管理的商业、服务业、建筑业、城镇街道企业、乡镇工业企业（包括乡镇办、村办、联营企业）、其他企业事业单位、合作商店以及城乡个体工商户缴纳的集体企业所得税、个体工商户所得税、屠宰税、牲畜交易税、工商税收税款滞纳补税罚款收入、农业税（含附加）和其他收入（包括赌博罚没收入），均为乡镇财政固定收入。1992年，凡隶属镇政府管理的集体企业、个体工商户以及合作商业的工商三税和所得税、农业税、农林特产税、屠宰税、个人收入调节税以及其他收入（含应上缴财政的各种罚没收入），均为镇财政收入。2000年后，规定凡在镇行政区域范围内的企业、个体工商户以及其他单位和个人缴纳的营业税、企业所得税、个人所得税和增值税25%部分，为市、镇两级财政共享收入。城市维护建设税、土地使用税、房产税、印花税、屠宰税、其他工商税、农业税、农林特产税（正税）、其他收入（含应缴财政的各种罚没收入）等为镇财政固定收入。

1992—2017年财政预算收入统计一览表

表13-1-1　　单位：万元

年度	收入	年度	收入	年度	收入
1992	289	2001	2647	2010	24062
1993	286.7	2002	3239	2011	22670
1994	417	2003	4459	2012	25500
1995	320	2004	6230	2013	27441
1996	348	2005	7488	2014	32000
1997	567	2006	10376	2015	32657
1998	1136	2007	13200	2016	28309
1999	1567	2008	16725	2017	39867
2000	2026	2009	18394		

第三节　财政支出

镇财政支出主要有工资性支出、公务经费、事业发展经费、支持经济发展经费、公益事业支出5类。其中公务经费包括行政、农业、林业、水利、教育、卫生、文化、广播、计划生育、抚恤、社会救济等项目。如遇特大自然灾害，一次性专项补助由市财政支出。

镇财政具体支出项目在不同年度有所变化。1986年，凡隶属乡镇政府管理的农业、文化教育、卫生、广播、计划生育、统计等事业费支出；抚恤金、社会救济金、精减职工的定期定量生活补助费和退休金支出；用于农林水事业费支出的农机站、农科站、水利员、林管员、多种经营办公室的定额补助经费支出；居委会经费补助，乡镇总会计补助经费支出，行政管理费中正常性支出；各类人员中按规定享受的肉价补贴支出等，均为乡镇财政固定支出。1992年，凡隶属镇政府管理的农业、文化、体育、卫生、广播、计划生育及其他支出等正常事业费；政府机关行政支出；居委会经费补助；农科站、农机站、多种经营办公室和水利员、林管员的定额补助经费；精减职工的定期定量生活补助费；城市维护费以及各类人员中按规定享受的肉价补贴支出等，均为镇财政支出范围。2003—2017年，镇财政支出范围为隶属镇政府管理的农业、文化、教育、卫生、计划生育等事业支出，医疗保险支出，社区建设、乡镇环卫等公益性支出。

1992—2017年财政支出统计一览表

表13-1-2　　单位：万元

年度	总支出	年度	总支出	年度	总支出
1992	174	2001	2381	2010	10022
1993	244	2002	2768	2011	11580
1994	275	2003	3978	2012	11800
1995	549	2004	5595	2013	12993
1996	214	2005	6541	2014	12888
1997	1068	2006	7019	2015	12683
1998	1019	2007	7822	2016	11293
1999	1376	2008	8255	2017	13358
2000	1723	2009	8974		

第四节　行政事业单位财务管理

1949年5月余姚解放后，乡镇行政事业单位所需经费以实有人数，按规定开支标准向上级财政部门报销。1953年，开始建立单位预算。1959年起，行政事业单位预算分为全额预算、差额预算、自收自支3种。党政机关、学校等为全额预算单位，所需经费全由财政拨款，全额预算从编制到执行，纳入财政部门监督管理范围。有稳定业务收入的医院等为差额预算单位，收支相抵后，不足部分由财政部门核定拨款补助。境内无自收自支单位。

1980年始，行政事业单位经费实行“预算包干增收节支奖励”办法。发给个人的奖金全年平均不超过20元，对增收节支贡献特别大的集体和个人的奖金，最高不超过本单位平均工资一个月的数额。1988年，发给个人奖金提高至50元。1989年1月起，行政事业经费实行“综合定额加专项补助的预算包干”办法，即各单位按工作范围和业务特点等，对每年度每人平均所需的经常经费开支额度，专项补助包括离退休人员费用以及一次性大型设备购置、修缮等经费，实行专款专用。对预算包干节余部分，可提取30%作职工福利基金，20%作奖励基金，其余50%作事业发展基金转下年度继续使用。

1998年7月，根据中共余姚市委、市政府紧缩财政支出规定，各行政事业单位招待费开支不超过公务费的2%。1999年，建立财政综合预算管理制度，对行政事业单位所有非财政性收入（不包括上级补助和下级上缴收入）征集10%的政府统筹资金，将预算外收支全部纳入预算管理，实行统一核算、统一管理。采取核定收入基数，以收抵支，不足时由财政定额补助，超支不补，节余留用的管理办法。对预算外资金试行“零基预算法”。

2000 年，对非财政收入超过年初核定收入基数的部分，40%上缴财政，60%由单位留用；短收部分，财政补助 60%，单位削减支出 40%。并全面推行“零基预算法”。

2002 年，成立镇行政事业单位会计核算中心。继续保持法人代表预算内外资金用权及财务管理体制，撤销法人代表的银行账户及会计人员，由核算中心统一开户，部门或单位资金的拨入、支出以及往来款项均通过核算中心统一结算。法人代表原有的预算管理职能不变，年度经费预算仍由部门或单位编报；原有部门或单位的预算资金使用权不变；原有的资金审批权不变。

1992—2017 年财政税收情况表

表 13-1-3　　单位：万元

年度	合计	税收	基金	预算外
1992	283	240	—	43
1993	286.7	183	—	103.7
1994	417	351	—	66
1995	659	348	—	311
1996	293	163	—	130
1997	567	271	67	229
1998	1136	311	127	698
1999	1567	506	101	960
2000	2026	782	152	1092
2001	2647	1079	429	1139
2002	3239	1487	310	1442
2003	4459	1957	1871	631
2004	6230	2466	1206	2558
2005	7488	3360	2159	1969
2006	10376	6386	9	3981
2007	13200	8971	308	3921
2008	16725	13341	375	3009
2009	18394	15106	326	2962
2010	24062	19832	648	3582
2011	22670	21200	1470	—
2012	25485	25485	—	—
2013	27441	24420	3021	—
2014	32000	30405	1595	—
2015	32657	32130	527	—
2016	28309	27611	698	—
2017	39867	39048	819	—

第二章 税 务

第一节 经征机构

民国时期，境内未设专门的税务经征机构，田赋等国税由镇（乡）公所代征，地方杂捐税则多由包商认办，或由商会、寺庙代征。

1950年始设余姚县税务局泗门税务所，向域内3个乡派驻税务专管员，此后，税务经征机构虽经多次调整，但本域税务经征事务均由泗门相关机构管理。1959年建泗门财政税务所，1995年2月，撤销泗门财政税务所，分设为余姚市国家税务局泗门税务所、余姚市地方税务局泗门税务所两套机构。址设泗门镇新建路8号原泗门财政税务所。

1998年1月，余姚市国家税务局泗门税务所改建为余姚市国家税务局泗门分局。1999年1月，余姚市地方税务局泗门税务所改建为余姚市地方税务局泗门分局。2001年6月，余姚市国家税务局泗门分局、低塘分局、临山分局合并，成立余姚市国家税务局第二管理局。址设原泗门分局内，负责低塘、朗霞、泗门、小曹娥、临山、黄家埠6镇的国税征管工作。2003年1月，余姚市国家税务局第二管理局改名余姚市国家税务局二分局。2004年9月，迁至泗门镇光明南路299号（现址）。2005年6月，余姚市国家税务局二分局改名为余姚市国家税务局泗门税务分局。

泗门财政税务所

前身为余姚县税务局泗门税务所，成立于1950年，址设成之庄泗门区公所内。各乡镇同时设税务专管员1人。1954年10月，因余姚、慈溪两县调整县境，改名慈溪县税务局泗门税务所。1958年末，撤销泗门税务所，与周巷、长河、庵东等税务所合并成立周巷财政所。1959年，重建泗门财政税务所，址设中国人民银行慈溪支行泗门营业所（时称卫星人民公社信用总部）内。1970年，与中国人民银行慈溪支行泗门营业所、泗门房管会合并，成立泗门财政金融所。1972年，恢复泗门财政税务所。1979年9月，因余姚、慈溪两县第二次调整县境，再度改名余姚县财政税务局泗门财政税务所。1980年，征地0.6亩在原址扩建办公楼，建筑面积1008平方米。1982年，全所有税务人员23人。1988年和1989年，连续2年被评为全国文明税务所。1991年，被省人民政府授予“七五”集体劳动模范称号。1995年2月，为适应“分税制”财政管理体制，分设余姚市国家税务局泗门税务所、余姚市地方税务局泗门税务所两套机构。

余姚市国家税务局泗门税务分局

前身为余姚市国家税务局泗门税务所，成立于1995年2月，时有工作人员21人，址设新建路8号原泗门财政税务所。1998年1月，改建为余姚市国家税务局泗门分局。2001年6月，余姚市国家税务局泗门分局、低塘分局、临山分局合并，成立余姚市国家税务局第二管理局。2003年1月，改名余姚市国家税务局二分局。2004年9月，迁光明南路299号现址。2005年6月，改名余姚市国家税务局泗门税务分局。

余姚市地方税务局泗门分局

前身为余姚市地方税务局泗门税务所，成立于1995年2月，时有工作人员14人。初借新建路45号私宅办公，1996年11月迁光明南路126号现址，占地面积2000平方米，建筑面积1100

平方米。1999 年 1 月，改建为余姚市地方税务局泗门分局。2001 年，征地 1 公顷原址新建办公楼。2003 年竣工，建筑面积 2659 平方米。

第二节　清代及民国时期税种

田赋及其附加

田赋又称地税，为历代国家财政收入主要来源，故亦称国课，俗称皇粮。清初田赋沿用明代“一条鞭法”，按地亩征收地税，按人丁征收丁银。清康熙五十一年（1712），行“摊丁入亩”制，将丁银摊入地亩随地征收，合称“地丁银”，按田、地、山、荡分定科则。每征地税银一两，摊丁税银二钱四厘五毫。清末，田赋正税（国税）有地丁、漕粮（大部分启用上供，小部分留供南方驻军食用，称南米）、囤粮、租课 4 种。

民国元年（1912），漕粮及南米改征银两，称抵补金。旋将囤粮、租课并入地丁。此后至民国 20 年（1931），地丁征收以银两为本位，折征银圆。每地丁银 1 两，折征正税 1.5 元；省附加 3 角，称粮捐；县附加 7 角，称特捐。抵补金以米为本位，每石折银圆 3 元为国税；省附加 3 角。民国 21 年（1932）起，改用银圆为本位。数额不变，地丁改称上期田赋，抵补金改称下期田赋。

民国 30 年（1941），田赋改征实物，以田赋正税及各种附加为折实总数，每元（法币）折征稻谷 3 斗，带征公粮 1 斗，借征收 1.5 斗，合计每元折征稻谷 5 斗 5 升，农民负担骤增数倍。时余姚县沦陷，以折实稻谷数回征法币。民国 36 年（1947），正式实行田赋征实。当年，国民政府批准浙江田赋减半征收。

田赋附加，始于清光绪二十八年（1902），浙江省为筹措朝廷分推的《辛丑和约》赔款而开征，按田赋正税每征银 1 两，带征制钱 300 文（后改银圆 3 角），称粮捐。此后，省、县筹款多照此办理，名目繁多，数额增大。民国 16 年（1927）前，境内有田赋附加 3 项：粮捐、特捐、自治附捐。民国 17 年（1928）后又增 7 项：教育附捐、灶地建设特捐、灶地自治附捐、治虫费 4 项为县附加；军事善后特捐（后改建设特捐）建设附捐、农民银行股金 3 项为省附加。民国 30 年（1941）田赋征实后，附加均并入正税。民国 35 年（1946）后，又陆续开征不同名目的附加，至民国 37 年（1948），田赋附加达田赋正税的 5.4 倍。

厘金统捐

厘金是清咸丰三年（1853）开征的一种商业税。余姚于清同治初年设厘金局，择交通要道设卡征税，以助军饷。因其初定税率为 1 厘（1%），故名厘金，亦称厘捐、厘金税。厘金是无物不税，无地不税。按其课征品种，分为百货厘、盐厘、洋药厘、土药厘 4 类。按其课征环节，分为出产地厘金，有出产税、出山税等；通过地厘金，有活厘、行厘等通过税；销售地厘金，有坐厘、门市厘、日捐等交易税。其中百货厘开征最早最广；行厘是厘金收入的主要部分，对商品流通的危害最大。

民国时期，改办统捐，亦称统税，即过境客货在第一站征足，不再重征。余姚县统捐以泗门、曹娥等沿海棉区出产的棉花为大宗，次为百货捐、丝捐、茧捐。民国 20 年（1931）裁厘，统捐停征。

烟酒税

民间家庭酿酒相沿成俗，酒税向为县重要财源之一。民国 6 年（1917）起，由县烟酒税稽征所征收。民国 22 年（1933），改称县烟酒税征收分局，稽征土酒税和烟酒牌照税。民国 38 年（1949 年 9 月 30 日止）并入货物税。

货物税

民国 30 年（1941）开征，原烟酒税、矿税随即并入。民国 35 年（1946）2 月，成立浙江区货物税局鄞县分局余姚办公处，正式开征土酒、麦粉、箔类、糖等货物税，以土酒税为大宗。

直接税

民国35年(1946)10月全面开征。税种主要有:印花税，民国2年(1913)开征，民国35年(1946)划为直接税;所得税，计有盈利事业所得税、薪金报酬所得税、存款利息所得税、财产租赁所得税、一时所得税(出售财产)、综合所得税(个人所得超过60万元以上者)等6项。

非常时期过分利得税

民国35年(1946)开征，对象为全年利润超过资产额60%以上之企业。

遗产税

民国35年(1946)开征。

盐税

盐税亦称盐课，分灶课、引课、杂课3种。盐税历由盐务机关统一征收，实行产、销、税合一。民国前，曹娥沿海产盐，属石堰买纳场。从清光绪六年(1880)起，盐税由盐商承包。抗日战争胜利后，废除盐商承包，实行自由贸易，依法征税。

灶课 征于制盐灶户。原按丁征收，称丁课。清雍正三年(1725)，改按盐地征收，称灶课。

引课 征于盐商。盐商出钱买“引”(销运凭证)，凭“引”向国家盐栈购盐，运销指定地区，所付“引”价，即为引课。

杂课 为盐税附加，名目繁多。余姚独有者为酱销，系对酱坊(酱园)生产用盐之附加税。民国18年(1929)起，灶课银1两，带征县建设特捐1元，为县地方收入。

契税

始于晋代，按典、卖、押分定税率。民国36年(1947)，规定卖契征6%，典契征4%，另收契纸费5角。契税附加有置产捐、推收学捐、验契费等，均按亩带征，民国30年后改按正税征2.5%。

营业税

民国20年(1931)，为弥补裁厘收入减少而开征营业税，牙贴税、典当税、屠宰税等一度并入，民国30年(1941)又划出。民国35年(1946)税法规定，一般盈利事业按总收入额征收1%—3%，金融、典当等业按其资本额征收2%—4%。

房警税

清光绪二十八年(1902)，为筹措《辛丑和约》赔款开征房税。起初仅对城镇营业用房按其租金课征，后扩大征收范围，凡百户以上村镇，除公用户、赤贫户外，均属课征对象。警捐，原为铺户捐、商铺户捐，开征于民国初年。民国31年(1942)起改为警捐，相当于原房捐，故名房警捐。凡自用房屋按时价征收5‰，租住房屋按租金征收5%(由承租人负担)民国36年(1947)停征。

营业牌照税

民国34年(1945)10月开征，凡商业经营者均需于开业前申请领照，税率为资产率的3‰。

使用牌照税

民国34年(1945)10月开征，凡使用公共道路、河流之车船、肩舆、驶兽，均需请领牌照，并按驾驶种类、载重量、自用或营业分级课税。

其他捐税

民国初，除田赋、契税附加外，尚有茶碗捐、旅馆捐、戏捐、筵席捐、置产捐、店住屋捐。民国17年(1928)后，又新增堰坝捐、广告捐、屠宰捐、屠宰学捐、壮训捐、保卫户捐、人力车捐等。抗日战争胜利后，又增加商人积谷费、抗属优待费、戡乱费、水利费等。

第三节　革命根据地税种

抗日战争时期税种

民国30年(1941)10月，由中共领导和控制的国民党苏鲁战区淞沪游击队暂编第三纵队(新四军浙东游击纵队前身)抵达姚北沿海一带，为筹集军队给养，开始在交通要道设立税卡，向过往客货征收货物税(时无统一完整的税收政策和制度）。民国31年（1942）7月，中共浙东区委成立，同时成立浙东财政委员会，旋于境内成立征收处和税卡。税种主要有：

抗卫捐及田赋　民国32年（1943）8月，《抗卫军粮及抗日军费暂行征收条例》颁布。根据土地性质确定征收标准，分为一田（平原水田）每亩征谷13斤，二田（旱地）甲等每亩征谷6.5斤，二田乙等每亩征谷5斤，三田（山间水田）每亩征谷8斤。

民国33年（1944），田赋征收额暂定官田每亩75元（法币，下同）、民田65元、地50元、山荡5元。是年始，除按原额缴纳田赋外，增缴公粮。公粮主要用于新四军浙东游击纵队作军饷，部分用于根据地行政开支，故又分称军事公粮和行政公粮。公粮征收以田、地为对象，以征收谷物为原则，征收标准以土地性质分为四等：甲田（平原水田）每亩征谷26斤，其中军事公粮16斤、行政公粮6斤、田赋4斤；乙田（山田）每亩征谷16斤，其中军事公粮10斤、行政公粮3.5斤、田赋2.5斤；甲地（包括上等地及地改田）每亩征谷13斤，其中军事公粮8斤、行政公粮3斤、田赋2斤；乙地（次等地）每亩征谷10斤，其中军事公粮6.5斤、行政公粮2.5斤、田赋1斤。

民国34年（1945）7月，浙东行政公署颁发《民国三十四年公粮田赋并征办法》。征收标准为：甲田每亩征谷32斤，其中田赋5斤；乙田每亩征谷20斤，其中田赋3斤；甲地每亩征谷20斤，其中田赋2斤；乙地每亩征谷13斤，其中田赋1斤。

屠宰税　按猪每头600元、羊每只100元、菜牛照10%税率征收，每逢集市派员直接征收，或屠户按月向区署缴纳，或委托乡（镇）公所代收。

油坊税　每车油征收200元，由油坊自报打油车数解缴税款。

牙税　平均每月佣金收入在15万元以上者为甲等，每季税额1万元；佣金收入10万—15万元者为乙等，每季税额5000元；佣金收入5万—10万元者为丙等，每季税额2000元；佣金收入1万—5万元者为丁等，每季税额1000元；佣金收入1万元以下者为戊等，每季税额300元。

进出口货物税　民国32年（1943），开始统一税目税率，规定过境一道税的原则，商人纳税后在根据地内通行不再征税。进出口货物税率指定原则：军需和急需进口的货物免税；根据地欠缺物资进口税率5%；一般物资进口税率10%；消耗品、奢侈品进口税率15%—20%。对出口物资的政策是：鼓励土特产出口税率为5%；对粮食及重要战略物资禁止出口。征税品目有青油、桐油、化妆品、棉花、布匹、卷烟、盐等。

酒捐　不分家酿、坊酿，每缸均征600元。民国34年（1945），改为定额累计税率，酿酒一缸征米三斗，酿酒两缸每缸征米四斗，酿酒三缸以上每缸征米五斗。

解放战争时期税种

民国37年（1948）6月，余上县办事处成立财经科，在境内征收爱国军政公粮和工商业爱国特捐。

爱国军政公粮　按田亩征收，每亩10斤，加地方事业经费和优抗公粮各1斤，合计12斤。

爱国特捐　征收对象以集镇工商业户为主。

第四节　中华人民共和国成立后税种

农业税

1949年10月，将田赋、公粮、公柴及乡村经费等各项税费合并，统一征收，称农业税，按土地肥瘠、面积，实行4等16级累进税制。1950年，规定以土地常年产量为计税标准，以征收实物为主，实行40级超额累进税率。1952年，改为24级全额累进制。1958年后，又改为地区差别比例税制，按土地自然条件、正常年景产量重新评定计税产量。1999年，市政府对以棉区为主的小曹娥等4个乡镇农业税减征15%。2004年起，市政府决定免征农业税。

农业税征收向以实物征收为主，境内棉区征收代物和代金，代金价格以国营贸易公司收购的稻谷中等价格为准。1983年10月1日起，按当地稻谷统购牌价征收。1985年，改30%按统购价，70%按超购价征收代金，1985年4月1日起采用两种计算方法，10月底前缴纳的谷价35%按原统购价，65%按超购价；11月后缴纳的20%按原统购价，80%按超购价。2000—2003年，农业税全部统一为代金征收，同时停用原由财政部门和粮食收购部门季节性共同征收的办法，改为镇财政所常年独家征收。

1954年前，农业税由占地农民以户缴纳。1955年，农村进入合作化发展时期，农业税改由初级农业生产合作社缴纳，由土地入股的农户负担，未入社的农民仍由个体缴纳。1956年起，土地转为集体所有，农业税全部由高级农业生产合作社统一缴纳。1958年后，由基本核算单位（生产队）缴纳。1982年后，农村实行家庭联产承包责任制，土地归农户个体经营，农业税由农户负担，至2004年停征。

1950年始，按农业税正税的15%征收地方附加税，附加税留地方政府使用。之后税率常有调整，高时达20%，低时为5%。1964—2003年，保持15%不变。2004年，地方附加税与农业税一同免征。

境内农林特产税以水果、水产品为主，是农业税的组成部分。1954年前，对种植农林特产的土地按议定的产量折合粮食10%的税率按户计征。1955年后，按实际出售收入征收农林特产税。1991年起，对鳗苗捕捞实行源头定额征收特产税。1994年后，农林特产税与农林牧水产品税归并，统一征收农林特产农业税，简称农业特产税。2002年7月，对农业税计税土地上生产的农业特产品，只征收农业税。2003年，对非计税土地上征收农业特产税的农业特产品改征农业税。2004年，农业特产税与农业税一同免征。

工商税收

1949年5月余姚解放后，停征部分捐税，保留货物税、所得税、印花税、营业税、屠宰税等税种。1950年起，正式开征10种税收：货物税、工商业税（包括营业税和所得税）存款利息所得税、印花税、屠宰税、特种消费行为税、车船使用牌照税、房产税和地产税。1953年，按新税制保留货物税、工商业税、印花税、屠宰税、车船使用牌照税、利息所得税，新开征商品流通税和牲畜交易税，改特种消费行为税为文化娱乐税，合并房产税、地产税为城市房地产税，合计11种。1958年，合并商品流通税、货物税、营业税、印花税为工商统一税，对工农业产品从生产到流通，实行两次课征制；并从工商业税中划出所得税，单设工商业所得税。1962年，开征集市交易税，至1965年2月停征。1966年10月，停征文化娱乐税。1969年，停征利息所得税。1973年工商统一税、城市房地产税、车船使用牌照税合并为工商税，每个行业只按一个税率征收一种税。

1983年1月始，实行第一步利改税，国营企业改向国家缴纳所得税，税后利润除企业按规定留利外，其余以调节税形式上缴。同年，开征牲畜交易税、增值税和建筑税。1984年10月起，执行第二步利改税，分解、保留、恢复和新增11个工商业税种，对国营企业征收奖金税，并对区镇办企业、街道企业、手工业社、中小学校办厂、乡镇企业生产的产品定期定率征收增值税。

1986年，先后开征城市个体工商户所得税、房产税、车船使用税、个人收入调节税。10月起，将原征收产品税的轻工产品改按增值税征收，增值税税目共24个。至1987年，征收的税种有产品税、增值税、营业税、牲畜交易税、国营企业所得税、集体企业所得税、城乡个体工商户所得税、个人收入调节税、国营企业利润调节税、房产税、建筑税、国营企业奖金税、国营企业工资调节税、集体企业奖金税、事业单位奖金税、屠宰税、车船使用税、城市建设维护税等18个。1988年，开征印花税、城市土地使用税、筵席税。2016年，营业税改征增值税。

1994年，国家实施税制改革，分设国税、地方税征收机构，工商税种规定为5类共19个：流转税类为增值税、消费税、营业税、盐税、关税等5个税种；所得税类为企业所得税、个人所得税、外商投资企业和外国企业所得税等3个税种；资源税类为资源税、城镇土地使用税、耕地占用税等3个税种；财产税类为房产税、城市房地产税、车船使用税、车船牌照使用税等4个税种；行为税和特定目的税类为印花税、契税、土地增值税、城市维护建设税等4个税种。

其他税费

粮食附加税 1987年12月1日始，对乡镇企业、家庭工业和农村个体户，按销售额的0.6%征收粮食附加费，用于农田基本建设，保证粮食生产和整个农村经济稳定协调发展。2001年2月1日停征。

教育费附加费 1984年始，乡镇企业按销售额的0.5%征收农村教育事业附加费，后调整至0.8%。1986年7月起，凡缴纳产品税、增值税、营业税（简称“三税”）的单位和个人，除缴纳农村教育事业附加费外，按“三税”带征2%市教育费附加费，后调整至4%。

近五年教育费附加费征收情况：2013年329.33万元，2014年550万元，2015年425万元，2016年374万元，2017年464万元。

第五节　税务征收管理

民国初年，田赋、统捐征收制度较严。田赋按年编纂造册，随田亩增减和推收登记调整赋额；统捐一律于产地先捐后销，由行栈代扣。其他杂捐，多为定额征收或招商承包。营业税、货物税等新税种开征后，逐步建立开业登记、营业申报、纳税检查等制度。企业所用账簿，均需购贴印花，并送征收机关查验盖戳后方可使用。企业偷欠税款，则送法院依法裁定罚款，罚款由法院代收。县税中的房警税，专作警察经费，征收面普及各乡村，由警察局代收，各乡、保派专人协助，对纳税户催逼甚紧。1949年10月中华人民共和国成立后，税收征管模式历经三次改革，管理制度逐步完善。

征管模式

集征、管、查于一体的专管员征管模式 1949年10月后，以乡镇为单位设税务专管员。1951年起，集镇工商户按行业专人分管，农村划片专管，采用“一员到户，各税统管，集征、管、查于一体”的征管模式至1986年2月。

征管、检查分离的征管模式　1986年3月，泗门税务所成立检查小组采用征管、检查两分离的模式，乡镇税务专管员只负责征管，稽查由检查小组实施。

现行征管模式 1997年起，对外实施以设立办税服务厅为标志的纳税人自行申报制度，对内形成以取消专管员管户制度为标志的服务、管理、稽查的有机结合。根据国务院关于加强税收征管工作的要求，国家税务总局确定了“以申报纳税和优化服务为基础，以计算机网络为依据，集中征收，重点稽查，强化管理”的征管模式，确立了“科学化、精细化”的税务管理新思路，形成了纳税申报的“一窗式”、涉税事项的“一站式”，征管信息的“一户式”管理格局。

征收方法

中华人民共和国成立后，税务部门在不同历史时期，对不同所有制经济成分先后采用10余种方法征收税金，分别为：查账征收，自报、自核、自缴征收，民主评议征收，定期定额征收，定率征收，委托征收，代扣代缴征收，查定征收，查验征收，起运征收，驻厂（场）征收，简易申报、储蓄卡纳税等。

征收管理制度

中华人民共和国成立后，税务部门在税务管理上先后建立若干制度，并逐步规范，主要有税务登记、纳税鉴定、纳税辅导、纳税申报、发票管理、税务检查等制度。

第十四编

金　融

民国时期及之前境内无金融机构，中华人民共和国成立后，先后有信用社、宁波银行在境内建立分支机构。农村信用合作社遍及全境。2017 年全境有银行 2 家、分理处 3 个、代办点 8 个、储蓄点 1 个，存款余额 15.7869 亿元，贷款余额 6.5424 亿元。其中宁波余姚农村商业银行小曹娥支行存款余额 11.9369 亿元，贷款余额 5.4324 亿元。2007 年，在境内开设人民保险公司服务部。

第一章　金融机构

第一节　农村信用合作社

1954年6月，农户在中国人民银行余姚支行泗门营业所的帮助下，试办信用互助组。1954年8月曹娥乡试点成立农村信用合作社（简称信用社），由1315户农民入股，总金额0.29万元，址设曹娥庵街，营业面积30平方米，员工1人，不设主任。同年底，境内的朗海乡、镇海乡亦相继成立农村信用合作社，朗海信用社址设杨家路三丘姚世荣家，镇海信用社址设方家路二丘。1956年2月，在规模较大的高级农业生产合作社设信用服务站，办理农民储蓄业务。1958年10月，泗门区各乡镇信用社与中国人民银行慈溪支行泗门营业所（简称人行泗门营业所）合并，成立卫星人民公社信用总部，在各管理区设信用分部。1959年1月，人行泗门营业所和信用社账务合并，同年10月账务又分开，信用社恢复独立核算。

1961年7月，恢复信用社集体所有制性质，实行社员代表大会管理制度。"文化大革命"期间，一度建立"贫下中农管理领导小组"进行管理。

1983年5月，改革信用社管理体制，恢复组织上的群众性、管理上的民主性、经营上的灵活性，开展清权扩股，召开社员代表大会，选举新一届理监事、修订社章、健全制度、改善经营方式、增设网点扩大业务项目等工作，支持乡镇企业、专业户发展生产。1984年11月，县信用联合社成立，对基层信用社实施统筹管理。1987年7月，建立泗门区信用联社，小曹娥信用社、朗海信用社、镇海信用社为泗门区信用联社领导下的独立核算单位。1992年前，各信用社历任主任周嘉善、周秀娟、姚志耀、俞永良、黄亚军、沈加法、杨水荣、严志尧、施均浩等。

1992年10月，小曹娥、朗海、镇海3家乡镇信用社合并，成立小曹娥信用社。是年，在朗海南路100号开工建造总部营业大楼，1993年10月竣工，营业面积912平方米。1995年5月又扩建营业厅，面积320平方米。下设2家分社，振兴分社和镇海分社。振兴分社，址设振兴西路74号原小曹娥信用社，该楼建于1988年1月，营业面积684平方米。镇海分社，址设镇海南路78号原镇海信用社，该楼建于1986年5月，营业面积570平方米。

1997年9月，市信用联合社"按合作制原则规范农村信用社"在全市改革试点，全面展开。2004年9月启动股份制改革，清退原农民股金。

1992—2004年，历任主任王永树、周冠毅、李勤。

第二节　银　行

余姚农村合作银行小曹娥支行

2005 年 1 月，股份制改革完成，共吸纳股金 48 户 449.4 万元。由余姚市信用联合社小曹娥信用社改建为余姚市农村合作银行小曹娥支行，址设原小曹娥信用社总部。是年，小曹娥支行共有员工 23 人，上年末存款余额 1.8998 亿元，贷款余额 1.2645 亿元。2005—2015 年，历任行长李勤、岑伟、谢云峰、傅朝燕。

余姚农村商业银行小曹娥支行

2015 年 12 月 27 日，余姚农村合作银行小曹娥支行改建为余姚农村商业银行小曹娥支行，下设振兴分理处（振兴西路 74 号）、镇海分理处（镇海南路 78 号）、滨海产业园分理处（滨海产业园恒兴路 48 号）。是年，小曹娥支行共有员工 30 人，存款余额 10.2455 亿元，贷款余额 5.6216 亿元。2017 年 12 月底，小曹娥支行共有员工 31 人，存款余额 11.9369 亿元，贷款余额 5.4324 亿元。2015 年后行长傅朝燕、姚小平。

宁波银行小曹娥支行

成立于 2014 年 1 月 23 日，址设小曹娥镇朗海南路 122 号至朗夹公路 137 号，营业用房面积 401 平方米、员工 11 人。主要经营范围：吸收公众存款；发放短期、中期和长期贷款；办理国内外结算；办理票据承兑与贴现；代理发行、代理兑付政府债券；从事银行卡业务；代理后付款项。截至 2017 年 12 月，各项存款 2.15 亿元，各项贷款 1.11 亿元，行长陈雁。

◎ 余姚农村商业银行小曹娥支行（2020 年吴华春摄）

◎ 宁波银行小曹娥支行（2020 年吴华春摄）

2014—2017 年宁波银行小曹娥支行存贷额一览表

表 14-1-1　　　　单位：万元

年份	单位存款	个人储蓄存款	个人贷款	企业贷款	贴现
2014	4159	140	1692	5809	3065
2015	5330	8270	2474	6128	5215
2016	5452	13587	4800	7200	8510
2017	4720	16772	4140	6860	10745

邮政储蓄

1986年，曹娥邮政所开设邮政储蓄。是年，邮政储蓄额200多万元。2017年，曹娥邮政储蓄银行有储户5800多户，存款余额1.7亿多元。

附 民间抬会、借款

抬会，俗称兜会，是民间自愿结合集资以解决临时需款的一种形式。发起兜会的人称“头会”，与会的分子称“会甲子”，会甲子最少5人，多则10人。头会进会要准备酒菜聚餐，称“会酒”。聚餐后，拟定“会单”发给每个会甲子。会单首句多为“承蒙亲友相助，成会一个”然后是会金总额、利息，每次转会的时间、每个会甲子应缴的份额等内容。以一个会金总额10万元、一年一转、年息5厘、有5个会甲子的“会”为例。每个会甲子应缴的份额为：二会，2.2万元；三会，2.1万元；四会，2万元；五会，1.9万元；末会，1.8万元。以后每年同一日期（指头会进会的日子），各会甲子持认定的份额，到头会家里缴款。但轮到进会的会甲子不出份金，其份金由头会补支。在20世纪80年代前，会金总额多在1000元以内。至21世纪，一般的会金总额在5万—30万元之间，近年也有高达200万元的。

民间借款，是民间双方自愿以解决临时需款的一种形式。亲朋好友间借款一般无须利息，有的比民间借款利息亦要低些。在20世纪70年代前，民间借款，时间一年，月息5—10厘，例如，民间借款1万元，时间一年，月息1分，满一年，到时候连本带息一共需归还1.12万元。随着社会生活、经济的发展，民间借款的金额、利息也随之变化，到20世纪80年至90年代，即1988年至1990年，月息达到顶峰为月息3.5分，当时信用社贷款利息为1.8分多。

第二章 货币

自秦代统一币制，制钱为历朝所沿用。唐代后，除制钱外，民间还以金、银通货为主要货币。清咸丰年间，发行户部官票和大清宝钞。光绪年间，开始流通银圆和铜圆，中国通商银行开始发行钞票。此后，银圆、铜圆、钞票逐渐替代金银元宝与制钱，沿用至民国后期。中华人民共和国成立后，人民币为唯一法定货币。

第一节 银两 银元 铜币

银两

明清时期实行银两制，流通银锭、银饼、碎银（1两以下）。民国22年（1933）废两改元，银圆代替银两，纹银停止流通。

银圆

鸦片战争后，外国银圆开始在境内流通，主要有墨西哥鹰洋、西班牙银圆、美国贸易银等。光绪年间，各省开铸“龙洋”。民国元年（1912）至24年（1935），银圆流通以袁洋（袁世凯头像）、孙洋（孙中山头像，亦称“小头”）最多，占80%；鹰洋次之，占15%；龙洋占5%。民国24年（1935），国民政府实行法币制，停止银圆流通，但民间仍有交换和收藏，至中华人民共和国成立前后，仍流通不绝。

◎ 银圆

◎ 银圆辅币

大清铜币

五帝铜钱

铜圆

◎ 铜币、铜钱、铜圆

银圆辅币

清末，银圆辅币主要为三钱六分、一钱四分四厘、七分二厘、三分六厘四种面值的银质辅币。民国元年至二十九年，流通的银圆辅币有角票，由中国银行、交通银行、中央银行、中南银行4家发行的一角、二角、五角辅币券；银角，以民国七至十一年广东省造贰毫银角及民国十三年浙江省造双旗图壹毫银角为主。

铜币

秦代后，历朝沿用制钱，亦称铜钱，外圆中间方孔。从民间收藏看，境内流通的制钱主要有半两、五铢、开元通宝、宋元通宝、淳化通宝、绍兴通宝、至正通宝、洪武通宝、嘉靖通宝、顺治通宝、康熙通宝等等。明清时期，以1000个铜钱为一贯，又称一缗，值银一两。清末推行铜圆，亦称铜板，圆形无孔。1枚铜圆抵用10个制钱。以清时苏、浙、闽、赣等省铸造的为多。铜钱于民国10年（1921）停止使用，铜圆于民国30年（1941）余姚沦陷前夕停止使用。

第二节　民国时期纸币

民国元年（1912）至24年（1935），境内主要流通中国银行、交通银行、中央银行、中国通商银行、四明银行、中国实业银行、浙江兴业银行、中南银行、农商银行和浙江地方银行发行的钞票，面额有壹圆、伍圆、拾圆、伍拾圆等数种，以中国银行纸币最为流通。是时，币值较为稳定，纸币可与银圆等额兑换。民国24年（1935）金融风潮后，又经历八年抗日战争，至1949年5月余姚解放前夕，由于通货膨胀，纸币严重贬值。境内商贾民众兴起实物交易，以皮棉、稻谷为等价交换物，以避纸币贬值风险。

法币

民国24年（1935）11月4日，国民政府实行法币制，以中央银行、中国银行、交通银行、中

◎ 法币

国农民银行四行发行的钞票为法币。票面初为壹圆、贰圆、伍圆、拾圆和壹分、伍分、壹角、贰角、伍角等数种。后因通货膨胀，法币严重贬值，到民国 37 年（1948），票面增至壹佰圆、伍仟圆、壹万圆，最高达伍佰万圆。民国 25 年（1936），流通 20 分、10 分、1 分三种镍辅币和 1 分、半分两种铜辅币。

关金券

即海关金兑换券。民国 30 年（1941），国民政府将缴纳税收专用的关金券，以 1 元折合法币 20 元流入市场。民国 37 年（1948）8 月停止流通。

金圆券

民国 37 年（1948）8 月，因通货膨胀，货币严重贬值，国民政府实行币制改革，发行金圆券。以金圆券壹元兑换法币 300 万元，限期兑完。初期面额为壹圆、伍圆、拾圆、伍拾圆。因滥发而迅速贬值，3 个月后面额激增到壹佰万圆，直至伍佰万圆。1949 年 2 月 26 日《宁波日报》第五版报道米价：早晨开市 1.033 万元，午到 1.1 万元，晚达 1.15 万元。

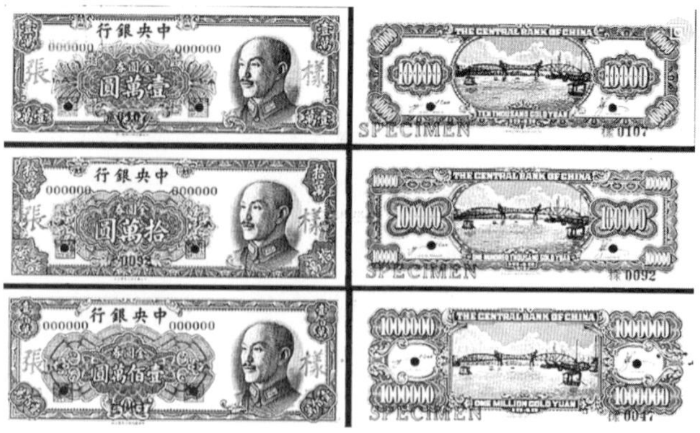

◎ 金圆券

临时辅币代用券

民国二十八年秋，尚未沦陷的浙东地区市面上金属辅币匮缺，各县遂自行发放临时辅币代用券。时境内流通的辅币代用券由县商会、县当业同业公会、县草帽业同业公会等发行，面额有壹分、伍分、壹角等。民国 30 年（1941）4 月余姚沦陷后退出流通。

汪伪储备券

余姚沦陷后，境内开始流通由汪伪中央储备银行发行的储备券，又称“新法币”。“新法币”与法币等值流通，面值有壹分、伍分、壹角、贰角、伍角、壹圆、伍圆、拾圆、壹佰圆、贰佰圆、伍佰圆、壹仟圆、伍仟圆、壹万圆、拾万圆等 15 种。民国 35 年（1946）2 月至 4 月 1 日，县政府以法币 1 圆收兑储备券 200 元。

浙东抗币

民国 34 年（1945）4 月 10 日，由中共领导的浙东银行发行抗币，规定抗币为浙东抗日根据地本位币。境内流通的抗币有壹圆、伍圆、拾圆及

◎ 浙东抗币

贰角、伍角等面额，地方乡镇民主政府发行的抗币辅币兑换券同时流通。当时1元抗币值大米1斤，折合法币50元，折合汪伪储备券3000元。同年9月，新四军浙东游击纵队奉命北撤，抗币以粮食或棉花兑换收回，就地销毁。

第三节 人民币

1949年5月余姚解放后，统一使用由中国人民银行于同年1月10日发行的第一套人民币，面额有壹圆、伍圆、拾圆、贰拾圆、伍拾圆、壹佰圆、贰佰圆、伍佰圆、壹仟圆、伍仟圆、壹万圆、伍万圆等12种，同时以1∶1000000的比价收兑金圆券，禁止银圆流通。1953年7月至9月15日，以人民币1200元兑换抗币1元，收兑民间遗留抗币。

1955年3月1日，发行第二套人民币，主币分壹圆、贰圆、叁圆、伍圆、拾圆等5种，辅币分壹分、贰分、伍分、壹角、贰角、伍角等6种纸币和壹分、贰分、伍分3种铝质硬分币，以新币壹圆折兑旧人民币壹万圆。

1962年4月20日，发行第三套人民币，与第二套人民币票面额等值。1964年4月15日至1965年3月30日，收回苏联代印的叁圆券、伍圆券、拾圆券3种人民币。至1980年，第三套人民币共发行7种面额、13种版别，分别是壹角券（币）4种、贰角券（币）2种、伍角券（币）2种，壹圆券（币）2种、贰圆券1种、伍圆券1种、拾圆券1种，分币仍采用第二套人民币面额。第三套人民币一直流通至20世纪90年代初。

1987年4月27日，发行第四套人民币，与第三套人民币等值混合流通。至1997年4月1日，第四套人民币共发行9种面额、14种票券，其中壹角券1种、贰角券1种、伍角券1种、壹圆券3种（1980年版、1990年版、1996年版）、贰圆券2种（1980年版、1990年版）、伍圆券1种、拾圆券1种、伍拾圆券2种（1980年版、1990年版）、壹佰圆券2种（1980年版、1990年版）。

1999年10月1日，发行第五套人民币，与第四套人民币混合流通。面额有壹角、伍角、壹圆、伍圆、拾圆、贰拾圆、伍拾圆、壹佰圆8种，其中壹角、伍角、壹圆有纸币、硬币2种。至2017年底，壹分、贰分、伍分硬币实际已退出流通，仅见银行找付。

20世纪90年代后，中国人民银行发行标有面值的金、银质硬币，均不进入流通，仅作收藏品。

第四节 债券 侨汇

债券

民国20年（1931）前后，国民政府在余姚地区发行的公债有公路公债、编遣库券、建设公债。

1950年，人民政府为平抑市场物价，向单位和个人发行人民胜利折实公债，年息5厘，偿还期5年。

1954—1958年，连续5年发行国家经济建设公债，年息4厘。除1954年发行的公债偿还期为8年，其余均为10年。

1981年起发行国库券，首年国库券发行对象主要是单位，1982年开始向个人发行。1981—1993年，国库券以实物券形式（又称无记名式国债）发行。1994年开始发行凭证式国债（又称存单式国库券）和记账式国债（又称无纸化国债）1997年后国债发行均采用非实物形式，不再发行实物国库券。1981—1997年，国债品种除国库券外，还有国家重点建设债券、国家建设债券、财政债券、特种债券、保值债券、基本建设债券和转换债券7种。1998年后，不分品种，统一称国债。

2004年底，债券品种大致分国债、特种金融债、政策性银行债、企业债四大类，合计400多种。

1981—1997 年国库券偿还期及年息一览表

表 14-2-1

年份	偿还期	年息（%）		备注
		单位	个人	
1981	10 年	4	4	主要向单位发行
1982	10 年	4	8	开始向个人发行
1983	10 年	4	8	—
1984	10 年	4	8	—
1985	5 年	5	9	—
1986	5 年	5	9	—
1987	5 年	5	9	—
1988	5 年	5	9	—
1989	3 年	14		单位和个人不再分开计息
1990	3 年	14		—
1991	3 年	10		—
1992	3 年	9.5		—
	5 年	10.5		—
1993	3 年	13.96		1993 年 7 月 11 日后享受保值贴补率
	5 年	15.86		—
1994	2 年	13		开始发行凭证式国债和记账式国债
1995	3 年	14.5		—
1996	5 年	13.06		—
1997	2 年	8.64		采用凭证式国库券，不再发行实物券式国库券
	3 年	9.18		—
	5 年	10.17		—

侨汇

1958 年开办侨汇，汇款人多为小曹娥籍旅居海外的侨胞和港澳台同胞。侨汇转存银行，利率优惠。1960 年起，国家为鼓励海外华侨向国内亲友寄回外汇，支援国家经济建设，发行侨汇券，受款人可凭侨汇券购买布、米、油以及手表、缝纫机等紧俏商品。1991 年，侨汇券取消。

附　金银收购销售

民国元年（1912）至二十四年，以银圆为本位货币流通，间有纸币与银圆等价使用。民国二十四年 11 月 4 日，实行法币制，停止银圆流通，但民间仍有交换和收藏。特别是中华人民共和国成立前夕，法币严重贬值，银圆重新成为流通货币。

中华人民共和国成立后，人民政府禁止金银买卖和流通。1949 年秋，中国人民银行开始收兑金银，并于 1958 年、1960 年、1980 年三次调高收购价而形成收兑高潮。

第三章　金融业务

金融业务包括存款、贷款、结算、银行卡和代理业务等。2004 年，推出电话银行和网上银行业务。

第一节　存　款

民国时期，附设于泗门镇上大商号内的“挂壁钱庄”办理个人储蓄存款和团体存款，部分信誉较好的小商号亦吸纳民间小额存款。

中华人民共和国成立后，由银行和信用社办理单位存款和个人储蓄存款，邮政储蓄只办理个人储蓄存款。

单位存款

1982 年 1 月后，允许行政事业单位预算外资金及企业基金存定期、活期、协议存款 3 种。是年，单位存款的有行政单位 22 家，事业单位 21 家，企业 110 家，活期存款 144 万元，无定期存款和协议存款。至 2017 年底，单位存款的行政单位 9 家，事业单位 7 家，企业 650 家，活期存款 17571 万元，亦无定期存款和协议存款。

个人储蓄存款

1954 年，曹娥信用社成立后开办个人活期、定期保本保值、定活两便、有奖储蓄 4 种储蓄存款。1954—1965 年，先后停办 11 种储蓄，其中新货币定额（1957—1959 年）、活期有奖（1956—1959 年）、支援地方工业特种定期（1958—1962 年）、浙闽区有奖储蓄（1951—1965 年）、零存整取贴花（无奖，1959—1965 年）。“文化大革命”期间，对重点审查的“23 种人”存款实行冻结，银行开办无息存款等。1978 年底，全镇存款余额 38 万余元。1979—1987 年，5 次调高存款利率。1981 年恢复有奖贴花储蓄，开办有奖有息定期储蓄、定活两便储蓄。1985 年起，开办现金有奖、实物有奖、利息预付和大额定期（500 元以上，利率上浮 10%）储蓄，各储蓄所实行“一定六包”（即定人员，包任务、包服务、包质量、包费用、包制度、包安全）责任制，储蓄量猛增，1990 年，储蓄余额达 475 万元（是 1978 年的 12.5 倍）。1990 年后，民间投资方式日益多样化，2000 年后又数次调低存款利率，但储蓄存款量还是逐年攀升。至 2004 年，全镇存款余额 1.8998 亿元，比 1990 年增长近 40 倍。至 2017 年，全镇存款余额 11.9369 亿元，比 2004 年增长近 6.28 倍。

第二节　贷　款

工商贷款

民国时期，泗门镇上“挂壁钱庄”有小额质押放款，利率较高，多为解决工商业户短期流动资金，遇有大额贷款，须到县城申办。

1952 年开展“三反”“五反”运动，限制对私营企业贷款。1956 年，私营工商业社会主义改造结束，属县粮食、供销系统管理的粮油、食品加工销售企业，严格按计划指令经营，工商贷款增幅不大。1958 年“大跃进”时，兴起大办工业风，实行“政社合一”管理，信贷制度受到干扰，贷款失控。

1961 年，贯彻国民经济调整方针，至 1965 年，信贷调整工作取得明显成效。“文化大革命”后期，小曹娥社队工业逐渐发展，信用社以农业贷款的方式向社队工业发放贷款。1970 年后，兴办玻纤、胶木、塑料加工企业，成为 20 世纪 70 年代工商贷款增长的主要因素。1980年起开放集体商业贷款，恢复个体有证工商业贷款，小曹娥信用社开始承办信托存款和放款、受理委托放款、代理应收款项清理等业务，贷款逐年上升。1990年后，以产权制度改革为重点的经济体制改革全面展开，多种体制形式的民营工商业、个私工商业迅速发展，工商业贷款逐年攀升。在此期间，信贷投放注重风险控制，实行担保、抵押，信贷质量明显好转，不良贷款逐年减少。2017年末，企业贷款余额为3.4250亿元。

农业贷款

1954—1978年，农业贷款以一般农业贷款为主。1979年后，乡镇工业贷款逐渐成为农业贷款的主要构成部分。

一般农业贷款 一般农业贷款主要用于农业、副业、渔业、养殖业的生产成本及大型农机具的购置，少量用于困难户解困。1954年，小曹娥信用社向农业互助组发放贷款，支援农村农业合作化运动。1955年，信用社相继向农业合作社发放农业技术贷款。1955—1956年，为帮助贫困农民解决缴纳农业合作社股份基金的困难，设立贫农合作基金贷款。1956年8月1日台风灾害后，发放救灾贷款。1963年，根据国务院文件精神，豁免1961年前积欠的农业贷款。

1980年，调整信贷结构，增加对“专业户”“重点户”的生产贷款，当年农业贷款余额8万元。20世纪80年代中期至90年代初，农户如果在春耕期间发生生产成本短缺情况，一般由粮站或棉站在发放粮食、棉花预付订金中自行解决。1983年，开始发放有担保抵押的小额农贷。2004年，全镇农业贷款余额为3139万元。2017年末贷款余额1.9595亿元。

乡镇工业贷款 1971年，信用社开始向刚起步的社队工业发放生产贷款。1976年起，增加发放设备贷款。1979年后，乡镇工业贷款比重不断增加。1983年，乡镇工业贷款余额42万元。1984年设乡镇工业基建贷款、设备抵押贷款，增办信托业务。90年代中期后，乡镇工业贷款实际已从农业贷款中分离，归入工商贷款。2017年末，企业贷款余额为3.4729亿元。

1992—2017年小曹娥信用社（农合行、农商行）部分存款贷款一览表

表14-3-1　　单位：万元

类别 年份	单位存款	个人存款	农业贷款	工商贷款
1992	189	1832	56	1201
1993	203	1531	72	1484
1994	317	2114	115	1821
1995	390	3139	943	1857
1996	917	3282	1307	1993
1997	396	4013	1245	1755
1998	519	4993	864	2772
1999	516	6185	621	3186
2000	700	8000	1023	3536

续表 14-3-1

类别 年份	单位存款	个人存款	农业贷款	工商贷款
2001	898	8502	1296	4104
2002	1934	10268	2217	6162
2003	3532	12972	2688	8876
2004	3441	15557	3139	9506
2005	3467	18335	3621	11662
2006	6949	18955	3306	10907
2007	5624	10225	2948	14099
2008	4100	12347	2959	18432
2009	4986	33728	8795	15236
2010	6258	41139	9720	22565
2011	6913	47262	10650	28150
2012	9624	58519	11237	32263
2013	8777	68046	14060	38241
2014	11525	76370	16290	36729
2015	16713	85742	19533	36683
2016	16213	74604	20160	30882
2017	17535	101834	19595	34729

第三节　结　算

结算分现金结算和转账结算两种方式，由银行和信用社分别进行，银行为现金出纳中心和转账结算中心。

1954—1957 年，开户单位的转账、汇划按批准计划结算，现金管理单位一切往来通过银行清算。1955 年，随着农业合作化和信用社的发展，农村推行非现金结算。1973 年后，结算业务数次调整、改革，逐步完善，形成同城结算和异地结算两大类。1991 年开办信用卡业务，结算业务依托现代先进科技，更为方便。1994 年开设国际结算业务。

同城结算

支票结算　用于同城机关、学校、团体、企业事业单位之间结算。1954 年起分现金支票和转账支票两种，现金支票不能用于商品交易，转账支票不得支取现金。支票不在流通中转让，也不开约期、远期和透支票。

同城托收　又称托收无承付结算。最初用于全民事业单位向有关部门收取水电费、邮电费、公房租金、交通运杂费、劳务供应费和医药费等公共服务费用。20世纪90年代后拓展为代理业务，涉及通信、交通、社会保障、物业管理、税费、行政事业、保险、开放式基金等近百个品种

农村转账结算 1955年开始，国家收购粮、棉、油料等一、二类农副产品，农村社队购买生产资料，均由银行和信用社转账结算。1978年，在曹娥信用社试点开设支农限额结算，用于县内生产资料采购和原材料购销。1983年后，对农副产品收购由转账结算改成现金结算。

异地结算

异地托收承付结算 1955年起施行，1964年扩展至国营企事业单位、供销合作社、手工业社等商品交易和业务活动。手工业社、社办企业只办理托收，不办理承付。1980年推行委托收款后，托收承付逐年减少。

委托收款 1980年10月起，办理机关、团体、国营集体企事业单位等应收款项，不负审查和拒付责任。

异地结算除异地托收承付结算和委托收款，还有汇兑结算。特种账务结算、信用证结算和限额结算等4种。

国际结算

2017年前，宁波余姚农村商业银行小曹娥支行（小曹娥信用社）无办理国际结算业务，2017年后，可通过余姚总行国际业务部办理国际结算业务。

电话银行 网上银行 手机银行 自助银行

2004年，各银行先后推出电话银行、网上银行、手机银行、自助银行新业务。

电话银行 主要业务包括账户余款及明细查询、账户密码修改、账户口头挂失、支付及内部转账、业务咨询、基金国债查询、外汇买卖、证券交易、缴费等服务，客户拨通相应专线，便可得到相应服务。

网上银行 是传统银行业务的扩充延伸，客户通过网上银行可以自助办理业务，突破时空限制。宁波余姚农村商业银行小曹娥支行网上银行主要服务功能有资金汇划、余额交易查询、对账。余姚农村商业银行小曹娥支行注册用户通过网上银行可享受信息查询、内部转账、支付转账、信息管理等服务，非注册用户享受银行余额查询、历史交易查询、密码修改、临时挂失、理财业务等服务。

手机银行（丰收互联）境内以“丰收互联”手机软件为主，为自然人办理资金汇划、余额交易查询、对账、贷款、还款、开办理财业务等。

自助银行 2000年，各银行陆续安装ATM自动取款机和CRS存取款一体机，开设自助银行。客户可通过自助银行自行办理取款、存款、汇款及余额查询等业务。2017年，各银行在境内共设立自助银行6处，有ATM机10台、CRS机7台。此外，在境内未设实体分支机构的农业银行等也曾设立过自助银行，先后安装过ATM机和CRS机4台。

第四章 保 险

第一节 保险机构

1992年前，境内保险业务主要由中国人民保险公司余姚分公司泗门营业部负责。1993年后，中国人民保险公司余姚分公司委托镇政府指定人员代理相关业务。2007年以前，境内未设保险机构。2007年12月，中国人民财产保险股份有限公司小曹娥滨海产业园营销服务部在小曹娥镇工贸办内设立，开办的保险险种达13种。2008年3月，泰康人寿保险股份有限公司余姚分公司在朗海中路11号设立营业部，翌年12月撤销。2017年，中国人民财产保险股份有限公司小曹娥滨海产业园营销服务部共有承保户9000余户，业务收入415万元，员工7人，负责人俞根孝。

第二节 财产保险

主要是企事业单位和个私企业财产保险、产品责任保险、产品质量保险、家庭财产保险、农户住房保险、财产险、建筑工程保险、农村建房保险、各类机动车辆保险等业务。2017年，中国人财小曹娥营销服务部承办的境内企业保险覆盖面10 %，各类车辆保险达25%，政策性农民住房保险覆盖所有农户，农民建房保险占建房户总数的95%。全年财产保险业务收入382万元，承保财产总额近230亿元。

2010年，开办农业政策性保险，承保45户，面积366.67公顷，保额330万元，2017年理赔额132万元。

2008—2017年人保小曹娥服务部财产保险业务一览表

表14-4-1

类别 年份	保户数（户）	保额（亿元）	保费收入（万元）	理赔支出（万元）
2008	9100	48.0	80.0	40.8
2009	9220	136.6	227.6	103.0
2010	9260	155.6	259.4	138.6
2011	9278	166.0	276.7	147.9
2012	9290	174.4	290.6	159.0
2013	9310	191.9	319.8	181.5
2014	9315	188.6	314.4	180.0
2015	9345	207.3	345.5	188.0
2016	9360	217.1	361.9	183.5
2017	9382	229.3	382.2	192.2

第三节　人身保险

中国人民财产保险股份有限公司小曹娥滨海产业园营销服务部主要从事各类财产保险业务。同时开展人身意外伤害保险，雇主险，机动车驾乘人员意外伤害保险，建筑工程人员人身意外保险，环卫人员人身意外保险，中小学生，幼儿园儿童平安保险和住院保险等业务。

2007—2017年人保小曹娥服务部人身保险业务一览表

表 14-4-2

类别 年份	保户数（户）	保额（亿元）	保费收入（万元）	理赔支出（万元）
2008	1960	0.392	15.7	7.8
2009	2799	0.560	22.4	13.1
2010	2580	0.516	20.6	12.2
2011	2907	0.581	23.3	12.5
2012	2943	1.472	29.4	17.6
2013	3021	1.511	30.2	17.7
2014	3557	1.779	35.6	20.5
2015	3463	1.732	34.6	21.2
2016	3916	1.937	38.1	22.8
2017	3374	1.672	32.8	19.8

第十五编

村镇建设

中华人民共和国成立后的前30年，村镇建设事业进展比较缓慢，进入20世纪80年代后，随着经济及各项事业的发展，村镇建设规划不断完善，道路、桥梁等基础设施不断新建和改建，建城区面积不断扩大，街道不断延伸，村民住宅不断翻新，绿化面积不断增大，环境卫生日益重视，现代化建制镇雏形开始显露。

◎ 镇域城乡建设用地规划图

第一章 规 划

第一节 规划编制

中华人民共和国成立初期，建成区面积0.05平方千米，至1987年建成区面积扩大为0.74平方千米。20世纪80年代前，境内建设没有正规的规划。

1986年，小曹娥撤乡置镇，根据建镇要求，在1987年编制了撤区扩镇并乡前的原小曹娥镇总体规划。

1992年，撤区扩镇并乡后，1993—2017年，镇政府会同杭州市规划设计研究院和余姚规划测绘设计院，先后编制了4部小曹娥镇总体规划。4部规划根据不同发展时期的特点，对小曹娥镇性质的定位不断完善，日趋合理。1993年，确定为棉花、榨菜主要产地，以农副产品精加工和海鲜捕捞为主的多种经营全面发展的滨海城镇。1996年，确定为化工和农副产品精加工为主的现代化工贸型滨海城镇。2004年，确定为杭州湾南岸以化工、食品为特色的制造业基地，余姚滨海工业城镇。

2017年，依托中意宁波生态产业园的发展大环境，确定为中意宁波生态产业园和滨海新城的重要服务基地，姚西北区域交通枢纽中心，现代工业品质小镇。提出优化产业结构，提升工业经济，推动企业转型，转变经济增长方式，注重考虑与周边产业错位发展，加强产业配套服务，形成与滨海新城的产业一体化，接轨滨海新城的开发建设，加快推动新型城镇化进程，建设成为富裕美丽的滨海城镇。镇域总面积33.04平方千米，其中规划建成区总面积2.25平方千米。范围东至杨家路江，南至湖夹公路（规划中的道路），西至镇海路，北至五塘横江。至2030年，全镇预期总人口达到5.5万人，其中建成区人口将达到1.5万人。

第二节 规划实施和管理

1987年，集镇建设开始按第一部小曹娥镇总体规划的要求实施管理。通过坚持以改旧和建新相结合、建新与管理相结合的要求，1988年，小曹娥的“百步街”建成了一条长200米的水泥路面街道，街道两边店铺不断新建、开业，镇容镇貌开始改变，小集镇的建设发展也从此走上轨道。

1992年，镇成立了村镇建设办公室，制定工作职责和制度，全面负责村镇建设规划的实施和管理，使村镇建设向着有序、合理、规范、绿化、环保、宜居、新型的方向发展。其主要职责：一是做好建设项目的定点和建设用地管理，确保规划方案的正确实施，协助建设单位在征地、报批和拆迁等方面的工作；二是做好道路控制红线管理（红线指规划道路中心线向两边各推进的总宽度包括人行道、隔离带等），任何新建、扩建、改建的建筑物均不能超越这条红线；三是各种工程管线的管理，在工程项目审批前细致审查，严格把关，以免不同管线的相互碰撞和干扰，必要时应做好相互的调处工作；四是做好违章建筑的查处工作，以确保规划工作的严肃性和权威性；五是做好档案管理，村镇建设的各类资料要分类保存，一年一期分级归档，并做好村镇建设年报的统计和上报工作。同时，村镇建设办公室坚持“四到场”制度，即：工程项目审批前到现场选址定点；工程项目开工前到现场丈量放样，并做好记录归档；工程项目建设过程中必须随时到现场检查，发现问题及时整改；工程项目竣工后，到现场验收核实。

2004年7月1日，镇村镇建设办公室下设的城镇管理中心成立，并配备了6名城管队员，2016年余姚市综合行政执法局又派遣4名专职管理人员，重点对违反村镇总体规划、乱搭乱建、乱摆乱放的现象进行监督管理。

第二章　村镇建设

第一节　街道建设

清晚期，境内最早的街市有英生街（以商人王荫生命名），民国时期形成了庵街（曹娥街）、酱油街、后凉亭、直塘头等小街市。中华人民共和国成立后，又逐步新建了朗海街、镇海街。但因各种原因，英生街、酱油街、后凉亭、直塘头等小街市已渐消亡。

庵街（曹娥街）

清道光十四年（1834），在利济塘下（现曹娥南路西侧，振兴西路北侧）建造孝女庵，香火日盛。周边信徒及乡民在每年的农历五月廿二为祭祀曹娥娘娘而形成庙会，商贾云集，渐成集市，故名庵街。民国后期，有百货店、南货店、布店、药店、理发店、铁匠铺、木器店等店铺10余家。中华人民共和国成立后，庵街成为乡人民政府驻地。1950年后，先后建立起供销社、棉站、棉花加工厂、开设鱼蔬合作商店、粮站、饮食合作商店、点心店、鞋店等店铺，成为小曹娥主要商业街区。20世纪60年代建立公社卫生保健所、邮电代办点。1976年，在曹娥街的曹娥南路旁建造了农贸市场。1989年，农贸市场迁建到振兴西路南、新建南路东。1995年又迁移到振兴西路南、西干南路东，建成占地2368平方米、经营面积2160平方米规范达标农贸市场。

20世纪80年代以前，小曹娥建成区主要路段多为泥路或石子路。1988年后的3年内，先后铺浇了曹娥南路、振兴东路、振兴西路、健康路、市场路、新建南路以及西干南路、西干北路等巷弄道路。路面宽3—6米，总长度为600米的水泥路。90年代后，振兴西路逐步向西延伸，道路经多次拓宽、改造，至2017年建成路面宽度为6—10米，长900米与朗海街相连接的沥青或混凝土路面。

1989年，农贸市场迁移至振兴西路南、新建南路东后，原小曹娥镇在曹娥街开发建造了第一幢集资联建的店面房。此后，沿振兴西路南北两边逐步向西开发集资联建店面房，其中1991年、1992年各1幢。1993年，开发永久村河台店面房54间，1995年，农贸市场迁移至振兴西路南、西干路东后，在市场内及振兴西路两边又新建了几幢店面房。至 1998 年，共建造三层店面楼房 16 幢，108 间，建筑面积 14517.9 平方米。

朗海街

位于朗海中路与振兴西路，是撤区扩镇并乡前的朗海乡政府所在地。民国后期，在杨家路桥东有烟杂店、豆腐店、竹器店等店铺。

50—60 年代，建立信用社、邮电代办点、开设五金修理店等。70 年代，建造供销站、汽车站。80 年代建有知青店、农工商服务部、供销经理部、烟酒批发部、饭店等。1983 年建影剧院。1992 年，撤区扩镇并乡后，建造了镇政府办公楼、中学、中心小学、卫生院、银行、供电所、邮电所等公共设施，成为小曹娥镇的政治、经济、文化中心。1994 年，新建农贸市场 1336 平方米，2008 年，扩建 2167 平方米，共 3503 平方米。在 1998 年、2010 年，先后引进中联、慈客隆、家家福、三江超市。

1993—2017 年，建成了路面宽 9—10 米，长 1500 米的曹娥街至镇中心小学的朗海横街和路面宽 10 米，长 430 米的朗海村前路至振兴西路的朗海直街水泥路。2017 年下半年开始改建沥青路面，形成十字街区。1993—2017 年共建店面房 255 间，建筑面积 36672 平方米。街区路边两侧餐饮酒店、五金百货、服装鞋帽、美容理发、通信快递等店铺鳞次栉比，呈现小镇繁荣的现代化商业街境。

镇海街

位于朗夹路与镇海南路。1954 年建立供销站、信用社。20 世纪 70 年代，建起了棉花收购站、农贸市场。1982 年、1985 年分别建立起邮电所和粮站。1989 年，镇海乡在朗夹公路 Z 字形弯道的两边建造了街面房，街面宽为 9 米，长约 300 米。1995 年，镇海农贸市场向西北迁建 100 米，到朗夹公路北侧、镇海北路西侧位置。至 2017 年建成了从镇海农贸市场至洪家路江的 Z 字形街道。

1989—1995 年，共建店面房 153 间，其中三楼 103 间、二楼 50 间，占地面积 0.6120 公顷，建筑面积 16200 平方米。

至 2017 年，小曹娥镇形成了曹娥街—朗海街—镇海街，东西全长 3.5 千米，宽 7—10 米的街道，被称为“十里长街”。

第二节　村庄建设

村庄规模

明成化七年（1471），建榆柳塘后始有村庄，后村庄逐步向北延伸，村庄规模和名称亦有多次较大变化。至民国 17 年（1928）境内分为 6 个村。中华人民共和国成立前分为 14 个保，后为 14 个村，1956 年为 13 个高级社，1961 年为 22 个生产大队，1977 年为 23 个生产大队，1992 年撤区扩镇并乡后为 23 个行政村，1995 年为 22 个行政村。1987 年建立 1 个居委会。各行政村规模大小不一，人口相差甚大，小的行政村人口不足 500 人，大的行政村有 1200—2000 人。

2001 年 4 月，行政村进行了撤并，全镇 22 个行政村合并为 8 个行政村，人口在 2000—4500 人。

中心村建设

1992 年扩镇后，镇政府按集镇总体规划，确定曹娥、朗海、镇海 3 个村为集镇建设中的中心村，并按集镇规划实施中心村建设。

曹娥中心村　用地规模 2.69 平方千米，人口规模 4083 人，按总体规划，范围包括曹娥、永久 2 个自然村。

2013 年，开发建设了曹娥村多层农民公寓，占地 0.96 公顷，4 幢 4 层楼房，96 套，建筑面积 15662 平方米。

朗海中心村　用地规模 2.06 平方千米，人口规模 4446 人，按总体规划，范围包括朗海、杨家路 2 个自然村。

2013 年，开发建设了朗海公寓楼，占地 1 公顷，5 幢 5 层楼房，95 套，建筑面积 12865 平方米。

镇海中心村　用地规模 1.65 平方千米，人口

2017 年各村人口、区域面积一览表

表 15-2-1

村名	常住户籍人口（人）	区域面积（平方千米）	耕地面积（公顷）
曹一村	2380	2.628	187.502
曹娥村	4083	4.784	298.3
建民村	3527	3.881	243.4014
朗海村	4446	5.06	220.886
滨海村	4312	4.21	226.5333
南新庵村	2266	2.635	145.6
镇海村	2414	2.755	168.1333
人和村	3860	4.668	288.5173
庵街居委	1304	0	0
镇政府（包括有关企、事业单位部门）	0	2.419	0
合计	28592	33.04	1778.8733

规模 2414 人，按总体规划，范围包括周洪丘、华丁路、方家路和人和丘 4 个自然村。

至 2017 年，3 个中心村均建有村落文化宫（兼办公楼）、公园、文体活动场所、医院、金融、幼儿园、街道、农贸市场、公交车停靠站等公共设施，其中曹娥、朗海 2 个中心村还建有农民多层公寓、学校、邮电等公共设施，中心村已渐成形。

农村住宅

明成化年间，始有人迁入定居。境域农村住宅多为竹木结构的草舍平房，生活条件较差，只有极少量的瓦平房。1950 年，境内居民 3435 户，其中草房（俗称草舍）3324 户，占 96.77%，面积 226245 平方米，瓦房 75 户，占 2.18%，面积 7869 平方米，无房户 36 户，占 1.04%。房屋总建筑面积为 23.4 万平方米，户均 68.16 平方米，人均 14.01 平方米。

至 20 世纪 60 年代末，由于经济发展速度慢，住宅仍以草房为主，直至 70 年代开始，草房才逐步被砖木结构或水泥预制结构的瓦平房所替代。80 年代初期，开始建造砖混结构的二层楼房，并建有庭院围墙。1987 年《中华人民共和国土地管理法》颁布实施后，农村住宅用地建设开始纳入法制管理轨道。

2000 年后新建住宅多为二、三层楼房，建庭院围墙，外墙和室内装潢档次不断提高。2010 年，全镇 80% 以上的居民在新建、扩建或改建住宅时，式样不断创新，质量不断提高，部分为“小洋楼”式别墅，农村居民住宅建筑面积人均在 60 平方米左右。

宅基地位置的选择，在 80 年代以前运输主要依靠船只，生活用水主要依靠江河、池塘，因而多为沿江河而建。80 年代以后，村内道路逐步拓宽，运输主要依靠拖拉机、汽车，用水在 90 年代开始使用自来水，因而规划多选择沿路而建。21 世纪开始新规划的宅基地以方块式小区为主。

第三节　公共设施建设

20世纪70年代前，时境内公共设施比较落后。80年代起，随着农村经济的发展，政府加强对农村公共设施的重视和投入，公共设施得以不断改善。

路灯

民国时期，夜出照明主要靠自备的防风油灯、手提灯笼、桅灯。中华人民共和国成立后，少部分村民开始用手电筒。1965年后，华东大电网电送到农村，部分村居民开始安装电灯。1995年，小曹娥镇在建成区范围内首次安装了40盏白炽路灯。此后，路灯安装从主要街道、公共场所向巷弄、村内道路、住宅小区延伸，数量每年递增，灯泡也从白炽灯向汞灯、钠灯、LED（发光二极管）灯升级。路灯杆也从木头杆、水泥杆到钢管路灯专用杆。至2017年，各行政村和居民小区主要道路皆有路灯，全镇共有3821盏路灯，照明长度272.1千米。其中建成区范围内199盏。

2017年全镇路灯安装情况表

表15-2-2

村名	安装路灯长（千米）	路灯（盏）
曹一村	14.3	260
曹娥村	29.4	497
建民村	42.4	424
朗海村	116.0	1563
滨海村	17.6	187
南新庵村	15.3	305
镇海村	15.8	159
人和村	21.3	426
合计	272.1	3821

供水设施

在1993年全镇自来水开通前，居民生活用水一直依靠水缸、水柜里的“天落水”（屋面雨水）或江河、池塘的水作为生活用水。1967年的大旱之年，甚至在河流、池塘内挖“旱井”提取生活用水。

20世纪80年代后，随着人口的不断增长，工农业生产的发展，居民的生活用水日趋紧张，居民和一些企业开始自挖水源，在住宅旁和厂区内打井取水。

1984年11月，曹娥乡投资12.5万元（其中上级补助5万元、余姚市玻纤厂出资5万元），在曹娥南路西侧的四塘横江北岸建造占地2000平方米的自来水厂，1985年5月正式供水，日供水量250吨，供曹娥振兴路居民及乡政府等日常生活用水及余姚市玻纤厂生产用水。

1991年5月，镇海乡从泗门水厂万圣管道接通自来水，供应镇海乡政府及所在地街区居民和医院、中小学、王龙食品添加剂厂、洁丽日化厂、镇海农机厂等单位用水。

1992年5月，全镇自来水工程启动，首先在后中灶、符丁、人和丘3个村试点。是年10月完工，3个村率先通水。同年，接通泗门水厂自来水后，曹娥水厂停产。

1993年10月，全镇自来水工程完工，总投资

250万元，其中自来水安装户按人负担150元(“五保”户、特困户免费安装)，入户率90%，日供水350吨左右，境内用水全部由泗门水厂300管供应，水源地为牟山湖水库。2004年4月，从余姚二水厂接通800管至境内，水源地为四明湖水库。至此，小曹娥镇由余姚二水厂和泗门水厂同时供水。

2008年8月，投资1000万元全面进行管网改造（其中每表负担300元+户水表后改造费用），铁管换成PE管，到村由80管加大到100—150管，提高了水压和水质，入户率达95%以上。日供水量1.1万吨左右，其中居民用水0.28万吨左右，工业用水0.82万吨左右。

2017年，小曹娥镇供水主管线DN800口径2800米，DN600口径6200米，DN300口径10500米，DN200口径10000米，DN160口径2200米。有增压设备DN300口径增压泵1台，DN160口径增压泵2台，DN110口径管线增压泵1台。

2017年，全镇自来水覆盖面达100%，服务表计10600只，供水范围覆盖小曹娥全镇及周边慈溪市双潭村、农垦场、建五村、缪路村等部分农户。供水对象53000余人（含新余姚人），企业170多家，日供水1.7万吨左右，其中居民用水0.33万吨左右，工业用水1.37万吨左右。

1992年4月，撤区扩镇并乡后，建立小曹娥镇供水站，2005年成立滨海自来水公司，与镇供水站两块牌子、一套班子。历任供水站站长：汪仁灿（1992年4月至1994年7月）、毛登钊（1994年7月至1999年1月）、范炳牛（1999年1月至2010年12月）、章登记（2010年12月至2012年7月）、张炳森（2012年7月起）。有工作人员7名。

排水设施

20世纪70年代前，集镇排水设施十分简陋，以明沟为主，排水不畅。1989—1993年，增设和改造了集镇区域内部分地下排水管道。至1995年，地下排水管道总长度5000余米。2017年，道路重新铺浇时改造和增加了地下排水管道，基本保证了建成区范围内的雨季无严重积水。

农村主要依靠沟河排水，1991年北排江修掘后至2017年境内基本没有出现过长时间水涝、水淹情况。至2017年全镇农田基本都修建了水泥板沟。

村内道路硬化

境域村内道路随着经济发展、交通运输工具的不断更新和数量的增加，道路不断拓宽，质量不断提高。20世纪60年代以前，村内道路大部分是1米左右狭窄的泥路，只有少量的石板路，运输以肩挑和船为主。60年代后，有了自行车、手拉车，泥路才有所加宽。70年代手拉车、自行车迅速增加，手扶拖拉机的出现，主要道路开始铺大片石子。80年代开始，货物运输由船转为拖拉机，村内主要道路以村民集资、镇村补助的形式开始铺浇宽2米左右的水泥路面。90年代中期开始出现私家轿车，村庄内水泥路面也逐步增加，主要道路路面开始加宽到2—3米。21世纪始，村内主要道路逐步拓宽成2—7米的水泥路面。2010年起不再向村民集资，由镇村出资把水泥路基本铺浇到每户家庭。

村落文化宫（村办公楼）、老年活动室建设

中华人民共和国成立初期基本无村级办公用房。1958年，公社化后各大队陆续开始建有简易办公用房。2001年并村前各村办公用房相对比较简陋。并村后由于村级规模扩大、村级经济的发展壮大，村干部办公制度要求相对规范和村民对文体活动的需求日益增长，开始建设村办公楼和文体中心。

村落文化宫（村办公室）基本情况表

表 15-2-3

村名	落成年份	坐落地址	间数、层数	总投入资金（万元）
曹一村	2006	曹一村横潭	六间二层楼	68
曹娥村	2005	曹建公路 49 号	九间三层楼	322.1
建民村	2003	建民村全灶五丘 86 号	十一间二层楼	20（学校改建）
朗海村	2005	朗海村村前路	九间三层楼	340
滨海村	2011	滨海村符丁路区 16 号	七间三层楼	300
南新庵村	2004	南新庵村文化路 39 号	七间三层楼	180
镇海村	2011	镇海村华丁路三区 16 号	七间三层楼	240
人和村	2014	人和村镇海北路 188 号	八间三层楼	580

20 世纪 80 年代前无老年活动室，80 年代后，随着经济的发展和老龄人口的增加，各村陆续开始建设老年活动室。在老年活动室中一般有电视室、棋牌室、体育活动室等。至 2017 年，全镇有老年活动室 19 个，门球场 4 个、地掷球场 3 个、篮球场 9 个、欢乐大舞台 5 个、村民喜乐中心 2 个。

供电、公路、公交、广播、电视、电话、河道砌石、道路河道保洁、卫生等公共设施建设相关编章已有详述，本节不再赘述。

第四节　绿　化

20 世纪 60 年代前，镇内很少种有绿化。60—70 年代，部分公共场所和一些家庭庭院中少量种植树木、花草。1992 年后，镇、村二级推动植树造林，每年春季的植树形成制度。2008 年，建成区绿地覆盖率为 28%，人均公园绿地 11.8 平方米。至 2017 年建城区绿地覆盖率为 31 %，人均公园绿地 19.9 平方米。绿化面积 771052 平方米，人均占有绿化面积 27 平方米。是年，申报省级森林镇。

道路绿化

80 年代前无道路绿化，1992 年，建成区内只有原小曹娥的曹娥南路（曹娥直街一段）、市场路有部分人行道绿化。1995 年后，开始在朗海中心街道的两侧种植香樟、广玉兰、梧桐等树木。以后每年在道路两旁种植树木，并在乔木下种上灌木，增强观赏性、增加绿化面积。特别是余姚大道、329 国道复线等主干道，道路中心分隔带、机动车道路两边、人行道两边均种植了乔木和灌木，道路两旁还种植了林带。至 2017 年，全镇所有主要道路旁全部种上了树木。

庭院绿化

20 世纪 60 年代前基本无庭院绿化，60—70 年代开始有少部分村民利用庭院和房前屋后种植景观树和部分果树进行绿化。2000 年后，随着村民生活水平的提高，多数农户除房前屋后的绿化外，增加了庭院内部的绿化，种类繁多，并有不少盆景。尤其是曹娥、朗海 2 个中心村，在公寓式住宅新村建造中均重视绿化工程建设，绿化率达 30 %。

企事业单位绿化

1992 年前，仅少数企事业单位种植些水杉、松柏、梧桐以及樟树等，不仅数量少，质量品种较差，又缺少专人管理，成活率较低。1992 年后，境内企事业单位、学校、政府机关、医院等单位都开始重视绿化。至 2017 年，有不少企业建成了园林式企业，单位绿化率为 25.7%。

公园绿化

1990 年，乐山公园在朗海村落成。占地面积 4000 平方米，园内辟有文化广场、小桥、流水、亭子。

至 2017 年，全镇建有南新庵公园、朗海公园、乡横江公园、滨海公园、人和公园等。所有公园都以绿化为主，兼有亭、台、广场、健身路径等设施。

◎ 南新庵公园

河岸绿化

2000 年以前河岸只有零星树木，没有形成河岸林带。2003 年，从五塘江砌石开始，每砌一条河、沟，绿化一条河、沟。洪家路江东岸从朗夹公路至五塘横江一段还建成了园林式林带，内有园林路径和亭园。2017 年，全镇主要河、沟的绿化率为 100%。

村庄绿化

20 世纪 80 年代以前，农村绿化意识差，村内只有零星几棵树木，很少整片整行植树。80—90 年代南新庵村、朗海村植树绿化。21 世纪其他 6 个村在房前屋后、主要道路旁和河岸绿化植树，乔木灌木相配套种植，并建有假山等景观。至 2017 年，8 个行政村全部创建成为宁波市级森林村庄，其中南新庵村、朗海村和曹娥村创建成为省级森林村庄。

第三章　建筑业

第一节　建筑队伍

1957 年前，境内没有专业的建筑施工队伍组织。居民建房时一般请懂行的泥水匠、木匠、石匠，多为师徒、父子、兄弟等组成的个体施工队伍。工开则聚、工毕则散，施工技艺为家传或师授。

随着手工业人员的增加，政府为了做好协调和管理工作，1956 年集镇手工业人员建立竹、木、铁等专业合作社。1958 年成立综合性手工业服务社。继后，随着居民住宅的发展，1962—1963 年，曹娥、朗海、镇海 3 个公社相继成立建筑队。1968 年，成立曹娥、朗海、镇海 3 个建筑社。随着建筑工匠队伍的不断发展壮大，1972 年，建筑社改名为建筑队，在册人员近 260 人。1990 年，曹娥、朗海两个建筑队合并。1992 年镇海建筑队亦并入，同时改名为余姚市小曹娥建筑工程公司。1998 年，转为私营企业。

第二节　设计　施工　管理

设计

境内无专业勘测设计机构，房屋建筑设计图

纸均由建设单位（个人）委托余姚等地的设计单位设计。

农村建房，无论是草房、瓦房、楼房一般都为单门独户建造。按当地习俗，东边间为灶间，中间为客堂，西边为房间。屋前均有院落，称作道地，用于翻晒农产品或柴草等。20世纪90年代之前，院落四周大都无围栏，90年代后，院落逐渐建有围墙。

◎ 1989年农民住宅（余姚市档案馆）

草房 建于70年代前，一般3.6米×8米1间，多为3间，分为灶间、客堂、房间几块区域，客堂串梁上设神堂，房间用竹簟分间，部分农户人畜共居。另有辅助房，用于畜禽养殖和粪缸。2017年，境内已没有草房用于人居住。

平瓦房 建于70年代，一般3.8米×8.5米1间，2—5间，多为3间，为灶间、客堂间、房间。客堂间后半部分为退堂，退堂上设神堂，六闩大门或二闩大门加两侧排门板，大门外是檐廊。另有辅助小屋，用于家禽畜养殖、厕所（粪缸）、杂物间等。

◎ 1980年前的瓦平房（吴华春摄）

楼房 80年代中期开始翻建楼房，一般为二层，3.8米×10米1间，多为3间，楼下是四闩大门、檐廊，室内分为客厅、楼梯间、卫生间、厨房间。楼上为卧室、卫生间，有的家庭还设有会客室。正屋边建有辅房用于杂物间或养殖畜禽。

◎ 农村住宅（南新庵拆迁安置小区）

别墅 2000年后，房屋外形由单一的方块造型转向风格不同的别墅式楼房，楼下有双闩或四闩大门、檐廊，一楼多为客厅、餐厅、厨房、楼梯间，每层有多个卫生间。二楼和三楼分为主卧、副卧、衣帽间、书房、凉台。小部分家庭还建有地下室和电梯。地下室多为健身娱乐室和贮藏室。有的另建杂物间，庭院花园式设计。

◎ 农村别墅（2010年）

施工设备

民国时期，境内建筑多为竹木结构草房，施工设备简易落后。中华人民共和国成立后直至20世纪80年代，仍沿用传统的手工工具。泥工主要工具有泥刀、泥夹、泥刷、泥桶等，后期有翻斗车。木工工具主要有斧、刨、锯、锉、凿、墨斗、鲁班尺、木钻、榔头等。石匠工具主要有石匠榔头、錾子、斩斧等。1979年后，建筑施工设备逐渐改用机械工具，并不断创新改进。主要有自动带锯、圆盘锯、轧刨机、平板刨、凿孔机、气钉枪、拌和机、拌灰机、墙面抛光机、喷漆机、混凝土插入机、磨石机、挖掘机、压路机、卷扬机、封闭式升降机、长臂转向吊车、切割机、打桩机、商品混凝土输送机、钢筋弯曲机、电焊机、切断机等，传统的毛竹脚手架逐步被钢管架所代替。

建筑结构

20世纪70年代前的抬梁式草房，用草栅、竹篳、薄砖墙（称单度壁）作为外墙及屋内分间墙，少量富庶户采用板壁，外墙为薄砖墙或泥土筑墙，木头、毛竹做椽子或桁条，茅草或稻草做屋顶。70年代由草房改建平瓦房，块石砌基础，穿榀式预制水泥榀头，预制水泥桁条，毛竹或木材椽子，小青瓦或大红瓦，大多为青砖空斗墙。80年代中期，房屋结构逐步向砖混结构的二层楼房发展，一般采用夯石墙基、钢筋混凝土圈梁基础，五孔楼板，水泥桁条，木椽子，红砖空斗墙（三斗一边）。21世纪开始，基础为带形或满堂的钢筋混凝土基础，框架或半框架结构，红砖实砌墙，现浇楼板，现浇屋顶，盖琉璃瓦，设计合理，防震抗灾能力大幅度提高。

装潢

20世纪70年代以前基本无装潢，泥土地坪，墙壁上抹沙灰或石灰。70年代为水泥窗套、木窗、木门。80年代后采用水泥弹涂、马赛克、撒石子、汰石子、涂料等装饰外墙。大理石、花岗岩、水磨石装饰地面和门柱，用涂料、油漆、瓷砖、三夹板、绒布等装饰内壁，木头窗或钢窗、木门。2000年后采用钢砖、弹性涂料，仿大理石喷涂、喷砂、花岗岩、大理石挂墙等材料装饰外墙和门柱；油漆、涂料、墙布、瓷砖、抛光砖、绒布、大理石、装饰板等装饰内墙；抛光砖、玻璃砖、金刚石砖、实木地板等装饰地面；铝合金双层玻璃窗、铝合金或不锈钢门；火烧青石板或花岗岩板装饰庭院；吊顶造型各异，一般采用石膏板、复合板、塑料板、金属板等材料吊顶；厨房、卫生间装饰多为集成装饰。部分住房装有太阳能发电，中央空调，地暖，24小时热水。装饰工程由综合型向专业化方向发展。

质量监督

1985年前，建设工程质量由建筑方和承建方共同检查监督。1985年，成立余姚市建设工程安全质量监督站，管理全市建设工程的安全与质量。在1995年后开始有建设单位正规受监，以后逐渐增多。2005年，成立镇公共资源交易（招投标）分中心后，政府工程、村级集体工程基本都受监督。企业、事业单位、个人高档建筑等也多向市建设工程安全质量监督站办理工程质量安全监督手续，由余姚市工程质量监督站负责监督。受监督的建设单位需勘察、设计并聘请监理公司负责质量监理。

施工管理

中华人民共和国成立后至20世纪80年代末，境内上规模建筑工程少，施工管理松懈。90年代后，重视加强对建筑施工的管理，并规定施工现场必须有安全员，负责检查脚手架、电器设备及其他安全设施，以排除事故隐患。2004年，明确规定每个工程必须有专门的管理班子，成员为项目经理、施工负责人、安全员、材料员、质量员、资料员、治安员、卫生管理员等。工地必须悬挂宣传牌、警示牌、建筑效果图等。施工单位必须为施工人员办理好人身意外保险。市主管部门还不定期组织建筑公司的各类人员进行业务培训，提高建筑队伍的综合素质。

第四章 房产管理

第一节 公房管理

民国时期，境内房地产所有权证的登记、发放以及产权归属确认，由余姚县政府地征处负责。1953年后，由余姚县（1954—1979年为慈溪县）房地产管理委员会负责。1971年，慈溪县房地产管理处设第三房管站，管辖泗门、周巷、长河三区房地产。1981年，余姚县房地产管理处泗门房管站成立，1988年，改名为余姚房地产管理局泗门房管站，小曹娥一直隶属于泗门房管站管辖。

租售 维修

民国时期，政府机关用房及祠、庙等均属公房。中华人民共和国成立后由人民政府接收。1951年土地改革后，泗门区共有公房2139间，其中曹娥47间、朗海3间、镇海14间，合计境内64间。1962年，核定房屋租金，落实租赁房64间。1985年落实政策，退还7间。1993—1994年，国家实施房改政策，把公房以优惠价格出售给原住房户或缺房户、商业经营户和学校，境内共出售46间公房。2006年，市房管局将公房一次性无偿划拨给镇管理11间。

租金

中华人民共和国成立后，政府机关及学校使用公房免收租金。工商企业、手工业社（组）及个人租用公房，1961年前，按地段、结构、面积、使用性质，以间计租，每月每间最高租金1.2元，最低0.6元。1962年后，以面积计租，街面营业用房每月每平方米0.10—0.17元；生产单位用房每月每平方米0.07—0.1元；居民住宅旧房每月每平方米0.04—0.06元，新建房每月每平方米0.07—0.09元。1973年4月，调整企事业单位用房租金。1980年，调整居民住宅租金，旧房每月每平方米0.12元，最低0.08元；新建住宅，每月每平方米最高租金0.135元，最低0.105元。1985年，调整部分非住宅租金，最高月租金每平方米2.16元，最低月租金每平方米0.54元。1996年，非住宅租金按市场价格计租。1998年，调整居民住宅租金，每月每平方米最高租金1.77元，最低0.62元。全镇租房租金均归泗门房管站收管。

维修

公房修理和养护按照国家“以租养房”的规定，分危房抢修、保养性维修与改善性维修三大类。1980年起，建立公房维修制度，逐步实施成片维修，基本清除危房。

第二节 拆 迁

中华人民共和国成立后，因发展生产和城乡建设需要拆除的房屋，产权属国家的，拆迁户住房由动迁单位负责解决，原则上以相当于被拆面积安置。产权属私人的，1950—1977年以原拆原建为主。1978年后，按《私有房屋征购补偿标准》，以每平方米价格11—30元征购，另给公房或移地安置，安置面积按家庭常住人口（1—2人为小户、3—4人为中户、5人以上为大户），对独生子女家庭略予照顾。1987年，市政府提高私房征购补偿标准，城镇提高至每平方米17—45元，农村每平方米10—35元。拆迁户搬家费人均补助5元，安置公房每人使用面积10平方米。对房屋附属物（炉灶、围墙、水井、粪缸）、果树、农作物、房屋主要装修及建筑材料等补偿，均有具体规定。

2002年，《余姚市城市房屋拆迁管理实施办法(试行)》出台后,明确房屋拆迁安置分原拆原建、异地新建及作价征购三种。

建造余姚大道房屋拆迁

2002年,余姚市政府为连接长三角交通网络、改善姚西北地区交通,开发滨海新城,规划建造余姚大道。道路宽56米,双向6车道,在余姚大道上层建造双向4车道高速公路。途经小曹娥区域范围长6521米,主要涉及朗海和滨海两个行政村。2003—2004年,拆迁农村住宅101户,建筑面积21330平方米。其中,朗海村67户,建筑面积15280平方米;滨海村34户,建筑面积6050平方米。拆迁户分别安置到新住宅区,并在朗海村的原朗海八片和滨海村的符丁,建造平房用于部分拆迁户临时性过渡住房,后出售给未建安置房的拆迁户。

建镇中心小学地块拆迁

为全面提高教育质量,改善教育环境,2010年,镇政府实施镇中心小学地块的拆迁。地址在余姚大道西侧,乐山公园北侧,涉及朗海村的农村居民住宅7户,建筑面积1460平方米。拆迁工作历时2年,2011—2013年完成,拆迁户安置在朗海村村委南侧。

农村土地综合整治项目拆迁

2014—2017年,小曹娥镇土地综合整治项目,涉及南新庵、曹一、曹娥、建民、朗海、滨海、镇海等7个行政村,拆旧区域面积5.3647公顷,复垦耕地4.9133公顷。该项目以南新庵村的480亩头(11队)为主,南新庵村共拆迁78户,其中480亩头29户,建成占地0.71公顷的农民公寓小区,安置农户42户。通过整治,该村新增耕地2.8457公顷。

2017年,滨海村等八村农村土地综合整治项目,涉及全镇所有8个行政村,拆旧总面积5.0515公顷,新增耕地面积4.6368公顷,拆迁房屋23幢。

违章拆迁

1982年前,建房不实行审批制度,因土地属生产队或大队,农民建房由生产队或大队安排,很少有违章建房和违章拆迁。

20世纪80年代后,经济发展较快,生活水平提高,特别是家庭企业的发展和大量新余姚人的进入,农民对用房需求与供地指标的矛盾日益突出,违章建筑增多。1982年,实行农村住宅建房审批制度后,对出现的违章建筑开始进行拆除或罚款。

2012年底,按市政府统一步骤,小曹娥镇成立了以镇长任组长的“三改一拆”(旧住宅区、旧厂区、城中村改造和拆除违法建筑)领导小组。自2013年初开展调查摸底,并与拆违同步进行。2013年,拆违260起,合计48055.4平方米,其中曹娥街拆违154起。2014年以创建“无违建乡镇”为目标,全镇拆违78起,18232平方米。2015年,拆违121起,47851平方米。2016年拆违109起,41425平方米。2017年,拆除违章建筑99起,54161平方米。通过五年的专项行动,共拆除违章建筑667起,建筑面积为209724.4平方米。

第三节　房屋普查

1954年,泗门区对公房实行编号钉牌,共钉牌701块。1962年,泗门区第一次清理公房,统计全区有公房913.5间。时境内有公房64间。

20世纪50年代初,村民住宅以草房为主,占96.8%,少量瓦平房,全镇23.4万平方米,人均14.01平方米,户均68.16平方米。

1978年底,境内27622人,7130户,住房总建筑面积52.3万平方米,人均18.9平方米,户均73.4平方米。

2017年,境内农村27288人,10273户,住房总建筑面积176.3602万平方米,人均64.63平方米,户均171.67平方米。

第四节　建房管理

1982年以前，政府没有专职的建房管理人员。1982年，镇设专职村镇建设助理员，负责单位和个人建房管理。1987年，市政府对房屋间距作出规定：平房屋前6米，屋后2米；两层楼房屋前8米，屋后4米。此规定于1988年起实施。后又提倡建多层楼房，规定前幢房屋高度与后幢房屋间距新区不小于1∶1.25，旧区改造不少于1∶1.1。1999年7月1日，按《宁波市城市规划管理技术规定》，建筑左右间距控制在1—2米内，并提倡联建房。

浙江省新农村住宅用地指标一览表

表 15-4-1

户类别	小户	中户	大户
家庭人口	1—3 人	4—5 人	6 人以上
使用平地面积	90 平方米	120 平方米	140 平方米
使用耕地面积	75 平方米	110 平方米	120 平方米

注：每家农户只能建一处住宅。

建成区个人建房

须由个人提出申请，上报镇规划部门和镇、市土管部门初审通过，领取私人建房规划申请表、私人建房土地呈报表、村民建房建设工程规划许可证，再逐级报批。报批时须有四邻参考意见、土地使用证原件及复印件等。经上级主管部门批准后，必须缴纳有关费用。新房落成后，由行政村和镇规划、土管部门组织验收，无超建面积，即为验收合格。

企事业单位建房

如新征土地建设项目，须获取建设用地规划许可证申请表、单位建设用地呈报表、出让土地合同书、建设工程规划许可证后逐级报批，报批时随带立项批准文件、1∶500—1∶1000用地红线图、总平面布置图、区位图、土地利用总体规划图、建筑施工图及消防、环保、气象、水利、白蚁防治等有关单位审查意见。同时，还须有招标拍卖挂牌文本，并缴纳有关费用。竣工验收后，方可向土管和房管部门申请领取土地使用证和房产证，属原地拆、翻建的无须申领土地使用证和房产证。

农村个人建房

必须符合村庄建设规划和镇土地利用总体规划，由建房户向村民委员会提出书面申请，村民委员会讨论通过后，报镇建设办公室和土地管理部门审查，并报市国土局审查同意后，办理下列手续：（1）填写私人建房规划申报表；（2）办理村镇建设规划许可证；（3）填写私人建房土地呈报表。报批时必须附四邻意见、村庄规划图、户籍证明、房屋设计图、原房处理意见、土地使用证原件及复印件等申报材料。房屋竣工后，由村、镇二级规划、土管部门组织验收。1998年12月31日前，如老宅基地或杂地建房，由镇政府批准即可，1999年1月1日起，改由市政府批准。

农村单位建房

应获取村镇规划选址意见书、村镇规划建设许可证、单位建设用地呈报表和出让土地合同书后方可逐级报批，报批时须随带立项批准文件、1∶500—1∶1000用地红线图、总体平面布置图、区位图、土地利用总体规划图、建筑施工图及消防、环保、气象、水利、白蚁防治等有关单位的审查意见，并缴纳规定费用。

附：白蚁防治

本镇属亚热带季节性海洋性气候，适宜白蚁生长繁殖，主要有家白蚁、黄胸散白蚁两种。老木结构房屋及仓库的木门窗、木柱、栋梁等多有蚁害。

60年代，人们通常采用开水淋泡、煤油喷洒、住宅周围种些香椿树等土办法灭治蚁害，效果甚微。1967年，慈溪县白蚁防治站帮助培训业余灭蚁员，对白蚁用红砒、白砒灭杀，对黄胸散白蚁采用亚砒酸“4301”等水剂喷洒。1970年后，改用氯丹乳油剂和“804”等药物灭杀。

1995年后，市白蚁防治站规定，企事业单位新建、扩建、翻建房屋，报批时增加了白蚁防治内容，市白蚁防治站对建设单位施工前的建材、墙体结构等进行喷洒防治。

至2017年，全镇已有白蚁防治单位50家，建筑面积达25万平方米。

第十六编

基层党组织　群团组织

1943年3月，境内第一个中共党组织—四海乡支部成立。1954年3月，曹娥乡党支部成立，随后，朗海乡、镇海乡亦相继建立党支部。1956年，建立曹海乡党总支。1957年，改建为乡党委会。1961年，建立曹娥、朗海、镇海3个公社党委会，各大队均建立党支部，党课教育、发展新党员、党员大会和党员代表大会等制度逐步建立完善，至1966年底，党员发展到622人。在革命斗争和社会主义建设中，党的组织不断发展壮大。2017年，小曹娥镇党委以下有总支9个、支部86个，党员1565人。长期来，党委的坚强领导作用、支部的战斗堡垒作用、党员的先锋模范作用均得到有效发挥。

在党的领导下，共青团、妇联、工会等群团组织，按照各自的章程，在社会主义革命和建设事业中发挥了积极的作用。

第一章　中国共产党小曹娥地方组织

第一节　中华人民共和国成立前党的组织与活动

1943年3月，中共四海乡支部成立，书记俞根法。中共四海乡支部为境内第一个中共党组织。抗战及解放战争期间，中共地下党组织在境域发动群众开展敌后抗日和伪统区与国民党顽固派的斗争。1945年，组织盐民冲破日伪封锁和对食盐的严苛管制，采用各种隐蔽的办法跋涉海涂向抗日根据地运送食盐。是年10月，根据地党政军奉命北撤，王仲良率余上特务营，在东部大汀丘湾、英生街渡口上船，抵海宁黄湾与第二旅会合。1948年，中共余上县工委在曹娥乡设立了几个联络点，使“向东挺进、开辟东区”工作迅速打开了新局面，活动区域进一步扩大，为余姚的顺利解放建立了良好的基础。1949年10月，姚连发等船工响应人民政府号召，为解放军解放舟山驾船运送兵员和军用物资。

第二节　中华人民共和国成立后党的组织与工作

1949年5月23日，余姚解放。1950年5月中共泗门区委员会建立。在土地改革、镇压反革命运动中，泗门区委按“小心谨慎，有计划个别吸收贫雇农积极分子入党”的要求，逐步发展党员。1954年3月，建立中共曹娥乡支部，隶属于中共泗门区委员会。为配合上级组织，积极发动群众，开展剿匪反霸、征粮支前、土地改革、镇压反革命、抗美援朝及“三反”“五反”等一系列运动，广泛组织工会、工商联合会等群众组织，使党的工作有坚实的群众基础。1954年10月划归慈溪县。至1955年12月，全乡有党员17人、团员35人、村干部78人、民兵280人、农会会员790人、妇联会员590人，有组织群众占总人口的69%以上。1956—1957年，贯彻党过渡时期总路线，完成对农业、手工业和资本主义商业的社会主义改造，根据“积极慎重”的方针，发展壮大党的队伍，2年内共发展党员15人。

1956年1月撤区并乡，撤销泗门区委，曹娥、朗海、镇海乡合并为曹海乡，建立曹海乡党总支，有下属支部3个，党员89人。

1957年1月，泗门区委恢复，曹海乡党总支改建为乡党委。1958年10月人民公社化后，建立卫星人民公社党委（后改称泗门人民公社党委）。曹娥改称为曹娥管理区，建立党总支，所属生产队（后改称生产大队）均建立党支部，至1961年6月共有9个党支部，党员79人。朗海、镇海管理区亦建立党总支和若干个党支部。

1961年9月，撤销泗门人民公社党委，恢复泗门区委，曹娥、朗海、镇海管理区党总支均改建为公社党委，各生产大队建立党支部。1962年12月，曹娥公社党委下设9个农村支部、1个机关支部，有党员87人。朗海公社党委下设6个农村支部，1个机关支部，有党员61人。镇海公社党委下设7个农村支部、1个机关支部，有党员68人。1963—1965年，曹娥公社和朗海、镇海公社党委建立健全党课教育制度，加强基层组织建设。至1965年，曹娥、朗海、镇海3个公社下设23个党支部，有党员276人。

在1966年开展的社会主义教育运动（清政治、清经济、清组织、清思想的"四清"运动）中，重点解决干部作风和经济管理方面的问题。此期间，侧重于党员及干部队伍的教育管理，注重党的组织发展，至12月，共发展党员346人，其中曹娥公社130人，朗海公社121人，镇海公社95人，境内3个公社党员总数达到622人。至下半年，基层党组织受到"文化大革命"冲击，党的组织活动基本停止。1970年3月，境内各公社均建立革命委员会党的核心小组，党的组织活动有所恢复。同年5月，泗门、周巷两区合并，建立中共周泗区核心小组。1971年1月撤销周泗区，建立中共泗门区核心小组，境内各公社党的组织机构不变。是年8月，复建区委、公社党委，基层党支部亦逐步恢复。是年底，曹娥公社党委下设党支部13个，有党员232人。1974年，在"批林批孔"运动中，党的工作和组织再次受到干扰，出现"突击入党""突击提干"的不正常现象，至1975年7月得以纠正。

1976年10月，粉碎江青反革命集团，"文化大革命"结束。通过揭批林彪、江青反革命集团罪行，清查与反革命帮派体系有牵连的人和事，纯洁区、公社党的领导班子和党员队伍。是年底，曹娥公社有党支部18个，党员255人。1978年中共十一届三中全会后，区、公社党委根据县委的部署，复查"文化大革命"中的冤、假、错案，曹娥、朗海、镇海被错误处理的干部和群众得到平反；复查、更正中华人民共和国成立后至"文化大革命"结束前的冤、假、错案。

1979年9月，泗门区复归余姚县，区、公社、大队党的组织体制不变。是年，境内3个公社共设基层党支部40个，党员总数达到789人，其中1976—1979年3年中净增党员40人。1983年8月实行政社分设，公社党委改称乡党委，大队党支部改称村党支部。根据县委部署，以泗门区委为主，乡党委配合，复查解放前入党，后失去组织关系的党员。同时，广泛调查在中华人民共和国成立前曾为革命事业作过贡献的老革命，并落实相应政策。同期，根据党在社会主义现代化建设时期的基本路线，区、乡党的工作中心转向经济建设，乡镇工业迎来第一个快速发展阶段。泗门区委逐步在具备条件的镇、村办企业中建立中共基层组织，按新时期党员标准，注重年龄结构和文化素质，开始重视从知识分子中发展党员。至1985年底，曹娥乡建有党支部20个，其中企业党支部5个、农村党支部10个、行政事业单位党支部5个，党员307人（其中当年新发展党员8人）。是时，朗海、镇海乡建有党支部25个（其中乡镇企业党支部8个），共有党员505人（当年新发展党员15人）。1986年7月，在余姚市委整党工作指导组和泗门区委整党工作领导小组的领导下，对小曹娥镇20个基层党组织307名党员，按先镇机关部门、企事业单位党组织，后村级党组织，分两批进行整党活动，历时一年，至1987

年7月结束。这次整党活动，坚持以正面教育为主，对全体党员进行理想、宗旨、党风、党纪教育，慎重做好党员登记工作，全体党员在思想、作风、纪律、组织四个方面，都比整党前有了进步。是时，境内各乡同时开展整党活动。1987年底，全镇共有党支部21个，党员313人（当年新发展党员6人）。1987年冬至1988年春，镇党委组织全镇党员、干部学习社会主义初级阶段理论，开展党的基本路线教育，展开生产力标准学习讨论。此后每年冬春期间，小曹娥镇党委和朗海、镇海乡党委组织党员、干部、群众进行主题教育活动。至1991年底，境内1镇2乡共设党支部47个，党员1084人，其中1980—1991年，发展新党员266人。

1992年春，镇党委组织党员、干部、群众学习中共中央《关于传达学习邓小平同志重要谈话的通知》，加深对“三个有利于（是否有利于发展社会主义社会的生产力；是否有利于增强社会主义国家的综合国力；是否有利于提高人民的生活水平）标准和“发展才是硬道理”的理解。5月12日，余姚市委宣布“撤区、扩镇、并乡”方案，撤销泗门区委和朗海、镇海2个乡党委，重新组建中共小曹娥镇委员会，镇组成人员由市委任命，下设党支部45个，共有党员1253人。

2001年4月，全镇22个村，1个居委会，合并成8个村，1个居委会，并组建8个村党总支、一个居委会党支部。

至2017年底，全镇有村、教育党总支9个，行政企事业党支部86个，共有党员1565人。

1950—1961年村级党支部书记一览表

表16-1-1

乡（管理区）名称	支部名称	书记姓名
曹娥乡（1950—1956）、曹海乡（1956—1958）、曹娥管理区（1958—1961）	海南乡一村、曹海乡一庄、曹娥管理区一大队	冯长法、王友根、罗长根
	二村、二庄、二大队	干志成、应森荣、施水木、严永康
	三村、三庄、三大队	章增根、周增灿、曹维新
	四村、五村、四庄、四大队	周长纪、黄长森
朗海乡（1950—1956）、曹海乡（1956—1958）、朗海管理区（1958—1961）	南一村、五庄、南一大队	沈厚张
	二村、六庄、二大队	阮世灿
	三村、七庄、三大队	郑月先
	四村、八庄、四大队	许志根
	五村、九庄、五大队	姚爱根
	六大队	周开法
镇海乡（1950—1956）、曹海乡（1956—1958）、镇海管理区（1958—1961）	一村、十庄、一大队	应光奎
	二村、十一庄、二大队	陈志祥
	三村、十三庄、四大队	张宝林
	四村、十二庄、三大队	黄焕章

1961—2001 年（并村前）村级党支部书记一览表

表 16-1-2

公社、乡、镇名称	支部名称	书记姓名
曹娥公社（1961—1983）、曹娥乡（1983—1986）、小曹娥镇（1986— ）	曹一大队、曹一村	罗长根、王小坤、王友根、唐金岳、李佰荣、李君先
	曹二大队、曹二村	严永康、施善标、严长明、干柏檀、章柏铨、严邦夫、章雪正
	全义大队、全义村	应森荣、毛登钊、沈炳桥、桑炳海、林志根、钟森良、王秀娣
	曹娥大队、曹娥村	沈水尧、施善标、章庆荣、段文焕、王登坤、王登才、施国降、应长茂、陶秋芬
	永久（东风）大队、永久村	章增根、何锦铨、沈秦海、叶登泉、缪永焕、王维江
	三发（东风）大队、三发村	曹维新、何锦铨、金凤其、金国灿、金福林、任连富、曹建炎、金建煊
	新新（东风、曹丁）大队、曹丁村	周增灿、何锦铨、严万杭、施纪法、陶佰森
	新建（全灶）大队、全灶村	黄长森、周传裕、鲍贵银、王维标、鲍渭降、姚定忠、姚志千
	新民（后中灶）大队后中灶村	周长纪、周来桥、俞文联、吴国安、姚荣国、章登记、阮国栋、姚荣桥
	农场村	俞文联
朗海公社（1961—1983）朗海乡（1983—1992）小曹娥镇（1992— ）	海塘南大队、海塘南村	沈厚张、应珠梅、李申传、劳志根、周吉传、许登仁、张炳苗、沈新江、施天军
	一（徐家路）大队、徐家路村	许长根、施德尧、施洪祥、冯志苗、张贵富、施卫良
	二（杨家路）大队、杨家路村	阮世灿、冯金木、屠国先、胡传法、沈新康
	三（朗海）大队、朗海村	郑月先、姚永仁、陈贵荣
	四（符丁）大队、符丁村	许志根、施长新、冯宝太、王建春
	五（杨丁）大队、杨丁村	姚爱根、沈长洪、俞根孝、袁岳英、吴忠校、沈焕钊、沈登才、马长桥

续表 16-1-2

公社、乡、镇名称	支部名称	书记姓名
镇海公社（1961—1983） 镇海乡（1983—1992） 小曹娥镇（1992—　）	一（南新庵）大队、南新庵村	应光奎、陈光尧、陈志员
	国富（二、华丁路）大队、华丁路村	樊春来、宋桂尧、施永先、范长云、朱兴昌、车志祥
	民强（二、周洪丘）大队、周洪丘村	王月兴、单春玉、宋桂尧、施永先、裘才炳、周国荣、周爱仙、阮卫明、韩张标
	永久（二、方家路）大队、方家路村	张永潮、宋桂尧、施永先、范炳牛、孙德兴、杨松坚、宋志银
	和平（二、仁泰丘）大队、仁泰丘村	曹传荣、宋桂尧、施永先、罗渭良、罗渭江、鲁夏英、陈忠华
	三（人和丘）大队、人和丘村	章荣千、黄焕章、沈秀生、沈纪林、汪水清、谢永千、陈焕尧、姚忠海、沈申桥
	四（周六丘）大队、周六丘村	张宝林、章荣千、屠海灿

第三节　党员大会与党的代表大会

小曹娥镇（乡、公社）

1960—2017 年，共召开中共小曹娥镇（乡、公社）代表大会（党员大会）13 次，其中 1—2 次因资料缺失已无从查考。

第三次党员大会　1970 年 10 月 8 日，中共曹娥公社第三次党员大会在曹娥公社会堂召开，会议应出席党员 196 人，实际出席 165 人。会议由曹娥公社革命委员会党的核心小组作工作报告，大会通过《中国共产党曹娥公社第三次党员大会的决议》，选举产生中共曹娥公社第三届委员会 7 人。在党委一次会议上，选举梁如林为公社党委书记。

第四次代表大会　1983 年 11 月 6 日，中共曹娥乡第四次党员代表大会在乡会堂召开，会议应出席党员代表 102 人，实际出席 95 人。大会听取徐增高代表乡党委关于《为全面开创社会主义现代化建设新局面而奋斗》的工作报告，通过中共曹娥乡工作条例。会议选举产生中共曹娥乡第四届委员会委员 5 人。在乡党委一次会议上选举徐增高为乡党委书记。

第五次代表大会　1987 年 3 月 24 日，中共小曹娥镇第五次党员代表大会在镇会堂召开。会议应出席党员代表 49 人，实际出席 43 人，列席代表 32 人。大会听取、审议并通过镇党委工作报告，总结 3 年中两个文明建设取得的经验，提出坚持四项基本原则，深入开展经济体制改革，加速经济发展，为开创社会主义建设新局面，尽快建设新型集镇而奋斗。会议选举产生小曹娥镇第五届党委会委员 5 人。在镇委一次全会上，选举杨茂江为党委书记。

第六次代表大会 1990年3月11日，中共小曹娥镇第六次代表大会在镇会堂召开。会议应出席党员代表61人，实际出席58人，列席代表32人。会议听取、审议并通过镇党委工作报告，提出要坚持一个中心两个基本点，建设成为文明、繁荣、富强的新型集镇作出积极努力。会议选举产生中共小曹娥镇第六届党委会委员5人，选举阮登坤为镇党委书记。

第七次代表大会 1993年1月6日，中共小曹娥镇第七次代表大会在镇影剧院召开。会议应出席党员代表100人，实际出席96人。大会听取、审议并通过镇党委工作报告，提出今后三年镇两个文明建设的指导思想和奋斗目标，为加速曹娥经济和社会发展而努力。会议差额选举产生中共小曹娥镇第七届委员会委员9人，镇纪律检查委员会委员5人。在镇委一次全委会议上选举周渭成为镇党委书记，在镇纪委一次全委会议上，选举阮登坤为纪委书记。大会同时选举出席余姚市第十次党代会代表10人。

第八次代表大会 1996年1月8日，中共小曹娥镇第八次代表大会在镇政府四楼会议室召开。会议应出席代表99人，实际出席94人，列席代表22人。大会听取、审议并通过镇党委工作报告，确定今后一个时期的奋斗目标和工作任务，动员全镇共产党员和人民群众进一步解放思想，把握机遇团结奋进，夯实创新，加快改革开放和经济建设步伐。大会差额选举产生中共小曹娥镇第八届委员会委员9人，镇纪律委员会委员5人。在镇委一次全委会议上，选举俞根孝为镇党委书记，在镇纪委一次全委会议上选举胡建波为纪委书记。

第九次代表大会 1998年12月25日，中共小曹娥镇第九次代表大会在小曹娥镇四楼会议室召开。会议应出席代表105人，实际出席100人，列席代表5人。会议听取、审议并通过镇党委工作报告。高举邓小平理论伟大旗帜，认真学习贯彻中共十五大和十五届三中全会精神，力争全面完成或超额完成镇党委提出的今后目标和任务。会议差额选举产生中共小曹娥镇第九届委员会委员7人，镇纪委委员3人。在镇委一次全委会议上选举施惠芳为镇党委书记，在镇纪委一次全委会议上，选举李树强为纪委书记。

第十次代表大会 2002年1月8日，中共小曹娥镇第十次代表大会在镇四楼会议室举行。会议应出席代表63人，实际到会62人，列席代表16人，大会听取、审议并通过镇党委工作报告，研究确定镇21世纪开局发展的奋斗目标和工作任务，高举邓小平理论伟大旗帜，按照"三个代表"重要思想要求，面向新世纪，力求新突破，为塑造滨海城镇新形象而努力奋斗。会议差额选举产生中共小曹娥镇第十届委员会委员7人，镇纪委委员5人。在镇委一次全委会议上，选举李国建为镇党委书记，在镇纪委一次全委会议上，李树强再次当选为纪委书记。

第十一次代表大会 2006年9月22日，中共小曹娥镇第十一次代表大会在镇四楼会议室召开。会议应出席代表66人，实际出席64人，列席代表26人。大会听取、审议并通过镇党委工作报告。提出以邓小平理论和"三个代表"重要思想为指导，深入贯彻中共十六大和十六届三中、四中、五中全会精神，认真总结近五年取得的成绩和经验，科学谋划今后五年的发展目标，进一步解放思想，

◎ 中共小曹娥镇十一届代表大会二次会议

开拓创新，为全面建设滨海新城镇，打造融入长三角的桥头堡而奋斗。大会差额选举产生中共小曹娥镇第十一届委员会委员7人，镇纪委委员5人。在镇委一次全委会议上，选举包晓莹为镇党委书记；在镇纪委一次全委会议上，选举朱开芳为纪委书记。

第十二次代表大会 2011年9月27日，中共小曹娥镇第十二次代表大会在镇四楼会议室召开。会议应出席代表67人，实际到会67人，列席代表30人。大会听取、审议并通过镇党委工作报告，深入贯彻落实科学发展观，认真总结镇十一次党代会以来的工作，研究部署今后五年的奋斗目标和工作任务，动员带领全镇党员和广大群众，进一步解放思想、开拓创新，为建设富裕和谐幸福小曹娥而努力。大会差额选举产生中共小曹娥镇第十二届委员会委员8人，镇纪委委员5人。在镇委一次全委会议上，选举陈江龙为镇党委书记；在镇纪委一次会议上选举方娟芬为纪委书记。

第十三次代表大会 2016年10月28日，中共小曹娥镇第十三次代表大会在镇四楼会议室召开。会议应出席代表68人，实际出席代表68人，列席代表70人。大会听取、审议并通过镇党委工作报告，深入贯彻习近平总书记系列重要讲话精神，充分发挥先锋模范作用，进一步优化代表结构，提高代表素质。大会差额选举产生中共小曹娥镇第十三届委员会委员8人、镇纪委委员5人。在镇委一次全委会议上，选举丁建军为镇党委书记，镇纪委一次全委会议上，选举徐展豪为镇纪委书记。

2017年4月8日，中共小曹娥镇第十三届二次会议在镇四楼会议室召开。会议应出席代表68人，实际出席代表68人。大会听取、审议并通过镇党委工作报告。因人事变动，大会选举梅百烽为镇党委书记。

朗海乡（公社）

1960年至1992年5月，共召开中共朗海乡（公社）代表大会（党员大会）8次，其中1—5次因资料缺失已无从查考。

第六次代表大会 1983年10月8日，中共朗海乡第六次党员代表大会在乡会堂召开，会议应出席党员代表104人，实际出席95人，列席代表7人。大会听取杨茂江代表乡党委关于《振奋精神，立志改革，为开创朗海乡农村物质文化建设的新局面而努力奋斗》的工作报告。会议选举产生中共朗海乡第六届委员会委员5人。在乡党委一次会议上选举杨茂江为乡党委书记。

第七次代表大会 1987年3月25日，中共小曹娥朗海乡第七次党员代表大会在乡会堂召开。会议应出席党员代表47人，实际出席45人，列席代表23人。大会听取、审议并通过乡党委工作报告，总结3年中工作经验，提出坚持四项基本原则，深入开展经济体制改革，加快经济发展，为开创社会主义建设新局面，推进朗海乡新型集镇而努力奋斗。会议选举产生朗海乡第七届党委会委员5人，在乡党委一次全委会议上，选举周成荣为党委书记。

第八次代表大会 第一次会议：1990年3月12日，中共小曹娥朗海乡第八次代表大会在乡会堂召开。会议应出席党员代表58人，实际出席56人。会议听取、审议并通过乡党委工作报告，提出要坚持一个中心，两个基本点，把朗海建设成为文明、繁荣、富强的新型乡镇而努力奋斗。会议选举产生中共朗海乡第八届党委会委员5人，选举周成荣为党委书记。

镇海乡（公社）

1960年至1992年5月，共召开中共镇海乡（公社）代表大会（党员大会）7次，其中1—4次因资料缺失，无从查考。

第五次党员大会 1983年11月4日，中共镇海乡第五次党员大会在镇海乡会堂召开，会期一天半。会议应出席党员241人，实际出席党员239

人。大会听取沈渭南代表乡党委关于《认清形势，明确方向，为开创镇海乡新局面而努力奋斗》的工作报告，通过中共镇海乡工作条例。会议选举产生中共镇海乡第五届党委会委员 5 人。在乡党委一次全会上，选举沈渭南为乡党委书记。

第六次党员大会　1987 年 3 月 25 日，中共小曹娥镇海乡第六次党员大会在乡会堂召开，会议应出席党员 253 人，实际出席党员 186 人。大会听取、审议并通过乡党委工作报告，要坚持“一个中心，两个基本点”，建设成为文明、繁荣、富强的新型集镇而积极努力。会议选举产生中共镇海乡第六届党委会委员 5 人，选举吴继芳为乡党委书记。

第七次党员大会　1990 年 2 月 26 日，中共小曹娥镇海乡第七次党员大会在乡会堂召开，会议应出席党员 263 人，实际出席党员 221 人。大会听取、审议并通过乡党委工作报告，确定今后一个时期的奋斗目标和工作任务，动员全乡共产党员和人民群众解放思想、团结奋进而努力。大会选举产生中共镇海乡第七届委员会委员 5 人，在乡党委一次全会上选举吴继芳为乡党委书记。

第四节　镇（公社、乡）委员会

中共小曹娥镇（公社、乡）委

中共曹娥乡支部建立于 1954 年 3 月，归属于泗门区委领导，由书记主持工作。1956 年 1 月，撤区并乡时，曹娥、朗海、镇海及海南乡一、五村合并为曹海乡。是年，建立中共曹海乡总支委员会，设书记 1 人，副书记 1 人。1958 年 10 月，泗门区 11 个乡镇合并为卫星人民公社，曹娥乡改称为曹娥管理区。是年，建立党总支，设书记、副书记各 1 人。1961 年改为曹娥公社，是年，建立中共曹娥公社委员会，设书记 1 人，主持党委工作；副书记 1 人，主管政务；委员 1—2 人，主管组织、宣传、群团工作。1970 年 7—10 月，建立党的核心小组，由公社“革委会”主任兼组长，实行“一元化”领导。是年召开公社第三次党员大会选出 7 人委员组成。公社党委配专职党群副书记，设组织、宣传、人武等委员（其中宣传委员一般兼任教文卫工作）。1992 年前，镇（乡）党委不设立专门工作机构，由党委委员分工负责党委日常事务。现境内各乡（公社）自 1961 年 11 月建立党委，至 1992 年 5 月并入小曹娥镇，各时期乡（公社）党委内部分工，配置与曹娥乡（镇）党委相似。

1954—1960 年，乡党委（总支）领导成员均由上级党委任命。1961—1966 年由党员大会选举产生并报上级批准。

1992 年 5 月后，镇党委设书记 1 人，主持全面工作；副书记 2—3 人，其中 1 人任镇长，主持政府工作，其余副书记分管党群、政法等工作；配组织、纪检、宣传统战、人武委员各 1 人。工业、农业副镇长一般不兼任党委委员，下设党委办公室（与政府办公室合署），设党委秘书，配组织、纪检、宣传统战、信访、干事各 1 人，老干部等工作 1 人。2002 年增设信访室，配专职信访干部 2 人，2004 年建立党员服务中心，设兼职管理干部 1 人。

中共小曹娥（乡、管理区、公社、镇）党委（总支）历届负责人一览表

表 16-1-3

组织名称	职务	姓名	任职时间	备注
中共曹娥乡支部委员会	书记	赵桂林	1954 年 3 月至 1954 年 12 月	—
		吕　明	1954 年 12 月至 1955 年 4 月	不脱产
	副书记	施绥炎	1955 年 4 月至 1956 年 2 月	主持工作
中共曹海乡（曹娥、朗海、镇海三乡合并）总支委员会（1957 年 1 月改建为中共曹海乡委员会）	书记	严茂源	1956 年 2 月至 1957 年 2 月	—
		宋杨根	1957 年 2 月至 1958 年 10 月	—
	副书记	汪忠渭	1957 年 1 月至 1958 年 10 月	—
		严茂源	1957 年 2 月至 1958 年 9 月	—
		陈伯行	1957 年 11 月至 1958 年 10 月	—
中共曹娥管理区总支委员会	书记	沈开锦	1958 年 10 月至 1959 年 5 月	—
		严茂源	1959 年 5 月至 1961 年 11 月	—
	副书记	曹维新	1958 年 10 月至 1959 年 3 月	不脱产
		施善标	1958 年 10 月至 1961 年 11 月	不脱产
中共曹娥公社委员会	书记	严茂源	1961 年 11 月至 1962 年 6 月	—
		毛文虎	1962 年 8 月至 1968 年 12 月	—
	副书记	施善标	1961 年 11 月至 1962 年 6 月	—
		严茂源	1962 年 6 月至 1963 年 6 月	—
		王大森	1961 年 11 月至 1962 年 6 月	—
		应森槐	1962 年 6 月至 1968 年 12 月	—
曹娥公社革命委员会党的核心小组	组长	卢友泉	1970 年 3 月至 1970 年 10 月	1969 年 1 月至 1970 年 2 月党组织停止活动
中共曹娥公社、乡、小曹娥镇委员会	书记	梁如林	1970 年 10 月至 1973 年 4 月	—
		干志成	1973 年 4 月至 1976 年 8 月	—
		钱梓刚	1976 年 8 月至 1980 年 5 月	—
		周忠心	1980 年 5 月至 1983 年 11 月	—
		徐增高	1983 年 11 月至 1986 年 8 月	—
		杨茂江	1986 年 8 月至 1989 年 10 月	—
		阮登坤	1989 年 10 月至 1992 年 5 月	—

续表 16-1-3

组织名称	职务	姓名	任职时间	备注
中共曹娥公社、乡、小曹娥镇委员会	副书记	熊泉坤	1976 年 10 月至 1979 年 10 月	—
		卢友泉	1970 年 10 月至 1981 年 3 月	—
		沈金荣	1980 年 5 月至 1985 年 5 月	—
		杨茂江	1982 年 6 月至 1983 年 4 月	—
		范兰英	1983 年 11 月至 1984 年 11 月	—
		沈纪林	1984 年 12 月至 1986 年 8 月	—
		刘定荣	1985 年 5 月至 1987 年 2 月	—
		谢桂灿	1987 年 2 月至 1992 年 3 月	—
		陈月珍	1987 年 2 月至 1990 年 9 月	—
		李树强	1990 年 9 月至 1992 年 5 月	—
中共小曹娥镇委员会	书记	周渭成	1992 年 5 月至 1993 年 1 月	过渡时期镇委成员由市委任命
	副书记	俞根孝	1992 年 5 月至 1993 年 1 月	
		阮登坤	1992 年 5 月至 1993 年 1 月	
	委员	姚均苗	1992 年 5 月至 1993 年 1 月	
		沈岳良	1992 年 5 月至 1993 年 1 月	
		蒋炳善	1992 年 5 月至 1992 年 11 月	
		鲍长亭	1992 年 5 月至 1993 年 1 月	
		李树强	1992 年 11 月至 1993 年 1 月	
		沈金荣	1992 年 11 月至 1993 年 1 月	
		王秀荣	1992 年 11 月至 1993 年 1 月	
中共小曹娥镇第七届委员会	书记	周渭成	1993 年 1 月至 1995 年 11 月	—
		俞根孝	1995 年 11 月至 1996 年 1 月	—
	副书记	俞根孝	1993 年 1 月至 1995 年 11 月	—
		阮登坤	1993 年 1 月至 1996 年 1 月	—
		胡建波	1995 年 11 月至 1996 年 1 月	—
	委员	姚均苗	1993 年 1 月至 1995 年 7 月	—
		沈岳良	1993 年 1 月至 1996 年 1 月	—
		李树强	1993 年 1 月至 1996 年 1 月	—
		鲍长亭	1993 年 1 月至 1996 年 1 月	—

续表 16-1-3

组织名称	职务	姓名	任职时间	备注
中共小曹娥镇第七届委员会	委员	沈金荣	1993 年 1 月至 1996 年 1 月	—
		王秀荣	1993 年 1 月至 1996 年 1 月	—
		沈纪林	1995 年 11 月至 1996 年 1 月	—
		曹妙芬	1995 年 11 月至 1996 年 1 月	—
中共小曹娥镇第八届委员会	书记	俞根孝	1996 年 1 月至 1998 年 4 月	—
		施惠芳	1998 年 4 月至 1998 年 12 月	—
	副书记	阮登坤	1996 年 1 月至 1998 年 9 月	—
		胡建波	1996 年 1 月至 1998 年 9 月	—
		沈纪林	1998 年 9 月至 1998 年 12 月	—
		李树强	1998 年 9 月至 1998 年 12 月	—
	委员	曹妙芬	1996 年 1 月至 1998 年 12 月	—
		沈岳良	1996 年 1 月至 1998 年 12 月	—
		李树强	1996 年 1 月至 1998 年 9 月	—
		鲍长亭	1996 年 1 月至 1998 年 9 月	—
		沈纪林	1996 年 1 月至 1998 年 9 月	—
		王秀荣	1996 年 1 月至 1998 年 12 月	—
		马彩娟	1998 年 9 月至 1998 年 12 月	—
		刘国芳	1998 年 9 月至 1998 年 12 月	—
		张公华	1998 年 9 月至 1998 年 12 月	—
中共小曹娥镇第九届委员会	书记	施惠芳	1998 年 12 月至 2001 年 7 月	—
		李国建	2001 年 7 月至 2002 年 1 月	—
	副书记	沈纪林	1998 年 12 月至 2002 年 1 月	—
		李树强	1998 年 12 月至 2002 年 1 月	—
	委员	曹妙芬	1998 年 12 月至 2002 年 1 月	—
		马彩娟	1998 年 12 月至 2001 年 1 月	—
		诸春富	1998 年 12 月至 2001 年 10 月	—
		刘国芳	1998 年 12 月至 2002 年 1 月	—
		陈江龙	2001 年 1 月至 2002 年 1 月	—
		杨国元	2001 年 10 月至 2002 年 1 月	—
		许建生	2001 年 10 月至 2002 年 1 月	—

续表 16-1-3

组织名称	职务	姓名	任职时间	备注
中共小曹娥镇第十届委员会	书记	李国建	2002 年 1 月至 2004 年 12 月	—
		包晓莹	2004 年 12 月至 2006 年 9 月	—
	副书记	包晓莹	2003 年 3 月至 2004 年 12 月	—
		沈纪林	2002 年 1 月至 2003 年 3 月	—
		李树强	2002 年 1 月至 2005 年 2 月	—
		陈为梁	2004 年 3 月至 2006 年 6 月	—
		项立秋	2004 年 12 月至 2006 年 9 月	—
		朱开芳	2004 年 12 月至 2006 年 9 月	—
	委员	陈江龙	2002 年 1 月至 2006 年 9 月	—
		刘国芳	2002 年 1 月至 2006 年 7 月	—
		杨国元	2002 年 1 月至 2004 年 3 月	—
		曹妙芬	2002 年 1 月至 2003 年 5 月	—
		张公华	2003 年 6 月至 2006 年 9 月	—
		鲁树峰	2004 年 12 月至 2006 年 9 月	—
		马荣丰	2003 年 6 月至 2003 年 7 月	—
		许建生	2006 年 7 月至 2006 年 9 月	—
		张剑耀	2006 年 7 月至 2006 年 9 月	—
中共小曹娥镇第十一届委员会	书记	包晓莹	2006 年 9 月至 2007 年 1 月	—
		项立秋	2007 年 1 月至 2007 年 5 月	—
		张汝军	2007 年 5 月至 2008 年 8 月	—
		徐　锋	2008 年 8 月至 2011 年 8 月	—
	副书记	项立秋	2006 年 9 月至 2007 年 1 月	—
		徐　锋	2007 年 1 月至 2008 年 8 月	—
		朱开芳	2006 年 9 月至 2007 年 12 月	—
	委员	陈江龙	2006 年 9 月至 2007 年 4 月	—
		鲁树峰	2006 年 9 月至 2007 年 12 月	—
		许建生	2006 年 9 月至 2007 年 12 月	—
		张剑耀	2006 年 9 月至 2007 年 12 月	—
		陈　彪	2006 年 9 月至 2007 年 12 月	—
		孙雪丹	2007 年 5 月至 2007 年 12 月	—

续表 16-1-3

组织名称	职务	姓名	任职时间	备注
中共小曹娥镇第十二届委员会	书记	陈江龙	2011 年 8 月至 2014 年 11 月	—
		丁建军	2014 年 11 月至 2016 年 9 月	—
	副书记	陈江龙	2008 年 9 月至 2011 年 8 月	—
		陈　辉	2008 年 6 月至 2011 年 8 月	—
		丁建军	2011 年 8 月至 2014 年 11 月	—
		方娟芬	2011 年 8 月至 2015 年 1 月	—
		沈　飞	2012 年 8 月至 2016 年 7 月	—
		鲁岳彪	2014 年 11 月至 2016 年 9 月	—
		梅百烽	2014 年 11 月至 2016 年 9 月	—
	委员	张剑耀	2008 年 1 月至 2016 年 7 月	—
		徐展豪	2009 年 6 月至 2016 年 9 月	—
		徐晓飞	2008 年 6 月至 2012 年 7 月	—
		董　斌	2008 年 5 月至 2008 年 8 月	—
		孙雪丹	2008 年 1 月至 2010 年 9 月	—
		陈　彪	2008 年 1 月至 2012 年 12 月	—
		鲁岳彪	2010 年 9 月至 2014 年 11 月	—
		陈忠华	2010 年 4 月至 2010 年 7 月	—
		陈立蒙	2012 年 7 月至 2013 年 5 月	挂职
		朱佳齐	2013 年 5 月至 2016 年 7 月	—
		董　斌	2014 年 11 月至 2016 年 9 月	—
		钱建平	2014 年 10 月至 2016 年 9 月	
中共小曹娥镇第十三届委员会	书记	丁建军	2016 年 10 月至 2017 年 4 月	—
		梅百烽	2017 年 4 月至	—
	副书记	梅百烽	2016 年 10 月至 2017 年 4 月	—
		鲁岳彪	2016 年 10 月至	—
		董　斌	2017 年 7 月至	—
	委员	徐展豪	2016 年 10 月至	—
		鲁定锋	2016 年 10 月至	—
		董　斌	2016 年 10 月至 2017 年 7 月	—
		杨建胜	2016 年 10 月至	—
		董秋明	2016 年 10 月至	—
		钱建平	2016 年 10 月至	—
		周立群	2017 年 8 月至	—

朗海管理区（公社、乡）党组织历任负责人一览表

表 16-1-4

组织名称	职务	姓名	任职时间	备注
中共朗海管理区总支委员会	书记	王登磊	1958 年 10 月至 1961 年 11 月	—
	副书记	沈厚涨	1958 年 10 月至 1961 年 11 月	不脱产
中共朗海公社委员会	书记	马悦桥	1961 年 11 月至 1968 年 10 月	—
	副书记	汪忠渭	1961 年 11 月至 1968 年 10 月	—
朗海公社“革委会”党的核心小组	组长	汪忠渭	1970 年 3 月至 1970 年 7 月	—
中共朗海公社委员会	书记	汪忠渭	1970 年 7 月至 1976 年 10 月	—
	副书记	劳振道	1971 年 5 月至 1976 年 10 月	—
		俞根孝	1971 年 5 月至 1976 年 10 月	—
中共朗海公社、乡委员会	书记	汪忠渭	1976 年 10 月至 1978 年 4 月	—
		孙成灿	1978 年 4 月至 1979 年 12 月	—
		杨涨荣	1980 年 3 月至 1983 年 4 月	—
		杨茂江	1983 年 4 月至 1986 年 8 月	—
		周成荣	1987 年 4 月至 1991 年 8 月	—
		俞根孝	1991 年 8 月至 1992 年 5 月	—
	副书记	应森槐	1979 年 12 月至 1984 年 3 月	—
		劳振道	1976 年 10 月至 1979 年 12 月	—
		陈如乔	1980 年 3 月至 1983 年 4 月	—
		沈岳良	1983 年 11 月至 1992 年 5 月	—
		沈纪林	1988 年 1 月至 1991 年 1 月	—
		姚均苗	1991 年 1 月至 1992 年 5 月	—

镇海管理区（公社、乡）党组织负责人一览表

表 16-1-5

组织名称	职务	姓名	任职时间	备注
中共镇海管理区总支委员会	书记	王大森	1958 年 10 月至 1961 年 11 月	—
	副书记	单春玉	1958 年 10 月至 1961 年 11 月	不脱产
		应光奎	1958 年 10 月至 1961 年 11 月	不脱产
		黄焕章	1958 年 10 月至 1961 年 11 月	不脱产
中共镇海公社委员会	书记	黄伯岐	1961 年 11 月至 1968 年 11 月	—
	副书记	诸显钦	1961 年 11 月至 1968 年 11 月	—
		王大森	1962 年 6 月至 1968 年 11 月	—
镇海公社“革委会”党的核心小组	组长	诸显钦	1970 年 3 月至 1970 年 9 月	—
中共镇海公社（乡）委员会	书记	诸显钦	1970 年 10 月至 1978 年 4 月	—
		徐增高	1978 年 4 月至 1983 年 11 月	—
		沈渭南	1983 年 11 月至 1984 年 12 月	—
		范兰英	1984 年 12 月至 1987 年 2 月	—
		吴继芳	1987 年 2 月至 1992 年 5 月	—
	副书记	徐增高	1976 年 10 月至 1978 年 4 月	—
		杨水荣	1978 年 7 月至 1979 年 11 月	—
		沈渭南	1979 年 12 月至 1983 年 11 月	—
		沈纪林	1981 年 1 月至 1984 年 10 月	—
		劳振道	1983 年 11 月至 1984 年 4 月	—
		成　明	1984 年 4 月至 1987 年 2 月	—
		沈金荣	1987 年 2 月至 1992 年 5 月	—
		马彩娟	1987 年 2 月至 1992 年 5 月	—

第五节　纪检　宣传　统战　信访

纪检

1988年2月前，镇、乡党委不设专门纪律检查（监察）机构，不配备专职纪检干部，纪律检查工作由分管党群工作的副书记或党委委员兼任。1988年3月，分别建立中共小曹娥镇委员会纪检小组、中共朗海乡委员会纪检小组、中共镇海乡委员会纪检小组，党群副书记兼任组长，配1人兼职纪检干部。1992年5月，建立中共小曹娥镇纪律检查委员会，设书记、副书记各1人，委员3人，其中专职委员1人。1993年1月，中共小曹娥镇第七次代表大会首次以无记名差额选举的方式,选举产生镇纪律检查委员会,任期与党委相同，设书记、副书记各1人，委员3人，其中专职委员1人。后历届镇纪委均按此配置。

乡党委自1954年3月建立至1958年，其间仅有少数行政村（高级社）建有党组织、农村党员、干部的纪律教育由泗门区委组织实施，乡党委负责日常教育管理工作。在此期间，结合土地改革、“三反”“五反”运动、“一化三改造”（实现社会主义工业化；实现对农业、手工业和资本主义工商业的社会主义改造）、反右派斗争、人民公社化等运动，对党员进行遵守党章、党纪教育，查处丧失立场、道德败坏、贪污等违法乱纪行为。1959年后，开展“反右倾保守”的“插红旗、拔白旗”运动，一度发生处理扩大化倾向。1963年，对在“反右倾”整风中受过处理的党员进行甄别，落实政策。1964—1965年，开展“四清”运动，先查处贪污浪费、生活作风等问题，时称“小四清”，后转向查处立场观点等路线问题，时称“大四清”。1966年“文化大革命”开始，纪检工作停顿。1970年，乡党委恢复工作，因受“左”的思想影响，党内纪律作风教育带有阶级斗争、路线斗争等上纲上线倾向。

1978年，中共十一届三中全会后，乡党委以保证党的路线、方针贯彻执行为重点，加强党风、党性、党纪教育，清查在“文化大革命”中犯有打、砸、抢错误的“三种人”，复查纠正“文化大革命”及历次政治运动中遗留的冤、假、错案，平反15人。1981年后，乡纪检工作以坚持四项基本原则、反对资产阶级自由化、反对不正之风为基本内容，开展“争做合格党员”活动。1985年，乡党委围绕发扬党的“三大作风”（理论和实践相结合、密切联系人民群众、批评与自我批评），贯彻落实党风廉政建设各项规定和措施，清理党政机关干部经商办企业和机关部门违规滥发奖金、实物等问题。1986—1987年整党运动中，结合具体案例，对干部党员进行系统的党性、党纪教育。1990年着重抓作风建设，密切党群、干群关系。1991年，镇乡党委纪检小组配合泗门区委纪检组，开展干部建房专项治理以及公费配备交通工具、通信工具的专项清理。

1992年5月，撤区扩镇并乡后，建小曹娥镇纪律检查委员会和监察室，明确镇纪委、监察室的工作职责，处分权限和工作程序。镇纪委、监察室在镇党委领导下围绕中心工作，履行纪检、监察机关“保护、惩处、监督、教育”四项基本职能，根据改革开放新形势，从全镇实际出发，确保各项改革措施顺利实施。是年，帮助企业和经济部门划清政策界限，为企业挽回经济损失10余万元。同时，以党员干部特别是机关干部负责人为重点，开展勤政、廉政教育。出台机关廉政建设规定，建立公开办事制度，教育干部党员加强团结、服务基层、服务群众、齐心协力搞建设。

1993年镇纪委换届后，积极参与小曹娥镇经济、社会发展的各项决策，及时化解企业转制过程中出现的矛盾和问题，会同有关职能部门参与亏损企业账务清理及经济案件调查处理。镇纪委关注基层单位和群众反映的热点、难点问题，及时检查“两金”（养老金、失业金）发放工作，发现并制止截、挪、扣现象。协助镇政府开展财务收支检查、清理农民不合理负担。3年中，共立案查处党内违纪案件8件、政纪案件3件，收回集体资金20余万元。受理办结群众信访211件，在全镇建立起基层纪检网络，聘请纪检信息员30人。

1996—1998年，镇纪委认真履行党的纪律检查和行政监察两项职能。主要工作包括强基础、抓防范，完善镇、村（居委）企业纪检信息员网络，制定《小曹娥镇建设工程管理办法》，规范建设工程投标管理；开展对企业转制中清产核资情况，预算外资金管理情况和村级财务管理情况等专项监督；按上级规定，开展机关事业单位移动电话、公费住宅电话专项治理，共收回折价款32000元；制订实施《中层以上领导干部重大事项报告制度》《机关公务接待工作若干规定》等八项廉政自律监督检查制度；协助镇党委建立《机关党员干部中实施诫勉制度》《干部谈话制度》。3年中，共受理办结信访32件，给予党纪处分11人、政纪处分4人，追回违纪款50余万元。

1999—2001年，镇纪委进一步健全党政一把手负总责、分级负责、一票否决的党风廉政责任制。加大标本兼治，综合治理力度，提出党风廉政建设十五项任务、制定实施领导干部廉洁自律十条规定、机关干部守则、首问责任制等规章制度；聘请义务勤政廉政监督员，建立集监督、警戒、考核于一体的保障机制。3年中，审查10万元以上工程项目38个，审查8个村，66.67公顷土地征用费使用管理情况，清理各类收费项目，取消违规收费、滥罚、乱摊派项目。2001年，建村级纪检小组8个。

2002—2006年，进一步规范机关政务，村（居委）“两务”（党务、村务）公开制度；协助镇政府深化镇财政监督体制改革，建立会计核算中心，对预算外资金实行收支两条线管理；定期检查村（居委）党组织集体议事、民主生活会执行情况；在工程项目管理中，建立同步签订廉政合同制度。5年中，镇纪委共受理信访20件、立案11件，办结11件，违纪、违规处分11人，收回资金56万多元。

2007—2011年，为加强党员干部廉政建设，进一步规范监督管理制度，严防违纪违规出现，对12名有违规违纪苗头党员干部谈心谈话。5年中，共受理办结信访15件，收回违规资金20余万元。

2012—2016年，在中共十八大精神指引下，认真落实中纪委历次全会精神，镇纪委主体工作实行“三转”，严格按照中央八项规定精神、省委六项禁令和宁波“正风肃纪”十项规定等要求，狠抓作风建设，严查“四风”问题，严明政治纪律和政治规定，严肃监督执纪问责，扎实开展监督执纪“四种形态”。为推动从严全面治党、党风廉政建设和反腐斗争工作向纵深发展。牢固树立“四个意识”，坚决拥护中央绝对权威和集中统一领导，始终在政治立场、政治方向、政治原则、政治道路上同党中央保持高度一致。镇纪委认真履行党的纪律检查和行政监察职能，开展了镇、村工作职责、工作态度、工作作风、为民办事、遏制“四风”等作风效能监督检查工作。以此营造风清气正的基层政治生态，夯实党的执政基础，全面提升基层治理能力和反腐防腐工作水平。5年中，共约谈32人、诫勉61人，共受理结办信访12件，处分12人。

2017年，镇纪委遵照中共十八届六中全会和十九大精神，按照中央“八项”规定精神，加大反腐力度，增强四个意识、坚定“四个自信”，狠抓作风建设，对全镇各党支部及全体党员，对照习近平总书记“7·26”讲话精神和党章内容，对党员干部职责、义务、规定，进行了教育和监督检查，在检查中发现问题，对违纪党员干部作出了严重警告处分2人（其中行政撤职处分1人），开除党籍2人，同时还对违纪党员开展回访教育，告诫17人，追回村级集体资金7万余元，通过内审追回违规资金6万余元。

中共小曹娥镇纪律检查委员会历任纪委书记、副书记名录

表 16-1-6

组织名称	职务	姓名	任职时间
中共小曹娥镇纪律检查委员会	书记	阮登坤	1992 年 5 月至 1996 年 1 月
		胡建波	1996 年 1 月至 1998 年 9 月
		李树强	1998 年 9 月至 2004 年 3 月
		陈为梁	2004 年 3 月至 2006 年 6 月
		朱开方	2006 年 6 月至 2007 年 12 月
		陈　辉	2008 年 6 月至 2011 年 8 月
		方娟芬	2011 年 8 月至 2014 年 12 月
		沈　飞	2014 年 12 月至 2015 年 2 月
		朱佳齐	2015 年 2 月至 2016 年 7 月
		徐展豪	2016 年 7 月起
	副书记	蒋炳善	1992 年 5 月至 1993 年 1 月
		李树强	1993 年 1 月至 1998 年 9 月
		曹妙芬	1998 年 9 月至 2003 年 5 月
		陈江龙	2003 年 5 月至 2006 年 9 月
		许建胜	2006 年 9 月至 2008 年 6 月
		徐晓飞	2008 年 6 月至 2013 年 5 月
		朱佳齐	2013 年 5 月至 2015 年 2 月

中共小曹娥镇、朗海乡、镇海乡纪律检查小组（工作委员会）历任纪检组长一览表

表 16-1-7

组织名称	职务	姓名	任职时间
小曹娥镇纪检小组	组长	陈月珍	1988 年 3 月至 1990 年 9 月
		李树强	1990 年 9 月至 1992 年 5 月
朗海乡纪检小组	组长	沈岳良	1988 年 3 月至 1991 年 1 月
		姚均苗	1991 年 1 月至 1992 年 5 月
镇海乡纪检小组	组长	马彩娟	1988 年 3 月至 1992 年 5 月

宣传

抗战时期在上级党组织领导下，有余上县民运队的陈光华、韩倪贞秘密宣传党的抗日方针、政策，相继在曹娥、朗海、镇海发动群众，积极投身抗日斗争，根据上级党组织的指示，沿海各保均组织“冬学”，除发放识字课本外，还发放时事政治课教材，使学员的文化程度和思想觉悟都得以提高。

解放战争时期，境内在上级党组织的领导下，宣传活动实际未停顿，利用夜间在广大农村张贴标语，使群众知道新四军北撤后还有党组织在活动，也是对国民党顽固派的警告。

1948年10月初，为开辟东西间的走廊，向东挺进，对曹娥乡乡长施传麟进行宣传教育，县办工作人员提出了三条：一是县办的同志在这一带活动，安全要施传麟负责；二是敌人的活动情况，要及时向县办同志报告；三是要为县办同志征收粮食和特捐。上述条件，施传麟都一一答应，为了便于联络，还指定姚阿登保长和范阿二为县办工作人员之间的联系人。

1949年5月，曹娥、朗海、镇海解放后，党组织围绕党在各个时期的中心工作，广泛开展宣传发动工作。至1952年，通过宣传队、业余剧团、识字班等组织，建立起区、乡宣传网。1953—1956年，运用戏曲、说唱、学生口号队等形式，宣传中国共产党过渡时期的总路线，宣传《中华人民共和国宪法》《中华人民共和国婚姻法》及《全国农业发展纲要（草案）》。1958年后宣传“三面红旗、坐火箭、放卫星、一年等于二十年、赶美超英”等“大跃进”思想，直至1961年宣传贯彻《农村人民公社条例〈草案〉》，高指标、瞎指挥、浮夸风等“左”倾错误才有所纠正。1962年11月下旬，镇海公社作为县、区的试点单位之一，开展以国际主义、社会主义、爱国主义、集体主义和阶级教育为中心内容的农村整社运动。次年1月全面铺开，受教育面达90%以上。1963年开展社会主义教育运动，通过学习“老三篇”，学习雷锋等活动，社会风气明显好转。

“文化大革命”期间，掀起学习毛泽东著作、读《毛主席语录》热潮。“早请示、晚汇报”，接二连三的政治运动代替宣传工作。直至1976年10月“文化大革命”结束，宣传工作逐步恢复正常。1976年1月8日，周恩来总理在北京逝世的消息传来，各界群众自发佩戴黑纱、白花，开展各种形式的悼念活动。9月9日，毛泽东主席在北京逝世，消息传来，干部群众无不悲痛。各行政企事业单位均降半旗，停止一切娱乐活动；各公社设置灵堂，举行各种悼念活动。1978年中共十一届三中全会后，开展“实践是检验真理的唯一标准”大讨论，宣传新时期党的路线、方针、政策，进行以经济建设为中心，坚持四项基本原则，坚持改革开放（又称“一个中心、两个基本点”）的宣传教育。

1980年后，宣传工作以党的基础理论教育为主要内容。以党员干部为重点，结合形势发展和每个时期的工作重点，先后开展社会主义思想、党的基本路线、马克思主义基本理论，继承发扬党的三大作风等宣传教育活动。1992年，开展解放思想大讨论。1993年，学习建设有中国特色社会主义的理论和社会主义市场经济理论。

1994—2017年，在全党开展以实践“三个代表”重要思想为主要内容的保持共产党员先进性教育活动，学习宣传“科学发展观”，同时结合形势先后开展学习孔繁森、吴金印、陈金水等先进模范活动，开展学理论、学党章，奉献于事业，服务于人民，做合格的共产党员。其中2006—2008年，创办《滨海之韵》镇报共35期，宣传讲学习、讲政治、讲正气等党性、党风、党纪教育及“创先争优”活动。为加强党员干部反腐廉政建设，加强监督、管理，经常开展警示教育。树立社会主义核心价值观，学习宣传不忘初心、牢记使命，为实现中华民族伟大复兴的“中国梦”而努力。

“三思三创”主题教育活动。实现经济又好又快发展和建设生态文明强镇，强化服务意识，提升党员干部执政能力，邀请浙大教授卫宝龙为全体机关干部、镇部分企业家作《宏观经济走势与企业投资机会》的主题报告。在这次主题教育后，全镇开展理论学习37次，其中专题学习会32次、报告会5次。

“做文明崇德小曹娥人”系列活动。积极开展“主题突出扬孝心”“形式多样树忠心”“深入推进建诚心”“立足长远育爱心”的“四心”建设。在这次系列活动中以“诚信孝德”为内容，制作了大型公益广告牌6块、横幅60余幅、“好人印象宣传栏”4版、文化广场长廊2230平方米，投入资金4万余元。同时还成立孝德基金，筹措资金14800元，帮助生活困难的群众。2014年6月，组织宣传2个先进组织榜样、4位各条战线党员榜样、4位孝德榜样的先进人物。2008年，王国军获“浙江骄傲——2008年度最具影响力人物”称号。2010年10月，马洋洋为救落水女同伴，见义勇为，舍己救人。2011年2月，入选“中国好人榜”。2012年11月6日，建民村村民沈彩莲孤身勇斗偷车贼，三名偷车贼将沈彩莲和三轮车推至沟内，施能海将沈彩莲救出。沈彩莲获“宁波道德模范”提名奖，施能海被评为“余姚好人”。曹娥村村民马桂珍几十年如一日，孝老爱亲德行，阐释了“孝道”，堪称为当代“曹娥”。在2009年10月22日，被评为“全国孝亲敬老之星”。开展“志愿者服务”活动，大力宣传传承“服务人民、助人为乐”的雷锋精神，推动形成“我为人人、人人为我”的社会风尚，这次活动志愿服务开展60余次。重阳节，志愿者在敬老院开展文艺演出等，参与者达800余人次。

“奋斗中国梦、打造曹娥梦”系列活动。镇党委举办各种形式的中国梦宣传教育，2013年，镇党委组建一支由王礼镛、王晓华、单周信、周志培、吴其坤、金福林6名老同志组成的“草根”宣讲团，深入各村、企业，为党员、群众开展党史知识、中华美德、建设美丽幸福新农村、实用技术、卫生保健知识巡讲。同时，举办以“青春·感悟·梦想”为主题的青年干部演讲比赛，鼓励年轻干部从本职工作出发，用青春共同铸造“中国梦”。

掀起“两学一做”学习教育宣传热潮。镇党委专题研读习近平总书记系列重要讲话精神，针对“三改一拆”“五水共治”及党的群众路线实践活动等内容，以扩大的形式召集镇全体机关干部开展学习，结合“四夜”制度，学习宣传中共十八届三中、四中全会精神，社会主义核心价值观，提升村干部理论素养、大局观念。同时，制作12幅弘扬道德先进模范的展板在各村巡展。对外宣传通过镇政务微博、镇政府网站、各大新闻媒体等宣传平台，对镇社会、经济、文化宣传等各方面建设进行报道。

大力学习宣传贯彻十九大精神，拓展宣传教育阵地，特别学习习近平总书记在新时代的社会主义新风尚及“7·26”重要讲话精神，弘扬传承中华传统文化，增强中国特色社会主义的道路自信、理论自信、制度自信和文化自信，推动十九大精神进机关、进农村、进企业、进校园。开展“献礼十九大”系列活动，举办“青春献礼十九大·我为党旗添光彩”演讲比赛。进一步深化社会主义核心价值观教育，推进“讲文明、树新风”公益广告宣传向农村延伸。

在开展宣传教育的同时，不断完善党员教育阵地建设。1978—1986年，镇（乡）、村党员干部教育以参加市（县）委党校轮训、集训为主，健全“三会一课”“党员联系户”制度，开展对党员、建党积极分子的普遍教育。1987年，建立镇（乡）基层党校，村级基层党组织由点到面建立党员活动室，逐步形成计划、考评相结合，教育内容相配套，兼聘讲师相结合的镇（乡）党校教育体制。1992年，镇党校配置电化教育设备，

1993年镇委党校与市委党校联办了两年制经济管理专业专修班，学员45人，由市委党校出师资，镇委党校教导负责管理，毕业45人，这个班为镇各条线输送了人才。有条件的村也建立村级党校，配置电化教育设施。2002年，全镇有8个行政村均建立了村级党校。至2017年，镇、村党校开始启动远程教育，各村相继建立家庭党员教育点，全镇共设家庭党员教育点85个。

社会主义精神文明建设是党的宣传教育工作又一个重要内容。1982年广泛开展“五讲”（讲文明、讲礼貌、讲卫生、讲秩序、讲道德）、“四美”（心灵美、语言美、行为美、环境美）、“三热爱”（爱祖国、爱共产党、爱社会主义）活动。1984年，开展创建文明村、文明单位活动。两个文明创建活动把党的建设、经济发展、社会事业发展、社会治安等社会文明进步，各项任务分解成具体考核指标，使宣传工作有明确目标，引起各级党组织的高度重视和社会各界的广泛响应。镇（乡）党委以两个文明建设为总目标。1987年开展群众性的刹“三风”（赌博风、封建迷信风、婚丧事大操大办风）、“评三户”（爱国守法户、五好家庭户、双文明户）创文明活动。其中“五好家庭户”“双文明户”“最美家庭户”评选活动延续至2017年，使家庭文明创建活动长盛不衰。2013年1月，小曹娥镇被评为浙江省文明镇。至2017年底，全镇共有余姚市级文明村8个、文明单位6个，其中升级为宁波市级文明村5个、文明单位1个；浙江省文明村2个。苗新乔家庭被评为浙江省“最美家庭”。

统一战线

1949年5月，曹娥解放，地方党组织广泛团结各界人士参政议政，工商、教育、医卫、宗教民主人士被推选为余姚县各界人民代表会议代表。1954年后，历届乡人民代表大会均有民主人士当选代表或列席会议。1956年，私营工商业社会主义改造中，大部分工商业主继续在公私合营企业，供销合作商业中充任管理干部。“文化大革命”期间，统战工作基本停顿。1978年中共十一届三中全会后，统一战线工作恢复，各项统战政策逐步落实。至2017年，有多名知名人士被推荐为市（县）历届政协委员。单渭祥当选为浙江省政协第十、十一届委员，宁波市政协第十二、十三、十四届常委，姚菊英当选为余姚市第五、六届政协委员，李立峰当选为第九届政协委员，王国军当选为宁波市第十四届政协委员，王国军、陈伟前当选为余姚市第十届政协委员，姚宏霏当选为宁波市第十三届政协委员、余姚市第十一届政协委员，钱国炎当选为余姚市第十一、十二届政协委员。统战部门发还“文化大革命”中被查抄财物，妥善处理落实公私合营后私方人员的经济政策，落实侨务政策；逐步落实宗教政策，在宗教界开展爱国守法教育。至2017年，全镇已恢复宗教活动点6处。其中，佛教寺庵2处、基督堂点4处。

镇党委成立由党委副书记任组长的统战工作领导小组，并由党委宣传委员具体负责设立统战工作办公室，配备宣统干事。各村、企业也成立相应的统战工作组织网络，配备和落实统战员。同时，不断拓展统战工作领域。针对各界人士不同的特点，建立相应的服务沟通机制，以扩大统战工作的影响力、渗透力，结合基层统战工作出现的新情况、新问题，建立健全统战理论和方针、政策学习制度、商会例会制度、宗教场所负责人例会制度、统战人士服务卡制度等，促进工作规范化、制度化。

20世纪80年代后，少数民族人士到境内定居者日益增多，民族事务被纳入镇统战工作日程。至2017年，全镇有少数民族人士145人，涉及16个民族；“三胞”眷属及出国留学人员家属19户。

1949年5月至1966年，统战工作由镇党委集体负责，后因“文化大革命”影响，统战工作停顿。1978年，中共十一届三中全会后，统战工作由镇党委宣传委员分管。2017年，群众性统战组织有小曹娥镇知识分子联谊会、小曹娥商会等。

2005年、2006年、2010年，镇党委被评为全市统战工作先进集体；2008年，被评为全市统战工作示范乡镇；2007年、2009年、2011—2015年，被评为市统战工作创新奖。

信访

20世纪80年代前期，信访工作由乡党委委员兼管，党政其他领导及下属机构归口承办。特定时期设临时接待机构，接待受理群众信访。1987年底，设立由乡（镇）党委副书记为组长的信访工作领导小组，配兼职信访干部。1989年，设立专职信访干部。信访干部具体承接上级交办信件，接待受理群众信访，同时，会同归口业务部门参与重要信访办理工作。1992年5月起，信访工作由镇党委负责党群工作的副书记和镇委纪委委员分管，设信访室，配1名专职信访干部，并在村级建立信访网络。此后一段时间，受理的信件主要集中在企业转制中的经济问题、政策界定问题及建房问题、污染问题等。2000年，制定《信访工作责任制》《信访工作职责》《文明接访守则》等工作制度，设镇长电话，确定党政领导接待日制度。2001年后，镇党委专设信访办公室，配专、兼职信访干部2人。同年，村（居）委、镇人大、镇纪委也相继建立和完善信访接待制度。形成“三线两级”信访网络。1992—2017年，镇信访室承接受理群众信件2655件，接待到访人员800余人次，接听电话774次，做到事事有着落、件件有回复。

第二章　群团组织

第一节　工人团体

民国时期的工人斗争

在五四运动中，中国工人阶级登上了社会政治舞台，并在日益动荡的局势中，逐步成为社会的主导力量，革命的领导阶级。民国16年（1927）9月29日，中共浙江省委常委兼职工运动委员会主任沈乐山（小曹娥人）。是年11月7日，沈乐山任杭州丝织行业总同盟大罢工运动总指挥，在领导工人运动，开展反帝、反封建斗争时被捕。民国17年（1928）1月9日，被敌人枪杀于浙江陆军监狱刑场。

民国19年（1930）5月3日，因久雨无法晒盐，米价飞涨，曹娥盐工参加庵东盐区盐工代表向政府请愿，要求拨款救济，当时政府没有达到盐工的要求，又疯狂地镇压盐工，盐工起来进行了大罢工。

镇工会

1993年以前，小曹娥镇无工会组织及活动。

1994年4月，经市总工会批准，成立小曹娥镇工会工作委员会，阮登坤任主任，姚均苗任副主任。1994年6月，召开第一届工会会议，出席会议人员104人，会议主题为“拼搏奋进，夯实超越，全面建设有中国特色社会主义新农村”。1996年2月，召开工会第二届会议，会议选举胡建波为工会主任，曹妙芬为副主任。2000年6月，召开小曹娥镇第一届工会代表会议，出席代表55人，会议主题为“团结和动员广大职工，加快实现富强、民主、文明的滨海城镇而努力奋斗”。会议选举李树强为工会主席，王柏棉为工会副主席。2004年2月，召开小曹娥镇第二届工会代表会议，出席代表61人，会议主题为“实践‘三个代表’重要思想，履行工会职责，为小曹娥镇‘接轨滨海产业园区建设，加快推进城乡一体化’而努力奋斗”。会议选举陈为梁为工会主席，王柏棉为工会副主席。2008年9月，召开小曹娥镇第一届总工会代表会议，出席代表64人，会议议程：选举产生总工会第一届委员会，选举产生经费审查委员会。会议主题：研究确定今后五年工作目标。会议选举陈辉为总工会主席，王国森为总工会副主席。2013年9月，召开小曹娥镇第二届总工会代表会议，出席代表63人，会议主题为“推动科学发展，促进社会和谐，团结带领全镇职工为建设美丽富强幸福小曹娥而努力奋斗”，补选方娟芬为总工会主席。

基层工会

2006年12月5日，余姚市鼎力微机厂工会成立。这是境内第一个民营企业工会。2007年后境内企业相继成立工会。至2017年，全镇有工会67个，其中机关事业工会1个、企业工会58个、村联合工会8个，有会员12750人。

历届工会（镇工会、镇总工会相衔接）代表大会一览表

表16-2-1

届次	时间	代表人数（人）	会议主题	基层工会数（个）	会员人数（人）
镇工会第一届	2000年6月	55	团结和动员广大职工实现富强、民主、文明的滨海城镇而努力奋斗	—	—
镇工会第二届	2004年2月	61	实践“三个代表”重要思想，履行工会职责，为小曹娥镇“接轨滨海产业园区建设加快城乡一体化”而努力奋斗	—	—
镇总工会第一届	2008年9月	64	研究确定今后五年工作目标	50	8250
镇总工会第二届	2013年9月	63	推动科学发展促进社会和谐、团结带领全镇职工为建设美丽富强幸福小曹娥而努力奋斗	67	12750

工会活动

2000年，后各基层工会相继成立，同时开办职工俱乐部，举行技术比武、知识竞赛、戏曲大奖赛、门球比赛、篮球比赛、乒乓球比赛、羽毛球比赛、职工趣味运动会等。基层工会主席每年培训一次。培养基层工会主席的领导技能、工作水平及科技兴厂等方面的内容。2002年，开展“创五星、增效益”岗位目标考核活动。全年共受理劳动争议案件10起，为27名职工挽回经济损失15.2万元。其中协商解决工资欠款5.2万元，赔付

◎ 职工文艺演出

工伤事故金额10万元。2003年，开展职工技术创新活动。全镇共提合理化建议360条，采纳实施150条，创经济效益200多万元。至2017年处理劳资纠纷150起，为职工讨回工资及工伤赔付共计30多万元。2009年，在基层工会中开展“转变一个观念，精通一门技术，提好一条建议，献上一份爱心，制造一流业绩”的“五个一”活动，有518名职工提合理化建议213条，采纳188条，实施85条，创效益58万元。2010—2017年，组织基层工会主席相继在宁波、余姚等地进行业务培训。是年，进行工资集体协商试点。至2017年底，有215家签订区域性工资协议。

各基层工会均建慈善互助会，至2017年底，慈善互助资金150多万元，帮助困难职工2504人次，共发放救助金额为80.55万元。

小曹娥镇历届工会主席（主任）一览表

表16-2-2

名称	职务	姓名	任期时间
小曹娥镇工会	主任	阮登坤	1994年4月至1996年2月
		胡建波	1996年2月至1998年12月
	主席	李树强	1998年12月至2004年4月
		陈为梁	2004年4月至2006年8月
		朱开芳	2006年8月至2008年6月
		陈　辉	2008年6月至2009年12月
	副主任	姚均苗	1994年4月至1995年7月
		曹妙芬	1995年7月至1997年6月
	副主席	王柏棉	1997年6月至2007年8月
		张小娟	2007年8月至2008年9月
		王国淼	2008年9月至2009年12月
小曹娥镇总工会	主席	陈　辉	2009年12月至2011年8月
		方娟芬	2011年8月至2013年9月
		王国淼	2013年9月至2014年5月
		李树强	2014年5月至2017年12月
	副主席	王国淼	2009年12月至2013年9月
		周仁江	2014年5月至2017年11月
		曹迪良	2017年12月起

2009—2017 年企业工会各级先进（集体）一览表

表 16-2-3

荣誉名称	先进单位	命名单位	时间
省职工示范书屋先进	宁波容百新能源科技有限公司	国家总工会	2009 年
全国职工示范书屋先进	宁波王龙科技股份有限公司	国家总工会	2015 年
宁波市职工示范书屋先进	宁波众茂热电	省总工会	2017 年
宁波市五星级活动工会	宁波世茂铜业股份公司	宁波市总工会	2015 年
宁波市五星级活动工会	宁波容百新能源有限公司	宁波市总工会	2015 年
宁波市五星级活动工会	宁波王龙科技股份有限公司	宁波市总工会	2015 年
宁波市五星级活动工会	余姚德威电器	宁波市总工会	2015 年
宁波市五星级活动工会	浙江创虹电机	宁波市总工会	2016 年
宁波市五星级活动工会	宁波众茂热电	宁波市总工会	2017 年

1956—1983 年全国级、省级先进个人一览表

表 16-2-4

荣誉名称	姓名	所在单位	时间
全国供销合作社第一次先进集体（个人）代表	劳裕钿	曹娥供销门市部	1956 年
社会主义建设积极分子	应永正	曹娥供销社	1959 年
省先进生产（工作）者	—	—	—
享受（宁波市级劳动模范待遇）	岑康尧	曹娥中心小学（退休）	1958 年
省先进生产（工作）者	孙柏祥	泗门公社曹娥管理区中学(退休)	1959 年
省先进生产（工作）者	胡长云	万圣棉花收购站	1983 年

1952—2017 年各级劳动模范一览表

表 16-2-5

称号	姓名	所在单位	时间
余姚县农业劳动模范	宣金耀	镇海乡一村（南新庵）	1952 年
浙江省劳动模范	姚菊英	曹娥乡三发（现曹娥村）	1985 年
宁波市劳动模范	姚志友	小曹娥镇禾丰辣椒专业合作社	2001 年
省五一劳动奖章（享受宁波市劳动模范待遇）	王国军	宁波王龙集团有限公司	2011 年
2012 年度市“六大百亿工程攻坚突破年”活动先进个人，享受（余姚市劳动模范待遇）	曹迪良	小曹娥镇政府	2012 年
余姚市劳动模范	李立峰	宁波世茂铜业股份有限公司	2017 年

第二节　农民团体

民国时期农会

民国 16 年（1927），余姚县农民协会（旧农会）成立，各村乡农民协会亦随即成立。据民国 18 年（1929）12 月印的《余姚县农民协会会员名册》载：境内有曹许村乡农民协会，会员有马德森、施椿荣、应永高、施纪仁等 49 人；中全乡农民协会，会员有钟开炎、周瑞林、周新端、杨森宝等 51 人；徐符刘乡农民协会，会员有韩礼潮、单高生、周金南、邹长法等 61 人；方家路乡农民协会，会员有范利文、汪成和、王来法、王有瑞等 49 人。

民国 28 年（1939）冬，在县战时工作队马青主持下，乡农民协会依据国民党浙江省政府法令，与地主代表议租，要求实行“二五”减租。经三个月艰苦斗争，国民党政府最终通告实行“二五”减租。民国 30 年（1941）2 月，乡农民协会被国民党余姚县政府勒令解散，各乡村相继恢复或新建旧农会。

民国 33 年（1944），中共临山区委对旧农会进行改组，选举中共党员和基本群众为乡农会干事、干事长。境内乡农会干事长，四海乡施振生。农会改组后，带领农民兴修水利，处理用水纠纷，开展垦荒大生产运动，兴办消费生产合作社，开展物资交流，使农会威望大为提高。新四军北撤后，乡农会停止活动。

民国 35 年（1946），各乡成立农民协会，参加成立大会的 40 人代表，多为各保正、副保长。国民党县党部代表姚大成、周振南，县政府代表毛子新，以及县农会代表鲁庆震列席会议，会议提交两个议案：一是旧农具买卖，非经农会证明不得私下收售，否则以盗窃罪论处；二是佃权转移，非经农会手续不得转顶或者转借，否则无效。境内四海乡等同时成立农民协会，四海乡沈祥法、张纲等均兼任县农会成员。

民国 37 年（1948），在县农会指导员周指南的主持下，境内曹娥、四海乡农会改选。1949 年 5 月余姚解放，各乡镇农会解散。

中华人民共和国成立后农民组织

1951年1月后，为配合土地改革运动，各乡、村普遍建立农民协会，乡农民协会主任编入新成立的乡人民政府。农民协会主要任务是组织农民减租减息、剿匪反霸、土地改革、发展生产。1952年，曹娥、朗海、镇海3个乡有农民协会会员4585人，占3个乡农业人口的68%。1953—1955年，农民协会开展生产互助合作运动，组织成立初级农业生产合作社。1956年，境内各乡普遍建立高级农业合作社，乡、村农民协会自然解体。

1964年6月，根据《中华人民共和国贫下中农协会组织条例（草案）》，公社、大队两级成立贫下中农协会（简称“贫协”）。“文化大革命”期间，公社、大队两级成立的贫下中农代表大会（简称“贫代会”）取代贫协组织，贫代会除参与公社、大队管理事务，发挥监督作用外，还进驻学校和部分事业单位，参与管理。1973年，撤销贫代会，恢复贫协组织。1981年3月，贫协组织被撤销。

第三节　青少年团体

中国共产主义青年团

1950—1952年，中共泗门区委先后举办2期团训班，受训学员共230人。1952年，建立中国新民主主义青年团余姚县泗门区工委。是年，建立曹娥乡团支部，团员4个。1956年，建立中国新民主主义青年团曹海乡委员会。1957年，改名为中国共产主义青年团曹海乡委员会。下设4个支部，共有团员16个。1958年10月，改设曹娥、朗海、镇海管理区团委。1961年，改称曹娥、朗海、镇海公社团委。1966年“文化大革命”开始至1970年，共青团组织停止活动。1966年，中学成立“红卫兵”组织；旋即陷入“造反派”派系斗争。1969年后“红卫兵”组织消失。1971年，召开曹娥公社第四次团员大会，出席会议团员250人，基层团支部恢复活动。1986年7月至1987年7月农村整党期间，按照中共中央批准共青团中央《关于在农村整党中加强共青团建设的报告》精神，各乡、镇建立团的建设领导小组，加强农村团组织建设的同时，乡镇企业的团组织建设也引起重视。至1989年，小曹娥镇建团委1个、团支部15个（其中企业支部4个），共有团员315个，当年新发展团员32人。

1992年5月，撤区扩镇并乡时，撤销共青团区委。朗海、镇海2个乡团委并入小曹娥镇团委，建立共青团小曹娥镇委员会。下设团总支8个、团支部43个（其中机关事业团支部13个，农村团支部22个，企业团支部8个），共有团员657人。是年，严格超龄团员离团制度，除保留必要骨干外，为超龄团员及时办理离团手续，同时加强新团员的发展工作。1996年，开展党团共建，推荐优秀共青团员参加中国共产党组织。2017年，全镇共建团委1个、团总支10个、团支部48个，共有团员797人。

1952—1991年，召开曹娥乡（公社、镇）团代会（团员大会）10次。历任团委（总支）书记：康越武、丁寅初、谢杏英、施善标、应森槐、马才良、陆琴法、何锦铨、钱涨海、单周信、张小娟、徐延年、李树强、周玉燕。

朗海乡历任团委（总支）书记：许炳照、徐家祥、任联乔、俞根孝、单周信、鲍长亭、陈长发、陈月珍、邵成飞。

◎ 共青团小曹娥镇第十四次代表大会

镇海乡历任团委（总支）书记：徐家祥、周昌茂、鲍长亭、任联乔、王焕庆、曹妙芬、诸春富、姚惠平、沈小坤。

1956—1958 年，三乡合并为曹海乡期间，团委书记为应森槐。

1992—2017 年，召开镇团代会 7 次，历任镇团委书记：熊建苗（1994 年 1 月至 1995 年 4 月）、王柏棉（1995 年 4 月至 1996 年 8 月）、许建生（1996 年 8 月至 1998 年 11 月）、陈辉（1998 年 11 月至 1999 年 7 月）、吴建国（1999 年 9 月至 2003 年 10 月）、周力平（2003 年 10 月至 2008 年 6 月）、张霞波（2008 年 6 月至 2016 年 5 月）、陈映明（2016 年 5 月起）。

团组织围绕中国共产党在各个时期的中心任务，结合青年自身特点，组织开展各种活动。1949 年 5 月余姚解放后，组织团员青年参与政权、经济、文化建设，开展土地改革、镇压反革命、抗美援朝和农村互助合作运动。1953—1956 年农业合作化和城镇社会主义改造时期，团组织发起成立业余宣传队，业余剧团，开办夜校、扫盲班，组织团员青年参加社会主义改造和社会主义建设。1963 年后，在团员青年中开展“向雷锋同志学习”活动，此后每年 3—5 月成为团的活动月。1978 年中共十一届三中全会后，在团员青年中开展“争当新长征突击手”活动。1980 年，公社团委与人武部协同建设“青年民兵之家”，发动青年自筹资金，筹建青年活动阵地。至 1982 年，曹娥公社 3 个大队建立“青年民兵之家”，境内共建 7 个“青年民兵之家”，受到共青团宁波市委和宁波军分区的表扬。1982—1984 年“全民文明礼貌月”活动中，团组织发动团员成立“学雷锋小组”，开展“学雷锋、树新风”活动，为困难群众服务。

改革开放后，团员青年在社会主义现代化建设事业中发挥生力军、突击队作用，农村涌现出一批青年专业户、科技示范户。团组织在企事业单位的团员青年中，开展岗位立功，青工“五小”（小发明、小革新、小设计、小创意、小建设）活动，涌现出一批青年科技骨干、管理人员、企业家。2017 年，全镇 40 周岁以下的企业家（法人代表）达 48 人。

到 20 世纪 90 年代，掀起“青年志愿者活动”。团员青年自觉报名参与志愿者队伍，以各自专业特长，义务开展各种社会服务活动。2017 年，全镇共有青年志愿者队伍 9 支，有 716 名团员青年参加，全年开展志愿者集体服务活动 51 次。

2015 年，移动小曹娥镇支局获评浙江省“青年文明号”。2017 年，镇团委获宁波市先进团组织称号。

少年儿童组织

民国时期，规定小学生满 12 岁必须参加童子军，接受童子军课程的教学。

1951 年，曹娥中心小学建立少年儿童队，有队员 254 人。1953 年 6 月改名中国共产主义少年先锋队（简称少先队）。少先队在学校设大队部，班级设中队部，班以下设小队。少先队员的标志是三角形红领巾。“文化大革命”期间，少先队被“红小兵”组织取代。1978 年 7 月恢复少先队组织。1979 年后，实行全童入队，即学龄儿童入学就加入少先队组织。2000 年，全镇共建有少先队大队部 5 个、中队 61 个，有队员 2788 人，大队辅导员 5 人，中队辅导员 61 人。2007 年，镇校老师沈建江被评为宁波市优秀辅导员。2017 年，全镇共建少先队大队部 4 个，中队部 59 个，共有

◎ 2014 年小曹娥镇中心小学迎“六一”文艺汇演

少先队员1971人，大队辅导员4人，中队辅导员59人。

少先队组织开展适合少年儿童特点的各种有益活动。50年代，大队部号召少年儿童学习“米丘林”活动，开展植物种植、嫁接密植等科学试验。后期开展学“少年英雄刘文学”活动。1963年，开展“学雷锋、创三好”活动。1978年，开展“五讲四美”活动。1990—2017年，先后开展“学赖宁”，庆香港回归、庆澳门回归，国庆五十周年、国庆六十周年，清明祭扫革命烈士扫墓，暑期假日等活动。镇小少先队倡导的孝德文化活动，已成为浙江省非物质文化遗产传承教育基地，镇小被命名为全国传统孝文化进校园优秀学校。

曹娥小学少先队开展剪纸活动，丰富多彩，成为宁波市非物质文化遗产传承基地，浙江省第五届义务教育精品课程。

2008年汶川地震后，镇小少先队大队部开展为灾区捐款、捐物活动，有月饼、校服、图书、学习用品，集中打包后，用快递寄往灾区，捐助结对小朋友。学校与四川青川县瓦砾乡中心小学结对，从企业筹到赞助款10万元，资助给瓦砾小学，用于扶助贫困儿童入学。

第四节　妇女联合会

组织发展

1950年1月，境内各村均成立妇女小组，组织妇女参加土地改革，妇女小组成员同时参加农会、民兵等组织。1951年下半年，曹娥乡妇女协会成立，初建时由冯彩凤兼任妇女干部，至1992年5月，章阿小、楼雪梅、施彩花、沈菊美、周素珍、范兰英、张小娟、周玉燕等先后担任过妇女干部。1952年，建立泗门区民主妇女联合会，镇（乡）、村建立民主妇女代表会。原朗海乡妇女联合会于1956年7月成立，至1992年5月先后由朱佰琴、楼雪梅、谢杏云、胡玉英、范兰英、陈月珍、周素珍担任。镇海乡民主妇女联合会于1956年7月建立，初建时由朱佰琴担任妇女干部，至1992年5月依次由曹杏花、沈菊美、陈剑萍、周素珍、曹妙芬、戚明珠、张小娟等担任妇女干部。1957年11月，民主妇女联合会改名为妇女联合会（简称“妇联”），民主妇女代表会改名为妇女代表会（简称“妇代会”）。1952—1966年，曹娥、朗海、镇海3个乡各召开妇女代表大会4次。1966年6月至1971年4月公社妇联停止活动，各生产大队妇代会继续发挥作用，着重抓计划生育、爱国卫生、托幼事业。1971年5月，慈溪县革命委员会整顿基层妇女组织。7月，集中培训公社大队妇女干部10天。至1972年春，境内各公社均配齐专职妇女干部。1973年，妇女工作恢复。1982年8—9月，整顿村妇代会组织。1985年6—7月，调整乡、村妇女干部，一批有文化的年轻妇女骨干担任乡、村妇女主任。乡妇联在乡、村办集体企业中组建妇代会。1973—1991年，各乡共计召开妇女代表大会5次。1991年，小曹娥镇村妇代会9个、企业妇代会2个，村、企妇代会委员48个；朗海乡村妇代会6个、企业妇代会1个，村、企妇代会委员40个；镇海乡村妇代会7个、企业妇代会1个，村、企妇代会委员32个。

1992年5月，撤区扩镇并乡，撤销泗门区妇女联合会，朗海、镇海2个乡妇联并入小曹娥镇

◎ 镇第十五次妇女代表大会

妇联，合并后小曹娥镇妇联由9名委员组成，设主任1人、副主任1人。下设妇代会27个，其中村（居委）妇代会23个、企业妇代会4个。1994年后，镇妇联由9人执委组成，改为主席制，设主席1人、副主席1人。2017年，贯彻中央改进党的群团工作的意见，根据《中华全国妇女联合章程》第二十四条“有条件的行政村可建立妇女联合会”的规定，6月，开展村级妇联组织改建工作，全镇8个行政村和1个居委完成“会改联”工作，设立8个村，1个居委妇联主席，兼职副主席有9人增加到23人，执委由48人增加到85人，村妇女代表大会代表347人。镇妇联设主席1人，兼职副主席3人，执委由原来的10人增加到19人。

1992—2017年，召开镇妇女代表大会7次。其间历任镇妇联主席有：周玉燕（1992年至1993年12月）、张小娟（1994年1月至2003年5月）、陈爱清（2003年6月至2017年6月）、陈儿（2017年6月起）。

1992—2017年妇女代表大会一览表

表16-2-6

届次	时间（年、月、日）	代表数（人）	大会主题
十	1994年6月4日	99	改革创新，团结奋进，为推进我镇经济发展社会进步建功立业
十一	1997年5月13日	101	务实创新，团结奋进，为我镇经济发展社会进步建功立业
十二	2000年5月29日	89	面向新世纪，立足新起点，为争创我镇妇女工作新成就而努力奋斗
十三	2003年5月29日	75	与时俱进，开拓创新，团结动员全镇妇女全面建设小康社会而奋斗
十四	2006年6月13日	61	与时俱进，开拓创新，团结带领全镇妇女为实现“十一五”规划而努力奋斗
十五	2009年7月8日	59	坚持科学发展，勇于开拓创新，团结带领广大妇女为建设富裕和谐小曹娥而努力奋斗
十六	2013年7月19日	59	增创科学发展新优势力，实现科学发展新跨越，团结带领广大妇女为建设美丽、富裕、幸福小曹娥而努力奋斗

主要活动

1949年10月中华人民共和国成立后，乡妇女协会发动妇女参加抗美援朝、土地改革运动。1953年，大力宣传《中华人民共和国婚姻法》，解除套在妇女身上的封建包办、买卖婚姻枷锁。1954—1956年，组织妇女参加互助合作运动，开展爱国增产竞赛，发动妇女积极投售余粮，加强对妇女教育、培养工作，一批妇女骨干走上乡、村领导岗位。1957年，为解放妇女劳动力，开展创办乡（公社）托儿所、幼儿园，至1958年基本普及。是年，生产第一线的妇女劳动力已占总劳力的近50%。1960年，妇女组织在发动妇女投身工农业生产同时，兴办夜校，积极参加夜校学习、识字班识字。在妇女中开展学文化、学技术活动。针对有些生产队，在当时评工记分中压低妇女工分现象，大力开展男女同工同酬，保障妇女权益的宣传工作。1958—1966年，先后涌现妇女植棉组、棉花试验田等典型。“文化大革命”开始，区、乡（公社）妇联停止活动，大队妇代会在计划生育、幼托、爱国卫生等方面仍发挥作用。1973年6月，乡（公社）妇联恢复活动，组织妇女积极投身农业学大寨运动。1979 年，朗海公社三大队第七生产队妇女植棉组，镇海公社一大队第二十队妇女植棉组（原慈溪）被评为省“三八”银花赛先进集体。

1978 年，中国共产党十一届三中全会后，妇联围绕经济建设中心，开展“三八”红旗竞赛。1981 年，开展“五讲”“四美”活动创建。1986 年，开展“创文明、促致富、奔小康”达标竞赛。1989 年，开展“学文化、学技术、比成绩、比贡献”（简称“双学双比”）活动。学文化以扫盲为重点，学技术是参赛妇女中普及科学知识、掌握科学技术，应用于农业。全镇有 6124 名妇女参加活动，占全镇 18—50 周岁女劳力的 75.16%，其中种养业有 4545 人，企业女职工 894 人，服务流通业 685 人。1990 年，曹娥村（原全义村）宣秋芬承包土地 0.97 公顷，种植棉花、榨菜、番茄、玉米，养猪 218 头（其中母猪 17 头）、鸡 50 只、羊 3 只、兔 30 只，年收入 68500 元。1991 年、1992 年、1993 年连续三年获评宁波市“双学双比”女能手，1992 年获评浙江省级“双学双比”女能手称号。1995 年，村村建立中心植棉组，镇海村（原仁泰丘村）金玲娣种植 0.13 公顷棉花，亩产皮棉 152 公斤。余姚市第一菜类制品厂厂长姚菊英在 20 世纪 80 年代初为推销榨菜，了解行情，跑遍全国 25 个省市。1984 年，为厂和农民推销榨菜等 10 多种菜类制品达 1800 吨，被评为省级办厂女能人、省劳动模范。1993 年起，在企事业单位女职工中开展“巾帼建功”活动，至 2017 年，参赛妇女中获得农业函授大专毕业证书的有 624 人，获得“绿色证书”的有 248 人，9 名村（居）妇联会主任获得计算机操作初级证书，全镇共有女村干部 30 人。资产 2000 万元以上，规模企业中有女经理（女董事长）1 人。同时，妇联还注重发挥妇女特点，开展家庭文明建设。1982—2006 年，先后开展五好家庭、文明家庭、双文明户、平安家庭、绿色家庭、示范和谐家庭、特色家庭户评选活动。1985 年，原曹娥乡莫娟娣、原朗海乡屠招根、镇海乡南新庵村魏藕珍被评为宁波市五好家庭户。2014 年，获评宁波市“文明家庭”5 户、宁波市“绿色家庭”1 户、宁波市百佳文明示范家庭 4 户。2002 年，妇联开展以“尊老爱幼、家家读书、绿色环保、美丽家庭建设”为主题的家庭文明工程。朗海村妇联获全国妇联基层组织建设示范村称号。镇妇联获省级基层组织建设示范镇、宁波市妇女工作先进集体的称号。

1979 年后，村妇代会直接负责计划生育基层基础任务，为宣传配合计划生育、优生优育，做深入细致的思想组织工作。各级妇联学习、宣传《中华人民共和国妇女权益保障法》，维护妇女合法权益。2001 年，全镇通过开展“两法”（新《中华人民共和国婚姻法》和修改后《中华人民共和国妇女权益保障法》）培训和知识竞赛，建维权站，与司法所联合开展法律咨询等，提高妇女维权意识。2011 年后，妇联基层组织进一步夯实，“妇女之家”建设实现全覆盖。健全镇、村维权网络，依法解决婚姻家庭纠纷，保障妇女的合法权益。

小曹娥镇妇联系统各级先进个人（家庭）一览表

表 16-2-7

年份	姓名	现属单位（村）	称号
1984	姚菊英	曹娥村（原三发村）	省级女能人、县劳动模范
1985	姚菊英	曹娥村（原三发村）	省劳动模范
1985	莫娟娣	曹娥村（原曹一村）	宁波市五好家庭户
1985	魏藕珍	南新庵村	宁波市五好家庭户
1985	屠招根	朗海村	宁波市五好家庭户
1991	宣秋芬	曹娥村（原全义村）	宁波市级“双学双比”女能手
1992	宣秋芬	曹娥村（原全义村）	省级“双学双比”女能手
1992	宣秋芬	曹娥村（原全义村）	宁波市级“双学双比”先进女能手
1993	宣秋芬	曹娥村（原全义村）	宁波市级“双学双比”先进女能手
2009	姚菊芬	人和村	宁波市 2006—2008 年度“三八”红旗手
2012	姚菊芬	人和村	省“三八”红旗手
2013	张尧煊	南新庵村	宁波市级文明家庭户
2013	沈　权	曹娥村	宁波市级文明家庭户
2013	张桂英	人和村	宁波市级文明家庭户
2013	施锡苗	朗海村	宁波市级文明家庭户
2014	裘双富	南新庵村	宁波市级文明家庭户
2014	洪利君	朗海村	宁波市级文明家庭户
2014	洪雅云	滨海村	宁波市级文明家庭户
2014	马新浩	曹娥村	宁波市级文明家庭户
2014	王彩凤	滨海村	宁波市绿色家庭户

镇妇联系统各级先进集体一览表

表 16-2-8

时间	单位	称号
1979 年	朗海公社三大队第七生产队妇女植棉组（现属朗海村）	浙江省“三八”银花赛先进集体
1979 年	镇海公社一大队第 20 生产队妇女植棉组（现属南新庵村）	浙江省“三八”银花赛先进集体
2005—2006 年	曹娥村妇代会	宁波市先进妇女组织
2010 年	朗海村妇代会	浙江省妇联基层组织建设示范村
2010 年	人和村妇代会	宁波市妇联基层组织建设示范村
2011 年	朗海村妇代会	全国妇联基层组织建设示范村
2011 年	小曹娥镇妇联	浙江省妇联基层组织建设示范镇
2011 年	小曹娥镇妇联	宁波市妇女工作先进集体
2013 年	朗海村妇代会	宁波市先进妇女组织

◎ 2011 年，朗海村获评全国妇联基层组织建设示范村

第五节 老龄工作委员会

1988 年，余姚市老龄工作委员会泗门区分会建立，各乡镇相应成立老龄工作领导小组。1992 年 5 月，成立小曹娥镇老龄工作委员会（简称老龄委），镇党委副书记阮登坤兼任主任，设常务副主任 1 人，主持老龄委日常工作。2001 年 4 月，配专职干部 1 人。2017 年，老龄委由 8 人组成，镇党委副书记董斌兼任主任，由副主任陈爱清主持日常工作。镇老龄委下设 8 个村老年协会。2017 年，共有村级老年协会会员代表 370 人，理事 56 人。全镇 60 周岁以上老年人 7171 人，占总人口的 25.1%。

镇老龄委围绕“老有所养、老有所为、老有所乐、老有所学、老有所教、老有所医”的工作方针，积极为老年人服务。主要活动有帮助指导村建立老年协会，因地制宜开辟老年人活动场所。至 2017 年，全镇已有 20 个老年活动室，4 个门球场、3 个地掷球场。

镇老年学校创办于 1994 年，每月 15 日为学习日，组织退休老干部（镇村级干部 130 人）学习政治时事、医疗保健卫生、文化娱乐、法律等专题讲座。依托村老年协会，建立村老年电大班，镇设电大教育点，参加电大班学习学员有 289 人，开设养生、医疗保健等专题讲座。

建立健全镇、村二级老年体育协会，引导老年人参加文艺体育活动，组建5支老年人门球队，还有气排球队、兜球队、飞镖队、乒乓球队。还依据老年人身体状况、个人爱好，组建老年健身体操队、老年健身舞蹈队、腰鼓队、太极拳剑扇队、武术队、铜管乐队。2005年6月，举办第一届镇老年运动会。至2017年，共举办12届镇老年运动会。在参加市运会老年部比赛和各项老年体育竞赛中多次获得前八的好成绩。

关注老年人的生活，每年两次上门慰问90岁以上的老人。开展夏查冬访活动，特别关注了解高龄、孤寡、“空巢”、病残、特困老年人的衣食住行情况，及时解决老年人的困难，抓好居家养老工作。境域有AAA级居家养老服务照料中心2个（人和村、朗海村），AA级居家养老服务照料中心3个（建民村、曹娥村、镇海村），为“空巢”老人和残疾老人等有困难老人送餐、生活照料等服务。

做好一年一度新增老年人及满70周岁老年人做证工作。协同镇妇联、镇团委开展《中华人民共和国老年人权益保障法》宣传教育活动，倡导尊老养老，为老年人提供司法援助、教育、调解相结合，依法解决家庭老人赡养纠纷。

附　癌症康复协会

余姚市癌症康复协会小曹娥镇康复站在镇老龄委具体组织指导下，于2013年1月23日成立，站长王礼镛。至2017年底，除亡故7人外，新增18人，会员92人，其中男会员54人，女会员38人。年龄最大77岁，最小47岁。其中康复已满5年的会员有34人，占会员总数的37%，康复满10年的有5人。全站有中共党员11人，占总数的12%，有农民会员81人，占总数的88%。会员患症分类有17种，其中肺癌21人、乳腺癌15人、食管癌12人、肠癌11人、胃癌8人，其余的有肝癌、子宫癌、淋巴癌、甲状腺癌、鼻咽癌、喉癌、脑癌、肾癌、膀胱癌、胰腺癌、白血病等。

自成立至2017年的5年中，共组织活动66次，同时，健全康复站组织网络，建章立制九条：会员每月学习制度；会员学习点到考勤制度；严把财务关制度；康复游费用开支补助制度；春节、端午、中秋节三个节日实物慰问制度；会员会费补助制度；会员亡故吊礼制度；会员住院慰问制度；特困会员资金补助制度。5年中，会员获评市级抗癌明星2人，获评市协会先进工作者4人，市协会优秀会员18人，获评市协会奉献抗癌爱心家属2人。

第六节　关心下一代工作委员会

1991年3月，成立小曹娥镇、朗海乡、镇海乡关心下一代工作委员会。至2017年，已形成镇及村、学校、企业关工委组织体系。

镇关工委注重少年儿童健康成长，组织老干部、老党员、老革命、老教师、老科技人员等“五老”20多人担任中小学校外辅导员、革命传统宣讲员等，对青少年进行革命传统和爱国主义教育。在暑期开展“假日学校”活动，举办“中国梦、未来星”三届少年才艺大赛、六届纳凉晚会、网吧义务监督活动、十佳小孝星的评比工作。在“帮德、帮学、帮困、帮教、帮孤”活动中为少年儿童健康成长做好事、办实事。2014年，镇关工委获评浙江省关心下一代工作先进集体。2016年，李树强获得省级关心下一代工作先进个人称号。

第七节　残疾人联合会

1996年，成立镇残疾人联合会（简称“残联”），鲍长亭任主席，设副主席1人，助理员1人。1998年5月，召开镇第二次残疾人代表大会，到会代表35人，其中残疾人代表25人。会议选举产生镇残联主席团，由主席团负责残联日常工作。刘国芳任主席，设副主席1人，配兼职助理员1人。2001年12月，镇第三次残疾人代表大会选举产生理事会，由理事会负责镇残联日常工作，理事长刘国芳，设副理事长1人。2006年11月，镇第四次残疾人代表大会选举产生理事会，由理事会负责镇残联日常工作，理事长张剑耀，设副理事长1人，配备专职联络员1人。2011年，镇第五次残疾人代表大会选举产生理事会，由理事会负责镇残联日常工作，理事长张剑耀，设副理事长1人。2017年11月，镇第六次残疾人代表大会到会代表47人，其中残疾人代表32人，会议选举产生镇残联主席团，由主席团负责残联日常工作。董秋明任主席，设副主席1人，设理事长1人，副理事长1人，配专职联络员1人。

镇残联成立后，为全镇近1000名残疾人服务，以“生活扶贫、身体扶康、精神扶志、工作扶技、教育扶学”为宗旨，努力改善残疾人的生存、生活条件。残疾人参加新型农村合作医疗保险率达100%。对年支出医疗费万元以上的残疾人实行大病补助，177名精神病患者和135名慢性疾病残疾人得到长期医疗救助。帮助住房困难残疾人改善居住条件，其中翻建房屋3户。2001—2017年，共发放扶助金9.86万元，资助全镇4户贫困残疾人家庭子女上学，受助面达100%。以小额信贷，创办残疾人扶贫基金等形式，帮助残疾人脱贫致富。开展专业培训，增强残疾人就业能力，累计培训500人，占有劳动能力残疾人的60%以上。到2017年，累计安置221人残疾人就业。“四五”“五五”“六五”“七五”普法期间，镇残联开展《中华人民共和国残疾人保障法》等相关法规宣传教育，增强社会扶残助残意识，与司法所共同创建残疾人维权站，为他们提供法律援助。

第八节　工商业组织

工商业联合会

1950年，曹娥乡工商业联合会（简称“工商联”），在曹娥老街南成立，会长施登记、副会长戚仁甫，会员吴根木、王克祥。工商联组织私营工商业主学习中国共产党的方针、政策，接受社会主义改造，爱国守法，参加社会主义建设。1958年人民公社化后，工商联活动逐渐减少，至1966年“文化大革命”开始后停止活动。

1987年，泗门区工商联筹组建，随即成立工商业联合会泗门分会，主要工作是为工商企业提供信息服务，开展对外联系，组织会员交流经营管理经验，引导工商企业健康发展。

商会

1998年3月，小曹娥镇商会成立，会长陈伟前，商会有会员企业34家。商会立足会员企业，为全镇工商企业发展服务。2017年，商会有会员企业143家，会长王国军，秘书长严邦怀。商会协同政府职能部门加强服务，鼓励引导企业采取内部挖潜力，盘活存量、加大投入、开发新产品、引进人才、拓展国内外市场等措施，克服资金、技术、人才、用地等制约因素，使全镇经济保持稳定增长势头。镇商会在致力于企业发展的同时，教育引导会员企业带头服务社会、回报社会、支持社会保障制度的实施。至2017年，全镇参加职工养老保险11872人，参加失业保险6943人，会员企业通过村企共建等形式，出资修路、造桥、建公园，为群众兴办公共事业，通过招工、资助等途径，帮助困难户。王龙集团公司等数十家会员企业，每年走访贫困职工家庭，尽力为其排忧解难。

第九节　劳动者协会

手工业劳动者协会

1954年10月，慈溪县手工业劳动者协会泗门分会成立，按行业编成9个小组，会员200余人（包括曹娥乡手工业人员38人）。1956年，手工业社会主义改造期间，泗门手工业从业人员按行业、地域先后建立7个手工业合作社，手工业劳动者协会自行解体。

个体劳动者协会

1980年初，先后建立泗门区个体工商户管理委员会、个体商贩联合委员会和个体工商业代表会议（包括曹娥、朗海、镇海公社个体商贩代表）。同年10月，个体工商业组织改建为泗门区个体劳动者协会。1984年8月，改称为余姚县个体劳动者协会泗门分会，会长冯兴苗。1992年，改称余姚市个体劳动者协会泗门分会，下设9个大组，会长莫国标。

协会建立后，每年组织全体会员学习中国共产党和人民政府的方针政策、法律、法令、宣传税法、工商法规以及计划生育管理条例、劳动法、消费者权益保障法、反不正当竞争法等法律法规。1991年后，每两年开展一次“五好”个体户，诚信经营户评选活动，每次评35户，其中小曹娥镇10户。协会还组织会员参加社会主义精神文明建设，发挥会员特长，每年组织1—2次大型公益服务活动。组织志愿者队伍，开展经常性的公益服务。协会还聘请2名律师，为会员提供法律援助，维护会员的合法权益。

2017年，协会评选小曹娥镇个体工商户“五好经营户”80户、“诚信经营户”20户，评选民营企业“诚信企业”20家。

第十节　科学技术协会

1987年，余姚市科学技术协会泗门区分会建立。是时，镇（乡）科技工作依托镇（乡）政府职能机构开展，不配备专门工作人员。1992年，镇政府设兼职科技副镇长，负责科学技术普及推广工作。此后，农业种植、养殖业陆续成立榨菜研究会、果农协会等专业组织，工业企业建立行业协会、科技攻关组等科技组织。2004年5月组建镇科学技术协会（简称镇科协），成立第一届委员会，陈为梁任会长。2006年12月，第二届科协换届，朱开芳任会长。2011年12月，第三届科协换届，方娟芬任会长。

2004—2017年，镇科协下设绿色食品、精品水果、小乳瓜蔬菜、辣椒种植加工、水产养殖等8个专业协会（合作社），在村（社区）建立15个科普协会，并组建由85名各种专业技术人员组成的科普志愿者队伍，开展科技宣传、咨询、服务活动。在村、社区开展科普示范村（社区）、科技示范户创建活动，有3个村被评为余姚市科普示范村，2个村被评为宁波市科普示范村，建民村被评为浙江省科普示范村。

第十七编

政权与议政机构

民国时期，域内为国民党统治下的孝女、朗海、镇海和曹娥乡公所。1950 年，建立曹娥、朗海、镇海 3 个乡。1956 年合并为曹海乡人民政府。1958 年，改设为卫星（泗门）人民公社所属的大队、管理区管理委员会。1961 年，改设为曹娥、朗海、镇海人民公社管理委员会。1968 年，建立曹娥、朗海、镇海人民公社革委会，替代公社管理委员会。1983 年 8 月，复建各乡人民政府；1986 年撤乡置镇，撤曹娥乡置小曹娥镇；1992 年，撤区扩镇并乡，建立新的小曹娥镇人民政府。

1953 年始，各乡分别召开第一届各界人民代表大会，“文化大革命”期间中断。1981 年后，各人民公社（乡镇）恢复人大制度。

1988 年 6 月，中国人民政治协商会议余姚县委员会在泗门区建立集镇委员会小组，由泗门、小曹娥两镇的市政协委员组成。

第一章　权力机构

中华人民共和国成立初期，乡镇实行人民代表会议制度。1954 年 7 月起实行人民代表大会制度。1966 年，人民代表大会制度因“文化大革命”而被迫中断，1981 年得以恢复。

第一节　代表选举

1949 年 10 月 1 日，中华人民共和国成立，是年底，境内各乡镇实行人民代表会议制度。人民代表除部分由乡镇人民政府邀请外，多数由各人民团体、单位及社会各界人士民主协商产生。1950 年 1 月至 1953 年 3 月，境内还有多名代表参加县各界人民代表第二次至第七次会议（第一次会议仅限城区代表），合计 63 人次。1953 年 6 月实行普选，按选举法程序选举乡镇人民代表大会代表，再由乡镇人民代表大会选举产生县人民代表大会代表。1979 年，出席县第七届人民代表大会的代表，由镇（公社）和县级机关、企事业单位、驻地方部队按照民主集中制原则，经民主协商，通过无记名投票选举产生。是年，乡镇未召开代表大会。1980—2017 年，县（市）乡镇人大代表均由选民差额选举产生。

人大代表选举机构

乡镇人大代表选举工作由乡镇选举委员会主持。第一届至第六届县人大代表选举工作由乡镇人民代表大会主席团主持，第七届县人大代表选举工作由公社革命委员会主持，第八届以后的县（市）人大代表选举工作由乡镇选举委员会主持。1991 年前，泗门区公所成立选举办事处，指导辖区内各乡镇的县（市）人大代表选举工作。1992 年 5 月撤区扩镇并乡后，市、镇两级人大任期不同，市人大代表选举工作由市选举委员会在小曹娥镇设立选举办事处并主持选举。

人大代表结构

县（市）人大代表结构比例由县（市）选举委员会提出指导意见，镇（乡）选举委员会在选区划分、代表人额分配时予以体现。

镇人大代表结构比例，中共党员不超过 35%，妇女代表不少于 22%，兼顾社会各界，按先进性、广泛性、代表性要求分配代表人额。

人大代表选举程序

自 1953 年第一届人大代表选举开始，就依法形成“建立选举委员会—划分选区—登记、公布选民名单—协商确定代表候选人—选民无记名投票选举—公布选举结果”的选举工作程序。第一届至第六届县选举委员会要求各乡镇在规定时段内完成选举任务，未明确规定统一的选举日。县（市）第八届至第十二届人大代表选举，除试点乡镇外，由县（市）统一选举日。“文化大革命”前，县、乡镇两级人民代表任期同步，届次一致。“文化大革命”期间人大代表选举中断，届次遂不一致。1992年后，市、镇两级人民代表任期分别为5年、3年，市十二届人民代表与乡镇人民代表同步选举。以后历届市、镇人民代表分别按任期换届，全市统一换届年的1月5日为全市选举日。

第二节　乡镇人民代表大会

1954年3月，曹娥乡第一届人民代表大会召开，至1963年，共召开五届，1966年第六届人代会因“文化大革命”未召开。1980—2017年乡镇（公社）人民代表大会历经11届，召开40次会议。

1954年，第一届至1961年第四届人民代表大会因档案资料缺失，仅有每届会议召开时间记录。

第一届人民代表大会

1954年3月召开。

第二届人民代表大会

1956年10月召开。

第三届人民代表大会

1958年6月召开。

第四届人民代表大会

1961年12月召开。

第五届人民代表大会

第一次会议　1963年6月19日召开，会期2天，应出席代表150人，实际出席150人，列席代表17人。会议听取和审议政府工作报告，会议选举杨涨荣为公社管委会主任。

第六届人民代表大会

1966年，第六届乡镇（公社）人民代表大会因“文化大革命”开始未召开。“文化大革命”期间，人民代表大会选举中断。

第七届人民代表大会

1981年，重新恢复人民代表大会选举，列为第七届。

第一次会议　1981年5月3日召开，会期1天，应到代表134人，实际出席119人，列席代表37人。会议听取和审议政府工作报告，财政预决算报告、议案报告。会议选举沈金荣为公社管委会主任，选举副主任1人。收到议案、建议共21件。

第八届人民代表大会

第一次会议　1984年7月6—7日召开，会期一天半。应到代表92人，实际出席89人，列席代表32人，特邀代表5人。会议听取和审议政府工作报告、财政预决算报告、议案报告，收到议案、建议、批评共24件。会议选举沈金荣为乡长。

第九届人民代表大会

第一次会议　1987年12月19—20日召开，会期2天，应到代表52人，实际出席44人，列席代表32人。大会选举10名代表组成主席团，会议听取和审议政府工作报告、财政预决算报告、选举工作报告、议案审查报告。选举谢桂灿为镇长。

第十届人民代表大会

第一次会议　1990年4月27—28日召开，会期一天半，应到代表61人，实际出席57人，列席代表35人。会议听取和审议政府工作报告、财政预决算报告和议案审查报告。选举谢桂灿为镇长。收到议案、建议、批评共37件。

第二次会议　1992年3月19日，会期1天，应到代表61人，实到58人，列席代表35人。会议听取和审议政府工作报告、财政预决算报告和议案审查报告。收到议案、建议、批评共26件。

第三次会议　1992年6月6日，会期1天。应到代表（原一镇二乡代表）172人，实到163人。会议听取和审议政府工作报告、财政预决算报告、选举工作报告。会议选举俞根孝为镇长，选举副镇长5人。

第十一届人民代表大会

第一次会议　1993年2月26—27日召开，会期一天半。应到代表125人，实到120人。会议听取和审议政府工作报告、财政预决算报告、人大主席团报告。会议选举镇人大主席团王礼镛为常务主席，选举俞根孝为镇长，选举副镇长5人。

第二次会议 1994年2月28日召开，会期1天。应到代表125人，实到121人。会议听取和审议政府工作报告、财政预决算报告、议案审查报告。收到议案、建议共35件。

第三次会议 1995年2月28日，会期1天。应到代表125人，实行代表103人，列席代表75人。会议听取和审议政府工作报告、财政预决算报告和议案审查报告。收到议案、建议156件。

第十二届人民代表会

第一次会议 1996年1月18—19日召开，会议一天半。应到代表61人，实到59人，列席代表35人。会议听取和审议政府工作报告、主席团工作报告、财政预决算报告和议案审查报告。选举王礼镛为镇人大主席，选举阮登坤为镇长，选举副镇长5人。收到议案116件。

第二次会议 1997年1月19日召开，会期1天。应到代表61人，实到57人，列席35人。会议听取和审议政府工作报告、财政预决算报告、议案审查报告。收到议案35件。

第三次会议 1998年1月8日召开，会期1天。应到代表61人，实到58人，列席代表30人。会议听取了政府工作报告、财政预决算报告、议案审查报告。收到议案128件。

第十三届人民代表大会

第一次会议 1999年1月17—18日召开，会期一天半。应到代表61人，实到59人，列席代表30人。会议听取和审议政府工作报告、人大主席团工作报告、财政预决算报告和议案审查报告，大会选举施惠芳为人大主席，副主席2人，选举沈纪林为镇长，副镇长5人。收到议案110件。

第二次会议 2000年1月12日召开，会期1天。应到代表41人，实到40人，列席代表30人。会议听取和审议政府工作报告、财政预决算报告、议案审查报告。收到议案共105件。

第三次会议 2001年1月12日召开，会期1天。应到代表41人，实到39人，列席代表30人。会议听取和审议政府工作报告、财政预决算报告、议案审查报告。收到议案119件。会议补选副镇长1人。

第十四届人民代表大会

第一次会议 2002年1月17—18日召开，会期一天半。应到代表64人，实到62人，列席代表30人。会议听取政府工作报告、人大主席团工作报告、财政预决算报告和议案审查报告。大会选举李国建为人大主席，选举副主席1人。选举沈纪林为镇长，选举副镇长4人。收到议案115件。

第二次会议 2003年1月18日召开，会期1天。应到代表61人，实到60人；列席代表31人，特邀代表9人。会议听取和审议政府工作报告、人大主席团报告、财政预决算报告和议案审查报告。收到议案、建议共28件。

第三次会议 2003年3月29日召开，会期半天。应到代表61人，实到60人。报告大会筹备工作情况，通报补选代表情况，通过选举办法，大会选举包晓莹为镇长。

第四次会议 2003年7月29日召开，会期半天。应到代表61人，实到59人，列席代表28人。大会听取和审议政府半年度工作报告，补选副镇长1人。

第五次会议 2004年1月8日召开，会期1天。应到代表58人，实到58人；列席代表7人，特邀代表48人，旁听102人。会议听取政府工作报告、人大主席团报告、财政预决算报告和审查报告、议案报告。共收到议案、建议24件。

第六次会议 2004年7月20日召开，会期1天。应到代表58人，实到48人，列席代表39人。会议听取政府半年度工作报告，会议补选副镇长1人。

第七次会议 2005年1月18日召开，会期1天。应到代表58人，实到55人，列席代表44人，特邀代表 11 人。会议听取和审议政府工作、财政预决算报告、总体规划编制说明。选举李树强为人大主席，项立秋为镇长。会议共收到议案、建议 20 件。

第八次会议　2006 年 1 月 8 日召开，会期半天。应到代表 56 人，实到 53 人，列席代表 58 人，特邀 15 人。会议听取和审议政府工作报告、人大主席团报告、财政预决算报告、水环境综合治理实施规划。会议共收到议案、建议 19 件。

第九次会议　2006 年 7 月 31 日，会期半天。应到代表 55 人，实到 49 人，列、邀代表 48 人。会议听取镇政府半年度工作报告。同意姚登峰、许建生辞去副镇长的提请，补选副镇长 2 人。

第十五届人民代表大会

第一次会议　2007 年 1 月 17—18 日召开，会期一天半。应到代表 58 人，实到 57 人，列席代表 39 人，特邀代表 10 人。会议听取和审议政府工作报告、人大主席团报告、财政预决算报告和议案审查报告。会议选举李树强为人大主席，选举副主席 1 人；选举徐峰为镇长，选举副镇长 4 人。会议共收到议案、建议 38 件。

第二次会议　2008 年 1 月 8 日召开，会期半天。应到代表 59 人，实到 58 人，列席代表 43 人。会议听取政府工作报告、人大主席团工作报告、财政预决算报告。会议共收到议案、建议 21 件。

第三次会议　2008 年 7 月 16 日召开，会议半天。应到代表 58 人，实到 55 人。会议听取政府半年度工作报告，补选副镇长 1 人。

第四次会议　2008 年 11 月 5 日召开，会期半天。应到代表 57 年，实到 56 人。会议补选陈江龙为镇长。

第五次会议　2009 年 1 月 8 日召开，会期 1 天。应到代表 59 人，实到 58 人，特邀代表 12 人。会议听取和审议政府工作报告、人大主席团报告、财政预决算报告。会议收到议案、建议共 20 件。

第六次会议　2010 年 1 月 18 日召开，会期 1 天。应到代表 59 人，实到 55 人，特邀代表 15 人。会议听取和审议政府工作报告、人大主席团报告、财政预决算报告和议案审查报告。会议收到议案、建议共 14 件。

第七次会议　2010 年 7 月 8 日召开，会期半天。应到代表 58 人，实到 56 人。会议听取政府半年度工作报告，补选副镇长 1 人。

第八次会议　2011 年 1 月 18 日召开，会期半天。应到代表 57 人，实到 55 人。会议听取和审议政府工作报告、人大主席团报告、财政预决算报告、水环境治理决议。

第九次会议　2011 年 9 月 8 日召开，会期 1 天。应到代表 55 人，实到 54 人，会议听取政府半年度工作报告。

第十六届人民代表大会

第一次会议　2012 年 1 月 15—16 日召开，会期一天半。应到代表 59 人，实到 59 人，列席代表 39 人，特邀代表 15 人。会议听取和审议政府工作报告、人大主席团报告、财政预决算报告。大会选举陈江龙为人大主席，选举副主席 1 人；选举丁建军为镇长，选举副镇长 4 人。会议收到议案、建议共 20 件。

◎ 2012 年 1 月 15 日小曹娥镇人大十六届一次会议

第二次会议、第三次会议　因资料缺失查无内容。

第四次会议　2015 年 1 月 15 日召开，会期 1 天。应到代表 58 人，实到 56 人，列席代表 54 人，特邀代表17人。会议听取和审议政府工作报告、人大主席团工作报告、财政预决算报告，大会补选人大主席团主席、镇长、副镇长。大会选举方娟芬为人大主席，选举梅百烽为镇长，选举副镇长2人。会议收到议案、建议共17件。

第五次会议 2016年1月15日召开，会期半天。应到代表58人，实到56人，列席代表55人，特邀代表17人。会议听取和审议政府工作报告、人大主席团工作报告、财政预决算报告。大会补选副镇长1人。会议收到议案、建议共50件。

第十七届人民代表大会

第一次会议 2016年12月22—23日召开，会期一天半。应到代表59人，实到58人，特邀代表16人。会议听取和审议政府工作报告、人大主席团报告、财政预决算报告。大会选举人大主席团主席、副主席、镇长、副镇长。会议选举翁贤权为人大主席，选举副主席1人，选举梅百烽为镇长，选举副镇长4人。

第二次会议 2017年8月16日召开，会期半天。应到代表58人，实到57人，列席代表36人。会议听取和审议政府半年度工作报告，审议选举办法草案，讨论镇长候选人名单，选举鲁岳彪为镇长。

朗海乡（公社）

1954年2月，朗海乡（公社）第一届人民代表大会召开，至1961年共召开4届，1966年第五届人代会因"文化大革命"未召开。1980年至1992年3月乡（公社）人民代表大会历经4届，召开11次会议。

1954年第一届至1961年第四届人民代表大会因档案缺乏，仅有每届会议召开时间记录。

第一届人民代表大会

1954年2月召开。

第二届人民代表大会

1956年11月召开。

第三届人民代表大会

1958年10月召开。

第四届人民代表大会

1961年11月召开。

第五届人民代表大会

第五届乡（公社）人民代表大会换届选举后，1966年因"文化大革命"开始，未召开。"文化大革命"期间，人民代表大会选举中断。

第六届人民代表大会

按届次顺序，1980年12月召开的公社（乡）人民代表大会应是第六届（由于当时无档案资料可据，仅凭回忆排列。是年，公社（乡）人代会列为第六届，历届均按此排列）。

第一次会议 1980年12月19—21日召开，会期3天。应到代表121人，实到118人。会议听取和审议政府工作报告、财政预决算报告、议案报告。会议选举应森槐为管委会主任，选举副主任2人。

第二次会议 1983年4月1日召开，会期1天。应到代表121人，实到111人，特邀代表29人。会议听取和审议政府工作报告、通过关于村镇规划和计划生育的几点意见的决议。大会号召。积极开展"五讲四美""五好家庭"活动，争当社会主义两个文明建设的先锋，为努力完成管委会提出1983年任务作出贡献。

第三次会议 1983年11月5日召开，会期1天。应到代表121人，实到90人，特邀代表30人。会议听取和审议政府工作报告，会议选举乡人民政府，应森槐为乡长，选举副乡长2人。

第七届人民代表大会

第一次会议 1984年7月8—9日召开，会期2天。应到代表85人，实到82人，列席代表49人。会议听取和审议政府工作报告、财政预决算报告和议案审查报告。会议选举周成荣为乡长。收到议案、建议3件。

第二次会议 1985年4月召开，应到代表83

人，实到 72 人。会议听取和审议政府工作报告、财政预决算报告和议案审查报告，收到议案 12 件。

第八届人民代表大会

第一次会议　1987 年 5 月 21—22 日召开，会期 2 天。应到代表 49 人，实到 43 人，列席 44 人。会议听取和审议政府工作报告，会议通过关于加强土地管理和村镇建房管理的规定。会议选举沈纪林为乡长，选举副乡长 1 人。

第二次会议　1988 年 5 月 24 日召开，会期 1 天。应到代表 57 人，实到 48 人，列席代表 42 人。会议听取和审议政府工作报告，会议通过关于《加强土地管理和村镇建房用地的规定及逐步形成以乡政府为中心的小集镇建设的规定》。

第三次会议　1989 年 3 月 26—27 日召开，会期2天。应到代表47 人，实到36 人，列席代表39 人，特邀代表 3 人。会议听取和审议了政府工作报告，会议通过关于《切实搞好本乡小集镇卫生管理的暂行规定》。

第九届人民代表大会

第一次会议　1990 年 4 月 24—25 日召开，会期 2 天。应到代表 59 人，实到 56 人。会议听取和审议政府工作报告、财政预决算报告，会议通过《实施九年制义务教育、控制流生的决议》。

第二次会议　1991 年 1 月 11 日召开，会期 1 天。应到代表 59 人，实到 54 人。会议听取和审议政府工作报告，选举审查报告，会议选举沈岳良为乡长。收到议案、建议 23 件。

第三次会议　1992 年 3 月 23 日召开，会期 1 天。应到代表 59 人，实到 57 人。会议听取和审议政府工作报告，批准《朗海乡 1991 年财政决算和 1992 年财政预算》的决议。

镇海乡（公社）

1963 年 4 月 29 日前召开镇海公社（乡）1—4 届人代会，因档案资料缺失，查无内容。

1963 年 4 月至 1992 年 5 月镇海乡（公社）人民代表大会历经 4 届，召开 12 次会议。

第五届人民代表大会

第一次会议　1963 年 4 月 29 日召开，会期 1 天。应到代表 115 人，实到 101 人。会议听取和审议政府工作报告，会议选举王大森为公社管委会主任。

第二次会议　因档案资料缺失，查无内容。

第三次会议　1983 年 11 月 5 日召开，会期 1 天。应到代表 145 人，实到 114 人。会议听取和审议政府工作报告、财政预决算报告、议案审查报告。会议选举劳振道为乡长，选举副乡长 2 人。

第六届人民代表大会

第一次会议　1984 年 7 月 9—10 日召开，会期 2 天。应到代表 85 人，实到 82 人。会议听取和审议《大胆改革勇于创新为振兴镇海经济而奋斗》的政府工作报告，财政预决算报告，会议选举成明为乡长，收到议案 54 件 108 条。

第二次会议　1985 年 6 月 7 日召开，会期 1 天。应到代表 85 人，实到 82 人。会议听取和审议政府工作报告、财政预决算报告，会议通过《关于贯彻执行中央〔1985〕1 号文件》和《浙江省城乡建设用地管理办法》的规定，及《浙江省计划生育条例的补充规定》。

第三次会议　1986 年 5 月 10 日召开，会期 1 天。应到代表 82 人，实到 57 人。会议听取和审议政府工作报告，会议通过《关于使用管理办法及造房收费的决定》和《关于实施环境卫生文明决议》。

第七届人民代表大会

第一次会议　1987 年 5 月 23 日召开，会期 1 天。应到代表 49 人，实到 45 人，列席代表 33 人。会议听取和审议了政府工作报告、财政预决算报告，选举工作报告，会议选举沈金荣为乡长。收到议案、建议、批评意见 81 件。

第二次会议　1988 年 5 月 7 日召开，会期 1 天。应到代表 49 人，实到 38 人，列席代表 32 人。

会议听取和审议了政府工作报告，会议通过了《榨菜污水排放处理规定》。

第三次会议 1989年3月20日召开，会期1天。应到代表47人，实到33人，列席代表44人。会议听取和审议政府工作报告、财政预决算报告、议案审查报告。副乡长1人。收到议案、建议共33件。

第四次会议 1989年12月3日召开，会期1天。应到代表47人，实到42人。会议听取和审议政府工作报告、财政预决算报告、议案审查报告。收到议案、批评共16件。

第八届人民代表大会

第一次会议 1990年4月27日召开，会期1天。应到代表59人，实到58人。会议听取和审议政府工作报告、财政预决算报告、选举工作报告、议案审查报告。会议选举吴继芳为人大常务主席、沈金荣为乡长。收到议案39件73条。

第二次会议 1991年3月19日召开，会期1天。应到代表61人，实到56人。会议听取和审议政府工作报告，会议通过《实施九年制义务教育报告》的决议和《筹措人民教育基金若干规定》的决议。

第三次会议 1992年3月16日召开，会期1天。应到代表59人，实到52人。会议听取和审议政府工作报告，会议补选副乡长1人。收到议案29件。

第三节　乡镇人民代表大会主席团

1954年，乡镇人民代表大会第一届第一次会议依据地方组织法规定，首次选举主席团主持会议。1954年至1986年3月，乡镇人民代表大会由乡镇人民政府召集。大会主席团是会议的临时机构，在乡镇人民代表大会会期行使职权。大会闭幕，主席团即完成任务。1986年12月2日，按修改后的地方组织法，乡镇人大主席团负责召集下一次代表大会会议。1990年4月，依据《浙江省人大乡镇人大主席团工作条例》，选举乡镇人大主席团常务主席，开始行使闭会期工作职责。1992年6月，镇人大主席团设专职常务主席、副主席。1996年后，设镇人大主席、副主席，负责主持闭会期间人大主席团活动，处理镇人大日常工作，协助市人大开展市人大代表小组活动。

1992年后，镇人大主席团主要开展以下工作。

例会

建立例会制度，每季召集一次主席团会议，必要时临时召开。例会议题主要有交流代表活动情况，布置下一阶段工作，听取政府及职能部门工作汇报，审查代表议案、建议办理情况，向政府部门提交闭会期间人大代表意见、建议和批评，组织代表约见政府及职能部门领导。

议案建议办理

对代表大会期间收到的议案、建议，经议案审查小组初审后，由主席团向大会提交议案建议审查报告。第九届至第十七届历次人民代表大会期间，有10件议案列入大会议程，按议案办理程序办理，其他议案，均按代表建议办理。第九届至第十七届历次大会期间，共收到代表议案、建议1253件，由主席团交镇政府各部门办理，各承办单位领导负责，专人办理。在规定时限内，将办理结果向代表作出答复，代表对办理结果不满意的，限期办理。主席团适时邀请部分代表，听取镇政府各部门关于议案、建议办理情况汇报，向下次代表大会报告。

视察调查

1993年2月镇第十一届人民代表大会后，人大主席团每年制订工作计划，围绕当年人民代表大会确定的年度工作重点，开展2—4次视察调查。内容涉及企业体制改革、海塘防护、教育体制改革、卫生保健、环境整治、重大工程项目建设等。每次视察调查均由人大主席、副主席带队，主席团成员和有关代表组成视察组，镇政府主管领导及有关部门负责人参加。基本步骤为听取汇报、实地察看、提出整改意见、督促执行。对于一些热点、难点问题，还组织代表事后跟踪监督。2000—2017年，主席团在镇人大代表中试行持证视察调查、就市政府派出机关的工作、市政工程建设项目，需市政府及市级部门协调解决的难点问题有针对性视察调研。主要有海涂坍缩、海堤防护、标准农田建设和土地整治、姚北排污工程建设、余姚大道建设、经济案件执行情况、环境整治、市镇垃圾填埋场等。

在小曹娥的市人大代表，除参加市人大常委会组织的视察调研活动外，或与镇人大代表联合组队，或单独组队，每年开展2—3次视察调研。

评议制度

1996年后，镇人大主席团建立评议制度，组织人大代表对政府各部门开展工作评议。1999年，邀请市人大代表参加，开展对市政府派出机关的评议。对机关部门的工作评议采取两种形式：一是每年选定2—3个工作部门，按计划开展工作评议；二是年终组织各代表组，采用书面征询的形式，对所有镇机关部门、市政府派出机关、社会公共服务部门开展评议。1996年后共组织2次，评议工作为三个阶段：组织代表走访选区选民，调查、了解被评议部门工作；召开评议会，听取工作汇报；督促落实整改措施。

2000年起，在试点基础上开展人大代表述职评议，主要是以选区为单位，主席团会同选区中基层组织开展活动。十一届镇人大代表参加述职评议共48人，占38.4%；十二届镇人大代表参加述职评议30人，占49%。十三届至十七届人大代表均参加述职评议。

代表联系制度

1989年前，历次会议主席团只行使大会会期的职责。闭会期间，主席团和镇人大代表不单独组织活动。1990年后，镇人大主席团闭会期间组织镇人大代表活动。镇人大代表联系制度始于1992年，全镇按选区就近划分为6个代表小组，主席团常务主席联系主席团成员。主席团成员联系各代表小组，代表小组组织代表定期联系选区选民。1995年，完善代表联系制度，明确主席团成员联系代表，代表联系选区选民的方式。1999年起建立代表联系卡制度，每位代表在各自选区确定10人以上选民作为长期联系对象。2002年，代表小组建立代表活动室，代表小组每季活动1次，开展小组学习、视察调查、走访选区单位等活动。

市（县）人大代表制度建立于1957年7月，时境内建有3个县人大代表小组，定期活动以征集选民意见。逢县政府人大代表接待日，派组长或代表向县政府反映人民群众意见和诉求。1984年9月后，以区为单位建立代表中心组，配备兼职人大联络员，代表小组和代表中心组活动开始规范化、经常化。工作主要内容有组织代表视察、调查，学习讨论、走访选区选民，参加市人大常委会组织的有关活动等。

第十一至十七届镇人大负责人一览表

表 17-1-1

届次	职务	姓名	任职时间	备注
第十一届	主席团常务主席	王礼镛	1992 年 6 月至 1996 年 1 月	专职
第十二届	镇人大主席	王礼镛	1996 年 1 月至 1999 年 1 月	专职
	镇人大副主席	曹妙芬	1996 年 1 月至 1999 年 1 月	兼职
		施培洋	1997 年 1 月至 1998 年 9 月	专职
第十三届	镇人大主席	施惠芳	1999 年 1 月至 2001 年 7 月	兼职
	镇人大副主席	沈岳良	1999 年 1 月至 2001 年 4 月	专职
		沈金荣	1999 年 1 月至 2001 年 4 月	专职
第十四届	镇人大主席	李国建	2002 年 1 月至 2005 年 1 月	兼职
	镇人大副主席	沈岳良	2001 年 4 月至 2005 年 1 月	专职
第十四届七次会议	镇人大主席	李树强	2005 年 1 月至 2007 年 1 月	专职
	镇人大副主席	沈岳良	2005 年 1 月至 2007 年 1 月	专职
第十五届	镇人大主席	李树强	2007 年 1 月至 2011 年 12 月	专职
	镇人大副主席	沈岳良	2007 年 1 月至 2011 年 12 月	专职
第十六届	镇人大主席	陈江龙	2012 年 1 月至 2015 年 1 月	兼职
		方娟芬	2015 年 1 月至 2016 年 12 月	专职
	镇人大副主席	周力平	2012 年 1 月至 2016 年 1 月	专职
第十七届	镇人大主席	翁贤权	2016 年 12 月起	专职
	镇人大副主席	朱红良	2016 年 12 月起	专职

1990 年境内各乡、镇人大主席团负责人一览表

表 17-1-2

乡名	常务主席	任职时间	备注
小曹娥镇	阮登坤	1990 年 4 月至 1992 年 5 月	兼职
朗海乡	周成荣	1990 年 4 月至 1991 年 1 月	兼职
镇海乡	吴继芳	1990 年 4 月至 1992 年 4 月	兼职

附 出席宁波及以上历届人民代表大会（代表会议）代表名录：

浙江省第五届人民代表大会（1977 年 12 月至 1983 年 3 月）陈其连 （小曹娥镇镇海村）慈溪县动力机厂工程师。

宁波市第十届人民代表大会（1993 年 3 月至 1998 年 2 月）宣秋芬 小曹娥镇曹娥村（原全义村）养殖专业户。

宁波市第十二届人民代表大会（2003 年 2 月至 2007 年 2 月）李立峰 宁波世茂铜业股份有限公司总经理。

宁波市第十三届人民代表大会（2007 年 2 月至 2012 年 3 月）李立峰 宁波世茂铜业股份有限公司总经理。

宁波市第十四届人民代表大会（2012 年 3 月至 2017 年 3 月）李立峰 宁波世茂铜业股份有限公司总经理。

宁波市第十四届人民代表大会（2017 年 3 月起）李立峰 宁波世茂铜业股份有限公司总经理。

泗门区出席余姚县各界人民代表会议代表名录：

第三次（1950 年 7 月 10 日至 13 日）

陈 旭 何异之 房宝良 戚周赓 陆善根 陆宝康 邵赓年 熊信元 杨松鹤 吕时盛 董建森 谢国权 李成海 王阿五 杨廷芳 吴文德 张金梁 符永茂 郑 秀 符光耀 谢渭生 马金奎 傅文桥 周焕良 徐景铨 熊水康 洪行先 单春生 吴才德 谢宜生 周之康 万祥林 徐登来 邵阿毛 陆洪洲 周茂余 诸庭芳 谢荻寿 杨寿春 朱 英 刘六元 谢甲初 龚德威 杨源漪 周树生 陈军贯 邵文正

第四次（1951 年 12 月 10 日至 14 日）

曹高泉 熊维新 张金泉 蒋福昌 陆锦贤 马孝福 徐士江 刘炳森 周金炎 钱永青 谢荻寿 谢建陛 谢甲初 周树生 邵文正 岑卓甫 王阿五

第五次（1952 年 4 月 29 日至 5 月 2 日）

陈 旭 施志传 严茂源 虞中祥 吴才盛 干金岳 徐维森 汪金尧 陈光尧 周志康 杜敖生 徐登来 许云先 顾国安 吴银海 郭炳南 张水根 周洪才 周炳华 周焕良 周之光 马加水 谢荻寿 谢甲初 谢建陛

第六次（1952 年 11 月 8 日至 11 日）

史宝树 陈 旭 熊余山 施亚仙（女） 符永茂 符水根 钟文焕 王大良 范祥林 周志康 徐永尧 杨鹏顺 何炳传 熊水康 周仁全 马来仁 邵德兴 沈凤桂 陈大林 冯金木 鲍阿根 张日胜 谢 勋 徐永泉 李培华（女） 戚惠珍（女） 吴凤英（女） 周树生 谢荻寿 刘录元 谢彭年 钱云程 谢甲初

第七次（1953 年 3 月 28 日至 31 日）

万祥林 洪筱樵 符成坤 王登来 傅文桥 徐金泉 符永茂 杨鹏仁 熊登记 陈光尧 王登楚 胡德兴 胡兆和 谢荻寿 谢家珍（女） 冯少青 邵文正 董彩娟（女） 杨爱婵（女）

方雅琴（女） 李水珍（女） 严志惠 戚惠珍（女）

泗门区选举出席余姚县人民代表大会代表名录：

余姚县第一届人民代表大会（1954年7月至10月）

祝瑞英（女） 张利铨 张月姑（女） 王志根 谢启桂 朱庚夫 徐士江 陈苗荣 陈健康 严志惠（女） 岑卓甫 谢友云（女） 许长根 沈宝泉 吴凤英（女） 洪筠（女） 许志根 裘延章 戚惠珍（女） 董鉴森 熊章海 熊永康 王元和 熊登基 郭子栋 张日森 范祥祯 谢礼福 宋明林 谢家良 徐炎昌 诸法文 谢荻寿 周树生 龚清和 谢青云（女） 谢显全 李吉生

泗门区出席慈溪县第一届人民代表大会代表名录：

（1954年10月，泗门区划属慈溪县，有25名原余姚县人大代表转为慈溪县人大代表。）

慈溪县第一届人民代表大会（1954年10月至1956年12月）

沈宝全 林致中 岑卓甫 严志惠（女）王月姑（女）王志根 王元和 谢友云（女） 祝瑞英（女） 陈健康 许长根 许志根 裘延章 熊登基 干金海 范祥祯 徐炎昌 郭子栋 张日森 诸法文 谢荻寿 谢青云（女）谢礼福 谢家良 龚清和

曹海乡选举出席慈溪县历届人民代表大会代表名录：

慈溪县第二届人民代表大会（1956年12月至1958年6月）

林致中 施绥炎 黄一斋 严孝正 周来良 陈桂祥 沈月珍（女） 吕春凤（女）

卫星人民公社一、二、三大队选举出席慈溪县历届人民代表大会代表名录：

慈溪县第三届人民代表大会（1958年6月至1962年7月）

陈 旭 严孝正 鲍登钊 吕春凤（女）陆吾省 陈桂祥 陈森治 沈月珍（女）

曹娥、朗海、镇海人民公社选举出席慈溪县历届人民代表大会代表名录：

慈溪县第四届人民代表大会（1962年7月至1963年12月）

沈开锦 盛大勋 钱东明 陈桂祥 陈双富 杨秀梅（女）劳振升 鲍成根 张来娣（女） 陈 旭 周志根 王志根 吕春凤（女） 潘渭江

慈溪县第五届人民代表大会（1963年12月至1966年）

杨涨荣 陈桂祥 陈双富 杨秀梅（女） 应彩娥（女） 章正根 王登磊 李森传 张彩娣（女） 王秀娟（女） 陈宗道 王大森 陈 旭 王志根 吕春凤（女）

慈溪县第六届人民代表大会（因“文化大革命”开始，选举中止，未召开大会）

慈溪县第七届人民代表大会（1978年12月至1979年9月，1979年复归余姚时代表转余姚）

卢友泉 章有理 周传裕 沈金花（女） 王友根 王田华 施彩花（女） 劳振道 吴爱琴（女） 吴忠校 苗张财 王大森 应永钊 沈纪林 沈月筱（女）

曹娥、朗海、镇海三乡（镇）选举出席余姚县（市）历届人民代表大会代表名录：

余姚县第八届人民代表大会（1981年3月至1984年6月）

沈金荣 孙金根 应彩娥（女） 崔登友 王大森 应森槐 沈焕钊 许兰芬（女） 范叶定 沈渭南 沈秀生

余姚县（市）第九届人民代表大会（1984年7月至1987年4月）

姚宏根 阮世正 沈焕钊 周成荣 马吉传 汪水云 沈金荣 姚长灿 莫招棣（女） 周庆平（女）

余姚市第十届人民代表大会（1987 年 5 月至 1990 年 4 月）

汪水清 沈秀珍（女） 沈焕钊　沈登荣　陈志员　陈宝泉　单爱芬（女）　谢桂灿　陈爱云（女）　夏勃迅（女）

余姚市第十一届人民代表大会（1990 年 5 月至 1993 年 2 月）

王秀娣（女）　陈志员　陈宝泉　沈调言（女）　沈焕钊　范兰英（女）　周志修　姚志友　谢桂灿　陈宗道

小曹娥镇选举出席余姚市历届人民代表大会代表名录：

余姚市第十二届人民代表大会（1993 年 3 月至 1998 年 2 月）

马吉传　王世康　王礼镛　王国军　沈森樵　沈调言（女）　陈月珍（女）　陈宝泉　陈宗道　周志修　俞根孝

余姚市第十三届人民代表大会（1998 年 2 月至 2003 年 2 月）

王世康　王礼镛　叶沛芳　许国才　阮登坤　陈志员　范雪春（女）　周月芳（女）　顾巨康

余姚市第十四届人民代表大会（2003 年 2 月至 2007 年 2 月）

叶沛芳　李国建　沈纪林　沈岳良　陈月珍（女）陈兴苗　陈志员　施天军　姚菊芬（女）　顾巨康

余姚市第十五届人民代表大会（2007 年 2 月至 2012 年 2 月）

王林灿　王维江　叶沛芳　包晓莹（女）2008 年 12 月换徐峰　孙迪江　李树强　沈新康　陈月珍（女）　陈兴苗　姚菊芬（女）

余姚市第十六届人民代表大会（2012 年 2 月至 2016 年 12 月）

王林灿　王祥林　卢爱娟　童益民（女）　周力平　陈江龙 2015 年 1 月换丁建军　沈新康　陈兴苗　钱文君　姚菊芬（女）　缪正刚 2014 年 1 月换王建永

余姚市第十七届人民代表大会（2016 年 12 月起）

丁建军2017年11月换梅百烽　王建平　杜　瑾　沈新康　陈娟芬(女)　陈莉文(女)　周婉芬(女)　姚安泰　翁贤权　钱文君　谢勇毅

第二章　政府机构

清光绪三十四年（1908）始置朗霞乡、四门乡后，本域分属朗霞乡、四门乡。民国19年(1930)，域内首置孝女乡、朗海乡、镇海乡。民国29年(1940)孝女乡、朗海乡及利济塘后滨海一带合并为曹娥乡。至 1949 年 5 月，曹娥解放，曹娥地方行政管理机构先为自治，后为县政府委派，不属一级地方政府。1949 年 6 月成立曹娥乡人民政府。1954 年 6 月，实行乡镇人民代表大会制度，确立乡镇行政机构的法律地位，乡镇政府成为最基层的地方政府组织。2017 年，小曹娥镇政府管理 8 个村民委员会、1 个居民委员会。

第一节　民国时期政权

民国元年至16年（1912—1927），乡村政权沿袭清旧制，各乡设乡董管理地方事务。乡董由地方推选，县公署备案，实行地方自治制度。

据民国《余姚六仓志》记载：辛亥革命后，朗霞乡董为童炜；清宣统三年（1911）为杨祖荫；民国2年（1913），后因乡董资料缺失，不能详列。

民国17年（1928），推行村里制。

民国19年（1930），改村里为乡镇。域内置孝女、朗海、镇海三乡，各乡设乡长1人、副乡长1人、文书1人，配警备班3—5人。

民国29年（1940），现境内置曹娥乡，镇海乡划属四海乡，分别成立乡公所。

余姚沦陷时期（1941年4月至1945年9月），汪伪政权于曹娥乡设维持分会。民国32年（1943）初，成立汪伪政权曹娥乡，设乡公所，下设保甲实行联保连坐。1945年8月，日本投降，汪伪政府解体。

抗日战争胜利后，国民党余姚县政府还治，在现境内设乡政府，各置乡长1人、副乡长1—2人，配警备班5人。至1949年5月余姚解放时解散。

民国时期，孝女乡、朗海乡、镇海乡政府人员，曹娥乡、四海乡政府人员人录及任期，因资料缺失，仅知如下。

民国时期（1930—1940年）朗海乡长、副乡长名录

朗海乡公所副乡长：施德余、韩礼朝。

镇海乡公所乡长：陈寿昌。

民国时期（1940年至1949年5月）曹娥乡政府人员

乡长：施青山、毛福润、全阿荣、金春荣、施传麟、胡兆炎（代）。

副乡长：毛福润、金春荣、胡兆炎、周忠荣。

总干事：施仲安。

乡队副：汪仁坊。

户籍干事：吴泉章。

民国时期（1940年至1949年9月30日）四海乡政府人员

乡长：姚加涛、陆字龙、陈光贤。

副乡长：谢鼎煌、严春标。

总干事：谢云。

乡队副：翁伯雄。

干事：谢一苹（户籍）、朱炳全（财务）、谢显明（经济）。

第二节　乡镇人民政府（管理区、公社）

1949年6月，境内设3个乡，成立曹娥、朗海、镇海3个乡人民政府。乡长、副乡长由中共余姚县委任命，配委员若干人，文书1人。1950年4月后，乡长由人民代表会议选举产生。1954年3月，实施人民代表大会制度，正、副乡长由人民代表大会选举产生，乡政府下设合作社、文教卫生、民政、财粮、治安保卫、人民武装、调解等工作委员会。同年8月，乡人民政府改称乡人民委员会（简称乡人委）。1956年，曹娥、朗海、镇海3乡合并为曹海乡。1958年10月，曹娥乡、朗海乡、镇海乡并入泗门卫星人民公社，曹娥、朗海、镇海为第一、第二、第三大队。1959年3月，卫星人民公社改名为泗门人民公社，大队改称管理区（曹娥、朗海、镇海管理区）。建立管理区委员会（简称管委会），实行政社合一管理。1961年5月，撤销管理区，建立人民公社管委会，仍实行政社合一管理。管委会下设工业、农业、财政、文教、卫生、民政、治安、武装、调解等委员会。是时，境内共建有曹娥、朗海、镇海3个人民公社管委会，机构设置相似。

1967年3月，境内各公社工作均由人武部部长负总责（称人武部长拿总），设立“抓革命、促生产”三结合领导小组。

1968年2月，实行党、政合一的“一元化”

领导，一切权力归革命委员会（简称“革委会”）。1980年撤销“革委会”，恢复公社管理委员会。境内各公社恢复公社管委会，由公社人民代表大会选举管委会主任、副主任。1983年9月，政社分设，公社管委会改为乡人民政府，同时建立经济联合社，主管全乡经济工作，实际并未发挥职能。社会事业管理和经济管理职能由乡政府内设的社队工业办公室（后改称乡镇工业办公室）、农业办公室、教文卫办公室、政法办公室，多种经营办公室、财政组（后改称财政所）、城镇建设办公室担负。经济联合社成为政府的一个部门，分管具体经营业务，至20世纪80年代末自然撤销。是年，境内各乡政府机构设置相似。1986年7月，撤曹娥乡置小曹娥镇。

1992年5月，朗海、镇海2个乡并入小曹娥镇，镇政府工作暂时由市政府任命的政务组管理。同年6月，召开由原各乡镇人大代表参加的小曹娥镇人民代表大会，选举产生镇长、副镇长。此后，历届镇政府均由镇人民代表大会选举产生，报市政府公布任命通知。镇政府内设党政综合办公室、工业办公室、农业办公室、教文卫办公室（同时挂计划生育办公室牌子）、政法办公室、城镇建设办公室、财政所。1992年后，镇政府内设职能机构数次调整，先后增设司法所、审计所、便民服务中心、社会事务办公室、劳动和社会保障综合服务中心。2017年，镇政府内设七办一所一室一中心。

2017年镇政府内设机构及人员配置一览表

表17-2-1　　单位：人

机 构	正职	副职	工作人员	备注
党政办	5	2	11	在编机构
发展服务办	1	1	3	在编机构
农业农村办	2	2	5	在编机构
综合治理办		2	1	在编机构
村镇建设办	2	2	2	在编机构
社会事务办	2	1	4	在编机构
财政办	3	1	3	在编机构
便民服务中心	1	1	1	在编机构
安监所	1	0	1	在编机构
综合信息指挥室	1	0	1	在编机构

注：机构编制以市编委规定为准，不含临聘。

1949 年 6 月至 2017 年乡（镇）政府历届一览表

表 17-2-2

名称及届次	职务	姓名	任期时间	备注
曹娥乡（1949 年 6 月至 1955 年 12 月）	乡　长	葛明强	1949 年 6 月至 1950 年 1 月	—
		范聚鑫	1950 年 7 月至 1953 年 5 月	—
		丁寅初	1953 年 7 月至 1953 年 12 月	—
	副乡长	施绥炎	1953 年 12 月至 1956 年 1 月	主持工作
		吕　坤	1950 年 2 月至 1950 年 7 月	—
		周登善	1950 年 7 月至 1951 年 3 月	—
		章阿小	1952 年 10 月至 1953 年 10 月	女，不脱产
		桑桂林	1952 年 10 月至 1953 年 10 月	不脱产
		施志传	1953 年 11 月至 1955 年 4 月	—
		冯彩凤	1950 年 4 月至 1953 年 10 月	女
		沈月吟	1954 年 5 月至 1956 年 1 月	女
曹海乡（曹娥、朗海、镇海三乡合并）	乡　长	施绥炎	1956 年 2 月至 1957 年 1 月	—
		严茂源	1957 年 1 月至 1957 年 11 月	—
		陈森治	1957 年 11 月至 1958 年 10 月	—
	副乡长	沈小牛	1956 年 2 月至 1958 年 10 月	—
		杨涨荣	1957 年 11 月至 1958 年 10 月	—
		李春凤	1956 年 2 月至 1958 年 10 月	—
		施绥炎	1957 年 11 月至 1958 年 10 月	—
曹娥管理区	主　任	施志传	1958 年 10 月至 1961 年 11 月	—
	副主任	叶高法	1958 年 10 月至 1959 年 11 月	—
		潘其华	1958 年 10 月至 1961 年 11 月	—
曹娥人民公社	主　任	王大森	1961 年 11 月至 1962 年 6 月	—
		严茂源	1962 年 7 月至 1963 年 6 月	—
		杨涨荣	1963 年 6 月至 1968 年 12 月	—
	副主任	沈开锦	1961 年 11 月至 1962 年 6 月	—
		朱　瑛	1961 年 11 月至 1963 年 6 月	—
		钱东明	1962 年 7 月至 1968 年 12 月	—

续表 17-2-2

名称及届次	职务	姓名	任期时间	备注
曹娥公社“革委会”	主　任	黄炳灿	1968 年 12 月至 1970 年 3 月	—
		卢有泉	1970 年 3 月至 1970 年 9 月	—
		梁如林	1970 年 9 月至 1973 年 4 月	—
		干志成	1973 年 4 月至 1976 年 8 月	—
		钱梓刚	1976 年 8 月至 1980 年 5 月	—
		周忠心	1980 年 5 月至 1981 年 6 月	—
	副主任	熊泉坤	1976 年 10 月至 1979 年 10 月	—
		严茂源	1976 年 10 月至 1978 年 5 月	—
		钱涨海	1968 年 12 月至 1979 年 9 月	不脱产
		章小荣	1968 年 12 月至 1979 年 9 月	不脱产
		沈金荣	1980 年 5 月至 1981 年 6 月	—
第七届曹娥公社管委会（乡政府）	主任（乡长）	沈金荣	1981 年 6 月至 1984 年 7 月	1983 年 8 月，公社改乡
	副主任	孙登金	1981 年 6 月至 1983 年 11 月	—
第八届曹娥乡人民政府	乡　长	沈金荣	1984 年 7 月至 1985 年 7 月	—
		刘定荣	1985 年 7 月至 1986 年 8 月	—
	副乡长	谢仁铨	1983 年 12 月至 1987 年 12 月	—
		徐延年	1983 年 12 月至 1987 年 12 月	—
第九届小曹娥镇人民政府	镇　长	刘定荣	1986 年 8 月至 1987 年 12 月	—
		谢桂灿	1987 年 12 月至 1990 年 4 月	—
	副镇长	李亚国	1987 年 12 月至 1990 年 4 月	—
		周兴国	1988 年 8 月至 1990 年 4 月	—
第十届小曹娥镇人民政府	镇长	谢桂灿	1990 年 4 月至 1992 年 3 月	十届一次会议当选
	副镇长	李树强	1990 年 4 月至 1992 年 5 月	—
		孙登金	1991 年 4 月至 1992 年 5 月	—
		周兴国	1990 年 4 月至 1992 年 5 月	—
		李亚国	1990 年 4 月至 1992 年 5 月	—

续表 17-2-2

名称及届次	职务	姓名	任期时间	备注
小曹娥镇政务组	组长	俞根孝	1992 年 5 月至 1992 年 6 月	撤区扩镇并乡过渡时期
	副组长	张文康	1992 年 5 月至 1992 年 6 月	
		沈金荣	1992 年 5 月至 1992 年 6 月	
		沈纪林	1992 年 5 月至 1992 年 6 月	
		马彩娟	1992 年 5 月至 1992 年 6 月	
		李树强	1992 年 5 月至 1992 年 6 月	
第十届小曹娥镇人民政府	镇长	俞根孝	1992 年 6 月至 1993 年 2 月	小曹娥镇第十届人民代表大会第三次会议选举
	副镇长	张文康	1992 年 6 月至 1993 年 2 月	
		沈金荣	1992 年 6 月至 1993 年 2 月	
		沈纪林	1992 年 6 月至 1993 年 2 月	
		马彩娟	1992 年 6 月至 1993 年 2 月	
		李树强	1992 年 6 月至 1993 年 2 月	
第十一届小曹娥镇人民政府	镇长	俞根孝	1993 年 2 月至 1996 年 1 月	—
	副镇长	沈金荣	1993 年 2 月至 1996 年 1 月	—
		沈纪林	1993 年 2 月至 1996 年 1 月	—
		马彩娟	1993 年 2 月至 1996 年 1 月	—
		王秀荣	1994 年 1 月至 1996 年 1 月	—
		施培洋	1994 年 1 月至 1996 年 1 月	—
第十二届小曹娥镇人民政府	镇长	阮登坤	1996 年 1 月至 1998 年 9 月	—
	副镇长	王秀荣	1996 年 1 月至 1998 年 12 月	—
		沈纪林	1996 年 1 月至 1998 年 12 月	—
		沈金荣	1996 年 1 月至 1998 年 12 月	—
		马彩娟	1996 年 1 月至 1998 年 12 月	—
		诸春富	1996 年 1 月至 1998 年 12 月	—
第十三届小曹娥镇人民政府	镇长	沈纪林	1999 年 1 月至 2002 年 1 月	—
	副镇长	王秀荣	1999 年 1 月至 2000 年 12 月	—
		诸春富	1999 年 1 月至 2001 年 10 月	—
		张公华	1999 年 1 月至 2002 年 1 月	—
		马彩娟	1999 年 1 月至 2001 年 1 月	—
		刘国芳	1999 年 1 月至 2002 年 1 月	—

续表 17-2-2

名称及届次	职务	姓 名	任期时间	备注
第十四届小曹娥镇人民政府	镇　长	沈纪林	2002 年 1 月至 2003 年 3 月	—
		包晓莹	2003 年 3 月至 2005 年 1 月	—
		项立秋	2005 年 1 月至 2007 年 1 月	—
	副镇长	马荣丰	2003 年 7 月至 2007 年 1 月	—
		杨国元	2002 年 1 月至 2004 年 3 月	—
		许建生	2002 年 1 月至 2006 年 7 月	—
		陈江龙	2001 年 1 月至 2003 年 7 月	—
		张公华	2002 年 1 月至 2003 年 7 月	—
		姚登峰	2004 年 7 月至 2006 年 7 月	—
第十五届小曹娥镇人民政府	镇　长	徐　峰	2007 年 1 月至 2008 年 10 月	—
		陈江龙	2008 年 10 月至 2009 年 12 月	—
	副镇长	马荣丰	2007 年 1 月至 2010 年 4 月	—
		潘　彪	2006 年 7 月至 2011 年 12 月	—
		张公华	2003 年 7 月至 2008 年 10 月	—
		黄克勤	2006 年 7 月至 2009 年 12 月	—
		董　斌	2008 年 7 月至 2009 年 12 月	—
		陈忠华	2010 年 7 月至 2012 年 1 月	
第十六届小曹娥镇人民政府	镇　长	陈江龙	2009 年 12 月至 2012 年 1 月	—
		丁建军	2012 年 1 月至 2015 年 1 月	—
		梅百烽	2015 年 1 月至 2016 年 12 月	—
	副镇长	杨剑波	2012 年 1 月至 2015 年 1 月	—
		董　斌	2009 年 12 月至 2015 年 1 月	—
		黄克勤	2009 年 12 月至 2011 年 1 月	—
		徐亚红	2011 年 1 月至 2013 年 5 月	—
		陈忠华	2012 年 1 月至 2016 年 1 月	—
		钱　军	2015 年 1 月至 2016 年 12 月	—
		胡　建	2015 年 1 月至 2016 年 12 月	—
		鲁定锋	2013 年 1 月至 2016 年 10 月	—
		周力平	2016 年 1 月至 2016 年 12 月	—

续表 17-2-2

名称及届次	职务	姓 名	任期时间	备注
第十七届小曹娥镇人民政府	镇　长	梅百烽	2016 年 12 月至 2017 年 8 月	—
		鲁岳彪	2017 年 8 月至	—
	副镇长	钱　军	2016 年 12 月至	—
		周力平	2016 年 12 月至	—
		朱佳齐	2016 年 10 月至	—
		胡　建	2016 年 12 月至	—

1949 年 6 月至 1992 年 5 月现境内各乡主要干部

表 17-2-3

机构人称	朗海（时属曹娥乡）	镇海（时属四海乡）
乡政府（1949 年 6 月至 1950 年 4 月）	—	—
乡政府（1950 年 4 月至 1956 年 1 月）	周水根　周登传　沈来法　俞章水　许水英　郑　秀　王秀娟	李菊灌　吴鉴康　周水根　朱　瑛　丁寅初　杨涨荣　黄传根　卢友泉
管理区管委员（1958 年 10 月至 1961 年 11 月）	蒋国才　鲍成根　崔登如	陈志祥　黄佰岐　李祥尧
公社管委会（1961 年 11 月至 1969 年 12 月）	王登磊　张连泰　鲍成根	单春玉　王大森　谢显德　潘渭江　周志根
公社“革委会”（1969 年 12 月至 1981 年 3 月）	汪忠渭　王登磊　孙成灿　俞永良　劳振道　俞根孝　杨涨荣　应森槐　陈如乔	诸显钦　徐增高　王大森　周志光　杨水荣　沈渭南
公社管委会（1981 年 3 月至 1983 年 3 月）	应森槐　范兰英　杨茂江	沈渭南　周之光
乡政府（1983 年 3 月至 1992 年 5 月）	应森槐　周成荣　沈纪林　施培洋　洪银水　劳志根　沈岳良　严帮怀	劳振道　成　明　沈金荣　马纪申　陈剑萍　张如军　诸春富　洪银水　沈小坤

第三节　基层自治组织

中华人民共和国成立前基层自治管理

明代改图为里。清承明制。民国初，仍沿清制。历代都、里、图、保主事者由地方望族富户推举，为县衙服事。费用由地方公推或由县衙税负捐外别列捐费。

民国17—19年（1928—1930）推行村里制。民国23年（1934），推行保甲制，保领甲，至民国29年（1940），整编结束。时境内合计设14保，其中曹娥乡置10保，122甲，四海乡置4保，54甲。保设保长办公室及保队副办事处，每保设保长1人，保丁1—2人。保长明为地方公举，实由豪强富户推荐。乡（镇）长委任，主要职责除协助县、乡（镇）摊丁派税，还负有维护地方治安职责。日本侵略军侵占余姚期间，曹娥乡为日伪控制，保甲制依然延续。解放战争时，乡（镇）各保为国民党政权控制，多持中立态度。

民国23年（1934），推行保甲制后，曹娥乡（一保至十保）历任保长如下。

一保：姚文荣、莫炳泉、马金钊、莫水良。

二保：毛福仁、毛基祥、施志燧、马芝山。

三保：沈青林、姚德金、王克强。

四保：潘嘉成（阿剑）、金耀定、周新惠、邹鹤鸣、周新亮、施开风。

五保：应永庆、姚成江、应永乔、潘登来。

六保：任如新、姚阿登、施国林、王绍灿、沈穗顺、王尧根。

七保：陈连才、施嘉康、施志山。

八保：周家有、姚德金。

九保：施忠海。施启文、阮阿法。

十保：施金培、姚存濬。

四海乡（一保至四保）历任保长如下。

一保：周长法。

二保：张泉如、许水林。

三保：严开其。

四保：冯金高。

中华人民共和国成立后基层自治组织

中华人民共和国成立初期村公所　1949年5月余姚解放后，废除保甲制，乡（镇）以下建村，曹娥乡设5个村，朗海乡4个村，镇海乡4个村。村管理机构称村公所，设村长、农会主任、青年民兵队长、妇女队长等不脱产干部若干人。村公所大多无固定办公场所，主要是配合乡镇人民政府围绕阶段性任务开展工作，担负组织全村的生产、治安、卫生等职责。时现境内共置13个村。

农业合作化时期村级组织　1953年，开始实施农业互助合作，1955年又实行农业合作化，村的各项工作事务逐渐转移到农业生产合作社。1956年初，时境合并为曹海乡，普遍建立高级农业生产合作社。其规模相当于村，行政村为高级农业生产合作社所替代。是时，境内共建有13个高级农业生产合作社。

生产大队　1958年10月，成立卫星人民公社时，高级社改为小队。1959年3月，卫星人民公社改为泗门人民公社后小队改为生产大队，又称核算单位。核算单位曹娥4个、朗海5个、镇海4个。1961年11月，实行“三级所有、队为基础”核算单位改为生产大队。每个生产大队设大队长1人、副大队长1—2人。另视岗位配置会计、出纳、妇女主任、青年、共青团、民兵、治保、调解等兼职人员。负责处理行政、经济、社会等事务。生产大队以下，以合作化初期的初级农业合作社为基础，建立有独立核算职能的生产小队。每个生产小队设队长、妇女队长各1人，配会计、出纳、保管员、记工员，主要负责全小队生产、经营、分配等事务，协助生产大队管理其他社会事务。1981年，曹娥公社有9个生产大队、1个生产农场，即曹一、曹二、曹娥、全义、三发、永久、曹丁、全灶、后中灶大队、九塘闸农场。时境内朗海乡有海塘南、徐家路、杨家路、朗海、符丁、杨丁大队。镇海乡有南新庵、华丁路、周洪丘、方家路、仁泰丘、人和丘、周洪丘大队。

村民委员会 1983年，政社分设，生产大队复名为村，建立自治管理机构——村民委员会。每村设主任1人，副主任视村大小而设。下设爱国卫生、教育、治安调解等委员会负责全村行政、社会等事务管理。与村委会平行设村经济合作社，负责村级集体经济经营管理。村经济合作社成员一般与村民委员会交叉兼任。1992年5月撤区扩镇并乡后，全镇共有23个村民委员会。1995年9月，仁泰丘并入方家路村。1998年，农村土地联产承包责任制已全面推行。各村推行统分结合的双层经营机制，原生产队集体资产并入村经济合作社统一管理，生产小队更名为村民小组。2001年4月，全镇22个村合并为8个行政村，合并后的村民委员会配5—7人的脱产工作人员，设主任1人、副主任1人、委员3—7人。村经济合作社设正副社长各1人，委员3—5人，2015年4月，改股份经济合作社，设正、副董事长。村、社干部交叉兼职。下设各委员会，日常工作由村脱产工作人员分工负责。

村民委员会实行村民自治。1990年后，开展村民自治示范活动，全灶等村开始制定《村规民约》和《村民自治章程》。1996年12月，民政部基政司领导到小曹娥考察、调研村民自治示范情况，高度评价小曹娥镇开展村民自治示范工作“扎实有效、值得借鉴”。1998年以后，村民代表会议制度、民主理财、村务、财务公开等村民自治工作不断完善。

2017年，全镇有8个村民委员会。

◎ 2011年村级组织换届选举工作动员大会

表17-2-4

1950—1960年村长、高级社主任、大队长一览表

乡（管理区）名称	组织名称	村长　高级社主任　大队长姓人
曹娥乡（1950—1956） 曹海乡（1956—1958） 曹娥管理区（1959—1961）	海南乡一村、曹海乡一庄、曹娥管理区一大队	宋仁友　王友根　罗长根
	二村、二庄、二大队	莫水良　王文炳　严夏林　阮仁丰　桑桂林　桑长根
	三村、三庄、三大队	沈顺表　王绍坤　周福炎　高松纪
	四村、五村、四庄、四大队	单来根　沈开锦　周文桂　周长纪　施玉根
朗海乡（1950—1956） 曹海乡（1956—1958） 朗海管理区（1959—1961）	海南乡五村、五庄、南一大队	许长根　李申传　崔登柱　鲍成根　劳振生
	二村、六庄、二大队	严小增　冯金木
	三村、七庄、三大队	严小增　姚永仁
	四村、八庄、四大队	王荣根　毛仕敖　冯荣海　施志炎　崔增尧　毛爱根
	五村、九庄、五大队	陈浩良　吴宝荣　施文根　张荣桂　夏登潮
	六大队	陈登明　钟永贵　姚登根

续表 17-2-4

乡（管理区）名称	组织名称	村长　高级社主任　大队长姓名
镇海乡（1950—1956） 曹海乡（1956—1958） 镇海管理区（1959—1961）	一村、十庄、一大队	赵月贞　应光奎　陈光尧　王春茂
	二村、十一庄、二大队	洪才坤　周水根　倪仁昌
	三村、十三庄、四大队	沈雪凡　王庭丰　范永纪
	四村、十二庄、三大队	沈开堂　陈小连　沈秀生　沈纪千

1961—2001 年（并村前）大队长、村委会主任、经济合作社社长一览表

表 17-2-5

公社、乡、镇名称	组织名称	大队长、村委会主任、合作社社长姓名
曹娥公社（1961—1983） 曹娥乡（1983—1987） 小曹娥镇（1987—　）	曹一大队、曹一村	唐金岳、王小坤、干雪荣、李佰荣、沈国能、周德泉、李君先、赵洪飞、孙文灿
	曹二大队、曹二村	杨美标、严长明、沈金荣、干柏檀、施国降、章柏铨、严邦夫、陆杏娟、童建军、严永康、章雪正
	全义大队、全义村	桑长根、莫志根、林志根、钟森良、王秀娣、沈渭祥、施海祥、陈伟芳
	曹娥大队、曹娥村	阮仁丰、沈水尧、沈水云、陈金才、王大兴、王志乔、施国元、周增土、沈佰新、钱张海、施国降、陶秋芬、应国森、王登才、王登坤、沈　杰、成登祥、应长茂
	永久（东风）大队、永久村	王绍坤、沈秦海、金凤治、沈佰年、叶登泉、缪永焕、王维江、沈金生、姚永芳、沈鹏飞
	三发（东风）大队、三发村	高松纪、金凤其、王志灿、金国灿、任联夫、王忠仁、周增勋、姚国林、金福林、章顺良、姚永祥、何国安
	新新（东风、曹丁）大队、曹丁村	施玉根、施纪法、陶佰森、严万杭、林志先、施培芳
	新建（全灶）大队、全灶村	鲍登钊、施志大、鲍渭降、王维标、沈国军、周志修、杨国祥、姚志千、姚定忠
	新民（后中灶）大队、后中灶村	钟文泉、俞文联、周增森、章登记、阮国栋、姚荣桥、曹友张、周增顺
	农场村	许荣根、姚尧江、姚荣国、吴国巨、沈泉金、姚岳锦、施光庆

续表 17-2-5

公社、乡、镇名称	组织名称	大队长、村委会主任、合作社社长姓名
朗海公社（1961—1983） 朗海乡（1983—1992） 小曹娥镇（1992— ）	海塘南大队、海塘南村	李申传、黄文涛、苗张法、劳志根、周吉传、许登仁、张炳苗、施天军
	一（徐家路）大队、徐家路村	崔登柱、施德尧、张永桥、沈金祥、单卫新、施卫良、冯建祥、陶友根、范叶露、张贵富
	二（杨家路）大队、杨家路村	冯金木、王长海、阮长新、胡传法、沈新康、姚雪芬、沈培良
	三（朗海）大队、朗海村	姚永仁、姚敖土、杨登林、屠苗正、陈贵荣、陈惠苗、姚世渭
	四（符丁）大队、符丁村	毛爱根、冯荣海、范兰英、周渭泉、潘尧泉、王建春、陈传忠、金友木
	五（杨丁）大队、杨丁村	夏登潮、吴忠校、沈焕钊、沈登才、马志仁、邵元涨
镇海公社（1961—1983） 镇海乡（1983—1992） 小曹娥镇（1992— ）	一（南新庵）大队、南新庵村	王春茂、陈光尧、陈志员、刘云康、应小建、魏藕珍
	国富（二、华丁路）大队、华丁路村	杨大水、曹传荣、裘才炳、范长云、施永先、应维元、朱兴昌、车志祥、施永传
	民强（二、周洪丘）大队、周洪丘村	倪仁昌、裘才炳、曹传荣、周国荣、周仁江、沈坤泉、周志康、车志祥、阮惠明、周爱仙、韩张标
	永久（二、方家路）大队、方家路村	戚炳荣、曹传荣、裘才炳、范炳牛、倪登尧、张长根、杨松坚、周松校、孙德兴、张森良、应永海、宋志银
	和平（二、仁泰丘）大队、仁泰丘村	邵尚法、曹传荣、裘才炳、应永海、赵耀成、
	三（人和丘）大队、人和丘村	沈纪千、沈秀生、陈张海、谢永千、杨兴苗、沈立章、应顺富、姚菊芬、单张炎、沈申桥
	四（周六丘）大队、周六丘村	范永纪、孙登云、章荣干、张万友、张公华、章银良、屠海灿、诸永高

中华人民共和国成立后集镇基层自治组织

1950 年土地改革后，集镇上从事工商业及无业无地的人口不参与土地分配。

1954 年，实行粮食统购统销及城乡社会主义改造，进入计划经济时期，户籍身份差别明显拉开，时境内未设居委会，非农业户口挂靠所在地村（大队），称戤社户。1987 年 2 月，小曹娥镇建立居委会（散居型），按居民居住情况，设置若干居民小组，居委会无独立的集体经济，其工作经费由政府下拨、社会募集。至 2017 年，全镇建有 1 个居委会（散居型），设 17 个居民小组，有 917 户、1304 人，其机构设置，人员配置基本与村民委员会一致。实行社区化管理。

第三章　议政机构

第一节　乡自治会乡（镇）民代表会议

据民国《余姚六仓志》载，清宣统年间，乡成立自治会，讨论决议全乡自治事项，设议长1人，议员若干。民国初沿清制，境属朗霞乡，高瞻任议长［清宣统三年（1911）当选］。

民国中后期，境内各乡成立乡民代表会议。民国30年（1941）4月，余姚沦陷后，乡民代表会议解体。民国34年（1945）9月，抗日战争胜利后，恢复乡民代表会议。民国35年（1946），周城、阮国正、马德森等被乡民代表会议推选，成为第一届余姚县参议会参议员，沈长法为省参议员。1949年5月，余姚解放，乡民代表会议解体。

附　清及民国时期县以上部分议员、参议员名录

高　瞻　清宣统三年，朗霞乡议长。

马德森　民国35年，余姚县第一届参议会参议员。

阮国正　民国35年，余姚县第一届参议会参议员。

周　城　民国35年，余姚县第一届参议会参议员。

沈长法　省参议员。

第二节　政协联络委员会的建立与发展

1956年3月6—9日，慈溪县政协第一届第一次委员会议召开。因当时政协委员名额有限，境内各乡没有人出席会议。1966年，慈溪县政协因“文化大革命”中断活动。

1979年9月，余姚、慈溪调整县界，现境所属的泗门区复归余姚县。1980年，余姚县政协第四届委员会鉴于当时党的工作重心转移，统一战线队伍扩大，增加集镇政协委员名额，是届，泗门区有县政协委员3人。

1988年6月，市政协六届十六次常务委员会决定建立泗门区集镇委员会小组，先后指定施招智、陈新良为召集人（曹娥、朗海、镇海属泗门管辖）。泗门区政协委员组成由原区委宣传委员任组长，组织闭会期间的小组活动。1992年5月后，泗门集镇委员小组由泗门、小曹娥两镇的市政协委员组成。泗门镇委宣传委员兼任组长。1998年2月，设专职政协联络组组长，负责联系泗门、小曹娥两镇的市政协委员开展各项活动。

2003年3月，建立市政协泗门联络委员会，联络组组长改称联络委员会主任，负责联系泗门、小曹娥两镇的市政协委员。

小曹娥镇境内历届浙江省政协委员名录

单渭祥　浙江省政协第十届委员会委员（2008年1月至2013年1月）

单渭祥　浙江省政协第十一届委员会委员（2013年1月起）

小曹娥镇境内历届宁波市政协常务委员、委员名录

单渭祥　宁波市政协第十二届常务委员会委员（2003年4月至2007年4月）

单渭祥　宁波市政协第十三届常务委员会委员（2007年4月至2012年4月）

姚宏霏　宁波市政协第十三届委员会委员（2007年4月至2012年4月）

单渭祥　宁波市政协第十四届常务委员会委员（2012年4月至2017年4月）

王国军　宁波市政协第十四届委员会委员（2012年4月至2017年4月）

小曹娥镇境内历届余姚市（县）政协委员名录

姚菊英　余姚县（市）政协第五届委员会委员（1984年7月至1987年5月）

姚菊英　余姚市政协第六届委员会委员（1987年5月至1990年5月）

李立峰　余姚市政协第九届委员会委员（1998年2月至2003年2月）

王国军、陈伟前　余姚市政协第十届委员会委员（2003年2月至2007年2月）

王国军、钱国炎、姚宏霏　余姚市政协第十一届委员会委员（2007年2月至2012年1月）

王国军、钱国炎　余姚市政协第十二届委员会委员（2012年1月至2017年2月）

郑健红、章钢儿　余姚市政协第十三届委员会委员（2017年2月起）

第十八编

军事　政法

镇境北濒杭州湾，清代设置方家路炮台、四塘上设瞭望台，防备海盗、倭寇，在军事上体现小曹娥沿海地理位置的重要性。1949年5月小曹娥解放后，为配合剿匪、反特，维护治安，巩固政权，组建民兵组织。

1962年，设立乡镇人民武装部。1992年5月，设立余姚市公安局小曹娥派出所。1996年，成立小曹娥镇司法所。

第一章 军 事

第一节 驻军 设施 活动

镇境北濒杭州湾，与海盐澉浦隔海相望，历来是海防要地。明嘉靖年间，由抗倭名将胡宗宪主编的《筹海图编》称泗门为“余姚西北之咽喉”。清雍正《浙江通志》卷九十八《海防四》也数次提及泗门：“绍兴北面之支港……自三江至龙山延袤三百余里，中有宋家溇、蟹浦、临山、泗门、胜山、古窑、松浦，均要冲之地……临山卫东又有四门港最为险要……”

清初，绿营兵驻防临山卫，沿海设置台寨，设目兵若干昼夜巡逻，以防海寇。在泗门附近设谢家路炮台（木基），方家路炮台（石基）。方家路炮台原遗址位于南新庵村营房头自然村，俗称老炮台，1955年平整为耕地。清雍正十二年（1734）建四塘后，在四塘上（现曹一）石基垒土建炮台（称瞭望塔），里面如窑洞，高二丈有余（约7米），设岗哨往海上瞭望，防备海盗、倭寇。同期在榆柳塘南（横潭），驻军一个班10人左右，隶属观海卫管辖，直到民国时期废去炮台、营房。

民国30年（1941）9月，中共浦东工委敌工委书记朱人俊及方晓（洪尚洁）等率领由中共秘密控制的汪伪十三师五十团一部350余人，取得国民党苏鲁战区淞沪游击队暂编第三纵队（简称暂三纵）的番号南渡浙东，开展敌后抗日游击斗争。10月底，暂三纵到达临山、泗门沿海的湖北、夹塘、曹娥一带。这支部队后成为开辟浙东抗日根据地的骨干力量，也是新四军浙东游击纵队（俗称三五支队）建制的基础。

民国32年（1943），税警团教导队第一总队部设浒山，所属第三营部设周巷，各连队分布在长河市、英生街、坎墩、相公殿、段头湾等地。同年，日本侵略军为扼杀姚北军民抗日力量，在庵东盐场修筑两道高2米的竹篱笆封锁线，东自新浦沿经相公殿、马家路、段头湾、小安街、周家路、英生街、泥墩潭为南线；又自新浦沿经拖落湾、崔陈路、张家路、大陈家路、涂讯潭至泥墩潭为北线。沿途修筑炮楼、碉堡22个，设检查站22个，配置伪警132名。盘查出入行人，禁止盐民偷卖私盐，日伪军闯进英生街，强制曹娥乡乡长施传麟建造300平方米草舍作为营房，驻一个排约40人，至1945年初撤走。

民国34年（1945）10月初，新四军浙东游击纵队第二旅政委王仲良奉命率部队北撤，在东部大汀丘湾和境域英生街渡口上船，于10月2日抵达海宁黄湾与第二旅先行部队会合。

民国36年（1947）10月，中共四明工委顾德欢率四明人民爱国自卫总队三支队，四、五中队出击姚北，驻四海乡祠堂丘（方家路、仁泰丘旁）。

1951 年 2 月，县治安指挥部和县公安大队在姚北曹娥乡围剿“江苏省第一支队行动大队”施志樵股匪，除匪首外，全部落网。

1956 年，中国人民解放军 3860 部队某团，为剿匪在五塘江北（现人和村旁）建造营房，驻有 4 个班共 56 人，1957 年调防舟山。

第二节　地方武装

乡勇　民团

清至民国时期，乡勇民团组织为地方武装，人数甚少，主要为地主，富绅看家护院。

民国 18 年（1929），英生街商民王冠雄等发起成立中全村英生街保卫团，由周云龙为团总，教练 1 人，团丁 5 人，驻防英生街，保卫团有毛瑟步枪 3 支，子弹 40 发，经费由各商铺自行筹措。民国 29 年（1940）区域调整时解散。

民国 19 年（1930）10 月，施椿荣等 10 人为团董发起成立孝女乡保卫团，由马锦燧为团总，团丁 10 人，快五响枪 10 支，子弹 1000 发，经费由团董负责。民国 29 年（1940）区域调整时解散。

民国 20 年（1931），县成立保卫团总部，县长兼总团长，下辖 7 个区团部，区长兼任团长。民国 22 年（1933）5 月后设县区基干队，保以下基层组织，设常备队，有队丁数百人，配备枪支数百支、弹药数千发。

民国 28 年（1939）春，成立县抗日自卫总队。县长林泽兼任总队长，下辖 2 个大队、3 个独立中队。是年 7 月，县抗日自卫大队下辖 3 个中队、9 个分队，各区设预备独立中队，分驻姚北沿海各区，乡镇称自卫队。镇海乡二保，保长陈阿武之子陈胜初组建 6 人的自卫队。余姚沦陷后解散。

民国 35 年（1946），各乡、保成立国民兵队。至 1949 年 5 月，余姚解放时解散。

1948 年，曹娥乡乡长施传麟为保家护院建立一支有一个班的自卫队。1949 年 5 月解散。

第三节　人民武装

中共领导的地方人民武装

民国 37 年（1948）7 月，县武工队在马渚青港乡鹰山头战斗后，余上县工委委员，余上县办事处副主任雷行带来一部分队员，撤到临山区四海乡一保方家路，住在乡民代表陈张才家，不料被陈张才告密，当天下午遭敌包围，突围时两名新同志被捕（后牺牲在余姚玉皇山）。到 8 月，经县武工队查实后，立即镇压了陈张才。后四海乡一保逐步发展成为中共余上县后方机关的常驻地。

东区地处周巷、浒山、庵东三角地带，交通发达，3 个镇的公路均可直达姚城，政治情况极其复杂，帮会势力集中，是余姚国民党在姚北的统治中心。开辟发展东区，不仅能和整个余上县连成一片，有利于广泛地开展敌后武装斗争，而且还可以与邻县慈镇取得联系，有利于相互之间的配合和支援。1948 年 10 月初，县办同志（武工队）开始向东挺进。就如何开辟东西间走廊——曹娥乡，县办同志利用曹娥乡乡长施传麟在五塘南召集保长开会的机会，对他们进行形势和政策教育，并提出有关要求。为了便于联络，他还指定阿登保长和范阿二保长为县办同志之间的联系人。县办同志抓住这个有利形势，迅速组织力量向东挺进。中共四明工委负责护送胡建功等 5 名同志去浦东途中，被国民党军派兵包围，并打死了 2 名三五支队的同志。后经过查实，这是马宝昌告的密。为此，镇压了反动分子马宝昌，贯彻执行了党的“打击少数，争取多数，宽大与镇压相结合”的方针，使开辟发展向东挺进的工作打开了新的局面，把整个余上的东西两部分联成一块，并和慈镇县工委取得了联系，使之活动区域进一步扩大，相互间联系也更加紧密。

民兵

抗日战争时期，周巷、临山等地在中共地下党的领导下组建民兵。1943 年 1 月，境内各保相继成立不脱产的冬防队、防窃队等群众抗日武装，每保均有 10 余人参加，选正、副队长各 1 人，担负巡逻放哨，防止敌伪匪特刺探情报等任务。

1944 年 5 月，中共余上县委指示农民自卫队的基层组织以保为单位，设基干、运输两队。基干队负责打击敌伪、抓捕汉奸、破坏公路、巡逻盘查、刺探敌情、配合主力作战等工作，运输队在发生战斗时担负担架运输、交通联络、接送伤员、帮助民众撤退和实行坚壁清野等任务。

是年下半年，中共余上县委号召各区举办民兵积极分子训练班并落实民兵组织体制，区为大队，乡为中队，保为分队。年底，指示各区举办第二期民兵骨干培训班，各乡民兵中队长均在训练之列。是时，境内民兵中队长王吉传参加培训。

民国 35 年（1946）5 月，中共余上县特派员黄明，周巷区特派员雷行在海南村、朗霞镇一带发动共产党员和积极分子，成立余上游击小组，配合姚南武工队在国民党天华乡公所突袭缴枪。直至 1949 年 5 月余姚解放前夕，余上县游击区的民兵组织，执行锄匪锄特、参战支前和保卫当地群众等任务。

1949 年 5 月余姚解放后，为配合剿灭土匪，巩固人民政权，维护地方治安，境内各乡普遍建立民兵组织，以政治表现好，身体素质好，历史清白，年龄为 17—25 周岁的男性公民和 18—30 周岁的复员军人为基干民兵，年龄 26—40 周岁的男性公民为普通民兵。1949—1950 年，民兵配合部队，先后剿灭国民党余姚县政府突击队章登记部、反共救国军海北纵队第二支队第一大队卫虎亭部等多股匪徒。1952 年 8 月 1 日，各乡民兵参加泗门区举行的民兵检阅大会。

1953 年，实行普通民兵制，18—40 周岁的青壮年分别参加基干民兵和普通民兵。1955 年，成立泗门区人民武装部。1958 年实行“全民皆兵”，泗门区组织民兵团、各管理区（公社）组建民兵营，核算单位（村）为民兵连，生产队为民兵排。1960 年，各公社成立民兵工作小组。1961 年，对民兵组织进行整顿，编武装基干民兵；各公社设人民武装部，配专职人武干部，同时开展组织、政治、军事三落实工作。1967 年，各公社人民武装委员会被取消。1972 年 10 月，各公社恢复建立人民武装委员会。

1978 年 8 月，以公社为单位组建民兵团。1981 年撤销民兵团，恢复基干民兵和普通民兵，组建公社基干民兵营，年龄在 18—35 周岁民兵，余皆为普通民兵，使民兵制度和预备役统一。1979 年 8 月，连遭 9 号、10 号台风影响，海塘出现险情，朗海公社组织基干民兵组成抢险突击队，顶着狂风暴雨赶赴海塘抢险，被慈溪县委、县政府命名为“抗台抢险先锋连”称号，授予连旗。1981 年，镇海公社和平大队创办“青年民兵之家”，组织开展演唱、美术、夜校、科技等学习活动。随后各大队普遍办起“青年民兵之家”。1983 年，曹娥公社曹二大队民兵连连长严邦怀和全义大队民兵杨家森办起“家庭图书室”，对群众开放。杨家森出席 1984 年全省关心少年儿童阅读工作先进表彰大会，同时被评为浙江省少儿图书先进个人，严邦怀被评为浙江省先进图书工作者，被宁波市、宁波军分区评为建设精神文明先进个人。曹二大队“青年民兵之家”被评为浙江省、宁波市先进“青年民兵之家”“红星之家”，载入了《余姚市志》。1985 年，按照“减少人数，提高质量，抓好建设后备力量的重点，打下战时动员基础”的原则再次调整民兵组织。

1991 年，小曹娥人民武装部主动向镇政府请战，组织青年民兵，利用周末时间义务上水利工地疏浚内河，挖掘土方 1160 余立方米。1992 年 5 月 20 日，民兵干部代表陈博（曹娥村人），参加宁波市第三次民兵代表会议。1997 年，受 11 号台风影响，小曹娥镇民兵突击队员，冒着风雨连夜奋战在海堤，用草包堵住漏洞，防止了险情发生，保住了海堤。

1992 年，成立镇基干民兵营。2017 年，小曹娥镇进一步完善民兵组织。

第四节　兵　役

募兵制

清代至民国初，亦行募兵制。因乡人有“好铁不打钉，好男不当兵”之习俗，故应募当兵者甚少。

征兵制

民国 22 年（1933）颁布《兵役法》，实行征兵制，未实行。因兵员不足，民国 25 年（1936），重新颁布《兵役法》，规定凡 18—45 周岁男性公民都要服兵役。乡镇、保把壮丁登记入册，然后在每年 3 月、8 月、12 月上旬分期编号抽签，中签并体检合格者即征为兵丁。时内战不断，士兵又受非人待遇，人们都不愿当兵。富有者或远遁他乡，或行贿求免；贫困者则有用断指、伤目等自残方法逃避兵役的。为征足配额，区、乡各级乃采用四丁抽二、三丁抽一等强制措施，使征兵制成为抓兵制，甚至将中签壮丁五花大绑以防逃走，激起乡民强烈反对。民国 28 年（1939）5 月，中共余姚县工委为支援抗日，通过各乡镇青年救亡宣传动员到期与即将到期的壮丁，主动报名应征服役。

志愿兵役制

民国 30 年（1941）4 月，余姚沦陷后，境内有不少爱国青年志愿参加由中共领导的抗日武装部队。1949 年 5 月余姚解放，继续实行志愿兵役制。1951 年抗美援朝时，适龄青年踊跃报名参军。从 1978 年起，实行义务兵与志愿兵相结合的制度，根据部队需要和本人自愿，将部分义务兵改为志愿兵。

义务兵役制

1955 年颁布《中华人民共和国兵役法》，实行义务兵役制。周行泗门两区合设一个征兵站进行体检。各乡镇成立征兵领导小组，由分管政法工作的副乡（镇）长兼任组长。1962 年后，设专职乡镇人武部干部，1980 年以后曹娥、朗海、镇海适龄青年到余姚兵站体检。

预备役

1956 年，进行首次预备役登记。根据《中华人民共和国兵役法》规定：分一、二类登记（军士和士兵服现役期满后转为一类预备役，18—40 周岁公民编为二类预备役）。1957 年，中央军委规定停止二类预备役登记。1958 年，民兵预备役合一，实行混合编组，以复退军人为骨干，组成武装基干民兵。1965—1980 年，预备役工作处于停顿状态。1981 年起恢复预备役，对部队服役一年以上，年龄在 28 周岁以下的退伍军人，均按规定编入预备役。1984 年，实行民兵与预备役相结合的制度，退出现役的士兵和军官以及其他年龄在 18—35 周岁且符合兵役条件的公民服预备役。

镇人武部在 2002 年、2010 年、2012 年获宁波征兵工作先进集体称号；2003—2017 年（除 2010 年、2012 年）均获余姚市征兵工作先进集体称号。

第二章　公　安

◎ 小曹娥镇派出所（2019 年吴华春摄）

第一节　公安机构

1985 年以前，镇境内未设公安派出机构，有关公安事务由泗门派出所管辖。1985 年 6 月，建立曹娥乡派出所。属乡镇派出所，有关公安事务仍由泗门公安派出所管理和领导。1992 年 5 月，成立余姚市公安局小曹娥派出所。

1985 年至 1992 年 4 月历任派出所所长及负责人：

徐延年、许定军、马国林、周兴国、孙登金、李树强。

1992 年 5 月至 2017 年历任派出所所长：

马国林（1992 年 5 月至 1996 年 7 月）；

戚红土（1996 年 7 月至 2000 年 8 月）；

徐龙淼（2000 年 8 月至 2001 年 10 月）；

潘长根（2001 年 10 月至 2002 年 7 月）；

周海江（2002 年 7 月至 2003 年 11 月）；

陈彪（2003 年 11 月至 2013 年 4 月）；

钱建平（2013 年 4 月起）。

第二节　镇压反革命

1949 年 5 月余姚解放后，土匪、恶霸、特务、帮会头目、反动党团骨干分子相互勾结，制造政治谣言，破坏土地改革，袭击区、乡、镇人民政府，抢劫公私财物，扰乱地方治安。此阶段公安工作重点为开展反动党、团、特清查登记，镇压反革命，取缔反动道会门。

反动党、团、特清查登记

1950 年 11 月 1 日，开展反动党、团、特、军、政、警、宪人员总登记。县设总登记处，下设五个登记分处。在周巷镇设第二分处，周巷区区长郭众群兼任第二分区主任，负责周巷、泗门、临山、马渚 4 个区的登记工作。该工作历时半月，至 11 月 15 日结束。是时，曹娥共登记国民党员 13 人、三青团员 1 人、军队营级以上 1 人、政府系统保长 25 人、乡长 7 人。

镇压反革命运动

1950 年 10 月，在开展剿匪反霸、土地改革、抗美援朝的同时，按照中央指示精神开展镇压反革命运动（简称“镇反”）。运动分三个阶段进行：第一阶段自 1950 年 10 月至 1951 年 10 月，重点打击土匪、特务、恶霸、反动党团骨干和破坏土地改革的不法地主。1951 年 4 月，泗门区召开公审大会，分 3 批镇压 8 名犯有严重罪行的反革命分子。对一般反革命分子，按其罪行及表现，分别判处有期徒刑或管制。对罪行严重，但能真诚悔过又有立功表现者，给予从宽处理或奖励。第二阶段自 1951 年 11 月至 1952 年 10 月，巩固、扩大革命战果，深入开展斗争，在全区形成镇反高潮。第三阶段自 1952 年 11 月至 1953 年 10 月，重点打击残余反革命分子，取缔反动会道门，对首犯施某麟判处死刑。1954 年，根据“有反必肃、有错必纠”的方针，对在镇反运动中处理的全部案件进行复查，被错误处理的人员得到纠正。

取缔反动会道门

境内反动会道门有“一贯道”“同善社”“长生道”“大刀会”“白莲教”和“无为教”等，其中以“一贯道”徒众最众，危害最烈。“一贯道”又名“中华道德慈善会”，起源于山东济宁。民国 31 年（1942）起在泗门设道坛。1949 年 5 月后，“一贯道”由公开转入隐蔽，在全县分东、南、西、北四条线继续活动，其中北线包括泗门、临山、周巷、周朝、庵东、城北 6 个区。

1951 年 11 月，县人民政府宣布取缔反动会道门。1952 年 4 月，县公安局对全县反动会道门骨干进行管训，历时 2 个月。5 月 17—22 日，县公安局在泗门设登记处，对道首及其相当的道职人员进行登记。11 月，举办反动会道门罪证展览，组织道职人员现身说法，发动受害道徒控诉道首反动罪行。取缔反动会道门工作历时 1 年，现境内近 567 名道徒退道，对有现行破坏活动和严重罪行的会道门骨干依法予以惩处。

1953 年 10 月，县人民政府再次开展全面取缔“无为教”的专项斗争，查封“无为教”在曹娥、朗海、镇海建立的活动场所，对点传师进行依法处置，教徒纷纷退教。1967 年破获以施某麟为首的“同善社”复辟案。1962 年以来，施某麟先后联络上海、江苏、浙江等地的“同善社”首要进行复辟活动，不断扩展势力，制定反革命纲领，大搞反革命复祠升层，建立据点，恶意攻击共产党，妄图推翻人民政府。1971 年 8 月 25 日，依法处决反动会道门“同善社”复辟活动首犯施某麟，对 8 名骨干分子分别判处徒刑，一般道徒进行登记教育。

1980 年前后，受国外敌对势力的支持和资助，邪教组织“呼喊派”借基督教的名义，向泗门、曹娥、马渚等地渗透，建立非法聚会点，秘密发展信徒。1983 年 8 月 15 日，县人民政府宣布取缔“呼喊派”邪教组织，对为首分子依法实行逮捕，取缔工作至 11 月底基本结束。1984 年下半年，“呼喊派”又开始在境内活动。1988 年 7 月以后，全市范围内开展 2 次取缔“呼喊派”邪教组织的专项斗争。

第三节　打击刑事犯罪

中华人民共和国成立后，打击刑事犯罪活动与镇压反革命运动配合进行，对刑事犯罪活动除坚持常管常打，还视治安与发案情况集中打击。

1955 年上半年，刑事犯罪活动猖獗，社会治安秩序混乱。7 月，在中共慈溪县委统一部署下，泗门区集中搜捕打击惯盗、惯偷、赌头赌棍、流氓及破坏互助合作生产和粮食统购统销的刑事犯罪分子。1956 年 12 月至 1957 年 6 月，境内农村接连发生群体事件，部分区（乡）干部及农业社干部群众被打。慈溪县委抽调县公安等机关干部赴泗门，协助区（乡）制止少数农民借迎神行会闹事，对其中反革命分子的破坏活动予以打击。1958 年 7—8 月，集中打击以偷盗为主的刑事犯罪活动。

1969 年 8—9 月，按省革命委员会保卫组的统一部署，在境内打击现行犯罪分子的“红色台风”，由于严重混淆两类不同性质的矛盾，一批干部群众无辜受害。1970 年 2—3 月，按中共中央精神，开展打击反革命破坏活动和对贪污盗窃、投机倒把、铺张浪费运动，其间造成多起冤假错案。1973 年，在中共慈溪县委部署下，泗门区公所及曹娥公社成立清查领导小组，开展以打击现行反革命为重点的统一行动。1975 年 9 月，开展打击流窜犯的统一行动。

1976 年 11 月，开展揭批江青反革命集团罪行，打击现行反革命分子破坏活动和资本主义势力的“一批双打”斗争，清查贪污盗窃、投机倒把犯罪活动。1978 年 2—4 月，开展“一批双打三整顿”

运动，即深入揭批江青反革命集团，打击阶级敌人的破坏活动，打击资本主义势力的猖狂进攻，结合搞好整党整风整社三整顿，发动群众开展大检举、大揭发、大清查、大批判，查获数起贪污盗窃、投机倒把案件。1979年1月，开展治安大清查。

1983年8月，开展"严打"斗争，对流氓团伙、流窜犯罪和杀人、抢劫、投毒、放火、爆炸、强奸、重大盗窃、卖淫嫖娼等刑事犯罪分子，以及有现行破坏活动的反动会道门头子、反革命分子进行统一搜捕。"严打"斗争至1986年5月29日结束，历经3个战役、9次行动，刑事案件发案率比3年前明显下降。1986年6—9月，开展反盗窃专项斗争。1986年10—12月开展以侦破大案、要案为重点的打防结合专项斗争。1987年6月，开展以反盗车专项斗争。1989年10—12月，开展重大案件侦破战役。

1990年5—9月，开展严厉打击严重刑事犯罪专项斗争。1991年，开展严惩拐卖绑架妇女、儿童专项斗争。1992年，开展反盗抢、禁黄毒专项斗争。

1996年11月至1997年2月，开展为期4个月的"严打"整治冬季行动。1998年7月，开展"追逃犯、禁黄毒、清盲流"为重点的夏季严打集中整治行动。

2000年，开展打击制作、贩卖假币犯罪联合行动和打击信用卡诈骗犯罪专项整治行动。2001年，开展打击人贩子、解救被拐卖妇女儿童专项行动。2002年6月25—28日，开展"疾风二号"清查行动。同年10月30—31日，开展"反盗抢、禁黄毒"专项斗争。2003年，连续开展"雷电"一号、四号专项斗争，反盗抢、追逃犯，压发案专项斗争、百日大会战、夏季"飓风"行动、"雷电"二号、三号集中统一行动。

2004年，连续开展"平安宁波"一号行动，"04"一号、三号行动，百日攻坚战（攻命案、反盗抢、打流氓、追逃犯、禁赌博会战），网吧互联网服务营业场所专项斗争。是年，全镇刑事发案92起、侦破62起、刑事拘留62人、治安处罚91人。

2006年3月，开展打黑除恶专项斗争，"以恶护赌、以赌养恶、放高利贷恶势力"。8月，开展"三项排查、三个专项"行动。9月，开展"利剑一号"暨百日治安专项整治行动。2007年3月，开展黄、赌、毒"烈风"四号治安专项行动。2009年2月，开展打击假币犯罪"09号"行动，9月开展国庆60周年安保集中统一行动。2010年3月，开展"打盗抢"专项行动。是年5月，开展安全生产大排查、大整治专项行动。2011年6月，开展"扫黄赌打团伙"专项行动。2012年1月，开展"除火患、保平安"冬春专项行动。是年10月，开展流动人口及出租房屋基础信息大排查专项行动。2013年10月，开展"打四黑、除四害"专项活动。2014年1月开展重大火灾隐患集中整治专项行动。是年10月，开展道路交通管理领域"打非治违"专项行动。2015年5月，打击"六合彩"赌博专项行动。是年11月，开展排查管控严打整治专项行动。

2016年6月，开展"缉枪缉爆"专项行动。集中采取"深查缴、除祸患、严清网、控人头、打团伙、捣窝点、截渠道、强联控、堵流入、促合作"等举措。是年9月，打击治理通信（网络）诈骗犯罪专项行动。重点打击处理全国、全省专项行动方案，明确的八类地域性职业诈骗犯罪群体和其他11类违法犯罪人员。

2017年1月，开展加强行业场所治安消防监督检查整治专项行动。推动行业场所安全防范设施建设，落实各项治安消防管理措施，打击"黄赌毒"等社会丑恶现象，消除各类隐患，净化行业场所治安环境。是年4月，开展农村危旧房治理攻坚战专项行动。5月，开展"实有人口、实有房屋"信息大采集、大排查、大整治专项行动。6月，开展"治三车、消隐患、保安畅"专项行动。

对电动三（四）轮车、二（三）轮摩托车、电动自行车，迅速遏制道路交通事故态势，推进“法治余姚、平安余姚、文明余姚”建设。8月，开展“大脚板走一线、小分队破难题”抓落实专项行动，把握“敢破敢立求突破、全力全速抓落实”主基调，上下联动、左右协同、点穴式攻坚，实打实服务，确保“抓一项、成一项，干一件、成一件”。9月，开展“迎接十九大、平安夺金鼎”专项行动。是年，小曹娥派出所被评为宁波市公安局“迎接十九大忠诚保平安”主题活动考核县级优秀单位。12月，开展今冬明春治安打击整治管理专项行动。严厉打击黄赌、食药环境违法犯罪等社会丑恶现象，严防涉枪涉爆重大案事件发生，维护社会治安秩序稳定，确保治安工作扎实有效，为岁末年初各项重大会议活动举行，人民群众欢度节日，营造安全、有序、文明、和谐的治安环境。是年，全镇刑事发案144起，侦破54起，刑事拘留55人，治安处置93人。

第四节　群防群治

治保组织

1952年，为配合剿匪，防止敌特刺探情报和不法分子的破坏活动，以乡镇为单位，建立治安保卫委员会，委员7—9人，以村为单位，建立治安保卫小组，组员2—3人。1955年，农村以农业合作社为单位建立治保组织。1957年，机关、企事业单位、供销社、手工业社均建立治保组织。1958年，卫星人民公社治保组织与调解组织合并为治保调处委员会，在各管理区及生产大队设分会。1962年11月，治保与调解组织重新分设。“文化大革命”期间，治保组织瘫痪。1978年，整顿、重建治保组织，各生产大队、居民委员会设治保主任1人，治保委员2人。1992年，加强治调组织建设。1995年后，镇政府每年对各村、居委会治保主任培训不少于5次，对治保委员培训不少于2次。2017年，全镇共有治保组织13个、治保委员31名，其中村、社区居委治保组织8个，委员24名。

乡镇联防（民防）队

1978年，乡政府招收治安联防队员共10人（曹娥4人、朗海3人、镇海3人），由各乡治安委员会负责。1985年11月，各乡组建专职治安联防队，由各乡镇负责政法领导主管。1992年5月，乡、镇合并后镇组建联防队，镇政府招收队员11人，姚忠海任队长。1994年，成立小曹娥派出所并组建治安联防队，由陈国灿任队长，队员6人。1995年镇成立夜防队，队员15人，由应维元任联防队队长兼夜防队队长。2002年9月，镇成立民防治安巡逻大队，队员7人，由林志先任大队长，民防治安巡逻大队主要负责全镇民防治安巡逻，遏制发案，及时预防、控制、发现现行违法犯罪活动，协助公安机关开展治安安全检查和治安清查，清除危害社会治安的隐患，确保地方安定。至2017年，镇民防治安巡逻大队共有队员40人，应森桥任大队长，下设9个中队，配备巡逻车1辆、摩托车3辆、消防车1辆、对讲机20个。

◎ 联防队夜间巡逻

村民防队

1992年后，各村、企业组建各种类型群防群治组织。农村有党员守夜队、夕阳红治安队、青年民兵夜防队、干部治安队、冬防队等，企业有保卫队、护厂队、巡逻队、治安管理队等。

2002—2017 年，全镇共有 9 个民防治安巡逻中队，有队员 30 人，配备对讲机 10 只。

1963 年，曹娥公社一大队治保主任王小坤被评为浙江省社会治安综合治理先进个人。

众安综合服务中心

众安综合服务中心成立于 2005 年 8 月，址设恒兴路 50 号，时有工作人员 9 人，经理姚泉明。众安综合服务中心主要负责南北 2 个工业园区的治安巡逻、环境治理、农贸市场管理、民工住宿楼群管理、园区企业纠纷调解、交通安全管理、园区市容市貌等工作。至 2017 年底，工作人员增至 34 人，配有电动巡逻车 1 辆。分 4 个中队对南、北园区实施 24 小时不间断巡逻。发现险情、案情及时作出处理和排除工作。重大案情、险情及涉嫌犯罪的情况，及时汇报上级和移交派出所处理。调处矛盾纠纷，监管预防企业偷排、乱排行为，引导车辆有序停放，阻止违章建筑，保障园区道路畅通、交通安全，加强民工住宅楼管理，提供有关服务。10 多年来，未发生较大的失察、失管、失责事件，为维护园区的治安、环境秩序营造了良好的生产、生活环境，对经济的发展起到积极的作用。

第五节　户籍管理

1950 年，根据省人民政府通令与《户口管理暂行办法》，统一进行户籍整顿。1951 年，建立户口登记、户口迁移、出生死亡报告、入户许可、特种人口移动等户口管理制度，制发户口簿。1955 年 6 月，泗门区公所及各乡镇政府指定专人管理户口。1956 年 1 月，由派出所接管办理户口。1958 年 1 月，按《中华人民共和国户口登记条例》建立统一的户口管理制度。1985 年 1 月，县人民政府出台对无户口人员安置的十项具体办法，使无户口人员得以妥善安置。同年，处理农民自理口粮进城务工、经商和办理无业人口的落户工作。1994 年，对父母一方或双方是城镇户口，或配偶一方是城镇户口的人员，办理城镇居民蓝印户口。

1986 年，发放第一代居民身份证。到 1990 年底，泗门区共发放居民身份证 66549 张，发证率 98.9%。2004 年，开始做换发第二代居民身份证的准备工作，至 2017 年底全镇已发放二代身份证 29897 张，发放率 100%。

第六节　治安管理

禁烟毒

据民国《余姚六仓志》记载，清代中后期，大古塘以北围垦海地曾广种罂粟，收其浆液制作鸦片，流毒甚广。清宣统年间曾下禁烟令，罂粟被次第铲除。至民国 9 年（1920），罂粟废种，而外地流入鸦片不绝。1952 年，泗门区全面开展禁烟毒工作，禁止种植罂粟、贩卖烟毒，责令吸毒者定期戒除。在全面清查登记基础上，召开宣判大会，严肃处理种、贩烟毒人员，烟毒遂绝。

20 世纪 90 年代后，私种罂粟、吸毒（海洛因、冰毒、摇头丸等新型毒品）又偶有发生，一经发现即严肃处理。至 2017 年，全镇吸毒 64 人，脱毒 19 人，行政拘留 32 人，社区戒毒 6 人，强制隔离戒毒 3 人。同时对吸毒人员开展警示教育数次，使其重回社会，使烟毒终未成害。

禁赌

民国时期，境内赌风盛行。1949 年 5 月余姚解放后，经过土地改革、镇压反革命等运动和禁赌宣传教育，并对赌台、赌头和赌棍严肃处理，赌博活动基本制止。1966 年“文化大革命”开始，赌风又起。1983 年 12 月，集中捣毁赌窝多处，对参赌人员进行悔改登记。1985 年 2 月，结合“严打”，对赌头、赌棍实行逮捕或收容审查，一般参赌人员参加由区、乡举办的禁赌学习班。1986 年 2 月 21 日和 23 日两晚，泗门区开展突击查、禁赌博活动，查处赌博案件 10 余起，处罚赌博违法分子 20 余人。2000 年后，出现去澳门等地赌博场所参赌的情况，人数虽属个别，其负面影响甚大。2017 年，全镇查处赌博类治安行政案件 21 起，治安处罚 30 人，捣毁设赌抽头的"冲击场"11 个，使赌博活动有所收敛。

特种行业管理

1949 年 5 月余姚解放后，对私营旅馆业、刻字店等特种行业进行调查登记，发给营业许可证。1984 年，把生产性废旧金属收购业列入特种行业管理。1986 年，印刷业重新纳入管理。1988 年 8 月，加强对台球、电子游戏场所的管理。同年 9 月，当铺被列入旧货业管理。至 2017 年底，全镇共有旅馆 7 家、寄售旧货店 1 家、废旧金属收购业 1 家，均纳入特种行业管理。

2017 年，小曹娥派出所共查处治安案件 189 起，处罚 93 人。

第七节　消　防

20 世纪 70 年代以前，在农村、多为竹木结构的草房，极易发生火灾。居民在家中备有七石缸、长篮缸、小缸、水桶等，并在住宅附近开挖池塘作为消防水源。

民间消防组织

清代及民国时期　镇上以街坊为单位，农村以村落为单位，用祠堂公产或募捐购置锡龙、洋龙、油台、水桶、扁担、铜锣等消防设备，组织民间消防组织，俗称水龙会，如符丁、曹一、三发、新建、南新庵、镇海、人和等村有水龙会。早期水龙为锡龙（人工揿压式水龙）。需多人挑水至水桶内，再有壮汉按动杠杆加压，通过 2 支水枪喷水灭火。一般 1 个水龙会配 1 部水龙。每部水龙设正、副龙头（水枪）手 2 人、旗手 2 人（一人称水旗手，负责在火场附近寻找水源，找到合适水源后，便在水源旁插上水旗，指示挑水手在此挑水；另一人称帅旗手，负责确定安放水龙的合适位置，一般选择离火场较近的上风口位置插上帅旗，指示水龙可安放于此），敲锣手 2 人（一发现火警便敲乱锣报警，招呼附近居民往某地救火，火灭后则敲太平锣），榔钩手 2 人（负责在救火时钩住燃烧物，让水龙浇灭）。如镇海村仁泰丘水龙会有水龙 1 部、水桶 6 双，还有火把、铜锣 2 面，共有消防队员 18 人。

民国后期至 20 世纪 60 年代，人和丘购置洋龙。火灾时，只需把长皮管一端放入河中，开启柴油发动机，再由 2 人把住水枪即可灭火，效率比以前提高数倍。境内民间消防组织至 80 年代仍发挥作用，共有水龙 8 部、洋龙 1 部。

◎ 消防训练

乡镇消防队

20 世纪 90 年代初，小曹娥镇、朗海乡、镇海乡（镇）组建义务消防队，配有 7 马力手抬机动泵各 1 台、消防带若干条，还有手摇报警器各 1 台。

1995—2004 年，镇消防队设在小曹娥派出所内，由派出所管理，配有 25 马力、7 马力手抬机动泵各 1 台，机动三轮车 1 辆。2006 年，镇政府出资购消防车 1 辆，以派出所为主组建义务消防队，由姚迪清负责。2015 年，镇政府与中意（宁波）生态园共同出资组建镇专职消防队伍，总投资 430 余万元，其中硬件投入 260 万元、软件投入 170 万元。队长由综治办主任兼任，副队长有专职消防员姚迪清担任，现有消防队员 18 人，3 个战斗班，有 3 吨水罐消防车 1 辆、6 吨泡沫水罐车 1 辆。

2017年新增154.6万元的10吨干粉泡沫（多剂）联用消防车1辆。消防队开展各类技能训练，如五人出水操、手抬泵出水、一人三带、军体拳等训练，同时参加上级组织的各类培训比武。2017年，镇消防队进村、进企业16次，检查各类企业240余家，落实整改建议100条，开展12家重点企业进行消防知识学习，组织小曹娥镇志愿消防队伍大比武，出警128次。同时，小曹娥镇消防队在中共十九大期间，消防安保工作中集体和个人成绩突出，受到省通报表扬。

附　重大火灾

1964年9月12日下午4时许，人和丘钱开表家不幸起火，引发10户村民受灾，烧毁房屋31间。

2015年6月3日晚，余姚市姚东棉麻有限公司因电火花导致棉花物质起火，烧损房屋约1300平方米，经济损失1500万元。

2016年7月27日，宁波王龙科技股份有限公司因裂解装置破裂化工气罐泄漏导致火灾，造成经济损失约2000万元。

2005—2017年以来火灾损失一览表

表18-2-1

年份	火灾（次）	损失（万元）
2005	10	2
2006	26	5
2007	47	8
2008	59	10
2009	47	9
2010	53	10
2011	76	13
2012	70	12
2013	85	14
2014	107	16
2015	118	1920
2016	153	3000
2017	128	53

第八节　综合信息指挥中心（室）

小曹娥镇综合信息指挥中心（室）成立于2017年4月，主要负责采集分析社会治理信息，整合利用社会服务管理资源和统一指挥调度，镇各级处置力量，依托服务管理信息平台，整合镇辖区视频监控端口，流转处理上级部门下达和网格长报送的社会信息，确保妥善解决。做好信息平台上报有关处置的问题和事项，分析研判及归类整理采集信息、定期对一张网工作实施考核，兑现经核准符合奖励条件的款项，做好各类信息文件、影音资料等档案管理工作，完成上级交办的有关社会服务管理工作的其他事项。至2017年底，全镇相关村庄道口等处均安装摄像头。

第三章 司法

第一节 司法机构

20 世纪 80 年代，全镇司法行政工作由区司法助理员具体负责，以开展法制宣传为主要任务。1992 年撤区扩镇并乡后，由镇政法办公室一名副主任主管全镇司法行政工作。

1996 年 8 月，成立镇司法所，主要工作开展法制宣传教育、为群众提供“1234148”法律援助和法律咨询服务，指导全镇各基层调解组织和法律事务所开展工作，对刑满释放人员和解除劳教人员进行过渡性安置和帮教。

2010 年，镇司法所改为市司法局直属，实行司法局和小曹娥镇双重领导和管理。司法所长、政法专项编制工作人员（司法助理员）的选调、录用、调动由司法局按人事管理权限办理。司法所主要职责包括：指导管理人员调解工作；参与调解疑难、复杂民间纠纷；承担社区矫正日常工作；组织开展对非监禁服刑人员的管理、教育和帮助；协调开展对刑释解解教人员的安置帮教工作；组织开展法制宣传教育和基层依法治理工作；为基层政府依法行政、依法管理提供法律意见和建议；协助开展法律援助工作；协助基层政府处理社会矛盾纠纷，参与其他社会治安综合治理工作；协助开展指导、管理基层法律服务工作；完成上级司法行政机关和基层党委、政府交办的其他有关工作。

2015 年，小曹娥司法所被省司法厅授予四星级规范化司法所，同年被评为余姚市司法行政工作先进单位。

第二节 法制教育

中华人民共和国成立后，国家有重大法令颁布，均通过各种形式组织宣传教育。20 世纪 50 年代，着重宣传《中华人民共和国宪法》《中华人民共和国婚姻法》等，1979 年宣传《中华人民共和国刑法》《中华人民共和国刑事诉讼法》，1981 年宣传新《中华人民共和国婚姻法》，1982 年宣传《中华人民共和国民事诉讼法》。

1986 年开始，镇司法所组织开展普及法律常识宣传教育，每五年为一个周期。“一五”“二五”普法期间，组织全镇机关干部、教师、企业事业单位干部、职工、农村党团员，分批举办法律常识培训班。系统学习《中华人民共和国宪法》《中华人民共和国刑法》《中华人民共和国刑事诉讼法》《中华人民共和国婚姻法》《中华人民共和国民法通则》《中华人民共和国民事诉讼法》《中华人民共和国继承法》《中华人民共和国经济合同法》《中华人民共和国兵役法》《中华人民共和国治安管理处罚条例》等。1997 年，成立依法治镇普法教育领导小组，由镇委书记任组长，由分管政法镇长任办公室主任，负责“三五”普法工作。“四五”普法以宣传《中华人民共和国宪法》为主要内容，坚持法治和德治相结合，推进依法治镇，依法治村工作。“五五”普法各企业单位、行政村学习《中华人民共和国行政许可法》《中华人民共和国农业技术推广法》，全体机关干部学习《社会主义法治理念教育读本》。“六五”普法期间，学习金融法，宣传“三改一拆”“五水共治”“浙江法治宣传月”“平安和谐”“依法信访”“环保法”等方面的法律法规。“七五”普法期间，学习《中华人民共和国反家庭暴力法》《中华人民共和国网络安全法》《中华人民共和国宪法》新修改部分。

截至2017年，全镇有7个村达到民主法治示范村标准，其中曹娥村、建民村、镇海村为余姚市民主法治示范村，人和村、南新庵村、曹一村为宁波市民主法治示范村，朗海村为浙江省民主法治示范村。

第三节　律师事务

2002年8月，成立小曹娥法律事务所，有工作人员3人。业务范围包括：应聘担任机关、团体、事业单位和个体工商户、承包经营者、厂矿企业等经营实体的法律顾问；代理参加民事、经济、行政诉讼活动；代理非诉讼法律事务，主持调解纠纷；解答法律咨询；代写法律事务文书；协助办理公证事项；协助司法助理员开展法制宣传教育和其他有关业务工作。2006年，镇法律事务所被撤销。

2011年，小曹娥司法所聘请余姚市阳光法律事务所倪玲玲和章亚儿为小曹娥镇农村法律顾问。法律顾问工作包括：为村民、居民及时解答日常生产、生活中遇到的法律问题，提供法律意见；接受村民、居民委托起草、修改有关法律文书和参与诉讼活动；定期举办法律讲座，发放法治宣传资料，宣传日常生产生活相关的法律知识；参与镇、村人民调解委员会主持的纠纷调处工作；协助起草、审核、修订村规民约、社会公德和其他管理规定，为村治理重大决策提供法律意见等。

2017年，办理民事、经济诉讼代理案件15件，非诉讼事务10件，代写文书12件，担任企事业单位法律顾问6家，解答法律咨询72人次，挽回经济损失154万元，提供法律援助5件。

第四节　人民调解

1953年，建立乡人民调解委员会，主要工作是协助政府开展土地改革，向农民分发土地证。1955年，各农业合作社成立调解组织，主要是排解群众在农业合作化运动中产生的纠纷和矛盾。1958年，各农业合作社和手工业合作社的调解组织与治保组织合并，称治保调解委员会。1962年11月，调解与治保组织重新分设。“文化大革命”期间，调解组织瘫痪。

1978年后，调解组织逐渐恢复。1982年，调解工作归县司法局主管。调解组织的主要职责是调处民间婚姻、家庭、承包地、宅基地、房屋、邻里、生产经营等方面的纠纷，在双方自愿的基础上进行调处。未经调解或不愿调解以及调解结果不满意的，当事人可以向县人民法院起诉。2000年，全镇共有基层调解委员会30个，配专职、兼职调解员23人，全年调解率100%，调解成功率95%以上。

2001年，行政村调整，全镇基层调解委员会数量减至18个，其中村民调解委员会8个，居委调解委员会1个，企业调解委员会9个。同年，镇司法所成立调解中心，有关村、企业、居委调解不成功的纠纷由镇调解中心调处。2002年，对人民调解进行考核，合格者分别被评为一、二、三、四、五级人民调解员。

2003年5月，建立镇人民调解委员会，确定“调防结合、以防为主、多种手段、协同作战”的调解方针。2017年，全镇共有专职或兼职调解员10人，全年调解率100%，调解成功率100%。

第十九编

民政　劳动与社会保障

民国时期，曹娥的社会救济、灾荒施舍等多由民间慈善人办理，没有专门机构。1949 年 6 月，曹娥乡人民政府成立，专设民政办事员，负责境域内的有关民政事务。1954 年 6 月，乡设民政工作委员会，开展拥军优属、社会救济、慈善活动，使民政工作逐步走上正规。20 世纪 80 年代办起敬老院，五保老人得到保障。1996 年，土葬改为火化。2000 年后逐步建立起一整套养老保障、医疗保障、基本生活保障体系。

第一章 民 政

民国时期，曹娥社会救济等民政事务多由民间慈善人办理。1949 年 6 月，乡人民政府成立，专设民政办事员。1954 年 6 月，乡设民政工作委员会。1992 年撤区扩镇并乡后，设镇民政办公室。

1997 年，小曹娥镇被授予全省民政工作全优乡镇称号。

第一节 拥军优属

拥军支前

民国 30 年（1941）冬，由中共领导的国民党苏鲁战区淞沪游击队暂编第三纵队在姚北沿海一带活动，部队供给由包括四海乡在内的余姚、上虞北部地区的 17 个乡镇提供。浙东抗日根据地建立后，当地群众积极为新四军浙东游击纵队提供给养、补充人员、安置伤员、递送情报、打扫战场，广泛开展拥军活动。

1949 年 10 月，中华人民共和国成立后，曹娥、朗海、镇海三乡人民政府动员民众运送粮食至宁波，动员民船运送兵员和军用物资，支援解放舟山战役。1950—1953 年抗美援朝期间，三乡各界民众积极捐款购买飞机、大炮，适龄青年踊跃报名参军。至 1951 年 10 月，境内三乡捐款 13734.8 万元（旧币）

1992—2017 年，中共小曹娥镇党委、政府多次派代表赴小曹娥籍士兵服役的部队慰问，征求部队及战士的意见，改进拥军优属工作。

追悼褒扬

1949 年 5 月余姚解放后，每年清明节期间，组织共产党员、共青团员、学校师生到附近革命烈士墓祭扫革命烈士，缅怀革命先烈。同时邀请革命老战士、老游击队员、老交通员宣讲革命故事。1951 年，人民政府向沈乐山、陈长根等 7 户革命烈士家属赠送“人民功臣”“气壮山河”匾。各级领导于每年春节、建军节、国庆节等重要节日，慰问烈士家属、赠送慰问品。

1994 年 10 月，占地面积 2000 平方米的沈乐山烈士纪念碑、沈乐山烈士事迹陈列室和乐山公园落成并对外开放。

国家抚恤

1950—1979 年，死亡抚恤对象为牺牲、病故军政人员家属。初发抚恤粮，1952 年改发抚恤金。1955 年，牺牲、病故军政人员按生前职级一次性补发抚恤金，并补发革命烈士光荣纪念证。1980 年，死亡抚恤对象改为革命烈士家属、因公牺牲军人家属和病故军人家属 3 种，并对一次性抚恤金金额作大幅度提高。1985 年 1 月起，改为按月发给抚恤金。是年，城镇革命烈士家属优抚金标准为每月35元，农村为25元；城镇因公牺牲军人家属优抚金标准为每月30元，农村为25元；城镇病故军人家属优抚金标准为30元，农村为20元，之后抚恤标准多次调整提高。2004年10月《余姚市重点优抚对象优抚金标准自然增长机制实施办法》规定，享受定期抚恤的城乡革命烈士家属优抚金标准分别为当地上年度农村居民人均纯收入的125%和120%；城乡因公牺牲军人家属优抚金标准分别为120%和115%；城乡病故军人家属优抚金标准分别为110%和105%。其中孤老家属优抚金标准再增发10%。是年，全镇享受国家抚恤10人。其中，因公牺牲1人、残疾军人3人、参战军人5人、带病回乡军人1人。

◎ 学生祭扫革命烈士墓

伤残抚恤对象为在职和在乡革命残疾军人。1950年，分别发给营养费和优待粮。1951年，伤残抚恤按残疾轻重和丧失劳动能力程度分为3等5级，即一等、二等（甲级、乙级）、三等（甲级、乙级），给二等以上者发抚恤粮。1952年改发抚恤金。1965年起，给三等伤残军人发补助金。1987年后，按月发给伤残抚恤金。此后，抚恤标准多次调整提高。2004年10月，根据《余姚市重点优抚对象优抚金标准自然增长机制实施办法》规定，在乡残疾军人的最高优抚金标准为当地上年度职工社会平均工资的100%。2017年，全镇享受伤残抚恤金4人，共发放抚恤金18.66万元。

国家补助

1954年冬至1956年春，国家对烈军属和复员军人发放补助金，扶助其向农业生产合作社投资。1957年春夏间，对困难较多的优抚对象每人每月补助3—8元。1961年起，给生活无依靠的烈军属及复员军人实行定期定量补助。标准为城镇烈军属每人每月4—6元，最高不超过15元；农村烈军属每人每月3—5元，最高不超过10元；残疾和复员军人每人每月2—5元。1979年，对生活无靠的失踪军人家属、复员军人家属进行普查，按月发给补助金。补助标准多次调整提高。1987年，城镇优抚对象国家补助每人每月为45元，农村为30元，以后逐年有所调整。2017年，全镇享受国家补助的优抚对象29户，全年共发放补助金107.35万元。

群众优待

1950—1951年土地改革中，烈军属和革命残疾军人优先分得好的土地、好房、好家具。1951年，实行代耕制，优待缺乏劳动力的烈军属和革命残疾军人，方式有代耕小组、专人代耕、聘工代耕等。1956年改为优待劳动日制。1958年冬至1959年初，一度实行供给制，后仍恢复优待劳动日制。1962年，新增义务兵家属优待劳动日制，每年平均200个劳动日。是年6月，慈溪县人民委员会规定烈军属和荣军有救济、贷款优先权、优先供应副食品。子弟入学优先享受助学金，减免学费，召开大会为烈军属、荣军代表专设专席，并向烈军属、荣军发优先证及烈属光荣证，凭证优先乘车、购物。1981年推行家庭联产承包制后，改现金优待制。1985年起，对立功受奖和超期服役军人实行优待金制度。1989年，为现役军人投保养老保险和家庭财产保险。20世纪90年代起，对立一、二、三等功及获“优秀士兵”称号者，分别给予10000元、2000元、500元、200元的奖励，并对赴新疆、西藏地区服役的义务兵增加优待金待遇。

复员　退伍军人安置

1950年，由余姚县复员军人建设委员会办理全县志愿兵复员安置工作。1952年，改称为县转业军人建设委员会。1954年10月，余姚、慈溪调整县界，境内志愿兵复员安置工作，改由慈溪县转业军人建设委员会办理。1956年11月，慈溪县人民委员会强调“在调用干部，调配劳动力和招收工人、学徒、职员、技术人员时，都要优先录用复员军人”，规定“未经转业建设委员会和民政科同意，不得开除和解雇复员军人”。1958年后，改设县退伍安置领导小组，除安置少量志愿兵复员军人外，转入义务兵退伍安置，执行“从哪里来，到哪里去”的安置原则。对城镇户口义务兵退伍军人安排单位工作；农村户口义务兵退伍军人除少数参加边防战斗，立二等以上战功者，以及因战或因功致二、三等残疾者，安置于党政机关和全民、集体企事业单位，大部分回农村。1979年，退伍军人改由余姚县退伍军人与军队、离退休安置领导小组安置。1992年后，鼓励退伍军人自谋职业，按年发给安置费和培训费。

1950年前后，复员军人凡没有住房或者住房有困难的，一律配给。1958年后，除部分由国家分配住房外，多由国家供应建筑材料，由当地生产队出工修建，亦有政府发给补助金租赁住房的。1965年起，规定复员干部每人供应计划木材1立方米，普通战士0.1立方米。其中供应普通战士的计划木材不平均分配，集中解决住房困难者。1987—2017年，改为现金补助。

第二节　社会救济

灾荒救济

民国时，如遇自然灾害，多由民间慈善人自发筹款赈灾救济，有平粜、施医、施药、施衣、施棺等。

1949年5月余姚解放后，遇自然灾害，由人民政府拨粮款救济，并组织群众互救。1956年8月1日，强台风过境，各乡镇成立灾害善后小组。向灾民发放急赈款以恢复生产，重建家园。1983年9月16日，龙卷风袭击镇海、朗海、曹娥等乡7个村，县民政局供应计划木材、红砖、水泥等建筑物资。1992年，连续受16号、19号台风影响，市民政局向受灾严重的25户，拨赈灾物资红砖、水泥等建筑材料。镇政府同时拨相应配套资金，作自然灾害等临时困难补助。

扶贫救济

1949年5月，曹娥解放后，发动群众帮助困难户，少数特别困难户由政府发救济粮。1954年后，农村发展互助合作组织，困难户以集体帮助为主，政府救济为辅。1960—1965年，拨部分农村救济事业费以无息贷款方式扶持贫困农户养猪，因效果不佳，后仍改为救济。1984年，始行济贫与扶贫相结合的政策，或安置进乡镇企业就业，或扶持发展家庭副业，对部分贫困户的扶贫超支款予以减免。1992年国家实行扶贫政策，发放扶贫化肥、扶贫资金、扶植发展家庭养殖业及优惠贷款等。1997年10月起，对贫困户实行最低生活保障金制度，人均每月25元，后逐年提高。2017年全镇享受最低生活保障金的有月均646.6人，共发放最低生活保障金447.2万余元，人均每月576.4元。2017年全镇临时救济261户、15.6万元。

2006年始，对28户低保、残疾等特困家庭危房进行修缮改造，予资金补助，共20.4万元。后根据不同程度，逐年进行扶贫危房改造，给予资金补助。

2011—2017 年扶贫危房改造情况表

表 19-1-1

年份	危房户（户）	人口（人）	资金补助（万元）
2011	34	49	27.55
2012	27	41	21.25
2013	20	31	27.25
2014	20	38	24.40
2015	15	25	20.10
2016	11	20	14.55
2017	11	17	21.60
合计	138	221	156.70

疾病救济

1961 年，县政府对浮肿病患者发放救济钱、粮，并组织医务人员下乡治疗。1965 年 3 月起，县民政局每年拨款给贫困户补助治病费用。发现麻风病患者 8 人，送宁波市麻风病防治站治疗。从住院之日起，病人生活费、治疗费由国家全包。1992 年以后，小曹娥镇患疾病的人数较多，每年大病救助、生活补助费近百万元。2017 年，全镇大病救助人数 116 人，救助资金 98 万元，生活困难救助 26.6 万元，给全镇精神病患者施药住院，人均 300 元。

“三老”补助

1984 年起，对老共产党员、老游击队员和老交通员“堡垒户”（简称“三老”）给予每人每年 50—60 元的生活补助，此后补助标准多次调整，逐年提高。1992 年，全镇有“三老”人员 23 人。2017 年，全镇尚有“三老”人员 2 人，全年发放补助金共计 30458 元。

◎ 特困家庭危房修缮改造前后对照

第三节　福利事业

慈善机构

清代，境内无福利慈善机构。慈善以施舍（包括衣、食、住、行、安葬等）行善为目的，施舍对象主要是同姓同属者，亦有与氏族无关者。至民国时，有个人行善者。

民国25年（1936）年盐民绝食，强吃大户，绅商王荫生、姚惠能等与当时朗霞乡政府拟定治标办法，集资款项，成立盐民临时食粮借贷所，至4月3日，共计贷出米、麦2万余斤，贷户144户，计1032人。后即停办。

朗海乡施德裕，也照此法，组织借贷所，贷出米、麦，后即停办。

英生街绅商王荫生，施舍棺材，在曹娥殿戏台下摆8具棺材，当穷苦人家死了人，买不起棺材，去戏台下拿走1具。如戏台下少了1具，王荫生当即去补足，又是8具。中华人民共和国成立时停办。

中华人民共和国成立后，社会福利事业由人民政府，企事业单位出资兴办，亦有个人捐助。2000年7月，市慈善总会小曹娥镇分会成立，至2017年底，共募集16777826.2元，助困、助学、助医3562人次，支持项目个数122个，合计支出16509495.2元，其中扶助支出15236853.2元，2008年，汶川大地震赈灾支出1272642元。

2017年，宁波市政府发文以村为单位，建立慈善村。小曹娥镇除曹一、南新庵村外，其余6个村建立宁波市慈善村。当年建立，当年募集，当年用于扶助，具体见表19–1–2。

宁波市小曹娥镇6个慈善村募集及扶助情况一览表

表19-1-2　　单位：元

项目 单位	募集资金	扶助情况
曹娥村慈善村	50040	35000
建民村慈善村	50057	35000
朗海村慈善村	51000	0
滨海村慈善村	53038	35000
镇海村慈善村	50215	35000
人和村慈善村	53527	35000
合计	307877	17500

2001—2017 年小曹娥镇慈善分会募集情况一览表

表 19-1-3

年份	2001	2002	2003	2004	2005	2006	2007	2008	2009	2010	2011	2012	2013	2014	2015	2016	2017
个人捐款（人）	—	317	400	112	155	349	271	556	384	150	100	152	351	259	261	319	295
捐款（万元）	—	2.60	3.90	1.98	3.78	5.60	0.89	40.09	14.37	9.24	4.41	3.57	25.55	8.83	16.37	39.36	23.23
单位捐款（家）	—	—	2	5	8	23	38	9	30	37	101	20	33	7	6	80	7
捐款（万元）	—	—	0.45	2.39	4.70	102.2	14.99	46.00	65.54	148.94	99.90	270.40	187.03	107.40	100.50	141.80	31.50
村帮扶基金（万元）	—	—	—	—	—	—	—	—	—	—	—	18.00	—	—	—	—	5.06
四川赈灾款（万元）	—	—	—	—	—	—	—	127.26	—	—	—	—	—	—	—	—	—
合计	—	2.60	4.35	4.37	8.48	107.80	15.88	213.35	79.91	158.18	104.31	291.97	212.58	116.23	116.87	181.16	59.79

说明：2001—2017 年募集共 16777826.2 元。其中，个人捐款 4431 人次，捐款 2037570 元；单位捐款 406 家，捐款 13237044.2 元；村帮扶基金 23.06 元，汶川大地震赈灾支出 1272642 元。

2001—2017年小曹娥镇慈善分会扶助人数及支出情况一览表

表 19-1-4

年份 项目	2001	2002	2003	2004	2005	2006	2007	2008	2009	2010	2011	2012	2013	2014	2015	2016	2017
助困人数（人）	—	—	23	26	23	41	86	87	315	210	220	465	480	338	128	221	242
支出（万元）	—	—	1.18	3.37	0.85	1.87	4.60	26.50	15.78	54.02	52.81	66.27	143.87	115.77	84.68	107.50	10.34
助学人数（人）	—	—	—	—	4	5	17	28	32	—	—	—	1	—	—	81	80
支出（万元）	—	—	—	—	0.20	0.46	2.90	2.80	3.48	—	—	—	0.20	—	—	39.38	28.00
助医人数（人）	—	—	—	—	—	3	58	103	202	20	16	4	1	1	—	1	—
支出（万元）	—	—	—	—	—	0.22	23.10	7.01	23.84	2.79	28.21	0.68	0.25	0.15	—	0.03	—
项目个数（个）	—	—	1	—	—	3	15	5	2	22	25	30	14	—	—	1	6
支出（万元）	—	—	0.70	—	—	47.55	94.16	57.48	16.00	99.60	102.80	127.20	65.33	—	—	37.27	22.50
汶川大地震赈灾款（万元）	—	—	—	—	—	—	—	127.26	—	—	—	—	—	—	—	—	—
合计支出（万元）	—	—	1.88	3.37	1.05	50.10	124.76	221.05	59.10	156.41	183.82	194.15	209.65	115.92	84.68	184.18	60.84

说明：2001—2017年共扶助支出16509495.2元。其中助困人数2905人次，支出6894041.2元；助学人数248人，支出774200元；助医人数409人，支出862702元；支持项目个数122人，支出6705910元；汶川大地震赈灾支出1272642元。

“五保”供给

1954年起，农村中丧失或基本丧失劳动能力及生活无依靠的孤、老、残、幼者逐渐归农业合作社供养，做到“住有房，吃有粮，烧有柴，穿有衣，死有葬”，简称“五保”。其中疾病医疗和孤儿上学，亦由农业社负担。“五保”者死后遗产按遗嘱处理。无遗嘱者由社队收管。1960年后，“五保”经费统一由农业社公益金定额开支，每人每月3—6元。1981年，农村实行家庭联产承包责任制。“五保”供养金由村民委员会筹发，后逐渐改乡镇筹发。1992年，“五保”供养金每人每年360元。2001年起，实行农村居民最低生活保障金制度。

城镇居民中的鳏寡孤独，由县拨专款，实行定期定量救济。1992年，每人每月发放38元。2000年起，实行城镇居民最低生活保障金制度。

福利企业

1983年，全国民政会议后，发动各乡镇兴办社会福利企业，至1992年，全镇有福利企业4家，职工725人，其中残疾职工221人，占职工总数30.5%以上，免税部分返还给企业，并拨款给残疾人职工投保养老保险。

2017年，全镇有福利企业3家（市新型材料厂于1991年创办到2006年已注销）：宁波普力丝日化制造有限公司，创办于1991年，有职工290人，其中残疾职工80人，占职工总人数的27.5%；余姚市飞天玻纤有限公司，创办于1985年，有职工42人，其中残疾职工13人，占职工总数的31%；余姚市舜吉塑化有限公司，有职工393人，其中残疾职工128人，占职工人数的32%。

敬老院

1988年5—9月，朗海乡、小曹娥镇先后创办敬老院，集中供养农村“五保”老人。1992年10月合二为一，曹娥敬老院迁入杨家路三丘（杨家路江边），在原朗海敬老院基础上加层扩建。1995年，买入原曹娥初级中学校舍并进行改建，占地面积5000平方米，建筑面积4200平方米。“五保”老人发放零用钱190元／月，年终每人共2000元节日慰问金。伙食标准人均每天10元。2017年，镇敬老院在院“五保”老人44人，托老人员18人，共62人，工作人员12人。逢重要节日，政府机关、企事业单位、群众团体常慰问在院老人，赠送礼物，亦有个人捐赠。

敬老院从创办开始至今，历任负责人有王秀娟、施善标、钟申良、钱志娣、胡传法、陈志员、陶佰森、姚荣桥。

◎ 老年服务中心（2020年吴华春摄）

第四节　婚姻管理

封建婚姻

民国前，乡境内男婚女嫁全凭父母之命、媒妁之言，由父母包办，讲究门当户对。男女双方多在结婚时才得以首次见面。婚后一般男主外、女主内，崇尚夫唱妇随、相敬如宾。重结发（原配）感情，谓糟糠之妻不下堂，遗弃患难配偶的行为历来为人唾弃。男尊女卑封建思想严重，一夫可以多妻，而寡妇改嫁备受歧视，对夫亡守节者则予以旌表、建坊等褒奖。已婚女子犯“七出之条”（不孕无子、红杏出墙、不事父母、饶舌多话、偷盗行窃、妒忌无量、身患恶疾）其中之一者，丈夫只要一纸休书即可把妻子遗弃；而女方如以男方行为不轨等原因，欲脱离夫妻关系则遭种种责难，即使离婚也常被人轻视。

除结发夫妻外，另有以下各种特殊的婚姻形式。

童养媳　俗称养媳妇。穷苦人家为生活所迫，将未成年的女儿送交婆家收养，等成年后结婚。童养媳年纪普遍大男方数岁至10余岁，名为媳妇，实为廉价劳动力，备受婆家虐待。此习俗至民国时期尚存。

典妻 富裕人家男子未有子息，出钱典入穷苦人家已婚妇女以供生育，传宗接代。既是一夫多妻，又是一妻多夫。典妻立有契约，规定典期、典金，由“中人”牵线并签证，期满赎还。境内并不多见。

租妻 甲、乙双方均为生活所迫，甲方将妻租与乙方过临时夫妻生活。一般租期短暂，租金低微，无书面契约，全凭甲、乙双方“君子协定”，实为一妻多夫。境内并不多见。

入赘 俗称进舍女婿。入赘后，男改女姓，所生孩子亦随母姓。旧时入赘女婿受人歧视，中华人民共和国成立后受法律保护，男方不再改姓。

换亲 俗称代换亲。甲、乙双方因家境贫困，互换女儿为儿子成婚。此习俗至20世纪60年代尚存。

续弦、再醮 丧妻再娶称续弦，丧夫再嫁称再醮。续弦为未婚姑娘的称填房，属寡妇改嫁的称二婚头。改嫁时带去的子女被称为“拖油瓶”，受人歧视。中华人民共和国成立后，丧妻再娶、寡妇改嫁均受法律保护。

老亲结亲 俗称亲上加亲。主要指姑表、姨表、舅表等姻亲之间的下代互相通婚。旧时禁同姓联姻，今直系血亲和三代以内旁系血亲依法禁止结婚。

婚姻制度改革

民国8年（1919）五四运动后，提倡自由婚姻，封建婚姻制度开始受冲击。1950年5月《中华人民共和国婚姻法》颁布，原由父母包办成婚而双方感情不和的，配偶一方受虐待的以及童养媳等，多主动提请离婚或解除婚约。重婚、纳妾者，凡一方提出离婚要求，均可以结束婚姻关系。已解约的童养媳和离婚妇女生活有困难者，政府拨专款救济。

婚姻登记

婚姻登记包括结婚登记、离婚登记和复婚登记。1953年3月，泗门区公所开始办理结婚登记。1955年5月，改由乡镇办理。1985年12月《浙江省婚姻登记办法实施细则》颁布。次年1月，县培训各乡镇婚姻登记工作人员，经考核合格，发给婚姻登记员证书。从5月起按细则办理婚姻登记，并建立婚姻登记档案。2004年10月，婚姻登记改由市民政局办理。

1992—2017年小曹娥镇婚姻登记情况表

表19-1-5　　单位：对

年份	登记结婚数	登记离婚数	年份	登记结婚数	登记离婚数
1992	241	1	2005	125	24
1993	281	11	2006	144	27
1994	289	3	2007	113	33
1995	268	11	2008	153	34
1996	40	1	2009	110	32
1997	30	21	2010	211	48
1998	66	11	2011	146	33
1999	147	12	2012	237	38
2000	149	11	2013	174	41
2001	154	16	2014	248	56
2002	111	8	2015	164	48
2003	104	18	2016	232	58
2004	120	17	2017	116	50

第五节　殡葬改革

境内历来有土葬风俗。解放前，富裕人家各择墓地，分散安葬，占用大量土地。贫寒人家无力购置墓地，多掩埋于义冢，境内义冢有：永清塘后靠近杨丁直塘东旁有一块0.67公顷义冢，解放塘、利济塘、晏海塘、永清塘、金桔塘前后塘堪，仁泰塘前，还有的在自己房屋后面埋葬等。20世纪60年代中期，各村利用废咸地，提倡集中安葬，80年代前，分散土葬多于公墓安葬。

1956年，农业合作化运动中，为扩大耕地面积，平毁大量旧坟，无主坟。20世纪60年代中期起，在干部中提倡火葬，对殡葬习俗逐步实行改革，但进展缓慢。

1975年后，曹娥、朗海两公社各大队为节约丧葬用地和改善生态环境，相继规划设立公墓地共10处，集中安葬坟墓。

1983年，提倡火葬、丧事简办。1988年，全民企事业单位职工死亡后遗体实行火化。1996年10月20日起，全镇范围内一律实行火葬。1997年，创建成为宁波市第一个无坟乡镇。中央电视台、浙江电视台、《中国土地报》、《浙江日报》等新闻单位进行采访报道。同时，提倡树葬、草坪葬等多种墓葬形式。自1996年10月至2017年12月，死者遗体火化率达100%。

1996年筹建镇安息堂，占地面积4337.5平方米，建筑面积120平方米。次年，续建336平方米，计456平方米，可存放骨灰盒2000穴。至2017年12月已存放1560穴。其余骨灰盒则安放在沙堰头、奇隆庙、九龙山、福安等境域周边墓园。

第六节　移民安置

镇域在500多年前是杭州湾水面，随后逐步向杭州湾围塘造地，人口大多由绍兴、上虞一带移民而来。

境内移民

因人口和土地面积的矛盾，有少量境内迁移。

小镇海　1972年，镇海公社三大队24户72人，迁移到曹娥公社曹一大队柴场头自然村东南角，组建了镇海三大队第22生产队，耕地7公顷，称“小镇海”。仍属镇海公社三大队管辖。2001年4月，并村时合并到曹一村。

九塘闸农场（简称农场）　1977年，曹娥公社各大队迁移23户86人到九塘闸组建了农场，耕地17.333公顷。2001年4月，并村时合并到建民村。

480亩头　1976—1978年分三年由镇海公社二大队第9生产队迁移23户121人到南新庵西“480亩头”，耕地8.5333公顷，仍属二大队管辖，称“480亩头”。2001年4月，并村时合并到南新庵村。

小三发　1977年，曹娥公社三发大队26户135人，迁移到曹一村柴场头自然村北首，新组建三发大队第8生产队，称“小三发”，耕地10.8公顷，2001年4月，并村时合并到曹一村。

境外移民

太平闸　1958年，八庄及十三庄有6户22人移民到慈溪县沿海公社太平闸落户。

龙山队　1962年2月，根据上级规划，朗海公社组织四大队12户社员43口人，移民到龙山区龙场公社落户，称“朗海队”。1971年10月起有11户社员61口人因生活不习惯陆续返回原籍，至1972年2月，经公社、大队协调，从朗海四大队各生产队抽调土地54亩，其中46亩作为集体耕地，8亩作为宅基地及自留地，单独成立生产队，称朗海四大队13队（坊间又称龙山队）。

小横塘　1972年，泗门区横塘公社3户15人，迁移到曹一大队第3生产队，耕地1公顷，称“小横塘”。1984年，四明湖水库移民时协商迁回到横塘公社。

四明湖水库移民　1984年，因四明湖水库扩建，梁弄镇丘家湾村10户38人，迁移到曹一村，耕地3.8公顷，称“小梁弄”。

滩坑水库移民 2006年，因建造省五百亿工程之一的丽水滩坑水库，青田县17户74人，移民到小曹娥镇。安置17幢宅基地，3.6787公顷耕地。分别是朗海村6户23人，耕地1.12公顷；南新庵村4户16人，0.8173公顷；镇海村7户35人，耕地1.7414公顷。

钦村水库移民 2015年，因省建造钦村水库，由新昌移民33户85人，移民到小曹娥镇。安置33幢宅基地，3.7159公顷耕地。分别是曹娥村7户17人，耕地0.8533公顷；滨海村5户15人，耕地0.252公顷，其中2户耕地折算成货币安置；朗海村9户20人，耕地0.76公顷；南新庵村5户13人，0.6693公顷；镇海村7户20人，耕地1.1813公顷。

第七节 纪念革命烈士建筑物

1994年4月，在朗海村，建造沈乐山烈士纪念碑、烈士事迹陈列室、乐山公园，占地面积2000平方米，投资15万元。是年10月落成，并对外开放。是年，被命名为余姚市爱国主义教育基地。

第二章 干部 人事

第一节 干部队伍

行政干部

1949年6月后，境内陆续建立曹娥、朗海、镇海乡人民政府，共有乡干部（不包括教师，下同）8人。随着各项事业的发展，干部队伍逐年扩大，至1954年底增至13人。1958年，部分干部带薪下放劳动。1959—1961年三年困难时期，机构精简，行政干部减至6人，1963年回升至21人。至1979年底，现境内有行政干部33人。此后，因军队转业干部安置，以工代干和半脱产人员转干以及落实干部政策等原因，干部人数有所变动。1991年底，有行政干部35人。1997年9月，实施国家公务员制度，镇机关有26名行政干部转为国家公务员，其中现职领导15人，非领导职务5人，科员6人。至2017年，镇机关有在职公务员33人。

中华人民共和国成立后，市（县）派驻区、乡镇的行政、司法执法人员，隶属行政干部队伍。20世纪50年代，泗门区设公安特派员1—2人，税务干部5—7人。60年代后，又陆续建立区财政税务所、公安派出所、工商所、法庭，干部人数增加。至1991年底，市派驻泗门的行政、司法执法人员近50人，1997年9月均转为国家公务员。2017年，市派驻小曹娥的行政、司法部门公务员有13人，均由市主管部门直接管理。

中华人民共和国成立初期，区、乡镇行政干部由随军南下干部、地方坚持革命斗争的干部及新吸纳的工农积极分子组成，年龄偏轻、文化偏低。1956年后，除部队转业安置、大中专毕业生分配外，停止向社会吸收干部，乡镇干部缺额以半脱产、以工代干等形式解决，干部年龄增大，但文化程度仍偏低。1978年，实行离退休制度，同时采取提前退休政策。此后，通过推荐干部培训深造、鼓励干部参加自学考试，招收社会优秀青年、分配大中专毕业生充实基层等途径，初步形成干部队伍年轻化、知识化、专业化格局。1992年，镇机关有行政干部26人，其中年龄在45周岁以下的14人（占53.8%），大中专以上文化程度11人（占42.3%）。1997年9月，实施国家公务员制度。2017年，镇机关有国家公务员33人，其中年龄36—45岁的11人（占33%），大中专以上文化程度的33人（占100%）。

事业干部

中华人民共和国成立初期，区、乡镇不配备事业干部。1958年人民公社化时期，从农村和企业抽调骨干从事专业管理工作，1961年多精减回原单位。1963—1971年，区、乡镇陆续配置社队企业、农业专业管理、广播等事业人员，其中区公所配置为在编事业人员，乡镇为编外自配人员。1972年，泗门区聘用全民事业干部2人，担任乡镇农村会计辅导员。1979年，泗门区录用全民事业干部7人，担任乡镇计划生育专管员。1982—1998年，乡镇文化、广播电视、农业、工业、政法等站（所）的自配人员陆续转为在编事业编制，其中全民事业聘用43人，全民工人招工4人。

2017年底，全镇有在编事业编制45人，年龄在45岁以下的25人，占55.6%；35岁以下的17人，占37.8%。文化程度在大中专以上的43人，占95.6%，有专业技术职称的32人，占72.7%；其中中级以上职称的17人，占53.1%。

第二节 干部录用

选拔使用

中华人民共和国成立初，开始有计划地吸收干部。1952年底，各乡政府共分配经县三期干部培训的干部3人。1965—1966年，在社会主义教育运动中，先后选拔农村优秀青年积极分子两批共8人，为公社半脱产干部（工分加补贴干部）。至1980年，这三批半脱产干部有7人先后转为行政干部。1982年，通过自愿报名、组织推荐，德、智、体全面考核，选拔农村青年4人，经宁波农技校培训后充实到各公社。1983—1985年，以合同制形式聘用乡干部16人。1965—1987年，先后有4名农村青年通过推荐考核，录用为乡镇人民武装干部。1991年，通过考试考核，从农村干部中聘用1人为乡镇干部。2000年后，按公务员录用程序向社会公开招考公务员。至2017年，全镇接收通过考试录用的公务员4人。

事业干部录用始于1972年。1980年后，在乡镇机关从事专业管理的编外事业人员中，分批录用，聘用为在编事业人员。至1998年，先后录用5人，聘用45人。2000年后，镇机关事业人员参照公务员录用程序，由市人事局组织统一招考。至2017年，全镇共接收通过考试录用的事业人员18人。

大中专毕业生分配

1981年前，因大中专毕业生数量少，泗门区公所分配至1人（不包括教育系统）。1982—1997年，区、乡镇行政机关先后分配到大、中专毕业生7人。其中大专文化程度以上3人，中专文化程度4人。这些毕业生充实到行政干部队伍的3人，事业干部队伍的4人。1998年后，大中专毕业生不再统一分配。1998—1999年，镇政府通过市人才交流中心，招聘专业事业人员2人。2000—2017年，共接收通过统一考试录用的干部22人，均为大专以上毕业生，其中公务员4人，事业人员18人。

军队转业干部

1950—1975年，泗门籍军队转业干部一般充实到企业及商业服务部门。1976—1987年，军队转业干部数量增多，按军转干部安置政策，营职及营职以下干部主要安置在乡镇行政机关及事业单位。在此期间，先后有军队转业干部安置到乡镇政府。有×人由复员安置改办转业手续，恢复其干部身份和工资级别。2017年，有×名军转干部（副团）安置到镇机关。

第三节　干部管理

编制

1951年始，实行干部编制制度，时泗门区公所定编6人，各乡镇定编2—4人。1955年起，行政事业单位编制由县编制委员会核定。1964年，泗门区公所经县编制委员会核定，定编6人，各公社（镇）定编5—7人。“文化大革命”期间，编制工作终止。1979年，按总人口的0.94‰比例配备公社（镇）行政干部。1980年后，区、乡镇事业部门人员增加。1985年，在核定区、乡镇事业站（所）设置及人员配置的同时，按1.2‰的比例配置区、乡镇机关部门工作人员。此后，乡镇编外自配人员一度失控。1991年，清理编外自配人员，按总人口3‰的比例留用自配人员，并签订乡镇自聘合同。

1992年5月撤区扩镇并乡后，市编制委员会核定小曹娥镇6个办公室、1个所。是年末，镇机关有行政干部35人，事业人员36人。1997年9月，实施国家公务员制度，核定小曹娥镇公务员编制为26人，实际过渡为国家公务员的25人，暂缓1人；事业人员在编48人，按数保留。至2017年，全镇机关编制机构7个，在编公务员33人，缺编3人，在编事业人员45人，缺编4人。

任免调动

中华人民共和国成立初期，除个别干部由中共宁波地委管理外，多数党政干部由中共余姚县委、县委组织部管理。泗门区委协助县委，县委组织部负责辖区内干部的日常教育管理工作，提出任免、调动建议。1952年，县人民政府成立人事科，主管科局以下行政干部。1957年，建立在慈溪县委统一领导下，县各大系统分别管理本系统干部的制度，由泗门区委负责辖区内党政干部日常教育管理，提出区、乡镇干部任免及调动建议。其中，属县委、县委组织部管理的区、乡镇干部任免、调动，由县委、县委组织部决定公布；区、乡镇行政正副职干部由县人民委员会公布；在区、乡镇辖区内工作的县属部门干部任免、调动，由主管部门党委决定公布；其他区、乡镇干部在辖区内调动，由区党委决定、公布；跨辖区、跨部门调动，由县人事科决定公布。“文化大革命”期间，干部管理处于混乱状态，正常的干部任免、调动制度废止。1978年后，干部管理工作逐步恢复正常。

1984年，干部任免、调动工作“简政放权”。根据余姚县委组织部、县人事局《关于整顿干部管理权限》的规定，区党委成员任免、调动由县委决定公布；区行政正副职领导任免、调动由县委决定，县政府公布；乡镇党委成员经选举产生后报县委公布，任期内调整由县委决定公布。1992年4月前，乡镇领导干部不属市（县）委管理，但任免、调动管理与市委管理干部相仿。乡镇政府正副职换届选举产生后，报市政府公布，任期内调整的，履行法定手续后报市政府公布。1992年5月后，乡镇党委换届选举产生的领导成员报市委公布，届中调整由市委决定公布；镇人民代表大会通过的镇正副主席，镇政府正副镇长任免结果，分别报市人大、市政府备案；镇人民武装部部长任免由市人民武装部决定公布。

1992年4月前，区妇联、区团委书记、区委秘书任免，调动由市委组织部决定公布。1992年5月后，镇妇联主席、镇团委书记、镇工会主席经选举产生后，报市委组织部公布，1998年始改由市主管部门公布。以上三个职位享受副镇级待遇的人员，由市委组织部决定公布。1992年后，陆续有镇内选拔、上级下派或外省市短期挂职充任镇长助理的人员，均由市委组织部决定公布。

1992年4月前，区、乡镇中非市委、市委组织部管理的干部，其任免分别由区、乡镇党委决定公布。其中乡镇各办公室（线）负责人任免报区委备案，在区内乡镇间调动的由区委决定公布，跨区、跨部门调动的报市人事局办理。1992 年 5 月后，镇机关各办公室（所）正副职负责人任免，由镇党委决定，党群、政府人员分别由党委、政府公布，跨镇、跨部门调动报市人事局办理。

派驻小曹娥镇的行政、司法执法部门人员的任免、调动，由市主管部门办理。

职称评定

中华人民共和国成立初期，境内专业技术人员仅限医疗卫生专业。1970 年，泗门区公所开始配备初级职称专业技术干部 2 人，各公社（镇）未配备有职称的专业技术干部。1980 年后，专业干部业务技术职称由县技术职称评定委员会（1981 年改称县专业干部业务技术职称评定小组）审查考核。1984 年，县人才交流咨询服务中心成立。1992 年后，镇机关事业编制人员逐年增多，职称评定趋于规范化、经常化，每年评审一次，考试一次。其中，农业专业技术、文化专业技术职称以评审为主，其他各类专业技术职称以考试为主。大中专毕业生分配或考任专业技术岗位，满规定工作年限后，可直接评市初级技术职称。至 2017 年，全镇有初级专业技术职称 12 人，中级专业技术职称 17 人，高级专业技术职称 3 人，均按职称聘任。

奖惩

20 世纪 50 年代，干部奖惩由县委组织部办理，后改由县委纪律检查委员会、县人民政府监察室分别办理党员干部、非（党）员干部的惩戒事宜，奖励事宜由县人事部门办理。“文化大革命”期间，奖惩工作混乱无序。1977 年起恢复正常。是年，区、乡镇均建立年终评比先进工作者制度。1981—1991 年，实行目标管理负责制，按考核结果评定先进工作者。1992 年后，实行以德、能、勤、绩为主要内容的岗位目标管理责任制考核，以年度考核得分确定优秀、称职、不称职档次，以档定奖，并在优秀档次干部中评定市级先进工作者。

1977 年至 1992 年 4 月，干部惩戒由区党委及市（县）纪检、监察部门办理。其中市管干部惩戒由市纪检、监察部门办理；其他干部党内严重警告、行政记大过以下处分由区党委、区公所办理（后改由区纪检小组、监察室办理）；撤销党内职务、行政降级以上处分由市纪检、监察部门办理。1992 年 5 月后，市管干部惩戒由市纪检、监察部门办理；其他干部党内留党察看、行政记大过以下处分由镇纪委、监察室办理（上级纪检监察部门直接承办案件除外）；开除党籍、行政降级以上处分则由市纪委、监察局分别办理。1997 年公务员制度实施后，按《中华人民共和国国家公务员管理条例》，实施诫勉制度。2017 年，镇纪委、监察室办理党员干部违纪违法案件 1 件，受惩处干部 1 人，党内严重警告和行政撤职处分。

干部考核

1977 年，建立年终评比先进工作者制度。1980 年起，实行岗位目标管理责任制，依岗位目标管理责任制考核结果，评定先进。1987 年，完善岗位目标管理责任制考核，考核结果与年终奖金挂钩，按考核得分确定乡镇年终奖金，区公所取所属乡镇的平均值计奖。1992 年后，建立岗位目标管理考核体系，市政府于每年初下达对乡镇、部门的目标管理指标，年终进行考核，以考核得分确定奖金基数，评定先进单位。乡镇、部门对所属工作人员实施岗位目标管理全员考核，按德、能、勤、绩（2∶2∶2∶4）考评工作人员，以分定档、按档建奖。考核档次分优秀、称职、不称职三档（称职档中又曾分为称职一等、称职二等、称职三等三档）。年度市级先进工作者须从考核优秀档中产生。市管干部由市定档，其他干部由所在单位定档。考核结果作为选拔、使用、提级的依据，记入个人档案。

第四节　干部工资福利

工资

中华人民共和国成立后，干部工资待遇制度经历数次改革。每种工资制实施期间，还多次调整干部工资。

供给制　中华人民共和国成立初，国家机关工作人员的工资待遇，多种形式并存。泗门区公所在编干部及随军南下干部实行供给制，由政府按干部级别供给伙食、生活用品及少量津贴；新吸纳的乡镇干部实行粮薪制，由政府每月发给60千克大米及少量津贴，旧政府留用人员保留薪给制，按原职级发给工资。1952年9月，由供给制为包干制，包干待遇按职务等级确定。1954年，统一划定供给制、薪给制工资等级，计行政29级。1955年，乡镇干部开始定级，改粮薪制为货币工资制。

货币工资制　1956年，执行全国统一的货币工资制，人均月增资7.93元。1963年工资调整，调整面45.19%，人均月增资6.7元。1971年，对低工资进行调整，调整级差在5元以下者，按5元增资。1977年和1979年，两次调整工资，调整面均为40%。1978年，2%的干部经考评调整工资。1982年，普升1级工资，部分人升2级，人均月增资6.48元。1983年，公安干警人均月增资12.71元。1984年，对中华人民共和国成立前参加工作，工资偏低的离休干部工资级别，人均月增资14.95元。

结构工资制　1985年，改革工资制度，国家机关、事业部门人员实行由基础工资、职务工资、奖励工资、工龄津贴四部分组成的结构工资，人均月增资21.4元。1986年7月，工资区类别改为六类区，粮价补贴减至每月1.5元。1987年，调整低工资干部工资，调整面为20%。同时，乡镇党政正职干部普升1级工资，分别由76元、64元提高至82元、70元。

职级工资制　1993年10月，机关和事业单位实施工资改革，对已进行公务员登记的机关行政人员实行职级工资制，将工资分为职务工资、级别工资、基础工资和工龄工资4个部分，其中职务工资和级别工资是职级工资构成的主体。事业单位工作人员根据从事专业和工作岗位，采用不同类型的工资制度：一是专业技术职务等级工资制；二是职员职务等级工资制。此次工资改革后，建立起正常的增资机制：机关工作人员年度考核称职以上的，职务工资每2年晋升1次，级别工资每5年增加1次；建立地区性津贴制度；改革奖励制度；相应提高离退休人员待遇。

自1993年工资改革后，1997年7月调整工资，人均月增资80元。2001年10月，再次调整工资，人均月增资150元。2006年7月人均调整工资10%。2014年12月，人均又增资40%。2016年7月再次调整工资，人均增资20%。

奖金

1978年始，行政、事业单位人员实行奖励工资，每人每月10元。1979年，实行行政经费包干使用，对节支单位实行年终一次性节支奖励。1980年，实行增收节支结余奖，年终一次性每人发60元。1987年，改增收节支结余奖为目标管理责任制奖，实现目标管理的人均奖120元，分上、下半年两次发放。此后，随岗位目标管理制度不断完善，乡镇之间完成情况不同，按考核得分计奖，各乡镇奖金拉开档次，泗门区公所取各乡镇平均数计奖，半年预发，年终再按市政府批准的考核奖实发。1992年后，实行岗位目标管理责任制全员考核，以分定档，按档计奖。1995—2017年，按干部职级，确定奖金浮动系数。

福利

1952年始，区、乡镇干部按每人每月600元（旧币）提取福利费，统一由县干部福利委员会管理使用。1956年后，区公所干部按工资总额5%提取，乡镇干部按工资总额的3%提取。1957年起，区、乡镇干部福利费统一由区公所掌管使用。1983年，福利费按月人均1.8元提取，1986年后调整至月人均2.8元。20世纪70年代中期前，干部工资水平较低，福利费主要用于生活补助。70年代后期起，福利费多用于干部家庭特殊困难临时补助，子女统筹医疗费补贴及添置集体福利设施等。1992年后，福利费根据实际发生额列支，主要用于干部家庭困难补助、节日补贴等。

住房补贴

中华人民共和国成立后，区、乡镇机关部门人员居住用房由个人自行解决，单位视条件提供少量临时住房。干部个人建房须经市（县）批准，在按规定办理规划许可，用地许可等相关手续后，可向区、乡镇政府申请部分计划内建筑材料。1997年实施住房公积金制度，个人按月平均工资基数的10%缴存住房公积金，单位亦以1∶1比例出资纳入个人账户，公积金由市干部住房管理中心统一管理。缴纳住房公积金人员，在购置商品房或翻建个人住宅时，可申请个人住房公积金贷款。

年休假制度

1994年起，干部实行年休假制度，按工龄分别享受5—20天的年休假。2002年后，规范年休假管理，提倡带薪休假，取消年休假补贴。

第五节　干部离休　退休

干部退休制度始于1955年。至1978年，泗门区公所及各乡镇始有干部进入退休年龄。1978—1980年，有7名干部办理退休或提前退休手续。此后，严格执行干部退休制度，即必须男满60周岁，女满55周岁，由市（县）人事局办理干部退休手续。至2017年，全镇办理退休手续的干部共有51人（不含市属行政事业退休干部），其中公务员26人，事业干部25人。

1980年始，实行干部离职休养制度。至2017年，全镇无离休干部。

1992年4月前，退休干部的日常管理服务工作由区委组织委员、各乡镇党群副书记负责。1992年5月后，由镇委组织委员分管，配专职干部1—2人负责日常管理服务。

1995年后，在镇娱乐中心内建老干部活动中心，内设阅览室、棋牌室、健身室、会议室、休息室等，使退休干部活动趋于经常化。

第三章　职　工

第一节　职工构成

中华人民共和国成立后，职工性质先后分全民所有制职工、集体所有制职工、土地征用工、小集体企业职工、乡镇集体企业职工、民营企业职工等。

全民所有制职工

中华人民共和国成立后，陆续在曹娥设立粮食、棉花等专卖企业及银行营业所，始有全民所有制职工。1956年，私营工商业社会主义改造完成后，全镇全民所有制职工主要以粮食等专卖企业、银行、教师为主。1958年“大跃进”时期大办工业，全民工业企业招收大批农村劳动力，同时供销社职工转入全民所有制，全民所有制职工数量大幅激增至448人。1961年，贯彻中央关于国民经济“调整、巩固、充实、提高”八字方针，停办、下放一批全民企业，全民所有制职工明显减少至105人。此后，邮电、供电、金融、医疗卫生、教育等全民事业部门职工持续增加。1993—2000年，以产权制度改革为核心的经济体制改革全面展开，食品站、运输公司、粮食管理所等全民所有制企业先后转制，其职工落实安置政策后，不再保留全民所有制职工身份。

集体所有制职工

1956年，私营工商业、手工业社会主义改造完成后，合作商业和手工业社（组）职工成为县属集体企业职工。1978年中共十一届三中全会后，农村插队落户知识青年大批返城，主要安置在集体所有制工商企业，集体所有制职工有较大增加。20世纪90年代中期后，市属大集体工商企业陆续转为股份制企业或民营企业。至2017年，除行政、事业部门职工仍保留市属大集体所有制身份外，大部分市属大集体所有制职工或留为股份制企业、民营企业职工，或自谋职业，不再保留大集体所有制职工身份。

土地征用工

1978年后，随着集镇建设加快，每年有土地被征用。时规定经国家批准征用的土地，按每亩土地安排1人，由劳动部门统筹安置到国营、市（县）属大集体企事业单位。或由用地单位自行安置，均不转户粮关系，称为土地征用工，享受所在单位正式工待遇。企业经营机制转换后，这批职工按全民、大集体正式职工编制落实安置政策，不再保留土地征用工身份。

小集体企业职工

1984年，县政府鼓励各系统兴办劳动服务公司，吸纳以本系统职工家属为主的城镇待业人员就业。时粮管所、棉花加工厂等市属大集体企业先后兴办独立核算的小集体企业，其职工由主办单位自行招收，习惯称之小集体企业职工。

乡镇集体企业职工

1958年，乡政府为安置城乡闲散劳动力，开始兴办乡办企业。1962年后，各公社为安置农村剩余劳动力，亦开始兴办社队企业。1978年中共十一届三中全会后，农村经济迅速发展，乡镇企业逐步成为农村经济支柱，职工队伍迅速扩大。1993—2000年，乡镇集体所有制企业陆续转换经营机制，原职工或转为民营企业职工，或自谋职业。

1979—1991年境域乡镇集体企业职工人数一览表

表19-3-1　　单位：人

1979年	1980年	1981年	1982年	1983年	1984年	1985年
1381	1705	1604	1333	1729	2310	2175
1986年	**1987年**	**1988年**	**1989年**	**1990年**	**1991年**	**—**
1614	1566	1611	1670	1611	1931	—

第二节　劳务管理机构

民国时期，政府不承担劳动管理责任。私营工商企业职工凭亲朋好友介绍，经中介人签订合约后，由雇主自行管理。

中华人民共和国成立后至1965年，职工劳务管理由区公所及乡镇(公社)经济管理委员会负责。“文化大革命”期间，由区、公社革命委员会管理。1977—1986年，由区公所及乡镇人民政府管理。1987年，泗门区设立劳动服务公司，受市劳动局和泗门区公所双重领导，同时派遣专人到小曹娥，主要负责职工社会保障、劳动就业介绍、劳动保护、职业病监管及工伤事故调处等。2003年4月，小曹娥镇成立镇劳动和社会保障综合服务中心，属行政事业性质单位，承担职工养老、失业、工伤、生产和医疗等社会保险、劳动就业和再就业、职业技能培训、农村合作医疗、被征地人员养老保障及劳动用工管理等职能。2017年5月，因全市乡镇机构改革，改称为小曹娥镇便民服务中心。地址朗海南路67号。至2017年，配备在编人员3人，临聘人员7人。

第三节　用工管理制度

民国时期，私营工商企业用工多以口头或书面形式达成聘用、解聘约定。合约凭雇主方意愿，一般都写上“伤残、病亡，全凭天定，与雇主无涉”等条文。初入行业的职工，要举行拜师仪式，学徒期一般2—3年。学徒期间，雇主仅供食宿。在商店学做生意的以先生学生关系相称，在工厂作坊学技术的以师傅徒弟关系相称，重要的行业及职位还须有担保人。职工去留，全凭雇主意愿，若擅自离职或被雇主解雇，就难以在当地再就业，所以受雇职工只能逆来顺受，多数与雇主结成终身雇佣关系。中华人民共和国成立初期，私营工商企业的新职工多由政府介绍安排，少数职工仍由企业自行聘用。企业非转行歇业，不得擅自解聘职工。1956年起，实行计划用工制。1986年后，逐步推行劳动合同制。

计划用工制

1956年私营工商业、手工业社会主义改造完成后，原职工全部留用，均转为公私合营企业、手工业社（组）、合作商业职工。此后，职工招收由县劳动局直接管理，县劳动局根据劳动用工需求，编制招工计划，经县政府批准后，将招工指标分解到各主管局、区公所、乡镇政府。各主管局、区公所、乡镇政府按分配到的招工指标，在城镇待业人口中选择符合条件的人员，推荐至县劳动局，县劳动局批准录用后办理招工手续，再分配到各主管局，由主管局落实到企事业单位。招工手续一经确定，调动、辞职、解除劳动关系等均需通过县主管局、县劳动局批准。计划用工管理制度一直延续至1995年实施全员劳动合同制止，此间安排到企事业单位的大中专毕业生、部队转业复员军人等，均属全民或集体所有制职工。

劳动合同制

1986年始，全民所有制、市集体所有制企事业单位对新招收职工实行劳动合同制，称为合同制正式工。1995年后，全面推行全员劳动合同制，全民及集体所有制职工均须与单位签订集体劳动合同，成为合同制职工。用工单位按市劳动部门统一的合同文本，定期与职工签订劳动合同。

乡镇企业劳动用工管理

1979年前，社队企业劳动用工主要由公社管委会、大队（居委会）推荐安排。1980年后，随着企业承包责任制的不断完善，企业开始自主招收职工，除少数管理人员及技术人员签订劳动合同，实行合同管理外，其他职工均以厂纪厂规行使劳动用工管理职能。1987年后，经劳动服务公司中介推荐的劳动用工，均签订劳动合同。2002年后，实行劳动合同制的企业逐年增多。2017年，全镇职工劳动合同签订率达100%。

第四节　工资　福利和保障

工资

民国时期，私营企业职工工资有计时、计件、拆账等多种形式，工资高低悬殊。据民国时期《余姚县政府县政汇编》记载，民国17—20年（1928—1931），工厂长工（固定工）工资以月计算，每人每月6—15元；工厂短工（临时工）工资以日计算，每人每日0.3—0.6元；手工业工人工资以工计算，每工.0.3—0.8元;商业伙友工资以月计算，每人每月8—20元。抗日战争胜利后，民国政府滥发纸币，物价飞涨，职工工资概以时值米价计发，所得大大低于战前，职工生活困难。

中华人民共和国成立初，各行业职工工资计发多沿袭旧习，工资额高低悬殊。据1949年底统计数据，时乡商业职工年平均工资190.44元（折合新人民币，下同）、工业职工年平均工资401元、小学教师年平均工资240元、医疗卫生从业人员年平均工资420元，高低最大相差1.2倍。1954年10月，企业职工调整工资，建立等级工资制度。1956年工资改革，人均月工资由34.11元增至42.04元，全乡各业职工年人均工资最高为612元，最低为435.56元，差距缩小。1957年，调整公私合营企业职工工资，调整面为57.6%，人均月增资1.71元。1959年，调整全民所有制职工工资，人均月增资3.45元。1960年，调整手工业系统县属大集体职工工资，建立计时定额奖励等形式的工资制度。1971年，对三级工以下的低工资职工按参加工作年限，分别调升一级工资，人均月增资6.57元。1977年，对二级工以下的职工，按参加工作年限普升一级工资，部分学徒工提前转正定级。1979年，40%的职工升一级工资，其中全民所有制职工月增资5.96元。

1983年，改革工资制度，实行企业经济效益同职工收入挂钩的办法。是年，全民所有制职工人均月增资6.77元，集体所有制职工人均月增资6.48元。1984年，对1972年底前参加工作和上山下乡的老二级工（含三级）普升一级工资，人均月增资6.45元。1985年，企业实行工资改革，职工级别工资制改为由基础工资、岗位工资、绩效工资组成的结构工资制，企业普遍实行工效挂钩的工资分配形式。2002年，实行职工最低工资标准。2004年，全镇职工年平均工资为22759元。至2017年，最低工资标准每月为2500元。

职工奖金

民国时期，私营工商业主视盈利状况和雇员业绩，年终派发“红包”，多寡由业主自定。

中华人民共和国成立初，部分私营企业对职工实行年终双薪制。1950年起，工业企业逐步建立超产奖、质量奖、新产品试制奖等单项奖励。1956年后，工业系统推行以生产成本、产品质量和生产总值三项指标为依据的奖励制度。1958年，工商企业全面实行跃进奖。1959年，企业对直接从事生产的职工建立综合性奖。1966年“文化大革命”开始，取消奖励制度，把奖金改为2.5元的附加工资平均发放。1978年，各企业全面恢复奖励制度，除固定奖外，各系统按行业特点设置单项奖。1981年，实行年终奖制度，规定效益好的企业，全年奖金不超过三个月平均工资额，其他企业控制在两个月的平均工资额。1983年，试行经济承包责任奖。1984年，对完成生产计划、利税增加的企业，实行奖金不封顶，并规定奖金超过两个半月工资额的企业，开征奖金税。

劳动保护

中华人民共和国成立后，人民政府重视安全生产。1950年，多次组织安全卫生大检查。1954年，各企业制定劳动保护实施方案。1956年，全面实施《工厂安全卫生规程》《建筑安装工程安全技术规程》《工人职工伤亡事故报告规程》和《女工保护条例》。按“预防为主，防治结合”的方针，企业加强安全生产教育，改进安全生产设施，消除事故隐患，建立和健全安全生产制度。

《女工保护条例》则对女工实行“四期”（经期、孕期、产期、哺乳期）保护。1957 年后，企业普遍加强防暑降温、防冻保温措施，增设降温、排气设施，供应饮料和防暑药物。1978 年，对新建、扩建工程项目实行劳动保护、安全生产“三同时”（同时设计、同时施工、同时投产使用）会审制度，对特种作业工种职工须经考核考察，合格后凭证上岗操作。

1982 年，对锅炉压力容器实行监察制度，普查登记压力容器，经检查合格颁发使用许可证。1986 年，安全生产日趋制度化，各企业建立安全生产领导组织，生产车间设安全员。各乡镇工业办公室配兼职安全生产管理人员。在市劳动局指导下，负责安全生产监督、检查和生产事故调处。1992 年，镇政府成立安全生产领导小组，以后每年 2 次普查企业安全生产情况，对易燃易爆企业开展重点监察，对压力容器、行车、生产用提升电梯实行年检制度。镇政府与各企业签订安全生产责任状，定期开展安全生产检查，增强企业防范责任意识。2015 年，余姚人民政府发文“关于全市污染锅炉淘汰改造工作的实施意见”后，镇政府职能部门着手进行整改，2015 年淘汰 9 台，2016 年淘汰 5 台，2017 年淘汰 23 台，共计淘汰高污染锅炉 37 台，农产品（蔬菜）加工、玻纤企业等改用罐装天燃气锅炉，既安全又清净。

职业病防治

1957 年起，对高空、高温作业和接触有毒有害物质工种开展职业病防治。1962 年，对接触有毒有害物质的职工建立保健食品供应制度。20 世纪 70 年代，对发展起来的石棉行业、废花加工行业，改进操作流程，更新生产设备，对石棉车全部加防尘罩，逐步推广无尘石棉工艺。1981 年起，加强对特种有毒有害行业检查，预防工作。

2002—2006 年，滨海工业园吸纳从各地搬来 23 家电镀企业，从业人员 5500 余人。2013 年，镇职能部门会同卫监所等有关执法部门，开展对电镀企业不符合条件的进行统一排查整改，同时积极加强职业病防治。2007—2017 年，每年对有职业病危险企业的职工进行体检，2017 年，800 余人参加职业病（苯、铬）体检，均未发现职业病例。

退休制度

职工退休制度始于 1953 年。1958 年，落实国务院《关于工人、职员退休处理的暂行规定》，实行统一退休制度，职工退休后，可由其子女或其赡养亲属 1 人顶替招工。1980 年，规定中华人民共和国成立前参加革命工作的老职工，可以享受离休待遇。1982 年，停止执行顶替招工办法，但其家庭成员为农业户口的职工，仍可选招子女中的 1 人进入企业。1984 年后，新招收的合同制长期工实行社会劳动保险制度。1987 年起，全民、市属大集体所有制职工离休费、退休费先后实行社会统筹。2000 年后，全面实施城镇职工基本养老保险，全民、市属大集体职工亦开始缴纳养老保险金。至 2017 年，全镇离休、退休、退职职工共 4152 人，其中离休 1 人。

第四章 保障

1979年前，小曹娥与各地一样，仅有少数人享有适应计划经济体制的保障制度，主要由政府包办的国有和部分集体企业职工的养老和劳保医疗制度、机关事业单位的养老和公费医疗制度。1986年，开始探索新的劳动保险制度，推行退休费社会统筹，费用由国家、企业和职工三方负担。至2016年，覆盖小曹娥大多数人口的养老保险、医疗保险、失（待）业保险、工伤保险和生育保险，以及城乡居民最低生活保障等社会保障体系基本建立，全社会基本保障体系趋于健全。

第一节 养老保障

养老保险由政府主导的养老保险制度和商业养老保险组成。1988年前，养老保障制度以20世纪50年代建立的退休制度为主，仅涉及全民、集体所有制职工。1995年开始实行农村社会养老保险（以下简称老农保）。1995年8月，小曹娥镇农村社会养老保险管理办公室成立。由民政部门负责。2000年后，全面实施城镇职工基本养老保险，由劳动人事部门负责。全民、市属大集体职工亦开始缴纳养老保险金。2002年，农村社会养老保险移交劳动和社会保障部门统一负责。2003年，开始实施土地被征用人员养老保障（以下简称地保）和企业职工低标准养老保险。2005年出台地保转职工养老保险政策。2007年，相继实行城镇老年居民养老保障（简称城保）、农民养老保障。2009年10月，实施《余姚市城乡居民社会养老保险办法》（又称新型农村社会养老保险，简称新农保），2010年4月，城镇老年居民养老保障、农民养老保障与城乡居民社会养老保险合并，8月，农村社会养老保险亦并入，统称为城乡居民社会养老保险。此后，养老保险主要由城镇职工养老保险和城乡居民社会养老保险两部分组成，辅以土地被征用人员养老保障。

为提高高龄老人生活保障，宁波市将高龄老人补贴制度列入2011年十件实事项目之一，确定80—89周岁、90—99周岁高龄老人分别发放高龄津贴每人每月50元、100元，百岁老人长寿保健补助维持每人每月300元，境域按照宁波市标准执行，至2017年未变。

城镇职工基本养老保险

民国时期，国民政府制定雇员统恤办法、学校教员养老金及抚恤金条例等文件，开始建保险福利制度。但条件苛刻，劳动者在丧失劳动能力或未及退休年龄多被雇佣方辞退或解雇，享受者无几，生活没有保障。

1951年2月，政务院《中华人民共和国劳动保险条例》（以下简称《条例》）颁布实施。1953年起，逐步扩大实施范围，提高保险待遇，规定职工在遇到生、老、病、死、伤、残等情况，可按标准享受免费医疗、病（伤）产假工资、退休金、丧葬费、抚恤金等待遇。1963年1月1日起，《条例》实施的企业，不论新老职工、统一享受规定的待遇。1978年中共十一届三中全会后，职工养老保险制度，逐步实行统一。1987年，城镇职工养老保险实行“以支定筹、略有结余”的统筹办法。1993年1月1日起，城镇职工养老保险社会统筹（简称社保）。实行国家、集体、个人三方共同负担原则，基金筹集实行“部分积累”的模式。建立参保人员个人账户。是年12月，实施农婚知青养老保险制度，对26名与小曹娥农民结婚，自愿参保的城镇下乡知识青年办理养老保险手续，保险费由个人缴纳700元外，主要由市、镇两级财政负担，其中镇财政负担18万元。每人每月可领取70元。后来转入城镇职工基本养老保险。1998年，市人民政府发出关于乡镇、个体、私营企业及其从业人员实施社会基本养老保险制度的通知，扩大社会基本养老保险覆盖面，乡镇、个体、私营企业及其从业人员纳入基本养老保险统筹，到达退休年龄未能达到15年缴费年限的参保人员允许一次性补缴2—5年的基本养老保险费。1999年，市人民政府下发关于扩大社会保险覆盖面加强基金征缴工作的实施意见，将养老保险覆盖面扩大到建制镇各类企业及其从业人员、个体工商户及其帮工和城镇自由职业者。2002年，小曹娥镇在各行政村和农贸市场实施此项工作，至年底，9个单位共投保295人。2003年，实行低门槛准入、低标准享受的养老保险政策。当年新增投保238人。2005年，全面启动农保、土地被征用人员养老保障与社会基本养老保险的"三保"衔接工作，符合条件的地保、农保人员可选择转为社保。2006年，退伍军人参加城镇职工基本养老保险，纳入养老保险体系。2009年，贯彻国务院办公厅发布的关于城镇企业职工基本养老保险关系转移接续暂行办法，实现参保人员跨省市流动时职工基本养老保险关系的转移接续。2014年5月起，不再新增低标准养老保险参保对象。至2017年底，全镇有参加城镇职工养老保险8541人，其中已享受的3500人。

农村社会养老保险

1995年1月，浙江省农村养老保险暂行办法出台；8月，余姚市人民政府颁布《余姚市农村社会养老保险暂行办法》；10月8日，镇农村社会养老保险管理办公室成立。规定参加农村社会养老保险的范围为非城镇户口所在地的农村各业人员、外出务工人员、经商者和服兵役者，外来务工人员原则上参加户口所在地的农村社会养老保险。投保年龄以参加劳动取得收入为起点，为18周岁至60周岁。18周岁以下人员可提前参加保险。农村（不含乡镇企业）各业人员以村为单位投保，保费以个人缴纳为主，集体补助为辅，个人缴纳保险费和集体补助全部计入个人账户。缴纳分趸交和年缴2种，趸交者一次性缴纳保费标准一般不低于200元，上不封顶；年缴费标准以50元起档，多缴不限，镇、村办企业和个体经济组织从业人员一般以全业和经济组织为单位参加投保，按季或年缴纳保费。参保人年满60周岁后，根据所缴保费的积累总额，确定领取标准，按季领取养老金，每隔2年增加5%左右标准。

2001年1月，停止办理新增参保及缴费业务。年末，除年满60周岁的参保人员领取养老金外，老农保参保对象可以通过个人账户转移、缴费年限折算过渡到城乡居民养老保险。2005年，市人民政府出台关于进一步完善我市社会养老保障制度的若干意见，要求退保的老农保参保对象均按正常退保办理，退还个人账户，亦可以转移至职工社会基本养老保险（"两低"）体系。2010年8月，老农保并入新农保。

城镇老年居民养老保险

2007年，市人民政府颁布《余姚市城镇老年居民养老保障暂行办法》，参保对象为非农户籍城镇居民。缴费标准分3档，参保对象可自行选择。男年满60周岁，女年满55周岁，按规定缴纳养老保险费的参保人员可按月享受养老保障待遇。待遇与缴费标准对应，享受待遇。2007年，分别为每月280元、330元、380元；2008年，调整为每月300元、350元、400元。小曹娥镇参加城镇老年居民养老保障8人，均为高档。此后，待遇水平根据经济发展和城镇居民生活水平情况随时调整。2010年，允许老年居民一次性补缴保费，转入城镇职工养老保险，从办理投保手续后的次月起享受待遇。小曹娥镇有7人原参加老年居民养老保险的城镇居民办理了转城镇职工养老保险手续。2012年起，城镇老年居民养老保险并入城乡居民社会养老保险。

1995—2001年小曹娥镇农村社会养老保险缴费情况表

表19-4-1

年份	缴费人数（人）	其中续缴（人）	个人缴纳金额（万元）	集体缴纳金额（万元）	合计金额（万元）
1995	3291	—	41.04	20.45	61.49
1996	1352	15	60.78	8.60	69.38
1997	1516	18	45.10	8.27	53.37
1998	360	78	6.06	1.35	7.41
1999	268	75	4.26	0.92	5.18
2000	111	79	1.54	2.35	3.89
2001	158	59	6.20	10.70	16.9

2007年、2008年小曹娥镇农民养老保障参保数一览表

表19-4-2

村名	2007年		2008年		合计	
	参保人数（人）	缴纳保费（万元）	参保人数（人）	缴纳保费（万元）	参保人数（人）	缴纳保费（万元）
曹一	56	84.62	11	16.39	67	101.01
曹娥	99	139.48	8	10.86	107	150.34
建民	81	108.91	48	56.62	129	165.53
朗海	53	79.45	4	4.99	57	84.44
滨海	50	64.38	—	—	50	64.38
南新庵	32	52.02	3	5.53	35	57.55
镇海	56	71.22	21	29.05	77	100.27
人和	70	100.25	45	66.45	105	166.70
合计	497	700.33	140	189.89	637	890.22

农民养老保障制度

2007年12月，市政府颁布《余姚市农民养老保障试行办法》，参加对象为农业户籍且年满16周岁及以上人员；具有余姚户籍且暂未纳入其他社会养老保险体系及未按月享受各类生活补助待遇的农民均可参加。无业和无固定工作的城镇居民、农村跶社户，经本人申请可缴费参保。缴费基数按上一年全市农民月人均纯收入的100%、75%、50%分为一、二、三三档。参保人员按缴费基数的15%缴纳养老保险费。以1档为例，男满60周岁、女满55周岁者，缴费标准为19900元，每大1岁减1100元。当年，小曹娥镇参保497人，除个别选择2档外均选择1档，缴纳保费700.33万元。2008年增保140人，缴纳保费189.89万元。两年合计参保637人，缴纳保费890.22万元。养老保险基金纳入财政专户管理，由劳动保障部门实行社会化发放。待遇与缴费标准对应，仍以1档为例，男满60周岁、女55周岁者，从办理参保手续后的次月可领取养老金210元。此后，待遇水平根据经济发展和城镇居民生活水平情况随时调整。2012年起，并入城乡居民社会养老保险。

城乡居民社会养老保险

2009年9月，余姚被列为全国新型农村社会养老保险（简称新农保）试点县（市）。12月，制定《余姚市城乡居民社会养老保险办法》。2010年4月，城镇老年居民养老保障、农民养老保障与城乡居民社会养老保险合并。8月，农村社会养老保险亦并入城乡居民社会养老保险。

参保条件　余姚市户籍，年满16周岁（全日制学校在校学生除外），非国家机关、事业单位、社会团体工作人员，未参加职工基本养老保险（含低标准养老保险）的城乡居民，均可参加城乡居民社会养老保险。

保费缴纳　参加城乡居民社会养老保险的人员应当按规定缴纳养老保险费。缴费标准设为8个档次，分别为每人每年100元、300元、500元、800元、1100元、1400元、1700元、2000元。参保人员可根据个人情况选择缴费档次。政府对参保人员缴费实行补贴，补贴标准为每人每年50元。对重度残疾人、低保户家庭人员按规定再给予一定的补贴。

待遇标准　城乡居民社会养老保险待遇由基础养老金、个人账户养老金和缴费年限养老金三部分组成，参保者在缴满15年，满60周岁时即可领取养老金，当年已年满60周岁以上者可直接领取基础养老金。支付终身。养老金由劳动保障部门实行社会化发放。2009年，基础养老金为每人每月70元。此后，根据经济发展和城乡居民生活水平情况随时调整。并给予享受人员死亡一次性丧葬费补贴，标准为基础养老金的20个月金额。

至2017年底，小曹娥镇参加城乡居民社会养老保险有13318人，其中已享受8579人。

土地被征用人员养老保险

1990年前，土地征用补偿采用招工方式。规定征用1亩土地，用地企业招收1名固定工。行政事业单位征地，劳动行政部门在省市下达的用工指标中平衡，分配至各类企业。至20世纪末，改为招收临时工。此后，征用土地不再安排人员进企业，改为向农民支付土地补偿金。2003年4月，实施被征地人员（失地农民）养老保障制度。当年，中共余姚市委、市人民政府分别出台《余姚市土地被征用人员、失地农民养老保障实施（暂行）办法》《余姚市土地被征用人员养老保障实施细则》。参保对象：2003年1月1日后，因建设需要，经市国土资源部门依法批准农村集体土地被征用和使用，以户为单位，人均承包土地少于0.2亩及以下具有村经济合作社社员资格的人员。2002年度被征地的农民，符合规定条件的人员，包括批准撤村建居的农转非人员，本人有参保意愿，统一承担个人投保费用的，政府按政策适当给予补助。土地被征用人员养老保障所需资金，按政府、集体、个人三方共同负担的原则筹集，以个人缴纳为主。男满60周岁，女满55周岁且按规定缴足投保资金，从次月起可按月领取基本养老金。2003年，按月享受的养老保障待遇的标准分一、二、三三档，额度分别为300元、250元和200元。个人享受待遇档次与缴费档次相对应。至2006年，小曹娥镇已累计投保1742人。是年，土地被征用人员参加养老保险者一次性补缴养老金，转入城镇职工养老保险85人。2007年9月1日起，月享受养老保障待遇标准调整为每月一档350元、二档300元、三档250元。此后，养老保障待遇根据市经济发展水平和城镇职工基本养老保险金待遇调整情况作相应调整。2010年缴费标准，一档60860元、二档45530元、三档29140元。参保时，财政一次性补助每人6000元。待遇享受条件及标准：女满55周岁、男满60周岁的参保人员，从办理待遇享受手续的次月起按月享受养老待遇。标准按参保时本人选择的缴费档次确定，2010年度月标准为一档440元、二档390元、三档340元。是年，小曹娥镇土地被征用人员参加养老保险者270人。

至2017年底，共计参保4052人，其中当年新增234人。已享受人员共计3463人，转社保570人。

第二节　医疗保障

公费医疗

1952年8月，国家工作人员（包括公立教师）开始实行公费医疗制度。1957年7月起，实行分级管理，经费发放到各单位。1963年改为单位定额包干。1976年1月起，实行分系统管理。1981年，国家对公费医疗实行改革，规定每人每年医疗费为35元，实行单位定额包干、节余奖励的管理办法。1987年，改为定额到人、节余归已转入下年度使用，超支自负20%，超支300元以上部分全部报销。后又经数次改革。从2001年10月起，取消公费医疗制度，国家机关公务员及参照国家机关公务员制度管理的机关事业单位工作人员，统一纳入城镇职工基本医疗保险体系。

企业劳保医疗

20世纪50年代初，全民所有制企业职工实行劳保医疗，职工患病按规定报销医疗费，直系亲属医疗费由职工所在企业负担50%。其后，集体所有制企业亦参照执行。80年代起，各单位规定每人医疗费定额，就诊时自垫医药费，凭收据附处方报销。有的单位每月将医药费随工资发给职工包干使用，门诊超过包干医药费和住院医药费，视情报销一部分或全部。90年代初，劳保制度逐步淡出。从2001年10月起，企业（含国有企业、城镇私营企业等）职工统一实施城镇职工基本医疗保险制度。

城镇职工基本医疗保险

1997年1月，余姚实施城镇职工医疗保险制度改革。1999年，城镇职工基本医疗保险实施社会统筹与个人账户相结合。2001年，全面启动城镇职工基本医疗保险（简称医保）制度改革。10月，建立城镇职工医疗保险中心（简称医保中心）。11月，颁布《余姚市城镇职工基本医疗保险暂行规定》《余姚市国家公务员医疗补助暂行办法》等。企业职工自由选择参加大病保险和城镇职工基本医疗保险。2002年，出台《余姚市离休干部和二等乙级以上革命伤残军人医疗费报销结算办法》及改制企业职工、失业人员基本医疗保险实施意见等文件。2003年，城镇职工基本医疗保险扩大覆盖面，所有参加大病统筹人员过渡到医保。2003年12月，已退休的医保恢复人员（已退休未参加医保人员补缴医保基金可以恢复医保）、农婚知青、事业单位改制及成建制产业主管部门分流人员，也纳入医保。2006年，重新修订《余姚市城镇职工医疗保险和住院医疗保险实施意见），已退休人员可申报医保。年底，出台（余姚市农民工住院医疗保险暂行办法》，参保对象包括行政区域内的城镇用人单位的在职职工、个体工商户及其雇工、退休人员、失业人员及城镇灵活就业人员。此类人员以低费率、保大病、保当期，由用人单位缴费为主，实行企业职工整体参保或企业同类型职工参保，享受条件及待遇与城镇职工住院医疗保险相同。2008 年 2 月 1 日始，外来务工人员全部纳入大病医疗保险统筹，不再受理外来务工人员住院医疗保险和农民工住院医疗保险申报。城镇职工基本医疗保险按 2%+8%+5 元缴纳，职工个人缴纳本人缴费基数的 2%，单位每月在工资中代扣用人单位缴纳职工缴费基数之和的 8% 和每人每月 5 元的重大疾病医疗救助金。住院医疗保险按 5%+5 元缴纳，用人单位缴纳职工缴费基数之和的 5% 和每人每月 5 元的重大疾病医疗救助金。外来务工人员大病医疗保险按 2.5%+5 元缴纳，用人单位缴纳职工缴费基数之和的 2.5% 和每人每月 5 元的重大疾病医疗救助金。2009 年，市人民政府调整城镇职工医疗保险政策，包括调整门诊待遇、降低住院起付标准、扩大个人账号支付范围、住院医疗费综合减负等 8 个方面，重点向自负费用较大的大病、重病倾斜，增加惠民便民措施。2010 年，扩大参保范围，参加城镇职工养老保险的城镇自谋职业人员和农村户籍人员纳入职工医保参保范围。2011 年，推进社会保障卡医保一卡通工程，至 2017 年底，镇户籍人员已全部申领。参保人员在宁波市范围内携带社会保障卡就医实时结算，按基本医疗保险待遇支付后，其个人累计负担的合规医疗费（个人自负和个人承担）超过 3000 元以上部分至 2 万元（含）部分，补偿 80%；2 万元以上部分，补偿 90%，最高补偿医疗费限额 50 万元。大病保险补偿实行“一站式”即时补偿结算。截至 2017 年底，全镇辖区共有 9749 人（含机关事业单位编制人员）享受城镇职工医疗保险待遇。

职工大病医疗保险

1994 年 10 月，余姚市人民政府印发《企业职工大病医疗费用社会统筹暂行办法》，实施职工大病基本医疗制度，参加养老保险各所有制的企业需参加大病医疗保险。统筹基金为本级市上年度企业职工平均工资总额的 3%，当年每人每月缴纳 13 元。参保人员一次性住院医疗费用，一定额度以上部分和特殊病种的门诊一定额度部分，采用分段累计办法，由社保机构支付大部分费用，单位和个人承担小部分费用。参保人员凭大病医疗凭证就医，费用由单位或个人垫付，后向社保机构结算。全镇参加大病（住院）保险 57 人。2003 年起，职工大病医疗保险纳入城镇职工基本医疗保险。

农村合作医疗

1969 年，境内农村实行合作医疗制度，推广公社办、公社大队联办及大队办合作医疗站或合作医疗保健室。社员每人投资 0.5—2 元，按各大队集体经济情况差别不同，报销 30%—60% 医药费。赤脚医生报酬实行工分制。时集体经济普遍薄弱，合作医疗制度仅运作 3—5 年后均停办。

1988 年，各乡镇成立合作医疗管理小组，拟再次推行农村合作医疗制度，因经费筹措不足等原因，未能实施。1999 年，镇政府重新推行农村合作医疗制度，至 2000 年底，全镇有 80% 的农业人口参加。2003 年始，实行新的农村合作医疗制度，由政府组织和扶持，农民自愿参加。采取四级筹资办法：个人缴费和村集体扶持资金总和为每人 30 元（因各村集体经济状况不同，个人缴纳部分有 20 元、15 元不等）；市财政和镇财政各给予每人每年 15 元的扶助；宁波市财政的专项资金全额纳入统筹资金。为引导合理的医疗消费，患病住院的起补线为一级医院 1000 元、二级医院 1500 元、三级医院 2000 元。报销标准为起补线至 3000 元部分报销 20%，3001—5000 元部分报销 30%；5001—10000 元部分报销 40%；10001—30000 元部分报销 50%；30001 元以上部分报销 60%，最高补助限额为每人每年 2 万元。对恶性肿瘤、脑卒中、糖尿病、慢性尿毒症及器官移植后续治疗等5种慢性疾病，当年未享受过住院补助的，其门诊药费列入大病统筹资金补助，全年累计1000元以上部分，按30%补助，最高补助额为每人每年3000元。对一次性住院费用超过5万元，确实导致家庭生活特别困难者，在享受正常住院报销外，还可按自负部分40%的比例进行救助，最高救助额为每次2万元。

缴费和待遇享受标准随着时代的变革也有变动。至2015年，合作医疗资金筹集标准为865元，其中个人缴费250元，9—11月为缴费期，待遇享受期为次年的1月1日至12月31日。对农村"五保"和散居孤儿、低保和低保边缘户、重点优抚对象、二级以上持证残疾人、"三老"人员等困难群众参合的个人缴费部分由市、乡镇（街道）两级财政分别按50%给予全额补助。2015年开始，只要参加了新型农村合作医疗的农村居民，同时也参加了市城乡居民大病医疗保险，参保人员个人负担合规医疗费2万元以上部分纳入大病保险支付范围，支付限额为50万元。参合农民携带合作医疗卡和身份证到市内基层定点医疗机构（含市四院、市精神卫生保健院）就医，其门诊有效医药费当场补偿，补偿比例为45%，限额为1000元/人·年；在市内一级医院住院起付线为300元，起付线以上部分补偿比例88%；市内二级医院起付线为600元，起付线以上部分补偿比例78%；市内三级医院起付线为900元，起付线以上部分补偿比例75%；余姚市外定点医院起付线为900元，起付线以上部分按40%补偿；非新农合定点医院（但属当地医保定点医院）起付线为900元，起付线以上部分按15%补偿。2016年度全镇共有99113人次享受新农合医疗补助，补助金额为1117.8169万元。该政策施行至2016年12月31日止，后参加新农合人员转入城乡居民基本医疗保险。

城镇居民基本医疗保险

根据《国务院关于开展城镇居民基本医疗保险试点的指导意见》（国发〔2007〕20号），自2008年1月1日开始试行城镇居民基本医疗保险。市非农户籍且不属于城镇职工基本医疗保险制度覆盖范围的人员，可参加城镇居民基本医疗保险。参保人员按年度一次性预缴医保费；缴费期为每年5—7月（学生为5—6月，一年级新生及转学学生为9月1—20日），待遇享受期为每年9月1日至次年8月31日。参加了居民医保，也就同时参加了大病保险，不用另外缴费；大病保险待遇享受期与居民医保一致。

城镇居民基本医疗保险筹资标准（2015年）：老年居民1800元（个人缴纳500元，财政补助1300元）；非从业人员1000元（个人缴纳600元，财政补助400元）；婴幼儿900元（个人缴纳400元，财政补助500元）；学生和其他未成年人500元（个人缴纳150元，财政补助350元）。

一个医保年度内，参保人员符合规定的3000元（含）以内门诊医疗费（含外配处方药店购药），统筹基金按不同比例支付三级医疗机构报销30%；其他医疗机构报销45%；社区卫生服务机构报销60%，一年最多能报销1800元。参保人员符合规定的住院医疗费的基金起付标准为三级医疗机构1200元（2015年9月起）；其他医疗机构600元；社区卫生服务机构300元。基金分段报销比例老年居民和非从业人员起付标准以上至2万元部分（含）报销68%；2万元以上至4万元部分（含）报销75%；4万元以上至25万元（含）报销80%。学生、婴幼儿和其他未成年人起付标准以上至2万元部分（含）报销80%；2万元以上至4万元部分（含）报销85%；4万元以上至25万元（含）报销90%。上述参保人员在社区卫生服务机构发生的医疗费，基金支付比例分别再上调5个百分点。住院25万元以上部分医疗费基金不再支付（最高支付限额为25万元）。医疗费除按规定由医保基金给予报销外，其余由参保人员个人承担。2015 年，全镇有 238 人参加城镇居民基本医疗保险，参保率 96.8%。该政策施行至 2016 年 8 月 31 日止，此后城镇居民基本医疗保险参保人员转入城乡居民基本医疗保险。

城乡居民基本医疗保险

依据《宁波市人民政府关于印发〈宁波市城乡居民基本医疗保险办法〉的通知》《余姚市人民政府关于贯彻实施〈宁波市城乡居民基本医疗保险办法〉的通知》《关于城乡居民基本医疗保险参保缴费有关问题的通知》，自 2016 年 9 月 1 日起将原实施的城镇居民医保、新型农村合作医疗制度整合为城乡居民基本医疗保险，原城镇居民医保和新农合参保人员分别自 2016 年 9 月 1 日和 2017 年 1 月 1 日起施行。城乡居民基本医疗保险参保对象为市户籍未参加市职工医疗保险的婴幼儿、成年居民、未成年居民；市范围内具有全日制学籍的在册就读学生。

缴费时间、标准　成年居民 A 档、成年居民 B 档、6 周岁以下婴幼儿、未成年人及在校中小学生，按年度一次性预缴医保费，每年的 9 月 20 日至 11 月 27 日为参保缴费期，次年的 1 月 1 日至 12 月 31 为待遇享受期。具体缴纳费用为：成年居民 A 档个人 700 元、政府补助 1500 元；成年居民 B 档个人 400 元、政府补助 1000 元；6 周岁以下婴幼儿个人 400 元、政府补助 600 元；未成年人及在校中小学生个人缴费 150 元、政府补助 200 元。享受国家定期抚恤补助的重点优抚对象；持有中华人民共和国残疾人证且残疾等级为二级及以上的残疾人；享受最低生活保障的家庭成员；低保边缘户家庭成员、被征地的农村“五保”“三老”、城镇“三无”人员及散居孤儿和国家、省、市规定的其他困难人员凭相关证件（证明），其个人缴纳的医疗保险费由市财政负担。当年，全镇参保人数 8607 人。

门诊医疗待遇　婴幼儿及各类学生、未成年人、成年居民 A 档，3500 元（含）以下部分，社区医院就医个人承担 40%，基金承担 60%；三级医院就医个人承担 70%，基金承担 30%；其他医院就医个人承担 55%，基金承担 45%。成年居民 B 档，2500 元（含）以下部分，社区医院就医个人承担 50%，基金承担 50%；三级医院就医个人承担 80%，基金承担 20%；其他医院就医个人承担 65%，基金承担 35%；参保人员转宁波市外门诊治疗发生的医疗费由个人承担，医保基金不予支付。

住院医疗待遇　参保人员在宁波市内每次住院就医发生的医疗费在一个医保年度内累计计算，起付线以下部分由个人自负。起付线以上部分由医保基金和个人按不同比例共同承担。起付线额度三级医院 1200 元；其他医院 600 元；社区医院 300 元；起付线至 4 万元（含）部分，成年居民 A 档，社区医院就医由医保基金支付 80%；三级及其他医院就医由医保基金支付 70%，其余由个人承担；成年居民 B 档，社区医院就医由医保基金支付 75%；三级及其他医院就医由医保基金支付 65%，其余由个人承担；婴幼儿及各类学生、未成年人，社区医院就医由医保基金支付 85%；三级及其他医院就医由医保基金支付 80%，其余由个人承担。4 万元以上至最高支付限额（含）部分承担比例，成年居民 A 档，最高支付限额 30 万元，社区医院就医由医保基金支付 85%；三级及其他医院就医由医保基金支付 75%，其余由个人承担；成年居民 B 档，最高支付限额 20 万元，社区医院就医由医保基金支付 75%；三级及其他医院就医由医保基金支付 65%，其余由个人承担；婴幼儿及各类学生、未成年人，最高支付限额 30 万元，社区医院就医由医保基金支付 90%；三级及其他医院就医由医保基金支付 85%，其余由个人承担。最高支付限额以上部分，医保基金不再支付。

参保人员持社保卡在宁波市范围内定点医院就医按参保待遇进行实时结算；大病保险也同步

一站式结算，个人累计承担的合规医疗费超过2万以上部分纳入大病保险支付范围，支付限额50万元。恶性肿瘤，重症尿毒症，器官、组织移植术的符合医保支付范围的术后抗排异，精神分裂症、抑郁症（中、重度）、躁狂症、强迫症、精神发育迟缓伴发精神障碍、癫痫伴发精神障碍、偏执性精神病、儿童孤独症、双向情感障碍、中重度阿尔茨海默病（老年痴呆症），系统性红斑狼疮，再生障碍性贫血治疗，血友病治疗，耐多药肺结核八类疾病纳入特殊病种，其门诊治疗享受特殊病种门诊待遇。待遇享受期内的育龄妇女发生的符合国家计划生育政策的生育医疗费，由医保基金按定额标准一次性补助：正常分娩1200元、助产术分娩1500元、剖宫产术分娩2000元。截至2017年底，全镇共有17851人（含辖区内就读的在册学生）参加、享受城乡居民基本医疗保险待遇。

工伤保险

1951年公布的条例和1953年公布的条例细则，在工伤保险方面规定了职工因工伤亡的条件和待遇标准。1957年2月，首次将职业病伤害列入工伤保险范畴。以后对工伤范围、工伤医疗和健康待遇，因工伤残待遇，职业病防治政策，机关人员因公伤残抚恤等方面作了多次调整和完善。

工伤保险范围 1988年，企业工伤保险范围为国有、市属集体企业。1993年10月，工伤保险范围扩大到乡镇（村）企业、股份制企业、外商投资企业、私营企业和个体经济。1995年，企业职工工伤保险由企业保险转变为社会工伤保险。2001年，机关事业单位在编人员和改制单位全部职工纳入工伤保险范畴，重点骨干企业、管理规范和用工数量多的企业实施工伤保险，经营者素质较高、企业规模相对较大的乡镇、私营企业试行工伤保险。2003年，市劳动保障局、经济发展局联合下发关于扩大企业职工工伤保险覆盖面的通知，根据企业职业危害和行业风险程度确定市行政区域内的重点企业、苗子企业和事故多发企业为扩面重点，规定300人以下企业原则上要求全员参保，300人以上企业可选择性参保。2004年，参加养老保险的企业职工也要参加工伤保险。2005年4月始，个体工商户纳入保险范围。2007年，侧重扩大第三产业工伤保险参保，商业、旅游业、餐饮业等社会服务业为扩面重点。根据宁波市人民政府发布的关于全面推进工伤保险的通知，推行项目参保，建筑施工企业建立工伤保险费预缴制度、非全员参保单位实行特殊费率政策等，并开始实行农民工工伤保险参保。2008年，重点稽查非正常减员企业，设立减员警戒线，企业参保与年检认证或评选星级企业挂钩。2011年始，国务院新修改的工伤保险条例规定，凡是中华人民共和国境内的企业、事业单位、社会团体、民办非企业单位、基金会、律师、会计师事务所等组织和有雇工的个体工商户，应参加工伤保险，为单位职工或雇工缴纳工伤保险费。以上单位的职工和个体工商户的雇工，有享受工伤待遇的权利。2014年，针对建筑企业的特殊性，市人民政府出台《余姚市建筑施工企业从业人员参加工伤保险暂行办法》。至2017年底，域内各企事业单位共参加工伤保险8101人。

工伤赔偿标准 工伤赔偿主要有一般伤害、致残、工亡和因工下落不明四项。①造成一般伤害（未达到残疾）的赔偿，包括医疗费、伤者住院期间的伙食补助费、生活护理费、工伤期间的工资、交通食宿费。②造成伤残的赔偿包括医疗费、伤者住院期间的伙食补助费、生活护理费、工伤期间的工资、交通食宿费、辅助器具费、按伤残等级领取一次性伤残补助金或按月领取伤残津贴、一次性工伤医疗补助金、一次性伤残就业补助金。一至十级伤残补助金标准，分别为本人27个、25个、23个、21个、18个、16个、13个、11个、9个、7个月工资；一至六级按月领取伤残津贴标准，分别为本人工资的90%、85%、80%、75%、

70%、60%，伤残津贴实际金额低于当地最低工资标准的，由用人单位补足差额。经劳动能力鉴定委员会确认，需要生活护理的，生活护理费按照生活完全不能自理、大部分不能自理和生活部分不能自理3个不同等级支付，每月生活护理费标准分别为795.50元、636.40元、477.30元。③造成死亡的赔偿包括丧葬补助金，为6个月的统筹地区上年度职工月平均工资；一次性伤亡补助金，标准为上一年度全国城镇居民人均可支配收入的20倍；供养亲属抚恤金，按照职工本人工资的一定比例发给由因工死亡职工生前提供主要生活来源、无劳动能力的亲属。标准为配偶每月40%，其他亲属每人每月30%，孤寡老人或者孤儿每人每月在上述标准的基础上增加10%。核定的各供养亲属的抚恤金之和不应高于因工死亡职工生前的工资。供养亲属的具体范围按国务院社会保险行政部门规定。④职工外出或抢险救灾中下落不明的赔偿要分不同情况而定。职工没有被宣告死亡的，其直系亲属可以获得的赔偿项目有：供养亲属抚恤金、一次性工亡补助金的50%（生活有困难的）；职工被宣告死亡的，其直系亲属可以获得的赔偿项目有：丧葬费、供养亲属抚恤金、一次性工亡补助金。

生育保险

生育保险范围 1951年颁布的《中华人民共和国劳动保险条例》对企业女职工生育待遇、实施范围作了规定，在有工人职员100人以上的国有、公私合营、私营和合作社经营的工厂、矿厂及其附属单位，铁路、航运、邮电的各企业单位与附属单位，工、矿、交通事业的基本建设单位，国有建筑公司，凡实行劳动保险的企业，其工人与职工的女职工与女工人（包括临时工、试用人员）均可享受不同程度的生育保险待遇。1955年4月，国务院又颁布关于女性工作人员生育假期规定，对机关、事业单位女职工生育保险作了规定。1985年1月，县劳动局转发省人事厅关于延长女职工生育假期的通知。1990年，执行《余姚市全民和市属集体企业女职工生养基金统筹暂行办法》，统筹对象为全民所有制企业、城市集体所有制企业的固定女职工、劳动合同制女工人，自收自支、企业化管理的全民事业单位的女职工，中外合资企业的中方女职工。2007年，生育保险范围扩大到行政区域内城镇各类企业、民办非企业单位的女职工。

生育保险基金筹措 1990年7月起，生育保险基金实行社会统筹，由市社会劳动保险管理处负责征缴与支付。7月1日开始办理，缴费标准年人均20元，当年实际缴纳人均10元。1993年，企业按照职工工资总额的0.4%实行地税部门代扣。2007年10月1日始，按宁波市人民政府关于修改宁波市城镇企业生育保险暂行办法的通知，生育报销费用按“以支定收、基本平衡”的原则，实行社会统筹，建立生育保险基金。生育保险基金包括用人单位缴纳的生育保险费、生育保险基金的利息，生育保险费滞纳金，依法纳入生育保险基金的其他资金及财政补贴。征缴生育保险费由用人单位按月缴纳，职工个人缴纳生育保险费。用人单位以在职职工缴纳基本养老保险费的基数作为缴纳生育保险费的基数，按照0.4%比率缴纳（每人每月5元）。生育保险费由税务机关按月征收。2017年，全镇参加生育保险5709人。

享受待遇 生育医疗费用报销标准按照定额进行补偿，市本级统筹范围内女职工生育医疗费用（含孕期检查费用）补偿定额标准为2300元。符合规定的生育医疗费用在补偿定额标准之内的，由生育保险基金按实全额支付。超出定额标准的，超出部分由职工个人负担10%，其余部分由生育保险基金支付。生育医疗费用：包括产前检查费、接生费、手术费、住院费、药费以及治疗分娩并发症的医疗费用。

生育津贴计发标准：正常分娩按3个月计发。难产的增发0.5个月。多胞胎生育的，每多生育一个婴儿，增发0.5个月。妊娠三个月内自然（人工）流产的按1个月计发；3个月以上7个月以下自然流产或人工引产的按1.7个月计发。7个月以上早产的按第一项规定标准计发。

计划生育手术医疗费用报销包括因实行计划生育需要施行放置（取出）宫内节育器、皮下埋植术、流产术（含药物流产）、引产术、绝育及复通手术所发生的医疗费用。

第三节　基本生活保障

城乡居民最低生活保障

1997年1月开始，根据《余姚市城镇居民最低生活保障暂行办法》，低保标准为月人均150元。10月起，对贫困户实行最低生活保障金制度。人均每月25元，后逐年提高。是年第四季度，全镇列入最低生活保障24户、61人，发放最低生活保障金4575元；所需资金由市、镇、村三级分负，其中市级50%、2287.5元，镇25%、1143.75元，村25%、1143.75元。

2000年6月，新的《余姚市城镇居民最低生活保障暂行办法》颁布，同年7月开始实施，城镇低保标准为月人均195元。农村低保标准为月人均30元。

2001年4月，低保标准进行调整，城镇每人每月由195元提高到225元，农村由30元提高到40元。低保救助金，平原乡镇由市、乡镇各半负担，山区片由市、乡镇按7 ∶ 3的比例负担。

2002年1月，开始实施《余姚市农村最低生活保障实施细则》，农村低保标准分档月人均分别为60元、100元。是年，全镇纳入低保的有144人，共发放112800元，平均每人每月78.3元。

2004年8月，市政府办公室颁发《关于印发余姚市最低生活保障实施办法的通知》，新低保办法整合城镇和农村低保制度，城镇居民低保标准调整为月人均250元；农村分3档，月人均分别为80元、100元、120元。当年，小曹娥镇享受最低生活保障302人，平均每人每月87.9元，全年支付31.848万元。此后，城乡联动一体化，最低生活保障制度逐步完善。至2010年，城镇低保标准为月人均400元；农村分4档，月人均分别为140元、170元、200元、240元。2017年，低保标准城乡统一为月人均664元，除去自有收入给予补足，人数和享受标准根据实际情况逐月核定进行增减。全镇享受最低生活保障金的有7759人/月，平均每月646.6人，全年共发放最低生活保障金447.2073万元，人均月576.4元。

残疾人生活保障

残疾人分布　2017年，全镇有残疾人1192人，其中男595人、女597人。残疾等级，一级185人、二级366人、三级276人、四级365人。各村残疾人分布情况，曹一村87人，其中男44人、女43人；曹娥村171人，男81人、女90人；建民村173人，男82人、女91人；朗海村166人，男90人、女76人；滨海村161人，男90人、女71人；南新庵村93人，男50人、女43人；镇海村106人，男46人、女60人；人和村229人，男107人、女122人；居委6人，男5人、女1人。

就业与康复　1999年5月，镇政府制定《关于对残疾人实行照顾扶持的若干规定》，通过社会结对、技术培训、减免税收、贷款优先等政策，

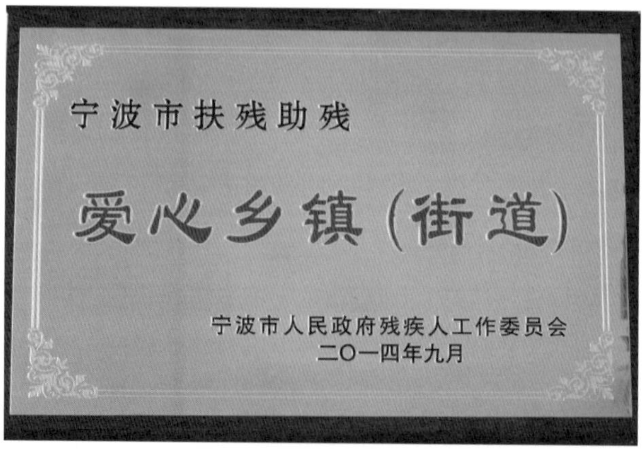

◎ 2014年，获评宁波市扶残助残爱心乡镇街道

扶持残疾人就业脱贫。2017年，在福利企业就业的残疾人221人；其他企业按比例安排残疾人就业或缴纳残疾人就业保障金。扶持发展种植、养殖业145人，扶持发展家庭副业200人，扶持创办私营工商业150人；政府资助5人，合计1万元。开展技术培训4期受训506人；免费实施白内障康复手术20人。同时实施残疾人智力、肢体、精神康复工程。

资金救助　镇政府实施最低生活保障、生活困难补贴、发放重度残疾人护理费、住房维修等措施，保障残疾人的基本生活。2017年，全镇1192个残疾人中，有贫困残疾人872人。列入最低生活保障215人，保障标准664元；困难残疾人生活补助657人，发放补助金24.8万元，人均377.5元；对627名重度残疾人发放护理费210万元，人均3349元；住房维修3户，补助资金5.8万元；疾病救助7人，救助资金2.72万元。

失（待）业保险

1986年7月，县就业管理服务处负责办理失业保险等级、审核和失业保险金发放。2005年失业保险职能全部下放到镇。

失（待）业保险范围　1986年7月，实施待业保险。待业保险适用于国有企业固定职工、合同制工人、混岗集体工，机关、团体事业单位合同制工人。由于企业宣告破产、濒临破产整顿期间被精减、终止或解除劳动合同、违纪辞退等原因而待业的可以按规定享受待业保险待遇。县就业管理服务处负责办理待业保险等级、审核和待业保险金发放。城镇集体企业职工也纳入待业保险范围。1990年10月，领取营业执照、自负盈亏的事业单位实施职工待业保险制度。1993年5月，根据国务院发布的国有企业职工待业保险规定，市人民政府下发关于进一步完善城镇职工待业保险制度的通知。1995年，浙江省职工失业保险条例发布，1996年1月始，待业保险更名为失业保险。保险实施范围为国有企业，城镇的集体所有制企业、股份制企业、联营企业、合作企业、私营企业，外商投资企业及乡镇企业，农村私营企业，城镇个体经济组织中的非农业户口人员。乡镇企业、私营企业、个体工商户等无法核实工资总额的单位，根据其纳入失业保险范围的城镇从业人员人数，按全市上年社会月平均工资总额的1%缴纳失业保险费。1999年1月，市劳动局、财政局、人事局联合印发关于事业单位实行失业保险制度的通知，经机构编制部门批准成立的事业单位（包括在余姚的部属、省属、宁波市属、部队属事业单位）、事业单位改制单位的所有职工（包括农民合同制职工、临时用工）参加失业保险。

2004年，按照省人大常委会通过的《浙江省失业保险条例）要求，扩大失业保险范围，所有企业、事业单位，社会团体、民办非企业单位、有雇工的城镇个体工商户及与其形成劳动关系的职工、雇工，应当参加失业保险，国家机关及与其形成劳动关系的合同制职工参加失业保险。2004年5月，小曹娥镇等9个镇（街道）实行失业基金征缴、扩面、登记办理下放试点，2005年失业保险职能全部下放镇。2007年，重点为个体经济企业、个体工商户扩面和机关事业单位参保人员查漏补缺。2008年，失业保险扩面重点转向外来务工人员。2010年，失业保险扩面工作以规模以上企业为重点。简化失业保险金领取方式，由村（社区）劳动保障管理服务站工作人员上门核实。

失（待）业保险金统筹　中华人民共和国成立初，1952年9月，县成立失业工人救济委员会，始办失业登记、介绍就业，并按各工厂、商店、服务行业等职工工资总额的1%提取失业救济金，用于生产自救、工赈及临时救济。此后，在计划经济体制下，由于实行统包统配的就业制度，失业救济制度逐步被取消。1986年7月起，在全县企业中逐步建立失业保险制度，对职工失（待）业保险范围、待业保险基金统筹及待业救济金发放标准等作了具体规定，为职工失业后的基本生活提供了保障和再就业服务。1988年，待业保险金按职工月标准工资总额的1%缴纳；1993年，待业保险基金收缴标准调整为职工工资总额的1%，职工个人按不高于本单位职工平均工资0.5%标准缴纳。此后，参保企业和人数逐年增加。2004年，失业保险缴费基数按基本养老保险缴费基数确定，随基本养老保险缴费基数调整而调整。用人单位按社会平均工资的2%缴纳失业保险费。在职职工按社会平均工资的1%缴纳失业保险费，其中农民合同制职工本人不缴纳失业保险费。为切实减轻企业社会保险缴费负担，2015年1月起，市失业保险费率由3%调整为2%，其中用人单位1.5%，职工个人0.5%；2016年5月1日、2017年5月1日，分别两次对失业保险单位缴费比例实行阶段性下调，单位费率由1.5%下调至0.5%，个人费率0.5%保持不变。至2017年底，全镇参加失（待）业保险5699人。

第二十编

教　育

现境内的教育历史始于清代，有寒门士子设家塾（亦称私塾）教授学生。民国二十九年(1940),实施国民教育制度,设立国民学校。私塾仍大量存在。中华人民共和国成立后，教育事业快速发展，至1970年，基本形成幼儿园、小学、初中构成的普通教育网络。1988年，原小曹娥镇率先实行九年制义务教育。至1990年，全境实行九年制义务教育。1996年，小曹娥镇成为余姚市第一个浙江省教育强镇。2017年全镇有幼儿园5所，小学4所，初级中学1所，成人中等文化技术学校1所。

第一章 私 塾

清代，境内少有私塾。

第一节 民国时期私塾

民国时期，私塾已大量存在。其教学内容以识字、书法为主，学习《三字经》《百家姓》《千字文》等启蒙读物，兼学算术及珠算。私塾的教学方法概括起来是读和写。读，强调“读书百遍，其义自见”。写，从描红、映格、到临帖，循序渐进。教育形式不分班，也没上下课，并根据不同领悟，分别教授。

民国18年（1929），提倡改良私塾，要求按教育部所颁教学计划和教科书进行教学。是年10月，《余姚县管理私塾办法》规定：于学塾上加塾师姓氏作为塾名并将“某氏学塾”写一纸条揭示门外，每所私塾学童不得超过30名，对塾师进行登记。县府派员视察，以成绩次第取缔不合格私塾。民国24年（1935），国民政府开始实施义务教育，私塾作为义务教育的补充，在农村仍有发展。

民国时期，境内有私塾22个。至民国38年（1949年9月30日），尚有私塾7个，求读学生140余人。

第二节 私塾选介

曹丁杨氏私塾 址设曹丁头丘，创办于清光绪二十七年（1901），塾师杨桂芳，学生20多人。民国36年（1947）停办。

全灶金氏私塾 址设全灶三丘，创办于民国初期，塾师金升高，有学生近30人，施瑞麟、任宝祥等都是他的学生。

全灶沈氏私塾 创办于民国5年（1916）。沈仁兴在全灶村自己家里，招收了20多名学生，民国37年（1948）年停办。

中灶任氏私塾 址设中灶三丘任宝祥家，创办于民国早期，塾师任宝祥，有学生20多人。

廿四湾吴氏私塾 址设廿四湾吴六久家，创办于民国中期，塾师吴六久，有学生20余人。

周氏私塾 址始设中灶五丘周新潮家，后二次移址，最后由塾师自建了一间草房办塾，创办于民国32年（1943）。塾师周茂盛（朗霞人），学生20多个。民国36年（1947）停办。

张氏私塾 址始设全灶五丘施文贤、施文堂家的众家堂前间。由王成坤于民国35年（1946）从天元请到塾师张慰庭，第二年搬到英生街王合兴猪栏舍，由保长负责修缮后，招收了40多名学生，分成3个班，复式教学。

中灶周氏私塾 址设中灶头丘，创办于民国29年（1940）前，先后由童光胜、周富堂、周宗云执教，有学生30余人。1945年初停办。

人和金氏私塾 址设人和南丘许承铨家，创办于民国29年（1940），塾师金兆祥，有学生10余人。1950年停办。

杨家路徐氏私塾 址设杨家路桥西阮家，创办于民国33年（1944），由徐先生执教，复式教学，有20多名学生，后徐先生自己造了2间半草舍续教。1949年因学校失火烧掉而停办。

直塘头徐氏私塾 址设直塘头郑家，创办于民国34年（1945），塾师徐省我，有学生20人左右。后由童水甫执教，1949年12月停办。

周洪六丘戚氏私塾 址设周洪六丘章金敖家，创办于民国34年（1945）。塾师戚伍舒，有学生20人左右。后由严育祥执教，1949年春停办。

许丁陈氏私塾 址设许丁三丘陈光纪家，创办于民国35年（1946），由陈光纪本人执教，有学生近20人。1948年底停办。

海塘南陈氏私塾 址设海塘南福星庵内，创办于民国36年（1947），由陈志清（余姚冯村人）执教，有学生10多人。1949年停办。

杨丁金氏私塾 址设杨丁五丘周阿宝家，创办于民国36年（1947），由金先生执教，有学童10余人。1949年停办。

符丁肖氏私塾 址设符丁四丘韩志芳家，创办于民国36年（1947），由肖先生执教，有学童10人。1949年底停办。

第二章 普通教育

第一节 学前教育

1958年10月人民公社化运动中，为解放农村妇女劳动力，各生产大队兴办幼儿班、托儿所，农忙时多由生产小队单独或邻近几个生产小队联办临时托儿所。当时办得较好的有曹一、三发等大队的幼儿园。1961年，城乡经济暂时困难，幼儿园锐减，不少大队停办。

1970年后，农村幼儿班、托儿所陆续恢复。1979年，贯彻落实中央关于“三教”（普通教育、业余教育、幼儿教育）一起抓的精神，各大队普遍开办幼儿班或托儿所，大部分小学按县教育局要求附设幼儿班、学前班。

20世纪90年代初，开始出现民办幼儿园，原乡镇办、村办幼儿园相继转为个人经营。1994年秋，镇中心幼儿园招生，借用朗海小学教室。是年，洁丽幼儿园开办，为境内首家民办幼儿园。1996年，学前教育纳入教育行政部门管理，幼儿园向规模化、规范化发展。

1997年，采取“以办好集体幼儿园为主，同时也鼓励私人办园”的政策，4—6周岁儿童入园率92.8%，6周岁入园入学率为99.5%。1998年，境内共有公办、民办幼儿园18家。其中，民办的春苗幼儿园规模较大。2001年5月，春苗幼儿园园长苗金英出资40余万元，买下镇成校校舍，开办民办的镇中心幼儿园。2003年，原集体中心幼儿园停办，境内7家幼儿园全部为民办。2008年起，幼儿每班配2个教师。

2009年，市招聘公办幼儿教师，分配到民办幼儿园任教，镇分配到1人，后逐年分入。2013年，市出台普惠性幼儿园政策，在民办幼儿园任教的幼儿老师，对符合任职资格和职称的，政府补贴50%的工资。2014年，镇政府出资买下曹娥幼儿园，办公立幼儿园。改名小曹娥镇第一幼儿园。每班加配1个保育员。

2017年，全镇有幼儿园5所，计26班。在园幼儿合计820人，教职工84人。

1992—2017年学前教育一览表

表20-2-1

年份	幼儿园数量(所)	班级个数(个)		在园幼儿人数(个)		教职工人数(人)
		合计	其中小学附设	合计	其中小学附设	
1992	18	28	10	1162	430	28
1993	13	24	13	871	547	25
1994	12	28	15	858	339	29
1995	15	28	10	1097	416	37
1996	11	31	11	1116	458	34
1997	16	31	6	1100	306	37
1998	18	31	11	1088	340	37
1999	14	40	8	1272	301	44
2000	14	37	6	1016	200	44
2001	14	32	9	914	359	37
2002	10	27	8	748	264	36
2003	7	21	—	732	—	22
2004	7	21	—	614	—	28
2005	7	24	—	630	—	35
2006	5	26	—	657	—	29
2007	5	23	—	614	—	36
2008	5	20	—	595	—	43
2009	5	21	—	582	—	44
2010	5	22	—	546	—	49
2011	5	26	—	738	—	57
2012	6	25	—	779	—	61
2013	6	22	—	699	—	59
2014	6	22	—	728	—	66
2015	7	26	—	703	—	83
2016	5	28	—	786	—	74
2017	5	26	—	820	—	84

主要幼儿园选介

镇中心幼儿园　原设在朗海小学内，创办于1994年9月，镇办。园长王建芬。初办时常年有3—4个班级，在园幼儿100余人，教职工5人。2001年，镇成职校校舍卖给春苗幼儿园园长苗金英，办中心幼儿园，性质由镇办改为民办，园长苗金英。原中心幼儿园停办。2005年扩建食堂及附属用房，2008年扩建二层教学楼1幢，面积2200多平方米。幼儿最多时达340多人，10个班级，14个教职工。2016年下半年，幼儿园转卖给章刚儿续办，园长章刚儿。2017年下半年，幼儿370多人，教职工30人。多年来，中心幼儿园获评宁波市现代化达纲学校、浙江省二级（四星级）幼儿园。

小曹娥镇第一幼儿园　设曹娥村（原永久村办公地）。前身是创办于1977年的曹娥大队幼儿园，附设在曹娥小学内，后改名曹娥中心幼儿园。2000年转为民办。2011年8月，由金月娣等3人出资，租用原永久村办公用地，改建成幼儿园，从曹娥小学搬出，改称曹娥幼儿园。2014年12月，镇政府出资买下后，改为公办幼儿园。改名小曹娥镇第一幼儿园。2017年下半年，4个班级，103个幼儿，13个教职工（公办5人，民办8人）。

◎ 小曹娥镇第一幼儿园

小曹娥镇洁丽幼儿园　设朗夹公路39号，创办于1994年，园长马红梅。开始时租用镇海菜厂的房子办班，后逐渐发展。2002年，买下镇海三菜厂，新建二层教学楼1幢及附属用房，建筑面积1166平方米。2007—2008年，幼儿最多时达300多人，8个班级，17个教职工。2017年下半年，普惠性幼儿4个班，幼儿100多人，教职工14人。多年来，幼儿园从余姚市二级逐步升级为省三级。

第二节　小学教育

民国时期小学教育概况

民国19年（1930），孝女乡在曹娥殿创办求是小学，由施德敖执教。民国24年（1935），民国政府定当年度为儿童年，并再次实施义务教育，要求各地开办短期小学，在四年内，凡一切年长者及未入学之学龄儿童，至少应受一年义务教育。民国29年（1940）8月，全国统一实施国民教育制度，规定每乡、镇设中心国民学校1所，每3保设国民学校1所，境内有国民学校3所，其中保国民学校2所。次年4月，余姚沦陷，学校多停办。而是年，全灶基督教会在全灶三丘置地0.25公顷，创办一所“救恩义务初级小学”，供教友和附近村民子女免费读书。抗日战争胜利后，恢复国民教育制度，部分私塾改办保国民学校。

民国36年（1947）春，加紧实施国民教育，实行“政教合一”，各乡设国民中心学校，校长一般由乡长兼任。曹娥乡设中心国民学校1所，保国民学校3所，共有9个班级，320名学生。

主要小学选介

求是小学　创办于民国19年（1930），设曹娥殿北面，横三间加东西二居头的草舍。教师施德敖，建塘人。学生以曹娥街附近为多，如王克祥、王自祥、王自珍、戚长渭、吴宝楚、马燮昌等。

几年后，施德敖去三井学堂（慈溪建塘）任教，由马伯和、马伯夫2人接任，多复式教学，六个年级。民国30年（1941）因余姚沦陷而停办。民国34年（1945）抗战胜利后恢复。民国35年（1946）改名为求是国民中心学校。民国37年（1948）在曹娥殿北面建造五间瓦屋，加东西两个居头，东居头作教师办公室、寝室，西居头作厨房。当时有100多名学生，教师先后有施文焕、王自珍、吴宝楚、马燮昌、范启文、严庭华等人。毕业生中有全国著名茶叶专家姚国坤，湖北大冶市城乡建设局主任、高级工程师姚舜炎等。1950年，学校由人民政府接管。

历任校长：1945年前校长不详，施仲安（1945年9月至1948年8月）；范启文（1948年8月至1949年8月）；严庭华（1949年8月至1950年8月）。

第6、7保国民学校 创办于民国36年（1947），址设泥墩潭湾东抽斗丘内（滨海村），由副乡长韩礼潮发起筹资，建造二间一披草舍屋，设2个班级，有学生30多人。校长韩礼潮。

中华人民共和国成立后小学教育概况

1949年5月现境解放时，根据“暂维现状，逐步改造”的方针。乡、村培养骨干，调整领导。对私立学校进行登记，学校开设政治思想教育课程。建立校务委员会，加强共产党对学校的领导地位。提倡普及农村女子教育。1950年，曹娥、朗海、镇海各乡利用没收的地主房屋、教堂、寺庙等，兴办小学，招收贫苦农民子女入学。是年，曹娥乡在四村村政府（中灶五丘）创办中全小学；朗海乡在杨家路三丘，办起了朗海初小；镇海乡南新庵赵家、人和丘陈纪文家办起了初小，是境内由人民政府最早创办的一批公立学校。

1951年，土地改革基本完成，境内兴起办学热潮，纷纷开办速成识字班。在英生街利用国民党盐警住过的草屋，开办缪路潭小学。1952年春，镇海乡在方家路借用民房，办起了初小。9月，各类学校均由政府接收，改为公办；曹娥乡中心小学移地新建。时现境内有公办小学13所，其中曹娥乡6所、朗海乡3所、镇海乡4所。

1953年，贯彻“整顿巩固，重点发展，提高质量，稳步前进”方针，纠正盲目发展倾向，小学教育进入整顿阶段。小学停止春季招生，一律改为秋季招生。是年，中全小学与缪路潭小学合并为中缪小学。1954年10月，余姚、慈溪调整区划，现境划属慈溪县，教育由慈溪县教育局管理。境内小学教学业务由泗门小学辅导。

1956年，撤区并乡，曹娥、朗海、镇海三乡合并为曹海乡。朗海小学升级为曹海乡中心小学。负责全乡各小学的教学业务辅导。1958年，公社化后，大乡撤销，曹娥、朗海、镇海分别设管理区，各管理区成立中心小学。贯彻“两条腿走路”方针，国家办学和群众办学相结合。小学教育事业盲目发展，民办学校大量增加，不少小学由于校舍不够，在离校较远的地方，借用民房办下伸班。

1961年，国家经济处于困难时期，学龄儿童中出现大量流生。1962年贯彻“调整、巩固、充实、提高”八字方针，调整学校布局，并动员14周岁以上超龄生支援农业生产。1964年上半年，推行“两种教育制度”，进一步贯彻“两条腿走路”、多种形式办学方针，大力发展简易小学（下半年改称耕读小学）。允许半日劳动，半日读书，允许带弟妹上学。境内新办耕读小学13所，其中曹娥公社6所、朗海公社4所、镇海公社3所，基本实现每个大队一所小学。有的学校还设早、中、晚班，设点教学，当时小学入学率在85%以上。耕读小学教学业务由各公社中心小学负责辅导。

1966年，“文化大革命”开始，教育秩序尚稳定。1967年受上海“一月革命”影响，各学校先后停课闹革命。“两种教育制度”遭批判，部分教师受批斗。1968年2月，学校“复课闹革命”，学生学习以读毛主席语录、唱语录歌、大批判为主要内容。同年9月，改六年制为五年制，取消升学考试。

1969年3月，贫下中农管理学校委员会（简称贫管会）及贫下中农毛泽东思想宣传队（简称贫宣队）进驻学校，掌握学校领导权。秋，公办小学下放到大队办，各大队均设完小（完全小学。之前仅有1—4年级初级小学，同时有了5—6年级的高小的学校称为完小）。同时开始盲目发展中学教育，部分小学附设初中班，部分小学教师到中学任教，小学民办教师剧增，学校正常教学秩序遭破坏，教学质量严重下降。

1972年，贯彻周恩来总理指示，把普及教育作为一项大事来抓，小学教育在艰难曲折中又得到发展。是年，辖区内有小学18所，班级79个，学生2845人，教职工147人。其中公办教师22人，民办教师125人。

1976年10月“文化大革命”结束，小学教学秩序逐渐恢复正常。1978年再次整顿教育事业，调整学校布局，各公社建立中心学校，管理辖区内初中、小学。1980年11月，县教育局颁布《做好小学流生工作的规定》，共9条，建立流生责任制。下半年，开展全县普及小学教育大检查，现境内小学入学率98.3%，在校学生的巩固率99.26%，12—15周岁初等教育普及率90.4%。1982年，撤销公社中心学校，初中、小学分开设置，成立公社中心小学，始建普及义务教育档案。

1983年，曹娥、朗海、镇海3所公社中心小学均改名为乡中心小学。是年，改革学制，招收一半六年制，其余一半仍为五年制。9月16日，曹娥、朗海、镇海均受龙卷风袭击，曹娥中心小学受损较为严重。1984年春，曹娥中心小学原校舍拆除重建。秋季建成。是年起，小学均实行六年制。是年，境内学龄儿童入学率98.6%，在校学生年巩固率98%，毕业班学生毕业率97.7%，12—15周岁初等教育普及率95%。

1985年2月，实行“分级办学、分级管理”教育管理体制，除各乡中心小学、中学由乡管外，其他小学均下放到村管理。

1986年，曹娥撤乡置镇为小曹娥镇，曹娥乡中心小学改名为小曹娥镇中心小学。1988年，率先实施九年制义务教育，1989—1990年朗海乡、镇海乡先后实施义务教育。

1992年5月，撤区扩镇并乡后，撤销原朗海乡、镇海乡，并入小曹娥镇。镇中心小学负责全镇小学业务辅导任务，并设置朗海、镇海2所片校，协助镇中心小学辅导片内小学。是年，在全镇13所小学中推行农村整体优化教育实验，以求全面提高小学教学质量。秋季，撤销杨丁小学、符丁小学，合并后移地新建镇北小学。1993年，进一步进行教学网点调整，曹娥片的三发小学、全义小学并入镇中心小学。朗海片的南一小学并入朗海小学。是年，中心小学开始搞珠心算教学试验。1994年2月，设镇教育辅导室，管理全镇初中、小学、幼儿园及成人教育。上半年，南新庵小学迁建工程开工，暑期完工，秋季搬入新校区。是年6月，国家残联领导考察小曹娥镇的特殊教育，给予很高评价。镇校弱智儿童“随班就读、个别辅导”的经验，在宁波有关会议上作专题介绍。同年，建民小学完成拆建工程。全镇顺利通过省“两基”验收。1995年，撤销人和丘小学、周六丘小学，合并新建环宇小学，秋季搬入新校园。1996年，境内7—12周岁儿童入学率99.7%，小学毕业率100%，小学专任教师合格学历98.6%，小学毕业生体育达标率98.5%，生均占地面积和生均建筑面积达到或超过省定指标，教育经费增长高于财政收入增长，七项设施基本达到或超过省定标准。成为余姚市内第一个浙江省教育强镇。

1997年暑假，中心小学三名学生，代表余姚市赴台湾参加海峡两岸珠心算比赛，分别获一、二等奖。是年秋季，撤销朗海小学、镇海小学、南新庵小学，合并建立镇中心小学，原镇中心小学改名小曹娥镇曹娥小学。11月，通过省教育强镇验收组复查。1997年秋，位于朗海村的镇中心小学落成并迁入。原中心小学改为曹娥小学。

1998 年秋，曹一小学并入曹娥小学。2003 年秋，建民小学并入曹娥小学。2006 年秋，环宇小学并入镇中心小学。2010 年秋，镇北小学并入镇中心小学。至此，全镇 2 所公办小学，分别为镇中心小学、曹娥小学。同年，经教育局批准，开办 2 所民办小学，即在原农场村的辛慧学校和在原镇北小学的滨海小学。

2011 年 10 月 13 日，举行小曹娥镇中心小学迁建工程奠基仪式，2016 年 7 月迁建工程竣工。校园面积 3.308 公顷，总投资约 1.3 亿元，建筑面积 20348 平方米，建有教学行政楼、图书实验楼、食堂体艺楼，250 米环道的塑胶操场等设施齐全的现代化学校。

2017 年，辖区内有小学 4 所，班级 60 个，学生 1971 人，教职工 126 人（公办教师 68 人，民办教师 36 人，代课教师 22 人）。其中公办 2 所，班级 40 个，学生 1383 人，教职工 90 人（公办 68 人，代课 22 人）；民办 2 所，班级 20 个，学生 588 人，教职工（民办）36 人。

1987 年现境内小学基本情况表

表 20-2-2

校名	学校数	班级数（个）							学生数（人）							教职工数（人）
		计	一年级	二年级	三年级	四年级	五年级	复式	计	一年级	二年级	三年级	四年级	五年级	六年级	
小曹娥镇校	1	6	1	1	1	1	2	—	191	32	43	28	35	—	53	14
曹一小学	1	5	1	1	1	1	1	—	112	25	25	20	20	22	—	7
全义小学	1	2	1	—	—	—	—	1	39	5	20	—	14	—	—	2
三发小学	1	2	1	—	—	—	—	1	49	21	15	13	—	—	—	2
建民小学	1	5	1	1	1	1	1	—	153	42	38	26	24	23	—	7
朗海乡校	1	8	1	1	1	3	2	—	292	34	54	46	92	66	—	17
南一小学	1	2	1	1	—	—	—	—	32	17	15	—	—	—	—	2
杨丁小学	1	3	1	1	1	—	—	—	65	20	27	18	—	—	—	3
符丁小学	1	3	1	1	1	—	—	—	82	23	22	37	—	—	—	3
镇海乡校	1	5	1	1	1	1	1	—	168	24	30	31	40	—	43	13
南新庵小学	1	5	1	1	1	1	1	—	98	13	28	17	20	—	20	5
人和丘小学	1	3	1	1	—	1	—	—	62	16	22	—	24	—	—	3
周六丘小学	1	3	1	1	1	—	—	—	62	20	21	21	—	—	—	3
合计	13	52	13	11	9	9	8	2	1405	292	360	257	269	111	116	81

1992—2005 年小学学龄儿童入学简况一览表

表 20-2-3

年份	学校数（所）	学龄儿童人数（人）	在校学生人数（人）	
			总数	其中：学龄儿童数
1992	12	1881	1835	1745
1993	9	1926	2053	1854
1994	9	2344	2395	2265
1995	8	2487	2456	2377
1996	8	2592	2505	2433
1997	8	2769	2773	2688
1998	5	2910	2863	2765
1999	5	2855	2909	2666
2000	5	2528	2788	2397
2001	5	2673	2690	2663
2002	5	2414	2608	2161
2003	4	2272	2389	2068
2004	4	1946	2240	1946
2005	4	1891	1998	1891

注：表内数据均为每年秋季年报数据，在校学生数含外地户籍在小曹娥借读的学生，在校学生数中的学龄儿童数，不含本地户籍在外借读的学生。

1992—2017 年小学基本情况表

表 20-2-4

年份	学校数（个）	班级数（个）	在校学生数（人）	毕业生数（人）	教职工数（人）	备注
1992	12	58	1835	337	94	秋，原杨丁小学、符丁小学合并为镇北小学
1993	9	57	2053	294	92	秋，三发、全义小学并入中心小学；南一小学并入朗海小学
1994	9	58	2395	309	96	—
1995	8	57	2456	384	99	秋，周六、人和合并为环宇小学
1996	8	58	2505	343	101	—
1997	6	58	2773	235	97	秋，原小曹娥镇中心小学更名为曹娥小学。朗海小学，南新庵小学，镇海小学合并为小曹娥镇中心小学
1998	5	60	2863	317	103	秋，曹一小学并入曹娥小学
1999	5	62	2909	460	114	—
2000	5	61	2788	650	115	—
2001	5	59	2690	443	86	—
2002	5	58	2608	380	81	—
2003	4	53	2389	491	107	秋，建民小学并入曹娥小学
2004	4	49	2240	404	101	—
2005	4	44	1998	512	89	—
2006	3	38	1813	570	80	秋，环宇小学并入中心小学
2007	3	39	1819	389	154	—
2008	3	41	1811	365	102	—
2009	3	38	1670	348	102	—
2010	4	46	1935	268	114	秋，镇北小学并入中心小学
2011	4	53	2345	320	116	—
2012	4	56	2245	324	116	—
2013	4	55	2190	388	119	—
2014	4	52	2064	355	111	—
2015	4	54	1998	354	115	—
2016	4	59	1964	316	117	—
2017	4	60	1971	313	126	—

注：表内数据均采用每年秋季年报数据。

主要小学选介

小曹娥镇中心小学 址设朗夹公路90号。前身系孝女乡求是小学，创办于民国19年（1930），时址设曹娥殿。民国35年（1946），改名曹娥乡求是中心国民学校。

◎ 原全义小学（2018年吴华春摄）

◎ 曹娥小学（2019年吴华春摄）

1950年秋由人民政府接管，改名曹娥乡中心小学。是年，曹娥殿改办供销社，学校搬迁到基督教全灶堂，次年因教堂教室不够，部分班级设在乡政府（没收地主施瑞麟家的房子）。

1952年秋，由政府拨款移地至棉厂东新建曹娥乡中心小学校舍，5间瓦房、10间草房。时为完小，接收本乡及朗海乡高小学生。1956年，改名为曹娥小学。1958年10月，人民公社化后，改称曹娥管理区中心小学。1961年，改名曹娥公社中心小学。1969年，公办小学下放大队办后，中心小学消失。校舍由曹娥中学使用。

1978年建立曹娥公社中心学校（简称社校），管理全公社中学、小学的教学业务。

1982年，中、小学分设，曹娥大队小学升级为曹娥公社中心小学，承担全公社小学的业务辅导。1983年，改称曹娥乡中心小学。是年9月受龙卷风袭击，校舍严重受损。翌年春，教育局补助5万元，曹娥、曹二、永久3个大队及乡政府筹资5.5万元，旧校舍拆除重建。1984年秋，撤销曹二小学①、永久小学，并入中心小学。1986年，撤曹娥乡置小曹娥镇，学校改名小曹娥镇中心小学。

1992年，撤、扩、并后，镇中心小学承担全镇所有小学的业务辅导。是年，三发小学②并入。1993年，全义小学③并入。

---

①曹二小学：创办于1962年秋，先在后直塘头的堰头，办了一班民办班，1964年秋，搬到大队办公室旁开办耕读班，定名为曹二小学。1984年，并入曹娥公社中心小学。历任负责人：沈月吟、王柏江、杨宪钦、施国降。永久小学：创办于1964年秋，在大队办公室旁办耕读班。1970年，为东风小学永久教学点，1973年秋，正式定名为永久小学。1984年，并入曹娥公社中心小学。历任负责人：王杏菊、金苗昌。

②三发小学：创办于1957年秋，设基督教全灶堂内。1958年秋，并入曹娥中心小学。1963年秋，设耕读班在周如灿家，后转到酱油街东直屋，1969年公办小学下放大队办时，定名三发小学。1970年，永久、三发、新新3个大队合并为东风大队，改名东风小学。1973年，复名三发小学。1982年，新新小学并入三发小学。1992年，并入镇中心小学。历任负责人：成大勋、韩水金、熊社佳、施彩花。

③全义小学 前身许丁小学，创办于1952年，址设许丁头丘。1966年，成为完小，改名全义小学。1975年上半年，移地新建校舍，1993年，并入镇中心小学。历任负责人：洪顺铨、陈庚炎、戚大雄、范庚康、毛长太、施海祥、朱余根、毛顺良。

1997年秋，位于朗海村的镇中心小学落成并迁入，占地1.25公顷，建筑面积3798平方米。是年，朗海小学、镇海小学、南新庵小学并入。2005年，学校被宁波市教育局授予“行为示范学校”。2006年，环宇小学并入。2010年，镇北小学并入。2012年10月，省孝文化进校园启动仪式在镇小举行，省民政厅副厅长苏长聪出席。2013年，获浙江省义务教育标准化学校称号。2014年，镇小获浙江省标准化学校称号。2015年10月，镇小获全国传统文化进校园优秀学校称号，校长童益民受到省委书记夏宝龙接见。2016年秋，位于余姚大道西的镇中心小学落成并搬入。

2017年，有班级28个，学生1019人，教职工65人（公办51人，代课14人）。

1950年至2017年历任校长：严定华（1950年8月至1952年8月）、洪韵（1952年8月至1954年8月）、郑集江（1954年8月至1958年8月）、毛月华（1958年8月至1959年2月）、岑康尧（1959年2月至1983年8月）、王柏江（1983年8月至1984年8月）、朱余根（1984年8月至1992年8月）、姚世先（1992年8月至1999年8月）。童益民（1999年8月至2015年8月）、钱时森（2015年8月至2017年8月）、陈海云（2017年8月起）。

曹娥小学　址设东干南路17号。原为曹娥大队民办小学，创办于1958年4月，在徐先庭家设民办班一班，20多个学生，1个老师。在曹娥街西原竹业社处另办1班，有20多名学生，1名老师。1959年上半年，徐先庭家的学生转到干成林家，1959年下半年停办，学生转到许丁小学和中心小学。曹娥西街的转入曹娥中心小学。1963年秋，在大队办公室旁办民办班2个班级，56名学生，2名老师。1964年，增办耕读班一班，后逐年增加。1970年，大队筹集资金，拆除大队办公用房，在原址东建造南北两幢平房，每幢九间，原址改为学校操场。1975年秋，附设初中班，1978年停办。1982年秋，升级为曹娥公社中心小学。1992年，征地扩建教学楼1幢，建筑面积677平方米。

1997年秋，改名小曹娥镇曹娥小学。1998年秋，曹一小学并入。1999年，又扩建三层教学楼一幢。校园总占地面积11406平方米，建筑面积3120平方米。2003年秋，建民小学并入。学区内网点调整完成。是年，有17个班，学生809人，教职工30人。2006年9月，获省万校标准化达标学校称号。2013年，成为浙江省义务教育标准化学校。

2017年，有12个班级，学生364人，教职工25人（公办17人、代课8人）。

历任负责人或校长：冯秀英（1963年8月至1969年8月）、樊志明（1969年8月至1981年8月）、阮大坤（1981年8月至1982年8月、1997年8月至2003年8月）、周建胜（2003年8月至2015年8月）、吴益锞（2015年8月起）。

曹一小学　址设曹一村廿四湾自然村。前身系直塘头李承志的私塾，1949年停办。1950年秋，在直塘头江漕斗西岸，没收地主家的房子内办起了直塘头小学。1951年，改名为直塘头初级小学。有学生40—50人，一室多级，教师1人。1953年后，2个班级，2个教师。1956年，有学生100多人，教师3人。

1964年，在横潭自然村东建造南北二幢房子，每幢7间，成为设施较完整的小学。是年秋，改名曹一小学，学校还增设廿四湾、廿八湾、柴场头3个点，为早、中、晚班进行上门教学。7周岁以上儿童入学率达85%以上。曾有周巷区校组织各公社校长，到曹一小学实地参观取经。1969年秋，附设初中班，1970年上半年，转入曹娥中学。1971年，改名东升小学。1973年，复名曹一小学。1975年，附设初中班，1978年停办。1980年附设幼儿班。

1987年，通过余姚市首批达纲学校验收。1990年，迁址廿四湾重建三层楼的标准化教学楼，附设幼儿班、学前班各一班。1998 年秋，并入曹娥小学。

历任负责人或校长：陈适正（1950 年 8 月至 1952 年 1 月）、杨培明（1952 年 2 月至 1953 年 8 月）、高吉甫（1953 年 8 月至 1954 年 8 月）、吉启濑（1954 年 8 月至 1957 年 2 月）、岑康尧（1957 年 2 月至 1959 年 2 月）、励乾敖（1959 年 2 月至 1961 年 2 月）、王炳生（1961 年 2 月至 1962 年 8 月）、王永林（1962 年 8 月至 1965 年 2）赵树金（1965 年 2 月至 1969 年 12 月）、李永泉（1970 年 1 月至 1982 年 8 月）、沈月吟（1982 年 9 月至 1985 年 8 月）、王丽芬（1985 年 9 月至 1998 年 8 月）。

建民小学　址设全灶五丘，前身系王成坤私塾，创办于民国 34 年（1945）7 月。1950 年，在四村村政府创办中全小学，教师顾秋建（朗霞人）、周似锐（水阁周人），食宿均在村农会主任周文桂家。1951 年，英生街东街头原国民党盐警住过的营房修建后，开办缪路潭小学。1953 年中全小学与缪路潭小学合并，改名中缪小学，址设英生街。1958 年 2 月，在生产队的副业舍内，招收 2 个跃进班，增加 2 个民办教师。半年后并入中缪小学，当时已有 5 个班级，学生 200 多人。1961 年，移址到全灶五丘建造了新校舍，改名为建民小学。1969 年秋，因曹娥中学教室、教师不够，新建、新民两个大队的初中新生在建民小学内设班教学。1970 年上半年转入曹娥中学。1975 年秋，附设初中班，1978 年停办。1994 年投资 18 万元，将平房改建成楼房。2003 年因教育网点调整，撤销建民小学，并入曹娥小学。

◎ 原建民小学（2017 年摄）

历任校长：顾秋建（中全小学 1950 年至 1953 年 8 月）、张万能（缪路潭小学 1951 年至 1953 年 8 月）、中缪小学张万能（1953 年 8 月至 1957 年 8 月）、胡定一（1957 年 8 月至 1959 年 2 月）、毛月华（1959 年 2 月至 1960 年 2 月）、王永林（1960 年 2 月至 1962 年 8 月）、诸锐庆（1962 年 8 月至 1963 年 8 月）、张兴祥（1963 年 8 月至 1965 年 2 月）、陈逸顺（1965 年 2 月至 1971 年 8 月）、沈长根（1971 年 8 月至 1976 年 8 月）、施奉琪（1976 年 8 月至 1977 年 8 月）、张兴祥（1977 年 8 月至 1979 年 8 月）、施奉琪（1979 年 8 月至 1995 年 7 月）、周建胜（1995 年 8 月至 2000 年 7 月）、王德林（2000 年 8 月至 2003 年 7 月）。

朗海小学　创办于 1950 年秋，设在杨家路三丘。当时只设初小 1—4 年级，约 150 名学生。1954 年底因校舍失火被烧，1955 年初在朗海乡政府旁新建了学校。

1956 年，升级为曹海乡中心小学，为完全小学。1958 年，改名朗海管理区中心小学。1961 年，改名朗海公社中心小学。1969 年秋，公办小学下放大队办，分别划归朗海二大队小学、朗海三大队小学，校舍让给朗海中学。1978 年，建立朗海公社中心学校（简称社校），统管朗海中学及全公社小学的教育。朗海二大队小学、三大队小学均挂朗海公社中心小学分部牌子，先后由何爱仙、谢长申、陈贵荣、吴其坤、姚生高负责。

1982 年，在杨家路二丘征地 0.38 公顷，移地新建教学楼 1442 平方米。1984 年新校舍建成后，撤销朗海二大队小学、三大队小学，合并建立朗海乡中心小学。1992 年，改名小曹娥镇朗海小学。

是年，南一小学[①]并入。朗海小学于1997年并入小曹娥镇中心小学，校舍让给小曹娥镇成校。

历任校长：洪顺铨（1950年8月至1952年8月）、胡荣燮（1952年8月至1954年2月）、陈国树（1954年2月至1956年8月）、黄一斋（1956年8月至1957年8月）、陈国树（1957年8月至1959年2月）、劳艮水（1959年2月至1960年8月）、熊桂鉴（1960年8月至1961年8月）、郑集江（1961年8月至1969年8月）、周行丰（1978年8月至1980年8月社校校长）、施炳森（1980年8月至1988年8月）、孙连森（1988年8月至1997年8月）。

镇北小学 址设杨丁四丘，前身为符丁小学[②]、杨丁小学。1992年，撤销符丁小学、杨丁小学，合并建立镇北小学。投资22万元在杨丁四丘建设新校舍，占地3449平方米，建筑面积864平方米。翌年，搬入新校舍，时有6个班级、267名学生、10名教师。1995年村投资11万元，在原二层基础上加盖为三层。1996年，扩征土地0.11公顷，拓宽操场。投资4.5万元，在西边平房南建4间平台，计115平方米。1998年7月，学校自筹资金10万元，拆除3间平房，在原有4间平台基础上建7间楼房，建筑面积288平方米。2008年，镇投资5万元，对教学楼屋面进行翻修。2009年，根据市校安办指示，镇出资10万元，拆掉三楼改为二楼。2010年秋，并入镇中心小学。

历任校长：章建新（1992年8月至1999年8月）、张海华（1999年8月至2004年8月）、周新（2004年8月至2007年8月）、王德林（2007年8月至2010年8月）。

南新庵小学 址设南新庵村。前身系方家路私塾，创办于民国23年（1934），在赵家瓦屋里，聘请了1位塾师，开设1个复式班，招生近20人。

1950年，发展到2个班，近70个学生，由赵开纪、诸燮芳2位老师执教。1952年，政府接管学校，成为公办学校，搬到南新庵庙堂，定名方家路小学。学生近80人，设2个班级，仍由2位老师执教。1957年下半年，增至4个班级，120多个学生，4个教师。1958年春，招收跃进班1班，有学生56人，秋季又收1个班，有学生40多人，全校已有5个班级，200多名学生，7名老师。1969年，学校下放大队办，公办教师回队任教。1970年成为完小，改名镇一小学。1975年秋附设初中班，1978年停办。共11位老师。1981年改名南新庵小学。1994年，投资14.4万元，移地新建校舍419平方米。1997年秋，并入小曹娥镇中心小学。

历任负责人（校长）：赵开纪（1950月至1955年8月）、徐士健（1955年8月至1961年8月）、毛新法（1961年8月至1969年8月）、应兆基（1969年8月至1997年8月）。

镇海小学 址设方家路，创办于1952年春，借用二村周纪祥家一间草舍做教室，办了一个私塾式的复式班（初小），是年秋，在直塘河西张泉和的二亩土地上，建起三间二庑的草舍屋，定名镇海乡中心小学。招收一、二、三年级学生，有2名老师，复式教学。1954年上半年，又建了

①南一小学：前身系海塘南小学，创办于1952年，设在海塘南福星庵内。1964年，一大队耕读小学建立，两校并存。1979年春，海塘南小学与一大队小学合并，改名南一小学，址设徐家路。南一小学负责人：施洪祥、胡英娣）。

②符丁小学：址设泥墩潭湾东抽斗丘内，民国时期曹娥乡第6、7保国民学校。解放后改名为朗海乡泥墩潭小学。1961年，改名朗海公社四大队小学。1981年，改名朗海公社符丁小学，1992年并入镇北小学。历任校长：周福生、劳修亚、陈国裕、徐学庶、沈立茂、周青平、任建平、任爱堂。杨丁小学，创办于1958年，址设六塘牛洋车舍，1961年改名朗海公社五大队小学。1981年，移址杨丁五丘，复名为杨丁小学。1992年，并入镇北小学。历任校长：张荣生、姚胜高、施纪良。

三间二居头草屋作为校舍。1956年秋，成为完全小学。1958年，改名镇海管理区中心小学。1959年，又扩建了四间一庑的直屋作为校舍。1961年，改称镇海公社中心小学。

1969年，公办小学下放到大队办，下半年贫管组进驻学校。镇海中心小学改为二大队小学。1970年暑假，新建有6个教室的瓦房。1973年，新建了镇海中学校舍。1975年秋，附设初中班，1978年秋停办。是年，改名镇海公社中心学校（简称社校），兼管全乡中学、小学教学。1982年秋，中小学分设，恢复镇海公社中心小学。1983年，改名镇海乡中心小学，负责全乡3所小学的业务辅导。

1989年下半年，投资16万元，在镇海市场北面新建了两幢教学楼。1990年春搬入新校舍。1992年，改名小曹娥镇镇海小学。1997年秋，并入小曹娥镇中心小学。

历任校长或负责人：孙柏祥（1952年6月至1955年2月）、高竞生（1955年2月至1956年8月）、马渭荣（1956年8月至1958年2月）、周行丰（1958年2月至1958年8月）陈逸顺（1958年8月至1959年8月）、褚久卿（1959年8月至1960年2月）、毛月华（1960年2月至1969年8月）、罗渭良（1969年8月至1981年2月）、陈逸顺（1981年2月至1984年8月）、樊国潮（1984年8月至1991年8月）、阮大坤（1991年8月至1992年8月）陈玉林（1992年8月至1997年8月）。

环宇小学 设公祭丘。前身为人和丘小学①、周六丘小学。1995年初，选址在公祭丘新建校舍（人和村北平43号），占地0.67公顷，投资31.5万元，建筑面积1067平方米。当年秋，人和丘小学、周六丘小学被撤销，合并为环宇小学。2006年秋，并入镇中心小学。

历任校长：陈军江（1995年8月至2003年8）、王德林（2003年8月至2006年8）。

第三节 中学教育

民国时期，境内无中学。

中华人民共和国成立后中学教育概况

1958年上半年，曹娥乡政府内开办半工半读的民办初中班，教师姚国坤、钱锦贤。因条件不具备，两个月后停办。

1958年9月，曹海乡为解决小学毕业生升学问题，在基督教周洪堂开办民办中学，有1个班，45人，开设初中课程，校长王大森，教师周行丰。1959年，又增办农业中学1班。为境内第一所普通中学。两年后停办。

1965年，朗海乡在二大队小学创办农业中学。泗门中学派姚北鼎、张正凯两位老师来任教，加上马培春共3名老师。实行半农半读的教学模式，一年半后停办。

1968年秋，县属中学（泗门中学）下派6名教师到曹娥、朗海、镇海3个公社，在各社校办戴帽初中，1—2个班，招收本公社的66、67、68三届小学毕业生。这三校的教师分别由泗门中学下伸的教师、小学抽调教师及公社推荐的民办教师共同组成。曹娥公社中学借用在曹娥大队四队

①人和丘小学：创办于1950年，设陈纪文家，私塾式教学班。1952年，搬到后凉亭，俗称后凉亭学堂。1958—1959年，先后在董永涨家、陈德尚家设班。1962年，迁至方家路江东的副业舍内办学，改名为镇海公社三大队小学。1966年，在人和丘新建校舍。1981年，改名为人和丘小学。1995年并入环宇小学。历任校长或负责人谢一萍、黄树森、陈善坤、王永林、胡长纪、应传根、沈月筱等。周六丘小学：原称六丘小学，设周洪六丘。二间二庑草舍屋，复式教学。1957年，选址周洪六丘新建学校。1961年，改名镇海公社四大队小学。1967年，拆除草舍，改建瓦平房，建筑面积610平方米。1981年，改名为周六丘小学。1995年，并入环宇小学。历任负责人或校长：戚大雄、熊定丰、顾有生、潘立潮、谢惠民、陈善坤、章锡昶、沈金钊、谢佑仁、俞森宝等。

仓库。朗海公社中学在中心小学借用1个教室，另在裘长友家借用民房办了一班。镇海公社中学则借用镇海中心小学的教室。

1969年，开展“教育革命”，推行初中不出队，要求每个公社有完中或小学附设初中班，初中学制改为两年制。1970年开始，曹娥公社中学向建民、曹一小学借教室办初中班，第二年并入曹娥公社中学。1975年，镇海、南新庵、建民、曹一、曹娥小学先后开设附设初中班，1978年停办。1972年春，朗海公社中学办起高中班，学制2年。高中生名额分到大队，由贫下中农推荐，大队支部研究决定，不举行入学考试。1976年，曹娥公社、镇海公社分别在海涂办起了“五七”高中班。管理上中学、小学全在一起，出现“教师层层提，质量节节低”的问题，教育质量降到历史上的最低水平。1978年秋，朗海中学高中班和曹娥、镇海“五七”高中班均停招。

1979年，境内末届高中生毕业，共182人。初中恢复3年制。1982年秋，各公社初级中学单独设校，境内共有3所初级中学。是年2月，朗海中学建立初中实验中心，县里配送一套演示仪器和12组分组仪器，供曹、朗、镇3所初中学生实验使用。1985年2月，实行“分级办学、分级管理”教育管理体制，初级中学均由乡镇办乡镇管。

1992年，撤、扩、并后，中学教育网点调整，撤销朗海中学、镇海中学，并入小曹娥镇初级中学。在朗海乡影剧院西征地1.9公顷，筹建新的镇初级中学。1993年秋，镇中新教学楼建成。原3所中学全部搬入新校区，初中网点调整任务完成。

1994年，13—15周岁学龄儿童入学率93.5%，在校学生年巩固率98.06%，初中毕业率100%，17周岁普及率85.2%，专任教师学历达标率65.7%，生均用地21.96平方米，生均建筑面积4.1平方米，体育合格率99.5%，基本达到或超过省定指标，通过省普及九年制义务教育评估验收。

1996年，13—15周岁入学率98.5%，15周岁人口初等教育完成率100%，17周岁初等教育完成率95.6%，初中专任教师学历达标率95.7%，生均占地面积和生均建筑面积达到或超过省定指标，教育经费增长高于财政收入增长，七项设施基本达到或超过省定标准。

1997年，启动实施“两高”（高标准普及九年义务教育，高标准扫除青壮年文盲）工程，13—15周岁入学率97.9%，17周岁初级中等教育完成率95.6%，专任教师学历合格率100%，高学历率47.7%，毕业生体育达标率96.7%，生均占地18.76平方米，生均建筑面积4.68平方米，七项设施达到或超过省定标准。是年，镇中扩建实验楼，投资120万元，建筑面积1964.4平方米。

1998—2008年，先后投资680多万元，扩建中学实验楼、辅教楼、食堂、教师宿舍楼和200米环道的塑胶操场。2001年，学校有31个班级，1437名学生，85个教职员工，师生比1∶19.7。2010年，考入余姚中学16人，创历史新高。2012年宁波市体委、余姚市体委和镇政府共同出资，新建拔河训练基地。拆除中学学生宿舍，建造风雨操场及附属用房920平方米。2017年暑假，镇里投资1300万元，进行镇中一期提升改造工程，更新学校设备设施。

2017年，有班级18个，学生577人，教职工58人（其中代课5人）。是年，有初中毕业6个班，毕业学生222人。

表20-2-5

1987年境内初级中学基本情况表

校名	班级数（个）	学生数（人）	教职工数（人）
曹娥中学	6	223	18
朗海中学	5	163	16
镇海中学	4	125	11

1992—2017年小曹娥镇中学基本情况表

表 20-2-6

年份	班级数（个）				学生数（人）				毕业人数（人）	教职工数（人）				学校占地（平方米）	建筑面积（平方米）
	计	一年级	二年级	三年级	计	一年级	二年级	三年级		全民	民办	代课	职工		
1992	17	7	5	5	719	304	215	200	89	37	—	17	3	7819	4258
1993	17	6	6	5	773	285	287	201	200	42	—	11	6	19000	3528
1994	18	6	6	6	865	302	285	278	204	41	—	10	12	19000	3528
1995	20	8	6	6	944	376	291	277	277	42	—	12	7	19000	4398.7
1996	21	7	8	6	1013	345	379	289	272	52	—	10	7	19000	4745
1997	20	5	7	8	940	228	339	373	287	56	—	8	10	20535	8199
1998	18	6	5	7	866	308	225	333	371	55	—	4	9	20535	8419
1999	21	10	6	5	966	439	304	223	326	62	—	9	6	20535	8419
2000	28	12	10	6	1346	619	430	297	222	64	—	20	8	20535	10416
2001	31	9	12	10	1437	404	608	425	293	64	—	9	12	20535	11133
2002	29	8	9	12	1364	358	406	600	424	68	—	12	12	20535	11133
2003	27	10	8	9	1219	471	349	399	595	69	—	12	14	20535	11133
2004	26	8	10	8	1185	366	476	343	399	73	—	6	12	20535	11133
2005	28	10	8	10	1289	453	370	466	343	81	—	4	9	20535	11133
2006	29	11	10	8	1353	536	457	360	466	82	—	6	13	20535	11133
2007	29	8	11	10	1336	361	533	442	354	87	—	6	—	20535	11133
2008	26	8	8	10	1225	339	366	520	435	80	—	6	16	20535	11133
2009	22	6	8	8	937	292	330	315	520	86	—	4	12	20535	11133
2010	18	5	6	7	749	232	252	265	307	64	—	2	—	20535	11133
2011	16	5	5	6	722	261	243	218	265	59	—	2	—	20535	11133
2012	16	6	5	5	721	263	271	194	218	62	—	—	—	18340	13094
2013	17	7	6	4	730	304	276	150	194	60	—	—	—	18340	13094
2014	18	6	7	5	728	263	271	194	150	58	—	3	—	18000	12027
2015	18	6	6	6	660	218	231	211	194	53	—	7	—	18000	12027
2016	18	6	6	6	667	224	221	222	211	52	—	7	—	18000	12027
2017	18	6	6	6	577	203	182	192	222	53	—	5	—	18000	12027

注：所列数据均采用每年秋季教育年报数据。

中学选介

小曹娥镇初级中学 设朗夹公路88号。前身是曹娥公社中学，创办于1968年秋，时称戴帽初中，又称泗门中学下伸班。借用曹娥大队四队仓库，当时招收2个班级。1969年秋，公办小学下放到大队办后，中学搬入曹娥中心小学内。1970年上半年，正式命名为曹娥公社初级中学。曹一小学、建民小学的附设初中班全部并入。1971年春，东风小学借用1个教室，在中学内办初中班。1972年秋，并入曹娥公社初级中学。1975年秋，慈溪教育局给曹娥公社拨款5000元，在海涂建造校舍，于1976年秋，办起“五七”高中班二班，半工半读，学制2年。1978年秋高中班停招。1982年，中小学分设后，原曹娥公社中心小学校舍归曹娥公社初级中学。1983年，政社分设，公社改乡，中学改名为曹娥乡初级中学。1986年，改名为小曹娥镇初级中学。1992年，教育网点调整，朗海中学、镇海中学并入小曹娥镇初级中学。开始筹建新的镇初级中学校舍。1993年新教学大楼建成后，原3所中学全部搬入新校区。原朗海中学改建镇政府办公楼，原曹娥中学、镇海中学卖给私营企业。1995年扩建宿舍楼。1997年扩建科教实验楼。1999年5月，获“浙江省农村示范初中”称号。2000年扩建辅教楼。2007年翻建食堂、教师宿舍楼。2008年改建200米环道的塑胶操场4500平方米。2011年，获“浙江省义务教育标准化学校”称号。2016年，改造门楼。2017年，进行一期提升改造工程。

2017年，班级18个，学生577人，教职工58人（其中代课5人）。

历任负责人及校长：夏生源（1968年8月至1970年2月）、岑康尧（1970年2月至1972年8月，1978年8月至1982年8月）、王柏江（1972年8月至1978年8月，1982年8月至1983年8月）、汪柏约（1983年8月至1985年8月）、姚世先（1985年8月至1988年8月）、许国才（1988年8月至1990年8月、1992年8月至2007年8月）、钱勋（1990年9月至1992年8月）。韩栢夫（2007年8月至2009年8月）、卢水艇（2009年8月至2011年8月）、阮宏庆（2011年8月至2015年8月）、周立（2015年8月起）。

朗海中学 设朗海中路6号。前身是朗海农中，创办于1965年秋。泗门中学派姚北鼎、张正凯两位老师来任教，另有民师马培春任教。当时借用朗海二大队小学，招收一个班级，半工半读。一年半后，因“文化大革命”停办。1968年秋，朗海中学建立，当时办初中2个班，1个班借用中心小学教室，另1个班借用裘长友家房屋做教室。泗门中学的姚北鼎、余素安2位老师来朗海中学任教，同时抽调小学教师和民办教师任教。1969年小学下放大队办，原小学校舍归属朗海中学。1972办全日制高中班，招收曹娥、朗海、镇海3个公社的前3届初中毕业生，由贫下中农推荐，大队、公社审核后直接入学。1978年，高中班停招。1986年扩建校舍，建筑面积增至1641平方米。1992年，并入小曹娥镇初级中学，成为小曹娥初级中学的分校。1993年新校舍建成后，搬入新校区。

历任校长：马培春（1965年8月至1967年1月）、施炳森（1968年9月至1971年8月）、张瑞荣（1971年8月至1978年8月）、周行丰（1978年8月至1980年8月）、姚世先（1980年8月至1985年2月）、杨守斋（1985年2月至1986年8月）、陈长元（1986年8月至1990年8月）、许国才（1990年8月至1992年8月）。

镇海中学 址设镇海南路26号。创办于1968年秋，当时借用镇海中心小学的教室，招收一班初中学生，由泗门中学的陈宝根、蒋乃渊老师来任教。后学生增加，抽调小学教师到中学，同时吸收民办教师任教。1976年，在海涂办起半工半读的“五七”高中班。1978年“五七”高中班停招。1986年底至1987年春，投资4.4万元，拆除旧校舍7间，翻建7间二层教学楼。1992年，因教育网点调整，并入小曹娥镇初级中学，成为小曹娥镇初级中学的分校。1993年，新校舍建成后搬入新校区。

历任校长：陈宝根（1968年8月至1972年8月）、阮开琪（1972年8月至1982年8月）、许国才（1982年9月至1988年8月）、姚世先（1988年8月至1992年8月）。

第三章　职教　成教

第一节　职业技术教育概况

1959年，镇海管理区招收农业中学1班，学生40人，班主任罗伟根。因不具备办学条件，两年后停办。学生转入泗门农中（设湖北农场）。1965年秋，朗海公社在二大队小学创办朗海农业中学，实行半工半读的教学模式，一年半后停办。

1973—1976年，推行“学工、学农、学军”。1976年，曹娥公社、镇海公社分别在海涂地创办“五七”高中，均实行半农半读模式。1978年秋停招。1979年，最后一届“五七”高中生毕业，曹娥75人，镇海51人。1985—1987年，曹娥、朗海、镇海相继成立成人教育中心学校。

1992年，撤区扩镇并乡后，朗海、镇海成人教育中心并入小曹娥镇成人教育中心学校，成立小曹娥镇成人中等文化技术学校。随后成立小曹娥镇职业技术学校。校长姚寅民，办公地点设在镇影剧院二楼。是年，小曹娥成校办起了全市第一个企业经营管理中专班，首批45人。

1993年，在镇政府北首建教学用房1幢，开办职高、企业管理、经济管理中专班，有学员88人。1996年，全镇现有务农劳动力20159人，一年中接受培训10452人，占劳动力总人数的51.85%。

1997年，搬至原朗海小学。开办汽车维修、财会、机电、经管等班，最多时有学生104人，教职工9人。2001年，因生源贫乏，校舍被卖，职校停办。成职校搬到镇中学办公。后每年开办会计从业资格等培训班，每年受训30人—45人。

第二节　扫除文盲

民国时期，境内农民大多是文盲。

1949年5月，境域解放后，各村农民协会在冬闲期间兴办冬学，扫除青少年文盲。1952年，泗门区扫盲办公室指导各乡、村开展扫盲工作，聘请扫盲辅导员。曹娥乡戚长渭、朗海乡陈金泉、镇海乡孙柏祥共同开办速成识字班，推广“速成识字法”。是年冬，各公社举办冬学班，受训200余人。

1953年，部分冬学采取“农闲多学，农忙少学，大忙放假”的办法，逐步改冬学为常年民校。1956—1957年，各村均创办夜校，多选在私家宅院，请小学高年级学生教学识字。1958年，各生产大队均建立民校，利用冬闲、晚上等时间学习，有的还组织田头识字、上门帮教等。民校教师一般由大队会计或大队团支部书记兼任，并进行包干。学校教师每周2—3次下村辅导扫盲工作，有的还到田头教群众识字。

1992—2002年小曹娥镇职业技术学校情况表

表20-3-1

年份	学校数（个）	班级数（个）	在校学生数（人）	毕业生数（人）	教职工数（人）		占地面积（平方米）	建筑面积（平方米）	备注
					全民	代课			
1992	1	1	45	—	4	—	—	—	经管
1993	1	3	88	—	4	—	670	320	机电、企管、经管
1994	1	1	94	36	6	—	670	320	机电、企管、经管
1995	1	1	104	87	6	—	670	320	机电、企管、经管
1996	1	1	35	70	6	—	670	320	机电
1997	1	1	104	34	8	—	3540	1044	机电、汽修、经管
1998	1	3	95	34	9	—	3450	1085	导游、汽修、经管
1999	1	4	93	69	5	3	3540	1201	导游、汽修、经管
2000	1	2	44	47	5	—	3720	1427	导游、汽修
2001	1	1	12	32	3	—	—	—	—
2002	1	—	—	12	3	—	—	—	—

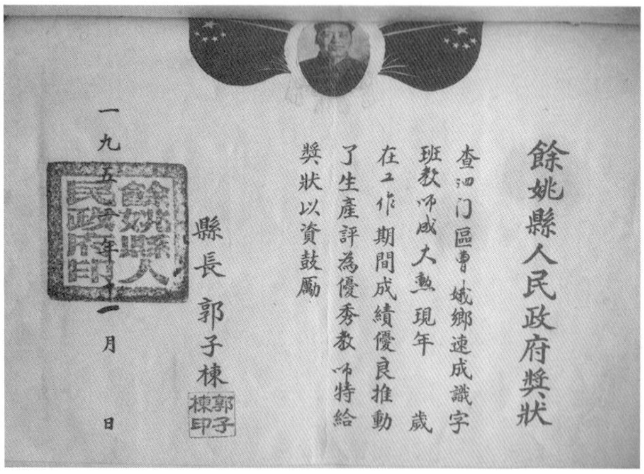

◎ 1953年，成大勋评为优秀教师奖

1962年底，扫盲教育纠正过高过急做法，因人、因地、因时制宜组织扫盲。1964年，第二次全国人口普查统计，境内12岁以上的人口16028人，尚未达到文化普及要求的有14021人，占87.4%。其中不识字8955人，占55.8%；初识字1434人，占8.9%；初小3632人，占22.6%；其余为文盲。

1966—1976年“文化大革命”期间，各大队兴办“夜校”，由大队共青团支部组织青壮年学习文化知识，各公社配不脱产扫盲干部负责各大队扫盲工作

1978年，贯彻国务院《关于扫除文盲的指示》，县、区、镇（公社）成立工农教育委员会，确定由公社中心校副校长兼管扫盲工作，动员社会力量和农村小学教师参加业余教育工作，加快扫盲进程。1982年，境内各公社配专职业余教育干部，以扫盲为主要任务。1983年，第三次全国人口普查统计，境内12岁及12岁以上的人口23767人，其中文盲、半文盲7554人，占31.78%。

1985年，境内各乡宣布基本扫除青少年文盲。

1990年第四次全国人口普查统计，境内15岁以上（含15岁）的人口23702人，其中文盲、半文盲5296人，占22.3%。

2000年第五次全国人口普查统计，全镇15岁以上（含15岁）的人口22820人，其中文盲2025人，占8.87%。

2010年第六次全国人口普查统计，全镇15岁以上（含15岁）的人口27257人，其中文盲2001人，占7.34%。

2017年，全镇15岁以上（含15岁）的人口26023人，其中文盲463人，占1.78%。

第三节　文化补习与技术培训

1950年，泗门区借用心田小学校舍，创办区工农干部速成学校，组织学历在小学以下的工农干部学习文化，1953年停办。1954年，农村冬学分批转为常年民校，后相继办业余初中班。1959年后，因国家经济暂时困难，师资、设备缺乏，大多停办。

1979年，为促使公社，大队业余学校发展，学文化有业余初中班、学技术则有业余农技校、大队业余农技班。企业职工业余教育同时恢复。1982年，各公社组织青壮年职工进行文化与技术补课（简称双补），由余姚县、宁波市分别组织初、高中文化鉴定考试。周六丘大队青年文化夜校克服困难，40多个学员坚持四季学习，在区县会议上发言介绍，受到县团委的肯定和表扬。各大队同时举办会计、植保、文化知识等培训。

1982年始，各乡镇业余学校改称成人教育中心学校，配专职成人教育干部，主要工作从扫盲、文化补习逐步转为各类职业技术培训。1985年后，现境内有曹娥、朗海、镇海等公社成人教育中心学校3所。“双补”转为岗位职业培训。

1993年，利用朗海中学拆除的旧材料，教师集资，在镇政府西北建造5间二层楼房，设成校。是年9月，正式成立小曹娥镇职业技术学校。镇成职校先后与宁波成校、余姚党校联姻，招收企管班、经管班，与教育局、宁波交通技工学校、宁波高专联合办学，设机电、汽车维修驾驶、经管中专、大专预备班、会计（财会）、成人高中、旅游等专业。

1997年下半年，学校迁至朗海中心小学内，占地0.38公顷，建筑面积1442.06平方米。开办电脑应用技术、家政服务、会计电算化、电工、会计从业资格培训、农技培训。是年，获省一类成校称号。

2000年，招收职高生时，因生源少，规模开始萎缩。职校于2001年停办，教师回中学，未完成学业的学生转送其他职校。成职校校舍以40.8万元转让给个人办中心幼儿园。此后，成职校一直寄居中学科教楼办公和办班。

2003年，成校教师编写《榨菜栽培与加工技术》一书，得到市职教教研室肯定，分发到全市各乡镇、村作为培训教材。2007年下半年，周新接任校长。12月成立社区教育中心，一套班子、两块牌子。学校长期开展会计从业资格、缝纫工、电机装配工、污水处理工、冲压工、铸造工、电镀工、电脑应用、农业专业技能等培训，各级学历教育和青少年、老年教育培训。成校会同镇农办等部门，开展新型职业农民高端农业类培训。一是以市场为导向，引进新品种，培训新技术。配合有关部门实施“种子”工程，引进推广红天湖202等辣椒、甬优一号葡萄等新品种，推广高效无公害栽培，双膜促早栽培，南抗三号抗虫棉种植。全镇有9个蔬菜基地，形成人无我有、人有我优、人优我早的格局。二是因地制宜，讲究实效，注重特色。根据各村特色农业，有的放矢地开展培训。如曹娥村的榨菜、建民村刀豆、朗海村的包心芥、滨海村的黄瓜、南新庵村的绿化菜、镇海村豇豆、人和村的辣椒。特别是曹一村葡萄和蜜梨栽培，每年邀请市农技总站高级工程师，给村民进行理论辅导和技术指导。葡萄引进新品种的基础上，尝试大棚等栽培，效益比普通大地栽培增加近1倍。蜜梨引进翠冠新品种后，通过疏果、套袋等技术指导，亩产值达到7000余元，比原来提高近2倍。同时，还举办各类新老小曹娥人生活类培训和活动，均是学校培训的特色品牌。

2012年7月，成校教师编写的《绿化苗木繁育与销售项目》之七、之八两本书，由高等教育出版社出版。

2017年，学校本部开办会计从业资格、科学普网工程，双证制成人高中，家政服务、发电机操作、保安、环保（垃圾分类）、农技、社会生活类等培训班39期，受训3044人。全镇参加社区教育和成人教育培训共18676人，其中企业职工专业技能培训5312人，农业实用技术培训3157人，社会生活教育10207人。是年，有教师3人。

小曹娥镇成职校历任校长：姚寅民（1992年8月至1998年8月）、沈志年（1998年8月至2001年8月）许国才兼任校长，岑其宁具体负责（2001年8月至2007年8月）。周新（2007年8月起）。

小曹娥镇成职校（社区教育）论文科研获奖情况表

表20-3-2

序号	获奖项目	获奖内容、成果（作品）	颁奖单位及发表刊物	颁奖时间
1	开启农民致富的金钥匙	杂志发表	新农村	2010年10月
2	乡镇成校“亦工亦农”人员培训的实践与探索	宁波市职成教优秀立项课题三等奖	宁波市职成教教研室	2012年5月
3	亦工亦农复合人才培训的实践与研究	杂志发表	长三角教育	2012年8月
4	农广校、余姚教育点成功举办畜牧兽医中专班案例分析	宁波市成人教育专题论文一等奖	宁波市教育局职成教考研室	2014年6月
5	构建新型职业农民“模块化”培训初探	宁波市成人教育论文二等奖	宁波市教育科学研究所	2015年6月
6	打造品质学习社团，提升农民生活质量	宁波市成人教育论文二等奖	宁波市教育科学研究所	2015年12月
7	立足田间的新型农民培育	宁波市成人教育特色项目征集评选三等奖	宁波市教育局	2015年9月
8	构建新型职业农民“模块化”培育的实验	宁波市社区教育重点项目优秀奖	宁波市教育局	2015年6月
9	余姚小曹娥农产品电子商务发展初探	宁波市成人教育论文二等奖	宁波市教育科学研究所	2016年9月
10	职业农民果蔬种植高端培训的实践研究	宁波市教育研究立项课题一等奖	宁波市教育局职成教考研室	2017年6月
11	推进社区老年教育的实践与探索	宁波市终身教育三大主题调研报告评比二等奖	宁波市教育局终身教育与民办教育处	2017年11月
12	传承优秀孝道文化，促进社区教育发展	宁波市终身教育三大主题调研报告评比二等奖	宁波市教育局终身教育与民办教育处	2017年11月
13	发挥乡镇成校职能推进“美丽乡村”建设	宁波市终身教育三大主题调研报告评比三等奖	宁波市教育局终身教育与民办教育处	2017年11月

小曹娥镇成人学校（职校、社区教育）获奖情况表

表 20-3-3

序号	获奖项目	获奖内容、成果（作品）	颁奖单位及发表刊物	颁奖时间
1	先进单位	宁波市“2211”校企牵手活动	宁波市教育局	2009 年 12 月
2		宁波市优秀培训基地	宁波市教育局	2013 年 12 月
3	宁波职业教育与成人教育成果二等奖	榨菜实用技术培训和推广，助推农业发展的探索与思考	宁波市人民政府	2011 年 6 月
4	宁波市中职学生与成人培训地方特色教材	榨菜生产与经营 另编 6 套《农民实用技术》读本送给农民	宁波市教育局	2013 年 8 月
5	全国三等奖	让孝道之花开遍每个角落	教育部社区教育研究培训中心	2015 年 11 月
6	品牌项目	海涂地绿色花菜品质生产技术培训与推广	宁波市教育局	2016 年至 2017 年
7	一等奖	职业农民果蔬种植高端培训的实践研究	宁波市教育研究立项课题	2016 年至 2017 年
8	全国优秀学习型社区	朗海村	中国成人教育协会农村成人教育专业委员会，教育部社区教育研究培训中心	2016 年 6 月
9	全国优秀学习型合作社	佳云西蓝花合作社		2017 年 6 月

第四节 函授 广播电视教育 自学考试

1954 年，慈溪师范学校函授部在泗门区小学教师中开展初师函授教育。1956 年，改由余姚师范学校函授部负责。1958 年，增设普师函授。1960 年，小学教师函授归慈溪师范学校函授部办理。中学教师各专科函授由杭州大学等高校举办。1962 年后，教师函授由慈溪县函授辅导站管理。“文化大革命”期间，函授教育停顿。1978 年恢复，中师（普师）函授归县教师进修学校管理。各公社教育干部组织广大民办教师，利用业余时间进行中师函授学习，采用集中辅导和个人自学相结合的形式。时境内中师函授由岑惠洲老师辅导。

1979 年，宁波地区教师进修学院（今宁波教育学院）建高师函授学院。同年，省广播电视大学余姚工作站（今宁波广播电视大学余姚学院）开设单科教学班，招收在职中学教师进修数学、

物理、化学、英语 4 科。1984 年，国家推行高等教育自学考试制度，首次考试设汉语言文学、数学、英语、党政干部基础等 6 个专业。企事业单位职工、农村干部、社会青年选择函授、广播电视教育、自学考试等多种途径参加各种专业学习。是年开始，县教师进修学校组织学历未达标教师定期学习、分批脱产函授。至 20 世纪 90 年代末，现境内企事业单位干部职工、中小学幼儿教师、卫生系统医护人员、农村干部基本达到从事本职业所需合格学历，小学教师、医院护士达到中专学历，初中教师达到大学专科学历。

90 年代，各部门、各单位职工积极参加学历教育。许多教师通过自学或函授，小学教师获得了大专或本科学历，中学教师获得了本科学历。

2017 年，全镇在编公办教师 126 人，其中中专学历 1 人、大学专科学历 12 人、大学本科学历 111 人、研究生学历 2 人。

第四章　教　师

第一节　队　伍

民国 19 年（1930），求是小学有教师 2 人。民国 36 年（1947）春，求是小学有教师 5 人，第六、七保国民学校有教师 2 人。英生街张氏私塾、人和金氏私塾，海塘南陈氏私塾等私塾各有塾师 1—2 人。

中华人民共和国成立后，随着教育事业发展，教师队伍逐渐扩大。1950 年，时现境内共有教师 10 余人，1952 年学校均由人民政府接管，教师纳入国家编制。暑期，教师队伍中进行思想改造教育，对混进教师队伍中的不法分子进行清理。1953 年，部分学校开始聘用代课教师、民办教师。

1957 年暑期，全县教师集中到周巷中学，进行肃清反革命运动。境内有 2 名教师被查处。1958 年 1 月，反“右派”斗争扩大化，境内有 6 名教师被划为“资产阶级右派分子”，调离教学岗位，其中包括曹娥中心小学 2 人、朗海乡中心小学 1 人、镇海乡中心小学 3 人。1978 年后全部平反。

1958 年，教育事业盲目发展，聘请大量民办教师以补充公办教师之不足。境内有小学公办教师 34 人，其中曹娥管理区 15 人、朗海管理区 9 人、镇海管理区 10 人。小学民办教师 38 人，其中曹娥管理区 10 人、朗海管理区 12 人、镇海管理区 16 人。

1961—1962 年，贯彻“调整、巩固、充实、提高”八字方针，精简中小学教师，民办教师有所减少。1964 年发展耕读小学，民办教师又大量增加。1966 年，境内有小学公办教师 28 人，其中曹娥公社 16 人，朗海公社 6 人，镇海公社 6 人；小学民办教师 62 人，其中曹娥公社 23 人，朗海公社 17 人，镇海公社 22 人。另外朗海农业中学有民办教师 1 人。

1977 年，时现境内有小学公办教师 16 人，其中曹娥公社 6 人，朗海公社 7 人，镇海公社 3 人。小学民办教师 131 人，其中曹娥公社 56 人，朗海公社 38 人，镇海公社 37 人。中学公办教师 25 人，其中曹娥公社8人，朗海公社9人，镇海公社8人。中学民办教师35人，其中曹娥公社11人，朗海公社13人，镇海公社11人。

1982年，为提高教学质量，对民办教师进行整顿，共辞退民办教师37人，其中曹娥公社17人，朗海公社12人，镇海公社8人。留用的民办教师按分配招工指标，逐年转为公立教师。1996年，凡1978年2月前参加工作的民办教师均转为公立，全镇共有44人。其中曹娥片16人，朗海片15人，镇海片13人。是年，实施教师职业资格证制度，对经考核认定合格的教师颁发教师资格证。

1997年，全镇有小学教师97人，其中公立教师85人，代课教师12人，师生比例1∶28.6。中学教师64人，其中公办教师56人，代课教师8人，师生比例1∶14.7。镇成人文化技术学校（含镇职业技术学校）教师8人，其中公立教师8人，师生比例1∶13。

2000年，实施教职工聘用制，在编教职工均与学校签订聘用合同。2011年8月起，实施教师专业技术职务定岗设编制度，教师的专业技术职务，根据上级设置给学校的岗位数聘任，不得超额。同级职务的人多，岗位少，就要有人高职低聘。2017年，全镇公办小学教师90人，其中公立教师68人，代课教师22人，师生比例1∶15.4。

中学教师58人。其中公立教师53人，代课教师5人，师生比例1∶9.9。幼儿园公办教师5人，代课教师及保育员79人，师生比例1∶9.8。另有民办小学2所，民办教师36人，师生比1∶16.3。

2017年中学、小学、幼儿园教师基本情况表

表20-4-1　　　　单位：人

学校	教师总数	公办教师	临时代课教师
小曹娥镇中学	58	53	5
小曹娥镇中心小学	65	51	14
曹娥小学	25	17	8
滨海小学（民办）	22	—	22
辛慧小学（民办）	14	—	14
小曹娥镇第一幼儿园	13	5	8
小曹娥镇中心幼儿园	30	—	30
洁丽幼儿园	14	—	14
滨海幼儿园	14	—	14
辛慧幼儿园	13	—	13

第二节　任　用

民国时期，公立学校校长由县政府任命，教师由校长聘用并报县政府核备。私立学校校长、教师仍由校董会聘任，报县政府备案。民国初，对教师资格无统一规定。民国7年（1918），教师资格始有统一规定，凡各类师范学校毕业者属免试验检定。非师范学校毕业者属试验检定，经检定合格者为合格教师。民国时期，境内教师中各类师范学校毕业者仅为3人。

民国时期，境内较有名的教师有：施德敖先生执教于求是小学，后去三进学堂；张慰庭，宁波一中毕业，1946—1950年受聘在王成坤私塾执教；范启文，1947—1949年任求是小学校长；严定华，1949年任求是小学校长。

1949年秋，求是小学转为公立学校，率先废止聘任制，教师由教育部门统一调配任用。1952年，学校均由人民政府接管。1953年起，陆续招收初中毕业生、社会知识青年任代课教师、民办教师。1955年起乡中心校教师（公立教师）由国家分配。1958年，大队民办小学教师（民办教师）由大队党支部推选报公社党委批准，再报区中心小学备案。1971年始，抵缺民办教师逐步转为公立教师。

1978年起，民办教师仍归县教育部门管理。1980年后，陆续有大、中专毕业生充实教师队伍。1982年，对民办教师进行整顿，境内所有学校民办教师经考核，分为一、二、三类。一、二类合格者按分配招工指标，逐年转为公立教师，或入中等师范学校、高等师范学院进修，三类不合格者予以辞退。辞退民办教师均由公社、大队安排至社队企业工作。

1987年11月，开展第一次教师职称评定，至1988年5月完成。境内获评首批小学高级教师共有5人，其中小曹娥镇4人、镇海乡1人。获评首批中学一级教师共5人，其中小曹娥镇2人、朗海乡1人、镇海乡2人。后每年评定一次。

2017年，全镇68名小学专任教师中，有高级教师4人、中级教师29人、初级教师33人、未满一年工龄暂不参加职称评定者2人。全镇51名初级中学专任教师中，有高级教师10人、中级教师22人、初级教师15人、未满一年工龄暂不参加职称评定者4人。全镇公办幼儿教师5人，有中级教师2人，初级教师3人。

第三节 待遇

民国初期，一般学校教师待遇微薄。民国28年（1939），县立小学教员月薪28元，区乡镇小学教员月薪16元，私立小学教员月薪18元，初级小学教员月薪各减2元。此后，法币贬值，物价上涨，教师待遇却无更动。抗日战争胜利后，比照县级公务人员发给公粮、补助费外，学校收取学米、花皮等作补贴。后政府财政枯竭，滥发纸币，物价一日数涨，教师生活陷于困境。1949年上半年，国民学校教师因薪水无着，被迫弃教回家，学校停办。

1949年11月，县人民政府决定小学教员薪给8—10月发实物，平均每人月发大米1.3石。11月，改发人民币，按“折实单位”计算，平均每人66单位（不包括农村村校教员）。1952年7月，改“工资分”（按粮、布、油、盐、煤五种实物价格综合折合货币工资额的一种单位名称），同月，教师实行公费医疗制度。1954年，按新颁标准调整工资，教师工资普遍提高。1956年，文教系统全面进行工资改革，小学教师人均39.55元，比原工资增长29.9%。1959年、1963年、1971年、1977年、1979年，部分工资偏低教师工资得到调整。1981年，普升1级工资，个别升2级。1985年1月，实行以职务工资为主要内容的结构工资制（包括基础工资、职务工资、工龄津贴、奖励工资四个部分），教职工月人均增23元，并开始按从事教育工作年限分4个档次发给教龄津贴，20年以上档每月津贴10元。1987年教师职称评定后，开始实行专业技术职务工资标准。同年10月，教师工资标准再提高10%。2004年，全镇初级中学公立教师月工资人均2041元（新分配教师多），小学公立教师月工资人均2131元。2006年7月起实行岗位薪级工资标准（包括岗位工资、薪级工资、保留津贴、工作津贴、月奖余额等）。2014年10月起调整岗位薪级工资标准，比原标准提高1倍以上。2016年6月再次调整岗位薪级工资标准。以中级职称10级为例，2006年标准680元，2014年标准是1390元，2016年标准是1600元。2017年全镇初级中学公立教师实发月工资人均6829元（新教师多），小学公立教师实发月工资人均6954元。

教师生活福利逐年提高。1950年，县政府规定公教人员子女入学减免学杂费。1956年起，教职工退休、退职享受国家干部待遇。1966年后，教工福利按工资总额的2.5%提取，专款专用。1979年，增发物价、副食补贴和书报费、冷饮费等。1994年起，对年度考核合格以上的教师，年终一次性发放奖励工资（又称13个月奖励工资）。2004年，全镇教师年人均奖金福利11377元。2007年起，实施绩效考核奖，人均22747元。绩效考核方案由学校教代会通过后，报上级主管部门批准后实施。2008年起实施农村任教补贴，根据专业技术职称级别及农村任教年限，60—300元不等。农村任教还可浮动薪级工资一级，4年后再浮动一级，8年后浮动一级可晋升为正式工资一级。2016年农村任教补贴，另补每人每月300元。2017年，月工资以外绩效考核奖人均22747元，年度考核奖人均38000元，福利费人均6000元。

民办教师工资，1958年前概由所在校、村自筹发给。人民公社化后，由所在生产队记工分，年终与社员一起参与劳动报酬分配，大致取生产队前10位最高劳动工分的平均数，年人均300—400元。"文化大革命"初期，大部分民办教师报酬得不到落实。1971年起，国家对民办教师每年分别补助216元、152元，公立教师转民办教师的按原工资额补足。1973年起，改分级评定，每月补助教师4—6元，补助办学单位每人每月15元。1981年，凡公立教师所享受的各项补助，民办教师亦按一定比例发给。1982年，对1965年底前任教的年老体弱民办教师，经县级医院医生检查同意，辞退后每月发给生活补贴15元（2017年已增至1430元），全镇有6人享受此待遇。其中曹娥公社4人，朗海公社2人。曹娥公社另有1名民师按辞退民师生活补贴的80%享受。1984年，在编民办教师改为工资制，经费由乡镇政府筹措，县地方财政切块补贴，多由乡政府发给。民办教师工资大致按乡办企业管理人员工资标准，每月45—50元不等，按月发给。1985年1月起，凡1978年底前参加工作的编内民办教师，每人每月增资23元，经费由县、乡负担各半。1987年，中小学民办教师月人均收入45元。1996年，凡1978年前参加工作的民办教师均转为公办教师，时民办教师月人均收入550元。

1978年中共十一届三中全会后，教师职业受到尊重。1980年，开始发放班主任津贴。1984年起，给从事教育工作30年以上的教师颁发荣誉证书。1985年，国家规定9月10日为教师节；此后历届市（县）人代会、党代会均有1名小曹娥镇教师代表。同时在教师中评选劳动模范、优秀教师、教坛新秀、学科带头人、骨干教师等，大力鼓励教师在职进修，取得大专以上学历，实施现金奖励政策。

1958年，曹娥公社中心小学岑康尧获省"文教战线社会主义建设积极分子"称号。1984年，曹娥乡应正仁、镇海乡谢佑仁获省"普及初等教育工作先进工作者"称号。1989年，朗海乡中学教师沈调言获浙江省第二届春蚕奖。1996年8月，镇小老师沈秀珍获浙江省第九届春蚕奖。2001年8月，镇中校长许国才获浙江省第十四届春蚕奖。2007年8月，镇小校长童益民获浙江省第二十届春蚕奖。

◎ 2005年9月10日，镇党委政府组织召开庆祝第二十个教师节（2005年吴其坤摄）

第五章 教育管理

第一节 管理体制

民国时期，公立学校实行校长负责制。私立学校重大事项由校董会决定，日常工作由校长负责。县先后设教育科、教育局管理学校，县劝学所、教育会亦时常派员视察指导。民国29年（1940）8月，全国统一实施国民教育制度，义务教育与民众补习教育合二为一，实行政教合一的体制，规定每个乡镇设中心国民学校一所，每三保设国民学校一所，由乡（镇）长、保长兼任校长。

1949年5月境域解放后，公立学校实行校务委员会领导下的校长负责制。1954年，现境划属慈溪县，教育业务由泗门区中心小学辅导。1956年，撤区并乡，曹娥、朗海、镇海3个乡合并为曹海乡。曹海乡中心小学（设在朗海）辅导全乡各小学。

1958年，泗门区改建为政社合一的卫星人民公社，曹娥、朗海、镇海分别为泗门卫星人民公社下属的管理区，各管理区分设管理区中心小学，辅导管理下属各小学。1961年，调整公社规模，管理区改建为公社。设公社中心小学，辅导管理下属各小学。

1968年，各公社抽调贫下中农成立“贫下中农毛泽东思想宣传队”进驻学校，实行贫下中农管理学校。1969年，换驻“工人贫下中农毛泽东思想宣传队”接管学校领导权。是年，公社中心小学全部下放到大队办。1971年，各公社配备教育干部：曹娥岑康尧，朗海陈玉林（1971—1974年）；周行丰（1974—1978年），镇海陈宝根（1971—1974年）、阮开琪（1974—1978年）。

1978年，各公社建中心校，简称“社校”，社校校长多由原中心小学校长兼任。管理辖区内初中、小学的业务辅导和有关行政事务。1982年，撤销公社中心学校，初中、小学分设，成立公社初级中学、公社中心小学。1983年，公社初级中学、公社中心小学改称乡初级中学、乡中心小学。1985年，实行“分级办学、分级管理”教育管理体制，除乡初级中学、乡中心小学由乡管理以外，其他学校均下放村管理。

1992年5月，撤区扩镇并乡后，由镇成人文化技术学校、镇初级中学、镇中心小学（简称三中心）分别负责全镇成人教育、初中、小学辅导任务，许国才任三中心校长会议召集人。1994年2月，建镇教育辅导室，主管全镇学校人事财政、职称评定、师资培训等工作，成人教育、初中、小学、幼儿园教学业务委托三中心承担辅导任务。2017年，镇教育辅导室有工作人员4人。

1994年2月至2017年，小曹娥镇教育辅导室历任主任：许国才（1994年2月至2007年8月）、杨万春（2007年8月起）。

第二节 教育方针

民国18年（1929），国民政府提出党化教育方针，定“三民主义”为教育宗旨，后以“四维”（礼、义、廉、耻）、“八德”（忠、孝、仁、爱、信、义、和、平）为共同校训。

中华人民共和国成立后，为贯彻“教育必须为国家建设服务，学校必须为工农开门”的教育方针，优先招收工农子弟入学。1952年，实施德育、智育、体育、美育全面发展的教育方针。

1958年，国务院又规定党的教育工作方针为“教育为无产阶级服务，教育与生产劳动相结合”。

提倡劳动人民知识化，知识分子与工农群众相结合。是年10月人民公社化运动后，“大跃进”的“浮夸风”波及学校，各学校经常组织师生参加生产劳动；教师暑期必须参加“双抢”劳动。造成学生学业荒废，教育质量下降。1960年，各公社中心小学组织师生在农忙时，到各大队帮助种棉花、收摘棉花。

1961年后，按中央“调整、巩固、充实、提高”八字方针，学校教育纳入以教学为主的轨道。1965年，废除《中小学生守则》，把毛泽东主席的“身体好、工作好、学习好”和“好好学习，天天向上”作为教育学生的标准。1966年“文化大革命”开始后，宣扬“造反有理”“读书无用”，把阶级斗争作为主课，以劳动代替教育，各学校“停课闹革命”。

1978年中共十一届三中全会后，各学校全面恢复贯彻党的教育方针。1981年9月，中、小学贯彻教育部正式颁布的《中学生守则》和《小学生守则》，小学设立品德教育课，加强思想政治教育。1982年，开展“五讲四美三热爱”（讲文明、讲礼貌、讲卫生、讲秩序、讲道德、心灵美、语言美、行为美、环境美、爱党、爱国、爱人民）活动。1983年，邓小平提出“教育要面向现代化，面向世界，面向未来”，推进教育改革和创新。1985年后，各学校注重培养有理想、有道德、有文化、有纪律的“四有”新人，纠正偏重智育、轻视体育、片面追求升学率、忽视政治思想教育的倾向，健全学校政治工作机构，坚持正面教育，开辟第二课堂，开展多种活动等措施，促进全面贯彻党的教育方针。

1994年后，基础教育逐步从应试教育转向素质教育，使教育质量得以提高。1999—2017年，继续深化教育体制改革，坚持教育创新，全面推进素质教育。因实施以学科成绩为录取标准，学校追求升学率，学生课业负担过重情况明显。

第六章 经费 设施

第一节 经费来源

民国19年（1930），乡立小学经费由地方筹集，县酌情补助。其余私立小学经费，或私人捐助，或祠堂、族房产业收入拨充。余姚沦陷期间，求是小学因经费困难而停办。抗日战争胜利后，因时局动荡，物价飞涨，教育经费异常拮据，学校多靠收学费、学米勉强维持。

1949年秋，求是小学由县人民政府接管，经费由国家拨给，其他学校经费仍由地方自筹、政府酌情补助。1951年下半年，县政府开始随粮附征2.5%作为文教经费。1952年9月，国家接办全部学校，教育经费纳入国家财政预算。1957年后，提倡民办学校，实行国家拨款与地方筹款相结合的“两条腿走路”办学方针。

1985年2月，实行“分级办学、分级管理”教育管理体制，乡校乡管、村校村管。各乡镇成立教育经费委员会，负责办学经费筹措与管理。教育经费来源：国家拨款以1984年拨款数为准，并按每年教师变动情况调整；乡镇政府征收教育事业附加，乡镇企业按销售收入的0.5%—1%计征；商业、服务业按营业额的0.2%计征；农村计征办法由各乡自定。1996年，镇预算内事业费收入348万元，用于教育169.6万元，占财政事业收入的48.74%；镇预算外收入（含自筹基金）252万元，用于教育75.8万元，占镇预算外收入的30.08%。小学生人均公用经费209.87元，中学生人均公用经费494.19元，高于全市平均水平。2017年，全镇教育事业经费支出4987.66万元，小学生人均公用经费1534元，中学生人均公用经费3120元。

1993—2017年教育经费（财政拨款）统计一览表

表20-6-1　　单位：万元

年份	财政拨款总数	其中	
		预算内拨款	预算外拨款
1993	126.03	62.23	63.8
1994	168.94	112.72	56.22
1995	188.71	139.55	49.16
1996	245.4	169.6	75.8
1997	309.69	206	103.69
1998	284	220.7	63.3
1999	342.7	275.2	67.5
2000	481.5	405.5	76
2001	532.15	437.3	94.85
2002	643.34	495.19	148.15
2003	817.94	546	271.94
2004	1190.5	715.9	474.6
2005	1257	820	437
2006	1400	914	486
2007	1650	1244	406
2008	1765	1550	215
2009	1944.1	1224.6	719.5
2010	2212.2	1641.7	570.5
2011	2313.6	2239.8	173.8
2012	2235	21226	112.4
2013	2671.9	2545.9	126
2014	3150.2	2763.2	387
2015	3367.5	2716.7	550.8
2016	3802	3428	374
2017	3787.66	3323.66	464

注：表中数据摘自每年底教育经费统计报表。

学生缴纳学费是教育经费来源之一。晚清时期，以祠堂、族房产业创办的私塾，族内弟子入学免缴学费。众姓捐助创办的私塾部分收取学费，对个别家庭经济窘困的优秀学生，设“寒额”免除膳宿费。民国时期，政府数次颁发各级学校收费标准，除公立学校外，私立学校按经济来源自行规定，部分学校不收学费。抗日战争胜利后，货币贬值，学费改收学米。

1949年5月现境解放后，沿袭收取学米。公立小学高年级学生每人每学期缴纳学米22市斤，中年级为18市斤，初年级为14市斤。1951年，增至高年级35市斤，中年级30市斤，初年级25市斤。1952年，改收人民币，后数次调整。1958年后，大队民办小学一般免缴学费。1961年按省规定，小学高年级3元，中年级2.5元，初年级2元。1972年，小学初级1.5元，高级2元；初中走读3元，住宿4元；高中走读4元，住宿5元。1979年，小学初级1.5元，高级2元；初中走读4元，住宿5元；高中走读5元，住宿6.5元。1984年，小学初级3元，高级4元；初中走读8元，住宿16元；高中走读10元，住宿18元。1986年后，各乡镇陆续实施九年制义务教育。

1993—2006年初中、小学杂费（秋季）收取标准一览表

表20-6-2　　单位：元/人

年份	初级中学		小学	
	城镇	农村	城镇	农村
1993	25	25	14—20	14—20
1994	45	45	25	25
1995	50	50	30	30
1996	50	50	30	30
1997	75	60	45	35
1998	75	60	45	35
1999	75	60	45	35
2000	75	70	55	35
2001	75	70	55	35
2002	85	70	55	45
2003	110	70	80	45
2004	130	90	110	45（1—2年级），65（3—6年级）
2005	130	90	110	45（1—2年级），65（3—6年级）
2006	130	90	110	45（1—2年级），65（3—6年级）

注：2006年秋季开始国家免除义务教育段的杂费收取。

第二节 勤工俭学

1957年6月5日，《人民日报》发表社论，提倡“一面读书，一面劳动”。境内各小学组织学生参加课余劳动，开展勤工俭学活动。当时曹娥中心小学饲养活动搞得扎实有效，中高年级每班都有小小饲养场，养羊或养兔，种植油菜、小麦、蚕豆等。其他小学也组织学生搞小秋收活动，放学后拾麦穗，捡棉花。1959—1961年，国民经济暂时困难，各校通过“小三场”（工场、农场、饲养场）建设，发动师生在校园内外，空闲杂地种植瓜、菜，改善学校食堂伙食，度过三年困难时期。

“文化大革命”初期，勤工俭学活动停顿。

1970年，贯彻毛泽东主席提出的“五·七”指示，本着“以学为主，兼学别样”的精神，境内各中小学继续创办“小三场”，建立学工、学农基地，实行队校挂钩，经常组织师生下生产队劳动。1971年后，校办工厂开始发展，先后有曹娥中学、朗海中学、镇海中学、曹娥中心小学、朗海中心小学等创办校办企业。其中，朗海中学机电厂因经营得法，效益较好，改善了办学条件。

1975年，曹娥、镇海公社在七塘江北岸各划地1.33余公顷，办“五七”高中，种植水稻建学农基地。1978年，“小三场”多停办。

1980年，县教委指示各学校开展勤工俭学活动，校办工厂继续发展。除曹娥中学、朗海中学、镇海中学、曹娥中心小学、朗海中心小学校办厂由学校投资并提供厂房外，其余校办企业均为社队企业（后改称乡镇企业）挂校办厂牌子，实属社队企业。校办工厂赢利大部分用于扩大再生产，小部分上缴学校用于补充教学经费、改善办学条件、提高教师福利待遇。1988年后，重新提倡劳动教育，组织学生开展自我服务、家务劳动、公益劳动及简单的生产劳动和科技小制作活动。

1993年后，乡镇企业进行经营机制转换，挂校办企业牌子的乡镇企业逐步转为民营企业。1999年，国家取消对校办企业的税收优惠政策，校办企业或转型为民营企业，或撤、并、停业。

1998年校办企业一览表

表20-6-3

组建单位	企业名称	法定代表人	地址	注册资金（万元）	经营项目
小曹娥镇中	余姚市曹娥工程塑料厂	王岳相	曹娥振兴西路58号	3.9	塑料胶木制品
小曹娥镇校	余姚市镇海校办菜类制品厂	阮国华	朗海村	10.6	小包装坛装榨菜
朗海小学	余姚市朗海教学仪器厂	孙连森	杨家路村	3.2	微电机壳制造
曹娥小学	余姚市小曹娥镇电器厂	赵文斌	曹娥街供销社内	8.7	五金冲件
曹一小学	余姚市建隆达通用轴承厂	叶振江	曹一村	50	轴承

1998 年度校办企业年检年审情况汇总一览表

表 20-6-4　　单位：万元

企业名称	主办学校	创办年份	经济性质	法定代表人	1997 年销售收入	1997 年利润总额	1997 年减缓税金		上交学校教育基金
							增值税	所得税	
余姚市曹娥工程塑料厂	小曹娥镇中	1981	校办企业	王岳相	25.21	0.42	—	0.25	1
余姚市小曹娥镇中冲件厂	小曹娥镇中	1993	校办企业	孙戬	0.3	0.09	—	0.0021	1
余姚市朗海教学仪器厂	朗海小学	1989	校办企业	孙连森	47.31	2.66	—	0.72	1.09
镇海校办菜类制品厂	小曹娥镇小	1982	校办企业	阮国华	131.96	10.55	—	1.18	3.63
镇海校办印刷厂	小曹娥镇小	1992	校办企业	曹妙娣	5.97	1.16	—	0.11	0.35
小曹娥镇电器厂	曹娥小学	1993	校办企业	赵文斌	19	-7.7	—	0.32	0.13

第三节　校　舍

民国时期，学校多借用祠堂、义庄、庙宇、民房作校舍。

1951 年，开展群众办学宣传，将土地改革中没收的地主房屋、祠堂、庵庙等拨给学校，朗海、镇海等地发动群众搭建草房作为校舍。1953 年，开展校舍安全检查，县分期分批拨款修理、改造或重建校舍。1956 年 8 月 1 日，超强台风过境，校舍均遭不同程度损毁，由政府拨款于 9 月 1 日开学前全部修复。曹娥中心小学还扩建了 3 间草舍作教室。

20 世纪 60 年代，大量新建的民办小学校舍质量甚差，留下安全隐患。1978 年后，国家增加教育投资和地方集资，用以修理危房，新建校舍。1982 年，朗海公社移地新建朗海中心小学校舍。1984 年，教育局补助、曹娥、曹二、永久 3 个大队集资，对受龙卷风袭击的曹娥中心小学校舍，进行拆除重建。1992 年后，全镇中小学校舍或原地拆建，或易地新建，全部进行改造，至 2017 年，共投入基建资金 14400 多万元，新建、改造校舍面积 41988 平方米。2017 年，全镇公办中小学校舍总面积 35931 平方米，学生人均 18.3 平方米。

1993—2017 年学校基建投资情况表

表 20-6-5

年份	改造学校	投资金额（万元）	部分新建校舍竣工面积（平方米）
1992	曹娥小学	21.2	扩建教学楼：677.35
	镇北小学	22	新建教学楼：864
1993	南新庵小学	14.4	迁建教学楼：419
	镇初级中学	102.7	新建教学楼：2623.8
1994	镇初级中学	37.52	扩建食堂、门卫 895.96
	建民小学	18	翻建教学楼：694
1995	镇初级中学	42.5	扩建宿舍楼：938.2
	环宇小学	31.5	新建教学楼：1067
	镇北小学	11	教学楼二层翻三层：250
1996	镇初级中学	11.3	扩建表演台：277
	环宇小学	6.6	扩建幼儿班用房：186.8
	镇北小学	4.5	扩建西直屋四间：115
	建民小学	8.5	扩建宿舍、厕所：233
1997	镇初级中学	120	扩建实验楼：1964.4
	镇中心小学	290	新建校舍：3798
1998	镇北小学	10	改建西直屋为二楼：288
1999	曹娥小学	128.26	扩建北教学楼：1474
	成校	26.5	建食堂及阶梯教室：410.85
2000	镇初级中学	276	扩建辅教楼：2464
2007	镇初级中学	200	建食堂宿舍楼：2300
2008	镇初级中学	86	建塑胶操场：2673
	镇北小学	5	教学楼屋面翻修：497
2009	镇北小学	10	拆除三层改为二楼：864
2012—2016	小曹娥镇中心小学	11339	移地新建教学楼等：20348.47
2013	镇初级中学	145	改建风雨操场及附房：920
2016	镇初级中学	157	改建门卫、警务室，室外附属设施：954
2017	镇初级中学	1300	一期提升改造：11812

2000 年小曹娥镇中小学校舍基本情况表

表 20-6-6

学校名称	占地面积（平方米）	建筑面积（平方米）	学生（人）	生均		体育场地（人）		
				占地（平方米）	建筑（平方米）	100 米直道	150—200 米环道	体育馆或风雨操场
镇中	20535	11133	1346	15.3	8.3	1	1	—
职（成）校	3665	1427	44	—	—	—	—	—
镇校	15820	4309	1035	15.29	4.16	1	1	—
曹娥小学	11406	3120	706	16.16	4.42	1	1	—
建民小学	2850	892	262	10.8	3.4	—	—	—
镇北小学	4282	1440	418	10.24	3.45	—	—	—
环宇小学	6667	1437	372	17.9	3.9	—	—	—

第四节 教学设备

民国时期，不少学校学生需自带课桌、凳子上课，教师靠“心钟”（心中有数）、“挂钟”（太阳）、“摆钟”（炊烟）估计作息时间。

中华人民共和国成立后，政府有关部门逐年拨款添置、更新教学设备。1952 年，人民政府接收学校后，逐步添置了课桌、凳子、时钟、立架式木制黑板等，上下课由值日老师敲铜钟为信号，有的学校则用敲钢轨、钢板或吹哨子发信号，以统一上下课时间。随后，各学校相继建起操场，配有木制篮球架、跳高架和沙坑及篮球、皮球、铁环、绳索等体育课教育设备。1960 年前后，各学校先后购置脚踏风琴、教学用挂式大算盘等。1970 年以后，校舍陆续由草房改建成瓦平房，黑板也改成墙面水泥黑板、水泥篮球架，康乐球、乒乓球桌等先后配置到各学校。

1982 年，朗海中学建起实验中心，县教育局配送演示和分组实验仪器，供境内 3 所中学学生实验使用。1984 年，曹娥小学用自制幻灯机开始电化教育。幻灯机、录音机逐步进入各校教室用于各科教学。1985 年，市教仪站开始推广电化教育，推动全镇电化教育的发展。教育仪器、设备的种类和数量逐年增加，上下课改用音响、扩音机播放音乐为信号。

1996 年，为创建省教育强镇，各校均建立图书馆（室），并添置电脑、电视机、幻灯机等教学设备。

至 2017 年，全镇中小学教师已人手配备电脑 1 台，部分行政人员还配有手提电脑。中学有一体机多媒体教室 18 个、微格教室 1 个、实验室 4 个、计算机房 2 个、语音实验室 2 个、书法教室 1 个、劳技教室 1 个、音乐教室 1 个、美术教室 1 个。小学有一体机多媒体教室 36 个、普通多媒体教室 25 个、微格教室 1 个、科学实验室 3 个、云机房 2 个、计算机房 1 个、书法教室 2 个、劳技教室 3 个、音乐教室 3 个、美术教室 3 个。中小学共有电脑 326 台、大屏幕显示屏 3 台。中小学图书室共有藏书 9.937 万册，生均 50 册。

◎ 学生图书室（2016 年沈华苗摄）

2017年小曹娥镇事业性教育经费支出情况表

表 20-6-7　　　　单位：元

	项目	小学	中学	成校	合计
工资福利支出	基本工资	2692967	1790124	79708	4562799
	津贴补助	863579	670747	25647	1559973
	奖金	3750725	2785810	—	6536535
	社会保障费	642911	378445	22872	1044228
	绩效工资	5055926	3684863	164185	8904974
	基本养老保险	1426464	1038629	47448	2512541
	职业年金	531999	405195	18979	956173
	其他工资福利	1103397	626440	—	1729837
	小计	16067968	11380253	358839	27807060
商品服务支出	公务费	811592	251699	4130	1067421
	业务培训费	158762	87700	69752	316214
	物业管理费	351083	99057	—	450140
	公务接待费	24264	8280	4990	37534
	校舍修缮建设费	606583	747364	19197	1373144
	专用材料费	87683	15625	—	103308
	劳务费	72790	115640	3456	191886
	工会、福利费	659239	391679	14148	1065066
	其他费用	253102	83338	20000	356440
	小计	3025098	1800382	135673	4961153
对个人和家庭补助支出	离退休费	783811	208268	207950	1200029
	生活补贴	202660	42120	129490	374270
	助学金	35250	12000	—	47250
	公积金	1069853	792245	34959	1897057
	其他	6740	6695	—	13435
	小计	2098314	1061328	372399	3532041
其他资本性支出	房屋建筑物购建	71817	121948	—	193765
	设备购置费	199568	1082990	—	1282558
	大型修缮	—	—	—	0
	小计	271385	1204938	0	1476323
	合计	21462765	15446901	866911	37776577

注：表中数据摘自教辅室2017年决算报表。另有中学维修及设备1200万元，账设在镇政府。

第二十一编

医疗　卫生

民国时期，境内仅有1家私人中医诊所。1952年，在朗海乡成立泗门区首家联合诊所，医务人员4人。1980年，境内有3家公社卫生所，医务人员19人。2017年，有小曹娥镇卫生院1家，卫技人员58人。是年，被授予国家级群众满意乡镇卫生院称号。另有民营诊所2家、村卫生室13家，医务人员36人。基本普及医疗保险，定期进行健康检查。医疗共同体和家庭医生制的建立方便了人们就医，实现了“小病不出村，常见病不出镇”的目标。1985年消灭血吸虫病，其他地方病亦基本消灭；传染性疫病得到有效控制。

第一章　医疗机构

境内历以中医私人家庭诊所为主，亦有药铺聘请医生坐堂门诊，或江湖郎中流动行医。中华人民共和国成立后开始有医疗机构。

第一节　乡镇级卫生机构

联合诊所

1952年2月，朱培午、王登均、冯少卿、虞辛潜4人，在朗海乡杨家路二丘租用王登均家房屋开设泗门区首家联合诊所，所长朱培午，经费自负盈亏。

1956年，曹娥、镇海二乡亦建立联合诊所。曹娥联合诊所由徐如樟、陈彩娥、李云轩组成，所长徐如樟，原址设曹娥街施望灿家。镇海联合诊所由吴梓祥、王彩娣组成，所长吴梓祥，原址设周洪四丘周伯祥家。

卫生保健所

1958年10月人民公社化运动中，泗门区改为卫星人民公社，设卫星公社保健院，各乡联合诊所均转为集体医疗单位，称管理区卫生保健所。经费自负盈亏，政府给予少量补助。由县卫生科委托卫星人民公社保健院领导和管理。是时，境内有管理区卫生保健所3家：曹娥管理区卫生保健所，原址设曹娥东街（坐北朝南3间草房）；朗海管理区卫生保健所，原址设杨家路二丘杨家路江西（坐西朝东瓦平房3间）；镇海管理区卫生保健所，所址仍在周洪四丘周伯祥家。

1961年，各管理区卫生保健所改名为公社卫生保健所。

1968年，曹娥公社卫生保健所在曹娥东街新建瓦平房3间半作为门诊用房。镇海公社卫生保健所在镇海直街西边新建坐西朝东瓦平房3间作为门诊用房。1972年公社卫生保健所改名为公社卫生所，各所设有内外科、妇产科、观察室、注射室等。1974年朗海公社卫生所在朗海南路2号新建瓦平房7间门诊，附属用房3间，占地面积0.13公顷，建筑面积400平方米。1975年镇海公社卫生所新造瓦平房5间门诊，原址位于原国富大队，建筑面积200平方米，占地面积0.87公顷。1976年曹娥公社卫生所新造6间三层门诊楼房，地址位于曹娥街健康路1号，建筑面积800平方米，占地面积1.33公顷。其间各卫生所在用房、医疗设施、医务人才各方面均得到很大发展。至1980年，境内3家公社卫生所，共有医务人员19人，对农村常见病、多发病、传染病的诊治，大力推广新法接生、取缔个体接生、并在加强卫生防疫方面发挥了重要作用。

1961—1983年历任所长：曹娥徐如樟、陈彩娥、沈光辉、郑培尧，朗海朱培午、沈新敖、周炳仁、屠国先，镇海沈加生、施均浩。

小曹娥镇卫生院

1983年撤社设乡，公社卫生所更名为乡卫生院。1986年8月曹娥乡撤乡置镇，更名为小曹娥镇卫生院。1986年开始医疗机构管理体制改革，至1987年底，乡、镇卫生院改由乡、镇政府管理和领导。

1988年底，朗海乡卫生院移址至朗海中路3号建造二层楼房3间，建筑面积240平方米。

1983—1992年，各乡镇卫生院历任院长：曹娥郑培尧、沈秦海，朗海应巨康，镇海施均浩。

1992年5月，撤区扩镇并乡。是年5月，朗海、镇海乡卫生院设置作相应调整，合并为小曹娥镇卫生院，时有职工共39人。原朗海、镇海两乡卫生院改设为分院。

1996年初，小曹娥镇卫生院在徐家路二丘朗夹公路南征地0.48公顷，开工建造三层十间门诊大楼，大楼建筑面积1175平方米，另附建放射房3间。是年12月底，新门诊大楼开业门诊，同时撤销朗海分院，设立曹娥分院、镇海分院。2000年新建二层公共卫生楼1幢，建筑面积800平方米（门诊大楼后面）。

2001年12月，实行卫生体制改革，2个分院（曹娥、镇海）转制，改为民营综合门诊部。

2010年，公共卫生楼新增建一层，建筑面积363平方米。2016年，在小曹娥镇滨海产业园区新建小曹娥镇卫生院滨海分院，营业用房面积125平方米。2017年11月开业，医护人员2人，定期轮流坐诊。

1992—2017年，卫生院得到不断发展，用房面积从1290平方米增加到2463平方米，职工人数从39人增加到73人，其中专业技术医务人员58人，专业技术医务人员中有副主任医师3人，副主任中医师1人，主治医师7人，主管护师5人，主管药师2人。设有内科、外科、全科、口腔科、中医骨伤科、妇保科、儿保科等治疗科室及放射、B超、心电图检验等医技科室。医疗设备不断增添、更新，引进上级医院专家4人。

2009年获评浙江省规范化社区卫生服务中心；2014年获评宁波市基层平安医院；2015年获评宁波市数字化乡镇卫生院，四星级全科门诊；2016年获评浙江省乙等乡镇卫生院。

2017年始，建立医疗共同体制度，镇卫生院属余姚市第四人民医院医共体成员单位，增挂余姚市第四人民医院小曹娥分院牌子，市四院委派内科、妇科、放射科、骨外科等4名专家每周定期到小曹娥坐诊。当年，有卫生技术人员58人（高级5人、中级15人、初级38人），职工67人。是年，被授予国家级群众满意乡镇卫生院。

1992—2017年，历任院长：应巨康、姚春扬、王建平。

小曹娥镇卫生院若干年份业务发展情况表

表21-1-1

年份	门诊（人次）	业务收入（万元）
1997	63200	280.13
2002	64127	222.29
2007	76784	480.49
2012	153482	714.48
2017	284272	1722.99

第二节　村卫生室

◎ 曹一村卫生室（2021年吴华春摄）

◎ 曹娥村曹娥卫生室（2021年吴华春摄）

◎ 滨海村卫生室（2021年吴华春摄）

1956—1958年，培训农业社保健员10余人，配简易保健箱，开展小伤小病急救治疗和卫生防疫工作。1966年，泗门区举办第一期亦农亦医培训班，历时3个月，培训农村卫生员、保健员62人，镇境内参加培训人数11人。后每年举办一期，培训后，各大队先后设置大队卫生室。1968年，农村大队保健员、卫生员改称“赤脚医生”。

1969年，实行农村合作医疗制度，各大队陆续办起了农村合作医疗站，大的大队配备3个赤脚医生，小的大队1—2人。1971年底，现镇境内有赤脚医生30人，同时还培养了一大批生产队卫生员，基本上每个生产队1个卫生员，共有卫生员100余人。由于当时群众居住的基本都是茅草房，卫生环境差，条件落后，露天粪缸多，出现拖尾巴粪虫满缸爬，晚上蚊子到处咬的状况。通过开展经常性爱国卫生运动和卫生员挨家挨户开展灭蛆灭蚊工作，清除蚊、蝇滋生地，使蚊、蝇大幅度减少。

1980年，赤脚医生改称乡村医生，泗门区成立农村医生协会，镇境内参加人数25人。1992年，撤区、扩镇、并乡后，全镇23个行政村，有村卫生室22个。

2001年4月，全镇22个行政村实施并村，合并调整为8个行政村，建立了7个村卫生室，实行一体化管理。镇卫生院负责统一进药、统一收费、统一财务管理。2009年，根据上级有关部门指示，用三年时间，由国家补助、镇财政拨款，对全镇村级卫生室进行规范化标准化改造。全镇新建村卫生室用房5家（曹一、建民、滨海、南新庵、人和村），改造装饰3家（滨海产业园、曹娥、朗海村），投入资金181万元，建筑面积1498平方米，进一步提高了广大群众就医条件。2015年，曹娥村卫生室率先创建宁波市甲等村卫生室。2016年，其余7家村卫生室均创建宁波市甲等村卫生室。2017年，全镇有村卫生室13家（规划内8家、规划外5家），从业人员30人。

第三节　其他医疗机构

个体行医

民国 30 年（1941），王登均（又名小阿桥）开设境内首家中医内科诊所。1948—1951 年，冯少卿（泗门镇东河塍路人）夫妻二人每月逢三、六、九日在曹娥殿马锡昌家中医内科行医。

◎ 王登均中医进修毕业证书

◎ 中医馆（2021 年吴华春摄）

私人诊所

2009 年，陆华芬妇科诊所开业，址设振兴西路 56—58 号，从业人员 3 人。2016 年 6 月因故关闭。

民营综合门诊部

2001 年 12 月，实行卫生体制改革，鼓励社会力量办医，原曹娥分院、镇海分院转制为民营综合门诊部。2017 年，全镇有民营综合门诊部 2 家，专业医务人员 6 人。

第二章　中西医疗

第一节　中　医

民国时期中医

民国时期，境内有一家药店，门号调元堂，原址在英生街，后迁址曹娥街，主要经营中药材。境域群众一般小病能熬就熬或采点中草药，也有根据民间土方从药店抓些中草药进行医治。

民国 27 年（1938），曹娥乡三保王登均赴绍兴拜著名沈姓老中医为师，学医三年后归里行医（中医内科）。

中华人民共和国成立后中医

1952 年 2 月，王登均加入朗海联合诊所工作。1957 年受诊所委派去浙江省中医进修学校学习一年，毕业回所后积极开展中西医结合临床门诊行医。王登均对中医学说颇有研究，并融会贯通，“望、闻、问、切”辨证施治，中西医结合得心应手，在姚北一带颇有名气。故有外科“张阿耀”、内科“小阿桥”之说。

1956年，吴梓祥镇海联合诊所工作。吴梓祥医师是周巷吴氏中医儿科第九代传人（1948—1955年），在泗门义嘉桥头姜寿堂药店坐堂行医。1950年9月，县中医师协会临（山）泗（门）区支会成立时，吴梓祥为副会长。1983—1985年，应忠云拜泗门卫生院中医伤科医师周渭江为师，学习2年后加入曹娥乡卫生院工作。1986年，原镇海乡卫生院，派王海昌去泗门区卫生院中药配方学习1年。1987年，镇海乡卫生院开设中药房，并聘请余姚市中医院著名老中医赵炯恒每周一天门诊行医，同时也面向社会中药配方营业。1989年，小曹娥镇卫生院开设中药房，聘请余姚市中医院著名老中医赵炯恒、周培森等专家每周轮流坐诊。1996年底，小曹娥镇卫生院新建门诊大楼落成后，同时曹娥、镇海2家中药房撤销合并到小曹娥卫生院。

2016年8月，启动中医馆改造扩建工程，投资23万元将原行政楼一楼康复室进行改造扩建为120平方米的中医馆，是年12月投入运行。馆内有副主任中医师1人，主治医师2人，中医师（士）2人。还聘请市中医院高级中医专家1人。馆内配有智能熏蒸仪1台，三维多功能颈椎牵引仪1台，三维多功能牵引床脉冲针灸治疗仪、电煎常压煎药包装一体机等仪器。2017年创建为宁波市三星级中医药门诊。

第二节　西　医

民国时期，境内无西医。中华人民共和国成立后，朗海联合诊所成立时，朱培午、王登均、冯少卿、虞辛潜等4名医生中，朱培午为西医外科医师。1957年，王登均开展中西医结合治疗病人。

1975年，慈溪卫校毕业的王世义（助产士）分配到朗海公社卫生所工作。1976年，医务人员紧缺，曹娥公社卫生所特聘周厚仁到所工作。1977年，宁波卫校医士班毕业的张志焕到镇海公社卫生所工作。1978年，慈溪“五七”卫生专业毕业的孙银灿到曹娥卫生所工作后长期主持业务工作。1991年后开始，中专毕业生被陆续分配到医院工作。1995年，王建平从宁波卫校毕业被分配到镇卫生院内科工作，2002年到余姚市人民医院实习半年，2003年，到浙医一院进修学习一年。从2008年以后，镇卫生院陆续有本科毕业生分配工作。到2017年底，小曹娥镇卫生院有专业技术医务人员共58人，其中副主任医师3人、副主任中医师1人、主治医师7人、主管护师5人、主管药师2人。

20世纪60年代前，医生诊断病人仅靠体温表、听诊器、血压机，所谓“三件”为病人服务。1975年，朗海公社卫生所分配到全县（慈溪县）公社级基层医疗单位首台30mA医用诊断X光机，开始放射诊断病人。1978年，曹娥公社卫生所引进50mA医用诊断X光机。1987年，曹娥乡卫生院门诊开始三大常规（血、尿、大便）临床化验诊断病人。90年代以后，逐渐添置现代化医疗仪器设备，如“721”分光图机，进行肝功能血化验、细菌二线培养、肥达氏实验、血交叉配血等临床工程，后随着门诊业务不断增长，医院陆续添置先进医疗仪器设备。1995—2017年，输入血球计数仪、生化分析仪、心电图机、黑白B超机、彩色B超机、200mA和500mAX光机、放射用CR、DR各1台，共计输入医疗仪器20余台，其中10万元以上的有8台，仅X光机用DR每台价值125万元，总价值达450多万元。

第三章 保健 防疫

第一节 保 健

民国时期，境内无专门妇幼保健机构。1971年后，逐渐重视老年保健工作。从1985年开始，在原泗门区卫生院的指导下，各乡镇卫生院均设立妇保、儿保、妇产等科室，在各村配妇幼保健协助员。2016年，开始契约式家庭医生制保健服务。

妇幼保健

新法接生 中华人民共和国成立前，多采用旧法接生，妇婴死亡率高。1956年，妇幼专业医师王彩娣到镇海保健所实施新法接生，同时对旧接生婆进行技术培训，新法接生率逐年上升。1969年，曹娥保健所派杭小娥去泗门卫生院学习新法接生，1970年取得接生资格，开展新法接生住院分娩工作。1975年以后，卫校助产士毕业生王世义、王庆华等到朗海卫生所工作。至1980年，住院接生率达80%以上。1990年后，住院分娩接生率达到90%以上，未发生产妇产褥热及新生儿破伤风死亡病例。1995年以后，宁波卫校助产士毕业生金华尔、钱玲兰、邹丽萍等陆续分配充实到镇卫生院，新老接替，妇产科发展迅速。2004年9月起，为整合医疗资源，提升接生质量，搞好服务转型，余姚市卫生局规定平原各乡镇卫生院不再接生，集中力量开展孕产妇保健和孕产妇系统管理。

围产期保健 1985年开始，实行围产期保健和孕产妇系统管理，对每个孕产妇女进行登记造册（卡）。2000年开始，对孕产妇、儿童保健实行电子化管理，有专人负责做好系统报表，出生医学证明管理发放登记造册。从2004年以后，孕产妇建卡率接近100%，系统管理率达90%以上。产妇出院后，由卫生院妇幼保健科负责下村入户对母婴进行家庭访视，一般产后14天及28天各一次，了解母婴情况，测量体温、血压、体重等，指导母乳喂养及新生儿护理等。2015年，镇卫生院妇保科被评为宁波市四星级孕产妇保健门诊单位。至2017年，产后访视率达99%以上，未出现产妇死亡病例。

妇女病防治 1973年始，实施妇女病大普查，检查率达到97%，查出各类妇女病患者数百人，发病率达34%，基本上摸清妇女病发病情况，对个别重病患者及时转上级医院检查治疗。2005年以后，每年对全镇20—64周岁已婚妇女进行一次妇女病检查，检查率达70%以上。检查主要项目是妇女“两癌”筛查，对疾病查治率大大提高。此项工作作为宁波市民生实事工程，真正为广大妇女健康起到了保驾护航的作用。2007年，实施开展余姚市妇女健康促进工程，对全镇已婚育龄妇女进行妇女病普查，共检查1549人，查出疾病380人，并逐一进行治疗和随访工作，不断提高广大妇女健康水平。2015年，创建为宁波市“四星级”孕产妇保健门诊。

儿童保健 1958年开始，儿童保健工作列为卫生部门的主要工作内容之一。1958—1981年，在每年“六一”节前后对学校学生进行一次健康检查。1982年以后，对儿童实行系统管理，对42天至3周岁儿童定期进行检查，检查内容包括母乳及辅食喂养、睡眠、大小便、生长发育测量、心肺听诊、生殖器、佝偻病、贫血以及语言动作发育情况；对3—7周岁儿童每年定期体检，检查内容包括身高、体重、营养状况评估、血色素检查等；每年对学校学生定期检查，检查内容为身高、体重、营养状况评估、血色素检查等，检查率达到98%以上。1999年起，加强对全镇幼托机构的卫生保健管理，内容包括幼儿园的行政管理、卫生硬件设施、生活制度、膳食管理、健康检查、消毒隔离、疾病防治、安全保护、卫生宣教和卫生保健簿册管理等。2007年5月，镇卫生院顺利通过宁波市规范化妇儿保健门诊验收。于2011年度、2013年度，分别被评为余姚市妇幼保健先进单位。2014年6月，镇卫生院妇科医生潘玲莉在余姚市妇幼健康技能竞赛中获得“卫生技术岗位能手”称号。2015年，镇卫生院创建为“四星级”儿童保健门诊，2017年创建为宁波市妇幼健康“宣教示范基地”。

老年保健

1971年，境内开展老年性慢性支气管炎的防治工作。1976年，开展前3年肿瘤死亡病例普查，共有恶性肿瘤病人127例，其中肝癌27人、胃癌37人、肺癌14人、其他肿瘤49人，以胃癌发病率为最高，结果发现当地为肿瘤高发地区，占老年人死亡原因首位。从70年代开始，定期为离退休人员进行健康体检。从1993年起，每年一次组织人员上门到镇敬老院及曹娥、镇海托老院进行健康体检，建立健康档案。1994年，开办老年学校和组织老年人参加省老年电视大学，学习老年保健卫生知识，提高老年人自我保健意识。从2005年起，每年对参加新农合人员进行免费体检，建立健康档案，不断提高老年人健康水平。2015年开始，镇卫生院在各行政村设立服务团队，对高血压、高血糖、高血脂病人进行随访，每月一次定期提供免费测量血压、测血糖等服务。

◎ 下村义诊

1974—1976年癌症、肿瘤病例调查一览表

表21-3-1　　　　单位：人

项目 / 年份	胃癌	肝癌	肺癌	其他肿瘤	合计
1974	14	6	3	14	37
1975	10	9	5	17	41
1976	13	12	6	18	49
合计	37	27	14	49	127

精神保健

1995年，对全镇精神病人进行调查摸底、统计造册，医院派防保科专人分管负责。进行规范化管理工作，国家每年按期发放专用药品，医院专管人员常年按月把有关药品定期发放到人。每年举办一次精神病人家属管理监护培训班，不断提高家属监护水平。对于11个家境贫困服药量大的患者，由政府出资，帮助管护，使精防工作有序开展。2014年度，被评为余姚市精防卫生工作先进单位。

至2017年底，全镇已建卡精神病人244人，其中一级病人53人，二级病人136人、三级病人41人，四级病人14人，有17个病人因各种原因未规范化服药或自动停药，导致病情复发，进行住院治疗，其中14人好转后回社区继续服药治疗，还有3人尚在医院住院治疗中。持续服药和间断服药者171人，施药率为70.08%，施药病人有效率达98.2%。

契约式家庭医生制保健服务

2016年11月，开始契约式家庭医生制保健服务。签约对象以慢性病人、老年人、0—6岁儿童、孕产妇、残疾人等重点人群为主。签约费用签约居民应承担的50元由镇政府承担20元，行政村承担10元和个人承担20元组成。待遇签约居民在家庭医生处就诊，免收一般诊疗费；在基层医疗机构住院，其医保基金支付比例在原有基础上提高5个百分点；经家庭医生转诊到综合（专科）医院住院的（特殊病种住院除外），其医保基金支付比例在原有基础上提高3个百分点，转诊患者采用累计起付线政策。

2017年，家庭医生签约保健服务在镇域全面推行。截至2017年底，辖区人口28597人，重点人群9332人。签约居民在签总数5541人，在签率19.38%；重点人群在签总数5260人，在签率56.37%；60岁以上老年人在签数2952人，0—6岁儿童在签数634人，孕产妇在签数238人，重点慢性病人在签数3089人，重性精神病人在签数141人，签约居民年度体检数5151人，签约团队数8个，签约卫技人员数54个，累计减免一般诊疗费金额373340元。

第二节 防 疫

防疫机构

民国时期，境内无专门防疫机构。1956年起，乡联合诊所开展防疫工作。1977年开始，实施计划免疫。1983年起，各乡镇卫生院配专职防疫人员，建立疫情报告制度和传染病管理预案，形成县、区、乡三级卫生防疫网。是年9月起，各乡镇卫生院建立常年接种站，规定每月20日为接种日。1992年，镇卫生院建立防疫保健科，有专业人员4人，负责全镇健康教育、计划免疫、慢性病防治、死因监测、地方病防治、传染病防治、精神卫生管理等工作。1998年，规范化接种站达标。2001年，通过了宁波市计划免疫示范接种门诊的创建验收。2005年，启用了金苗免疫系统，接种信息逐渐走向电脑化。2011年，创建了三星级信息化接种门诊。

2017年，镇防疫保健科有专业人员8人。其中，主管（治）医师1人、医师5人、医士2人。是年7月，创建为数字化接种门诊。

传染病防治

中华人民共和国成立前，境内公共卫生设施落后，医疗条件差，传染病时有发生。中华人民共和国成立后，人民政府重视传染病防治，开展预防接种和计划免疫，逐步改善公共环境卫生，使传染病发生周期延长，发病人数减少，死亡率大幅度下降，有些传染病已基本消灭。

1950年开始，全民接种牛痘。1954年消灭天花。1975年消灭白喉，1984年起实施计划免疫，按人打好各种预防针。此后，麻疹、百日咳、乙脑、流脑、伤寒、破伤风等疾病得到有效控制，未再发生流行。至2017年，各种疫苗接种率达99%以上。

天花 中华人民共和国成立前在境内广泛流行，是儿童死亡率最高的传染病之一，即使侥幸逃过死亡关，也会留下满脸麻子。

防治措施：1950年起，人民政府免费为儿童接种牛痘，1954年境内消灭天花。2017年，儿童已免种牛痘。

霍乱 俗称“瘪螺痧”，现镇境属高发区。民国26年（1937）、29年（1940），霍乱曾两次大流行，时有全家死于霍乱而无人收尸之惨状。中华人民共和国成立之后，亦多次大规模流行。1962年，镇内发病数人，无死亡病人。1975年，原泗门区境内副霍乱（又称“二号病”）暴发流行，当时疫情最严重的是原临海公社八大队（现今临山镇临海村），但境内也有不同程度的“二号病”疑似病人出现。

防治措施：1976—1977年，副霍乱流行期间，开展全民普打霍乱预防针，接种率达90%以上。赤脚医生和生产队卫生员一起日夜开展副霍乱疫苗防疫接种工作，在防病治病方面做了大量工作，对控制副霍乱疫情发挥了重要作用。1981年后未发现副霍乱病人。

脊髓灰白质炎 简称脊灰，俗称小儿麻痹症。1965年开始疫情登记。1965—1972年，泗门区共发病26例，其中1965年13例、1966年5例、1967年1例、1968年4例、1971年2例、1972年1例。1973年后，未新发病例（公社发病数资料缺失）。

防治措施：1968年始，每年给1—3周岁儿童服用小儿麻痹糖丸。1998年起，每年对包括暂住人口在内的所有儿童进行一次强化免疫。

流行性脑脊髓膜炎 简称流脑。1965—1968年，境内属姚北沿海地区流脑暴发流行地区之一，每年发病均在10起以上。后每年均有门诊病例。1990年后，仅在1992年发病一例，其余年份未见新发门诊病例。

防治措施：从1987年开始进行儿童预防接种，A群流脑疫苗接种2针剂，逐渐增加；A+C群流脑疫苗，3周岁、6周岁接种2针剂，并开展查漏补种。同时开展多种形式的健康教育，加强对重点时段、重点人群的流脑防病知识宣传，提高群众防病意识，使其认识流脑疫苗接种的重要性，积极参与，主动配合疫苗接种工作，努力提高人群流脑免疫水平。

病毒性肝炎 俗称黄疸肝炎，镇境属高发区。1990年，共发病58例，其中甲型41例、乙型9例、丙型1例、未分型7例；1991年，共发病97例，其中甲型48例、乙型20例、未分型19例；1992年，共发病94例，其中甲型59例、乙型6例、未分型29例。以后逐年减少，疫情基本控制。至2000年，共发病29例，其中甲型6例、乙型16例、丙型1例、未分型6例；2005年，共发病16例，其中甲型2例、乙型9例、丙型1例、未分型4例；2010年，共发病6例，其中乙型5例、戊型1例；2017年，共发病18例，其中乙型15例、丙型2例、未分型1例。

防治措施：从2002年开始乙肝疫苗纳入儿童计划免疫，进行儿童免费接种3针剂，2010年增加甲肝减毒活疫苗，对儿童免费接种1针剂。贯彻预防为主的方针，深入宣传，发动群众，搞好爱国卫生运动，采取综合防治措施。

痢疾 分细菌性痢疾和阿米巴性痢疾。（1990年前资料缺失，1990年后仅存部分年份资料）1990年发病15例，1991年10例，1992年2例，2000年2例，2005年13例，2010年4例，2013年2例，以上均为细菌性痢疾，无死亡病例。2017年未见门诊病例。

防治措施：发现病人和带菌者，及时隔离和彻底治疗。开展个案调查及病家消毒处理，从事饮食业、保育及水厂工作人员，作较长期的追查，必要时暂调离工作岗位。切断传播途径，搞好“三管一灭”，即管好水、粪和饮食以及消灭苍蝇，养成饭前便后洗手的习惯。对饮食业、儿童机构工作人员定期检查带菌状态。

伤寒和副伤寒 旧时患此病的较多，近30年较少发生。有记载的有1990年1例，1992年2例，2000年1例，2005年1例，2013年2例，历年无死亡病例。2017年未见门诊病例。

防治措施：加强饮用水卫生管理和污水的处理。加强食品卫生的管理。做好医学观察，对那些与患者密切接触的人进行医学观察。

肺结核 痰检后分菌（+）、菌（-）（1990年前资料缺失）。抽查此后部分年份档案，1991至1993年未见病例。2000年发现10例，其中菌（+）的4例；2005年发现10例，其中菌（+）的3例；2013年发现16例，其中菌（+）的11例；2017年发现3例，其中菌（+）的2例。

防治措施：控制传染源，所有的肺结核患者及时到定点医院进行治疗。切断传播途径，肺结核的传播途径是空气飞沫传播，对肺结核患者的痰液进行相关管理，并且佩戴口罩。保护易感人群，对肺结核涂阳病人密切接触者开展免费的X线胸片检查。进行正规、足疗程的抗结核治疗，对于初治的肺结核患者，半年左右就可以治愈，完成疗程后根据当地的政策给予适当的减免补助。

性病 中华人民共和国成立后一度绝迹。1990年，重新发现性病患者，发病率逐年上升。2000年，发病12例，其中淋病10例、梅毒2例；2005年，发病17例，其中淋病8例、梅毒9例；2017年，发病12例，其中淋病2例、梅毒8例、艾滋病2例。

防治措施：疾病预防控制机构和开展性病诊疗业务的医疗机构根据当地性病流行特点，确定性病宣传和健康教育内容，对大众开展性病防治知识的宣传。通过多种形式在有易感染性病危险行为的人群集中的场所宣传性病防治知识，倡导安全性行为，鼓励有易感染性病危险行为的人群定期到具备性病诊疗资质的医疗机构进行性病检查。为性病就诊者提供性病和生殖健康教育、咨询检测以及其他疾病的转诊服务。

地方病防治

血吸虫病 俗称鼓胀病、扫箕胀。1964年春，原慈溪县卫生科组织医务人员开展防治工作，对池塘、河沟进行地毯式搜索。当年投入4200多人次进行查螺灭螺工作，现镇境内原曹娥公社曹一大队，朗海公社海塘南大队、一大队、二大队、三大队，镇海公社一大队、二大队7个大队共查出有钉螺面积25267平方米，螺点58个，查出患病人数520人。其中重度感染病人286名（晚血病人9人），进行入院治疗，死亡6人，其余均治愈。1965年，结合血吸虫病防治工作，开展粪、水管理，提倡分塘分段使用水源，建饮水池71个。1972—1975年，公社配备血防专管员，在血吸虫病流行大队进行全民（成年人）大便普查工作，经过检查，原流行大队并无发现新的病人，同时各生产队还建造无害化厕所（三隔式）共65只，有效地控制了疾病流行，基本上消灭了血吸虫病。从1966年开始至1984年，在上级卫生部门的指导下，血吸虫病流行大队组织青年社员在每年春、秋二季开展普查钉螺工作。1985年经过省、宁波市血吸虫病检查考核、组织实地验收，已达到消灭血吸虫病标准，以后血防工作转入长期监督、监测。1974—2017年再无血吸虫病患者出现。

疟疾 俗称冷热病，有间日症和三日症之分。现镇境在20世纪50—60年代夏秋季节，常有疟疾病发生，严重影响人们的生产和生活。从1971年起，国家对疟疾病加强防治工作，广泛发动群众，大搞爱国卫生运动，整治环境卫生，重点减少蚊子滋生地。当时大队和生产队都配备卫生员，积极开展灭蛆灭蚊工作，同时国家免费给每个历史患者和现症病人服用乙胺嘧啶和伯氨喹啉药片，对他们进行抗复发治疗。到1987年后，镇境常住人口未出现新发病例，基本上控制疟疾病发生。

钩虫病 俗称黄胖病。境内曾是高发区。此病轻者无特殊感觉，重者四肢无力，丧失劳动能力，妇女患染则造成不育。民间有“一年黄、二年胖、三年见阎王”之说。1958年起，开展大规模防治工作，采用四氮乙烯大剂量一次性治疗方式。1970年通过普查，镇境查出病人280多人，进行继续服药治疗。此后，引导群众改变生活习惯和耕作制度，加强预防，感染率逐年下降。到1980年后，未见新发病人。

麻风病 1970年，原泗门区开展麻风病普查，现镇境查出病人4人，其中曹娥公社新新大队1人，朗海公社五大队2人，镇海公社一大队1人。此后新发现病人4人，其中1978年镇海公社二大队1人，1987年镇海乡南新庵村1人，1991年小曹娥镇曹丁村1人，1999年小曹娥镇曹二村1人。2017年底，镇境内尚有病人4人。患者集中到麻风病防治医院隔离，进行免费治疗，并给予患者生活费补贴。

1964—1974年血吸虫病情况调查一览表

表21-3-2

项目 单位名称	大队（个）	流行大队（个）	总人口（人）	流行大队人口（人）	有钉螺点处数（处）	有钉螺面积（平方米）	累计病人数（人）	其中（人）		晚血死亡人数（人）
								1964年查出病人数	1965—1974年查出病人数	
曹娥公社	10	1	10225	1555	4	1818	69	59	10	1
朗海公社	6	4	8580	4453	20	7137	218	185	33	2
镇海公社	4	2	8525	4740	34	16312	233	155	78	3
合计	20	7	27330	10748	58	25267	520	399	121	6

第四章　公共卫生

1983年，泗门区中心卫生院成立预防保健科，对全区公共卫生实施监督管理。2002年10月，市卫生监督所泗门分所成立，所长冯立平，管辖范围泗门、小曹娥、朗霞3个镇（街道）。2012年12月，改设市卫监所姚北分所，所长潘立群，管辖范围泗门、小曹娥、朗霞、低塘4个镇（街道），负责管理除爱国卫生外的饮水卫生、食品卫生、环境卫生、劳动卫生、学校卫生等公共卫生。2007年，成立镇爱国卫生运动委员会，由董斌任主任，杭登桥任副主任，下设办公室，负责全镇卫生工作。

2007年，南新庵村在境内首个获得省卫生村称号。至2012年，其他7个行政村均已获得省卫生村称号。2011年，小曹娥镇获省卫生镇称号。

第一节　饮水卫生

清朝及民国时期，境内居民历来以池塘（方言称汪）水或江河水作为饮用水，只有不足3%的瓦房户才能用“天落水”烧茶。池塘是填屋基挖土或自然形成的潭、湾经修筑而成。面临大潮，在池塘四周用土围高以防咸潮水倒灌，池塘内积蓄雨水做饮用水。此类型的池塘或大或小，一户或几户人家都有一个，天旱时池塘水干涸，在池塘底挖旱井潭取地下水或去远处大池塘挑水。池塘水大都有较重的泥土味及咸味，水质较好的池塘较少。后随年代的推延，水质虽逐渐淡化，但生产、生活水源混用，水质被污染，导致寄生虫病、肠胃道传染病、血吸虫病时有发生。

中华人民共和国成立后，开始改造饮用水水源。1961年，在曹娥棉厂内新打一口水井，深10.5米。1965年，结合血吸虫病防治工作，开展粪、水管理，提倡分塘分段使用水源，以生产队或自然村为单位确定一个固定饮水池，以生产大队为单位确定一个中心饮水池，共建饮水池71个。当时朗海公社二大队第3生产队的饮水池水质较好，部分水质差的池塘被填土复耕。饮水池有兼职管理员，挂饮水池公示牌，订有禁止洗澡、洗衣等内容的卫生公约。同时10%左右农户打了饮水井。20世纪70年代起，建造瓦房的住户逐渐增多，居民遂用水缸、水泥水池接蓄雨水（天落水）作为饮用水。

1985年，曹娥乡自来水厂建成后，曹娥振兴东路居民开始饮用该厂生产的自来水，水源是四塘江水经漂白消毒而成。1991年，镇海乡政府及所在地街区居民和医院、中小学、王龙食品添加剂厂、洁丽日化厂、镇海农机厂等单位开始饮用泗门水厂自来水。1992年10月，后中灶、符丁、人和丘3个村的90%居民开始饮用自来水。1993年境内居民全部饮用自来水，水源来自牟山湖水库，水质符合国家饮用水标准。2004年4月，余姚二水厂和泗门水厂同时供水，水源以四明湖水库水为主，水质质量进一步提高。

2014年，开展“五水共治”围剿劣水的专项行动，加强对农村饮用水的监测管理，饮用水水质合格率达到95%以上。到2017年，未出现劣水、污水等现象，水质卫生合格率不断提高。

2017年，全镇自来水覆盖面达100%，80%的家庭还挖有水井，部分家庭还有水池或水缸储存“天落水”，作为洗涤、浇灌及备用水源。原有的池塘大都已填平复耕。

第二节　食品卫生

每年夏、秋是境内胃肠道疾病的高发季节，因饮食不洁导致患病的情况屡有发生。通常伴有发热、腹痛、腹泻、头痛、乏力、恶心、呕吐等情况。

1958年7月起，规定必须取得“卫生许可证”方可从事食品生产和经营，并对环境场所、设备布局、工艺流程、贮存运输、容器包装等作严格规定，确定禁止生产经营的食品范围。

1991年秋，镇海教堂发生误食用装过农药的瓶灌装食油所炒扁豆致19人中毒事件，幸抢救及时有效，无一人死亡。事后以此为鉴加强宣传教育，未再发生类似事故。

1996年3月，市卫生局聘请泗门预防保健站朱正明、徐建明两位医师为食品卫生监督员，负责泗门、小曹娥食品卫生管理和行政执法。2002年10月，市卫生监督所泗门分所成立后，食品卫生管理和行政执法由卫监所负责。管辖范围包括泗门、小曹娥、朗霞3个镇（街道）。翌年，3个镇（街道）共有食品生产企业78家，食品经营单位（户）569家，从业人员2865人。全年共出动监督人员569人次，检查各类对象2403户次，检查辖区内农贸市场39家次，查获违法经营户22户，销毁假冒伪劣食品102046千克，价值7万余元。对违法情节严重的食品生产经营者作出行政处罚，计罚款6400元；取缔违法食品加工点5个；对2729名食品从业人员进行健康体检，查出不适合从事食品生产行业人员13人，予以强制调离食品行业处理。

2012年12月，市卫生监督所泗门分所改建为姚北分所后，食品卫生管理和行政执法范围扩大到泗门、小曹娥、朗霞、低塘4个镇（街道）。

小曹娥镇政府落实专人负责食品卫生工作，加强食品卫生监管、卫生监督量化、分级管理；建立健全食品卫生基层责任网格化管理；全面落实食品卫生隐患排查、信息报告、协助执法、宣传教育和统一协调等工作职责，保障人民群众饮食卫生。

2005年以来，每年开展对农村厨师和农村聚餐信息员培训，防控农村集体聚餐引发的食物中毒事件。是年，在配合上级执法部门监督检查中，发现两家企业食堂存在食品卫生隐患，及时指导整改。2015年，小曹娥镇被评为省卫生监督协管服务示范点。

2017年，全镇有食品生产企业28家，食品经营户67家，从业人员950人。全年共出动监督人员20余人次，检查各类对象75户次；检查辖区内农贸市场5家次，取缔违法食品加工点2个，对133名食品从业人员进行健康检查，对农村268名厨师和农村聚餐信息员进行培训。

第三节　环境卫生

民国时期，环境卫生较差。1958年，慈溪县委、县人委号召全民行动，人人动手，利用各种方法开展除“四害”，要求实现无苍蝇、无蚊子、无老鼠、无麻雀，因这些“标准”不切实际，未能实现。20世纪60年代，结合血吸虫病防治，露天粪缸搭棚或加盖处理。70年代建有少量的公共厕所，同时拆除集镇露天粪缸，建简易厕所。1970年后，春秋两季开展灭鼠工作，夏季开展灭蟑、灭蚊、灭蝇工作，清除“四害”滋生地。每年组织一次爱国卫生大检查，挨家挨户进行家庭卫生检查，评出清洁户、尚清洁户、不清洁户，分别以红、黄、白纸贴在各户门坊。1986年，小曹娥镇聘用毛志根为卫生保洁员，专门负责曹娥街及市场卫生清扫；后又增聘张义康为卫生保洁员。是年，进行户厕改造，建无害化厕所。在建城区建密封粪池90个，两格式密封厕所45个，简易厕所120个。1990—2003年全境消灭露天粪缸。至1993年，建成区共有旱式公厕15个。

1996年，建立垃圾填埋场，面积6500平方米（后又新辟垃圾填埋场1个）。2002年起，农户生活垃圾由专人收集送至村垃圾中转站，再由专运车辆清运到垃圾填埋场。2004年，建立镇环境卫生管理站，站长马长桥，地址位于朗海南路71号，时有工作人员3人，聘用卫生保洁员5人，负责全镇环境卫生管理。2005年，开展以改厕为重点的环境整治，全镇新建和改造公厕50个，节水型三格式无害化户厕10746个，拆除所有简易户厕和露天粪缸。

2007年，镇投入资金105万元，建造压缩式垃圾中转站1个。各村生活垃圾收集集中后送至压缩式垃圾中转站，再经压缩后送到垃圾填埋场。2011年起送到众茂热电厂焚烧发电。2014年又投入资金265万元，扩建垃圾压缩中转站及办公用房，占地面积3030平方米。此后，镇又投入100余万元陆续购置了垃圾压缩车1辆、洒水车1辆、扫地车1辆、吸粪车1辆、农用运输车3辆、三轮保洁车21辆。2017年，结合“美丽村庄”创建，广泛开展第29个爱国卫生月活动，清除卫生死角、病媒生物滋生地，治理脏、乱、差，使农村村庄居住环境极大改变。是年，镇环卫站共有人员62

人，站长姚菊芬。其中，工作人员5人，道路保洁员27人，垃圾收集员3人，公共厕所保洁员5人，河道保洁员8人，垃圾运输、中转、洒水、清粪、填埋等2人，驾驶员及清运等人员12人，8个行政村亦有保洁员74人，负责行政村的道路、河道保洁等环境卫生工作。建成区有垃圾箱64个，垃圾分类箱10套。同年，全面推进农村生活垃圾分类减量化、资源化、无害化处理，构建“分类投放、分类收集、分类运输、分类处理”的农村生活垃圾处理体系，对易腐垃圾、其他垃圾、可回收垃圾和有害垃圾进行分类处理。建有阳光堆肥房1个，将易腐（厨余）垃圾进行微生活发酵成肥，用于镇域内绿化带施肥。使村庄居住环境优美，街区道路整洁，境域环境卫生得到了根本性改观。

第四节　劳动卫生

二十世纪四五十年代，境内有少量的人家装有轧花车（俗称洋车）。70年代，境内发展石棉、废花加工行业，大多数家庭有石棉纺车、废花纺车。防疫部门定期检查、上门宣传、劝说从业人员使用防尘用具。1987年，泗门镇石棉厂发现2例1期硅肺患者，以此为教育患例，后每年对石棉厂接触粉尘工人进行一次健康检查。

1993年6月12日，后中灶村无证蔬菜加工户在雇人清理榨菜池废水时，有3人急性硫化氢中毒，死亡2人，1人经医务人员全力抢救脱离危险。

2002—2006年，滨海工业园区从各地迁入电镀企业23家，从业人员5500余人。2013年，镇职能部门会同卫监所、工商局等执法部门对“五小”场所及电镀企业进行统一排查整改，对6家无证“五小”企业进行了取缔。对电镀企业不符合条件的进行了整改，同时积极加强职业病防治，定期对企业进行职业病排查和体检，从源头上加强劳动卫生安全防护监管。2017年，在泗门卫生监督分所的指导下，对全镇22家有职业病危险的企业进行检查，对800余名从事苯、铬等作业的人员进行健康检查，未发现职业病。

第五节　学校卫生

1979年起，学校卫生由卫生防疫部门进行监督指导，主要是监测学生健康状况，开展健康教育，培养学生良好的卫生习惯，改善学校卫生环境和教育卫生条件，加强对传染病、学生常见病的预防和治疗。1985年后，每年普查普治中小学生头虱、寄生虫卵等卫生工作，并加强对龋齿的防治。2003年，对学校食堂卫生监督实行分级量化管理。2004年后，重点抓好手足口病、禽流感、霍乱、肝炎等预防控制工作；对学校环境卫生，开展大扫除、除“四害”等日常卫生工作；学校食堂卫生工作，对食堂餐饮服务员经常开展饮食卫生教育及体检。

2013年5月起，余姚全市开展10万学生饮食卫生工程的实施工作，每月组织开展学校食堂及校园周边食品卫生的专项检查活动。2016年，镇中食堂功能创建市级餐饮示范单位。

2017年，完善校园监控系统，开展对食品卫生、环境卫生、爱国卫生及校园安全管理等专项整治活动，齐抓共管，共同做好学校卫生管理工作。镇政府配合市卫监所开展对全镇中小学校及幼托机构食堂检查35次，并对全镇中小学、幼儿园进行饮食卫生指导，推进量化等级提升，使B级学校占70%。对2548名中小学生进行一次健康检查。

第五章　医药管理

第一节　中草药及使用

境内地下水位较高，且土质呈盐碱性，不适应种植中草药，因此中药材历来需从外地采购。1969年，对中药材资源进行调查，仅有金钱草、白茅根、鱼腥草、门冬、马齿苋、千金草、鸭跖草等十余种，且经济价值不高，仅在农户屋边杂地有少量生长。

1960—1978年，西药供应紧张，特别是抗菌素类药品，如青霉素、链霉素、四环素等，按月分配药品仅能使用5天，中草药遂得以广泛开发、利用。各公社卫生保健所均聘请中草药医师当顾问，并组织采药小分队上四明山区采集野生药材。1970年，各公社卫生保健所开始创办中草药房，加工中草药成药，制造鱼腥草注射液、板蓝根注射液、柴胡注射液等针剂十余种。为各大队医疗站预防疫病提供服务，当时在乙脑流行时期，就用千金草汤剂，进行治疗和预防，各大队医疗站设置千金草汤剂供应点，每名儿童每天上、下午各服一碗。用板蓝根汤剂治疗预防流行性感冒。1980年后，西药供应充裕，自制中草药汤剂多被淘汰。

第二节　药政管理

1956—1983年期间，零售药品由泗门供销社国新药店曹娥分店经销。1983年，县卫生局批准设立泗门供销社医药批发部，负责泗门区各医疗单位包括乡村医生医疗用药的供应，县卫生局负责药政管理。1985年，药品监督管理改由市药品监督检验所负责。

2000年，泗门供销社进行体制改革，曹娥国新药店亦转制为个人经营。2001年后，镇境内先后有同济堂大药房（一店、二店）、春天大药房、平民大药房等，均属民营企业。2002年10月，市药品监督管理局委派市卫生监督所泗门分所负责泗门、小曹娥二镇药政管理。定期进行实地监督。2017年，市卫生监督所泗门分所共检查小曹娥境内各类医疗机构135家次，行政处罚1家，罚款5000元，取缔非法行医1家，收缴伪劣药品、过期药品及不合格医疗器械3袋，价值2300元。

第二十二编

文化　广电　体育

在中华人民共和国成立前，由于经济发展缓慢，制约了小曹娥文化的发展。小曹娥文化主要以传统的宗教文化为主，夹杂着浓烈的封建迷信色彩。中华人民共和国成立后，各村相继建立文艺宣传队，成立越剧团、姚剧团进行文艺演出。1982年，图书工作被评为省先进集体，家庭图书室经验在全省介绍推广。2008年，建立全省首家“农民藏书阁”。1985年，建成余姚市首个乡镇影剧院。2003年创办的“曹娥之声”文艺会演，每年一届，至2017年已成功举办15届。1998年，被省政府命名为首批东海明珠乡镇。2008年，获省体育强镇称号。2009年，被命名为浙江省民间文化艺术之乡。村村建有村落文化宫，文化礼堂、欢乐大舞台、篮球场、门球场、地掷球场、老年活动室等文体设施陆续建造。球类、舞操、戏曲、铜管乐、拳剑武术等众多文体团队常年开展活动，参赛中获得佳绩。“一人乐队”、剪纸、刺绣入围宁波市非物质文化遗产保护名录。2011年，以小曹娥土布为标本的余姚土布入围第三批国家级非物质文化遗产代表性项目。2009年，乡人王桂凤被省文化厅推荐申报国家级非物质文化遗产项目“余姚土布”制作技艺代表性传承人(2018年获批)；2017年，余姚土布馆在小曹娥镇朗海村落成。

2005年开始，启动“孝文化”建设项目，挖掘整理了具有小曹娥地方特色的“孝文化”，使“孝文化”更具时代特色，赋予新的内涵。

第一章　群众文化

第一节　机构与设施

乡镇文化站

1979年9月，镇海乡文化站成立。站长范立书（1979年9月至1985年4月）、杜红卫（1985年5月至1986年7月）、张苗新（1986年7月至1992年4月）。有大会堂、图书室、宣传窗、黑板报等设施。1988年，基本路线教育宣传工作出色，曾在浙江电视台播出。

1980年6月，曹娥乡文化站成立。站长曹新民（1980年6月至1991年9月）、沈惠琁（1991年10月至1992年4月）。有大会堂、图书室等设施。1982年，曹娥乡的家庭图书室经验在全省推广，典型事迹在《人民日报》等十几家报刊相继刊登报道。1983年，浙江省电视台录制了家庭图书专题片，曹娥乡被评为省图书先进集体。

1980年7月，朗海乡文化站成立。站长潘永苗（1980年7月至1981年6月）、吴其坤（1981年7月至1992年4月）。有大会堂、图书室。1985年，余姚市乡镇首个影剧院竣工，面积2000平方米。主场座位988个，可供电影放映，歌舞、戏曲演出；从底楼到三楼分别设乒乓室、棋类室、图书室、书画室、录像放映厅、舞厅。成立余姚小百花曲艺团、余姚市青年艺术团、文艺小分队等。

1992年5月，撤区扩镇并乡，朗海乡、镇海乡文化站并入小曹娥镇文化站。站长吴其坤（1992—2011年）、何频频（2011—2012年）、张玲君（2012—2016年）、顾晨圆（2016—　）。

1992—2017年，先后举办省级活动4次。1994年，由文化站主办的《曹娥文化》出版。2003年创办的“曹娥之声”文艺会演，每年一届，至2017年举办15届。举办文艺会演、戏曲演出、歌舞表演、文化大巡游、民间文化大会串等大型文艺活动260多次。举办美术、书画、摄影、舞蹈、音乐、戏剧、故事演讲、文学创作等培训班180余期，举办爱国主义教育、文明之星、孝文化、美化生活、改革成果等大中型展览60余次。1998年，小曹娥镇被省命名为首批东海明珠乡镇。

◎ 第五届曹娥之声文艺会演（2007年吴其坤摄）

2009年，被命名为浙江省非物质文化遗产普查工作先进集体。同年，被命名为浙江省民间文化艺术之乡。

图书室馆

家庭图书室（青年民兵之家）　1982年至今，曹娥乡图书爱好者自费购书，免费向村民开放借书的家庭图书室35家，共有图书14108册，报刊74种，分布在各村落之中。王友根家庭图书室，1995年被授予余姚市十佳精神文明建设奖，杨家森于1984年出席全省关心少年儿童阅读工作先进表彰大会，同时被评为浙江省少儿图书先进个人。严邦怀1983年评上宁波市宁波军分区建设精神文明先进个人、浙江省先进图书工作者。

◎ 王友根家庭图书室（小曹娥档案）

家庭图书室是小曹娥镇群众文化工作的一大亮点和特色，1983年8月17日《人民日报》刊登了曹二大队图书室群众夜读的照片。《浙江日报》分别于1983年10月2日和1983年10月17日报道域内全义大队农民杨家森和曹二大队团支部书记严邦怀创办家庭图书室的事迹。《解放日报》《宁波日报》《余姚日报》等十来家全国性报刊和四级党报亦作过相应报道，并多次在全省农村图书工作会议上作典型经验介绍。

进入21世纪初后，由于电脑、手机、电视等新媒体的普及，家庭图书室逐渐减少。

余姚市图书馆小曹娥镇分馆（金茂图书馆）　1995年12月，由港商任金茂捐赠书款，镇文化站创办的金茂图书馆落成并对外开放借阅。以后镇政府逐年投入，市图书馆、村民、学生逐年捐书，至2017年藏书已达3万余册，并同宁波全市的所有图书馆并网，借书卡可在全宁波市通用，异地借书、还书。

◎ 金茂图书馆（2020年吴华春摄）

村落文化宫

2004年，小曹娥镇首家村落文化宫——朗海村村落文化宫建成。至2017年，村村建有村落文化宫。一般有文化礼堂、文化广场、乒乓球室、图书室、娱乐活动室、欢乐大舞台、灯光篮球场、公园。公园内有健身路径和广场舞场地、门球场、兜球场等。南新庵、人和、朗海、曹娥4个村还建有高标准门球场。南新庵、人和2个村建有地掷球场。朗海、曹娥2个村的村落文化宫被评为

◎ 文化娱乐中心（原影剧院）（2020年吴华春摄）

宁波市典型示范文化宫。

农村文化中心户

至2017年，全镇有30个文化中心户，6个文化典型示范户，苗金英、陈金华、章登铨、姚朗庭4户被评为省级文化中心示范户。

◎ 朗海村村落文化宫（2020年吴华春摄）

录像放映室

1987年，首个录像放映队成立，队长周正其，设备由个人投资，自负盈亏。固定场所设在曹娥大会堂，到慈溪、余姚等地为个人结婚、生日等红白喜事流动放映。1990年，全镇有录像放映室3家。2001年后，由于家庭电视机、VCD、DVD的普及，录像放映室被逐步关闭淘汰。

歌舞厅　KTV　个人网吧

1992年，吴玉昂在曹娥街创办歌舞厅，跳舞场场爆满。而后其他村民相继在曹娥西街，朗海街、镇海街等地开办歌舞厅，最多时在小曹娥镇境域内达到5家。舞厅一般都设有KTV室。20世纪80年代后期至20世纪末，交谊舞、KTV曾一度流行。2003年开始陆续开办个人网吧，至2017年共有6家。

第二节　传统民间艺术

大纛旗

俗称大旗。旗面方形，绸或布制成，面积约10平方米，上画水墨龙或用黑毛绒剪制成“五福共寿”图案，绣有“××胜社”社名，不同颜色的旗帜代表不同地域的礼拜社。以大毛竹做旗杆，插在大木架中，迎会时由4人作抬。旗杆顶端有圆盘，下垂4根纤绳，称前纤、后纤、左纤和右纤，每根纤绳各有1人相拉，以防大纛旗歪斜。旗杆上装饰雉鸡毛和小铜铃。迎会时排于队伍前列，经过街市时缓走，在公路等开阔地面则你追我赶，以争头口旗为荣。当大纛旗过桥时，拉前纤的壮汉跑得更快，拉后纤的只需拉紧纤绳，腾空一跃，不用过桥就能飞越过岸。民国37年（1948），群众为抗议金圆券的不断贬值，用金圆券币纸糊大纛旗，以讽刺国民政府的“币制改革”。1958年后未再有表演。大纛旗代表人物，曹一村马吉传。

犴舞

犴舞是境内最具地方特色的民间艺术之一。犴又称犴龙、露龙，长得似龙非龙。传说犴能化露，舞犴能生克五行，为民除害，保佑阳光雨露均匀，五谷丰登。犴的制作方法与制作布龙相仿，以竹篾为骨架，分头、身、尾，全长约15米，共7节。犴头似狗头，亦略似狐，上生两只角和一双耳朵，左右眼睛、眼圈生黑毛，眼珠似铁球，喙分上下两颌，上颌有鼻，中间露舌，下巴有红色短须，五官造型夸张威武。身黄色，段节如布龙状，无鳞片，背脊上垂挂华须，分披两边。尾分上、下两叉。

迎会时，犴舞排在大纛旗后。前面一令旗开路，紧接帅旗手高举特大帅旗，旗面上绣有一个巨大的篆体“犴”字和“国泰民安”四个黄底红字，还绣有“××村××社”的礼拜社名。帅旗后是鼓乐队，再后是五面五色三角旗，每面三角旗上各绣制金、木、水、火、土一字，以代表五行。犴由犴珠导引，随珠起舞，有拉场、吃珠、三跳、摆桩、进桩、串阵、出桩、撤桩、遁坤、腾坤、甩尾、收场等12个基本阵法。表演时，锣鼓、招军等乐器伴奏，气氛庄重，动作粗犷。小曹娥犴舞代表人物建民村周志修。

舞龙

舞龙俗称滚龙。迎神赛会时排在犴舞后。滚龙用竹篾做龙骨，色布做龙衣，长度11—15节，上绣龙首、龙尾、龙鳞、龙鳍和龙爪。表演时，一人执龙珠导引，后面舞龙手则随龙珠上下翻动，共有36个套路，讲究舞得活、舞得圆、神态真。遇神庙或场地稍大的空地时，数条龙就同时起舞，在各社总领、甲首、首旗、尾旗的指挥下，盘出剪刀阵、梅花阵、淘箩阵、金锁阵、长蛇阵、二龙阵、三才阵、四门阵、五虎阵、莲子阵、七星阵、九曲阵、埋伏阵等阵式。1958年后舞龙失传。

绷龙

绷龙又称绣花龙、样龙、火龙，是以观赏为主的龙。一般以洋珠串成，电筒做龙眼，用红、黄、绿各色绸缎做龙身。排夜街时，每节龙身内点燃蜡烛（民国后期改为电珠），遍体透亮，龙口还会喷焰火。擎绷龙者除龙首为青壮年外，余者均为不足15岁的少年，着一样的服饰，民国后期还统一戴墨镜。至1975年仍有海塘南的绷龙队演出，后绷龙亦失传。

化装高跷

化妆高跷最前面4人的高跷木腿长丈余，人与屋檐齐。表演时，两人作持枪射击状，另两人作执竹竿赶鸟状。尾部一人女性打扮，手划船桨，头可仰到臀部，动作高难，称“荡湖船”。中间表演者技艺可稍差，高跷木腿不足1米，扮成青蛇、白蛇、龟精、蚌精以及虾兵蟹精等戏剧人物。高跷代表人物建民村周志修、朗海村蒋国才。

甩彩瓶

甩彩瓶分单人甩、双人甩两种。单人甩的套路有：钻天，即单手向上甩彩瓶，然后用双手接住，边走边甩；二龙抢珠，即把彩瓶从身后甩上天，前面用拳接住；脚花，即用脚把彩瓶向上踢起，用手接；猴子捧仙桃，即一手向上甩，另一手手掌接住；独立金鸡，即一手把彩瓶甩上，用另一手大拇指顶接住。双人甩的套路有：单对花，即两人把一只彩瓶轮流对甩；双对花，即四人两两为阵，两人各持一只彩瓶对甩；老虎进洞，即双人双瓶对甩，对方瞄准瓶口，把单手伸进彩瓶口接住，难度较高。

学习甩彩瓶，怕被摔破，用霉豆腐坛，等熟练了再用瓷器彩瓶。基本动作有头顶、大拇指顶、腿下甩转身颈头顶、过背大拇姆指顶、膝盖顶等动作。要领是主要部位要稳，手势要准，又不使滑落敲碎。服饰主要穿老式唐服。伴奏乐器有锣、扁鼓、钹、唢呐、口哨子，甩彩瓶开始时伴奏停止，只吹哨子。曹娥殿五月廿二庙会、迎神行会、中华人民共和国成立初期的庆祝会上，总有甩彩瓶的节目表演。甩彩瓶杂技表演时，看的人很多，很拥挤，由负责秩序的人动员观众腾出一块四五十平方米的空间用于表演。有时，一边走一边顶彩瓶。为预防万一，由助手带几只同样的彩瓶备用。1958年，迎神行会被取缔后，逐渐失传。甩彩瓶代表人物建民村村民苗裕耀、苗炳法父子。

甩酒坛

因酒坛比彩瓶重，表演者更须身强力壮，臂力过人。表演时，先将酒坛抛起，再接住，然后全身四周转圈，或在手臂上、腿上滚旋。个别技高者还能让酒坛在大拇指上徐徐转圈，仿佛酒坛纸糊的一般。表演者均为绍兴移民后代，1958年后逐渐失传。

调吊

调吊又称调男吊，仅在迎岳帝会时表演。当迎会队伍经过沿途设置的神桌前或空旷的广场时，用三根毛竹临时扎成三脚架，从顶端悬挂白布匹作表演用。表演者上身赤裸，下身着一条红色短裤，在音乐招军声中上场。基本套路有双脚倒挂、单脚倒挂、双撑脚、单撑脚、双跪脚、后翻、单跪、双踺脚、单脚兴建、童子拜观音、双手拉绷、单手拉绷、左右单翻、仰卧挺尸、单脚滚、马旋、双脚挂、三扑、开落星等，俗称“七十二吊”。

调无常

调无常，传说无常是人死时勾摄灵魂的使者，其形高耸肩膀，头发下披，眉眼下垂如“八”字，身穿白大褂，头戴七尺高帽，上写“一见有喜”四字，脚穿草鞋，颈挂银锭，手拿芭蕉。在敲锣鼓、吹招军、放烟火后，无常从阴阳城出场，自报履历后是一连串的嬉笑怒骂，凡是现实生活中人们不敢非议谈论的，都由无常之口骂出来，称“无常七十二骂”。调无常因带有封建迷信色彩，中华人民共和国成立后未再表演。

调五无常

五无常的主角叫活无常，其他四个角色分别为无常嫂、无常阿领、无常伯伯和小无常。表演风趣幽默，使观众觉得无常既是鬼又是人，既懂理又有情，既可怕又可亲。调五无常因带有封建迷信色彩，中华人民共和国成立后未再表演。

龙筝

潘龙宝，建民村人，他从小就喜欢“糊鸢”。2006年开始制作龙筝（龙鸢）。用毛竹劈成枝条做骨架，电烫粘贴薄膜而成。龙头高2米，有龙角，龙须，龙眼，龙身有48帖组成，每帖横杆两端扎上鸡毛。晚上鸢线上挂灯，灯用向日葵头做底盘，糊上透明粘皮纸，中间插上蜡烛，可挂100多只，晚上看起来很美。一般在农历正月、二月，二、三级的北风放鸢为宜。放鸢时需十多人配合才能放飞。

魔术

20世纪50年代，建民村村民曹新民，拜宁波魔术大师曹元军为师。总演出场30余场次，观众达3万余人次。能演魔术150多套，但由于道具制费甚大，只能表演简单的节目。现在还能演出的有：“帽中取鸽”“空箱出鸭”“悬杯”“仙人脱衣”“木棒移位”“绑人自脱”“巾中取币”“空袋出蛋”“变牌”“剪纸图”“做纸帽”“仙人接绳”等魔术节目。曹娥村杭登桥和建民村姚开能是他的传承人。

车子灯

车子灯用竹竿或木棒扎制，其形状似老式青衣轿，四边围裹彩绸（或彩纸），轿（灯）顶呈四棱尖顶，顶上吊挂彩色琉梳，轿门前两边各挂一个彩球，轿后斜扎两根把手，谓轿干，供主角推车手使用。另备古戏服一件、凤冠状珠帽一顶，给车心（车内之人，一般有女子扮演）穿戴，并需红、绿、黄等彩色电珠若干，细电线和开关等，将彩色珠缀在凤冠和两衣袖上，舞蹈时随阵势变化而发出各色光彩。车子灯配用乐器有锣、大小钹、令锣。车子灯代表是曹娥村村民王瑞森、王秀娣。

车子灯活动开始，四个乐手敲击乐器，主角是车手，边推车子边演唱，器乐手及车心随主唱的歌调和声，有时也来点插科打诨，以增加诙谐滑稽的气氛，并随车手的起舞变阵而变换方位。女车手一边舞蹈一边演唱，并随着方阵的变化，将彩灯变换，七彩闪烁，煞是好看。

主唱的曲牌一般是民间小调，内容多是应时应势，随地随俗现编而成，既有一定的文化内涵，亦有一般的乡土风情，有雅有俗，多为风趣诙谐、明白易懂，深受观看者欢迎。调车子灯一边演唱，一边起舞调阵，其阵一般用剪刀阵或双钱阵。

此活动在20世纪50年代仍较活跃，以后逐步消失。因其形式简单，无须舞台，内容来自民间，朴实无华，风趣诙谐，雅俗共赏，热闹欢快，有喜庆、庙会、节日时即可参与演出，2000年后又开始活跃。

第二章 收 藏

第一节 档案收藏

档案沿革史

民国时期无档案收藏。

1950年1月，余姚县曹娥、朗海、镇海分别建立乡人民政府。1954年，区域调整，划归慈溪县，全宗为慈溪县曹娥、朗海、镇海乡人民政府。

1956年，撤区并乡，曹娥、朗海、镇海三乡合并为曹海乡人民政府，全宗更名为慈溪县曹海乡人民政府。

1979年9月，划归余姚县，全宗更名为余姚县曹娥、朗海、镇海公社“革命委员会”。

1981年，全宗更名为曹娥、朗海、镇海公社管理委员会。

1983年，政社分设，全宗更名为余姚县曹娥、朗海、镇海乡人民政府。

1986年，余姚撤县改市，曹娥乡撤乡置镇，全宗更名为余姚市小曹娥镇人民政府、朗海、镇海乡人民政府。

1992年5月，撤区、扩镇、并乡，朗海、镇海两乡并入小曹娥镇，全宗更名为余姚市小曹娥镇人民政府（全宗号153）。

档案建立

原朗海乡1955年建立档案，曹娥乡1959年建立档案，镇海乡1961年建立档案。

档案馆藏

1987年，小曹娥镇、朗海、镇海乡对建档以来至1980年的各类档案进行第一次整档，重新归类组卷，由市档案馆接收，其中小曹娥223卷、朗海乡151卷、镇海乡139卷。

档案库房设施

1992年5月，撤区扩镇并乡后，小曹娥镇建立镇综合档案室，库房面积40平方米，配备空调1台、灭火器4只、去湿机1只、档案柜140只、电脑2台、扫描仪1个。

上交市档案馆档案一览表

表22-2-1 单位：卷

年度	总卷数	其中		年度	总卷数	其中	
		永久	长期			永久	长期
1955	1	—	1	1962	23	15	8
1956	1	—	1	1963	27	20	7
1957	1	—	1	1964	31	23	8
1958	1	—	1	1965	26	19	7
1959	3	2	1	1966	13	8	5
1960	7	4	3	1967	13	8	5
1961	16	11	5	1968	13	8	5

续表 22-2-1

年度	总卷数	其中		年度	总卷数	其中	
		永久	长期			永久	长期
1969	18	10	8	1977	23	17	6
1970	33	23	10	1978	25	14	11
1971	32	22	10	1979	33	20	13
1972	24	12	12	1980	58	40	18
1973	18	10	8	合计	513	328	185
1974	22	14	8	其中原曹娥	223	157	66
1975	21	11	10	原朗海	151	83	68
1976	30	17	13	原镇海	139	88	51

1991 年，一镇二乡的档案再次整档、组卷，编写 1981—1990 年的每卷宗卷目录、专题目录索引和有关登记簿册，健全档案管理领导小组，一镇二乡档案室均获评宁波市二级档案室。

1992 年 5 月，撤扩并后，在党委、政府的重视下，做好原小曹娥、朗海、镇海乡档案移交、接收工作。

再次上交市档案馆档案一览表

表 22-2-2　　单位：卷

年度	总卷数	文书档案				合计档案				纪检档案	科技档案	照片档案
		小计	永久	长期	短期	小计	凭证	账册	报表			
1980	82	8		6	2	74	41	12	21	—	—	—
1981	59	41	15	22	4	18	8	4	6	1	—	—
1982	97	78	37	31	10	18	10	2	6	—	—	—
1983	113	84	41	34	9	28	19	3	6	—	1	—
1984	118	92	40	38	14	25	18	3	4	—	1	—
1985	96	72	25	30	17	24	18	2	4	—	—	—
1986	229	99	43	37	19	129	92	19	18	1	—	—
1987	286	118	53	51	14	162	123	21	18	5	—	1
1988	292	124	69	47	8	163	118	23	22	5	—	—
1989	289	113	48	47	18	160	118	21	21	3	—	1
1990	361	199	59	95	45	160	120	20	20	—	—	2
1991	330	181	77	65	39	146	106	22	18	2	—	1
合计	2352	1209	507	503	199	1107	791	152	164	17	2	5

1993年起，档案管理逐步走上法制化轨道。2003年，再次向市档案馆移交1980—1991年档案1209卷，其中永久507卷，长期503卷，短期199卷。2005年开始，镇综合档案室开始用计算机对档案材料进行著录、检索，对永久、30年档案进行扫描数字档案备份。1992—2017年，镇综合档案室共收藏文书档案1871卷、科技档案1712卷、会计档案4240案卷、特种载体档案61卷，总计7884卷，实现纸质档案与电子档案双套备份，网上挂接，直接方便民众查阅利用。

开发利用

1988年5月，首批自建档满30年档案开始向社会开放。

2003年，1992年以前档案向社会开放。

1992—2017年形成的档案，涉及婚姻、纠纷调处、文件政策、承包地、宅基地、社保、医疗、教育等方面民生档案，镇综合档案室向民众提供查阅、摘抄、复印服务。共接待利用档案资料2500余人次，利用现行文件35人次，查阅档案资料1300余卷。实现了档案为民众服务之目的。

2014年1月，小曹娥镇人民政府综合档案室被评为第四批浙江省规范化数字档案室。

第二节　民间收藏

境域由于历史短，文化底蕴不深，民间少有收藏。本镇仅发现一部《俞氏家谱》姚江古将坛俞氏宗谱维则堂，民国23年（1934）纂修，木活字本，共6卷。由曹一村直塘头自然村俞志传收藏。《俞氏宗谱》是余姚将坛始祖俞光泽（宋末）从新昌迁徙余姚后，俞氏家族世系繁衍，人物、事迹等方面的历史记载。

改革开放前很少有民间收藏，20世纪80年代后才涌现出一些民间收藏爱好者。如朗海村吴哲锋。他收藏了纯邮票1162张，带信封邮票500余张。其中1980年发行的T46庚申年猴票、中华人民共和国成立一周年纪念邮票、毛主席去安源等是难得一见的珍贵邮票。收藏了137枚北宋天圣通宝古钱币、16枚光绪年间的古钱币、民国期间的纸币及10多个国家的纸币，中华人民共和国成立初期的壹分、贰分的硬币和纸币及全国粮票、浙江粮票、毛主席纪念章100枚等。收藏了名家书画20多幅，如著名画家刘文选、浙江省书法家协会主席钱法成的作品，并收藏工艺品3000多种。

各村家园馆及土布馆收藏了各种中华人民共和国成立初期的农用品、生活日用品，如织布机、纺纱车、水车、龙骨车、石磨、石臼，品种繁多的土布。

第三节　藏　书

农民藏书阁为浙江省首创。2008年3月，由老农王友根捐赠，藏有2000多册图书和100多种期刊、报纸等珍贵史料的“农民藏书阁”在小曹娥镇建成并正式对外开放。其中有《红旗》《求是》《瞭望》《农林通信》等近30种创刊号。年份最久的是《红旗》杂志，自1958年至1983年从未间断。《参考消息》从1971年至1984年有5040份，报刊都制作成了合订本，并有年份索引。还有保存完好的1946年1月出版的《中国新地图》。有些是档案馆里也难见踪影的历史宝贵资料。

各村的藏书爱好者，王友根、杨家森、严邦怀等35个家庭，有藏书2万余册。

◎ 王水铨书画作品集

第三章　文学与艺术

第一节　文　学

因镇域由近代围涂而成，居民又多为移民，历史短，中华人民共和国成立前很少有文学创作。

中华人民共和国成立后，在省级以上发表的作品有100多篇。滨海村赵瑞林在2004年余姚外来务工者征文比赛中《“浪哉”情结》获余姚市一等奖。镇文化站站长吴其坤的小戏作品《神秘诊所》获省二等奖。建民村张伯编写的越剧《血泪史》剧本，演出后誉享姚北一带，深受群众欢迎。朗海村王水铨著有自传《风雨泛舟》和回忆录《穿越历史的背影》。记录了家族的变迁和成员的成长历程。具有历史和保存价值，由余姚档案馆收藏。国家二级作家、宁波市作家协会副主席蔡康2008年编写出版了记述王国军和李信国传奇式情结的长篇报告文学《生死兄弟情》。王国军出生在小曹娥镇人和村一户贫困农民家庭中，16岁的他远离家乡做小工累得病倒，父母用担架将他送到杭州、上海等地各大医院就诊被诊断为“骨癌”。此后几年间，四处寻医，家财耗尽。1985年6月，19岁的王国军偶然得知，山西有一家民间医院可能会治这病。他便揣着母亲从信用社借贷的80元钱，独自一人拄着双拐赶往求医。医生确诊，他患的是广泛性骨髓炎，可以治，但要动两次大手术，费用相当可观。当王国军走投无路之时，在黑龙江七台河桃山煤矿工作、正在医院照顾受伤工友的宁波知青李信国主动相助。王国军先后经历了两次“剔肉敲骨”的大手术，李信国为他清洗疮口、洗澡。工友病愈出院，想不到非亲非故的李信国却仍留下来喂饭喂药，端屎端尿地服侍了120天，还支付了全部医疗费用、买了回程车票。

病愈后王国军做起了榨菜生意。1986年冬，他来到七台河市，在李信国的帮助下推销榨菜。1991年，李信国妻子在寄来一封信告知“李信国因患肝癌去世了”后，再也没有了音信。

1992年，王国军开发了食品添加剂山梨酸钾，创办了王龙集团。创业成功后，更加思念李信国及好心的东北一家人，“没有她们就没有我王国军的今天！”联系她们，却杳无音信。他委托黑龙江的朋友多方寻找，并在七台河电视台播放寻人广告。经多方寻找，直到2008年春节前夕，才得知，李信国的妻子早已带着两个孩子搬到七台河市勃利县娘家。23年后，终于找到了李信国的家人。为了报答恩人李信国，王国军在帮助其家庭的同时，每年出资20万元在李信国生前工作过的黑龙江桃山煤矿设立了“李信国教育基金”……

萍水相逢情意深，无奈天人两路分。当年之恩涌泉报，化作春雨润后人。20年前，面对素昧平生者，李信国济贫帮困，无私奉献；功成名就后，王国军知恩图报，回报社会。这段人间真情，让人感怀，也唱响了一曲社会主义精神文明的赞歌。

2008年，《生死兄弟情》改编成剧本《宁波大哥》，由宁波甬剧团赴各地演出。

第二节　戏剧　曲艺

戏剧

乡村戏剧的种类以滩簧为主，兼有绍剧、越剧、曲艺。传说滩簧发源于小曹娥及姚北地区一带，姚剧第一代传人还是曹一村人，后逐步发展到三北，西至上虞，东至宁波，距今已有几百年的历史。当时已有“滩簧班”“的笃班”，滩簧的艺人多数是农民、手工业者，闲季组班演出。大约在清乾隆期间，出现职业演出，在民国前夕，三北一带最为盛行。节目有《庵堂相会》《前落发》《后落发》《打窗楼》《双推磨》《卖青碳》《陆卖饼》《秋香送茶》《十不许》《顶碗记》《卖草囤》等。滩簧男女腔调有平四调、紫竹调、十字调、推磨调、买花线调、五更调、四季调、紧板调、算命调等（但那时没有女演员）。滩簧服饰有清代服、短衫、长衫、古代戏服。滩簧伴奏乐器从硬鼓板、胡、琴发展到硬鼓板、主胡、中胡、三弦、笛子、琵琶、月琴、中元等。滩簧戏台十分简陋，只用几根凳子，放上几块门板，有的几只稻桶，放上木板就搭成戏台。旧时，廿四湾滩簧、全义姚滩二家在余姚、慈溪名气较大，经常演出。

中华人民共和国成立后，村村建立了文艺宣传队，全义顺潮舞台、朗海绍剧团、南新庵越剧团、朗海大拷班等，深受当地老百姓欢迎。

1949 年，曹娥四村越剧团成立，团长单志根，演传统越剧《秦香莲》《何文秀》《梁山伯与祝英台》及土地改革、新婚姻法、抗美援朝等宣传戏。“四清”期间又组建了建民俱乐部，并演出了由村民张伯编剧，张国良导演，姚燕彪主演的越剧《血泪史》。此剧曾一度享誉姚北一带。1968—1974 年，还组建了绍剧团——新民大队毛泽东思想宣传队，因演员年龄普遍较小，又名小人班。演《红色娘子军》《红灯记》《智取威虎山》等革命样板戏。

1950 年，镇海二村越剧团成立，负责人应涨其等。演出剧目有《梁山伯与祝英台》《碧玉簪》等。“文化大革命”期间，成立永久文艺宣传队，负责人祝金春，主要演出革命样板戏。20 世纪 70 年代后期，成立姚剧团，负责人周永庆，剧目有《打窗楼》《双推磨》《洞房奇案》等。

1956 年，农村业余剧团纳入农村俱乐部。1957 年，受“左”倾思想干扰，多数剧团解散。至 1961 年起又恢复发展起来。

1961 年，海塘南越剧团成立，团长熊凤弟，演职人员 36 人，其中后场 6 人，剧目《红鬃烈马》《狸猫换太子》《江山与美人》《慈行太子走国》《盘龙印》等，演出 150 余场。后因故解散。1967 年间，又重建剧团，演京剧革命样板戏《江姐》《沙家浜》《智取威虎山》《红灯记》等。1977 年，重新开始演出古代越剧戏曲《狸猫换太子》《日月雌雄杯》《生死牌》《状元斩母》等。除附近一带演出外，还多次到余姚、梁辉、青山、马渚等地巡演和参加余姚市、泗门区的会演，大约演出 300 场。1985 年后停演。

1962 年，南新庵村一大队姚剧团成立，团长干礼先、鲁志根，有演员 10 人，主要剧目有《双落发》《打窗楼》及现代节目《火烧长冷江》《红中女儿》等。1970 年后解散。

1966 年 11 月，朗海四大队俱乐部成立，演绍剧，负责人姚开先、姚东友，有演职人员 40 余人。剧目有革命样板戏《沙家浜》《红色娘子军》《智取威虎山》《红灯记》等。在姚北、慈溪、上虞一带演出深受好评。是年，镇海三大队俱乐部成立，负责人沈春浩。演绍剧，剧目有《红灯记》《沙家浜》《智取威虎山》等。在姚西北一带演出 86 场。

2009 年 7 月，宁波艺术剧院甬剧团，根据小曹娥镇民营企业家王国军与宁波到黑龙江下乡知识青年李信国知恩图报的感人故事为素材，创作的大型现代戏，甬剧《宁波大哥》，成功上演 50 余场，获得专家观众的一致好评。2010 年，该剧受到中国戏剧现代戏研究会的关注，并专题在宁波召开了甬剧《宁波大哥》暨中国戏曲现代真人真事题材研讨会。2010 年底，甬剧《宁波大哥》参加了浙江省第十一届戏剧节，获得剧目大奖。2011 年 7 月，宁波艺术剧院甬剧团优秀剧目《宁波大哥》在北京中国评剧院举办的全国入围 28 台现代戏优秀剧目展演中演出两场。

2015 年后，各村纷纷成立戏曲小组，如朗海同心文艺队，由陈贵荣、马继根、阮仁桥等牵头，共有队员 20 多人。节目有 20 多个绍剧、100 多个越剧唱段，在两年多时间里，经费采用演员出一点，村里补一点、社会捐一点的形式，为群众演出50多场次。滨海村王建春自编自导自演小锣书《平安是福》《失地农民做老板》等，朗海村应菊花自编的自演自由调《翻身不忘共产党》等符合时代特色，不断创新节目深受群众喜爱。

曲艺

绍兴莲花落，又称“莲花乐”“莲花闹”，是浙江绍兴一带的曲艺种类之一。

境域人口因大都是从绍兴等地移民定居于此，故绍兴莲花落成为本地的一种特色曲艺。

1983年，自愿结合、自主经营的民间职业剧团朗海乡小百花曲艺团成立，团长陈金华，滨海村人，以演绍兴莲花落为主。附近乡村的每一个角落都有他们的演出。当时，年演出100多场，其中绝大多数为公益性的群众文化活动。2007年，陈金华被评为省级文化示范户；2008年7月9日，在慈溪人民大会堂成功举办陈金华曲艺专场演唱会；是年，被浙江省曲艺家协会授予“浙江省德艺双馨曲艺家”称号；2009年，被浙江省委宣传部确定为首批浙江省优秀民间文艺人才；2012年，荣获宁波市中青年德艺双馨文艺工作者称号。2017年7月，参加了中国曲艺家协会第八次全国代表大会。《“江南笑咪咪”陈金华曲艺专辑》《陈金华曲艺专场演唱会专辑》由浙江省文艺音像出版社出版发行。

陈金华曲艺作品60余个。其中，《路》获省创作银奖；《母亲的心愿》在全国南北曲艺交流暨浙江省莲花落新作展中获创作三等奖；《第三把手》获浙江省莲花落最高奖“金莲花”奖；《面子和里子》荣获创作奖；《一只红包》获第四届浙江省曲艺新人奖（曲目获创作铜奖）；《新三毛故事》获得浙江省故事会创作二等奖；《怪病》获浙江省第五届曲艺新作大赛创作金奖；《皆大欢喜》获浙江省第五届故事会创作一等奖；《心病》入围第九届中国曲艺牡丹奖；《钻石鸡》获浙江省曲艺新作大赛创作金奖。

第三节　音乐　舞蹈

音乐

境域民间乐队一直比较普及，这些民间乐队主要在红、白喜事、生日、各种庆典时为当地百姓服务。每当曹娥娘娘生日、五月廿二庙会、迎神赛会、迎礼拜、村民办喜事和举行葬礼时都要请去演奏相应的乐曲。戏十番乐器主要有板胡、越胡、皮胡、大胡、琵琶、月琴、笛子、鼓头等，曲目主要有小开门、小时板、快乐、三乐、廿三调、马灯调、紫竹调、喜洋洋等，用在喜庆场合。忏师、道士乐器主要有两支唢呐（梅花），大锣、中锣、小锣、狗叫锣、大钹、小钹、铜鼓、梆等，曲目主要有小开门及绍剧中的中板、二慢、三五七等，唢呐吹配眼时曲目有点江陈、过场、锁孩儿、杨子天等，主要用在葬礼的黄昏、五七道场、阴寿道场和做生日道场等场合。

由朗海村阮德耀创立的“一人乐队”，他手、脚、嘴协调并用，自唱自奏。在全省乃至全国所独创。

俞志敖、施仁华、施尧根、张炳森等20多人组成的建民村民间乐队，演奏民乐，2010年参加余姚市乐器演奏大赛，获决赛二等奖。

20世纪80年代开始，铜管乐队发展较快。镇中心小学、曹娥小学、朗海村、曹娥村及各个基督教堂均有。1981—2017年，全镇拥有民乐队数十支。各乐队只要镇、村有大型活动，都爱心参加。朗海村铜管乐队，2016年9月获余姚市农民器乐演奏大赛铜奖。

民间拉二胡、吹笛子、吹唢呐、吹口琴、拉手风琴的较多。21世纪后，喜欢弹钢琴、电子琴、卧琴、洋琴、月琴、小提琴等乐器的人比较多。

旧时逢年过节用马灯调、杨柳青调、五更调、孟姜女调、挖花调等演奏和填词演唱。

2009年10月，建民村王桂凤被省委宣传部、文化厅、文学艺术界联合会确定为首批浙江省“优秀民间文艺人才”。

曹一村严邦怀，在部队服役期间作词作曲的《戒烟歌》《党在我心中》，分别在1979年和1980年的《解放军文艺杂志》上发表。

舞蹈

传统民间舞蹈有舞龙、舞狮、调五无常、踩高跷、车子灯，等等，一般在五月廿二庙会，迎神赛会时表演。2002年，镇文化站排演的舞蹈节目《我不想说》参加宁波市第四届音舞节，获东海明珠杯节目奖。1980—2017年，镇中心幼儿园舞蹈队代表镇年年参加比赛，曾获余姚市大众广播体操一等奖、排舞一等奖、万人体育舞蹈团体金奖、健美操三等奖。2005年，南新庵舞蹈队《阿拉伯之夜》参加余姚市第二届村落文化艺术节，获“优秀表演奖”。

20世纪80年代后期，流行跳交谊舞。21世纪初，广场舞迅速发展到各个村落。

第四节　美术　书法　摄影

美术

陈国泰，男，1950年出生，滨海村人，别名谷大，中国花鸟画家。毕业于浙江美术学院（现中国美术学院）工艺系。长期从事花鸟画的研究和创作活动。写意画以承吴派笔法为主。在校期间，曾得到陆抑飞、卢坤峰等名师亲授。艺术风格注重传统，笔法松灵，构图严谨。工笔画师从邓白、杜曼华，投图新颖，造型功力深厚，设色清丽。《瑞雪》《月华》等10余件作品在全国和省展中展出或获奖。部分作品在美国、日本、澳大利亚及中国香港、中国台湾等地展出或收藏。现为浙江省美术家协会会员、浙江省中国画家协会会员、宁波市美术家协会中国画艺委会会员。

王水铨，男，1936年出生，朗海村人，笔名舜人。宁波市美术家协会会员，浙江省老年书画研究会会员。1997年，进入宁波老年大学学习中国画，主攻山水。他凭着对书画事业的热爱，历时20余年，举办过两次个人画展，出版一本画册，多次在全国和省市获奖。其中一幅国画《小曹娥》是王水铨儿时的老家情景。草房、竹篱笆，门前一条河，通向杨家路桥。西边是朗海乡政府，西北方是朗海小学。《朗海榨菜基地》把小曹娥的农业主产作物榨菜生产表现得淋漓尽致。他多次把画捐赠给家乡的村、镇、市的相关单位。

沈长法，男，1900年左右出生，人和村人，擅长写鸟字图，在附近一带有一定名望。

范开亮，男，1910年出生，人和村人。章登千，男，1944年出生，人和村人。章尧旸，男，1993年出生，人和村人。这三人为鸟字图三代传承。民国时佛教领袖赵朴初到上虞茅棚讲道时，讲述了鸟字的写法，从此范开亮老先生就学会了工笔鸟字。章登千在范开亮工笔鸟字的基础上变革为意笔鸟字，章尧旸又得到了章登千的传授。写鸟字图首先写好“福”“寿”等字，然后根据字的轮廓，画出各种鸟，近观是姿态各异的鸟，远望是字。工笔鸟字多为楷体（或颜体、柳体），用工笔技法画出各种鸟，羽毛大多由细线条组成。意笔鸟字多为行书或草书，用写意技法画出各种鸟，羽毛大多由粗线条组成。

张关根，男，1952年出生，南新庵村人。自小爱好绘画，1969年到上海看到蛋壳画，回来后自学。先用碱水把鸭蛋或鹅蛋壳外表擦洗干净，在蛋壳顶端或中间用针扎一个小圆孔，把蛋液倒掉洗干净，这样有利长期保存。擅长在蛋壳上画人物、动物、花鸟等，画穆桂英、《红楼梦》、《西游记》等人物，有一定知名度。

周吉江，男，1944年出生，建民村人。自幼喜欢雕刻，擅长床等各种家具及房屋桁条、槅、柱的雕花及佛图和灶司菩萨印版雕刻等。获余姚市雕刻艺术家荣誉称号。

杨荣铨，男，1940年出生，朗海村人。能雕刻床等家具的花板、花节，房屋大门、盖雕花等，能把人物雕刻得栩栩如生。

曹新民，男，1933年出生，建民村人。擅长墙头上画水粉画、油画、国画，以花卉、人物为主，作品遍布全镇各村及姚西北一带和余姚南部山区。

书法

沈建江，男，1978年出生，曹娥村人。浙江省书法家协会会员、宁波市书法家协会会员、余姚市书法家协会会员、余姚市河姆渡书法院院士。获得“陆纬钊奖”、浙江省第八届中青年书法篆刻大展入展、浙江省中小学书法教师楷书大展入展、宁波市首届书法小品展入展、宁波市中小学教师书法比赛一等奖、宁波市青年书法篆刻一等奖、余姚市第五届优秀文艺作品展“杜鹃花奖”等。他辅导的学生在全国书法比赛中屡屡获奖。

沈惠琔，男，1969年出生，曹娥村人。宁波市书法家协会会员，宁波市刻字委员会会员，余姚市河姆渡书法院院士。擅多种书体，尤以隶书见长。其隶书秉承了清代伊秉绶、邓石如之精髓，并深受当代隶书大家沈定庵影响，力追“浑厚古朴、大巧若拙”的艺术格调。作品曾赴日本交流，并多次入选省、市级的书法展览。

周新，男，1974年出生，曹娥村人。余姚市书法家协会会员、余姚市书法教育研究会会员，作品曾十多次参加比赛和展览，在余姚市书法界有一定的名气，中华人民共国成立70周年时《爱国》篆刻受到好评。余姚市教育系统第三届、第四届艺术节教师组二等奖，参加浙江省全民终身学习周书画展和宁波市全民终身学习周书画展。

杨家森，男，1950年出生，曹娥村人。擅长徒手书写正楷、新魏体、综艺体墙头字，字体正，速度快，美观。作品遍布小曹娥各村及姚西北一带和四明山区。获余姚市首届硬笔书法优秀奖。

摄影

1982年，文化站组建了摄影小组，经常开展摄影采风、摄影培训、摄影比赛。2005年12月1日举办全市摄影家协会会员“小曹娥采风”活动。2008年7月28日举办浙江省“景醉梨园、孝感曹娥”蜜梨文化月摄影比赛。与省群艺馆、余姚市摄影家协会、余姚文化馆共同举办摄影培训班8次。

吴其坤，男，1950出生，朗海村人。从1979年开始摄影，余姚市摄影协会会员。1996年，作品《梳妆》入选浙江省文化站干部美术、摄影业务大赛参展。作品《陆上行舟》《浓》获余姚迎奥运“体彩杯”新农村新体育主题摄影大赛二等奖、三等奖。2008年，获浙江省孝文化主题春联、灯谜、摄影作品评比一等奖。2008年，《一人戏班照片》获“弘扬千年民俗、守护精神”浙江省春节群文网络活动一等奖。2011年，作品《进门》获余姚市“老年健身、银色风赛”摄影赛一等奖。

沈华苗，男，1977年出生，庵街居委人。2008年开始专业摄影，《海上金龙》在绍兴市摄影家协会举办的“美丽大桥精彩影动”比赛中获一等奖、《晨曦中的四明湖》获宁波市首届“自然杯”摄影大赛二等奖、《上马岗的樱花》《山里人家》获宁波市首届“自然杯”摄影大赛优秀奖。《我与祖国同岁》获宁波市“我们的精神家园”农村文化礼堂优秀摄影作品评选优秀奖。

第四章　孝文化

第一节　孝文化的历史渊源

小曹娥镇因孝女曹娥而得名。相传，东汉时上虞有个少女名叫曹娥，因其父曹盱在迎潮神时不慎失足坠江而亡。曹娥时年十四岁，悲恸欲绝，昼夜沿江号哭，十七天后仍不见父尸，便为寻父跳入舜江（曹娥江）而亡。上虞县令度尚于元嘉元年（151 年）为其立碑，并将曹娥的孝迹上报朝廷，封为孝女。

孝女曹娥“寻父投江，孝感动天”的感人传说所衍生的孝文化在小曹娥代代相传。

第二节　孝文化建设历程

小曹娥一带沿海居民大都是上虞、绍兴移民垦荒定居而来，习俗相近，为祭奠汉代孝女曹娥“孝感动天”的壮举，在小曹娥也建造了孝女殿(曹娥殿)，从此就立了一个“孝神”。

孝德，在清末和民国时期在民间早有提倡。中华人民共和国成立后，孝成为社会伦理规范，将孝从家庭扩展到国家和社会层面，确立了孝对于所有人道德要求的普遍性。

2005 年起，由小曹娥镇政府举办的以“孝文化”为主题的一系列孝德教育和实践活动持续得到社会重视，内容丰富，内涵扩展，形式多样。按“吸收精华，彰显个性，创新内容，推动发展”的要求，赋予新时期的孝文化内涵新的含义。在原有的基础上，2006 年进一步明确了当代孝文化的内涵为“三孝”和“三心”。“三孝”即“大孝”“中孝”“小孝”。“大孝”就是要热爱祖国，热爱人民，维护国家尊严，国家利益高于一切；“中孝”就是要尊敬长辈，尊重同志，诚以待人，团结友爱；“小孝”就是要赡养老人、孝敬父母，不但在物质上，更要在精神上关爱老人。“三心”是从“三孝”中延伸出的三种情感，包括赤子之心、仁爱之心、感恩之心。赤子之心就是要时刻牢记自己是炎黄子孙，忠于自己的国家和民族，常怀赤诚之心；仁爱之心就是我们每一个人都要有社会责任感，对社会充满爱心，对他人满怀仁慈之心；感恩之心就是要学会感恩，感谢父母的养育之恩，师长的教育之恩，亲人朋友的关爱之恩，对社会心存感激，与他人和谐相处。

全镇先后通过发孝德倡议书，举办孝德宣讲，开展孝心教育，征集孝心典型资料，评选小孝星、评选“十佳好女婿好媳妇”、十佳“孝心”企业，举办“孝行”图片巡回展，组建孝文化文艺宣传队等方式开展教育。向全镇村民发放《孝敬公约》，传唱《孝敬歌》，举办孝德公开课，宣传“我为长辈订一份报、陪父母做一次体检、买一件新衣、陪父母看一场戏、逛一次街、游一个景点”的敬老、养老“六个一”活动，引导村民在生活中自觉践行孝德、积累孝德、丰富孝德。小曹娥开展的“孝文化”活动多次被新闻媒体报道，曾得到余姚市委的肯定，并要求在全市推广。

2006 年起，全镇开发孝文化人文景观，建设孝文化主题公园，在乐山公园建成余姚第一座“孝墙”，建设孝文化长廊、孝文化墙绘，设置孝文化宣传牌，分期绘制孝德典型展板，命名带孝的路名和桥名、学校楼名等。为弘扬孝女文化形成崇孝扬孝氛围，成为学孝、评孝、扬孝基地。是年，举办浙江省弘扬孝文化书画活动。同年下半年，联合余姚市文联、市作协举办“孝文化”主题作品征集活动，向全市征集孝文化有关作品，共录用小说、散文传说和新故事等有关孝文化作品30多篇，同时收集整理有关曹娥的古诗词41首和有关孝文化研讨论文，经整理结集成册一并收录在《孝感人间》一书。

2007年，小曹娥镇中心小学推行孝德教育“四融合”，打造“孝文化”德育品牌。是年，新型孝德校本教材《孝心·爱心·诚心》出版。教材按照年级共分六册，每周每个班级至少有一节校本课。同时，学校还编写了教案集、家长学习资料、《孝风轻轻吹》等孝德读本课程资料。

2008年，朗海村以自然村为单位，成立道德评议庭。每月28日开庭，对村民组长、妇女联络员反映的问题进行集中评议，并对不道德行为、不履行孝道的村民开展说服教育。2009年，制定《朗海村村民慈孝标准》，经村民代表大会表决，作为约束村民道德行为的准则。道德评议庭在全镇推广。

2009年，浙江余姚（小曹娥）蜜梨文化月期间，浙江省弘扬孝文化论坛暨余姚市孝文化促进会授牌仪式在小曹娥镇举行，同时举办“孝心、爱心、诚心”浙江省首堂新型孝德公开课和小曹娥镇践行孝道典型人物事迹报告会等活动。同年，在小曹娥镇孝文化研究会的基础上，余姚市孝文化促进会成立。

2009年12月，小曹娥镇中心小学获评浙江省非物质文化传承基地。是年，以孝文化为主题的校本课程被列为省精品课程。2014年4月，小曹娥镇中心小学获得“浙江省孝贤集体”称号，校长童益民受到省委领导接见并合影留念。

2010年，小曹娥镇召开以“弘扬孝道文化，归寻感恩之心，建设和谐社会”为主题的孝文化研讨会，同时联合省群众艺术馆公开征集孝德新故事，共收到全国各地160多篇作品，选取其中60篇作品编辑成《中华孝德新故事》一书。是年10月12日，余姚市孝文化促进会年度研讨会在小曹娥镇召开。12月30日，小曹娥镇举办“王龙杯”中华孝德新故事全国大赛颁奖典礼暨第八届曹娥之声文艺演出，《中华孝德新故事》举行首发式。

2012年10月，浙江省首届“孝文化进学校”启动仪式在小曹娥镇中心小学举行。2016年3月，大型公益网站——“华夏孝德网”在小曹娥镇开通上线。网站以弘扬孝德文化作为办网特色，组织开展孝德文化的交流、探讨和互动。

2017年7月12日，浙江理工大学启新学院社会实践团队的5名大学生会同小曹娥镇中心小学的20名“小孝星”，联合开展以“弘扬传统文化践行孝德礼仪”为主题的社会实践活动，开展走访“大孝星”、采摘“孝心梨”与父母共享等活动。是年，孝文化“六进”活动开展，即孝文化进机关，争创“孝廉机关”；孝文化进村庄，争创“孝美村庄”；孝文化进学校，争创“孝德学校”；孝文化进企业，争创“孝诚企业；孝文化进网格，争创“孝行网格”；孝文化进家庭，争创“孝亲家庭”。是年，幼儿园孝德教育校本教材面世。

多年来，涌现出了一批“全国孝亲敬老之星”“中国好人”“浙江骄傲”“浙江好人”“浙江孝贤”等先进典型，形成了孝德向善、文明和谐的孝文化特色品牌。

第三节　孝文化研究与实践

在全镇上下开展孝文化教育的过程中，经历了四大历程，从“三孝三心”到“四个融合”到“六个内涵”再到“孝爱少年”。

2006年，小曹娥镇把古代的二十四孝和小曹娥镇实际相结合，把孝文化归纳为“三孝”和“三心”。

2009年，随着研究的不断深入，孝德不断进行内涵发展，并与学校教育教学工作紧密融合。开创了“四融合”孝文化研究教育实践活动，即与教育科研融合，与课堂教学融合，与校园文化融合，与学校德育活动融合。

2012年，学校以浙江省孝文化进校园为契机，

◎ 省"孝文化进校园"启动仪式（2012 年吴其坤摄）

孝文化不断得到拓展与提升，从"三孝三心"到逐渐形成"珍己、养亲、敬亲、尊亲、推恩、爱物"六个关键词的孝德新内涵，并积极开展孝德实践活动。

2014 年，学校基于前期成果，秉承"孝是爱在古代社会的表现形式，爱是孝在现代社会的发展延伸"理念，经历了履行传统文化—拓展传统文化—创新传统文化三个逐步递进的阶段。开展传统文化创新视角下的"孝・爱"教育实践研究，从引导青少年树立孝亲、敬亲的基本道德入手，着力培养对亲人、对他人、对社会、对自然、对祖国的感恩之心，全面提升青少年的思想道德素质，从而继续提升学校的德育品牌，最后，为小学阶段传承中华传统文化开创优秀的样本。

在实践过程中，实现由"孝"向"孝・爱"的完美转化，构建了"孝・爱"自我到世界的六大主题，创立了"孝・爱"双螺旋上升的实施途径，开展"拍视频 + 上微课 + 公众号""榜样示范知珍己""编童谣 + 唱孝歌 + 孝故事""书丹青 + 创游戏 + 孝爱操""做绘本 + 孝班会 + 导行册"等活动，并且完善指向学生成长"孝・爱"评价体系。

"孝・爱"教育实践研究实现了概念创新、内容创新、途径创新和评价创新，并取得了诸多研究成效，形成孝爱绘本、孝爱棋谱、导行手册、微课拍摄、孝爱童谣、孝爱歌曲等成果，涌现出一批余姚市、宁波市、浙江省的美德少年，出现了一批具有创新德育教育能力的青年教师，相关课题获得宁波市教研课题一等奖。

第五章　非物质文化遗产

2006 年，全国开展了非物质文化遗产普查工作，本镇收集了余姚土布、一人乐队、剪纸等 1000 余个项目，申报余姚市、宁波市、浙江省、国家级非物质文化遗产。

第一节　余姚土布

2007 年，镇文化站与余姚市文明办、余姚市文化馆联合举办"小曹娥镇民间工艺技术大赛"，每村送来百件以上的作品。土布、龙筝、木雕、石雕、剪纸等作品琳琅满目。其中建民村村民王桂凤母女二代不但送来了余姚土布的完整制作技艺和还在使用着的木制织布机及小摇车等主要生产器具，而且还有母女二代人的技艺传承。土布获得"小曹娥镇民间工艺技术大赛"银奖。同时土布制作技艺项目被列入余姚市第二批市级非物质文化遗产名录申报项目。

2008年，余姚土布制作技艺项目申报宁波级非物质文化遗产名录，由于织布需要的纺织工具、配件、场地和原材料，制定土布制作的完整流程和传承人的命名。在激烈的竞争中最后进入宁波级非物质文化遗产名录。同年9月，王桂凤母女二代接受央视《乡土》栏目组的采访拍摄，节目《从棉花到衣服》在央视7套播出。11月，以王桂凤艺人为专题的《余姚土布》被余姚推荐为长三角地区新闻交流节目。

2009年，余姚土布被列入第三批省级非物质文化遗产名录。73岁的王桂凤老人被评定为第三批浙江省非物质文化遗产“传统纺织技艺（余姚土布制作技艺）”代表性传承人。是年，9月17日，首届中国（浙江）非物质文化遗产博览会和第六届中国中华老字号精品博览会在浙江世贸国际展览中心开幕。全国有13个省市的近600项非物质文化遗产和中华老字号精品参加展览。余姚土布从布局、实物展示、到精湛的制作技艺演示在本次博览会上大放异彩，王桂凤老人受到文化部副部长王文章和省文化厅厅长杨建新赞扬。同年，改扩建后的余姚博物馆增设余姚土布制作技艺展厅。2010年年底，龙山四明遗图“非遗”展厅正式对外开放，余姚土布制作技艺被列入重点展示项目。

2011年4月，余姚土布制作技艺代表全省十大活态“非遗”展示项目之一参加了2011年中国义乌文博会，并获得了由中国（浙江）“非遗”博览会组委会颁发的特别演示奖，参加土布制作演示的王桂凤老人，一举成为非遗馆中明星式的“非遗”代表性传承人。参展的4天时间里先后接受了新华社、《人民日报》、浙江卫视等近20家知名媒体的采访和报道。

同年5月23日，国务院公布第三批国家级非物质文化遗产名录余姚土布制作技艺与南通色织土布技艺、维吾尔族帕拉孜纺织技艺一起列入国家级非物质文化遗产代表性项目名录扩展项目名录－传统技艺－传统棉纺织技艺项目，编号Ⅷ－100。余姚土布制作技艺成为余姚市继姚剧之后第二个国家级非物质文化遗产项目。王桂凤被省文化厅推荐申报国家级非物质文化遗产“传统棉纺织技艺－余姚土布制作技艺”的代表性传承人（2018年获批）。

2017年10月10—18日，余姚土布参加了第六届中国成都国际非物质文化遗产节活动；10月

◎ 余姚土布展示馆开馆（吴其坤摄）

◎ 土布工艺（2020年吴华春摄）

初在宁波文化馆进行了以“温·故”为主题的布展览；10月底在宁波北仑参加阿拉“非遗”活动展览；11月受邀参加上海国际手造博览会。同年，余姚土布馆在小曹娥镇朗海村落成。土布展示馆面积达200平方米，设有土布史、土布产业文化、土布制作技艺流程、土布分类展示、土布技艺传习室等展厅供参观和体验。

第二节　一人乐队

阮德耀（1924—2014），小曹娥镇朗海村人，12岁开始自学演奏乐器，后报名参加了朗海乡民乐队（大拷班）。20世纪50年代初，阮德耀加入朗海乡绍剧团演小生和后场。演出时后场缺人，他动脑筋做了个架子，把锣、单面鼓等乐器挂上去，自己一个人敲两三件乐器来应急。

1957年剧团解散，公社领导邀请他做宣传工作。他自创了中锣、小锣、金钹、小铜鼓、册板、斗子、六种乐器固定在同一个架子上，利用双手和双脚击打各种乐器，用脚踩踏板时还可拉二胡、吹唢呐（梅花），一个人代替整个后场，因能发出八种乐器的声音，故称之为“八音乐架”。宣传时他边放幻灯片边配上声音，自编自唱自伴奏，取得更好的宣传效果。一个人一台戏，有声有色，成了远近百姓最喜爱的节目之一。

1963年，他组建了一个临时戏班，自己一个人为后场，招募了4个会唱越剧的演员，人称“阿耀戏班”。五个人农闲时背着“八音乐架”从舟山群岛到绍兴四处演出，受到浙东沿海一带群众的好评。

“阿耀戏班”在“文化大革命”期间停演，直到1977年“复出江湖”。复出后的“阿耀戏班”成为“一人戏班”，一个人的后场，一个人唱生、旦等各种角色。一个偌大的戏台，就他一个人又是唱又是伴奏，却一点也不显得冷清。他擅长唱绍剧，把《后朱砂》《战长沙》《信令公子》《斩李光》《回窑》《双玉婵》等绍剧老戏演绎得有板有眼，观众往往听得津津有味，戏散了还流连忘返。在绍兴一带每年演出散戏不下200场。一位读过私塾的老先生为他写了一副对联：“一人敲打，锣鼓满场；单口说唱，戏文闹猛。”

1984年“一人戏班”，改为“一人后场”，专门为唱戏的演员伴奏。“一人后场”到20世纪80年代后期停演。2003年12月31日，余姚市第一届村落文化艺术节闭幕式在低塘街道历山村村落文化宫内举行。已经80岁高龄的老艺人阮德耀被再次请上了舞台。“一人后场”与演员的配合天衣无缝，满台精彩，观众掌声如潮。

2007年7月26日上午，在浙江省第二届新农村文化建设论坛开幕式结束后，来自省文化厅的领导和全省各地的文化界人士一同参观新建的朗海村村落文化宫，同时观看了“一人乐队”的演出，受到好评。省文化厅领导要求好好保护，并传承下去。

阮德耀的“一人乐队”创建了全省乃至全国绝无仅有的一人戏班。“一人乐队”成功进入宁波市非物质文化遗产保护名录，阮德耀被评为浙江省优秀民间文艺人才。《人民日报》、中央电视台、四川电视台等各大媒体都进行刊登和播放。

2001年起，“一人乐队”的绝艺开始传承给了中心幼儿园的苗金英和滨海村的陈利军等人。陈利军还在此基础上有所发展，“一人乐队”架子上有小鼓、大鼓、大锣、中锣、小锣、大钹、金钹，册板、斗子、唢呐（梅花）、二胡、扳胡、四弦胡、二弦皮琴。他还向王德仁、陈登潮学艺，曲目也有所增加。2017年，陈利军入选为宁波级非物质文化遗产“一人乐队”技艺传承人。

第三节　剪　纸

余姚民间剪纸自南宋以来，历久不衰，影响深远。小曹娥的民间剪纸也有100多年历史。剪纸艺术主要是运用剪刀、刻刀等工具，对纸材进行剪、刻、撕等方法创作作品。民间剪纸作品种类繁多：有以婚礼为中心的“喜花”，红纸剪出各种吉祥图案，用于摆在嫁妆上做装饰，张贴在婚房里做窗花；有以日常生活为主，乡土味浓郁的“剪花”，剪出十二生肖、花鸟虫鱼、飞禽走兽、人物果蔬，送人娱乐，贴在农家居室；有以红纸剪成的节日“灯笼花”，旧时在除夕贴遍居室内外、门上、墙上、水缸上、衣柜上、谷柜上、鸡窝上、牛棚上，用于辟邪；有政治、风景、生产、生活等类别的剪纸。剪纸活动也从单独发展到集体比赛，单独传教到学校教学。

2008 年，曹娥小学韩波玲老师在“小曹娥镇榨菜文化节”剪纸比赛中获得了第一名，并在曹娥小学开设兴趣班，还设计了剪纸文化长廊，将学生优秀作品展示在教学楼的走廊、楼梯等，使学校有着浓厚的剪纸艺术文化气息。

2009 —2013 年，由周建胜、谢培培、韩波玲编写了低、中、高三册剪纸校本教材，开发的剪纸拓展课程被评为“宁波市优秀精品校本课程”，吴益锞和韩波玲负责的剪纸课程被评为“浙江省第五届义务教育精品课程”。韩波玲老师积极组织学生参加全国、市、镇级等比赛。2008—2010 年，在全国中小学美术作品比赛中，朱铭莹的《榨菜丰收——团花》、姚佳妮的《榨菜喜丰收》、周益君的《大榨菜》、戴煊思的《祖国的花朵》等 4 件同学的剪纸作品获得了 2 金 2 银。韩波玲老师的论文《剪纸作品“过期”后的“二次创作”》获得宁波市劳动与技术教学论文评选二等奖。许爱妹和学生马琴琦被 CCTV《消费与主张》栏目邀请录制《小曹娥剪纸》。2017 年 10 月，韩波玲成为浙江省民间艺术研究会剪纸分会会员。

2011 年，小曹娥的剪纸被列入宁波市非物质文化遗产保护名录。2011 年，曹娥小学成为宁波市非物质文化遗产剪纸传承基地，曹娥村的许爱妹成为宁波市非物质文化遗产传承人，韩波玲成为余姚市级非物质文化遗产传承人。

第四节　刺　绣

赵桂花，南新庵村人，她从 16 岁开始，对制作衣服鞋帽等产生了浓厚的兴趣，特别是制作婴儿的老虎鞋、老虎帽等，向同村的老人那里观察模仿，自学制作鞋帽，给子孙穿戴。曾参加宁波市“丝绸之路”、余姚市农博会等展示会，向更多的人展示这项技艺。2009 年，在南新庵村建立制作学习基地，教授普及老虎鞋帽传统技艺的传承和发扬。列入余姚市非物质文化遗产名录。至 2017 年，赵桂花老人由于年老，得了白内障后，不得已放弃了制作。为了使制作工艺不失传，她将制作方法传承给了孙女干俊俊，希望她能创新发展。

第六章　广播　电视　电影

第一节　广　播

1956年，本域始装有线广播。由区广播站每晚转播慈溪县广播节目一次。

1969年，曹海广播站成立，站长鲁开尧，站址在原朗海公社二楼，有一间房子、一张桌子、一台250瓦扩音机和一只话筒、一台电唱机。首任广播员金长新，外线员鲁开尧，每晚转播慈溪县广播站节目一次。

1971年，分为三个广播站，分别是曹娥广播站，站长金长新，职工沈水荣；朗海广播站，站长马继根，职工毛志荣；镇海广播站，站长鲁开尧，职工谢文珍。各生产大队配备一名兼职线路员。早、中、晚转播县站节目。是年，全镇安装田头高音喇叭23只。农忙季节和做塘、掘江期间，早上提早播音，下午开设自办节目，称为田头广播，内容有新闻、农技知识、病虫情报和戏曲等。田头广播至80年代初期逐渐停止，喇叭逐渐拆除。

1980年起，三个公社广播站都每周固定开设三次自办新闻节目。入户喇叭逐渐由舌簧喇叭改换成动圈喇叭，音质得到改善。同年，政社分设，公社改乡，称乡广播站。1983年，乡镇广播站体制转为县属大集体，人事权归属县广播站。是年，三个乡的义务通信员队伍逐渐扩大，由周志新、茅惠桥、周百飞、周建胜、周惠生、章建康、范立书、王永林等采编的新闻稿件频频在各级报刊、电台发表。1986年，撤销曹娥乡改名小曹娥镇，曹娥乡广播站改名小曹娥镇广播站。

1992年5月，撤区扩乡并镇后，小曹娥、朗海、镇海三个乡镇广播站合并为小曹娥镇广播站。站长马继根，由镇广播站统一发送广播信号。是年迁入镇政府大院内。自办节目每周6次，节目每档为15分钟。1994年12月，镇广播站转为全民事业单位。1995年，采用晶体管扩音机转播，功率增至1500瓦，对部分村开始实行广播、电视共缆传输。2004年，全部实行广播、电视共缆传输。

2002年12月，乡镇广播电视管理实行“文广分离”，镇广播电视站实行“以条为主，条块结合”的管理体制，其人、财、物划归市广播电视台管理。

第二节　电　视

20世纪70年代中期，境内始有黑白电视机入户。1985年，少数家庭购置彩色电视机，电视信号均靠室外天线接收，图像不够清晰。

1993年9月，成立镇电视站，人员与镇广播站合编，称广播电视站。1994年10月1日，朗海村、曹娥村、镇海村190户居民开通有线电视，可收视频道12个，每月收视费5元。1994年，开通滨海、曹一、人和、建民、南新庵等村的有线电视，用户增至2000户。

1995年，镇广播电视站通过宁波市广播电视台达标验收定为合格站。1998年，与市广播电视局光缆联网，收视频道从12个增至24个，每月收费从5元调整为10元。是年，村村开通有线电视，用户数达到4000多户。

2004年，全镇8个行政村，全部实现广播、电视共缆传输，有线频道由24个增至32个，有线电视总户数达到6000多户。2010年，全镇开始实施数字电视工程。2013年，全镇数字电视全面完工，收视频道增至70个，用户数达到7800多户。是年，开始增设收费频道。2014年，开通宽带互联网。至2017年，宽带互联网用户共200户。2017年，收费频道用户2000户。

2017年，有职工8人，数字电视用户7010户，增值和宽带用户980户。全年视听费收入171.8748万元，增值业务费收入19.56万元

1992—2017年历任站长：马继根、沈水荣、陈焕尧、金小玉、冯利华、黄宏斌、黄银杨、郑健。

第三节　电　影

1975年10月，朗海乡建立16毫米电影放映队。同年年底，曹娥乡、镇海乡相继建立8.75毫米电影放映队。三个乡镇的电影放映队服务于各村、学校，同时接受企业、家庭、个人等的庆典活动。各电影队基本上平均每月放映露天电影27场以上，多时放映40余场，尤其是1979年后，许多电影陆续被解禁，老百姓喜闻乐见的好影片一个晚上跑片放映4场。当时几乎每个自然村都有露天电影放映，每场人数在800人以上，多的时候可达3000余人。

1985年，朗海乡建造影剧院后，天天有电影、歌舞、戏曲，节假日影剧院基本上以演戏曲为主，如越剧、绍剧、莲花落、杂技等。1992年撤并后、镇电影由原电影队长阮光照，放映员邹厚坤承包。2007年，镇电影队解散。

第七章　体　育

第一节　群众体育

传统体育

境内传统体育有武术、拔河、游泳、棋类、放风筝、跳绳、踢毽子、摔跤等；另有舞龙、舞狮、踩高跷、甩彩瓶、甩酒坛等，多在元宵灯会、迎神赛会、五月廿二的曹娥庙会上表演。

踢毽子　毽子，又称毽球。踢毽子是一项历史悠久、活动开展广泛的体育活动，不仅小孩子喜欢，而且中老年也喜爱。踢毽子基本玩法有盘、磕、拐、蹦4种。盘，主要指用两脚内侧交替踢；磕，主要指用膝盖将毽子弹起；拐，主要指用脚外侧反踢；蹦，主要指用脚尖踢。20世纪50—70年代，因活动器具少，体育场地少，而毽子可自己做，玩的人很多，是最普及的活动项目之一。

游泳　50—70年代，河江多、池塘多，水清，每当夏天来临，不管大人、小孩尤其男性青少年，都喜欢泡在水中游泳、打水仗。游泳多用狗爬式、朝天游、潜泳等，式样不多。80年代后因水质污染，基本上都不再到河江和池塘游泳，而是转移到游泳池、游泳馆游泳。

棋牌　象棋、围棋是最为古老和普及的一项活动，男性居多，由于比赛场地简单，队员好组织，棋手多，文化站成立后象棋赛每年都有。1994年，小曹娥镇在全市比赛中获象棋第五名，围棋第四名。中华人民共和国成立后，军棋、弹子棋等参加活动的人数也一度较多。牌类：主要有麻将牌、扑克牌等，参加活动的人数亦较多。但麻将在60—80年代曾一度消亡过，后又逐渐兴盛。

近代体育

中华人民共和国成立后，农村俱乐部普遍建立，体育活动广泛开展，每年均举办几次小型体

育活动，2004年后镇体育事业蓬勃发展，余姚市全民运动会的名次也从末几位一跃为前四名，拔河、田径、乒乓、篮球等挤入强队。2005年，代表宁波市参加了浙江省第五届农民运动会取得优异成绩。2008年，被省体育局命名为浙江省体育强镇。

2012年，代表宁波市参加浙江省第七届农民运动会，获得田径比赛的体育道德风尚奖；田径比赛男子团体总分三等奖；男子680公斤级拔河比赛一等奖；女子560公斤级拔河比赛二等奖。个人荣誉：男子农民三项全能三等奖熊烈军；女子农民三项全能三等奖李凤娟；男子60米插秧一等奖周松校；女子60米插秧二等奖钱彩娥、三等奖李红芬；女子60米麻袋跳搬运粮食三等奖李红芬、三等奖姚家莲；男子60米麻袋跳搬运粮食三等奖周松校；女子原地抛掷秧苗三等奖钱彩娥；女子抗旱提水保苗赛跑二等奖周月芳；男子抗旱提水保苗赛跑三等奖陈敏；男子100米推轮胎赛跑二等奖陈佰桥；女子100米推轮胎赛跑三等奖杨彩娣、周月芳；男子30米搬重物跑二等奖韩渭江；女子30米搬重物跑二等奖许华娟。

拔河　小曹娥镇拔河队于2004年成立，到2017年止，始终保持在宁波市第一名，浙江省除两个省级拔河基地外也一直保持在全省领先水平，并多次参加全国的拔河比赛。

2005年，参加浙江省第五届农民运动会，获得全省拔河第一名。2010年，浙江省首届体育大会拔河比赛男子600公斤第三名，男子640公斤第四名，女子540公斤第五名。

2012年，全国拔河锦标赛，获公开组男子680公斤级第三名，600公斤级第五名，女子540公斤级第四名，500公斤级第四名，公开混合600公斤级第五名；地方组男子600公斤级第五名；女子540公斤级第五名；地方混合600公斤级第五名。2012年，浙江省首届女子体育节地市组女子500公斤级第二名，女子540公斤级第三名。

◎ 女子拔河队参加比赛（2012年吴其坤摄）

2012年10月16日，小曹娥镇女子拔河队受中央电视台《走进乡村大世界》栏目组的邀请，赴天华村参加节目摄制。2014年，小曹娥镇被宁波市体育局命名为宁波市拔河训练基地。

2014年，浙江省第二届拔河锦标赛，获女子520公斤级第二名，男子640公斤级第三名，男女混合640公斤级第三名。

2015年，浙江省第二届沙滩拔河赛获男子640公斤级第一名，女子520公斤级第二名。

2017年，浙江省第三届体育大会拔河获女子500公斤级第三名。

精武　20世纪90年代，有群众学打太极拳。小曹娥镇在朱渭江带领下，成立了精武组。利用早晚时间，训练太极拳、剑、刀、扇。精武组经常在村、镇的大型活动中表演节目，经常参加市、甬三角传统武术比赛，取得好成绩。朱渭江

◎ 太极拳比赛（吴其坤摄）

从2006年至今，多次参加国际传统武术比赛、世界精武武术文化交流大会，累计获得金牌18枚。现为浙江省传统武术A级裁判、传统武术准特级教练，并获中国武术协会颁发的“中国武术六段”证书。现有精武组成员15人，获市精武初级段位的有7人。精武组在甬三角暨余姚市传统武术比赛中，劳群辉、王爱娣、倪森道、王爱银、王桂芬、杭月珍等，先后获得太极拳、刀、剑、扇的金牌、银牌和铜牌多枚。2009年，在第六届浙江国际传统武术比赛中，劳群辉获得中年组木兰刀第一名，中华乾隆扇第二名，16式太极拳第三名。2016年，青岛市电视台专程采访余姚精武会，拍摄精武节目，姚日月的二指倒立，在青岛电视台播出。2017年，在余姚市全民运动会武术项目比赛中，小曹娥镇精武组的32式太极剑获得二等奖。

乒乓球 20世纪50—70年代期间，因陋就简，用门板、土制乒乓球桌等运动用具开展群众性乒乓球运动。90年代，开始各村有了比较正规的乒乓室。2016年，余姚市乒乓球协会小曹娥镇分会成立。

篮球、羽毛球 20世纪50年代开始，群众自发开展篮球、羽毛球运动。90年代开始，各村建立了篮球场、羽毛球场，在全镇运动会上也作为主要比赛项目之一，并组队参加市级比赛。

广场舞（健身舞） 21世纪初，各村开始建有广场，并逐步有群众参加跳广场舞。2010年后，一到晚上，村广场和部分农家庭院音乐响起，很多群众特别是中老妇女跳起了广场舞。

跑步、走路 21世纪初开始，由于企业的发展和土地使用权到户，绝大部分群众进入企业工作，参加强体力劳动人员大量减少，因而参加体育锻炼的群众大量增加，其中很大一部分人选择了清晨和晚饭后跑步和走路，条件较好的家庭购置了跑步机。

老年体育

20世纪80年代前，因老年人也参加生产队的农业生产，且体力活很重，参加体育活动的很少，仅在农闲时有少量老年人在家打牌、下棋之类的活动。1982年，土地联产承包责任制后，自由支配时间增多，经济条件好转，参加老年体育的人员也随之逐步增加。1985年，境内各乡成立老年人体育协会。1993年，全义、后中灶、朗海、符丁、人和等村先后办起老年活动室。至1995年，所有行政村均办起了老年活动室。2011年，全镇有老年活动室20个，常年参加老年体育活动的有500余人。

2011年，朗海村创建为浙江省社会主义新农村老年体育中心俱乐部、小康型老年体育示范村。2017年，南新庵村、人和村申报为省老年体育现代化村。2013年、2017年，镇老年体育代表队在余姚市全民运动会老年部比赛中平获得奖牌总数第7名。

活动内容也从棋牌向飞镖、兜球、投篮、仿保龄球、门球、地掷球、气排球、乒乓球等多种运动项目发展。2004年，举办全镇首届老年运动会，至2017年已举办12届。2007年，南新庵村新建境内第一个门球场，组建第一支门球队。2008年、2009年、2016年，朗海村、人和村、曹娥村相继建造了门球场，组建门球队。2010—2015年，朗海村、人和村、南新庵村改造成人造草坪并搭建钢结构棚的门球场。2014年，人和村第一个建造地掷球场，至2017年南新庵村、曹娥村也建造了地掷球场。

◎ 老人节文艺演出（2011年吴其坤摄）

至2017年，全镇有门球、气排球、地掷球、兜球、乒乓球、舞蹈、健身操、戏曲、旗袍秀、太极拳剑、腰鼓、铜管乐等老年体育团队20余支，参加老年人近500人。

第二节　学校体育

体育课

民国时期，求是小学已开设体育课，开展童子军训练活动，有队列、体操训练，每年春季、秋季还组织远足活动。

20世纪50年代初，多数学校每周开设2节体育课。1958年“大跃进”时，体育课多被劳动课取代，部分体育场地被辟为生产园地。“文化大革命”期间，体育课被军事训练所取代。1978年后，体育课恢复正常。1985年，中小学试用省编体育课本。1986年，中小学全面开展达标活动，经常组织开展体育课教研活动，以提高体育教学质量。

体育锻炼

民国时期，学校体育场地不足，设备简陋，课余体育活动多为踢毽子，跳绳、拍皮球等。

中华人民共和国成立后，课余体育活动得到重视推广。1954年推行第一套少年儿童广播体操，1958年推行眼保健操。20世纪70年代至21世纪初，形成“两课、两操、两活动”（每周2节体育课，每天做广播操、眼保健操，每星期2次课外活动）制度。2012年起推行每天课间活动1小时制度。

1957年，中小学全面推行“准备劳动与卫国体育锻炼制度”（简称“劳卫制”），把“劳卫制”锻炼纳入体育课。1979年，推行《国家体育锻炼标准》，县教育局、体委采取上课、课余、竞赛相结合的办法，使15%的乡镇中心小学、25%的区中心小学、35%的中学的体育达标要求得到落实。至2016年，镇小学生体育达标率99.9%、优秀率12.4%，曹娥小学学生体育达标率100%、优秀率25.29%；镇中学学生体育达标率98.8%、优秀率11.1%。

学校业余训练

中华人民共和国成立后，各校根据自身条件，成立球类、田径、棋类、体操等运动队，利用课余时间进行训练，并开展竞赛活动。境内各学校每年的春季或秋季举行运动会（“文革”期间除外）。不定期举行全乡镇的中小学运动会，并每年组队参加市中小学运动会。

1998—2000年的市中小学运动会中，小曹娥镇小学代表队夺得团体第五名、第六名和第七名的好成绩。中学运动员王斌在市第十一届运动会中获青少年部男子丙组跳远第一名。在市33届中小学运动会上获初中部跳远第一名、三级跳远第一名。2004年，余姚市第十二届全民运动会上，镇校卢锋驰老师获成年部十项全能男子组冠军。2015年秋，镇校建立小学女子篮球队。2017年，镇小女子篮球队在市小学女子篮球比赛中获第六名。

第三节　体育设施

民国后期，学校开始设沙坑等设施。

20世纪50年代后期，有些学校开始加设木头架子的简易篮球场地。60年代中后期，不少学校建造了水泥架子的简易篮球场、沙坑等运动场地。70年代中后期，各校均建起了简易乒乓球台。曹娥村还在村办公室前建起了简易的灯光篮球场。80年代中期，曹娥、朗海、镇海各有简易溜冰场1个。

1993年，各村开始建老年活动室，在老年活动室中一般配电视室、棋牌室、体育活动室等。是年，小曹娥镇中心小学新建时，建起了200米标准的三合土操场。1996年，全镇学校新增篮球场6个，各校还新增了高低单杠、双杠、爬杆等体育设施。1998年开始，各村安装健身路径。21世纪开始，规模企业一般也建有篮球场、乒乓室、健身室等。2008年，镇中学率先建起了200米环道的塑胶操场，教工之家内添置了跑步机、拉力器等健身器材。2010年，镇中建起了风雨操场。2013年暑假，曹娥小学将煤渣操场改建成塑胶操场。是年，朗海村由私营企业主资助建造门球场1个，随后南新庵村、人和村、曹娥村先后建起了门球场。各行政村相继建起村落文化宫、文化广场，开辟灯光篮球场，乒乓球、棋牌、麻将等活动室，并在各自然村辟有健身路径。2016年，镇中心小学新建了2个标准篮球场、1个室内篮球场、2个羽毛球场和1个250米环道的塑胶操场。2017年，镇中又新增1个硅PU篮球场。

第二十三编

方　言

由于人口流动的因素，现有语言已有变化，本编所记方言以小曹娥原有的乡音为准。

由于地域的关系，域内各地方言，也有一些差异，编内所记音调等以使用区域、人口均占２／３以上的“海里话”为准。

第一章　域内方言的特点与差异

第一节　语　音

境域内居民大多为姚北、绍兴、上虞等地移民的后裔，其语言同余姚城区及大多数乡镇相比，虽然同属吴语太湖片之临绍小片，但语音中绍兴、上虞话的腔调较重，俗称“海里话”“海头话”。

声调

从声调类别来说，基本同城区差不多，共有8个声调。

表23-1-1

小曹娥方言中的声调一览表

类别＼声调	舒声						促声	
调类调值	阴平	阳平	阴上	阳上	阴去	阳去	阴入	阳入
古调类	平声		上声		去声		入声	
声母清浊	清	浊	清	浊	清	浊	清	浊
例字	高、开	文、才	古、体	老、父	对、抗	用、饭	一、曲	袭、食

由于“海里话”的特点是发音比较硬，声调总体较高。另外，同城区相比，还有两种细微的差别。一是平声降调，如“高”“文”等字，城区读法是平的，甚至像“高”字略有上扬，而域内的读法，尾音略有下降。二是去声平调，如“对”“饭”等字，城区为升音调，域内则读平了。

声母

共有29个声母，绝大多数与城区等地的读法差不多，只是浊音、促声的保留多于其他地区。同现代普通话相比，有以下三个方面比较突出。不但是域内语言，城区的语言也有类似现象，只不过域内方言中更加突出而已。

1. 保留了较多的古时全浊声母，比较明显的是“井”“定”“澄”“群”“从”“船”“匣”等字的声母。

2. 现代普通话中，“非”组声母已从“帮”组声母中分化出来，如“防”“问”等字的声母。但包括域内方言在内的余姚各地语言中，读以上这些音的时候，都没有体现分化，仍然靠向“帮”的读音。

3.“见”组声母中，文句异读现象还普遍存在，说得明白一点，就是把应读j、g、x的声母，读成g、k、h。这种例子也有不少，如：“介”“敲”“瞎”等等。

还有一个是零声母的问题，如“乌”字，城区一带都读成带［V］的音，而域内方言中不带这个音。这可以说是域内方言同城区方言的明显区别。

韵母

韵母的读法，域内同城区相比，有不少相异处，一是城区读“un”的音，域内读作“in”，如“军”“群”“熏”“云”“匀”等等；二是城区读“沃”的音，域内读成“污一（快读）”，如“活”“骨”“郭”等字；三是城区读“一”的，域内读“厄”，如“色”“赤”等；四是城区读“ou”这个韵母，域内往往分读，读成“u”音，如“过”，或读成“o”音，如“歌”。

还有像前面已经提到的“百”字的读法，则是在读韵母时，因口形不同造成的。

除了读法不同，读韵母时，口形不同，也往往导致发音的差异。域内方言中，发韵母音时，口形也比城区附近地区稍大些。最明显的是“百”字的发音。

绍兴方言遗留

除了声调和声、韵母以外，域内一带绍兴的方言音保留较多，典型的有“嗄”（我）、“享”（那）、“哈氏”（谁）、“捺格”（怎么），等等。这些纯粹属绍兴方言，同余姚方言难以比较。

第二节　语　法

词语的特殊用法

1. 动词或形容词后面加上表否定意义的副词“勿”，句末加上“啦”，表示询问或征询。如：“侬（你）吃勿啦？”“几米（今天）热勿啦？”“嘎几（这样子）好勿啦？”“阿拉（我们）走勿啦？”

2. 动词或形容词后面加上否定副词“未”，句末加上“啦”，表示催促。如：“侬走米啦？”“侬吃米啦！”“嘎几够甜米啦？”（表示征询）。

3. 语气助词“哉”“唧哉”，相当于普通话中的“了”。用“唧哉”比单用“哉”语气稍强些。如“囡啦屋里我去（音kāi）过哉。”“事体（事情）做好唧哉。”

4. 有时单用一个“唧”做动态助词，用在动词或形容词后面，表示动态的完成，且有强调的意味。如：“小人好好唧。”意即“小孩很好。”“工资高高格唧。”意即“工资很高。”

5. 动态助词“唧”又表示存在，相当于普通话的“着”。如：“乙（这）本书上书架第二（ní）格里放唧。”意即“这本书上书架第二格里放着。”又如：“小宁门背后盘唧。”意即“小孩门后躲着。”“我等侬唧。”意即“我等着你。”

6. 动态助词“子”表示动态的完成。如：“侬驼子去（kēi）好哉。”意即“你拿去好了。”“侬夜过子个去（kēi）。”意即“你过一夜再去吧。”

7. 动态助词“过”放在句末或宾语后面，表示动态已经完成。如：“戤（她）年轻辰光也（ɑ́）风光过。”（“过”放在句末）。“我联系戤过哉。”（“过”放在宾语“戤”的后面）

8. 口语里不用“把”字，而仍有处置对象的句式。如：“依乙（这）块石板铺铺好。”这句话中动词重叠后加补语，省却了“把”字，但仍属“把”字句式。又如：“我饭去（kēi）烧烧好。”

9. 介词“则”相当于普通话中的“被”“给”等词，表示被动。

不同的是普通话在这类被动句中可省去表主动者的宾语。如：“鸡蛋早已给她拿光了。”“萝卜被她拔光了。”而小曹娥话中“则”字后面不能省去宾语。如上述两句应说成：“鸡蛋老早则戤驼（拿）完哉。”“萝卜则戤拔完哉。”

10. “则”有时又是连词，相当于普通话中的“同”“跟”“和”等词。如：“小明则我做队（一起）上班。”这个“则”相当于“和”或“同”。“乙笔（这件）事体我要则老嬷商量过来。”这个“则”相当于“跟”或“同”。

11. 小曹娥话中，补语和代词宾语的位置有以下几种情况。

①补语在代词宾语后的：“我吃依光。”

②补语在代词宾语前的:“糖则颗我。”意即“糖给我一颗。”

③补语中结构助词“得”与“过”拆开，宾语嵌在中间：“我跑得侬过。”

12.“呒有”（ḿ niú）（没有）用作否定动词或否定副词。用作否定动词的：“我呒有哭。”意即“我没有哭。”“几末肉呒有。”意即“今天没有肉。”用作否定副词时，常与“来”“去”等字组合，在谓语后充当补语：“几米捉（摘）花呒有去（kēi）。”“小明读书呒有来。”

13. 否定副词“呒有”（ḿ gāo）用于动词谓语前面，带有双重含义。如：“阿拉乡下头呒有吃。”这是主人家的客气话，带有“没有东西吃”或“不好吃”两种意思。又如：“要开车个（的）人，老酒阿（也）呒有吃。”带有“无法吃”或“不可以吃”两种意思。

14. 副词“快”表示“将要”。它在句中的位置是在谓语后面做补语。这与普通话中的用法有不同。如：“毛病好快哉。”（病将痊愈了）“日（ni é）脚到快哉。”（日子将要到了）。

“快”还可以隔着宾语或形容词做补语。如：“天落雨快哉。”（天将要下雨了——隔着宾语“雨”）“我毕戤骂煞快。”（我被她骂得够呛——隔着形容词“煞”）

15. 时间副词“才生”表示“刚才”。如：“我才生到。”意即“我刚刚到。”

“随手”表示“立刻”“马上”。如：“我索话呒有讲完，戤随手有骂。”意即“我话没说完，他马上就骂。”

“甲管”表示“经常”“一直”。如：“戤甲管吃素格。”意即“他经常吃素的。”

“难板”表示偶尔、次数少。如：“肉实难板吃吃格。”意即“肉是偶尔吃吃的。”

16. 连词

①因果连词“格拉”表示原因。如“戤老嬷生病间（gān），格拉勿开心。”意即“他老婆生病了，因而不开心。”

②假设连词“是话”，表示“假如”的意思。如：“是话几米勿来，下早鞋甭（ōng）来哉。”句中“是话几米勿来”是一种假设。

17. 虚化了的方位处所词素“头”，相当于普通话中的“处”“地方”，含义较广泛，出现频率也高。如：地头＝地里，街头 = 街里，河头＝河边，我头＝我地方，亮头＝光亮处，暗头＝黑暗处，戤啦头＝他们那里，朋友头＝朋友地方，角落头＝角落处。

语句变换

1. 词素的省略。如所举的“侬吃勿啦”“几米热勿啦”“嘎几好勿啦”“阿拉走勿啦”，这几句中的“啦”均可省略，句意也无多大改变，只是语气稍轻些。均可说成：“侬吃勿？”“几米热勿？”“嘎几好勿？”“阿拉走勿？”

又如所举的“侬走米啦？”“侬吃米啦？”“嘎几够甜米啦？”，这几句中的“啦”也可省略，均可说成“侬走米？”“侬吃米！”“嘎几够甜米？”省略后句意也无多大改变，也是表示语气稍轻些。

2. 词素的增加。上述几句可以在句首加上表示时间的副词“难毛”“乙几”（这下）等词素，表示责备、催促或询问。如：“难毛好勿啦？”（表示责备），“乙几走米啦？”（表示催促），“乙几热勿啦？”（表示询问）。

3. 这类句子中的动词或形容词读重音，则带有催促、不耐烦的意思。如：“走勿啦？”“走米啦？”（动词读重音，表示催促）“好米啦？”（形容词读重音，表催促）“甜米啦？”形容词读重音表示责备、不耐烦。

4. 词素变音举例。

①“盐花”中的“花（音 huān）”，意即少量。“葱花”（音 cōng huān），意即少量葱。“肉花”（音 yuǒ huān），意即少量肉末子。

②“碗脚”中的“脚”（音 jiāng），意即“残剩物”。如：“淘米脚泔水”（音 tǎo mí jiāng gān sī）。意即淘米时沥下的泔水。“碗脚”（音 wān tóu wān jiāng），意即碗中的剩饭剩菜。

③“办小人家家”中的“家”（音 gō）。

④“铁耙”中的“耙”（音 pān）。

5. “勿”字句的几种变换式

①动词后面的“大”与“勿”2个词素对调位置，句意仍基本相同。如：“看大勿出”与“看勿大出”

②用“勿”字放在形容词后面做句末，则“勿”字后面还可以加上同一个形容词。如：“闹猛勿？”可改变成“闹猛勿闹猛？”“甜勿？”可改变成“甜勿甜？”

③“动词＋大＋勿出”。如：“戳介凶，闲早（音 yān zhāo，指平常）倒看大勿出。”

④“动词＋大＋勿＋形容词”。如：“上日夜里，我困大勿好。”“花开大勿猛。”

第三节　域内差异

小曹娥现境内，基本上是以“海里话”为主的移民语言，但由于移民的先后，以及与周边地区的交流交往等众多因素，造成一定的区域差异。细分一下，域内方言大致上可分为三片。

中片：位于境域中部及东北部，包含今曹娥、建民、滨海、镇海4个村，及朗海、曹一2个村的北部，区域面积24平方千米，人口2万人左右。其语音与周巷镇北部的建塘、西三相近，为纯正的“海里话”。

南片：位于利济塘以南，包含并村前的曹一、海塘南、南新庵等原行政村，区域面积约5平方千米，人口4000人左右。该区域内人口，因移民最早，又与周巷、朗霞、泗门等集镇距离较近，交往较多，其语言渐渐向姚北方言靠拢，为姚北方言中夹杂着一些“海头腔”。

西北片：大致上在原镇海乡北部，今人和村为中心一带，区域面积约4平方千米，人口4000人左右。该区域内人口由于移民稍迟，因而，绍兴、上虞腔更浓。

第二章　常用词语

第一节　词　汇

自然现象用语

太阳——日头

烈日——猛火日头

阳光不强烈——黄胖日头

彩虹——鲎

电闪雷鸣——动雷豁闪

很大的雨——雷化大雨

天气骤变，狂风暴雨——乌风猛包

天冷，水结冰了——结冰打冻

下冰雹——落薄子

檐前冰溜——庭堂

露出太阳，预兆即将下雪——开雪眼

很冷的风——乌风冻

水灾——涨大水

台风——做风潮

旋风（大）——龙卷风

旋风（小）——居居头风

梅雨季节阴雨绵绵，闷热潮湿——做梅

梅雨时节雨水偏少——旱黄梅

秋雨绵绵，时停时续——秋拉柴

冬天早上霜厚，预示是个大晴天——浓霜猛日头

天气——天价

天快黑了——天暗拢来哉

很黑（天气）——木木暗、很黑（物件）木木乌、木乌亭动（南片）

天气很热——天介热

湿度很大的天气——还潮天价

下阵雨——阵头雨

泥土——烂泥、糊泥、烂糊泥

时间、方位用语

今天——几米、几末

今晚——几米夜头

昨天——上义

以前几天（没确定天数）——前两日、头央日

过几天（没确定天数）——过两日

一大早——起早八早

天快亮的时候——天亮头

黎明——天亮间头

早上——早间头

上午——上则头、前半日（南片）

快中午了——晏快哉

中午——晏则头、晏之定（南片）

正中午——笃落晏兴、笃晏兴

下午——下则头、后半日（南片）

傍晚——夜快头

晚上——夜头、夜到头（南片）

日子——日脚

往日——闲朝

一日一夜——一勾昼

正月里——正月头间

清明前后——上春间头

盛夏——大六月里

秋分前后——秋岗里

腊月廿三到除夕——过年脚跟

去年——旧年

现在——一枪里、一毛几头

一会儿——一枪枪

以前——早会、早里、有伐头

以后——下朝、下伐

偶然——千朝百日

瞬间——眼睛一煞

稍等——稍会等抢

什么时候——索个辰光、柴神光（南片）

一整晚——一夜头

接下来——接落开

很长时间——交关辰光

永远——永生永世

年代久远——陈年百古

五、六月份诸事不利——五荒六疫

上面——高头、上头（西北片）

下面——下底、下头（西北片）

沿海居民称稻区的区域——洋畈里、上登（南片）、上洋畈（西北片）

朝正南方向——朝南八向

右边——顺手旁边

左边——借手旁边

上位——上横头

里面——里头

外面——外头

前面——前头

南面——南头

后面——后头

东面——东首、东岸（南片）

西面——西首、西岸（南片）

中间——当中央亨

哪个地方——鞋里头、鞋里丁（南片）

什么地方——索个乌堂、色格地方（南片）
这里——乙头
那里——亨头
那排房子——亨横舍头

称谓用语

后妻——填房（背后贬称）
丈夫亡故后招入的后夫——孵床佬（背后贬称）
初生儿——小毛头
未婚男子——小倌人、小老倌（西北片）
未婚女子——大姑娘
学生——学生子
小伙子——后生家
中年妇女、已婚妇女——老妊
少妇——小老妊
再嫁的妇女——二婚头（背后贬称）
妇女再嫁带来的前夫的孩子——拖油瓶（背后贬称）
定亲未结婚的女婿——毛脚女婿
新郎——新郎官人
刚结婚的新娘——新娘子、新媳妇
坐月子的妇女——舍姆、生姆娘
吃光用光之徒——砂锅坯
游手好闲的人——马浪荡
屠夫——杀猪头户
贩卖货物的小商人——行贩、翻烧饼、翻袋屁股、河沙居
旧时指有一定家产的财主——店王
不明事理、说话过多的人——多话病、吰清头人、矮笞笞、倍糟糟
孤僻（固执己见的人）——蠹头、膝头
傻瓜——木驼、寿头、呆驼
受人欺压者——菩底鸭
一知半解的人——三脚猫
巫婆——肚里仙
文盲——亮眼瞎子
自作聪明爱吹牛的人——半吊子、嗨佬佬
小偷——贼骨头
小男孩——小鬼头
结伴——做队伙
伙伴——队伙队
朋友——朋友家
胖子——大块头
讨饭的——讨饭头、讨饭亭（南片）
耍艺乞讨——戤门头
医生——郎中
保姆——嬷嬷
旧社会的长期雇工——搓棒槌
旧社会的短期雇工——打短
流氓——蛇螺、破脚骨
搬运工——脚板

日常生活用语

家产——家当、家士
结婚——好日
娶妻——讨老嬷
娶儿媳——讨新妇
嫁女儿——嫁囡
发彩礼——发盘礼、发盘
干活——做生活
读书——读舒、读虚（西北片）
工具——家生
作客——做人客
做梦——做乱梦
吵架——讨相骂、寻相骂（南片）
打架——打宁阵、动打场
鼾声——眠鼾
起床——挖起、爬起
下车——落车
醒来——调告
洗脸——敷脸、净面（南片）、汏面（西北片）
擦身洗澡——交身、汏宁、强宁（南片）

瞌睡——打瞌充
午睡——困晏觉
睡觉了——困哉
睡觉——困觉
午饭——晏饭
小菜——下饭
什么——沙西、首西（南片）
失手——做冲碰
闯祸——闯祸水
不吉利——触霉头
游泳——弹河、弹湖（西北片）
潜水——躲没头身、打没头攻
潜泳——耕河底
被揭穿——穿帮
打扫、整理——收作
捉弄人——弄送、调排
厌事物差——厌憎
节约——做人家
厉害——结棍
有出息——出山
慢——厌气
下流——下作
挺拔——笔笃
心疼——肉痛
疼爱——值钿
口馋——眼佬
闲适——体泰
聪明——善行
强——扎硬
长得结实——扎实
表里如一，公道——硬黄
凑凑数，货较次或能力较次——搭浆、搭搭浆
不好——推板、介雪
很多——有食、木佬佬、交交关
有气派——海威
不太喜欢不感兴趣——懈门
难为情——乌憷
看中而想得到——看相
羡慕——眼痒
舒服——乐惠
都、全部——和几、和算、和统、和水、统统、统算
一定——咸板
不正经——勿入调
不通世故、说话生硬——断贼窍
复杂曲折——奥茭
累——着力
吃——曲、食饥（骂人话）
怀孕——耽身
无头绪——呒头呒脑
去吗——开伐
拿好了吗？——柁好唧米
什么——色格
没有——嗯有
你怎么样——侬纳格儿
想法——忖法
说到做到，也有说过不做的意思——话过算数
主意——掌向
怎么说——纳格话、咋格话（南片）
想不到的——忖勿着格、想勿着格
不要忘记——勿格忘记
扇一巴掌——闸记巴掌
得意忘形——得宁兴杀
快死了——西快朗哉
过意不去——告待勿过
很好——艾艾好、老老好、春好、春春好（西北片）
精神不足——死快活样
显而易见——明摆固知
大哭——刹刹格哭
添乱——夹腔庭罢
这些——乙眼

很少——乙眼眼、乙些些、乙点点
干什么——弄色西
一定——万板
唠叨——多话廿三
脏——砜
很脏的样子——砜其糟牢、腻心拔辣
不知不觉——木知木觉
极顽皮——着野无知
胡搅蛮缠——搅七廿三
鬼鬼祟祟的样子——贼头狗脑
不大方——鬼头刮脑、小气
恶狠狠——恶出乌啦

身体用语

头顶——头底心
后脑勺——后势镇
额头——脑壳头
睫毛——眼眨毛、眼甲毛（南片）
眼珠——眼睛乌珠
鼻梁——鼻头梁
鼻孔——鼻头竹管
门牙——当门牙
口水——口滴水
喉咙——胡咙
耳轮——耳朵瓣
胸脯——胸空头
肋骨——肋棚骨
肘弯——手支撑头、手举撑头
手指——手指末头
大拇指——驮手指头、驮手末定（南片）
指甲——手指铅
膝盖——脚踝头
腿脚——脚梗、脚胖
脚掌——脚底板
脚指头——脚趾末头
说话结巴——割子
好久没刮胡子的样子——胡子多沙
耳聋——聋彭
哑巴——哑子
精神错乱——发痴
霍乱——瘪螺痧
血吸虫病——扫箕涨
疟疾——冷热病、买柴病、四日两头（西北片）
丝虫病——大脚风
钩虫病——黄胖病
麦粒肿——偷针
两眼珠往中间靠拢——斗鸡眼
近视眼——近气眼
疝气——小肠气
肺结核——痨病
中暑引起急性肠炎——绞肠痧
佝偻病——乌龟风
抽搐如鸡爪——鸡爪风
荨麻疹——风疹块
雀斑——雕子瘢
发热——痨发
中暑——发痧
疥疮——疙痨
糖尿病——猪食痨
阑尾炎——盲肠炎

饮食和动植物用语

小菜——下饭
蚕豆——大豆
白蚕——白慈米豆、牛踏扁（西北片）
豌豆——蚕豆
大豆——黄豆、毛豆
玉米——六谷
高粱——打粟
莴苣——香胡笋
瘦肉——精头肉
肉糜——肉饼子

猪颈间肉——兆头肉
锅巴——镬焦
爆米花——胖莕
葫芦——夜壶绿瓶、团莕、园莕
牡蛎——蛎黄
咸蛋——盐灰蛋
松花蛋——皮蛋
腌梭子蟹——咸枪蟹
青蟹——黄甲蟹
乌鱼——乌里鱼
杭州湾产张网捕捞的小鱼虾——鲑菜
杭州湾产围网捕捞的小鱼虾——矮菜
鸡翅膀——鸡翼梢
辣椒——辣茄
冬笋——团笋
油条——油闸烩
碳火烤饼——焦饼
石榴——季孟
阉过的公鸡——骟鸡
麻雀——麻将、麻雕
蚂蚁——焦虎蚁
蚯蚓——地鳝
没有壳的蜗牛——赤膊沿沿螺
蜈蚣——冥蚣
蟋蟀——斗鸡
知了——蚱了
癞蛤蟆——赖水疙疤
青蛙——田鸡
蚊子——蚊虫
极稀的粥——粥衣汤、粥影汤
鸡膯——鸡肫

生产用语

苜蓿嫩头——草子头
苜蓿——草子
泛指春季作物——春花
撒稻种——扎秧籽
翻土——掏地
播种棉花——下花
摘棉花——捉花
砍柴——斫柴
购买人粪肥——换料
捉鱼——诃鱼
整畦沟——铣坑
粪桶——皮桶
施肥的勺——料勺
削草的农具——刮子、刮真（南片）
翻地用的农具——铁扎、驼铁扎
耙地的农具——铁耙、小铁耙、铁盘、小铁盘（南片）
干农活——做地头
施人粪肥——浇料

注：词汇后面括号内注有南片、西北片为该片方言，未注的为全域及中片方言。

第二节 谚语

气象

长春多雨水。
清明断雪，谷雨断霜。
吃的端午粽，还要冻三冻。
雨打梅头，细水长流。
发尽桃花水，必是旱黄梅。
头伏如火烧，二伏如油熬，三伏石板晒得两头翘。
夏至有雨三伏热，重阳无雨一冬晴。
正月十二不见星，滴滴答答到清明。
早秋爽，宴秋热，夜秋闷。
晴冬至，烂年边；邋遢冬至晴过年。
日落胭脂红，无雨也有风。
日落云连云，必有大雨淋。

日落云里走，雨在半夜后。

日出早，雨淋脑。

日头吹横箫，落雨看明朝。

天怕黄亮，人怕肚胀。

早看东南，晚看西北。

月亮照湿地，落雨来不及。

天矮星密麻，大雨夹墙笆。

星星眨眼睛，落雨在脚跟。

天上鲤鱼斑，明朝晒谷不用翻。

天上花花云，明朝晒杀人。

天脚吊乌云，即将雨倾盆。

乌云结得高，明朝晒断腰。

早怕南云涨，晚怕北云堆，西北红黄云，雹子要来临。

云罩中秋月，雨打上元灯。

云走东，车马通；云向南，雨漂船；云向西，马溅泥；云朝北，好晒谷。

黄昏上云五更散，五更上云要带伞。

正月起南风，快快盖柴棚。

春东风，雨祖宗；夏东风，燥松松。

东风送湿西风干，西南风暖北风寒。

东风急骤骤，难过五更头。

南风送九九，干杀荷花晒杀藕。

秋旱老北风，晒死河底老虾公。

秋前北风秋后雨，秋后北风遍地干。

北风送九九，水盖江边柳。

过宴西风到夜闷。

春分雨夹风，秋分雾加风。

春天生意实难做，一头衣裳一头货。

小暑南风十八朝，晒得南山竹也焦。

大寒勿发风，冷到五月中。

大寒南风，五谷丰登。

霉里西风毒如砒，霜降西风笑嘻嘻。

早西晚东风，日日好天公。

六七月里吹北风，一两天内刮台风。

立春晴一日，四季雨水匀。

立春雨淋淋，阴湿到清明。

清明桃花水，立夏田开裂。

小满不满，无水洗碗。

芒种火烧天，夏至雨绵绵。

秋分无雨春分补，秋分有雨来年丰。

立冬白一白，晴到割大麦。

小雪雪满天，来年是丰年。

瑞雪兆丰年。

大雪不冻，惊蛰不开。

冬至无云旱黄梅，冬至南风短，夏天天必旱。

正月雨水好种田，二月雨水没低田。

大旱勿过七月半。

南闪火门开，北闪有雨来。

正月动雷雷赶雪，二月动雷落雨不肯歇，三月动雷泥土硬如铁。

立春打雷半月雨。

雷响惊蛰前，七七四十九日不见天。

小暑一声雷，翻转做重梅。

雷轰轰，雨不凶；雷哼哼，大雨生。

雷响天边，雨在眼前；雷响头顶，有雨勿惊。

雷打高山顶，天气要转晴。

雷声团团转，有雨在眼前。

人怕单声呛，天怕独声雷。

清晨雷鸣，大雨来临。

早雷勿过晏，晏雷勿过夜。

六月六动雷，七月七发威。

先雷后雨雨必小，先雨后雷雨必大。

开门见雨饭前雨，关门见雨一夜雨。

落雨起泡，落雨落勿搞。

处暑难得阴，白露难得晴。

白露无雨，百日无霜。

小雪无雪大雪补，大雪无雪才叫苦。

三九不见雪，春雨不肯歇。

冬雪落得少，春雨贵如宝；冬雪落得多，春雨满山坡。

立冬白一白，晴到割大麦。

雪等雪，勿肯歇。

正月雾，雪铺路；二月雾，天上乌；三月雾，雨落糊；四月雾，三麦堆仓库；五月雾，大雨在半路；六月雾，深井水也枯；七月雾，热得难走路。

春雾雨，夏雾热，秋雾凉风冬雾雪。

雾发三天必有雨。

早上阴雾晚上开，晚上阴雾雨便来。

雾开宴饭来。

久晴大雾雨，久阴大雾晴。昼雾阴，晚雾晴。

黄梅天发雾，摇船甭问路。

东鲎日头西鲎雨。

早鲎不过晏，出门要带伞。

鲎高日头低，晒杀老雄鸡。鲎低日头高，落雨在明朝。

中午亮一亮，下午落一场。天亮阴悠悠，昼过晒日头。

若要晴，看山清。

一日黄沙三日雨，三日黄沙九日晴。

雨打黄昏戌，明朝日头出。

雨打五更头，晒杀老黄牛。

久雨闻鸟声，不久天转晴。

鸦叫晴，雀叫雨。

鸡鸭进屋早，明朝天气好。

狗打喷嚏，天要晴起。

蚂蚁爬得高，大雨就要到。

蚊虫嗡嗡叫，当天雨要到。

蚂蟥透气，要穿蓑衣。

猫洗脸，狗吃草，不出三天雨来到。

九月田鸡叫，十月无柴烧。

水缸出汗，雨水立见。

屋里地还潮，勿久大雨到。

夏雨隔牛背，秋雨隔灰堆。

农事

吃过谷雨饭，天晴落雨要出畈。

秋后老北风，夏菜满袋筒。

清明下籽，甭问爹娘。

九九八十一，禾马一齐出。

谷雨东南多浸种，立夏西风少下秧。

秧子出畈，一百廿日吃饭。

娘好囡好，秧好稻好。

种田早，不如养秧老。

混水插秧，浅水耘田。

大水耘田一抹光，前头耘过后头荒。

头耘摊摊平，二耘挖挖根。

处暑根头摸，秋后一把谷。

立秋无雨三分忧，田里庄稼半成收。

处暑根头白，每亩少一百。

处暑根头烂，好吃白米饭。

热黄梅长稻，冷黄梅长草。

寒露不出头，割来只喂牛。

白露不搁田，打稻叫皇天。

稻头崭崭齐，廿日上道地。

六月盖被，有谷无米。

割青不割青，相差一百斤。

早稻要抢，晚稻要养。

种田要养牛，讨饭要养猴。

谷雨种棉花，不用问人家。

立夏种棉花，赶不上人家。

小满种棉花，心头像蟹爬。

芒种下忙花，到老不居家。

夏至种棉花，老婆无脚纱。

一日三阵头，棉花胸孔头。

棉花出了土，见草就要锄。

夏至根头草，可比毒蛇咬。

刮子捏得勤，棉花白如银。

苗轧苗，当柴烧。

芒种芒种，样样要种，如果勿种，秋后落空。

正月削麦正道理，二月削麦费饭米。

正月下雨麦格命，二月下雨麦生病。

削断麦根，牵断磨心。

小麦年年收，独怕懒汉不开沟。

清明见麦头，夏至见稻头。

霜降种大豆，不用问娘舅。

冷水满豆孔，来年断豆种。

豆根壅灰，豆荚成堆。

豆地年年调，豆种年年好。

麦地种豆，亲如娘舅。

烂田油菜燥地麦。

油菜三遍浇，产量一定高。

秋分种草子，寒露正得时。

草子壅河泥，赛过盖棉被。

草子过冬壅次灰，好像三冬棉被盖。

草子田里开好沟，落雨落雪不用愁。

草子种三年，坏田变好田。

草子薄薄摊，花饼抵一担。

人要补桂圆枣子，田要肥河泥草籽。

头八晴，好年成，二八晴，好收成，三八晴，烂草搭田塍。

雄花套雌花，多结大南瓜。

头伏萝卜二伏芥，三伏里头种菜白。

小满黄瓜芒种蒲。

四月种豇，六月救荒。

六谷是木䭾，不怕肥料多。

立夏种芝麻，着地起丫杈。

夏至种芝麻，脑头一朵花。

知了咋咋叫，懒惰老宁困宴高，健勤老宁拔荒草。

生地芝麻熟地花。

冬至栽竹，立春栽木。

养牛为耕田，养鸡养鸭为油盐。

养了三年蚀本猪，好了田稻不得知。

生活

三种行业算最苦，撑船、打铁、磨豆腐。

身边没有铜，走路像瘟虫；身边有了铜，走路打先锋。

铜钱银子来来往往，性命属于阎罗大王。

勿怕侬格凶，独怕我格穷。

冷冷在风里，穷穷在铜里。

有力不可尽撑，有势不可尽行。

巴结过头，尿瓶舀油。神气勿清，尿瓶倒拎。

少吃多滋味，多吃坏肚皮。

一勿可赌力，二勿可赌食。

一不打和尚，二不打黄胖。

若要小儿安，须带三分饥和寒。

破雨伞，里戳出。

好记性不如烂笔头。

出力不讨好，黄胖舂年糕。

会拣拣新郎，不会拣拣田庄。会拣拣新娘，不会拣拣嫁妆。

男怕入错行，女怕嫁错郎。

好拣勿拣，拣了个跷脚烂眼。

无爹无娘，无商无量。

宁可死个做官爹，不可死个讨饭娘。

宁可生败子，不可生呆子。

宁可与有理人讨相骂，勿可与无理人讲空话。

宁可给在行人扛旗，勿可给厌子孙拜帅。

宁可重担挑，勿可陆续销。

宁可喝欢喜汤，勿格吃愁米饭。

有话有商量，吃菜比肉香。

三九月，乱穿衣。冻九捂四。

若要俏，骨头冻得嘎嘎叫。

三日肚皮饿，打听哪里的焦饼大；三日肚皮饱，打听哪里的婆娘好。

三日不吃干菜汤，脚膀有点酸汪汪。

催工不催饭。天雷不打吃饭人。

冬吃萝卜夏吃姜，到老不用看医生。

药不治假病，酒不解真愁。

早饭吃得饱，晏饭吃得好，夜饭吃得少。

说话有道理，带鱼吃肚皮。

春鳊秋鲤鱼，冬鲫夏白条。

呆人有呆福，烂泥菩萨住大屋。

螺蛳壳里做道场。

有福不会享，坐等到天亮。

天热恨开门无风，天冷恨关窗有缝。

越吃越馋，越嬉越懒。

不怕家里穷，只怕出懒虫。

吃不穷，穿不穷，不会打算一世穷。

只可算了吃，不可吃了算。

吃饭上山扒雪，做生活老鼠啃铁。

笑脏笑破不笑补，笑馋笑懒不笑苦。

外头充大佬，屋里烧缸灶。

穷算命，富烧香。心惶勿定，卜课算命。

无愁得愁，愁得大六月里呒日头。

无怨得怨，怨粮畈里格亲眷。

小人无假病。

吃药不忌口，郎中跟着走。

急惊风碰着慢郎中。

药对方，一口汤；不对方，一水缸。

闲人愁多，懒人病多，忙人事多。

夜长梦多，日长事多。

稻无全熟，人无全福。

三岁打娘娘发笑，十岁打娘娘发跳，廿岁打娘娘上吊。

小时偷针，大来偷金。

轻担让重担，空手让扁担。

京剧打官话，绍剧为天下，越剧讨老嬷，滩簧讲野话。

薛仁贵征东，张士贵得封。

日里话的夜里，菩萨还郎庙里。

老鼠咬断饭篮绳，黄狗走来得现成。

有的眠床困欓板，有的椅子坐门槛。

远亲不如近邻；邻舍好，无价宝。

亲眷篮对篮，邻舍碗对碗。

三三四四杀只牛，倒勿如独自杀只狗。

量大福大，树大屋大。

债多勿愁，虱多勿痒。

哑子搭聋棚，有话难商量。

多管闲账，猫拖咸鲞。狗拖老鼠，多管闲账。

贪小失大，馋痨落夜。

端午馄饨夏至面，吃得牛介健。

出门看天色，进门看脸色。

铜缸铁甏，半斤八两。

人心难测，鸭盹难剥。

聪明多烦恼，呆子多困觉。

见面三鞠躬，背后骂祖宗。

屋里像条龙，外头像梗虫。

穷人看富样，越看越不像。

眼饱肚中饥，越看越肚饥。

树老东空西空，人老东痛西痛。

眼睛一眨，赖孵鸡娘变鸭。

文不像读书人，武不像救火兵。

自家做做来勿及，人家做做勿如意。

迟来和尚吃厚粥。

老虎勿怪怪青山。

红萝卜上的蜡烛账里。

天要落雨起乌云，娘要嫁人起横心。

独个头人如神仙，生起病来叫皇天。

有钱人家放炮仗，无钱人家掼破甏。

长长手，难掩人家格口。

满碗饭好吃，满口话难讲。

人心节节高，好的还想好。

人家有事我会讲，自家有事头戴网。

踏着尾巴头会动。

为人不做亏心事，半夜敲门不吃惊。

自道自好，烂腐稻草。

有力长头发，无力长指甲。

吃饭要过口，做生活要对手。

瞎子怕过河，撑船怕搁牢。

洗脸洗个鼻头梁，扫地扫个地中央。

我在火里，侬在水里。

戏法人人会变，各有巧妙不同。

顺风锣好敲，顶风船难撑。

心直口快，招怨作怪。

嘴巴活络，苦头勿吃。

金窝银窝，勿如自家草舍。

道士先生夜来忙。

灶跟底下看老宁，越看越漂亮；到的堂前数第七，走的戏文场下想弃凡。

人要脸，树要皮。

跟好人出好人，跟和尚出道人。

前半夜想想自家，后半夜想想人家。

借手勿放心顺手。

夫妻长淡淡，咸菜长下饭。

热面孔贴冷屁股。

拾起勿笑，跌落勿懊。

做者做杀，嬉者嬉杀。

做样生活，换样骨头。

人家客气，侬道福气。

俩爹搓棒槌，自苦自得知。

有鱼有肉，坐拢就吃。

坐个角落头，吃个冷饭头。

迟来和尚别出当家人。

三十日夜格吃，正月初一格穿。

看之杨柳骂冬青。

困要困冬至夜，嬉要嬉夏至日。

若要好，大做小。

鱼有鱼路，虾有虾路。

好佬勿吃眼前亏。

话得死尸会走，白鲞会游。

吃着勿如坐着。

老酒缸开之，眼药瓶塞之。

破阳伞里触出。

眼睛看得触花，田鸡竟道疙疤。

眼睛花绷绷，大姑娘欧伯伯。

眼睛花惺惺，揩桌布当新手巾。

宁可弃凡廿亩地个稻，勿可弃凡鲫鱼个脑。

话过忘记，吃过肚饥。

外水勿进，里水勿出。

绣花枕头烂稻草。

弹花榔心倒头大。

钟勿敲勿响，灯勿点勿亮。

勿听老人言，吃苦在眼前。

小洞不补，大洞叫苦。

一寸光阴一寸金，寸金难买寸光阴。

人不可貌相，海水不可斗量。

天有不测风云，人有旦夕祸福。

只要功夫深，铁杵磨成针。

天下无难事，只怕有心人。

有理走遍天下，无理寸步难行。

大河有水小河满，上梁不正下梁歪。

人老露筋，树老露根，船老露钉。

农民不离田头，店员不离柜头。

有借有还，再借勿难。

砻糠搓绳起头难，竹竿挑水难转弯。

好汉独怕病来磨。

耳听是虚，眼见是实。

好记性勿如烂笔头。

账不算不清，理不讲不明。

墙头草，两面倒。

清官难断家务事。

浑水越澄越清，是非越辩越明。

善有善报，恶有恶报；不是不报，时候未到；时候一到，全部报销。

见长人讲长话，见矮人讲矮话。

寒天吃冷水，点点在心头。

一夜夫妻百日恩。

人要脸，树要皮；勿要脸皮，无所不为。

脚正不怕鞋歪，人正不怕影斜。

宁敲当面锣，不打背后鼓。

镜子越擦越亮，脑子越用越灵。

秀才不出门，能知天下事。

一道篱笆三个桩，一个好汉三个帮。

稻怕寒露风，人怕老来穷。

三兄四弟一条心，门前泥土变黄金；三兄四弟各条心，屋里黄金化灰烬。

难话媳妇疙瘩婆，一生一世讨相骂。

烧香烧在三宝殿，好事做到眼面前。
三百六十行，行行勿落档。
小和尚念经，有口无心。
良言一句三冬暖，恶语伤人六月寒。
冷粥冷饭好吃，冷言冷语难听。
出头椽子先烂。
着火害邻舍。
明枪易躲，暗箭难防。
勤是摇钱树，俭是聚宝盆。
人勤地出宝，人懒地出草。
男大当婚，女大当嫁。
不沾烟和酒，活到九十九。
饭后百步走，活到九十九。
开心重病早愈，忧愁百病缠身。
饭后三百步，不用进药铺。
千钱难买老来瘦。
小人怕噎，老人怕跌。
吃饭防噎，走路防跌。
笑一笑，十年少；恼一恼，老一老。
气气恼恼成了病，嘻嘻笑笑活了命。
坐卧不迎风，走路要挺胸。
夜里忖忖千条路，日里仍旧走老路。
六十勿留宿，七十勿留吃。
袋里只剩角子，香烟还有壳子。
一话就成功，下盖山郎中。
勿怕真凶，独怕真穷。
是草有根，是话有因。
锣鼓听声，讲话听音。
勿懂装懂，永世饭桶。
大王好见，小鬼难挡。
果子越吃越少，闲话越传越多。
前头好相相，后头勿管账。

商贸

千钱难买自中意。
宁可买不值，勿可买吃食。
功名要求，生意要兜。
种田地人格锄头，做生意人格舌头。
贪贱买老牛，一年倒九头。
女人败，养鸡卖；男人败，起屋卖。
货比三家不吃亏。
好货勿贱，贱货勿好。
挂羊头卖狗肉，卖猪头搭脚爪。
出真方，卖假药。
老店新开，买主多来。
一千赊，勿如八百现。
铜钿买过，并无罪过。
吃亏就是便宜。
吃明勿吃暗，童叟勿格欺。
羊毛出在羊身上。
算进勿算出，吹胖勿吹瘪。
对折拦腰掼，零头零尾抹抹凡。
大钱赚勿来，小钱眼勿开。
货到地头死。
翘脚赶到，市头散掉。

第三节　歇后语

驼背向天跌——两头勿着实
六月里穿棉鞋——日（热）脚难过
黄胖舂年糕——出力不讨好
稻草人救火——自身难保
三十日夜格砧板——没空
大豆开花——黑良心
砻糠搓绳——起头难
屁股里画眉毛——大脸孔
小和尚念经——有口无心
白墙壁里画白马——白画
粪缸石头——又臭又硬
江西人补碗——自顾自
肉包子打狗——有去无回
棺材里伸手——死要铜钱

金丝草帽烂边——顶好
吊死鬼搽粉——死要脸
竹管筒里倒大豆——煞清爽
三只手指捉田螺——笃定
两个人牵磨——你推我让
桐油畚斗——滴水不漏
蚂蚁爬进磨眼里——条条是路
山东人吃麦冬——一懂也不懂
笼糠里打油——榨不出
四大金刚上天——悬空八只脚
长生弄堂里背毛竹——直来直去
车胎里打气——只进不出
六月里吃生姜——服（伏）辣
老九的弟弟——老实（十）
阎罗王拉家常——尽讲鬼话
六月里的粪缸——越搞越臭
歪嘴巴吃炒麦粉——呒淘成
穿棉袄摇蒲扇——不晓得冷热
聋子打电话——形式主义
被窝里放屁——独吞
墙头草——随风倒
老鼠爬进书箱里——咬文嚼字
老鼠钻进风箱里——两头受气
老鼠进洞——拐弯抹角
过街老鼠——人人喊打
莲蓬结莲子——心连心
戏台上谈恋爱——虚情假意
红枣炖冰糖——甜透了
近视眼过独木桥——光顾眼前
跳舞的脚步——有进有退
天上的彩虹——好景不长
大海捞针——枉费劳心
穿草鞋系领带——土洋结合
和尚庙里借木梳——找错了门
演员化装——涂脂抹粉
大树下乘凉——托前人的福
显微镜下看细菌——一目了然
报晓的公鸡——不用催
八旬老汉演花旦——别出心裁
八个人抬大轿——步调一致
横着扁担走路——霸道
苍蝇碰上蜘蛛网——有去无回
半个铜钿——不成方圆
爆竹脾气——一点就爆
潘金莲煎药——暗中放毒
床底下吹喇叭——低声下气
此地无银三百两——不打自招
飞机上挂热水壶——高水平
风筝断线——摇摇欲坠
乌龟请客——都是王八
狗吃粽子——不解
竹篮打水——一场空
老鼠给猫拜岁——送死
黄鼠狼给鸡拜年——不安好心
兔子的尾巴——长不了
秀才的房间——尽是输（书）
秀才遇到兵——有理说不清
和尚打伞——无法无天
和尚头上的虱子——明摆着
扁担上困觉——翻不了身
瞎子吃馄饨——心里有数
鸭吃黄鳝——吞吞吐吐
灶君菩萨上天——有一说一
出头椽子——先烂
湿手捞干面粉——想甩甩不掉
逃得了和尚逃不了庙——尽管放心
小脚女人走路——开不了步
脱裤子放屁——多此一举
麻子照镜——自我观点
过了河的卒——横冲直撞
穿无底的鞋——脚踏实地
庙里的旗杆——独一无二

铁匠夸徒弟——打得好
哑巴讨老婆——说不出的高兴
讨饭头借算盘——穷有穷的打算
正月初四的生日——头世（四）人
消防队出动——十万火急
石板顶掼乌龟——硬碰硬
小鸡吃黄豆——涨煞死
门槛顶格酒甏——垒进垒出

第二十四编

习俗　宗教

小曹娥为移民聚居地，习俗与宗教大体与姚西北近似，但也有一定的特点，吃小海鲜较多，口味稍咸，服装较朴素。中华人民共和国成立后，革故鼎新，不少习俗去繁就简，弃粕存精。“文化大革命”期间，部分习俗被斥以“四旧”而被废止。1978 年改革开放后，传统习俗回归，传统美德光大，时代新风发扬。2010 年，清明、端午、中秋成为国家法定假日，传统节庆由民间提升到国家层面，文化习俗得以传承。

境域历史上有佛教、基督教等宗教组织和活动场所，百姓多信仰孝女曹娥、镇海的张相公、治虫的刘猛将军。清道光十四年(1834)建曹娥殿，1864 年建济歇亭。1937 年，设基督教教堂。1958 年后，宗教活动基本停止。1980 年后，宗教组织陆续恢复，重建寺院、教堂，宗教场所。2017 年，有佛教活动场所 2 处，基督教活动场所 4 处，近几十年信仰基督教的人较多。基督海塘南堂 2017 年被评为浙江省和谐教堂。

第一章　习　俗

第一节　生活习俗

饮食

主食　境内居民一日三餐，主食米饭。早稀，中、晚两干。农忙时节，三餐均干，加一两餐点心。崇尚节约，有“吃三年烂饭起幢屋”的俗语。旧时遇灾年水稻歉收则吃麦粞饭（米麦共煮）、瓜菜饭，间食高粱（俗称打粟）、玉米（俗称六谷）、番薯等。农村多食涨性好、出饭率高的早米，晚米用作春年糕，糯米多用来做酒和点心。

菜肴　旧时日常菜肴崇尚节俭，新结姻亲登门必杀鸡宰鸭。遇迎亲、祝寿、造屋、小儿满月等喜事办筵席，则贫富丰俭相差悬殊。有8围筵（8冷盆、10热菜、2点心）、12筵（12冷盆、12热菜、4点心）、16围筵（12冷盆、12热菜、4点心、4水果），直至24围筵。丧事入殓日以素斋待客，称落灵；出殡回来可开荤腥，称转丧饭。

烹饪方法有煎、炒、烤（干煮）、炖、蒸、煨等。20世纪80年代后，居民生活水平提高，多数人家日常不断荤腥，宴请规格日趋高档，往往饱食有余，颇多浪费。

城乡皆有自制咸菜、干菜的习惯，有“三日不吃咸菜汤，脚膀有点酸汪汪”的俗语。传统菜肴制作方法有腌（腌菜、腌泥螺、腌蟹、腌肉等）、晒（干菜、萝卜干、榨菜干、鱼干、虾干）、霉（霉苋菜梗、霉千张、霉豆腐等）、浸（用腌菜梗卤浸制豆腐、菜头、毛豆等）、糟（糟鸡、糟肉，以酒糟做调味配料）等。

点心　料以米粉、面粉为主。按季节时令不同，有团子、粽子、艾青饺、糯米金团、松花金团、年糕、麻团、蛋糕、麻糍、烧卖、面条、大饼、油条、豆浆、包子、馒头、油乌句（龟）等。

茶食（糕点）　有绿豆糕、橘红糕、蛋糕、豆酥糖、麻酥、饼干、桃酥、麻花、炒米糖、芝麻糖、寸管糖、雪枣等。

饮料　酒为旧时祭祀和待客必备，以黄酒为主。农村多喝用糯米自酿的米酒，称白酒。用大小麦和高粱酿制的白酒称烧酒。杨梅成熟季节，用烧酒浸杨梅，称杨梅烧酒，药饮兼用。20世纪80年代后，流行饮用啤酒。90年代起时兴红酒（葡萄酒）。待客饮茶多用绿茶，新年待客时加糖，称鸳鸯茶，以示客气。90年代后，时兴用咖啡等饮料待客。日常自饮一般贪图方便，用白开水或矿泉水、纯净水。宴席饮料有可乐、雪碧、椰子汁、红牛、加多宝等，种类颇多。

服饰

衣着　明代时，本地居民服饰崇尚朴素，平民不论贫富皆穿粗布，贵族也不豪奢。上百户家庭唯数家齐备骢帽大布袍，一般人家遇节庆只能临时借用。清代中期后逐渐奢华，富贵之家取织造名缎为常服，妇女多用貂额银鼠套衣，年少之徒皆穿马褂，下及奴婢也着绫罗锦绮。民国初年，服饰沿袭清制。劳动男子平时穿对襟袄、叠拢裤（俗称短打）。老年人天冷时腰系竹裙。婴孩穿和尚衣，外裹抱裙。幼童穿开裆裤，胸前系围涎。士绅、商人、知识分子穿长袍，正规场合外加马褂。女子上袄以大襟喇叭袖为主，下穿长裤，外加罩裙；中老年妇女平时系布褴，知识界妇女多穿旗袍。民国后期，工商界人士、教师兴中山装，间有西装。中华人民共和国成立后，兴中山装、列宁装。20世纪60年代兴青年装，妇女兴穿两用衫。“文化大革命”期间，青年男女兴绿军装，中老年多穿蓝、灰色中山装。80年代后，兴西装、牛仔裤、夹克衫、羽绒衫、皮衣、T恤、裘皮等，式样日新月异，色彩鲜艳。

鞋袜　民国时期，婴孩穿虎头鞋，男子穿深口或小圆口布夹鞋，老年人穿布靴。冬天布棉鞋有二脱头、河蚌壳、鸭舌头三种。雨雪天穿木屐、竹板、钉鞋，或在布鞋底涂上桐油充作雨鞋。女子七岁缠足，穿绣花尖顶鞋。民国中后期，兴球鞋、套鞋、皮鞋，妇女兴搭襻鞋、高跟皮鞋。劳动者或赤脚，或穿草鞋，冬天穿箬壳草鞋。中华人民共和国成立后，兴解放鞋、塑料凉鞋。20世纪80年代后，兴各式皮鞋、皮靴、运动鞋、保暖鞋等。清代至民国初期，多穿细白布缝制的袜子，后流行针织线袜。渔民冬天穿头发编织的发袜以避水保温。民国中后期出现翻袜、套袜、长筒丝袜。60年代后，流行尼龙袜、卡普隆袜。90年代后，年轻女子兴连裤长筒丝袜。

帽　民国时期，士绅、商人及知识分子以铜盆帽做礼帽（俗称大帽），平时戴西瓜顶帽（亦叫秋帽，俗称小帽）。劳动者夏戴草帽，冬戴罗宋帽或猢狲帽。沿海农民、渔民、搬运工人等戴绍兴毡帽，老年妇女戴黑绒包头，青年妇女一般不戴帽。中华人民共和国成立后，流行戴八角帽、人民帽、解放帽。20世纪90年代后，出门旅游流行戴太阳帽、旅游帽。

发型　清代时，男子留辫；未婚女子梳单辫，前挑刘海；已婚女子挽发髻，横插银簪外加网罩；十六岁前儿童不蓄发。民国时期，男剃光头、平头、圆顶头；未婚女子梳双辫，已婚女子梳绕绕头、翻头；孩童剃瓦片头、桃形头。20世纪50年代，男多西发，女多一刀剪短发。80年代，青年女子兴烫发。90年代后，发型多样。

佩饰　民国时期，女子七岁穿耳，以戴簪钗、珠花、耳环、手镯、戒指为美，富户多戴金质，中等人家戴银质或镀金。男童佩戴长命项圈、带铃镯子，男子也有戴戒指、手镯的。中华人民共和国成立后，首饰一度绝迹，男子兴佩钢笔以示有文化。“文化大革命”期间，流行佩毛主席像章。20世纪80年代，流行戴手表；金戒指、金项链、金耳环等开始复兴。90年代后兴铂金，亦有年轻男子有以戴耳钉为时髦的。手机普及后，戴手表者逐渐减少。

居住

自明成化年间，境内始有人迁入定居，住宅多为竹木结构的草舍平房，生活条件较差，只有极少量的瓦平房。20世纪70年代开始，草房才逐步被砖木结构或水泥预制结构的平瓦房所替代。80年代初期，开始建造砖混结构的二层楼房，并建有庭院围墙。进入21世纪，新建住宅多为二、三层楼房。2010年，式样不断创新，质量不断提高，部分为“小洋楼”式别墅。

宅基地位置的选择，20世纪80年代以前多为沿江河而建。80年代以后，规划多选择沿路而建。21世纪开始新规划的宅基地以方块式小区为主。

分家

旧俗以多子为福，故一个家庭往往子女众多，待他们长大并各自成家以后，父母便为儿子分家立户。分家的财产包括父母的房屋、田地山产、祭田、现金及生产和生活资料。分家前，要先议定赡养父母的办法，或留出一些田产，或拨出部分财产，作为分家后父母的生活费用。对留出的田产，则由儿子轮流或由某一个儿子固定管理，以产所出，作为供养之费。也有轮流到各儿子家吃饭的习俗。近代也有规定由儿子每月支付父母一定的赡养费。分家时，民间还有“父债子还，父债子讨”的俗规。如有人家欠父母的钱，一般由长子出面索讨，然后各兄弟平分。

分家时，长子、长孙享有酌情优惠的习俗。一般长子分老宅左边房屋。为避免分家争吵，请来娘舅主持其事，并邀请姑丈、叔伯等长辈参加。旧时，女儿无分享家庭财产的权利。大户人家偶有留数亩姑娘田，做日后女儿回娘家费用。

分家时要立好分书。分书由父母提出初步方案，在娘舅主持下经过商议，写明分家原因及分家原则，列出每人分得的主要财产清单，并由房族中的长辈作为公证人。如有争端，听凭娘舅秉公而断。然后选择吉日祭祖，办分家酒。祭祖毕，诸兄弟在分书上签字画押，娘舅和作为公证人的姑丈、叔伯等长辈，也在分书上画押做证。分书一式数份，除兄弟各执一份外，父亲及娘舅也各执一份。以后如兄弟间有争讼之事，均凭分书判断是非。

分家后各户均分别砌灶。砌灶时，须从老灶内拆取一块旧砖，砌入新灶。新灶砌成后，还要从老灶引火种点燃新灶，即所谓薪火相传，以象征祖上福泽，各家均沾。

办分家酒那天，各兄弟的岳父家还要挑装有鸡鸭鱼肉等食物的盘担送予女婿，以示祝贺。

出行

旧时外出须择吉日，一般择初三、十六出门。

第二节　生产习俗

旧时生产习俗多有迷信色彩，今已摈除。

农业生产

农历正月初八，农民望晴预测年成。有农谚曰：“头八晴，好秧性；二八晴，好年成；三八晴，好收成。”二八、三八是指正月十八、廿八。

正月十四日晚，农家用火把照田间，焚烧杂草中的蝗虫卵，谓“照蝗虫”。是日，亦是耕种田地较多人家雇用的长工开始劳作的日子。

二月初二，相传为土地公公生日，农家在田头点上三炷清香，摆三只酒盅，分别放上米、茶叶、黄酒，祈求田公田婆保佑平安丰收。

惊蛰日，听雷声预测年成。农谚云：“惊蛰闻雷米如泥。”如雷动在惊蛰前，则预示当年歉收。

二月十二日，看天色预测年成。如这一日天色晴好，则预示当年风调雨顺，是个丰收年。相传这一日又是棉花神生日，棉农要选晒棉籽，以祈求棉苗生长茁壮。

三月初三，听蛙声预测当年雨水多寡。农谚云：“田鸡叫午前，丰产在高田；田鸡叫午后，低田不用愁。”

清明浸秧籽。农家要吃发芽的蚕豆（俗称芽豆），祈盼谷芽像蚕豆芽一样粗壮。牧童一早将牛赶至田头，任其吃草籽（苜蓿），任何人不得干涉，称“放青”，俗谓“吃之清明露水草，就要开始耕田哉”。

插秧种田要办大田王酒，请大田王菩萨。早上7时左右，主人家将鸡、肉、鱼三牲及三茶六酒、点心等供在田头，点燃香烛，然后磕头礼拜。仪式完毕，将所供酒菜招待种田师傅，且只有插头行秧的作头才有资格吃鸡头。种田时，以糯米粉团子做点心，暗喻插下去的秧苗如团子粘在土里落地生根。

四月十六，看天色预测雨水。晴者年内多雨水，雨者年内多旱情，最好是阴有云。农谚云：

“有谷无谷，要看四月十六。”又云：“天上有云，地上有谷。”

五月二十二、二十三，农民迎青苗菩萨巡至稻青虫旺发的田贩，求得青苗菩萨的“令箭”（实为桃木枝）插在田头，以避虫害。

芒种后十天，迎九莲庵、莲风寺的刘猛将军神像以驱蝗。

六月初三，看天气预测早稻丰歉。如天气凉快，则预示早稻歉收。农谚云：“六月不热，五谷不结；六月盖被，有谷无米。”

早稻新米开碾后，农家将第一碗新米饭供奉灶神，族长率众供祭土地神。

七月三十日，为地藏王诞辰，家家供香烛、盆水于地。妇孺用新采摘的棉花蘸水揩眼睛，谓能眼目清亮，不会患染眼疾。

秋收后，不种春粮作物的冬闲田亦需翻耕，俗称“田要冬耕，儿要亲生”。

入冬后，农家习惯冬舂米，谓冬舂米米粒坚硬，可避免碎米，提高出米率。

大年三十，农家备香烛酒菜至田头祭祀田公田婆，以酬土地神给予的收成，并祈求来年有好收成。同日，准备饭、菜、团子三种食物，给耕牛“分岁”，如牛先吃饭，预示明年水稻会有好收成，以便主人选择是多种稻还是多种菜。

农家习惯夏季打河草、秋季种草子、冬捻河泥以做当家肥，俗语有“田要有力河泥草子，人要有力桂圆荔枝”。

外海捕捞

造船前三天要祭祖。祭礼备三桌，摆成“品”字形，每桌六只酒盅、六双筷子、三条长凳，酒菜要丰盛。点燃蜡烛后，造船者上三炷香，从上桌拜到下桌，把自己要造船的事禀告祖宗，以求祖宗保佑。出海时，船头严禁大小便，以防触犯船神。农历七月半须祭祀海难游魂，祈求平安丰收。请船福就是请船神，凡是渔船下海都要请。一般在十二月二十八日，平时在修船后下海时或新船造好后下海时请。用香烛、礼炮、三牲（肉、鱼、鸡），置于船头甲板上，由船老大带着全体船员，边请拜，边讲吉利话：“出海保太平，鱼虾满船进。”也有：“浪头草（海里垃圾）二豁开，大鱼大虾都拢来。”待香烛燃尽，鞭炮放好，船即可启航出海。

手工业

旧时石、木、泥水、裁缝、箍桶等工匠多为当地人，理发、弹花、银、铜、铁、锡匠多为天台、永康等外地人。学艺须在正月择吉日请人介绍拜师，未经拜师学艺者同行不予承认。拜师时先祭本行祖师，再拜师傅。学徒期限一般三年，其间师傅只供饭食，不付工钱。除春节岁假外平时不准回家，吃饭时要给师傅盛饭，而且必须“师傅先吃饭，学徒先放筷”，还要给师傅倒夜壶、领小孩、洗衣服。满师后办满师酒，师傅赠半副工具，称“半作”。要另找师傅过堂，俗称“三年学徒，四年半作”，半作只领一半工钱。中华人民共和国成立后，逐渐建立新型的师徒关系，徒弟享有较多的人身自由权。

商业

旧时商号多供奉财神赵公元帅，合伙经营则供关公读《春秋》像，以示情契义深。一般在正月初五早上祭祀财神。店堂中设置显示各业特色的青龙牌，如中药店的青龙牌上书写“韩康遗风”，酒店的青龙牌上有书写“杜康遗风”或“太白遗风”的。出售商品讲究包装，各业包装样式不同，如杂货店为三角包、南货店为斧头包、中药店为四角包、布店为长方包。端午、中秋、除夕为商铺收账日期，腊月二十五封账（对外不赊欠）。

进商店当学徒称学生意，须有人担保，写好“生死文书”，约定学徒期间“生死由天，与店无关”。三年学徒期间不准回家，白天以打杂或帮老板娘做家务为主。

第三节 岁时习俗

春节

凌晨，主人必须在除夕之夜淋浴净身的基础上，准备好敬神的一切东西：八仙桌、盆、碟、香炉、蜡烛、元宝之类东西。敬神（天地菩萨、灶君）时必须肃静，祀品是四种糕点：天地糕（或四色糕）及其他糕点、四种水果（橘、香蕉、梨、荸荠）、汤圆、枣子。

在这一天，全家人必须吃素，洗脸水不能倒在地上，扫帚不能扫地。

祀祖，完成敬神后，放鞭炮，以示祝福新年。供品不动，桌子转摆，接着祀祖。之后农历正月初一早上开门放爆竹，谓“开门炮”，此时人人穿戴一新。全家人早餐吃豆茶、糯米粉团子、年糕、粽子，谓之“头头顺流、团团圆圆、年年高升”。族中男丁及新婚媳妇去祠堂祭祖，家长率全家去祖坟“拜坟岁”。放鞭炮、烧银锭之类东西。当天不外出串门，忌说不吉利的话、做不吉利的事（如动剪刀、打破碗盏等）。传统是三十夜吃，正月初一穿和玩，晚上也是文娱活动。初二后，亲友互访，互赠礼品，给小孩子拜岁钱。初四后半夜（初五子时），商店、工厂设酒菜供请财神。初五商店开门营业。中华人民共和国成立后，国家规定春节放假3天。90年代后，加上前后星期天，假日延长至7天。机关团体及企事业单位组织春节团拜，慰问烈军属、离退休人员及“五保户”老人、困难户等。朋友、同事、同学、战友之间时兴在QQ、微信上发送祝福信息。

元宵节

俗称“灯节”。旧时元宵节欢庆活动从正月十三日开始，持续到正月十八日结束。十三日为上灯夜，祠堂里张灯结彩，挂祖宗像，奏乐设筵祭祀，连续演五天五夜的灯头戏。十四日夜，吃五米粥。十五日，家家团聚吃糯米粉团子（元宵）。明嘉靖后，每年元宵龙灯须至教场基盘戏为定规，以示对抗倭英雄谢志望的纪念。中华人民共和国成立后，龙灯会习俗逐渐消失。1983年后，泗门、余姚恢复元宵灯会，观众如潮。域内不少民众前往观看。

清明节

旧时缘门插柳，家家做艾青麦果（米粉掺艾青汁做的燕饼），吃苜蓿（称“亮眼草子头”）。人们采荠菜、马兰头等野菜，谓“三月三，荠菜赛灵丹”。用红纸写上“清明送九娘，送到大海洋，一去不返乡”贴在门坊，意在消除马陆（又名千足虫，俗称臭花娘）防虫灾。家家户户携带酒菜、果品、纸钱、香烛至亡故的父母等至亲坟头祭奠，清除墓前杂草并培土、插柳枝，烧纸钱，放鞭炮，祭毕。直至今天，清明节祭拜祖先，悼念已逝亲人习俗仍很盛行。祠堂组织十六岁以上的男丁祭扫祖坟。娘家要给出嫁未满一年的姑娘送艾青麦果及扇子等夏令用品，称“望青”。仕女去郊外赏春，游览名胜古迹，谓“踏青”。中华人民共和国成立后，学校、企事业单位在清明前后组织春游、祭扫烈士墓。

立夏

旧时立夏尝三鲜，其中蚕豆、苋菜、黄瓜称地三鲜，樱桃、枇杷、杏子称树三鲜，螺蛳、河豚、鲥鱼称水三鲜。家庭贫困者吃几个鸡蛋以滋补身体。人称体重，谓立夏称体重不会疰夏。忌坐门槛，谓立夏坐门槛要疰夏。

端午节

节前，准女婿（俗称毛脚女婿）要去女方家送节，礼品须讲究。出嫁女儿去娘家送节则比较随便，娘家一般也不会计较。姑娘缝制各式香袋，内装雄黄、樟脑等香料，或挂床前，或佩小孩子胸前。旧俗还有在门、窗、床前及厕所挂艾条为旗、插菖蒲为剑。据传艾条可防蚊毒，菖蒲能祛恶辟邪。室内洒雄黄酒，以麦冬、麦壳、艾叶等做烟堆，熏蒸以驱除“五毒”（蛇、蜈蚣、蜘蛛、蟾蜍、蝎）。小孩额头上用雄黄酒写“王”字，据说夏天可以少生痱子。家家裹粽子、煮茶叶蛋、炒罗汉豆，中午吃“五黄”（雄黄酒、黄鱼、黄瓜、黄鳝、黄壳蟹）、“六白”（豆腐、茭白、小白菜、白斩鸡、白切肉、白条鱼）。

夏至

吃面条，谓“端午馄饨夏至面，吃之牛介健”。

农历六月六

给家里的狗、猫洗澡，俗谓：“六月六，狗猫要汰浴。”

乞巧节

农历七月初七，妇女在葡萄棚下设酒菜供请织女以乞巧。是日，小姑娘穿耳洞。农村里还有“七月七，吃新鸡”的习俗。亦称作中国的“情人节”。

中元节

农历七月十五日，又名鬼节，俗称七月半。七月半前，几乎每家设斋祭祀祖先，俗称“做七月半羹饭”。

中秋节

节前，亲友间互赠月饼等礼品。是夜，合家团聚，吃月饼、赏月。

重阳节

旧时士大夫有重阳登高的习俗。20世纪90年代后，政府定此日为“老人节”，以示敬老。

冬至

至亡故至亲坟头祭扫，给坟头加土以防冻保暖。民间还选冬至前后动土做新坟。祠堂设供，演戏祭祀祖先。亡故族人神主于此日进祠堂，称“进主”。

除夕

俗称过年。从腊月中旬即开始置办年货。出嫁女儿向娘家送年节，徒弟向师傅送年礼。农历十二月二十至三十日，称日为夜，俗称二十夜、二十一夜、二十二夜……三十夜（如月小，二十九夜也称三十夜）。二十三夜又称小年夜，晚饭前供糯米粉团子祭灶君，意为封住灶君嘴巴，不使其上天说坏话。旧时每家灶君堂两边都有副对联：“上天奏好事，下界保平安。”祭祀完毕，撕下灶君像朝天焚烧，称送灶君上天，至除夕日换上灶君新像。廿四掸尘，二十五、二十六挑水糊窗门，二十七来朗还是人（旧时长工），二十八来朗是瘟孙。大年三十，贴年画、春联。祭祖祀神奉三茶六酒，用三牲、年糕等做供品。祭祀完毕吃年夜饭，称分岁，桌上必备一碗鱼，谓“年年有余”。小辈向长辈敬酒，长辈给小孩子发压岁钱。家中若有人外出未归，要虚设一副碗筷，以示阖家分岁。旧时除夕夜阖家群坐至天亮，谓之守岁。20世纪80年代后，大多家庭看春节联欢晚会电视节目，到半夜十二点燃放鞭炮，迎接新年后就寝。

附

夏至九九歌

一九至二九，扇子不离手。三九二十七，吃茶甜如蜜。

四九三十六，争向街头宿。五九四十五，树头黄叶舞。

六九五十四，乘凉不入寺。七九六十三，夜眠盖被单。

八九七十二，被单添夹里。九九八十一。家家舂炭结。

注：夏至次日，数至九九八十一天为暑尽。

冬至九九歌

一九至二九，想呼不出手。三九至四九，河上滚捣臼。

五九四十五，蜡梅带雪舞。六九五十四，篱笆抽嫩枝。

七九六十三，破衣两头甩。八九七十二，猫狗寻阴地。

九九八十一，飞爬一起出。

注：冬至次日，数至九九八十一天为寒尽。

第四节　礼仪习俗

婚嫁

旧式婚嫁过程繁复，主要有定亲、纳聘、成亲、回门四道程序，耗时费财。夫妻结合，全凭父母之命、媒妁之言，本人不能做主，直至拜堂成亲，方能夫妻相见。各家贫富有异，其繁简排场亦有所不同。

定亲　俗称吃茶。男方父母若中意某家姑娘，遣媒人向女方父母提亲。若女方亦有意结亲，男方再通过媒人问女方生辰八字，称“请庚”。请算命瞎子“排八字”，称“合肖”。若无“冲克”，男方即遣媒议聘。

纳聘　俗称订婚、小好日。双方联姻后说定彩礼，男方择吉日先把头盘送往女家。头盘送去部分彩礼并附龙凤大帖，此帖亦是双方定亲不得反悔的唯一凭证。是日，男方宴请媒人及亲友。二盘又称催节，男方正式选定结婚喜日把全部彩礼送往女方，女方便筹办嫁妆，做好嫁女准备。嫁妆中除眠床由男方准备外，新房内的桌、椅、台、凳、桶、架、箱子等全部家具，以及被子、枕头、新郎新娘的四季衣衫鞋袜，全由女方随嫁送去。奁物中还必须预备孝服。旧时富豪人家嫁女嫁妆丰盛，有“十里红妆”之称，有的还陪嫁良田耕地，称“财田产”。贫困人家即使无力铺张，但马桶（俗称子孙桶）非准备不可。

成亲　即结婚，俗称好日。婚前2—3天，男方遣人至女方家搬嫁妆，进门要送“折杠钱”。嫁妆到男方家，须请尊长之妇检点衣衫，称“掏箱”，但忌掏装孝服的箱子。“子孙桶”由新郎弟弟提进新房，并由第一个在桶里撒尿的男孩拿取女方家事先放在桶里的彩蛋、花生果、爆米花和红包。女方提前1天办酒席，因新娘于此日行“笄礼”，故谓之“开面酒”，亦称“并头酒”。新郎至女家饮酒，坐堂前朝南正位，由女方的兄弟作陪，称“过门”。成亲日上午发轿迎娶，轿内必备一只热火熜（意喻“传香火”）。迎亲队伍由大红灯笼开道，并有吹打乐队，转弯鸣锣，过桥放炮。利济塘以北多为绍兴、上虞移民，仍沿袭绍兴、上虞一带的习俗，在晚上迎娶，称“夜轿”。至女家，要为火熜添加薪火，不可使其冰冷。乐队数次吹打，催新娘上轿，谓“催轿”。新娘起床梳妆，穿戴凤冠霞帔，吃“上轿饭”，蹄膀一只、红鲤鱼一条、八宝饭（糯米、桂圆、枣子、莲子、花生、杏仁、橘饼、冰糖煮成的饭）一满碗，母亲喂食“上轿饭”，后至中堂拜祭祖先，麻袋5只，袋口朝外，长辈传递，新娘步着铺设的麻袋至院外，谓为“送代”，由兄长抱上轿。轿子离开后，女方母亲要在中堂哭泣，以示对女儿出嫁的不舍，谓“哭轿”。新娘的兄弟、堂兄弟随即去男方家做舅爷，称“会亲”。轿至男家，轿放中堂外，麻袋5只，袋口朝内，长辈传递，新娘步着铺设的麻袋入中堂，谓“传代”。中堂里点龙凤花烛，新郎新娘举行成亲仪式，称“拜堂”。拜堂后，由龙凤花烛导引，新郎新娘入洞房。夫东妻西并坐床沿，喝糖茶、莲子羹等。筵席上，新娘的长兄坐朝南正位，新郎作陪。晚上闹新房，俗称“吵房”，直闹到深更半夜，须公婆、媒人赔话方罢。就寝前，新郎新娘喝暖房酒。

回门　又称双回门。婚后第二天或第三天，新郎陪新娘回娘家，当日原轿去原轿回。

中华人民共和国成立后，提倡婚姻自主、婚事简办。男女双方到政府部门办理结婚登记即为合法夫妻。20世纪60年代中期起，迎娶、回门时不再用花轿，有的以船代之，也有步行、坐自行车的。80年代后，彩礼、嫁妆日渐丰厚，迎娶用面包车、小轿车。21世纪初，还要用多辆高级小轿车，有的还用马去迎娶新娘，婚宴丰盛。

丧葬

俗称白事。中国古代从周朝以来有一种丧服礼仪制度，长辈死亡后，晚辈按照辈分亲疏远近，穿着丧服为其祭祀送葬。丧服分为五等：第一等斩衰丧服，是用最粗的麻布（或苧布）做的，不缝下边；二等齐衰，用稍粗的麻布（或苎布）做的；三等大功，这种丧服用白色粗熟布做的；四等小功，用较粗的白熟布做的；五等麻，用白细熟布做的。穿粗麻布的斩衰丧服是死者子女，丧葬时手持杖（哭丧棒），穿蒲草鞋，头戴粗麻络。各地风俗不一，现在有的简化了，但总象征性地别着一块粗麻布，或是一双草鞋缠在腰间。分为五等的丧服，是计算亲属亲疏远近的一种方法。旧时丧葬礼仪烦琐，迷信色彩浓厚。

确认死亡　操办者（俗指抬棺材鬼），应邀速即赶到现场，观看患（病）者气色，检查心脏停搏和手脚变冷情况后确认死亡。

入灵堂前为死者做的几项程序　操办者指导家属为死者擦身清洁，更换内衣、内裤，为死者剪手指甲、脚指甲（剪下的脚、手指甲需保留，待入灵前装入荷包），穿好寿老袜、寿老鞋，两手捏好 36 包（左右手各 18 包）。

操办者与家属一起为死者调个头向，脸面盖上盖面白，用芝麻杆一头挑一盏灯笼，另一头让死者一只手捏着（俗称回手灯，灯笼上念有灯笼经，内点燃一支白蜡烛）。床前放一个盆，内放 10 人 600 佛，连同灯笼一起烧掉。如果死者是女的，要加 18 包放在衣袋内，下身或系布蓝，或把叠好的布蓝放在一边。

操办者与死者家属到灶司菩萨前烧灯笼一盏，到堂檐前给祖上烧一盏灯笼（所烧灯笼与死者所挑灯笼一样）。

操办者指导死者子女、侄等，跪在死者床前，各人手捏三炷香（俗称跪香）。

开天门　女儿跪在（靠西的道地）椅子上（无女儿的可以近亲女性代表，以下类同），把路引挂在椅背上，手捏天门灯一盏，香三炷，口中轻呼死者的称谓，后即讲：“你上天堂去，有轿坐轿，有马骑马，有船乘船。”讲完即把路引、天门灯就地烧掉，边哭边进入死者房间，在死者床前与跪香的人一起跪下哭。

摊板头　操办者指挥女儿抱头，儿子抱脚（无子女的近亲替代，以下类同），操办者抱腰，把死者扛到灵堂（孝堂），头南脚北，向天平躺于门板上（在跪香时，由帮忙人员安排堂檐作为灵堂，用二条长凳搁好一块门板，方向南北，南顶横挂一块白布，一般需三丈三尺，白布前放一张八仙桌。把六碗蔬（素）菜、一只熟蛋放在同一大盆内，把大盆放在笼筛内，笼筛上再放二只炮仗、小红烛一对、香三炷、佛四日、黄酒二杯、茶叶二杯、纸元宝、纸块、灯笼一盏，用芝麻杆挑在八仙桌的挡上，把笼筛放在八仙桌上（送无常时用的）。身上盖好护肩被，脚后点一盏油灯（俗称摊板头）。

送无常　操办者在死者房里整理好需烧掉的杂物及门床草、席、被、枕头、换下衣裤等放在道地里。眠床上压一块石头。由操办者抱着杂物在前，帮忙者搬上灵堂八仙桌上的笼筛，女儿拿灯笼，其余子女、晚辈、亲戚各拿点燃的三炷香，啼哭着一起走向空地进发。操办者把笼筛上的一对蜡烛点燃，拜三拜，把笼筛上的四人佛拿来，及灯笼、杂物一起烧掉，持香的晚辈及亲朋好友各拜三下，把一炷香插在路边（另两炷香仍须带回）。帮忙者把笼筛上炮仗拿出放响，操办者把笼筛上的素菜、酒、茶，倒掉后一起返回。

设置牌位　操办者点燃的二支大红蜡烛（换掉原点二支白烛），插在方台上，放到八仙桌上，送无常返回的晚辈、亲朋好友持香拜三拜，把香插在香炉中。八仙桌放六碗蔬（素）菜，供果：四盆水果、四盆糕点、一杯茶、一杯酒、一双筷。八仙桌与挂着的白布间放一个座位，摆好亡者的照相、牌位（牌位上字由忏师先生书写）。操办者在亡者的板头边放一把扫帚，板下面放一只面盆，内盛水半面盆。然后，披麻戴孝的子女、晚辈、近亲日夜在亡者板头两边守灵，人多少不定，但一般不可无人。奔丧者前来，媳妇、女儿等要号哭。

商定停灵时间，安排议事日程，按主人家的

意见决定停灵时间，一般两天两夜。头一天安排请佛婆或念“板头佛”，或女忏师，第二夜请男忏师做法事，以告慰亡灵。安排好落灵入殓斋饭（晚餐）。安排帮忙人员，并通报亲朋好友（俗称报死讯），报丧人须倒夹雨伞，至亡者亲友家要将雨伞倒置在大门外，不得带入，吃点烟火食即走。报丧人走后，要在门前摔一张瓦片，或一只碗，以表示避晦气。

安排两人（一般为女儿、媳妇或近亲女性）跪着为死者梳头，死者的女儿手拿梳子，媳妇端着放黄表纸的盘子，双双跪在麻袋上。由女儿为死者梳理头发，并且口念头经：一对蜡烛一股香，脚前脚后照亲娘（爹），亲娘（爹）养我我长大，我把亲娘（爹）头绳系；一发通，万发通，金丝头发路路通；黄杏木梳挽成功，寿主点得寿堂前，子子孙孙满堂前；今日见你亲娘（爹）面，明日见你不相面，一对长幡往前走，送你老到坟头（念七遍）。把落发接在黄纸上，念七遍后，女儿、媳妇立起，向死者三鞠躬。梳头完毕，一人撑伞，一人拿桶盘（桶盘中有落发和梳发过的半只木梳），两人哭着走到送和尚的地方，倒掉。返回家中，洗手洗桶盘，回到灵堂（孝堂）。

操办者用一只晒花大放在孝堂西北边，上面放好死者需换用的新衣裳，抖罗被、压刹被、靠背被、护心被、护肩被（板头上已盖好）、招文袋、手幡、手年、荷包（内放36颗早稻谷；7瓣茶叶，剪下的死者手指甲、脚指甲）。上身包袱，下身包袱，长1—2米，宽约10厘米的黄色大带一根，长约10米的小带的一盘。把死者念佛用具，半只木梳，36包放入招文袋。已在的子女、亲属自挂白头绳和黑纱，放一部分在八仙桌上为后来的亲属朋友分挂。

每来一批亲友，守灵者需哭声接应，帮忙者把所送寿老被标号，后放在晒花大上，轴挂在墙上，烛、香、炮仗等放在位室（八仙桌旁），太宝挂在墙边。供果（四种糕点、四样水果）放在八仙桌上，馒头收到里面，供果新来一批换一批，亲友自取白头绳线或黑纱挂好，花篮、花圈放在门两边。

傍晚，忏师一到敲打一阵后，吃落灵斋饭。

入殓（俗称落灵） 吃好落灵斋饭，忏师开始敲打，拜忏做黄昏，操办者与主人家一起向忏师问清落灵时间（一般在晚上11点前后）。由儿子（或近亲男性替代），把死者需穿衣服，按序穿在身上拉平整，脚踏在麻袋上，两脚间放一火熜（内用棉籽暗燃热）。操办者为其扣好衣扣，系好大带后，手拿9炷点燃的香先到灶神菩萨前（灶神菩萨前放6碗素菜、1杯酒、1杯茶，点燃的2支小蜡烛），拜三拜，把三炷香插在香炉中，操办者烧一些纸元宝和纸块，然后到屋前，到地里朝南拜天拜地。各三拜后，操办者亦烧一些纸元宝和纸块，并把三炷香放在一起烧掉。再到孝堂灵前拜三拜，把还有的三炷香插在八仙桌香炉中，回到原穿衣处，把所穿的衣服整体一起脱下，用竹竿穿进挂在墙边（俗称朗衣）。操办者用三炷香把挂着的衣服每件熏一下，然后把火熜放在椅上，火熜上放一个馒头，插上三炷香放到衣服下方。

落灵前约半小时，通知各子女、亲属穿好孝服，站在死者两边，操办者与一帮忙者为死者穿衣服（一般上衣4件或6件，裤子3条）。穿好衣裤，操办者用大带缚住死者腰和手臂，用小带缚住死者双脚。

儿子、女儿、操办者把死者扛起至板头旁（女儿扛头、儿子杠脚、操办者托腰）。操办者在板头上按顺序摊好抖罗被、压刹被、靠背被后，把死者平稳地放在三条被上，解开所缚的大带、小带，挂好招文袋，手捏好手幡、手帕、荷包。并在死者身上依次盖上护心被、护背被，并在护心被中取一些棉絮，分发给子女、亲属放在各人胸怀中，再按各亲属近远、标号依次把所送的寿老被全部盖上，被上再放寿衣一件，带上上身包袱和下身包袱各一只（内有死者的衣裤）。再把各子女、亲属的护心花收回放进死者的胸前。在操办者的统一指挥下，与帮忙师傅一起用抖罗被裹住，把死者放入棺材。现已改为用三道布，带把死者缚住，放平稳。各子、女、亲属男东女西，依次排列死者两边。

操办者手持一只麻袋，内有馒头、米、米升一只，向大家高声朗诵：六月荷花遍地开，众位孝女请拢来，请你们到来跪下来（众人下跪）、两边荷花开满堂，朵朵荷花把籽结、荷花结籽代代留、留出三斗是黄金；黄金一斗、银子一斗、珍珠玛瑙一斗、珍珠白米一斗；银子一升、金子一升（各下跪者在操办者每喊一斗、一升时，应齐声一起叫“有”，操办者用米升在麻袋里象征性地盛倒）。孝子眼泪珍珠宝，珍珠落地代代好。讲完，各子女、亲属号啕大哭，关灯盖棺材盖（现改为：为死者盖好盖面白）。操办者把麻袋卷牢放在棺材盖上（现改为：放在死者脚上）。（俗称压梁米，等出丧前把麻袋放入主人家米桶内，等吃过转丧饭分给各近亲、子、女带回自家）

忏师敲锣打鼓，帮忙者放鞭炮，八仙桌上换新小菜，三荤六素，各子、女、亲属在牌位前大礼行拜（三跪四拜），脱去孝衣，吃半夜饭。忏师续做法事，一部分近亲按忏师要求继续守灵和参与哭拜，其余人员休息。

出殡　俗称出丧。早上，买路人沿指定线路，一路上隔一段烧、放一些纸块，放一个鞭炮，过桥烧一日佛，接着花圈、花篮、轴杠的。忏师敲锣打鼓。四个抬材者系丧腰带抬着灵柩，暂停在路上，后面紧跟子女、亲属，身着孝衣孝帽，哭喊着。

操办者把孝堂四角垃圾扫到中间一堆点燃，拿一个草把引火燃着后到住房各处，象征必须进行引烧，一个帮忙者拿一把扫帚，一只畚斗在外引燃过处扫一些进畚斗，一个忏师在其后把做黄昏用过的大米撒一些到地面（俗称大扫荡）。参与大扫荡的忏师留下请太平菩萨。操办者大扫荡后，即去灵柩处浇杠，所有送葬的人围在灵柩旁，准备好的长桶盘一面、酒壶一把、酒盅一个，由大儿子头顶通盘跪在死者顶头，操办者开始用酒浇杠，一派好言好语。浇杠过后，就可以起杠出发了。单声破锣开道，幡幛引导。由女婿捧死者木柱牌位和遗像。子、媳、女、孙、亲属等披麻戴孝跟随，守护在灵柩旁，须哀哭以示孝顺，众亲友跟灵柩后送葬。过桥时，孝子要先爬过桥，在桥堍跪接。送丧送到灵车边，把灵柩放下，各子、女、亲属在操办者的指挥下，手拉手，围绕死者顺三圈，倒三圈（围材）。转毕，操办者把一些糖果抛向各子、女、亲属抢拿。

帮忙者把死者扛入灵车，子、女、近亲上灵车或专车送火葬场（或坟地），女婿仍捧香盘照相（香盘中所点燃三炷香一直要接燃不可熄灭）。其余人员返回，花圈与花篮少量带几只去坟头，其余的留放在停灵车的路旁烧掉。火葬场取好骨灰箱，乘灵车或专车到安息堂或墓地，骨灰箱进穴要放得不偏不倚，意为对子孙不偏袒。做好坟头斋饭，送丧回转由死者女儿捧木主牌位或遗像。到家后，要跨越门前燃烧烟堆，以示脱晦。

在客堂上放二张八仙桌（大桌），八仙桌上放 24 碗小菜、饭 6 碗、筷 24 双、空碗 24 只，旁边长凳 5 根，点燃一对大红蜡烛，把女儿捧回香盘照相放在桌上，点燃三炷香，在道地通报一下：“有份的祖辈请都来参加，吃全堂斋饭。”把香插入香炉中，各子、女、亲属在烛台前跪拜，空碗内加酒斟三次，然后把佛烧掉，把死者照相挂在适当的堂屋墙上。各子、女、亲属再到烛台前站着跪拜。帮忙者放鞭炮，全堂斋饭毕。安排全部人员参加吃转丧饭。

做七　死后每过 7 天祭奠 1 次，共 7 次。以“五七”为最隆重，众亲友到场，设宴，请道士做道场。以后六七、断七，还有百日祭、周年祭、满百岁祭等。

殡葬 旧时盛行土葬。用砖块或石板制椁，椁内安柩，堆土为坟。富裕者未死即营寿坟，安葬时多有陪葬品。官宦坟前还有华表、神道、石翁仲等。贫寒者乏钱做坟，用稻草裹棺材或用砖块围砌，浮厝地面，甚至有直接用草包裹尸，送义家掩埋的。

中华人民共和国成立后，丧葬习俗多有改革。如以追悼会代替吊唁，遗像代替牌位，戴黑纱、白花代替披麻戴孝，播放哀乐代替吹打乐队，以火葬代替土葬，亲友多以送花圈表示哀悼。

喜庆

寿庆 旧俗36岁为本寿，36岁前不做寿，称做生日。为避“四”与“死”谐音，40岁也不庆祝。50岁开始逢“十”举行寿庆。寿庆时，富贵之家设寿堂，挂寿幛、寿联，摆上供品祭祖，请寿星菩萨，祈祷增福增寿。亲友前来祝寿，送红烛、寿鞋、寿面等寿礼。寿宴上必上“长寿面”。父母亲66岁，出嫁的女儿把肉切成66块，烧熟送父母吃。中华人民共和国成立后，寿庆仪式从简，20世纪80年代后，亲友间普遍送西式裱花蛋糕为寿礼。

生育 女儿临产前1个月左右，娘家要送婴儿衣服鞋帽，以及寓意“早生贵子”的红枣、花生、桂圆、粽子等，谓之催生。出生后，旧俗24小时内不给小孩子喂奶。吃开口奶前先喂黄连，意为先苦后甜。向娘家报生时，生男孩用雄鹅，生女孩用母鸡。月子里，娘家及其他亲友向产妇送糖、面、鸡、蛋等，经济条件好的送火腿，称生姆羹。婴儿满月要剃头，办“剃头酒”宴请亲友。婴儿外婆家要送满月衣、虎头帽、老虎鞋，富裕人家还要送金锁片、银项圈、响铃手镯等。剃头后抱婴儿过一座桥，有“走过桥将来胆子大”之说。小孩一般有乳名和书名。乳名多取阿狗、阿猫、阿牛等动物名，以祈易养。书名多按金、木、水、火、土五行排列，缺者补，并按家谱族辈排行，搭配取名。女孩取名比较随便，一般不按族辈排行。

建房

民俗建房前要看风水，择地基，选动土、上梁的日子。动土一般选清晨，除房主外，再在亲友或邻居中选个福寿双全的长者帮忙。先在地基中央供三牲、点香烛，祭祀当方土地。房主叩拜，长者在旁祈祷“四方平稳、万事如意、寿比南山、福如东海”。接着，房主在房基的东、南、西、北四个方位用锄头象征性地掏土。长者紧跟其后撒米粒和茶叶，念四方词以求各方土地菩萨保佑：“东至观海卫，西至沥海所，南至大岚山，北至海水岸。”上梁日，上梁是房屋两边的墙打到一定高度，前后桁条已经摆好，需要架设屋顶最高处的一根栋梁时，这道工序就叫上梁。上梁日期、时辰事先已由算命先生选好，并算出相克相冲之生肖，在上梁时凡这些生肖的人均需回避。

上梁时辰一般选择于月圆涨潮或东方泛红，太阳将喷薄而出之时，取合家团圆，钱财似潮涌来，家业如旭日东升，示兴旺发达之意。

至亲要用撞篮担送五牲。上梁时要请菩萨。在堂檐间正中，前后并列放两张八仙桌，八仙桌要按桌子板缝横向摆放。桌子后边摆烛台一副，插上大红蜡烛，烛台间摆个香炉。祭品有五牲，猪头一个（利市），小全羊，全鹅、全鸡、活鲤鱼两条（跳龙门）。三茶六酒、馒头、粽子、发糕、年糕、米、饭各一盘。尺一把，五种时令水果，油一瓶，水三瓶（需取江、河、海水），合前面的粽子意为有始有终。另一盘内放两个红包、两包香烟、铜钱、银钉等给上梁师父用。供桌左右两边还摆放万年青一盆，摇钱树两株，树的枝杈上挂满钱币，一般末尾数带“8”。一切摆放就绪，主人在供桌后面点烛焚香，捧香向外拜求祷告，其大意是今日我家建房上梁之日，虔诚恭迎菩萨光临，庇护保佑云云，然后插香入炉，行三拜九叩之礼，然后家人也逐一前来跪拜。其间陆续往酒盅中斟酒三次。祭毕焚烧太保纸块纸元宝，洒酒于焚烧的纸元宝四周。

这时，上梁泥、木匠两位作头师傅已上屋顶，东西墙上各一个，把正梁拉上搁正，梁两端挂有红绸条，梁正中挂着一块横幅，称“梁下布”，用银钉和铜钱钉牢（不能用铁钉）。“梁下布”用红布做成，左右长1厘米，上下宽80厘米左右，正中写“紫微拱照”四个大字，此四字一般用毛笔书写，也有用丝线绣出的。但“照”字底部四点水只能写成三点，因为四点亦可变异为“火”字样，火是建房大忌。“梁下布”下面缝缀金黄色丝线流苏，底边两角各缝入一枚铜钱，左右底三边绣绘龙凤、万年青、牡丹花等图案，挂在梁上显得庄重、吉祥、喜气。另外在新屋堂前檐间东西墙上须贴一副对联，上联为“立柱喜逢黄道日”，下联为“上梁正遇紫微星”。上梁前师傅祝福，边祝福边用酒浇梁，从梁头浇到梁尾，浇毕，两师傅将榫头敲进，下面燃放礼花爆竹。

上梁完毕开始掼馒头。头几个馒头是掼给东家的，主人夫妻在梁下拉着红绸被面接住馒头，包起来放到米缸里（意义为传宗接代）。上梁师傅边掼馒头边祝福。然后把馒头掼给下面等候的人群，东、南、西、北四面抛酒，掼馒头的场景煞是闹猛（现在还增加了水果、糕点、现金等）。至此上梁仪式结束，再放爆竹。上梁师傅下来喝酒吃点心。当日东家还需把馒头果品分送给左邻右舍，以示同喜同贺。

上梁日，一般亲友送馒头等礼，晚上办上梁酒（俗称谢师酒），宴请泥木工匠、众亲友等。

第五节　信仰习俗

小曹娥民间传统信仰是以自然崇拜为基础，不论佛教、道教，凡与日常生产生活有关的神灵统称为菩萨而加以膜拜，并不专一信仰某一宗教。

信仰的神祇主要有灶神、财神、龙王、东岳大帝（泰山神）、关帝圣君（关羽）、天医尊神（华佗）、蚱蜢将军（刘猛）、天妃娘娘（林默娘，即福建台湾一带所称妈祖）、曹娥娘娘、张相公（张夏）、桑九郡王（桑宪保）、叶仁功侯（叶恒）、叶知县（叶炜）等，除灶神供奉于每家每户外，其余均建庙专祀。各业还有各自的祖师爷，如裁缝崇奉轩辕，铁匠崇奉太上老君，石、木、泥水、银铜、锡匠崇奉鲁班，篾（竹）匠祖师是泰山。相传“唐明皇造戏文，杨贵妃造滩簧”，故滩簧班子尊杨贵妃为祖师。拜师学艺如不先拜祖师，则不为同行所承认。在日常生产生活中，亦随处有神。田里有田公田婆，屋有屋神，车有车神，古树有树神。家蛇被尊为家龙，不可随便赶走，更不可杀害。其他还有床神、筷神、船神、桥神等等。

民间日常信仰活动有烧香、做羹饭、驱邪、占卜、看风水、关仙、鬼神附身等。

烧香是指给神祇上香膜拜，以示对神祇的敬意，祈求平安。烧香者可在家里自设的神龛前上香，也可去庙宇上香。通常是农历每月初一、十五，或是传说中各菩萨的生日，也有每天上香的。一年中烧香最多的是正月初一，是日有半夜子时去庙宇烧头香的。家境殷实的还去四大名山朝山敬香。

做羹饭是指设供祭祀祖先。一般人家一年中逢七月半、过年做两次羹饭，亦有做清明羹饭和冬至羹饭的。家里遇嫁娶、丧事、建房、迁居、生日、添丁等大事，也要做羹饭告知祖先。

驱邪之法因所罹灾患不同而各异。小孩出生后，要请算命瞎子排八字，若算出难以顺利成年，就制百家衣、戴长命锁、认菩萨为干亲等避关煞。婴儿夜间啼哭不止，在路口张贴“天皇皇、地皇皇”字样的红纸以祈求止哭，俗称“送夜叫郎”。孩童受惊，一人抱孩童于灶间，一人在后门口点燃旧报纸（通称为申报纸0，并大呼孩童名字“某某回来”，俗称叫魂灵。家里有人久病不愈或精神恍惚疑有精怪缠身，就施食给孤魂野鬼，祈求病人早日康复，俗称做野羹饭。病重之人，结婚可以祛病，俗称冲喜。有人上吊身亡，“五七”日请道士将象征吊死鬼的稻草人赶至空旷处焚烧，俗称别吊。发生火灾后，请戏班子演戏，俗称做太平戏。

占卜主要是卜卦、扶乩、求签、看相、测字、算命、鸟寨牌等，多请相士、瞎子先生进行。卜卦，是运用《周易》来预测将来。扶乩，是在畚箕上插根毛线针，由两人扶畚箕移动，毛线针在沙盘上画出字句来作为神的指示。求签，是在庙宇神佛前抽签来占卜吉凶。看相，是观察人的相貌、骨骼或手掌的纹路等来判断其命运的好坏。测字，是把汉字的偏旁部首拆开或合并，作出解说来占吉凶。算命（十六岁成年后方称“算命”，小孩子称“排八字”），是按人的生辰八字，用阴阳五行推算人的命运，断定人的吉凶祸福。鸟寨牌，是用驯养的小鸟为人抽签以占卜吉凶。

看风水是请风水先生选择屋基、墓地等。

关仙是通过神汉巫婆把过世先人的灵魂招来，并与之对话。

另外，神汉巫婆自称身上有某神或某鬼附身，并利用所谓的神力为人看病驱邪。

中华人民共和国成立后，烧香、做羹饭、驱邪、占卜、看风水、关仙、鬼神附身等民间迷信活动一度基本消除。20世纪80年代后，又有少量重现。

第六节　庙会习俗

庙会是祭祀神佛、先贤的形式之一，有宗教成分和迷信色彩，亦是传统市集的一种形式。小曹娥庙会以迎神赛会（把庙内菩萨抬出巡游）为主要表现形式。据地方文献记载：“清时倭寇入犯，各村团练乡勇演习队伍保障，一方有警，则交相接应。后太平无事，遂于戈矛为旗帜，借神道以驱疫。”境内迎神赛会约有100年历史，至20世纪50年代末停止活动。

庙会会期

小曹娥民间庙会迎神分为两种：一种是在每年菩萨的诞辰或忌日定期举行；另一种是遇灾害临时择定。各神会出迎范围依据民众要求而不同，大致是东至建塘，南至海南，西至镇海，北至西三一带。毗邻地区大路头村、九莲庵、莲风庵常把刘猛将军会等迎至境内。

境内迎神赛会以刘猛将军会和五月廿二曹娥娘娘庙会最为盛大。

刘猛将军会

每年二月十二，或者农历七八月份久旱无雨，土地干瘪，导致农业歉收的时候，请将军菩萨。刘猛将军会会期两天，第一天巡游小曹娥镇至现在的井亭庵，第二天至南新庵。出迎前，先将神像从正殿抱至前进侧殿供奉，并演绍兴大戏资庆。接着和尚四方张贴“迎纸”（通告），宣告出巡日期，号召各地民众准备好执事仪仗。正式出巡前，为神像拂尘开面，换上新冠、新袍、新履。迎会队伍一般由三大部分组成。第一部分是仪仗队。最前面的是报铳队，鸣放铳炮示意迎会队伍即到。接着是八对十六人的清道校尉。路中间由耍火流星或舞镋叉协助清道。后面八面抬锣，四面“肃静”“回避”虎头禁牌，夹以青铜钺、金瓜、龙凤、虎豹、金鸡、玉兔等各式仪仗和旗帜。最后是两排二十四人的火铳队，逢神桌火铳并发。第二部分是各种民间艺术展示表演。大致有衔牌、万民伞、月镜八仙、大纛旗、幢幡、塔灯、盘车、高抬阁、高跷、抬锣、对锣、七面锣、粗细十番、招军、鼓亭、赤膊鼓亭、鼓船、纱船、采莲船、犴舞、布龙、珠绸龙、火龙、蜈蚣舞、狮子白象、仙鹤白鹿、大头和尚哑子背疯婆、木偶摔跤、五无常、报马、报牛、炮担等，还有拳术、举石担、舞镋叉、甩酒甏、抛彩瓶、三上吊等民间体育杂耍，各种刀、枪、剑、矛戈、铳、炮也夹杂在队伍之中，每到神桌表演一番。第三部分是后拥队，迷信色彩浓重。有香亭、提香炉、神轿、背掌扇、虎头禁牌、背王印、背令旗、刽子手、校尉、特大抬锣、长杆铜号、铜铳、炮担，挂肉芯灯扮作犯人的队伍。最后面就是一尊将军菩萨。周围乡民还有插香恭迎的。整个迎神队伍前后有一里之长。浩浩荡荡，气势恢宏。一路上引来大批群众围观和助兴，在群众聚集比较多的地方，稍作片刻停留，接受当地群众的迎奉（捐赠），到了目的地，开始表演节目，热闹非凡，吸引大批群众观看。晚上在街上排夜街，入夜，整条大街灯烛如同白昼，笙笛锣鼓声响彻天空，各式杠头执事边排街边表演，沿途演戏酬神，戏班多数是绍兴大班（绍剧）。当晚排夜街结束后，各种道具要归位，为第二天的继续恭迎活动做准备。第二天从南新庵恭迎回来，就会下起雨，农作物也有了好收成。

小曹娥庙会

小曹娥庙会，源于曹娥殿。余姚上虞同属绍兴辖，风俗类同。小曹娥村民大部分来自绍兴上虞移民，对曹娥娘娘十分虔诚，每逢曹娥生日、忌日或出海打鱼前夕，都要到上虞娘娘殿（即曹娥庙）许愿、还愿、烧香拜佛。由于曹娥殿里每次人山人海，拥挤不堪，香客之间常发生纠纷，而且路途遥远，来去甚为不便。清道光十四年（1834），村民自发地把娘娘菩萨抬来到（香火接来）利济塘后1.6千米处（现庵街），在此用草房盖了曹娥殿（又称曹娥庵）。曹娥殿建好后，方圆百里，信奉者众。也定农历五月廿二曹娥忌日为“庙会日”。当地村民认为：“只要心中有孝，这里祭拜与上虞娘娘庙祭拜是一个样。”

“今生不到曹娥殿，来世亲爹亲娘勿得见。”“若要女儿孝，娘娘殿里走一遭。”这是民间流传至今的谚语。曹娥殿又称孝女寺，此后，民间就开展各种各样的拜祭、请神等活动，最为典型的就是农历五月廿二的庙会。

五月廿二的庙会佛事，从五月十九开始直至五月廿二结束，从各地赶来的念佛老太太在孝女寺和附近农户家里念佛。一般有几百到几千人，围坐在搭好的门板桌板，边敲边念，并由孝女寺供餐，还有宿山（即整夜在庙内坐着念佛到天亮）的。

赶庙会一般从五月廿一至五月廿三、廿四日，时间为3—4天。庙会市场设在曹娥老庵街，为“十”字形，东从童丁路始至西边现在曹建公路丁字口，约千米长；南从曹娥村村民戚万里家向北到吴森桥家的预制场，约长千米。

农历五月廿一，各地商贩就云集于此，开始设摊。有来自绍兴、宁波、大岚山、上虞、龙山、鄞县、奉化等各地的商贩，更多的是附近的商贩。河边、沟边、街边、空地搭满棚架，百货、食品、土特产、竹制品、缸坛船、迷信用品、农具、嫁娶用品、更有当初比较时尚、高级的花露水、雪花膏等等，真是琳琅满目，不胜枚举，叫卖声不绝于耳，还有要棍棒、变戏法、玩猴戏、马戏、拔牙、看病、治伤、卖膏药和演出绍剧、越剧、姚剧等三教九流样样都有，煞是热闹。

到了庙会日，除本地乡民外，还有远道而来的客人，如宁波、绍兴、余姚、慈溪、奉化、上虞、大岚山、龙山、鄞县、海北（海盐、海宁）等地的人们都来赶庙会。更多的是来自庵东的渔民、盐民，上虞、兰海、黄家埠、泗门、朗霞、马诸、周巷等客人。

五月廿二，都要举行大型的迎神庙会。有很多佛教信仰者自发组织进行游行。游行时，在前面有绣着佛教含义的各类旗帜开路，后面紧跟着有甩龙、走高跷、甩彩瓶、抬阁、扮马、鼓亭、细十反、洋船、变戏法等，一举出动，人山人海，盛况空前。当时游行时队伍可以排好几里路长，阵势非常浩大。

五月廿一下午，开始做大戏，一直做到二十三的天明。当时演出以绍剧为主，附有杂技、大跑马等，那些才叫精彩至极，万人空巷。

五月廿三看大戏后，是市场最为繁荣热闹时候。大伙儿都去市场凑热闹，一般商贩都把货物卖完回家了，整个小曹娥庙会也就结束了。

五月廿二庙会，这种非物质文化遗产在小曹娥流传了近200年。

2008年3月，小曹娥庙会被列入余姚市非物质文化遗产保护名录。

庙会组织

旧时庙有庙产，参加迎神赛会的各会社也大多有会产。主要是田地产，以每年的地租收入作迎会经费。凡要出迎菩萨的社庙均成立理事会，理事会监理庙产，确定菩萨开光、出巡等事宜，并授权和尚承办。在靠近社庙的地方成立庙甲组织，负责整理出迎的神轿、呼拥菩萨的銮驾等。其他参加迎会的各会社内也设总领、甲首、头旗、尾旗等组成人员。各会社或按地段定名，或按所置的杠头、执事命名，曹娥娘娘殿庙会，凡是远处来的客商，他们的住宿、吃饭、货物存放全由娘娘殿周围村民无偿招待、安排。当时娘娘殿四周阮家、王家、陈家几个大姓人家，各户在庙会前几天把房子整理出来，让四处远客吃好、住好。因此，娘娘庙会越办越兴旺。

香会

旧时逢菩萨生日或佛像开光等，信徒结伴去庙宇里诵经念佛，称香会。通宵念佛的称“宿山”。一年中有十余次之多，有纪念观音圣诞、成道出家的；有礼拜刘猛将军、东岳大帝、关帝圣君和包龙图的；有祭祀天妃娘娘、曹娥娘娘的，其间还穿插放生、放焰口等宗教仪轨。中华人民共和国成立后，香会渐废，20 世纪 90 年代后重又出现。

第七节　称　谓

小曹娥镇先民大多来自绍兴，方言和称谓与绍兴人较为接近，如对长辈称“阿爹”“阿伯”“阿叔”“阿婆”“阿公”等，对晚辈称“阿囡”“阿侄”，直呼其名也加一个“阿”，称“阿毛”“阿法”“阿和”“阿先”……解放后，特别改革开放后，随着与外界交往增多和普通话的普及，受宁波、杭州、上海等大城市人际称谓的影响，渐与书面语相接近，如称祖父、祖母为“阿爷”“阿娘”，该称呼原是上海人的习惯称谓。称父母为“爸爸”“妈妈”，是北方方言（普通话）称谓。另外，男女结婚后（主要是女方）对对方亲属原来都“尊一辈”，现在就完全跟着配偶一样的称谓，如原来称丈夫的父母为“公公、婆婆”或“爷爷、奶奶”，现都称“爸爸、妈妈”。

血亲成员间称谓一览表

表 24-1-1

血统	关系	称谓	俗称	面称	自称
直系亲属	生父	父亲	爹、爸	爹爹、阿爹、爸爸	儿、囡
	生母	母亲	娘、妈	姆妈、姆嬷、嗯娘、妈妈	儿、囡
	继父	后爹	晚爹	叔叔、阿伯、阿爹、爸	儿、囡
	继母	后娘	晚娘	阿姨、嗯娘、妈妈	儿、囡
	生父之父	祖父	爷爷	爷爷、阿爷	孙子、孙女
	生父之母	祖母	奶奶	奶奶、娘娘、阿娘	孙子、孙女
	父之祖父	曾祖父	太太	太太、阿太	曾孙、曾孙女
	父之祖母	曾祖母	太太	太太、阿太	曾孙、曾孙女
	父之曾祖父	高祖父	太公	塔坦	玄孙
	父之曾祖母	高祖母	太婆	塔坦	玄孙

续表 24-1-1

血统	关系	称谓	俗称	面称	自称
直系亲属	兄	哥	阿哥、阿棍	哥哥、多兄者加排行	弟、妹
	弟	弟	定定、阿定	一般直呼其名	兄、姐
	姐	姐	阿基、阿金	姐姐、多姐者加排行	弟、妹
	妹	妹	阿美、阿明	一般直呼其名	兄、姐
	夫	丈夫	老公、老馆、男客、男人	先生、东家、某老头、老太公，也有呼名字的、孩子名字 + 了爹	妻、媳妇
	妻	夫人	老婆、老嬷、老人（读如“宁”）女客、女人、内人	老太婆，也有直呼名字的、鞋了屋里个、孩子名字 + 了娘	夫
	夫之父	公公	公、阿公	旧时随子女称爷爷，今随夫称阿爹、爸等	儿媳、新妇
	夫之母	婆婆	婆、阿婆	旧时随子女称娘娘，今随夫称姆妈、妈等	儿媳、新妇

血亲成员间称谓一览表

表 24-1-2

血统	关系	称谓	俗称	面称	自称
旁系亲属	父之兄	伯父	伯伯	大伯（爹）、二伯（爹）……	侄、侄女（囡）
	父之弟	叔父	叔叔	二叔（爹）、三叔（爹）……	侄、侄女（囡）
	伯父之妻	伯母	大妈	大嬷（妈）、二嬷（妈）……	侄、侄女（囡）
	叔父之妻	婶娘	婶婶	二嬷（妈）、三嬷（妈）……	侄、侄女（囡）
	伯父、叔父之子女	堂兄弟 堂姐妹	兄弟 姐妹	与自己兄弟姐妹称呼相同，或分大小次序，对人介绍冠“堂”字	堂弟、堂兄 堂妹、堂姐
	父之姐妹	姑母	姑娘	姑姑、阿伯、嗯娘、大姆妈、二姆妈……	侄、侄女（囡）
	兄之妻	嫂	嫂子	嫂嫂、大嫂、大姐、二嫂、二姐……	旧称叔，今称弟
	弟之妻	弟媳	弟媳妇	弟妹，今直呼直名	旧称伯，今称哥
	夫之兄弟	伯（哥）、叔（弟）	伯（哥）、叔（弟）	大伯、二伯，现已跟夫称相同	弟媳、嫂
	夫之兄弟配偶	妯娌	姐妹相称	旧时随子女称，现姐姐相称或随夫称	弟、媳、嫂、妹、姐

姻亲成员间称谓一览表

表 24-1-3

血统	关系	称谓	俗称	面称	自称
父亲系	婿媳之父母	亲家	亲家公 亲家母	旧时兄（弟）、嫂（弟媳）相称，今称婿、媳之爹、娘	同左
	姑之丈夫	姑父	姑夫 姑丈	旧称大伯（爹）、二伯（爹）……今称大爸、二爸……	内侄 内侄女（囡）
	姑之子女	姑表	表兄弟 表兄妹	以兄弟姐妹相称，对人言时加“表”字	表弟、表哥 表姐、表妹
母亲系	母之父母	外祖父 外祖母	外公、艾公 外婆、艾婆	外公、外婆、姥爷、姥姥、艾公、艾婆	外孙、外孙女
	母之兄弟及配偶	舅父 舅母	娘舅 舅母	阿舅、大舅、二舅…… 大舅妈、二舅妈……	甥
	母之兄弟的子女	舅表	表兄弟 表姐妹	以兄弟姐妹相称或老表	表弟、表哥 表姐、表妹
	母之姐妹	姨母 姨父	姨娘 姨夫	旧时大（二）伯、大（二）妈、大（二）爹，今称大（二）妈妈、大（二）阿姨、大（二）爸爸等	甥、甥女
	母之姐妹子女	姨表	表兄弟 表姐妹	以兄弟姐妹相称或老表	表弟、表哥 表姐、表妹
妻之系	妻之父母	岳父 岳母	丈人 丈母娘	随妻称呼	女婿
	妻之兄弟	内家兄弟	老婆舅	年长者呼哥，小者呼名或呼弟	姐夫、妹夫
	妻之兄弟之配偶	内家兄嫂弟媳	舅嫂 舅弟媳	随妻称呼	姐夫、妹夫
	妻之兄弟子女	内侄	娘家阿侄	直呼名字	侄子、侄女、侄囡
	妻之姐妹	内姐 内妹	姨娘	随妻呼	姐夫、妹夫
	妻之姐妹丈夫	连襟	姨夫	哥、弟相称	弟、兄

注：表内称谓是 2017 年时多数村民习惯称谓。

第二章　宗　教

境内有佛教、基督教等宗教，信徒人数较多。至2017年，全镇有佛教保留场所2处、基督教堂4处。宗教行政事务由市宗教局及中共小曹娥镇宣传办公室管理。

第一节　佛　教

小曹娥居民由绍兴等地迁徙而来，大多信奉佛教。清代中期后，佛教寺庵有较大的发展。至民国初年，域内殿、庵众多，民间佛事甚盛。据《余姚六仓志》记载，时境内的佛教场所有孝女殿、济慈庵（济歇亭）、镇海殿，观音殿，福兴庵，张相公殿6处，另有报善庵，共7处。中华人民共和国成立后，寺庵房产收归国有或改作他用。1951—1958年，佛像逐渐被毁，法器失散，僧、尼还俗，佛事活动全部停止。20世纪90年代，民间陆续重建寺、庵、殿。2017年，域内经批准的佛教活动场所有孝女寺、济慈庵2处。

佛教场所

孝女寺　原名孝女殿，俗称孝女庵、曹娥殿。据《余姚六仓志》载："孝女殿在朗霞乡利济塘下。"（中灶三丘塘北、东干路西）。相传当地乡民仰慕上虞县百官孝女（曹娥）及其神灵，于清道光十四年（1834），始建孝女殿（草房三间）。光绪二年（1876）仿上虞曹娥殿重建。民国2年（1913），村民王瑞勇卖地20亩捐资、募资重建。同年5月，余姚县知事陈国材示《条规碑志》，并刻石碑立于孝女殿。以后屡有修革。整个建筑为四合院状。

◎ 曹娥殿（2020年吴华春摄）

殿中供奉曹娥娘娘及其他菩萨。院内有戏台，大殿后有一块坛场。占地面积约2000平方米，建筑面积约700平方米。1951年，房产收归国有做供销社仓库。1956年，佛像被毁，佛事活动停止。1993年11月，民间募资重建曹娥殿，位于振兴路200号（原址西移约350米），占地3853平方米，建筑面积1088平方米，有前殿、曹娥殿、东西厢房、戏台、放生池等。2001年，余姚市政府发文命名为“孝女寺”。2002年12月，根据有关规定进行登记，作为宗教活动场所对外开放，住持释明清。2006年又征地667平方米，重建曹娥殿，专供曹娥娘娘。原曹娥殿改为大雄宝殿。此后相继修建“孝女寺”山门，改建天王殿、东西厢房改造成30间二层楼房。2017年，全寺共占地面积4520平方米，建筑面积3232平方米。2012年，获宁波市平安宗教活动场所称号。

济慈庵 原名济歇亭，俗称后凉亭，据《余姚六仓志》载：“济歇亭在方家路。”（方家路晏海塘上）。清同治三年（1864）始，先后由周、汪、陈姓等大户出资，建造坐北朝南瓦平房二进各3间。前进为凉亭，后进供奉菩萨数尊，渐称为济慈庵。1957年亭、庵拆除，改建为民房店铺。1993年，由民间募资在旧址重建济慈庵天王殿。2000—2012年，增建大雄宝殿、中大殿及厢房。根据有关规定进行登记，作为佛事活动场所对外开放。占地面积约2000平方米，建筑面积约700平方米。

◎ 济慈庵

镇海殿 俗称南新庵。据《余姚六仓志》载：“镇海殿在方家路老丘，清同治时建。”（现四塘江南星桥北偏西）占地面积约1500平方米，建筑面积约550平方米，为四合院状，南井六间，后进正殿四间，东、西直屋各三间（其中南井西边三间和西直屋三间为裘家祖堂），南大门上悬挂“镇海殿”匾额，后院大殿悬挂“相公殿”匾额，内供相公菩萨、刘猛将军菩萨、观音菩萨、关帝菩萨、岳帝菩萨、天意菩萨等数尊菩萨，并有戏台一座。该殿于1951年土改时房产收归国有，停止佛事活动。1952年，改建为村小学。

福兴庵 据《余姚六仓志》载：“福兴庵在（朗霞）利济塘南。”（现海塘南自然村，周洪江东）有朝南正屋五间，东西厢房五间，占地面积约1300平方米，建筑面积约350平方米，供有释迦牟尼、关帝、龙图、海龙王等数尊菩萨，1951年土改时，毁掉了菩萨，把房子分给无房户居住。

相公殿 据《余姚六仓志》载：“张相公殿……在廊厦（榆柳塘杨家路）……”（现曹一村柴场头自然村、杨家路江东）清乾隆年间，由杨家村人发起建造。建有五间一披正屋，东首二间居头屋，占地面积约2600平方米，建筑面积约300平方米。塑有张相公菩萨、龙图菩萨、关公菩萨等数尊。民国31年（1942），遭强台风袭击，房屋尽毁，后又重建瓦房3间。1951年，土改时房屋收归国有。

观音殿 俗称草舍庵，因殿前有二座高大的坟，故又称坟里庵。据《余姚六仓志》载：“观音殿在杨家路榆柳塘后。”（现曹一村柴场头自然村，榆柳塘后、杨家路江西三六畈）清嘉庆年间，杨家村人捐资在此建造草舍庵。后改建瓦房，朝南五间，东西厢房各三间半，并有坛场、池塘等。占地面积约6600平方米，建筑面积400平方米。供奉观音菩萨、太平菩萨、天王菩萨等。1951年，土改时房屋收归国有，租售给无房户居住。

报善庵 俗称破庵。位于榆柳塘后、徐家路东，有朝南正屋五间一披，厢房三间。占地面积约2000平方米，建筑面积约300平方米，供奉朱天王。相传当年天大旱，河、塘干涸，百姓靠井水或打旱井生活。一朱姓青年知晓这口井水有毒，于是守在井旁劝阻百姓打水，众人不信，以为其图谋霸用此井，一定要打饮此井水。朱为避免众人受井水毒害，纵身跳入水井内溺亡，众人打上其尸一看，全身发黑，无疑井水确系有毒。众人敬仰其舍身救众的义举，便尊其为朱天王，为其塑像建庵供奉慕拜。1951年，土改时房屋收归国有，分给无房群众居住。

民间佛事

境域濒杭州湾，灾患频繁，海难屡发，民众对天地大海怀有敬畏之心。祭祖、祀神、请菩萨世代相传。民间信奉佛法者众，佛事兴盛。有在家念佛诵经者，又有聚众念佛会，少则5—6人，多则千人。有的信佛者定时到佛寺上香念佛，有的去佛殿念经超度。吃素念佛以老年女性居多，亦有老年男性。另有念佛等为业，专事经营者，多用桃树枝条护佛牒，精心存放。

佛牒名　有8人500岁佛、10人600岁佛、16人千岁佛、九姓佛、13人皇忏佛、节气佛、四屑八姓佛、庚申佛。

佛经名　有金刚经、弥陀经、观音经、地藏经、寿生经、庚申经、文昌状元经、太平经、发财经、元宝经、心经、车神经、天赦宝忏经、路引经、大悲咒经。

第二节　基督教

民国时，曹娥一带已有人信耶稣，但都到外地做礼拜。2017年，全镇共建教堂4处，教友约3180人，慕道友约1588人。

镇海教堂

位于小曹娥镇镇海村周洪丘。民国20年（1931）这一带已有人信耶稣，但要到20多公里外周巷堂去做礼拜，后来信徒不断增加，大家都有就近做礼拜的愿望。民国26年（1937），教友施金华、倪宝根、朱水宏、毛金和、张成昌、陈五三等发起在周洪四丘购地建房，当时有毛金和无偿出让两亩地，建造草舍二间一披作为布道所，教务上有周巷所领导。随着信徒不断增加。民国31年（1942）建造瓦房四间，正式成为周巷堂的分堂，暂名“四海堂会”。民国36年（1947）底陶家路分设祈祷所。民国37年（1948）建新堂一所，四间二侧屋，共8间，可容纳700多人所道，时称“四海堂”（中华人民共和国成立前属临山区四海乡）。1958年，教会被关闭，停止活动，教堂拆除移作他用，教徒分散在家庭聚会。1982年教会恢复活动，信徒就近进行祈祷活动。1984年落实教会房产政策，拨退赔费1.5万元，教会购买在原周洪丘村第一生产队仓库4间做礼拜堂用。1985年，在原教堂宅基地重建新堂。1994年，购进西邻旧平房作为车棚，新造2间二层楼房作为传道人住宅及办公用房。1999年5月，经镇人民政府同意，在老教堂往南300米征用国有土地0.2公顷建造新堂。2002年春季，又购地，新建车棚4间。2017年底，镇海堂占地面积0.21公顷，建筑面积共2000平方米，其中礼拜堂面积1850平方米。

全灶教堂

位于小曹娥镇曹娥村曹建公路59号。民国26年（1937），已有信徒到周巷、义四堂做礼拜。由于信徒逐步增加，民国27年（1938）筹备创办教会，民国28年（1939）正式成立堂会“全灶耶稣堂”。民国30年（1941）经堂委同心祷告，决定在全灶三丘（原三发村）置买平房七间及宅基地二亩五分，开设一所“救恩义务初级小学”，学生来自信徒子女及附近村民子女。同时也一度开设一所短期“救恩圣经学校”，为信徒培训圣经。后因校舍房屋不够，于民国36年（1947）新建坐西朝东楼房4间、坐北朝南平屋5间，有全灶教堂传道人兼学校老师。1951年，曹娥中心小学搬到全灶三丘，“救恩义务初级小学”和“救恩圣经学校”同时撤销停办。全灶教会有戚大锦等义工主持。直至1958年秋，教会停止活动。教会房产被其他单位占用及拆掉，部分教徒继续在家庭聚会祷告。1980年，部分信徒借生产队仓库及陈开明家聚会做礼拜。1981年，周永森等人要求政府落实政策，于1984年退赔房款5050元，村退赔7000元，归还原教堂宅基地0.13公顷。1985年，在原三发村退还的新地上建造212.34平方米教堂；附属用楼房102.75平方米；平房132.75平方米；总建筑面积447.84平方米。后因老教堂多年失修，地基下降，墙体开裂。2003年经镇人民政府同意，在曹建公路北面，征用土地0.48公顷，2010年易地重建教堂。2012年，原老教堂拆除，在原地上新建一座占地850平方米，建筑面积2500平方米的托老院。2017年底，全灶教堂新建后占地面积6209平方米，建筑面积4802.4平方米，其中礼拜堂面积3529平方米。

海塘南教堂

原址在塘后下新屋村。1985年迁至小曹娥镇海塘南村重建新堂，2002年11月在老教堂往东800米又新建新堂，现位于朗海村海塘南一区1号。

民国20年（1931）前，朗霞、塘后一带已有周巷教堂信徒。民国23年（1934），朗霞及周边一带的信徒在朗霞万兴棉花行业主干景扬先生家中聚会，时属周巷堂分堂。民国25年（1936）时，有一部分教友参加朗霞“自立会”，另外多数教友议定在后洪家路徐家自然村租屋三间做礼拜场所，仍属周巷堂分堂（属布道所）。民国26年（1937），又迁至朗霞干巷桥租屋三间作礼拜场所。1951年在下新屋置地，建筑三间平房做为礼拜堂。1958年，教堂关闭，堂舍移作他用。

1982年，当地生产队归还原堂舍，1984年落实政策，退赔部分被拆房产，计款1200元。是年，曹一村、海塘南村信徒，决定在海塘南村建新堂。1985年在县、乡有关部门支持下，建造四间正屋、二间小屋及附属用房。1995年又重新建礼拜堂2700平方米，附属用房284平方米。由于旧房年久失修，破、旧、漏，狭小场地容不下教徒活动空间，日见拥挤。2002年11月，经镇人民政府同意。在老教堂东800米征用土地0.34公顷。2003年9月开工至2006年落成，耗资150多万元，建造主堂三楼八间2439平方米，附属用房等建筑面积1420平方米，2013年又进行一次大的装修，安装“电子屏”，改造标准星级厕所。至2017年，海塘南堂占地面积3933.35平方米，建筑面积3859平方米，其中礼拜堂面积1864平方米。2017年被评为“浙江省和谐教堂”。

符丁教堂

位于小曹娥镇滨海村，符丁教堂原有建筑面积207平方米，附属用房建筑面积200平方米，整个场所占地1020.05平方米。由于老堂陈旧失漏，不能适用。2010年9月，余姚市民政局批复，同意建新堂，2012年8月新教堂奠基，到2015年建成。至2017年新建后，符丁教堂共占地面积7333平方米，建筑面积3227平方米，其中礼拜堂面积3227平方米。

第二十五编
人　物

明成化前，时境内为杭州湾水域，无居民。明成化七年（1471）筑潮塘后，始有居民从绍兴一带移民定居，随围海造地逐步向北延伸，定居移民逐渐增加，至1976年，建九塘后，境内才完成围垦。由于小曹娥镇历史较短，境域居民又多为移民而来，文化落后，经济条件差，因此，历史名人流传较少。

第一章　人物传略

◎ 沈乐山（小曹娥沈乐山记念馆）

沈乐山（1901—1928）　又名沈吉顺，学名国标，化名张吉人、张栩，余姚市小曹娥镇朗海村人。7岁本村私塾读书，12岁因拾金不昧，塾师为其取学名国标，13岁丧父辍学，15岁当米店学徒。半年后随其祖父到会稽山道观炼蜂蜜，老道士教其读书、写字、学外语，一年半后，学业大有长进。民国8年（1919）进无锡沪宁铁路护路大队任抄写员。民国10年（1921），五四运动期间，参加游行示威、街头演说、替学生革命团体送信件被开除。次年至沪杭甬铁路闸口机厂当门警，从厂俱乐部负责人、共产党员沈干城处接受了马列主义和党的知识教育。“两沈”从此建立起生死与共的革命友谊。民国15年（1926）冬参加秘密铁路工会。民国16年（1927）1月，经沈干城介绍，加入中国共产党。2月17日，与沈干城等率铁路工人纠察队500余人，迎接北伐军进入杭州。并与沈干城、薛雨霖（暮桥）、陈志一等组织铁路工人“铁道兵团”，支援北伐军挺进上海。3月22日，沪杭甬铁路总工会成立，当选执行委员和总工会工人纠察队总队长，兼任中共闸口铁路机器厂党组织负责人和分工会秘书。3月30日，杭州总工会遭暴徒袭击，次日他发动沪杭甬铁路工人大罢工，有力地策应了杭州市各产业工会的总同盟大罢工。示威游行时，他率领的铁路总工会纠察队手持工具在游行队伍前面开路，同荷枪实弹的军警展开英勇搏斗，保证了示威游行的顺利进行。6月，任中共杭县县委工人部部长，在地下坚持斗争，先后到宁波、嘉兴指导工人运动。从沪运回武器弹药，在铁路工人、码头工人、主要工厂里秘密组织工人武装纠察队，准备进行武装斗争。9月29日，任中共浙江省委常委兼职工运动委员会主任。11月6日，任杭州丝织行业总同盟大罢工运动的总指挥。次日因叛徒出卖，于狮虎路2号省委机关被捕，囚浙江陆军监狱。他拒绝高官厚禄利诱，受尽“老虎凳”、夹棍等酷刑折磨，手指甲、脚指甲全被拔去，并钉入竹签，逼他招供。屡受毒刑的他，虽手足血肉模糊，肉裂见骨，但除怒骂敌人外，坚不吐实。其弟沈金泉探监时，仍神色泰然地对他说：“革命迟早一定会成功，共产党是杀不完的。”并谆谆告诫其弟：“切勿和敌人同流合污，要跟着共产党，做一个顶天立地的工人。”民国17年（1928）1月9日，被敌人枪杀于浙江陆军监狱刑场。临刑前，他脸无惧色，奋力高呼“共产党万岁！”“打倒蒋介石”等口号。1月30日，中共中央机关刊物《布尔塞维克》发表悼念文章，3月，中共浙江省委《浙江党部目前政治任务决议案》称他为“工农领袖”。其亲密战友洪德生和弟弟沈金泉把烈士遗体安葬在杭州艮山门车站东侧，民国23年（1934）迁玉皇山下，1952年迁至南山公墓。

1987年4月4日，沈乐山、沈干城烈士塑像于杭州铁路分局机务段落成，薛暮桥在塑像基座题词。1994年10月，乐山公园、沈乐山烈士纪念碑、革命烈士事迹陈列室在小曹娥镇落成。中共浙江省委副书记刘枫为纪念碑题写“沈乐山烈士永垂不朽”。是年被余姚市委、市政府命名为“爱国主义教育基地”。1997—2017年进行过四次整修。

姚电侠（1909—1998）　名姚炳水，出生于今余姚市小曹娥镇曹娥村。民国11年（1922），离家赴上海普兴社印刷厂做童工；民国12年（1923），进入由清末著名爱国武术家霍元甲发起组织的“精武体育总会”习武。师从李维贤、吴鉴泉、赵连和等，民国16年（1927）毕业。不久，出任上海精武体育总会总教练一职，并与霍元甲之子霍东阁，以及李佩弦、朱润身等武术名家结为知交。民国17年（1928），由上海中央精武体育总会委派至广东佛山，出任广东精武体育会任国术科科长，兼任总教练。是年，获“义勇团”奖状。民国22年（1933），调回上海精武体育总会，出任国术教师兼南洋交通大学、中国女子体校国术教师。民国23—25年（1934—1936），由中央精武体育总会委派，往南洋马来西亚吉隆坡，担任精武体育会国术教师兼元甲小学国术教练。民国26年（1937）回国，直至1950年间，先后在周巷镇时化小学、余姚实获中学、周巷镇竞中小学、余姚县县立中学（余姚中学）担任国术教师。

◎ 坐者为姚电侠

中华人民共和国成立后，先后筹建余姚市精武会，并担任顾问和名誉会长，慈溪市武术协会副主席、顾问、宁波市武术协会顾问等职。

姚电侠留世作品有《太极拳动作说明》《电侠短打拳》等，并于1986年刊登在《武林》杂志。1985年前后，浙江省体育局专门录制姚电侠的《武松脱铐拳》等录制片。

王荫生（1861—1955）　小曹娥镇建民村（中灶五丘自然村）人。由绍兴移民而来。因家境贫寒，身材瘦小，17岁靠挑担卖酱油、霉豆腐，后逐渐开起了南货店、荣大水产行、复大生猪行，起总店号王合兴。他集拢做小生意的店主，在荒芜的海边形成了一条街，名荫生街，后改为英生街。据《余姚六仓志》卷三记载“光绪三十二年，王荫胜始设铺，众业助之遂成市”。双面街长200余米。英生街在民国时期的余姚和慈溪一带颇有名气，因缪路潭有个小港口码头，上海、宁波、舟山、乍浦等地疍船停泊、进出来往较多，形成一个有二十几家店铺和农贸集市，吃、穿、用、住商业门类较齐全的一条街市。也曾一度成为海产品、猪、牛、羊的集散地。他为人极讲仁义，常救济贫困，乐做善事，为困难群众送米，深受当地百姓敬重。

王登钧（1923—1976） 号小阿桥。小曹娥镇朗海村人。民国27年（1938），赴绍兴拜著名老中医沈先生为师，学医三年后回家开设中医内科私人诊所，1952年2月，与朱培午、冯少卿、虞辛潜创办的泗门区首家联合诊所在其家落成。1957年，又到浙江省中医进修学校学习，1958年2月毕业。回联合诊所后，开展中西医结合临床门诊。他对中医学深有研究，融会贯通，“望、闻、问、切”辨证施治得心应手，中西医结合药到病除。在三北一带颇有名气，民间流传“内科小阿桥，外科张阿耀”。

王友根（1917—2007） 小曹娥镇曹一村（廿八湾自然村）人。中华人民共和国成立后，一直担任乡、村、企业干部。20世纪80年代退休后，他创办了省首家“农民图书室”，藏有2000余册图书和100余种期刊、报纸。所收藏的期刊中有《红旗》《求是》《瞭望》《农林通信》等近30种创刊号。在他的带动下，本镇村民童祖传、杨家森、严邦怀等20余家办起了家庭图书室，总藏书量近2万册，免费借阅，为当地老百姓提供丰富的精神食粮，许多人从这里学到知识并致富。藏书成了当地农民的新时尚。2007年2月，91岁高龄的他立下遗愿，将毕生藏书捐献给镇文化站。同年3月去世后，小曹娥镇决定建立“农民藏书阁”，首批收藏了王友根所捐赠的全部书刊。

姚长灿（1934—1999） 小曹娥镇建民村（全灶五丘自然村）人。1962年，他从萧山朋友王长清家引进0.375千克榨菜种子在自由地上试种，获得丰收。收割后经过腌制、上榨、拌香料、上坛、销售。由于榨菜冬种春收，充分利用了冬季的闲地，又耐盐碱，在沿海一带种植产量高、品质好。加工后，口味好，经济效益高。后逐步扩大到姚北地区、慈溪、上虞一带，成为沿杭州湾一带农民勤劳致富主要经济作物，仅余姚地区种植面积就达5000余公顷，形成了种植、加工、销售的产业链，一株榨菜，造福一方。

马洋洋（1991—2010） 小曹娥镇曹娥村（曹娥片）人。2010年10月3日，19岁的他，刚刚考上厦门大学，他和同伴在厦门海滩游玩时，同伴掉进海水里。马洋洋听到同伴呼救后，水性不好的他，不顾一切地跳进海里，用尽力气拉拽起同伴，自己却不幸消失在海水中。

马洋洋从小就非常乖巧，上学后深得老师、同学好评，初中就读于余姚实验学校，担任2007届3班的班长，高中就读于余姚中学。他乐观阳光，憨厚、老实，待人热心、和善、真诚，乐于助人，有情有义，人缘很好，办事稳重、认真，乐意做班级工作，成绩优秀，酷爱唱歌，具有优秀的品质。

2011年2月24日，厦门市思明区党委、政府授予马洋洋“见义勇为先进分子”荣誉称号 。是年5月7日，厦门大学化学化工学院党委副书记潘宝柱专程来到余姚市小曹娥镇，向该学院学生马洋洋的父母颁发了马洋洋“见义勇为先进分子”的荣誉证书。同年，被评为中国好人。

附 马洋洋之文《两世纪》

一世，我愿能侥幸进入人的轮回，回到新生的自己。在炎炎的夏日，不停挥舞着小手感受光明世界厚重的空气。

我还想学些乐器，练练毛笔字。前世，我花了十八年砌了一道墙。这一世，只不过再向缺口添几块砖罢了。

二世，不想再入偏安一方的江南，渴望去黄沙漫天的戈壁，拥有美丽夜空的西北。

一切，我用自己的力量面对，一堵完整的墙要有深深的刻痕才完美。

或许，我可以让这一世化作二世的倒影，让来世的梦在今世的舞台上演。在时间还未停止之前，我仍有机会拨动生命的琴弦，奏出绝美的乐章。

——摘自马洋洋之文《两世纪》

第二章 人物简介

第一节 革命烈士

以下烈士排名以牺牲时间先后为序，家庭住址是现行政村，牺牲地概为当时地名。

沈乐山 详见第一章人物传略。

陈长根 男，民国9年（1920）出生，家住建民村（英生街）。民国32年（1943）参加革命。民国33年（1944）牺牲于余姚县黄沙湖，时任余上县临山区常备队通讯员。

应纪朝 男，民国15年（1926）出生，家住滨海村（杨丁自然村）。民国31年（1942）参加革命。民国33年（1944）牺牲于余姚县临山乡，时任新四军浙东游击纵队通讯员。

张幼堂 男，民国12年（1923）出生，家住南新庵村（方家路自然村）。民国34年（1945）参加革命。同年牺牲于余姚县庵东湖神庙，时任余上县临山区常备队侦察员。

汪忠怀 男，民国8年（1919）出生，家住滨海村（杨丁自然村）。民国30年（1941）参加革命，中共党员。民国35年（1946）牺牲于山东省峄县泥沟战斗，时任山东军区第1纵队3旅8团1营副班长。

钟德林 男，民国11年（1922）出生，家住曹娥村（全义自然村）。民国34年（1945）参加革命，中共党员。民国37年（1948）牺牲于山东省苏家集，时任华野第1纵队3师8团4连战士。

纪福生 男，民国17年（1928）出生，家住人和村（周洪六丘自然村）。民国36年（1947）参加革命，共青团员。1952年牺牲于朝鲜，时任志愿军20军60师战士。

第二节 中华人民共和国成立前参战复退老兵

熊登尧（1923—1972） 男，曹娥村人。民国37年（1948）9月开封解放入伍。同年12月加入中国共产党。1949年转业至江西上饶公安处公安队。时任战士、看守员，1950年12月退伍。曾参加过淮海战役等数次战斗，几经流血受伤。

施长根（1931—2016） 男，建民村人。民国37年（1948）1月，参加浙东游击队，任姚北勇猛中队通信员。1949年6月加入中国共产党。曾参加过多次战斗。中华人民共和国成立后，调任宁波警备区任通信班班长。1950年8月到南京海军联合学校学习，1952年分配到南海舰队黄埔海军基地，任某艇艇长，1958年3月复员。

施才根（1925—1967年） 男，建民村人，民国37年（1948）10月入伍，加入浙东游击队勇猛中队。1949年6月，上虞县县大队。1954年，零零八六部队五三八六支队。时任战士、通信员、班长、1955年5月退伍。曾参加过7次战斗。

王永浩（1922—2012） 男，朗海村人，民国35年（1946），被国民党抽壮丁加入国民党部队当兵。民国37年（1948）8月随国民党八十八师一八四团二营六连某排向中国人民解放军第二野十一纵队解放大队投诚。1949年3月加入中国共产党。1953年集体转业到交通部第23局施工支队政治处，1958年下放到四川省交通厅。1962年6月退伍回乡。

马永兴（1923—2005） 男，朗海村人，民国37年（1948）10月辽宁义县解放入伍，加入中国人民解放军。先后任战士、副班长，1951年9

月加入中国共产党，1954 年 12 月退伍。曾参加过朝鲜战争，立过三等功 1 次。

许增荣（1926—1993） 男，滨海村人，民国 32 年（1943）参加三五支队，后脚负伤请假回家。1945 年再次参加三五支队，民国 35 年（1946）负伤，回家养伤。民国 35 年（1946）7 月，在浙江宁波军分区慈溪县大队观城区政府任通信员。时任战士、副班长、班长、通信员，1951 年 2 月加入中国共产党。1952 年 6 月退伍。曾参加过多次战斗，负伤 2 次，立过四等功 1 次。

任炳荣（1928—2009） 男，滨海村人，1949 年 5 月，江山解放入伍，加入中国人民解放军，1955 年 2 月退伍。1951 年 4 月加入中国共产党，曾参加过解放大西南、四川黑水剿匪等多次战斗，立过三等功 1 次。

应仁灿（1917—1998） 男，滨海村人，民国 35 年（1946）入伍，三等甲级残废军人。先后任战士、班长、副排长，1950 年 5 月加入中国共产党，1954 年 12 月退伍。曾参加过多次战斗。

倪海千（1929—1987） 男，滨海村人，民国 37 年（1948）5 月加入中国共产党。民国 37 年（1948）5 月参加共产党领导的武工队，曾参加过解放战争和抗美援朝的多次战役战斗，时为战士。1955 年 8 月退伍到杭州半山钢铁厂机械分厂工作，1962 年响应国家号召，精简回乡务农。

任炳炎（1924—2009） 男，曹娥村人，三等甲级残废军人。民国 31 年（1942）入伍，加入余上县共产党领导的自卫大队五支队一大队，时为通信员。民国 34 年（1945）在嵊县庄家埠剿匪和周巷镇与伪警的二次战斗中负伤。

楼炳庚 男，民国 17 年（1929）4 月出生，南新庵人，三等乙级残废军人。1949 年 4 月在安徽解放入伍，1953 年 10 月退伍。曾参加解放上海时等多次战斗，负伤 2 次。立过四等功 3 次、三等功 5 次、二等功 1 次、一等功 1 次。

第三章　人物名录

第一节　民国时期小曹娥籍职官名录（部分）

施传麟　曹娥乡乡长
陆字龙　四海乡乡长
姚加涛　四海乡乡长
陈光贤　四海乡乡长
陈光藻　四海乡乡民代表会主席
施青山　曹娥乡乡长
毛福润　曹娥乡乡长
金春荣　曹娥乡乡长
胡兆炎　曹娥乡乡长（代）
沈长法　浙江省参议员
金春江　曹娥乡乡民代表会主席

第二节　中华人民共和国成立后小曹娥籍干部名录（部分）

表 25-3-1

姓名	性别	所属村	职务	工作单位
周伟江	男	曹一村	市委常委、常务副市长	舟山市委、市政府
干亚群	女	曹一村	副主任	余姚市文联
熊建苗	男	曹一村	副主任	朗霞街道办事处
沈金荣	男	曹一村	副镇长	小曹娥镇
桑小裕	男	曹娥村	副师长（上校）	陆军某部
干凤苗	男	曹娥村	副主席	余姚市政协
张森土	男	曹娥村	副局长（正局）	余姚市科技局
王礼镛	男	曹娥村	人大主席	小曹娥镇
周玉燕	女	曹娥村	纪委书记	余姚市水利局
干志成	男	曹娥村	党委书记	泗门镇
严茂元	男	曹娥村	党委书记	曹海乡
施绥炎	男	曹娥村	乡长	曹海乡
施志传	男	曹娥村	乡长	曹娥乡
应森怀	男	曹娥村	乡长	朗海乡
王登磊	男	曹娥村	管委会主任	朗海公社
王大森	男	曹娥村	管委会主任	镇海公社
周群峰	男	曹娥村	党委书记	厦门市供销集团
姚文锋	男	建民村	处长	中国水利部技术局
应炳祥	男	建民村	副师长（大校）	空军某部
应炎煊	男	建民村	局长	宁波市出入境检验检疫局
徐忠义	男	建民村	局书记	宁波市质量监督局
鲍岳建	男	建民村	党组书记、局长	宁波市奉化区气象局
张　军	男	建民村	处长	浙江省文联剧协处
周元先	男	建民村	党委书记、政委（上校）	南京军区军事医学研究所
张煜冬	男	建民村	正团（上校、技术 8 级）	陆军某部
鲍永秀	男	建民村	党委书记（副处级）	杭州市工人文化宫

续表 25-3-1

姓名	性别	所属村	职务	工作单位
周松岳	男	建民村	党委委员、副局长	余姚市公安局
许建生	男	建民村	人大工委主任	余姚市兰江街道
金华锋	男	建民村	副局长	杭州湾新区供电局
单渭祥	男	建民村	副会长	中国基督教协会
鲍长亭	男	建民村	党委委员、武装部部长	小曹娥镇
沈开锦	男	建民村	党总支书记	卫星（泗门）人民公社、曹娥管理区
陈长法	男	建民村	党委委员、武装部部长	朗霞街道
王林辉	男	朗海村	处长	南京市安全厅
杨开良	男	朗海村	局长助理	上海海洋局
王水铨	男	朗海村	党委书记	中石化总厂检安公司
阮忠根	男	朗海村	副参谋长	空军某部
施鸿泉	男	朗海村	副主任	北京市海淀区行管处
姚奇富	男	朗海村	院长	浙江工商职业技术学院
施建苗	男	朗海村	局长	余姚市财政局
阮柏军	男	朗海村	主任	余姚市法制办
汪伯约	男	朗海村	副局长	余姚市交通局
严建根	男	朗海村	派驻第三纪检组组长	余姚市纪委
施天军	男	朗海村	党委委员（泗门分局局长）	余姚市城管局
阮吉章	男	朗海村	副镇长	三七市镇
施培洋	男	朗海村	副镇长	小曹娥镇
徐增高	男	朗海村	党委书记	小曹娥镇
汪忠渭	男	朗海村	党委书记	朗海公社
劳振道	男	朗海村	乡长	镇海乡
沈来法	男	朗海村	乡长	慈溪县建塘乡
姚吉锋	男	滨海村	副秘书长（副厅）	杭州市人民政府
施建军	男	滨海村	董事长	浙江省永安期货经纪有限公司
杨志先	男	滨海村	处长	浙江省外事办
章登初	男	滨海村	处长	新疆生产建设兵团

续表 25-3-1

姓名	性别	所属村	职务	工作单位
陈建杰	男	滨海村	副处长	浙江省国土资源厅改革发展处
马建江	男	滨海村	处长	宁波市政府办公厅社会保障处
应惠芳	男	滨海村	处长	宁波气象局
沈定夫	男	滨海村	党委副书记	宁波市政府机关事务管理局
沈登炳	男	滨海村	党委书记	杭州闸口发电厂
陈如乔	男	滨海村	主任	余姚市供销联社
俞根孝	男	滨海村	党委书记	小曹娥镇
夏新波	男	滨海村	委员	余姚市人民法院审判委员会
姚核军	男	滨海村	党委副书记、副局长	余姚市商务局
赵瑞林	男	滨海村	党委委员、副校长	余姚市委党校
沈张法	男	滨海村	干事、陆军中校	江苏省军区政治部
范兰英	女	滨海村	党委书记	镇海乡
邹申潮	男	滨海村	党委书记	上虞联丰公社
陈长仁	男	滨海村	副主任	慈溪县“革命委员会”
张启军	男	南新庵村	主任（正师级、大校）	海军某部
胡百钦	男	南新庵村	主席	余姚市科学技术协会
张柏锋	男	南新庵村	副局长	余姚市卫生健康局
杜红卫	女	南新庵村	副局长	余姚市民政局
张军锋	男	南新庵村	陆军中校	陆军某部
应军良	男	南新庵村	团参谋长	空军某部
应新康	男	镇海村	局长	慈溪县环保局
孙秋华	女	镇海村	党委书记、博导	浙江中医医药大学
陈　见	男	镇海村	副局长	余姚市公安局
马水定	男	镇海村	副团长（中校）	陆军某部
曹妙芬	女	镇海村	副镇长	泗门镇
马国林	男	镇海村	党委委员	泗门镇
杨涨荣	男	镇海村	党委书记	朗海公社
单春玉	男	镇海村	管委会主任	镇海公社
陈忠华	男	镇海村	副镇长	小曹娥镇

续表 25-3-1

姓名	性别	所属村	职务	工作单位
倪伯江	男	镇海村	调研员（副处）	浙江省第二监狱基建处
章荣华	男	人和村	副处长	宁波市发展和改革委员会工业和高新技术产业发展处
谢国权	男	人和村	副主任	浙江省气象服务中心
王开泰	男	人和村	副部长	余姚市委宣传部
范立书	男	人和村	副部长	余姚市委宣传部
严利江	男	人和村	政委、党委副书记	宁波市北仑区综合行政执法局（城市管理局）
沈纪林	男	人和村	镇长	小曹娥镇
陈月珍	女	人和村	理事长	余姚市残联
章佰宏	男	人和村	副政委、纪委书记	黄湖监狱
姚林龙	男	人和村	总经理	宝钢新日铁汽车板有限公司
张公华	男	人和村	人大副主席	泗门镇
沈岳良	男	人和村	人大副主席	小曹娥镇
王岳良	男	人和村	党组成员、纪检组长	余姚市规划局
沈向阳	男	人和村	副局长、党组成员	市机关事务管理局
施海霞	男	人和村	副局长、党组成员	市机关事务管理局
孙登云	男	人和村	镇长	泗门镇
卢友泉	男	人和村	管委会主任	曹娥公社

第三节　中华人民共和国成立后小曹娥籍知识分子及知名人士名录（部分）

表 25-3-2

姓名	性别	所属村	职务职称或学位	工作单位
周红玲	女	曹一村	博士、主任医师	北京同仁医院
戎舟廷	男	曹一村	博士	宁波万里学院
罗建荣	男	曹一村	法学博士	上涌舍金天顺律师事务所
陈菊英	女	曹一村	高级讲师	余姚卫校
李其飞	男	曹一村	中学高级教师	小曹娥镇初级中学
符迪飞	男	曹一村	中学高级教师	小曹娥镇中心小学
钱君芬	女	曹一村	国家二级演员	余姚越剧团
陈华君	女	曹一村	副教授	浙江交通职业技术学院
姚顺炎	男	曹一村	总工、高级工程师	湖北省大冶市城乡建设局
姚国坤	男	曹娥村	研究员、教授	中国农业科学院茶叶研究所、浙江树人大学
毛建华	男	曹娥村	主任医师	浙江省儿童医院
严建苗	男	曹娥村	博士	浙江大学经济学院
阮阳亮	男	曹娥村	生化学博士	上海医药临床研究中心
金福林	男	曹娥村	高级农艺师	小曹娥镇
姜均方	男	曹娥村	副主任医师	小曹娥镇卫生院
沈旭峰	男	曹娥村	中学高级教师	小曹娥镇中心小学
阮建绒	女	曹娥村	国家二级演员	余姚越剧团
马建婷	女	建民村	主任医师	余姚市人民医院
王　娥	女	建民村	主任医师	余姚市第四人民医院
周利芳	女	建民村	主任护师	余姚市人民医院
毛淼东	男	建民村	博士	方太厨具
鲍岳桥	男	建民村	高级工程师	乐教乐学教育科技有限公司
周志新	男	建民村	高级工程师	小曹娥镇
俞伟忠	男	建民村	副教授	浙江商业职业技术学院
阮能明	男	建民村	中学高级教师	小曹娥镇初级中学
阮高峰	男	建民村	中学高级教师	小曹娥镇初级中学
周建胜	男	建民村	中学高级教师	马渚镇章村小学
施银锋	男	建民村	中学高级教师	余姚市子陵教育集团子陵中学
沈丹红	女	建民村	中学高级教师	余姚市子陵教育集团世南中学
王月群	女	建民村	中学高级教师	余姚市子陵教育集团世南中学

续表 25-3-2

姓名	性别	所属村	职务职称或学位	工作单位
马彩虹	女	朗海村	主任医师、博士生导师	北大三院生殖中心
吴　群	女	朗海村	高级护师	浙江省人民医院
阮黎君	女	朗海村	上校护师	海军某医院
陈海涛	男	朗海村	副主任医师	梨洲街道卫生院
吴其坤	男	朗海村	高级馆员	小曹娥镇
胡迪耐	女	朗海村	中学高级教师	小曹娥镇初级中学
苗建章	男	朗海村	中学高级教师	泗门镇初级中学
裘小华	男	滨海村	总工程师	上虞市水利局
夏登新	男	滨海村	主任医师	镇海炼化医院
施卫军	男	滨海村	主任医师	低塘街道卫生院
潘丽利	男	滨海村	国家二级演员	中国煤矿文工团
陈国泰	男	滨海村	国家二级美术师	慈溪市美术家协会
潘永苗	男	滨海村	高级农艺师	小曹娥镇农科站
章建新	男	滨海村	中学高级教师	小曹娥镇教辅室
王德林	男	滨海村	中学高级教师	小曹娥镇教成校
黄燕华	女	滨海村	中学高级教师	小曹娥镇初级中学
张永生	男	滨海村	中学高级教师	小曹娥镇初级中学
龚月素	女	滨海村	中学高级教师	小曹娥镇初级中学
童益民	女	滨海村	中学高级教师	小曹娥镇中心小学
陈海云	男	滨海村	中学高级教师	小曹娥镇中心小学
邹渭灿	男	滨海村	中学高级教师	余姚东风小学
沈建云	女	滨海村	中学高级教师	兰江小学
施鸿鹏	男	南新庵村	博士	浙江大学
方冬来	男	南新庵村	中学高级教师	小曹娥镇教成校
应志方	男	镇海村	执行主任、教授	宁波大学商学院 MBA 教育中心
叶青松	男	镇海村	中学高级教师	宁波外事学校
应红军	女	镇海村	主任医师	宁波妇儿医院
马德森	男	镇海村	中学高级教师	小曹娥镇中学
章林溪	男	人和村	博士生导师	浙江大学凝聚塔物理研究所
章尧旸	男	人和村	博士	谷歌公司（美国百克利大学毕业）
黄志坚	男	人和村	博士	复旦大学
范琴舒	男	人和村	主任医师	余姚市第二人民医院

续表 25-3-2

姓名	性别	所属村	职务职称或学位	工作单位
汪银芬	女	人和村	副主任医师	宁波妇儿医院
韩佰南	男	人和村	副主任医师	余姚市中医院
沈建军	男	人和村	中学高级教师	余姚市子陵中学
汪仁泰	男	人和村	副教授	杭州电子科技大学
陈金华	男	滨海村	会员、副主席、主席	国家、浙江省、宁波市、慈溪市曲艺家协会
赵炎炎	男	南新庵村	国家一级运动员	杭州师范大学

第四节　荣誉称号名录（部分）

应永正　全国商业系统社会主义建设积极分子、浙江省商业系统社会主义建设积极分子、慈溪县劳动模范

施水标　全国安监卫士、全国安全生产监管监察先进个人

马桂珍　全国孝亲敬老之星

王国军　全国科技保密先进工作者、浙江省“五一”劳动奖章、“浙江骄傲”年度人物、浙江省绿叶奖、宁波市劳动模范、宁波好人

周志新　全国农业节水科技奖三等奖、省首席水利员

马洋洋　中国好人

姚菊英　浙江省劳动模范

应正仁　浙江省普及初等教育工作先进工作者

谢友仁　浙江省普及初等教育工作先进工作者

王小坤　浙江省社会治安综合治理先进个人

杨家森　浙江省少儿图书先进个人

严帮怀　浙江省先进图书工作者；宁波市、宁波军分区建设精神文明先进个人

岑康尧　浙江省文教战线社会主义建设积极分子

孙柏祥　浙江省文教战线社会主义建设积极分子

沈调言　浙江省春蚕奖

沈秀珍　浙江省春蚕奖

许国才　浙江省春蚕奖

童益民　浙江省春蚕奖

姚菊芬　浙江省“三八”红旗手

宣秋芬　浙江省“双学双比”女能手

王晓华　浙江省“七五”期间计划生育宣传先进工作者

苗新桥　浙江省最美家庭

王桂凤　浙江省非物质文化遗产“传统纺织技艺（余姚土布制作技艺）”代表性传承人（申报国家级余姚土布制作技艺传承人）

姚志友　宁波市劳动模范

宣金耀　余姚县劳动模范

曹迪良　余姚市劳动模范

李立峰　余姚市劳动模范

阮德校　宁波市非物质文化遗产保护名录一人乐队传承人

陈利军　宁波市非物质文化遗产保护名录一人乐队传承人

许爱妹　宁波市非物质文化遗产保护名录剪纸传承人

韩波玲　宁波市非物质文化遗产保护名录剪纸传承人

丛　录

一、诗词　歌谣

（一）诗词

姚江竹枝词

清・张羲年[①]

萧萧经纬动鸣车，一夕秋风指鬓斜。

织女黄姑相见后，灯前齐纺木棉花。

注：①张羲年，字淳初，余姚人。

木棉花

清・陆达履[①]

吉贝[②]花开秋气高，绿藤青束莫辞劳。

秋霖不见逢庚变，恐致沙田汨海潮。

注：①陆达履，字定夫，余姚人。

②吉贝，木棉科植物，有草、木本两种，诗中所咏即棉花。

吉贝花叹

清・高　杲[①]

吉贝花，吉贝花，利普海疆胜丝麻。

四月始下种，七月花开垄。

白露一零雪球拥，松江淮北棉不重。

浙花出余姚，群芳谱中特选挑，只怕秋风带雨潮。

今年绿树红穿好，乌子种太早。

开手才提筐，忽焉狂澜倒。

狂澜虽倒未尽损，累月连旬雨师很，家家户户睡不稳。

注：①高杲，字彦午，余姚浒山（今属浙江省慈溪市人）。

奉答古民酬吉贝赠诗

清・谢秀岚[①]

素涛卷地悲声发，吉贝花开秋八月。

老鸦塌翼扶桑枯，绿苞一夕飞霜雪。

搓弹细作柳絮香，窗外愁看木落黄。

远将弗谓浮云薄，寒可以襦饥可嚼。

隔年笺寄乌丝格，幅短情长佩贞白。

注：①谢秀岚，字南铭。清代余姚泗门人，著有地方志《东山志》。

春花歌

清・徐　玉

横塘划断沧溟水，结屋连居成乡里。

沙地种树宜木棉，万家衣食出其里。

去秋日日雨如麻，木棉叶盛却少花。

贫翁俯仰不自给，一冬枵腹同饥鸦。

今春豆麦喜薄熟，小户收刈亦十斛。

塘南塘北瞻村墟，风景春时成鼓腹。

昨我出游过垄头，黄云欲割堆满畴。
腰镰老农道旁歇，跨犊村童陌上讴。
陌上人归日西下，炊烟一缕出茅舍。
蓬头健妇操作勤，手自舂粮达晓夜。
晓夜何时得息肩，箔间蚕已过三眠。
缫车轧轧抽香茧，绿荫封户人寂然。
为语儿曹休菲薄，海乡风味亦不恶。
豆粥麦饭勤加餐，女勤蚕桑男耕作。

海村竹枝词（三首）

潘朗　谢翘等

姑嫂合机

洋布推行土布稀，兰膏夜织利殊微，
女红为作私房计，姑嫂商量合一机。

塘头设市

滨海棉花岁获丰，一担晓趁五更风，
塘头竞设摊头市，新盖茅椽几把蓬。

捉　花

滚滚晓露捉花忙，卓午担头已满筐
毕竟人心难知足，丰年也说是平常。

注：①从《情系朗霞》摘录，各诗题目由该书编者新撰。

海村竹枝词

清·潘　朗[1]

海涛万顷拍天浮，蜃气横空幻作楼。
时历四朝塘有六[2]，竹枝遍唱绿云畴。

注：①潘朗，字镜夫，余姚人。

②时历四朝塘有六，即自宋至清四朝，姚北筑海塘六，自大沽塘至六塘。

绝　句

清·吴嘉纪[1]

白头灶户低草房，六月煎盐烈火旁。
走出门前炎日里，偷闲一刻是乘凉。

注：①吴嘉纪，字宾贤，泰州人。

绝　句

郭静唐

海水烈日光，白盐晒满仓，
盐价珍珠贵，盐民饿道旁。

海村竹枝词

清·潘　郎

草茅团作酒家帘，盐舍低垂一捻尖。
人傍酒帘赊一榼，肩头指有水精盐。

吐　铁[1]

宋·厉元吉[2]

出身沙际海洋洋，无识无知无酌量。
敢与蛟龙争化雨，肯同鱼鳖竞朝阳。
免冠喜悦三途难，吐舌甘从五鼎烹。
缧网若遭渔者手，辛酸乞尽百年长。

注：①吐铁，泥螺之俗称。

②厉元吉，字元咎，余姚人。

海村竹枝词

吐　铁

清·潘　朗

人世风波到处悲，喜侬不作望夫台。
树头月出炊香饭，朗担挑花“吐铁”来。

鲻鱼诗

明·谢　迁[1]

我家旧住东海滨，盘餐市远唯鲜鳞。
腐儒粗粝自安分，筵前不慕罗错珍。
十年谬窃黄屏禄，堂膳虚叨大官肉。
太牢滋味违贱肠，翻忆鱼羹常不足。
秋风萧瑟吹早寒，莼鲈野兴归张翰。
盐梅调剂邈无效，回思鼎耳殊汗颜。
江湖悠悠隔霄汉，从今取足鱼羹饭。
食芹知美敢忘君，欲献无由发长叹。

注：①谢迁，字于乔，余姚县泗门人。

鲻鱼诗[1]

清·黄　璋[2]

柳叶初齐杏叶长，几番红雨燕泥香。

年来一事差较胜，东海鲻鱼得饱尝。

注：①鲻鱼食泥，其头微小而扁，其味冠绝鱼品，产后海者为佳。

②黄璋，字稚圭，余姚人。

竹枝词

清·谢元寿[1]

芥菜加盐入瓮菹，白虾黄甲味何如。

小鲜娇嫩夸双绝，第一梅鱼次鲥鱼。

注：①谢元寿，余姚人。

竹枝词

鲻鱼

清·张羲年

姚江名胜古句余，家近蓬莱定谪居。

不为鲈鱼归思早，从今风味忆鲻鱼。

海村竹枝词

鲳鱼

清·潘　朗

梅子酸时麦穗新，梅鱼来后麦鳊[1]陈，

春盘滋味随时好，笑杀何曾[2]费饼银。

注：①麦鳊即鲳鱼俗称。

②何曾，三国时魏司徒，入晋任丞相。生活奢侈，日食万钱还说无下箸处。

海村竹枝词四首

潘朗　谢翘等

苋菜

秋老园蔬苋菜枯，绿茎寸断白盐铺，

异香一种酸咸味，厌食膏粱味自殊。

芥菜

芥菜家家晒满帘，门前更买半担盐，

为郎客处思乡味，分作泥头数甏腌。

盐白菜

白菜经霜味若何，阶前暴晒影婆娑，

朝来谁向缸中踏，笑说檀郎足汗多。

萝卜干

快刀如雪迫人寒，萝卜晒干满地摊，

甬上客来行市好，过年家家一时宽。

注：①从《情系朗霞》摘录，各诗题目由该书编者新撰。

颂曹孝女

清·顾济美

断碑画壁暗云电，往事伤心不可论。

潮汐分明昏旦泪，烟霞自是古今魂。

落花春尽飘亭榭，哀草秋深掩墓门。

借问谁人如巾帼，独留正气在乾坤。

谒曹孝娥

清·梁国治

灵旗缥缈大江东，俎豆[1]千秋拜汉宫。

载绩碑传黄绢语，思亲泪洒夜潮风。

上书北阙缇萦异，衔石西山精卫[2]同。

欲识神光何所倚，亭前双桧夕阳红。

注：①俎豆：俎、豆为古代祭祀、设宴用的器具。

②精卫：传说炎帝的女儿在东海淹死，化为精卫鸟，每天衔西山的木石来填东海。

咏曹孝娥

清·夏韶泰

孝娥遗庙傍江边，黄绢题辞古迹镌。

拯父一心甘九死，抱尸五日出重渊。

情同屈子怀沙若，泪比湘妃染竹鲜。

竞浪婆娑犹似昨，临风凭吊独潸然。

颂孝女

清・沈志礼

粉榆旧社未全荒，此地山川赖有光。
江亦幸留江姓氏，碑犹妙擅汉文章。
墓前蛩泣哀秋草，渡口人稀冷夕阳。
弄玉飞琼何足道，要知大义冠纲常。

孝女庙

清・沈廷增

祠从汉代历今朝，午日迎神事已遥。
肠断鲛人珠泪尽，身投鳌窟玉肌消。
冤同衔石难填海，恨不悬弧可射潮。
多少须眉长愧此，当年大孝一垂髫。

曹娥庙

清・张鉴

凤凰山色剡溪东，花草千年记殡宫。
文鲤乘潮来北渚，灵旗带雨卷西风。
迎神曲在清商改，幼妇碑荒古渡空。
欲向清秋荐香芷，一江寒浪晓蒙蒙。

小曹娥

魏振纲

棉吐千畦雪，菜铺万幅绒。
曹娥巡海过，无意返苍穹。

（二）歌谣

人们在日常生产、生活中随口唱出带有普遍意义，或某一事物现象特征的韵语，后又在人群中反复传诵，形成民歌、民谣、儿歌、童谣。

观潮谣

初一月半子午涨，
初三后至（初）十平潮，
十一起水午时平，
十八十九落小潮，
二十是个宽大潮，
廿一开始潮水小，
初八廿三潮，天亮白耀耀，
廿三四，江底断潮水，
廿六十二暗进笆（小潮，笆是渔民工具），
廿七重涨晏平潮，
复又初三渐落小，
月月涨退两汛潮，
人人依此可对照。

注：渔民王尧夫口述。

孟姜女

正月里来是新春，家家户户点红灯。
别人家夫妻团圆聚，孟姜女丈夫造长城。
二月里来暖洋洋，双双燕子落画梁。
鸟儿都有成双对，孟姜女房中独凄凉。
三月里来正清明，桃红柳绿百草青。
家家坟头飘白纸，孟姜女声声哭亲人。
四月里来养蚕忙，姑嫂双双去采桑。
桑篮挂在桑枝上，揩把眼泪采把桑。
五月里来是黄梅，黄梅发水去耕田。
人家田里好秧稻，孟姜女田里出青草。
六月里来热难挡，蚊子飞来叮胸膛。
宁可叮奴千口血，莫叮我夫万喜良。
七月里来七秋凉，孟姜女西楼去穿绷。
两边绣出龙和凤，中间绣个万喜良。
八月里来桂花黄，手捧香烛进庙堂。
双脚跪在蒲墩上，拜求夫妻来成双。
九月里来九重阳，重阳美酒菊花香。
满满斟来奴不吃，要敬我夫万喜良。
十月里来北风吹，大雁足下带信回。
别人书信都带到，不见我夫书信来。
十一月里雪花飞，孟姜女千里送寒衣。

头上乌鸦来领路，不到长城心不死。
十二月里过年忙，杀猪杀羊闹嚷嚷。
别家都有猪羊宰，孟姜女家中空荡荡。

且等歌[1]

天亮露水多，且到晏昼做，
晏昼热绷绷，且等夜风凉，
夜到蚊虫多，且等明朝做。

注：①该歌谣形容一个人不想做事，找种种理由推卸的形象。

光棍经

我做光棍真伤心，自拿钥匙自开门。
呒末儿子倒尿（西）瓶，呒末阿囡关窗门。
灶跟房里一个人，自炒冷饭自点灯。
生病使痛呒人问，老鼠咬我脚末停。
坐进被洞冷清清，半张眠床上灰尘。
乱梦里头讨老人，眼睛张开呒堂寻。

注：①尿瓶：尿壶。尿，周巷方言音 xī 。
②脚末停：脚指头。
③老人：指妇。人，音 yin。

起早做到夜

起早做到夜，头昏脚手懈。
吃格麸皮六谷糊，困格稻草和地铺。

日落西山暗洞洞

日落西山暗洞洞，过路行人夜赶路，
海头人家烧夜火，读书官人对夜课，
裁缝师傅打包裹，木匠师傅斧头磨，
锯匠师傅整家伙，和尚尼姑做夜课，
百样鸟雀飞进窝，长工还要田头做，
苦中作乐唱山歌。

卖花皮

斤花皮一斤米，卖卖出眼泪，
勿卖饿肚皮，看看勿出气。
家中无粒米，忍痛卖花皮，
转眼两斤花皮换斤米，买格还是带水米。

大水白洋洋

大水白洋洋，棉花剩光梗。
河塘旁边葬爹娘，芦柴坑里撩亲生[1]。
注：①撩亲生：捞儿女的尸体。

篁匠师傅收入低

毛竹像龙，越劈越穷。
劈得快，要欠债；劈得慢，要讨饭。

铁匠苦

红炉当灶头，茶壶当拗斗，
衣裳当扫帚，稻草当枕头，
蚊虫当娘，菩萨神主当朋友。

悲歌忆往昔

正月兰花盆里香，穷富差别天地样。
地主恶霸反革命，相互勾结害穷人。
二月杏花开得早，国民党捐税如蛛网。
烂眼保长町牢讨，交勿出坐监牢。
三月桃花红润润，穷人断粮难春耕，
有钱人家放债门，利上盘利吃穷人。
四月蔷薇满天星，土匪乱抛炸弹信。
开口花皮五百斤，好人会生冷热病。
五月石榴结鸡猛，储备钞票像纸样。
百色货物日日涨，穷人用去难派账。
六月荷花伏中心，黑暗社会抽壮丁。
妻离子散真伤心，家破人亡血泪恨。
七月凤仙开得旺，东洋鬼子来扫荡。
烧光杀光加抢光，老的哭来小的藏。
八月桂花香又香，投机奸商坏心肠。
一斤皮棉一斤米，进退两难饿肚皮。
九月菊花到秋凉，地主收租强盗抢。

穷人有灾难交租，拆屋掘地加吊打。
十月芙蓉小阳春，穷人愁得生毛病。
生了毛病无钱医，一拖二拉丧性命。
十一月水仙冷清清，寒冬腊月北风紧。
无食无衣真伤心，走投无路哭皇天。
十二月蜡梅是苦命，旧社会穷人苦得紧。
做牛做马年年临，冻冻饿饿过光阴。
一声春雷天地震，共产党来了闹翻身。
社会主义金光道，人民生活大提高。

盐民怒打秤放局[1]

中国政府勿吉昌，地皮押给白眼狼。
白眼狼，立秤放，压迫盐民立公仓。
盐民起来打秤放，万嵩庵里开会忙，
五更敲锣到天亮，肩背晒牌还场长。
场长场员都逃光，盐民怒把晒牌掼地上。
再去秤放局，局长局员也逃光。
先拆篱笆桩，后敲玻璃窗，
怒火烧得旺，拿起帐子被头掼粪缸。
踏平张如昌，打倒总秤放。
有位兄弟真懂行，一脚跳到瓦屋上，
瓦片敲碎万把张，如昌脸孔吓得白苍苍，
走到大丰把话讲，共同去找总秤放。
总秤放早有阴谋藏心上，埋伏盐警一大帮，
轿店弄堂冲出来，扳起洋枪一起放，
五人死得真悲伤，各界愤怒传四方，
游行示威势浩荡，吓得狗官不敢讲，
各界支援力量大，迫使官方立五项，
苛政暴敛暂取消，抚恤死者理应当。
打秤放，得胜利，盐民声威振东方。

注：①这是民间流传的叙事小调，调中的张如昌是秤放局的房东。

盐民小叹

斜口土箕瘪肚皮，吊角泥担高坨基，
远汪漏水肩磨齐，挑到半路揩眼泪。
为争几担叹气盐，日挑万斤水和泥，
交租不够淘狗气，一年四季断饭米。

歌制盐七字纲要[1]

制盐之妙，妙在七字纲要：
海水是个宝，必须围塘修闸控制牢；
卤为盐的娘，既浓且丰积卤如积粮；
废泥改滩晒，海水蒸卤万斤担丢开；
结晶是果实，掌握卤度重量又重质；
工具要改革，解放双肩万斤扁担置高阁；
动力是源泉，风、畜、机、电因地利用莫迟延；
管理要改善，政治挂帅，“五比”加“三干”。

注：①七字：指水、卤、滩、结、工、动、管。

罗汉豆

小倌倌，奈姆妈欧侬吃豆开。
啥格豆？罗汉豆。
啥格罗？山斗箩。
啥格山？派雨伞。
啥格派？斧头派。
啥格斧？绍兴府。
啥格绍？牛车槽。
啥格牛？鸡冠油。
啥格鸡？白雄鸡。
啥格白？柏子白。
啥格舅？老婆舅。
啥格老？花杆老。
啥格花？葱草花。
啥格葱？屋烟囱。
啥格屋？三间高楼屋。
啥格高？天格高。
啥格天？光青天。
啥格光？苋菜梗。
啥格苋？豆板苋。
啥格豆？罗汉豆。

月亮婆婆

月亮婆婆背背，我种芥菜。
芥菜开花，我种南瓜。
南瓜长藤，我种菠龙。
菠龙三只角，呜得呜得摇到外婆家。

咩咩头羊在哪里

咩咩头羊在哪里？在山里。
山里侬啥西？背毛竹。
毛竹背之弄啥西？打鸡笼。
鸡笼打之弄啥西？关小鸡。
小鸡关之弄啥西？过年杀杀吃。
我有得吃格勿？
呒咩吃，扚得牢有得吃。

摇呀摇

摇呀摇，摇到外婆桥，外婆欧我好宝宝，
糖一包来糕一包，宝宝吃之哈哈笑。

萤火虫

萤火虫飞拢来，
爷爷搬出西瓜来，
奶奶拿出砧板薄刀来，
一角一角切得开，
大大小小分转来。

荷花荷花几时开

荷花荷花几时开？——正月开；
正月勿开几时开？——二月开；
二月勿开几时开？——三月开；
三月勿开几时开？——四月开；
四月勿开几时开？——五月开；
五月勿开几时开？——六月荷花朵朵开。

抖抖虫虫飞

抖抖虫虫飞，麻将[1]剥剥皮，
酱油蘸蘸好东西，囡囡吃仔嘟嘟飞。
注：①麻将系方言，即麻雀。

我到外婆家开戏戏[1]

我到外婆家开戏戏，外婆坐在亭窝里，外公坐在坐车里，

看见外甥来哉，蹦阿蹦阿跳两记[2]，妗姆烧茶煮饭来勿及。

注：①戏戏系方言。
②（下）。

燕子窝　朝北做

燕子窝，朝北做，今朝人客依格多，
有外公，有外婆，还有宝宝格小老婆。

二、杂志　故事

（一）杂志

余姚盐民协会成立宣言

各界民众们：

我们盐民所受痛苦实在太多了，到现在，我们觉得非自己起来求解放不可了，所以，我们要组织盐民协会，我们知道盐民协会是我们的自救武器。

可是，各界很少知道我们盐民的痛苦，我们在此求解放之日，还须一述我们痛苦的状况，以求社会人士的同情与援助。

第一，秤放局之刁难敲诈，使人们备受耻辱与剥削；

第二，盐知事之假借名义，勒派捐款，巧施剥削，使我们增加额外负担；

第三，盐廒之限制生产，高抬洋价，任意延期收盐，使我们蒙受极大损失；

第四，篷长之克扣盐斤，抬高米价，重利盘剥，大洋易小洋，使我们受种种无理剥削，无以为生。

我们在此重重压迫与剥削之下，过尽了牛马生活，现在我们要起来了，我们要老实不客气地打倒一切剥削我们的人，解放我们自己，这就是我们组织这个盐民协会的原因。

最后，我们要呼出我们的口号：

打倒秤放局！

反对盐篷长的剥削！

出产自由买卖自由！

组织盐民协会！

盐民管理盐场！

打倒土豪劣绅！

拥护国民政府！

十万盐民联合起来！

盐民解放万岁！

盐民协会万岁！

1927 年 3 月 22 日

（原件存浙江省博物馆）

在重重压榨下的盐民生活

有些盐民自己有“白地”场，但绝大多数的盐民是向地主租的。纳租以盐板的多寡来计算；每块盐板每年缴租费一元，所以“盐户”也叫作“板户”。大的板户有盐板一二百块，小的板户有盐板三四十块。

农民的痛苦，只受到地主的剥削，而盐民所受到的痛苦——那层层的剥削，实在不可以数计！地主固然要剥削他们，此外比较显著些的有“篷长”和“廒商”，但是明的暗的还多着呢，每个“篷长”统辖有一定地域的盐民，盐户所生产出来的盐，一定要经过“篷长”的手来卖给“廒商”。每一百斤盐，照“定价”，盐民应得八角一分钱，但是盐民至少要拿出一百一二十斤才能净得八角一分钱。因为当称盐的时候，“篷长”就在秤花要了“花头”，往往以一百二三十斤的盐只报销一百斤的账。在这时候，盐民是没有说话的余地的，否则，就不给你称；盐就卖不出去！这种黑暗的情形，完全由“篷长”的高兴而予以涨落：例如从秤花中剥削你百分之十到廿的盐，还算是客气的“篷长”呢！

当“篷长”把盐秤好，就把分量报告给“廒商”，由“廒商”向场公署食盐运销处领得每百斤八角一分的盐资。这时候，“廒商”与“篷长”就可以分得陆续由盐民身上剥削下来的剩余数。

据统计，每次在称盐时，被漏下的盐量，总在千斤万斤以上！而“廒商”则更统辖了好几个“篷长”，他们是互相依存着的。“廒商”和“篷长”得到了钱以后，还不直接就转给盐民，他们还要把这笔巨款克扣一个时期，从中取得优厚的利息——用高利贷形式借给盐民，因为盐民当没有拿到钱的时候，看看米缸没有米，盐仓里堆积的白盐又不能当米，而一家老小等着要吃，只好向“篷长”出重利借钱，或向米店购米——有许多“篷长”都开着米店，以较市价更贵的价格卖给盐民。这样，盐民们终年在做着过度劳苦的工作，而终年处在饥寒交迫之中！而不劳动的“篷长”“廒商”之类，却大腹便便地吃着珍肴，抱着爱妾！这就是整个盐场的缩影。

为什么在设立场公署和盐务税警区以后，仍旧有“廒商”和“篷长”存在呢？这是说明了社会上的黑暗势力，依旧顽强地潜伏着。他们都是盐场中的流氓、地痞；他们的手底下有无数爪牙；他们有封建的帮会组织，场公署似乎也奈何他们不得，因为场公署要在他们手里收盐。

在盐场中也有盐业工会，但是它却只有其名而无其实。以工会所办的庵东小学来说，只有极少数盐民子弟入学，因为盐民拿不出一学期六元钱的学费来给子弟上学，进私塾每一节（一年三节）不过一元钱学费，所在大部分盐民子弟至今仍旧受着陈腐的教育。至于女孩子，那可更没有机会读书了；他们在七八岁的时候，就要学做草帽——由细麦秆子编织，每顶工资一元，做得快的女工，两三天就可做成一顶，慢的要靠十天才编织好，这是盐妇们的一种副产业。因此，女孩子比男孩子受教育的机会也就更少了。

现在，什么东西都比抗战以前贵了三倍以上的价钱，米每石要卖到二十八元出零，就是搭草房和铺泥墩用的草，每千斤也要七八元钱了，但是盐却始终没有涨价。在平时，盐一到余姚，就卖每斤一角，在宁波，每一元钱就只能买到九斤，到了江西，那就更不用说了，每斤六七角还算是便宜的；至于在前线上，每斤竟卖到一元！这些数字和盐场里的每十斤只到手八分一厘来比较，它的相差数实在太惊人了，简直使人不敢置信。最近，盐民们要求提高盐价，他们要维持最低限度的生活费，这是应当的。谁都知道，盐对于人的生活实在是那样重要，在抗战中来改善盐民的生活实在是必要的。据说，这个要求已由政工队在设法进行中。

原载 1940 年 3 月 22 日《新华日报》第四版

（二）故事

革命斗争故事

方家路除奸记 1948 年 7 月的一天，县武工队在马渚青港乡鹰山头战斗后，中共余上县工委委员、余上县办事处副主任雷行带了一部分队员撤到临山区四海乡一保（现小曹娥镇南新庵村），住在保长、乡民代表陈张才家。他家三面小河圈围，家境殷实，朝南一排正房，东西两居头，外面是草扇壁，里面是板壁，隔墙内藏粮食、棉花。武工队动员其支援 2 担棉花、500 斤粮食。陈张才表面上非常热情、态度积极，暗地里却派他儿子阿海去临山“浙保”告密。当天下午，武工队遭敌人包围，突围时两位新同志被捕，后被敌人杀害于余姚玉皇山。武工队员们得到消息后，个个悲愤交集、摩拳擦掌。

当年 8 月，经查实真相，武工队决定实施锄奸行动。一天，趁陈张才家在盖草屋之际，突然冲进去当即除掉了陈张才，为牺牲的战友报了仇，并一把火烧掉了他家的房子。他儿子阿海仓皇逃走，后一直未敢回乡，下落不明。

武工队抓住这件事情，以此为典型，在当地进行广泛宣传，对乡、保人员进行形势和政策教育，使四海全乡和湖堤乡沿海地区相继建立起“两面派”和革命的“两面派”政权，逐步发展成为余上县后方机关的常驻地。

注：此文根据《余姚党史资料》第 38、39 期合刊记载和参战老同志施长根回忆整理。

开辟曹娥通道 解放战争时期，中共党组织建立余上（余姚、上虞）县工委。余上县西区是中共余上县的敌后根据地，而东区则是余姚国民党的姚北统治中心。东区地处周巷、浒山、庵东三角地带，交通发达。三个镇的公路均可直达姚城，政治情况极其复杂，帮会势力集中。1948 年 10 月，上虞县盖东乡保积庵缴枪战斗后，中共余上县工委决定“向东挺进、开辟东区”。开辟发展东区，不仅能把整个余上县连成一片，有利于广泛开展敌后武装斗争，而且还可以与邻县慈镇（慈溪、镇海）取得联系，有利于相互之间的配合和支援。

“向东挺进、开辟东区”首先面临的问题是如何开辟东西间的通道——曹娥乡。曹娥乡乡长施传麟，平时较为反动，周巷刑警队队长张毛弟又是他的学生，施在曹娥乡有势力，在乡公所所在地曹娥殿还驻有一个班的武装，防守严密。要突破这个障碍，开辟出“曹娥通道”，对施采取什么方针和方式，则是问题的关键。最后决定采取向其讲清形势、政策，威慑其妥协的方针。

在一个夜深人静的晚上，县办同志到曹娥乡侦察、活动，走到五塘南首，侦察到施传麟正在召集保长开会。于是就利用这个机会，突然包围冲进了会场。施见后十分恐慌，说：“同志！有什么事情可以商量，请勿要为难他们（指参加会议的保长）。”县办同志对其进行了形势和政策教育，接着提出：“想请施乡长跟我们一起去县办见见张克胜主任，交个朋友，也想商量一下工作”，“安全由我们负责，也不会缴你的枪”。施传麟当时很害怕，只是说：“现在身体不好不能去，你们有什么要求在这里提吧，我一定尽力而为。”于是县办同志就向施传麟提出了三条：一是我们的同志在这一带活动，安全要你负责；二是敌人的活动情况要及时向我们报告；三是要为我们征收爱国公粮和特捐。上述条件，施一一答应，并根据要求指派阿登（姚阿登）保长和范阿二为双方联系人。姚阿登家住杨家路三丘，时任曹娥乡六保保长，此人为人正直、富有正义感，经地下党的教育和影响完全站到了共产党一边，明里是国民党政权的保长，实为地下党的红色堡垒户和交通站，为地下党做了很多工作。后来姚阿登也就很自然地被认定为“三老人员”。此是后话。在突破曹娥乡这个屏障、建立东西间通道后，地下党经常在曹娥一带活动，并设立了好几个联络点。曹娥乡这条地下党的东西通道相当通畅。

余上县委抓住“曹娥通道”顺利开辟的有利形势，迅速组织力量向东挺进，进行了多次战斗并取得胜利，使“向东挺进、开辟东区”的工作，迅速打开了新的局面。1948 年 10 月 18 日，争取了国民党周巷区柯义乡乡长陈千金，带来了机枪 1 挺、步枪 13 支、手枪 5 支、子弹千余发。陈千金的率部起义，使余姚国民党内部非常恐慌，把原来要各乡成立武装的决定宣布撤销。余姚县县长应怀宗和周巷区区长陆子坤都因此受到了国民政府的处分，不久也就下了台。12 月 11 日，镇压了反动分子马宝昌，砸烂了潮界乡乡公所，有力地打击了敌人的反动气焰。并以县办的名义，向国民党各乡、镇公所发出警告信，震动很大，吓得那些反动乡长不敢在家居住。云山乡乡长许永潮、潮界乡七保保长徐银灿等开始主动联系、积极靠拢共产党，为共产党做有益的事情。使国民党的部分乡、保陷于瘫痪。根据居住在曹娥的熊林牵头和提供的情况，通过 10 多天的侦察，同年 2 月 25 日晚上，余先同志带领“勇猛”“飞虎”两个中队从驻地曹娥马家（现曹娥村全义片）出发，不到 1 个小时，顺利地结束小安街缴枪战斗，缴获了小安税警队据点的全部武器，如此等等，不一而足。

“曹娥通道”的开辟，把整个余上县的东西两部分连成了一块，和慈镇县工委相互间的联系更加紧密，活动区域进一步扩大，革命形势日益向好。

注：1. 此文根据《余姚党史资料》第38、39期合刊中章钦等同志的回忆录——“坚持—发展—解放篇”整理。

2. 余上县指余姚上虞地区，慈镇县指慈溪镇海地区。新四军北撤后，党组织在这两个地区成立了工作委员会，称为余上县工委、慈镇县工委。

孝德故事

曹娥的传说 一千九百多年前的汉代，上虞曹家堡村，村居沿江散筑，人们忙时种田，闲时捕鱼，每天日出而作，日落而息，生活安逸祥和。

村里有一户人家，男主人名叫曹盱，平日里以打鱼为生，这时已经四十出头，可还是没有一男半女，他老婆日日忧心，常常在家烧香祝祷，还时常帮助村里的人孤寡老人，希望用善心感动苍天，早日生下贵子。

一天，有个好心人告诉曹盱，说离曹家堡三十里外的丰惠凤鸣山有一座仙姑祠，祠里供奉着一位修炼成仙的仙姑娘娘，四周百姓常去求子，十分灵验。曹盱听了大喜，特地选了个好日子，和老婆更衣沐浴，天没亮就赶往凤鸣山。

凤鸣山果真是个好地方，山不算高，但山上松林茂密，古木参天，尤为奇特的是有一悬石飞瀑，山泉从崖顶裂隙状的石洞中飞泻而下，气势磅礴，响声震飞，越发衬出山的幽静。溪流终年不息地向山下流去，滋养着山脚下的百姓。

沿着山溪向上，几经曲折，抬头便见仙姑祠，曹盱夫妻手持大红蜡烛，恭恭敬敬地上香点烛，跪地祷告，渴求仙姑娘娘能赐他们一子。

求子归来的当天晚上，曹盱老婆就做了个奇怪的梦，梦见一位金光闪闪的“凤鸣真人”，手中抱着一个孩子，郑重地交付于她。天亮醒来，环顾四周，既无“凤鸣真人”，更无孩子，方知是做了一场美梦。可自那天开始，她的肚子却一天天大了起来，原来真的是怀了孕。

分娩的日子终于到了。曹盱老婆因生育年龄太大，肚子痛得十分厉害，孩子却迟迟生不下来，曹盱急得在产房外团团打转。正当产妇快要支持不住时，屋外忽地飞来一只金鸡，羽毛五颜六色，通体闪闪发光，只听金鸡“喔——”地长啼一声，一头撞到产妇身上，随即飞走不见了。

产妇先是一惊，再是一吓，“哇——”的一声喊，孩子竟给生了下来。曹盱高兴得又笑又叫，急忙跑进内房，抱起一看，嗨！生了个白白胖胖、秀秀气气的宝贝囡囡。

曹盱夫妻高兴得整天合不拢嘴，左邻右舍都拿着鸡蛋、红糖、面条等礼物纷纷前来道喜，隔壁的曹阿婆说他们家金鸡撞门，大吉大利，孩子将来一定孝顺聪慧。曹盱用尽心思，给女儿取名叫曹娥，希望女儿健康成长，美丽贤惠。

曹娥八岁那年，母亲不幸染上伤寒，吃饭不香，走路无力，整天只能躺在床上养病。曹盱白天要出门捕鱼养家，家务活全落到了曹娥身上。母亲看着孩子受累，整日唉声叹气，偷偷落泪，病情便越发严重。

曹娥孝顺懂事，白天要为母亲煎药端水，母亲嫌药苦，她劝慰母亲喝下去；还要帮衬父亲，去田里放鹅、割草，等鹅长大了，好给母亲换药治毛病。晚上要陪着母亲说说话，解解闷，生活十分辛苦。

村里有位好心的婆婆，见曹娥脸色蜡黄，心事重重，就打听情况。她告诉曹娥一个神秘的偏方：割股疗亲。就是从大腿上割下一点点肉来做药引子，和草药同煎，不得让外人知道，秘密服下，病可痊愈。

为了救母，曹娥顾不得是真还是假，她瞒着父母，磨好刀，站在堂前的伍相祖像前，哀求伍相显灵，说自己愿代母受痛，告毕，卷起裤腿，咬紧牙关，割下指甲盖大小的一块血淋淋的肉来，赶紧点火熬药。

母亲服下药后，病情果然有了好转，多日愁苦的曹娥，脸上终于有了笑容。可是好景不长，母亲终因长期卧床，身体虚亏，旧病未好又添新病，曹娥十岁那年的一天，母亲拉着女儿的手，流下眼泪，叮嘱她以后要孝敬爹爹，照顾好自己，一口气噎住，便离开了人世。

从此后，曹娥便与父亲相依为命。曹盱白天要出门捕鱼，小曹娥就在家里做家务，灶台太高够不着，她搬来椅子当垫脚，她要让爹爹吃上热菜饭。爹爹一回家，曹娥立即端上一碗热茶，让爹爹喝几口，解解乏。

到了 12 岁，曹娥恳求爹爹带她去打鱼，爹爹说：打鱼哪里是女孩子干的活！可小曹娥就是想帮爹爹摇摇橹，撑撑船，爹爹只好答应了她。

隔壁的曹阿婆是个好心人，她年轻守寡，对曹娥十分疼爱。她教曹娥纺线织布，缝衣做鞋，曹娥心灵手巧，刻苦肯学，很快就学会了一手针线活。

曹盱五十大寿时，曹娥想给爹爹送一件珍贵的礼物，思前想后，觉得还是送一件挡寒的衣服好。于是起早落夜，一针针、一线线，给爹爹做了件绣了“寿”字的外套，她帮爹爹穿上身，惹得没有女儿的人家红了眼。

曹盱平日里为人厚道，尊老爱幼，左邻右舍提着寿面、寿桃纷纷前来祝贺。曹娥看在眼里，喜在心头。

又过了两年，眼看着曹娥渐渐长大，好心的媒婆替曹娥看好了一户人家，特意上门来做媒。曹娥急了，说自己年纪还小，更要照顾爹爹，婉言谢绝了。

在村里，曹盱也是个能人，除了会打鱼，还擅长“抚节按歌，婆娑乐神”。他能按着拍子唱祭神歌曲，还能在祭神仪式中跳各种舞，被乡邻们推举为“巫祝”，威望很高，是女儿心中的英雄。

当年的舜江，每到汛期，经常会江堤坍塌，洪水泛滥，良田被淹，庄稼无收。老人们说，那里吴国大夫伍子胥被吴王夫差活活逼死，又被装入皮袋子抛入钱塘江。他心怀怨恨，化成了潮神，为了证明自己的清白无罪，时不时地会在钱塘江上兴风作浪，激起的巨浪，倒灌进舜江，再和上游的雨水汇合，造成灾难。

为了纪念伍子胥的刚烈和忠心，更为沿江百姓祈求风调雨顺，太平无灾，每逢端午节，上虞舜江一带都要举行盛大的迎潮神活动，“巫祝”作为代表乡民迎神的使者，这时就要充分发挥领头作用。

东汉汉安二年（143），旧历五月初五，迎潮神活动按时举行。曹盱头戴平巾绩，身穿遮脚长袍，胸前绘着奇花异草，立于甲板之上，一声号令，他率领众船驶入江心，伴随着起伏的江潮，和着管弦齐奏的节拍，婆娑起舞，好不潇洒威武。

这里的舜江，阳光灿烂，场面热闹欢腾。但到了近午时分，突然之间，天空乌云密布，狂风骤起，江水顿时成了脱缰的烈马，纵横决荡，奔腾呼啸，一股恶浪从右侧袭来，船身剧烈倾斜，曹盱一个倒栽，跌入浪中。他狠命挣扎，还是被浪涛冲卷得无影无踪。

曹娥那天也和好姐妹一起，挤在人群中观看迎潮神活动，看到父亲顶潮迎潮的威武英姿，她站在江堤上大声喊着“好！好！威武！”可是，转眼间，父亲却被恶浪卷走，让她目瞪口呆，魂不守舍。待她醒过神来，只见人群慌乱，人们正在大声呼救，她发疯般要冲到江里去救父亲，众人把她死死拉住，她瘫坐在地上号啕大哭。

咆哮翻腾的江水很快安静了下来，好像什么都没有发生过。但曹娥的父亲又在哪里？曹娥呼喊哀号：“爹爹！爹爹喂！……”“爹爹你哪里了？”“爹爹你快快回来吧！”“爹爹你不会抛下曹娥不管的啊！”号叫声悲惨凄厉，众人听了，个个心如刀绞，但又想不出好的救援办法。

邻居青年阿生平素里急公好义，立即号召大伙赶紧驾船寻找。他安慰曹娥说：“他爹水性好，会弄潮，会踩浪，一定不会有事的。”说罢，他们驾着船，向上游划了三里，又向下游划了六里，直找到太阳落山，根本不见曹盱的影子，只好失望而归。

天暗了，端午的晚上没有月亮，四周一片漆黑，几位叔伯族亲放心不下，一再劝说曹娥先回家睡觉。曹娥哪里听得进去，斩钉截铁地回答：“我要等爹爹回来！不见爹爹身影，我决不回家！”她沿着江堤，来回哭叫，可江水静默，没有任何回响。

第二天一早，曹阿婆给她送来饭食，劝她：人是铁，饭是钢，多多少少吃一点。她一口都吃不下。人们陪着她继续沿江寻找，三天又三夜，还是不见父亲的影子。曹娥喉咙喊哑了，眼泪哭干了，她还是一句话：“我活要见人，死要见尸，不找到爹爹，我死也不回家。”

以后的几天里，曹娥始终徘徊在江堤上，有时哭，有时喊。那里，恍恍惚惚之间，她面前出现了一个白胡子神仙。神仙说：“小姑娘，端午那里，是我一不小心，对着太阳打了个喷嚏，才让舜江翻了脸，对不住了！”曹娥愤怒地指着他，大声责骂他害死了他爹爹。老人们说，这是伍子胥现形来赔罪了。

又是八个日夜过去了，14 岁的曹娥面容憔悴，又饥又乏，但她要找到爹爹的信念不改，她在心里暗暗发誓：我一定要让爹爹回家，决不让爹爹沉尸江底。老族长好言相劝，希望她回家去歇息，她一个字也听不进。

曹娥沿江寻父十七天，泪水哭干了，嗓子也哑了。五月廿二这一天，她寻到一个江流转弯处，扑通一声跪倒在地，大声祈祷：“苍天慈悲，还我爹爹。今天我要脱下外衣，抛入江中，若外衣下沉之处，当是爹爹等我会合之地。”

祝祷完毕，曹娥将脱下的衣服奋力投入江中，外衣随水向下游漂流而去，旋即在一处江心缓缓下沉。

曹娥心里一个激灵，眼前突然幻化出爹爹的身影。她爹爹正张开双臂向她迎来：“爹爹，你还活着？”曹娥一阵惊喜，难道是爹爹真的显灵来了？那我一定要把爹爹接回家！

曹娥对着江面，大声呼喊：“爹爹喂，女儿接你来了！”“爹爹喂，我们回家了！”话音刚落，随即纵身一跃，跳入滚滚滔滔的江水之中。

“曹娥跳江了！”消息传遍了四乡八邻，人们呼天号地，纷纷赶来救人。可江上霎时风急浪高，湍急的水流头也不回地向前流去，哪里还有曹娥的影子。曹阿婆捶胸顿足，哭诉着：“老天不长眼哪！好人为啥要遭噩运啊！”

很快，江面又风平浪静，江水清澈明亮，人们在下游十多里的江面上，看到有一股江水在盘旋，好像有人在游动。人们赶紧跑去，果见一男一女，背贴着背，女子反剪双手紧负着男子在江水里盘旋，仔细再看，果真是曹娥背负父亲浮出了水面。后来这个地方被叫作“贺盘村”。

随即，父女俩的尸体又随江水上下流淌。后来这里就被叫作“沥水”。最后，尸体被潮水推到浅滩，搁在岸边，这里就被叫作“塘角”，至今地名犹在。

曹娥负父出水的消息迅速传开，远近村庄的人都赶来围观，塘路被挤得水泄不通。人们感动于曹娥的孝心，有的大声号哭，撕心裂肺；有的低声啜泣，不能自已；有的哀悼孝女，呆坐江边，他们都久久不愿离去。

族长太公已年过七旬，亲自发动村志愿募捐资金。他神情肃穆，面容哀伤，声音低沉；自从盘古开天地，投江寻父第一人。曹家堡里出孝女，感天动地扬美名。人们自动出资出力，分别棺殓厚葬曹娥父女，并在江东边上为父女俩建造了坟墓。

过了八年（公元 151 年），有个皇帝身边的侍卫官被派到上虞做县令，名叫度尚。乡亲们了解到他能扬善崇孝，便前往官府，联名请求让朝廷褒扬曹娥的孝心孝行。

度尚为官清正，深察民情，听了曹娥投江寻父的事迹非常感动，亲自带着下属，到墓地进行实地考察，认为江东地势较低，坟墓易受江水侵袭，下令把坟墓从江东迁到江西南首。又亲自动笔撰写祭文，并命文书官将曹娥的孝行整理成文，上报朝廷，封为孝女。

度尚又下令筹集资金，新建庙宇。周边百姓有钱的出钱，有力的出力，文人雅士、能工巧匠也纷纷献计献策，很快，一座巍峨庄严的“曹娥庙”屹立在舜江边上。后人为纪念孝女，定农历五月二十二为曹娥庙会日，改舜江为曹娥江。于是，曹娥的地名也就名正言顺了。

建庙须立碑，碑文谁来写？度尚思量再三，先请当朝才子魏郎执笔。魏郎谦虚推让，度尚再令得意门生邯郸淳起草。邯郸淳年少有为，才华横溢，文不加点，一挥而就，其文情真意切，文采飞扬，度尚看了十分满意。碑以载孝，孝以文扬，从此《孝女曹娥碑》成为中国著名的碑刻，弥足珍贵。

自曹娥庙建成以后，奇事不断。不管曹娥江水有多急，潮有多猛，奔腾咆哮至庙前，瞬息之间，激浪沉入江底，江面风平浪静，待过了庙门口，又会在庙南头的江坎头掀起巨浪，前涌后赶，如闪雷轰鸣，呼啸向前，被人们叹为“千古奇观曹娥潮”。

当时，有个大才子蔡邕，因被贬官，正流亡江南一带，他听说了邯郸淳撰写碑文的事，迫不及待地赶往曹娥庙，尽管已是暮色苍茫，他来不及点烛照亮，干脆用手摸着碑文而读，赞叹之余，运笔挥毫，在碑的背面题了“黄绢妇幼，外孙齑臼”八个字，究竟是什么意思，一时成为难解之谜。

蔡邕死后，他女儿把父亲的碑文图轴挂在家中。一天，曹操路过蔡家，看到了图轴，便问身边的主簿杨修：“你能解吗？”杨修回答：能解。“黄绢”就是有色的丝，是“绝”字；妇幼，即少女也，是“妙”字；外孙是女儿的儿子，女旁子字，是“好”字；齑臼是受辛之器，受旁加辛是“辤”（“辞”的繁体），合起来，是“绝妙好辞”四个字。曹操听了，拍手称好。由此，上虞成为我国谜界公认的字谜策源地。

到了东晋时期，绍兴出了个大书法家王羲之，他的代表作《兰亭序》被誉为“天下第一行书”。一天，他来到曹娥庙，仔细阅读曹娥事迹后，深受感动，于是信手提笔，恭恭敬敬地用小楷摹写了碑文，成为传世精本。

唐朝天宝年间，诗仙李白弃官南下，一路经扬州，过会稽，风尘仆仆来到曹娥庙，读碑赏景，写下“人游月边去，舟在空中行。此中久延伫，入剡寻王许。笑读曹娥碑，沉吟黄绢语”的诗句，成为今人研究浙东唐诗之路的一个有力佐证。

北宋时期，因潮水冲蚀，邯郸淳所撰的汉碑早已沉入江底，久寻不着。这时，朝廷大臣、著名大书法家蔡卞重新书写了曹娥碑，复立庙中。字体行书，刚劲有力。这就是现存的曹娥宋碑，具有很高的历史价值。

宋代以后，历朝皇帝为了推行“孝治天下”的国策，对曹娥孝德倍加推崇，先后共六次敕封，分别加敕为：灵孝夫人、昭顺夫人、纯懿夫人、慧感夫人、福应夫人。

明代末年，山阴才子徐渭受曹娥庙庙祝的盛情邀请，专程前来题字字文。进了庙门，他细细瞻仰参观，情思顿时涌上心头，一首《题孝女庙》的七律诗一挥而就。庙祝请求徐渭能再赐一副楹联，徐渭联想到世人中多有不孝之人，于是借曹娥之口，写下了“事父未能入庙倾诚皆末节，悦亲有道见吾不拜也无妨”，告诫世人行孝要落实在行动上，一针见血，入木三分。

民国年间，国民党党政要员蒋介石、林森、熊希龄、于右任、杜伟等先后来庙祭拜，并题写匾额和对联，蒋介石题的“人伦之光”，经过重制，如今悬挂在殿内。

历代以来，民间百姓以曹娥为榜样，提倡以孝为重，以孝为先。北宋年间，上虞丰惠董家岙有个小女孩叫朱娥，母亲早亡，由祖母抚养。朱娥十岁那年，村里有个无赖青年朱颜上门与祖母吵闹，野性发作，拿着柴刀要行凶。

朱娥用身体护住祖母，大喊：宁杀我，不要杀祖母！朱颜恼羞成怒，连砍朱娥数十刀，朱娥血流如注，当场身亡。朱娥舍身抗暴救祖母的孝行传遍四方，感动朝野。官府捉拿凶手，依律法办。朱娥得到朝廷褒奖，士人、乡贤纷纷写诗作文以祭之。

明代洪武年间，山阴有个小姑娘叫诸娥，年方八岁，其父诸士吉任当地粮长，受恶人陷害被判死罪，两个哥哥上书知府，为父申辩，也遭到拘禁，一起判了死罪。诸娥昼夜啼哭，与舅舅一起赶到京城金陵上书申冤。当时法制严谨，上京申冤者必须滚卧钉板，以检验真心。诸娥临危不惧，跑到锋利的钉板上面，爬进大堂，体无完肤，血肉模糊，终于递上状纸。经过重审，父亲被宣告无罪，两个哥哥一并洗雪，诸娥却因伤势过重，离开了人间。

后人为了表彰两娥的孝举，一面上报朝廷，一面为她们塑像立传，并将塑像立在曹娥像边，供世人祭祀。一庙供三娥，孝行久传扬，成为曹娥庙一大特色。

民间百姓的崇仰祭祀从未间断。每逢曹娥忌日（五月二十二），曹娥庙就会举行盛大的庙会，时间长达七天七夜。庙会祭拜活动也不断丰富，最早吸收进佛道两教的坛醮斋戒、水陆道场等仪式，后来逐渐加入娘娘省亲、仪仗护送等内容，省亲队伍调狮舞龙、旌旗飘扬，浩浩荡荡向曹家堡走去。

曹娥庙内三个戏台，有各种戏班登台唱戏，绍兴大班、嵊州越剧、余姚滩簧、绍兴莲花落轮番演出，一争高下。庙北空地上，有马戏杂耍和杂质表演，江湖好汉们全都使出看家本领，博得一阵阵喝彩。

巍峨庄严的曹娥庙，静穆肃立在曹娥江边。庙因人而建，江因人改名，曹娥悦亲有道、侍母至诚、投江救父的孝举，与庙宇长存，与江水常流。“百行孝为先”的中华传统美德，定会像曹娥江水一样世代流传，滔滔不绝！

“敬老院院长”马桂珍婆婆的故事　小曹娥镇的曹娥村有一位叫马桂珍的老婆婆，73 岁中等的个子，整天乐呵呵的，是个天生的乐天派。马婆婆一家三口人，除了她还有一个 91 岁的老婆婆和一个 80 岁的老伴周登水，三个儿子和一个女儿都已经在外面成家立业。令人奇怪的是村里人都不叫她马婆婆，而是叫她敬老院院长。这是为啥呢？下面我给大家讲几个小故事，大家听完就明白了。

第一个故事：婶娘当婆婆。

马桂珍婆婆家里那位耄耋之年的老婆婆可不是她自己的婆婆。她是马桂珍婆婆的丈夫的婶娘、自己婆婆的妯娌。那为啥要把她接到自己家里当作自己的亲婆婆来赡养呢？说来话长。

婶娘名字叫陈田大，是土改时取的名。她也是个苦命人，从小生母死得早，被人家领养大。后来嫁到曹娥村，做了周登水弟弟的妻子。好像老天爷也跟她过不去，结婚多年一直没有生养。27 年前，丈夫因病去世，只剩下了孤苦伶仃的陈老太一个人。马桂珍婆婆帮着办完叔叔的丧事，二话没说，就把陈老太接到了自己的家中。从此，她把陈老太当成了自己的婆婆，待她比对亲娘还要好。受母亲的影响，儿女们也把陈老太当作了自己的奶奶。女儿每次从外面回来总要和陈老太挤一个被窝，亲热得不得了。大儿子佰昌更是孝顺有加，白天在厂里忙，晚上一定要挤出时间带着大包小包的零食，开车来看看老奶奶。陈老太终于露出了原本很难得的笑容，觉着生活越过越有滋味。

可是，这样的幸福日子并没有一直延续下去。1999 年 6 月 30 日，一个炎热的夏天，不幸又找上了陈老太。那天中午，临近吃饭时，马桂珍婆婆从厨房端着两碗菜往饭桌走去，陈老太跟在后面准备坐到饭桌旁。这时，她的腿一打软“扑通”一声就摔倒在地。“姆妈，侬咋了？”马桂珍婆婆急忙放下两碗菜，一边转身来扶陈老太，一边急忙喊丈夫一起把她抱到手拉车上，赶往最近的医院。检查结果右边盆腔骨骨折，可怜的陈老太因此瘫在了床上。更不幸的是，第二年，骨折刚刚痊愈，因从小营养不良而患有严重骨质疏松症的陈老太不小心又摔了一跤。这下导致左边的盆腔骨骨折、尾椎骨骨裂。真是雪上加霜，让本已年老体弱的陈老太再次瘫卧在床，甚至危及生命。马桂珍婆婆果断地通知两个儿子及时把陈老太送进医院抢救，然后又悉心照顾，日夜陪侍在老人病床前。总算是抢救及时、护理得当，使陈老太脱离了危险期，脆弱的生命再次得以延续。

老人的病情稳定后，马桂珍婆婆把陈老太接回家中精心料理。陈老太这样一躺就是六年。这六年间，马桂珍婆婆不分昼夜，不论寒暑，为老人擦澡洗衣，端屎端尿，翻身换垫。她每天和老人睡在一张床上，冬天怕老人喝凉水坏肚子，总是尝过冷热后把温热的开水端到老人手中，夏天为了帮老人去暑，拿冰过的冷开水给老人喝。有次，马桂珍婆婆给老人擦洗身子时发现老人背部泛红，有生褥疮的迹象，她马上赶到医院配来药膏和药粉，坚持每天给老人翻身四次以上，并且每次抹上消炎的药膏和干爽的药粉。很多生褥疮的老人因为得不到精心的呵护而失去生命，幸运的陈老太却因为有这么孝顺的一位不是“儿媳”的“儿媳”而没有患上（对老年人来说）可怕的褥疮。

正当“婆婆”患病在床急需照顾时，偏偏马桂珍婆婆的丈夫周老伯也患上了坐骨神经疾病和肝硬化，一双脚一点也不会走路了。坚强乐观的马桂珍婆婆咬着牙用手拉车把丈夫送到七八里路远的一个小医院。开始她每天医院和家里两头跑、两头忙，后来，身体实在吃不消，毕竟自己也已经年近七十了，于是，她学会了骑小三轮车。两个月后，丈夫出院了，但是腿还没好利索，大小便成问题。怎么办？聪明的马桂珍婆婆就索性在两位老人的床下弄两个洞，下面各放一只马桶。每天清早，马桂珍婆婆要做的第一件事，便是端着两只马桶往厕所跑。

由于长年照顾病人，马桂珍婆婆患上了严重的肩周炎。每次发作都把她疼得要命。有一次，丈夫的痛风发作了，本来大儿子开车送他去医院的，可是为父亲戒烟的事情吵翻了，佰昌一生气就开车走掉了。马桂珍婆婆无奈，只好请邻居顺路送到泗门医院门口，然后搀扶着老伴往里走。这天她自己的肩周炎正好发作，老伴沉重的身子压在她身上，更增加了她的痛苦。这种疼痛的感觉深入骨髓，令马桂珍婆婆至今心有余悸。可是，令她周围的人称奇的是，这么多年来，听到的总是爽朗的笑声和亲切的话语，好像谁也想不起马桂珍婆婆什么时候翘过嘴巴。

“姆妈，吃中饭辰光到哉，我扶侬坐起来吃吧。”每次马婆婆话音刚落，躺在床上的陈老太就会像个小孩似的听话地坐起来，接过放满新鲜小菜的饭碗，颤巍巍地用筷子往嘴里塞……马婆婆一手扶着老婆婆，一手不时地拿毛巾擦老婆婆的嘴角，脸上挂满了慈祥与笑意。这样的情景每天、每月、每年都在重复着，她们俩不是母女却胜似母女，不是婆媳又胜似婆媳。

第二个故事：亲家做姐妹。

这个故事要讲的是马婆把儿子的丈母娘当作自己的亲姐姐来养老送终的感人故事。

五年前，大儿子佰昌妻子唯一的一个哥哥因病亡故，老丈人早在几年前已经病逝，因此家中只剩下丈母娘和她的儿媳。儿媳为了再嫁，偷偷把和婆婆一起生活的房子卖给了人家，然后带着卖房得来的钱一走了之。女儿体弱多病，难以照顾这位风烛残年的老母亲，只得把她送进了老年公寓。马桂珍婆婆不放心，特意跑到老年公寓去看望了亲家母，发现三个月里她虚胖了不少，觉得不对头，就跟媳妇商量索性住到自己家来，也好照顾得周到点。开始，亲家母觉得不好意思，马桂珍婆婆已经为照料家中的两个老人忙得不可开交，自己怎么可以再麻烦她呢！后来禁不住马桂珍婆婆一遍又一遍地劝说，勉强答应住一个月。一个月后，亲家母身体硬朗了许多，愁眉舒展，像换了一个人似的，再也不肯回到那个老年公寓去。2006年9月初，亲家母身患重病。离世前，她紧紧拉着马桂珍婆婆的手，老泪纵横。她哽咽着说："亲家母，我这样死在你家里过意不去啊！"马桂珍婆婆含着热泪接过话题："阿姐，我家就是你家，我就是你的阿妹，我的儿子就是你的儿子，不要觉得过意不去，你就放心去好了。"亲家母去世后，马桂珍婆婆不顾外人死在家中不吉利的风俗，默默地在家中替老人办理了丧事。她是真正把亲家母当成了自己的亲姐姐啊！亲家母生前，古稀之年的马桂珍婆婆还替她洗了整整三年的衣服。真是不是姐妹胜似姐妹！

这位可敬的马桂珍婆婆不但对自己的亲戚十分关爱，而且还把爱心献给她的左邻右舍，献给国家和集体。关于她孝敬老人的故事就是三天三夜也说不完。比如，邻居家一对老人因为儿媳不孝顺，还受打骂，三餐米饭没有着落。马桂珍婆婆就偷偷背起自家的一袋米送到两位老人跟前，叫他们尽管吃，不要张扬。正因为马桂珍婆婆感人的孝行，赢得了村民发自内心的尊敬，大家才会把"敬老院院长"的桂冠送给她。

一个奇怪的老板 20世纪50年代初期的辰光，有个宁波城里人，在余姚县北边一个叫小曹娥镇上的街里，做棉花盐商生意，平时喜欢到曹娥庙里听戏文，一边看戏文，一边自唱滩簧，还会哼几句"哎哎哟——哎咿哎——"拖长音的姚北海头腔，唱起来，一板一眼，伊的名字姓高名阿林，人称阿林老板，虽然生意不好，但人缘不错，常常接济海边捕鱼的穷苦渔民，坊间口碑很好。有一天中秋，曹娥庙里又做戏文，演的是《曹娥救父》，整个街坊喜气洋洋，曹娥庙内外人声、叫卖声闹盈盈，正当戏台上大鼓咚咚地敲，铜锣嘭嘭嘭地响。此时却发生了一件事，有一个老婆婆坐在庙门口，一把眼泪，一把鼻涕，哭得厉害：

啊——罪过啊，前世勿修今世苦，

今世苦来把孙子送哎！

老板介呒良心啊！

勿忖我孤儿寡母多可怜哎！

老婆婆哭泣，有韵有味，一唱三叹，有张有弛，四句八韵，唱中带哭，这可比戏台上演戏的真实多啦，听戏的、看戏的人，呼啦啦一大群人来看热闹。大家听后立即明白了，转身都骂阿林老板不是人，不到一个时辰，不大的街坊，人人都骂阿林是个恶人。一班从马渚、泗门过来在曹娥庙会里跳犴舞的、从上虞过来唱走书的几个艺人，也纷纷谴责，几个好事者，编出了歌谣：

曹娥庙会出新闻，

六旬阿婆哭庙门。

高阿林，没良心，

一根竹棒出人命。

这到底怎么回事？事情还得从刚解放前后说起。

老婆婆人称张氏，谁也不知道伊的名字，坊间里都叫伊张氏嫂，膝下有一孙子，1949年，八月间一场台风造成杭州湾海倾，姚北三万亩田地沦为泽国，把她家住的一间半草舍冲干净，要命的是丈夫和儿媳都被海水淹死。为度生计，拉着小孙子来到小镇街坊乞讨，一天，高老板经过街头见祖孙俩乞讨可怜，就介绍伊到一家棉布行里做帮工，以解决生计，渡过难关。张氏嫂心底里感激高老板，逢人就说高老板是曹娥庙里的活菩萨。俗话说，福无双至，祸不单行，谁知没半年，张氏嫂与高老板却反目成仇？

那是一个秋高气爽的下午，高老板托人从上海高价买了一根吉林产的百年长白山参，准备补补身体，参汤煮好后，放在八仙桌上，等凉了后再喝。不料，张氏嫂正领着孙子，从门前经过，顺便来道个问候。高老板就在门口站着与张氏嫂东拉西扯地闲聊着。其孙子顽皮，刚在街头玩得满头大汗，便挣脱牵着的手，独自进屋，“倏”地瞧见桌上有一碗茶，就端起咕咕喝起来，等高老板转头瞧见，啊哎，碗底朝了天，煮好的参汤竟然落到了小孩子肚里。这还了得，高老板也顾不得与张氏嫂闲聊，大声地对小孩子说：“侬个小鬼，桌上的‘茶’，谁让你喝的！”边说边操起门口的一根竹棒，举手就打过来。小孩子机灵，头一避，像条泥鳅，往街心蹿去。高老板手举竹棒，紧追不放，从街东，追到街西，又从街西追到曹娥庙，直追得高老板气喘吁吁，满身是汗。

高老板回到家里，张氏嫂早已不见。手端着一只空空的参汤碗，自叹说，总算救了一命，但愿小孩子太平无事啊，这么小的孩子喝了百年老参汤，不是立马毙命，就是七窍流血。幸亏追得厉害，让小孩子把汗水出掉吧。

话说张氏嫂晚上不见孙子回家，慌乱了手脚，央人在街头四处寻找。几天过去了，竟然连个人影子也没有。一时慌乱了手脚，就在庙门口大哭。高老板自责自己，也派人寻访，最终也无结果。没了孙子的张氏嫂，天天骂高老板黑良心，要赔他孙子。搞得左邻右舍都骂高老板是坏良心，黑奸商。过了几年，老婆婆因伤心过度，生病死掉了。高老板顶着恶人的名气，为张氏嫂办理了后事。此后，高老板也辞掉了小曹娥街上的生意，去了上海经商，也没几年，一场大病也离世了。

光阴如飞，日月如梭。进入了20世纪90年代。在一个春暖花开的季节，曹娥庙会又重新热闹起来。这一天上午，庙门来了一老一少两个奇怪的人，逢人就打听做盐商生意的高阿林住在哪里，有没有棉布行。众人都摇摇头说：阿拉这里不产盐，哪里来的盐商啊？庙会中一批年轻人说得更绝：阿拉是种榨菜的，根本没有棉布行，要找榨菜厂，这里有好多家呢？

“哦”，老者叹息起来。望着人来人往的曹娥庙，对身边的年轻人说：我小的时候，就经常在这里玩，只是现在变化太快了，从前的小街找不到啦，你太阿婆今年有120岁肯定不在人世了，阿林老板年纪算起来也有一百一十岁啦，人啊，能有怎么长的寿命呢？说着流下了眼泪。

原来，这一老一少，老者就是当年的那个张氏嫂的孙子，自从逃出街头后，就是海边，由于极度惊吓，不认得回家路了，晕倒在海塘，被路过的海上渔民抢救带去舟山，后又去了东南亚学医，才知道了当年阿林老板为啥要打他追他，是为了救他的命。这次回来是为了谢恩，也是为了寻访自己老家的血脉之地。而年轻人就是老者的儿子，在国外兴办了一家规模集团公司，当从父亲口中得知祖籍在杭州湾曹娥庙后，一直也想回家来看看。

据说，目前老者准备要定居老家，还动员儿子要投资杭州湾跨海大桥建设，并且在杭州湾滨海投资一个绿色农业工程呢。故事讲到这里，如果大家不信的话，请到余姚市小曹娥镇一望无际的滨海瞧一瞧，你们看：一排排、一幢幢新建在滨海的厂房，天天都有新的工厂在开业啦！

（三）地名逸闻

小曹娥的来历

小曹娥是余姚市最北面紧靠杭州湾的一个小镇，而上虞市也有一个曹娥，为什么会有两个曹娥呢？

话还得从很早以前说起。据史料记载，余姚北部原本是杭州湾的一片海域，至南北朝时期海岸线仅固定于大古塘一带。至元代末期，海岸线才北移到现小曹娥镇境南部。明成化年间始，随着海滩不断上涨、海岸线北移，潮塘、榆柳塘、利济塘等海塘穿境而筑，大片滩涂可供开辟盐场制盐和开垦种植棉麻。引来绍兴、诸暨、上虞等大批移民前来定居制盐、垦殖，辅之以近海捕捞。但此间尚称开元乡大成里或朗霞乡。直至清道光年间，此地才逐渐有了“曹娥”或“小曹娥”的叫法。

事情的经过是这样的。话说当年筑塘围涂后虽已可垦殖，然风潮频侵，海塘被毁，冲没庐舍、人畜的事常有发生。乡民仰慕曹娥娘娘神灵，听说曹娥江本也海潮汹涌，但临近曹娥庙却会变得偃旗息鼓、风平浪静。相传曹娥，东汉上虞象中头（今梁湖）曹家堡村人，母早亡，其父曹盱虽是个渔民，但能“抚节按歌、婆娑乐神”，父女相依为命。东汉建安二年（143）农历五月初五，为迎潮神（伍子胥），曹盱乘舟而上，不慎失足坠江而死。曹娥时年14岁，沿江寻找父亲尸骸，昼夜啼哭不绝声，寻找到第十七天，突见江中漩涡，曹娥遂脱下外衣投于江中说：“父尸在此，衣裳当沉没！”瞬间，衣服被江水所卷没，曹娥知父尸在此，遂投于江中，亦溺江而死。五日后，曹娥背负父尸，浮出水面。

曹娥虽然死了，但她找回了父亲的尸体，人们都说这是曹娥的孝心感动了天地。后来人们为纪念她，遂将江名取作曹娥江，把曹娥背父出水处命名为曹娥。并将她的尸体掩埋在江边。上虞县县令度尚，于东汉元嘉元年（151），为其立碑，并将曹娥的孝迹上报朝廷，表彰为孝女，建造曹娥庙，定农历五月二十二为“庙会日”。人们称之为“曹娥娘娘”。

为祈求平安，当地民众都去离此七十多里外的上虞娘娘殿（曹娥庙）许愿，还愿，烧香拜佛者众多。当时唯一的交通工具只有手摇船和手推车，来去很不方便。两地信徒间也常有摩擦。据说某年五月二十二庙会那天，去上虞曹娥庙求神烧香的余姚船工还与上虞船工发生了争吵打架。清道光十四年（1834），大家公推三名机智的青年从外地定雕曹娥塑像，开光后用香火把曹娥娘娘接来。当人们沿着海塘将曹娥塑像抬到利济塘下临近东干路时就抬不动了，人们认为娘娘喜欢这里，就在此盖了几间草房作为曹娥庵，也定五月二十二为庙会日。后有诗人作诗“曹娥巡海过无意返苍穹”。据说，五月二十二那天，不管早上天气怎么好，到了中午或傍晚或大或小总要下雨，人们称它为“曹娥水”，是曹娥娘娘下凡来了。

清光绪二年（1876），大家一致推选王瑞勇负责募捐集资重建曹娥殿。后因资金不足，王将自己的20亩地卖掉，终于重建了砖瓦木结构的曹娥殿。它是有史以来这一带第一幢砖瓦房。此后，方圆近百里的民众都来此求神拜佛，香火越来越盛，人们纷纷相约着“到曹娥殿开”“到曹娥殿开伐？”，有的为别于上虞之曹娥，又会说“到小曹娥开在”，渐渐地有不少人就说“到曹娥开在”，日子一久，曹娥就被叫成了地名。

民国29年（1940），官方正式把新设的大乡命名为曹娥乡。中华人民共和国成立后，尽管乡级机构名称多次变换，但仍以曹娥作为乡、管理区、公社名，直至1986年7月撤乡置镇，被命名为小曹娥镇。

这就是小曹娥的来历。

境内地名由来浅析

唐、宋年间，全境为浅海，海岸线在大沽塘一带。宋、元时期约100年，涂地坍塌、海岸内迁，经堤防抢修，才逐渐稳定。之后，海岸涂地复北涨。至元末，海岸线已稳定于镇境南部。明成化七年（1471）筑潮塘前后，镇境内始有人定居。至清代，官筑海塘5条，民修散塘无数，现境基本形成。

古往今来，境内有着无数地名。地名的由来涉及自然科学、社会科学的方方面面。但因境域由浅海、滩涂、筑塘围丘而来，故地名多与此有关。今摘要浅析如下：

1. 冠姓名丘、以丘名命名自然村、行政村名。筑塘围涂后，涂地称为丘。各丘垦殖因以大户为主，故丘字前冠以垦殖大户姓氏，如曹丁丘、许丁丘、杨家路（杨丁）丘、徐家路（徐丁）丘、符丁丘、刘丁丘等。各丘又以头丘始，自南往北按顺序命名为二、三、四、五丘（如许丁头丘、许丁二丘、许丁三丘、许丁四丘、许丁五丘）。利济塘北为头丘、二丘、三丘，宴清塘北为四丘，永清塘北为五丘。唯周洪丘无头丘至四丘，其在现朗夹公路（原有一条丘塘）北称周洪丘，在晏清塘北称五丘，永清塘北称六丘。自然村名从丘名者达 43 个，占所有 60 个自然村的 71.7%。1992 年撤、扩、并时，全镇 23 个行政村，村名源于自然村名的有曹丁、全灶、后中灶、海塘南、徐家路、杨家路、符丁、杨丁、华丁路、方家路、周洪丘、仁泰丘、人和丘、周六丘等 14 个，占 60.9%。

2. 以人物姓名命名。曹娥乡名，小曹娥镇名，曹娥村名，均由东汉孝女曹娥的姓名而来。乐山路、乐山公园则以著名革命烈士沈乐山的名字命名。英生街由民国时期儒商王荫胜的名字传称，原称荫胜街，后作英生街。现街道虽已不复存在，但英生街仍作为自然村名沿用至今。

3. 因地理位置、地形地貌起名。朗海乡，因原朗霞乡析海边地区建乡故称朗海乡。海塘南因其位于利济塘南面而得名。仁泰丘因位于仁泰塘（散塘）前而得名。2001 年，调整行政村规模时，原符丁、杨丁 2 个村合并组建新行政村，因靠近海边遂命名为滨海村。早先在方家路一线南北有两个凉亭，分别称为南凉亭、后凉亭。

直塘头、后直塘头、牛车路，因古时利济塘与榆柳塘之间由直塘路相连接，人们把南端称为直塘头，后（北）端称为后直塘头。是时，直塘头江可通船只与姚江相连。直塘路则是盐民用牛车（当时的主要运输工具）把利济塘以北所产盐、卤运到直塘头装船外运，亦用牛车把在直塘头上船的山货等拉往后直塘头转运的主要通道，故民间习惯称直塘路为牛车路，直塘路名渐已鲜为人知。自然村名横潭、廿四湾、廿八湾则由地形地貌而起。滩涂淤涨后仍受海潮冲刷，形成无数潮潭和湾沟，榆柳塘南首有个面积约 6700 平方米呈横形之大潭，故称横潭。横潭北面约 300 米滩涂，经海水冲刷，湾沟多弯曲，传说有人发现东北方那块滩涂有 24 个弯曲，西北方则有更多弯曲，故称廿四湾、廿八湾。抽斗丘，则是因筑塘所围之丘形状似抽斗而得名。

全义因地理位置处于旧时义区。（据《浒山志》载：明清间，周塘一带的沙地分为知、仁、圣、义、中、和六区）。互助合作时期，曹娥乡二村应森荣等农户筹建农业互助组时，议定组名“义”前加一“全”字，寓意全部搞社会主义，故名全义。1961 年正式命名为全义大队。1983 年改为全义村，现为曹娥村全义片。

4. 因地物得名。南新庵村因境内的南星庵而得名。曹娥老街称作庵街，则因该街傍孝女庵而得名。1986 年 7 月撤曹娥乡置小曹娥镇，1987 年建立居民委员会时，因居民户多居住在庵街，故命名为庵街居民委员会。九塘闸农场因傍九塘闸而命名。（1976 年，曹娥公社在大小水库间筑塘围涂后，抽调社员在九塘闸前所围涂地建农场）公鸡丘，因旧时属泗门谢家宗祠公祭地，得名公祭丘。后曾误作公鸡丘。人和丘，因旧属泗门人和庄而得名。1981 年做大队名，1983 年做村名，2001 年并村时去丘字命名为人和村。原方家路村在南新庵村西南方有 480 亩地（2001 年划归南新庵村），称为 480 亩头。因耕作不便，移民在此定居成自然村，480 亩头即成自然村名。现该自然村居民虽已整体迁建于南新庵村委东侧规划区，但 480 亩头仍为导航地图地名。柴场头，因早先此地是柴草交易市场而得名。全灶、中灶各丘，原为煎盐之灶名（古时制盐为用灶煎煮法）排序为各丘名，后做自然村名。榆柳塘因塘坡遍植榆树、柳树而得名；部分地段塘坡遍植栋树，故又称栋树塘。

5. 以吉祥嘉言起名。农业合作化时期，镇海乡四村组建三个初级社，起名为联谊、永乐、三利。1961 年，调整公社、大队规模，镇海二大队分为四个大队，起名为永久、和平、国富、民强。曹娥公社亦设有永久大队。同时期组建的新建、新民、新新大队亦属此类。同属此类的还有利济塘、幸福桥、增产闸、济歇亭、济歇桥、济慈庵等。三发，因农业合作化时期二次组建初级社均倒掉，第三次组建后得到巩固发展，故取该社名为三发社。后以三发为大队、行政村名，现为曹娥村三发片。

6. 以数字命名地名。民国时期的保名以数字命名。中华人民共和国成立初期以数字命名村名。1956 年高级社时期，全境 13 个高级社（又称庄），即以 1 至 13 的数字命名高级社（庄）名。公社化后，又多以数字命名大队名。公社化初期，现境为卫星公社的 1、2、3 大队，1961 年，调整公社、大队规模后的大队名，朗海公社有 1—5 大队，镇海公社有 1、3、4 大队，水闸均以数字命名为 1 号至 27 号闸。部分江、桥亦以数字命名。原曹娥公社有 1 大队、2 大队，后演变为曹一（大队）村、曹二（大队）村。

7. 以两个地方合建（并）各取原地名一字构成新地名　民国早期，曹丁丘、许丁丘合建为 1 个村，起名曹许村；中灶丘、全灶丘合建为一个村称中全村；刘丁丘、符丁丘合建为一个村称刘符村。2001 年，调整行政村规模时，以原新建、新民为主的 4 个村合并组建新行政村，命名为建民村。

8. 富含地方文化特征的地名　小曹娥镇以孝女曹娥之名命名，乡民历代仰慕曹娥之孝道，推崇孝德，弘扬孝文化。早年有孝女庵、孝女桥。民国 19 年（1930），境内首次设乡，名为孝女乡。现又产生了不少含孝字的地名。如孝女寺、崇孝路、孝德路、思孝桥、引孝桥、品孝桥、感孝桥、弘孝桥、崇孝桥、扬孝桥、孝德桥等。

9. 具有时代特征的地名　解放翌年所筑海塘称解放塘。土地改革胜利时所筑海塘称胜利塘。“文化大革命”时期，一些大队曾改名为东风、红旗、红卫、红星、红海、红波（不久复原名）。还有文革桥、九大桥、东方红桥（现已改名）。振兴路、复兴路、世纪桥、奋发桥、爱国江、政通路等亦具有鲜明的时代特征。

10. 以祈求意命名地名　本域历来频受风潮侵袭，海侵严重。命名乡名镇海，塘名宴海、永清、澄清等，寓有祈求镇住海侵、宴息海害、致远宁静、永保太平之意。

11. 以移民原籍地起名　曹一村境域因人少地多，先后由梁弄、横塘、镇海、三发移民安置于此，形成自然村，称为小梁弄、小镇海、小横塘、小三发（现小梁弄、小镇海已迁居并入横潭自然村，小横塘移民已返回原籍地）。

12. 以村庄名起路名、塘名　随着筑塘围涂，垦殖地不断北移，逐渐形成自南而北的多条道路。乡民习惯以道路南端之村庄名做道路名，如从朗霞杨家村通往海边的路称为杨家路。诸如此类有毛丁路、童丁路、东干路、西干路、高丁路、徐家（丁）路、洪家路、方家路、杨丁直塘、刘丁塘等。

三、特产　特色

（一）特产

蜜　梨

小曹娥镇曹一村是余姚最早开始大批量种植商品梨的地方，是一村一品的典型村，小曹娥“蜜梨之乡”的美称也源于曹一村蜜梨基地，种植面积近1200亩，以早熟品种为主。

小曹娥镇的土壤母质为海相沉积物，由长江、钱塘江、曹娥江等江河输入的海洋泥沙在海水动力作用下堆积而成，经雨水冲刷及种植耐盐作物逐步脱盐。经长期耕种，土质松软多孔，当地人称之为返潮土，属盐碱地。蜜梨恰好比较耐盐碱，尤其难得的是，盐碱地中的钾元素含量比较高，正好有利于增加蜜梨的甜度。梨树还喜光怕阴，全年所需的光照时长约为1600小时。在光照充足的环境下能增产。据市气象局公开资料显示，余姚市的年平均日照时长为1861小时。小曹娥的地势与南部山区相比，可谓一马平川，对阳光没有任何阻挡，可以让蜜梨获得充足的光照。所以小曹娥的蜜梨长势旺，产量高，水分多，甜度高，品质很高。

蜜梨吃起来脆、甜，水分足，生津止渴，营养丰富，有益身体健康，并有止咳润肺的功效，蜜梨煮冰糖止咳效果更佳，是人们最常吃的水果之一。

蜜梨的种植，在小曹娥已有几百年历史，但一直以来种植面积较小，农民多数只是利用房前屋后的杂地种几棵，品种单一，产量较低，始终形不成规模。20世纪80年代初期，随着土地承包到户，农业产业结构的调整，曹一村在1982年，从省农科院引进16株黄花梨树苗，得到梨农的认可，到1985年种植面积在该村迅速扩大，而后一直稳定在1200亩左右，2001年成为国家级无公害蜜梨基地。

蜜梨产业的长期稳定发展，一是依靠典型户示范、组织梨农成立蜜梨专业合作社和政府加大

◎ 2009小曹娥密梨文化月启动仪式暨浙江省弘扬孝文化论坛开幕式（吴其坤摄）

对蜜梨产业的支持。1991年，曹一村组建了蜜梨协会；2003年，成立曹娥蜜梨合作社；2005年，成立余姚市瑞晶蜜梨专业合作社；2008年，又成立了余姚市小曹娥蜜梨合作社等5家蜜梨专业合作社。政府支持力度不断加强，多次举办蜜梨文化月，建蜜梨交易市场，改造蜜梨基地的农田道路和排灌设施，挖掘河道，组织栽培、贮藏、销售的技术培训，赠送大户喷滴灌设备，制定对合作社及大户的政策支持等。二是依靠科技。与省农科院挂钩，不断引进优质高产品种，从一开始的黄花梨，到翠冠、翠玉到清香、黄金、420、518。每年举办蜜梨栽培技术培训班，邀请省、宁波市、余姚市农科人员进行技术辅导，把新技术、新肥料、新农药推广到梨农，从传统的种植方法到疏花、疏果、人工授粉、套袋、矮化、冬季套种榨菜、无公害栽培。通过不断引进新的品种、先进的栽培技术，亩产量从开始的1000多千克提高到现在的3500—5000千克。产量和品质不断提高，“瑞晶牌”蜜梨从2005年开始连续5年获浙江省精品水果金奖。三是销售方法不断创新，销售地区不断扩大。2000年开始用冷藏方法贮藏蜜梨，延长蜜梨的销售时间，销售渠道也从原来的到农贸市场摆摊到经销商批发销售到各大城市，依托品牌进入超市，再到电商销售。销售地区从本地扩大到上海、杭州等大城市。

小曹娥油炟

俗话说：“宁可三日无肉，不可一日无豆。”豆制品富含植物蛋白、植物脂肪、钾、钠、磷等人体所必需的微量元素及多种维生素、氨基酸等，是人们喜爱的食品。

油炟（油豆腐）大家都爱吃，全国各地都有。而小曹娥镇杨家路桥头的“桥头豆腐店”的油炟特别好吃，闻名慈溪、余姚等地，甚至宁波、上海的客人也特地跑来购买或邮购他们的油炟。在余姚有4个农贸市场的摊贩专业销售他们的油炟

◎ 小曹娥油炟（油豆腐）（2021年吴华春摄）

豆腐。日产300千克黄豆的豆制品还供不应求。

“桥头豆腐店”的油炟出自一对夫妻的双手。他们制作的油炟，色泽金黄，外皮光滑，内如丝肉，细致绵空，富有弹性，一捏成团，放开还原，闻起来香，吃起来外脆内软，后味甘甜。

油炟的吃法很多，可单吃，亦可与其他荤菜、蔬菜煮着吃、炒着吃，最好的吃法是选择刚从油锅里炸出来的油炟，蘸点酱油，往嘴上一送，热而爽口，酥而香脆，油而不腻，品尝着原汁原味，再喝上一口小酒，真是美不可言。

要做好色香味俱全的油炟的秘诀主要有三条。

一是选料。1. 大豆（俗称黄豆、毛豆）选用八月黄，且颗粒要饱满，色泽光亮。这样的大豆蛋白质含量高、浆力足，做成的豆腐黏、滑、细、鲜、产量高，品质好。2. 油要用一级大豆油。3. 卤水必须用海晒盐卤，咸度在32度以上。

二是磨浆。磨浆时要粗细且当，而且要适当的粗点，粗才能浆细皮大，防止大豆皮磨得太碎和豆浆混合。1千克大豆必须拿掉榨干的豆腐渣1.2千克以上。磨浆时要掌握好豆浆浓度。太浓炸出来的油炟空心度不足，太稀要炸焦。

三是点浆。用传统的卤水点浆，做出的豆腐比石膏点浆色香味醇正，疏松度好，对人体也更健康。但卤水点浆比石膏点浆产量相对低。

以上三点看起来容易，实则要长期坚持却不易。因要选用好的原材料价格贵，豆腐渣去掉多，

则豆浆相对较少，用卤水点浆则产量低，现卤水还比较难采购。

俗话说“人生三大苦，撑船打铁做豆腐”，而杨家路桥头的“桥头豆腐店”从20世纪70年代开始至今，从陈纪潮到女儿陈燕娟、女婿钟镬铭，他们一直坚守这一行业，凭借他们勤劳的双手，打出了自己的品牌，使“小曹娥油炟”名声在外，得到消费者普遍认可，销量、经济收入都大幅增加。“小曹娥油炟”在2011年获余姚市第二届农产品博览会金奖，并连续7届参展，深受广大市民青睐。除油炟外，素鸡、白香干、黄香干、水豆腐因坚持传统加工方法，同样名声在外，受到好评。

油炟加工工艺流程

油炟的制作工序烦琐，一般要经过选料、浸泡、磨浆、过滤、煮浆、兑卤、上包、榨水、切块、油炸等多道工序。

1. 浸豆：夏季5小时，冬季12小时，根据气温的变化适时调整。大豆吃饱水整粒胀满，这样才能磨出好豆浆。

2. 磨浆：用磨浆机，要磨得皮粗糙，肉细腻，这样才能把豆腐渣全部去除，做出来的油炟细嫩。

3. 煮浆：把去掉豆腐渣的豆浆装到点浆桶里，用蒸气加热，做油炟的浆加热至七成熟即可，这样炸出来的油炟才能外皮光滑，细致绵空；做香干、水豆腐等的浆需加热到十成熟。加热时需杀泡沫。

4. 点卤：把刚煮熟的豆浆倒入桶内，用32摄氏度以上的卤水进行点浆。一般15千克黄豆的浆，需用32摄氏度以上卤水约1千克，边缓缓倒卤水边搅拌，边用眼观察豆浆的凝结状态。当豆浆凝结到出现豆花状后，依据经验判断，花状达到一定程度，即停止加卤点浆。点好的豆浆需经过15分钟的凝结才能上包上榨。

5. 上榨：把豆腐用勺舀进用豆腐布垫底的木制豆腐框内，然后包好豆腐布，上榨挤出水分，一般榨到厚度3厘米，用手拿不会破。

6. 切块：把榨好的豆腐用刀切成3厘米 ×3厘米 ×3厘米的色子块，大小均匀。

7. 油炸：把切好的豆腐块放到炸勺上，炸20分钟左右，膨胀至4厘米，一股油炟的香气飘起，看外表黄亮即可捞起，外脆内嫩的油炟即成。

做豆腐，特别是做油炟不仅是一门技术活，还要有技术经验的积累，要有眼功、手功，整个制作过程必须注重细节，要一丝不苟。

余姚土布制作技艺

余姚土布史称“越布”，也有称“小江布”“细布”的，在本地俗称“驮布”“余姚老布”或“余姚粗布”。余姚土布以纯棉纺织而成，穿着舒适度好，深受民众喜爱，是中国纺织品中富有浓郁泥土芬芳的奇葩，是余姚地域“姚花”文化和纺织文化的重要标志物。

余姚地区纺织的历史悠久。7000千年前的新石器时代，河姆渡遗址发现了大量的纺织工具。两汉时期余姚土布（葛布、越布）作为当时的主要布种流行于市。自宋代开始，棉花种植面积不断扩大，故有“姚花”美称。至元代，余姚“小江布”已风行全国。明代，《农政全书》中有“浙花出余姚”之说。清代余姚诗人高杲在《棉花》诗中写道：“浙花出余姚，群芳谱中特选挑。”在民国以前，余姚种植的棉花以短绒棉（本花）为主，民国17年（1928）以后，种植改良棉花品种长绒棉（洋花）。民国18年（1929），开始有铁木织布机。抗战期间，有70—80纱锭的大摇车。中华人民共和国成立后，姚北一带以种植棉花为主，小曹娥镇更是属纯棉区，耕地都种植了棉花，并实行统购统销。1986年棉花种植面积，由指令性计划改为指导性计划，种植面积逐步减少，现已基本不种。改革开放后，各种现代机织布料琳琅满目，余姚土布基本退出市场。

2007年，小曹娥镇举办非物质文化遗产挖掘整理成果展，建民村村民王桂凤送来了她亲手制作的土布参展。此后，余姚土布制作技艺先后被列入宁波市和浙江省非物质文化遗产保护名录。2011年，余姚土布制作技艺被列入国家级非物质文化遗产保护名录。

余姚土布的制作技艺十分复杂，从棉花采摘到成布，要经过晾晒、拣杂、脱籽、轧花、纺纱、染色、浆纱、经布、织布等十多个环节、上百道工序，所需器具达50多种。

一、原材料处理

1. 晒籽棉：籽棉就是从棉桃中直接采摘下来的棉花，含有大量的水分，必须经过晾晒，直到晒干。

2. 拣籽棉：把采摘和翻晒过程中粘在籽棉上的花叶、草梗等杂质拣掉。同时，还要把黄籽棉、烂籽棉挑拣出来。

3. 脱棉籽：旧时用最原始的手工剥棉籽的方法。民国时期，从国外引进了脱棉籽的专门机器，民间称“洋车”“绞花机”或“搅花车”。这种机器以脚踏、手摇作为动力，还有用牛牵引的。脱籽后的棉花叫皮棉，俗称“花皮”。

4. 絮棉加工：旧时通过手工加工实现的。首先用“人”字形竹棒用力抽打，使皮棉蓬松；然后，弹花师傅一手拿弓，一手拿倒葫芦形的弹花榔头有节奏地敲打弓弦，利用弦的振动把皮棉弹蓬松，成为絮棉。民国时期，从国外引进了一种把皮棉加工成絮棉的机器，民间称“弹花车”。一开始用脚踏，后来慢慢发展为电动的絮棉机。

5. 拖花锭：在案板上把絮棉分成棉絮条（长约一尺，宽约一寸半），操作者一手拿长一尺三四寸、宽七八寸的拖花板，一手拿一根长约二尺，筷子般粗细的竹制小棒放在棉絮条中间，拖花板轻压其上往一个方向搓几次，使絮条包裹住竹棒，然后捏住花锭，从竹棒上取下，堆放在一边，待二十来条花锭（约一两）时把它们绞在一起，做成一个花锭把，俗称“花绞头”，到纺纱时解开。

二、棉线加工处理

1. 纺纱：纺纱就是把花锭纺成棉纱。需要用到纺纱车（摇车），也有叫“放花车”的。摇车的车架用木头做成，三脚着地，支架的一端竖起两根方木条，顶端分别凿有一个圆孔，两个圆孔间插入一根转轴，转轴一端露出，装一个手摇把。转轴上靠两根方木长条处各交叉凿4个孔，插入8根等长的小竹棍，顶端用线绳连接，形成转轮。支架的另一端为车头，装一块厚厚的长方木板，木板上钻有两个孔，插入草绳和竹竿，用于固定锭子。锭子是一根铁制的长针，其上方套入一个小竹制成的箬壳，用蜡线将支架上的转轮和锭子上的鱼管连接起来。当手摇把转动起来时，转轮通过蜡线带动锭子，使锭子一起转动。纺纱时，为了能顺利地从锭子上取下“鱼甲头”，在纺纱开始前，在锭子上包裹一层箬壳（家笋竹中的壳，剪成扇形），一手拿花锭，一手摇动摇手把，从转动的锭子里引出纱线，绕在锭子的箬壳上，纱线纺出一定长度后，摇车回转一下，把纺出的棉纱收到“鱼甲头”上，待“鱼甲头”一两重左右时取下。

2. 拨纱：拨纱（调纱）就是把“鱼甲头”上的棉纱拨出来，形成棉纱束。拨车需要用到拨纱车（调纱绷）。调纱绷有一个“工”字形底座，上面支起两根长方木条，木条上架一个可开合的四方转轮，通过转动，把“鱼甲头”上的棉线绕到转轮上，拨下后形成棉纱束。

3. 染色：染色就是把棉纱束根据织布图案需要的颜色进行染色。在铁锅中把水烧开，放入染料溶解，再把棉纱束放入锅中染匀，再次把水烧开，使颜色均匀牢固地染入纱中，捞出后晾干。染料最早以植物作为染料，后从染料店里购买后再自己配制。民国时期可用色粉染色了。

4. 浆纱：浆纱就是用早米粥汁对棉纱进行上浆的过程。浆纱的目的就是增强棉纱的牢固度，一般用作经线。浆纱的操作工序：先煮好早米薄粥汤，趁热使薄粥汤均匀渗入纱线，再把棉纱用力拉直晒干。

5. 调纱：调纱就是要把浆好的纱线绕到一种用竹篾打成的叫作“纱簖”的器具上。纱簖其形状、大小与旧时的竹壳热水瓶的外壳相似，用竹子编制而成，周身五棱空镂花格，底部圆而平整，顶部是半圆球形的，调纱的工序：把原先拨纱用的纱绷套上上过浆的纱，把纱簖套入一种叫“三脚调纱架”器具上的一根杆子上，把套在纱绷上的棉纱线的头拉出来挂到纱簖上，用一根筷子插入纱簖底座上的孔中，用筷子拨动纱簖带动纱簖转动，通过纱簖的转动把纱线从线绷上绕入纱簖的腰间里，做经纱用。

6. 摇鱼管：摇鱼管就是用摇车把“鱼甲头”上的棉线绕到鱼管上，作纬线用。鱼管是一种绕棉纱的小竹管，长度以能放入梭肚内孔为宜，大小如小指，绕上线后形似“鱼甲头”，但要小得多。摇鱼管的操作工序：把要摇入鱼管的棉纱线放在摇车旁一个适当的位置，然后抽出纱头，在小竹管上绕几圈，再把小竹管套在摇车的锭子上，一手扶着摇车的摇把摇动摇车，一手持棉纱线，在小竹管上来回均匀地把纱线摇到小竹管上。

三、织布

1. 经纱：经纱是余姚土布制作中的一道很重要的工序。它具有工艺复杂，技术性要求强，计算要正确，要根据所织土布的长度、幅阔、设计的图案和花式花样所配置的色彩要求进行合理的布纱。在这一道工序中，不仅会用到大量的生产工具和器材，而且还要有数名操作者共同配合才能进行。经纱所需要用到的主要大件器具有：经头凳、经头杖、经桩、经条、筘、穿筘针、纵线、大小各种杖、布白、起机布（也有叫机头布的）、运布铳帚以及最主要也是余姚土布制作中最大的机件——织布机。

经纱的工序

（1）经线，也叫“挂桩”。经线是经纱工序中的第一步，要完成这一步，需要一些相应的器具和另外两个人的配合才能进行。经线也叫挂桩，所以就离不开桩，这种桩叫“经桩”。打经桩是有讲究的，它要根据需要织的布的长度经过计算后才能确定打桩的距离。计算好距离后，要把桩打在屋里（旧时农家屋里的地都是泥地，可供打桩）或道地。桩要分两边打，这样可以来回绕纱，以保证所织布的长度。打好经桩后，还要在一旁放置一条“经条板”。经条板是一条长五米左右的木板，经条板上钻有 24 个光滑的圆孔（因为余姚土布制作每 1 寸布的经线是 24 根，布的幅宽多少以每寸 24 根经线类推），把经条板放置在用长凳或方凳叠起到一定的高度上，经条板下方放 24 个纱簖，纱簖里绕的色线排列要根据土布设计的花样图案中经线所需的要求，这种排列绝对不能错。经线是一道多人合作的活，需要三个人配合才能完成，一人负责把穿过经条板的 24 股棉纱线拧成一股，此人叫经线人，另外两人是把从经条板中抽出来的纱线通过经线人后来回绕到经桩上，这两个人叫挂桩人。经线开始，把排列好的纱簖中的纱线每一根穿过相对应的经条板上的孔，经线人把 24 股棉纱线拧在一起递给挂桩人，挂桩人把这股纱线按顺序来回把棉纱线挂到经桩上。完成一个周期后，经线人把每根线拗绞一下，拗绞完后，就把纱线套到经头凳上。经头凳是一种完成穿筘的前期器具。它是一条矮矮的小长凳，凳板上凿有两个圆孔，两边凳脚间有横档，横档上有一木条，木条上凿有与凳板上两个圆孔相对应的两个圆槽，供两根经线杆插入。两根经线杆之间的距离约在 30 厘米，可供筘容入。

（2）穿筘：穿筘就是在经线完成后把所经的线一根一根地穿到用竹丝做的筘上。筘是一种用很细小的竹丝制成的一种织布工具，长 120 厘米、宽 20 厘米，上下两边有框架把排列均匀的细竹丝固定起来形成一个长方形的器具，细竹丝之间有一定的空间隙，这些空隙叫“筘眼”，供经线穿入用。用穿筘针（一种铜制的前面有弯钩的钩针）穿过筘眼，钩住经线，再拉回到筘眼的另一面，然后套到经杖上。一根线穿一格筘眼的空隙，等全部穿完后，经线就按图案设计的要求均匀地通过筘排列在经杖上了。

（3）上机：也叫上绞纱搁。筘穿好后，筘后面的棉纱线搁在纱搁上，筘前面的棉纱线盘在一只大脚桶里，连接纱搁的一股线，放开几米，用两根竖起来的长凳戳在大门方，上面横放一根扁担或一根竹棍，把这股线连接纱搁一线，套过扁担或竹棍。脚桶里的棉纱线用破旧棉袄裹牢，上面放一块板，板上压上石头。有一个人或两个人绞纱搁，一个或两个人用运布铣帚运布（运布就是把经线慢慢地梳理整齐），运妥后慢慢地绞入纱搁里，为的是让这些绞入纱搁的经线不会乱。经线上绞纱搁时，每绞几转，就要在纱搁上面放一根竹片，这种竹片叫“布白”。这样，绞在纱搁上的经纱就会是平平坦坦、方方正正的了，织起布来就不会乱。

（4）穿纵线：纵线是穿挂在经线上的一种装置。纵线在布机上的穿过类似筘的样子，但它的功用就是通过踏脚板把经线按织布的要求进行上下分开，以供纬线穿织。如织四脚花布，就有四道纵线，纵线一头有线牵挂在小梁架上，一头有线连在某只踏脚上。

2. 织布：织布是完成土布制作的最后一道工序，也是一项技艺性极强、要求很高的一项技艺。织布时要有清醒的头脑、敏捷的思维，而且要讲究手脚配合，心脑共用。特别是在织花纹布时，必须要清醒地处理好图案花纹中色彩纱线的搭配。对装有各种颜色的线的梭绝对不能搞错，否则会造成布面花纹错乱，影响编织出来土布的质量和美观。

织布工序是要在织布机上完成的。织布机是余姚土布制作所有器具中体型最大，机械配件最多，人机配合最复杂的过程。织布机上从绞纱搁到布轴杆，是以经线穿过纵线、筘再连接到轴杆的。纵线连着踏脚，控制着经线的上下分隔；筘则负责把纬线扣紧成布。因此，每一次的脚踏会牵动纵线带动经线的上下分开，而此时的操作者则要把装有鱼管纱线的梭穿梭于经线的空隙间，从而形成经纬线的交错而织成布。

梭是织布工序中不可缺少的器具。它起着在经线中穿越而把纬线编织进经线的作用。梭因要在经线中来回穿越，为了便于穿越，因而它是一种两头都扁而滑的一种形态。梭的中间有一个凿空的空间，称之为梭肚，梭肚两头各有一个小孔是穿梭心用的，梭心上可套鱼管，鱼管中的纱线通过梭壁上的一个小孔把鱼管中的纱线抽出，这就是纬线。纬线通过操作者的脚踏和手送在经线中不断地穿越，便织成了土布了。

织布的技艺：织布机上是只有两只踏脚板的，两只踏脚板也就是说只有通过上下两种纵线来区分经线，操作者只要踩动左右踏板就可以了。每踩一次踏脚，操作者就送一次梭，每送入一根纬线就要扣一次筘，如此无限循环反复，布就织出来了。

在织布过程中，当操作者在编织一段时间后，织好的土布在布机上就会有长长的一段了，这时，操作者就会在这段布上撑上一种竹片制成的器具把布从边缘上撑住，其长短正好与布幅相等，这种器具叫“幅撑”，其作用就是撑住幅阔，不让织好的布收缩。如果不用幅撑这种器具，那么，随着土布越织越长，土布的两边边幅就会渐渐地收缩窄小起来。只有用了幅撑，才能保障土布的幅阔度会始终保持在正常的状态中而不走形，保持平整度。

以上则是在一般情况下的基本织布操作流程。由于土布设计者为了使余姚土布有更多的花式和种类，不同的土布种类和不同的花式图案，就有不同的织法。编织不同花样和种类的余姚土布，有不同的编织方法。如要使布面上有不同的细花，就要用三只踏脚和三道纵线的编织方法；如要编织桂花布这样的斜纹布，就要用四只踏脚和四道纵线；如果要编织更加复杂的花式布，有的甚至要用五只踏脚和五道纵线。踏脚和纵线越多，设计的花样图案越复杂，配比的色线就越多，那么，随之而来的就是所用的梭也就越多。这就是说，不同的设计要求、不同的花式图案，就要用不同的编织方法和不同器具的有机配合。

总之，余姚土布的制作技艺从表象上来看是一种陈旧而简单的手工方式。其实不然，深入余姚土布的制作整体过程中，不难发现，余姚土布的制作技艺是一项十分复杂和精细的操作技艺。它既讲究操作者的技艺，更注重操作者的思想、智慧和相当的综合素质。余姚土布的制作过程，无论是最初的纺纱，到后来的染纱浆纱，再到经纱、上机、别绞，直到织布，每一道工序都不能有丝毫的马虎，更不能出错。一旦在那道工序上出了问题，都会影响到最终土布的质量。特别是那些有花式图案的花纹布，经纱时的经线排列，织布时的纬线的穿梭，以及脚踩踏板的先后顺序，都将关系到余姚土布所设计的花样图案的成型和质量，稍有一点差错，就会出现难以估量的严重后果。

3. 清洗：土布制作完成后，即可以从布机取下。接下来还有一道工序就是清洗。在之前的浆纱所用的早米粥薄汁会带来虫类的撕咬和叮蛀及吸潮霉变；同时，在土布的整个制作过程中，由于余姚土布的制作流程较复杂，时间跨度相对大，在各道工序的操作过程中难免的一些污染物或灰尘等依附在土布上，影响土布的美观和质量。清洗就是为了把这些附在土布中的浆汁和杂质清除掉，晒燥后再把它收藏起来，以保证余姚土布在保存过程中的安全性。

四、余姚土布的种类

余姚土布有平布和花纹布两大类，具体又可从编织方法、色泽、花样图案和用途这四个角度来区分。

踏脚越多，织出来的花式就越多，工艺也越复杂，布面也就越好看。

1. 根据编织方法分

（1）平织布：俗称平布，是用装有两个踏脚的布机织出来的。布基本上是平面的，若有花样图案，也只是经纬线之间色线的间隔形成的花纹。用这种方法，也可织出形似篾片的平布，民间称其为篾爿布。

（2）、斜纹布：这种布的花纹大多呈斜纹状，所以称斜纹布。各种斜纹布不仅在布面上有各种不同的花纹，而且其编织方法也各不一样。

2. 根据色泽分

单色的余姚土布可分为本色布和染色布两种。

（1）本色布：本色布就是指本色棉纱织成的土布。在余姚棉区，能以本色棉花织单色布的有白色和紫色两种，白色的叫本白布，也有叫净白布的，紫色的叫紫花布。净白布起初并不白，但是经过不断的清洗，会越洗越白，越洗越柔软。紫花布也是一样，越洗越软，越能显出柔和的质感和色泽。

（2）染色布：染色布就是指棉纱线经染色后织出来的单色土布。染色布有很多种，如玄色布（即黑色布）、士林布、青花布、紫茄布等等。

3. 根据花样图案分

余姚土布的花样图案是为给人以美感而设计的，也与土布的用途有着密切的关系。色彩鲜艳、纹样秀美的方格布、斜纹布、空心十字布、桂花布、绺条斜纹布等，是女性喜欢的布料。那些粗细条的条子布、芝麻布等，一般适合男性做衣料；还有一些特殊花样图案的土布，可用作衣料以外的用途。

4. 根据用途分

余姚土布作为一种地域农特产品，其社会功用十分广泛。除了最基本的服饰之用外，在人们的生产活动和日常生活中还有许多用途。

包装布：把那种较粗而牢固的土布作为包装布打包用。

垫肩布：脚板工人把余姚土布垫在肩上或背

上，以避免货物与肩背直接接触。这种布，当地人俗称“垫肩布”。在休息时，垫肩布可垫在地上当坐垫，或者铺在地上躺一下，冬天还可系在腰间保暖。

被里、床单、尿布、纳鞋底等生活用布：那种织有长条纹的月华布可以用来做棉被的被里或床单，具有相当好的保暖和吸潮功能。余姚土布越洗越软，床单破了可以给小孩子做尿布，既柔软，吸水性又好。做衣服剩下的边角料可以用来纳鞋底，松软、过针性好，穿起来轻便、舒适，透气性好。

窗帘布：窗帘除了遮挡光线外，还有装饰功能，余姚土布的花纹布就有许多适合做窗帘的花色图案，如方格布。

蚊帐：蚊帐要透气，但又不能让蚊子钻进来，织蚊帐布，经线和纬线的间隔要比一般的布稀。

毛巾、袜子、包袱布：用土布做的毛巾、包袱布，用棉纱线织成的土布棉纱袜，甚至油灯里的灯芯，也是用织土布的棉纱线做成的。

孝服、戏服：在葬礼上逝者所穿的寿衣寿裤，灵堂所挂的孝帘，生者穿戴的孝服、孝鞋、孝披、孝带、孝帽等，都是用余姚土布中的净白布制作的。旧时迎神赛会上布龙的龙衣、目连戏中无常所穿的戏服，也是用余姚土布中的净白布或玄色布制作的。

小海鲜

俗话说靠山吃山，靠海吃海。境域由杭州湾筑塘围垦而来，人们依靠捕捞和晒盐生存。

杭州湾是中国最大河口湾，每天准时有涨潮、平潮、落潮出现。上游的富春江、曹娥江等河水流入杭州湾。小曹娥镇背靠杭州湾，拥有8100米海岸线，海岸堤外滩涂辽阔。经省有关部门测定，钱塘江河口南端点的具体位置位于余姚市小曹娥镇境内，距一号水库临海塘西南角150米处，小曹娥镇正好处于钱塘江入海口与东海的交汇处，东为杭州湾海岸线，西为钱塘江岸线。海潮涌浪高，

◎ 出洞小蟹（2019年吴华春摄）

落差大，淡咸水交汇，浮游生物集中，因而水质肥美，导致浮游生物的大量繁殖。得天独厚的地理位置，非常适合小海鲜的生长和繁殖，许多鱼、虾、蟹、贝类都聚集于此海域，使得小曹娥的渔业资源非常丰富，海鲜“鲜”得鲜嫩，“鲜”得诱人。

最初小曹娥有很大部分群众是因在杭州湾捕捞而移民定居在此，英生街也是因杭州湾捕捞和运输而兴起，沿海捕捞在人民生产中所占的比重很大，民国时期有木帆船16艘。1958年，卫星人民公社组织渔民成立渔业队，逐步发展机帆船，在沿海进行深水涨网作业，捕捞量增加。60—70年代，曹娥、朗海、镇海三个公社渔业队（组）有近海捕捞船近25艘，专业渔民200多人，至2008年近海持证捕捞船做持证的有18艘。2017年，全镇有近海捕捞渔船10艘，总计164匹马力，总吨位68吨。人和村常年从事近海专业捕捞队一个，人员14人，另滨海村、建民村等村近海捕捞23人。季节性从事近海捕捞的有百余人。

捕捞主要有用网篰、矮串网、跳网、腰网、吐铁网、沙蟹网等网具和拉钓、蟹钩、锹、铁耙等工具，还有手工采拾3种方式进行。

主要特色水产资源有：梅鱼、鲚鱼、鲻鱼、丈鱼、乌眼、鲈鱼、米鱼、大弹涂鱼（跳鱼、夏弹、弹乌）、甫鱼、鲳鳊鱼、鲥鱼、泥鱼、溏鳢鱼、龙头鱼（虾潺）、

箭鳗、鲳鱼、比目鱼（箬鳎）、鳑鳅（赤鳝）、海蜇、泥螺（吐铁）、蛏子、海瓜子（黄蚬）、黄蛤（蛤蜊）、青蟹（黄甲蟹）、白蟹（母蟹）、沙蟹、蟛蜞蟹（白玉蟹）、小白虾、虾等。

小海鲜主要有鲜、腌、干三种。烹饪方法很多，主要有蒸、煮、煎、炸、醉等。

小曹娥小海鲜的销售主要在镇内和朗霞、泗门、周巷、余姚等农贸市场。原来还有“卖鲑[xié]菜”（卖梅鱼、鲚鱼、小白虾等海鲜的人），挑着鱼担沿村道边跑边叫卖“鲑菜买勿？”（据说“卖鲑菜人”挑着担跑路，一般人是比不过他们的，他挑着近百斤重的担一边跑，一边叫卖，因海鲜产品时间长了会变质发臭，所以长年累月，练成了一副好腿劲、好内功，还有好嗓门）。现在很多饭店老板直接跑到海边购买，或用汽车送货，还有冷冻设备，再也不用担心变质发臭了。

由于小曹娥镇捕捞业发达，小海鲜的品种多、数量大、品质好，又非常新鲜，不少小海鲜送到厨房还是活蹦乱跳的，又是纯野生的，所以特别好吃，颇受食客青睐，历史上文人墨客也留下了不少文章和诗句。改革开放后，餐饮行业逐渐发展起来，至20世纪90年代达到了一定规模，饭店又多以海鲜为特色，小曹娥海鲜名声逐渐外传。余姚小曹娥海鲜一条街在2013年被宁波市旅游局公布为宁波市十大特色海鲜排档（“渔家乐”）。以小曹娥海鲜为招牌的饭店开到了余姚等城市。

（二）特色

观潮

钱塘江大潮是世界三大涌潮之一，是天体引力和地球自转的离心作用，加上杭州湾喇叭口的特殊地形所造成的特大涌潮。钱塘江口外宽内窄，呈明显的喇叭状。出江口的江面有100000米宽，越往里江面越窄到海宁盐官镇一带时江面骤然降到只有3000千米宽。

钱塘江暴涨潮。主要是由于潮流沿着入海河道溯流而上形成的。潮水涌入三角形海湾中，潮位堆高，潮差增大。当潮流涌来时，潮端陡立，水花四溅，像一道高速推进的直立水墙，前面的还没有疏通，后面的浪又赶上来，一浪高过一浪，十分壮观，形成“滔天浊浪排空来，翻江倒海山为摧”的壮观景象。

观潮始于汉魏，盛于唐宋，历经2000余年。相传农历八月十八日，是潮神的生日，故潮峰最高。南宋朝廷曾经规定，这一天在钱塘江上校阅水军，以后相沿成习，八月十八逐渐成为观潮节。

小曹娥沿海虽不是最佳观潮点，但这里有广阔的滩涂、漫长的海堤，钱江水和东海潮在这里交汇，形成了一种奇特的自然景观。每逢八月十五前后大潮，叠浪层层，后浪追前浪，浪助风，风推浪，夹杂着海边特有的海腥味向你扑来，海湾面开阔，一眼望不到边，声势浩大，颇为壮观。潮水退去，小蟹、小跳鱼又爬出了泥洞，在安静的滩涂上活跃起来，寻找退潮后大自然留下的食物。此时也是赶海捡漏，捕捉小蟹、跳跳鱼、捡泥螺的最佳时机。运气好的话，在芦苇海草丛中、在石头底下捕捉到小蟹、小鱼等小海鲜，给你满满的收获感。退潮后的滩涂上丛丛芦苇，湾沟环绕，一片湿地的景色。也有裸露着的滩涂，寸草不生，是泥夹水，水夹泥，远远望去，波光粼粼，小曹娥的滩涂可谓“十里不同滩”。

近年来，海塘加固建成标准海塘，并铺浇了沥青路面，余姚大道可直达海塘观潮地点，交通便捷。现无论是见过海的老余姚人和没见过海的前来海边游玩的新余姚人大量增多，尤其是在农历八月十五至十八期间，观潮、赏景、品海洋，游客多达5000人。

潮水在本镇沿海涨落时间简易计算法：以泗门水库57号丁坝地段为基准，农历日期先乘0.8，零头乘6，便是白天潮水平潮（潮水涨到最高点）时间，每天涨落两次，晚上平潮时间加24分钟，每天推迟48分钟，6小时涨潮，6小时退潮。如初一，即1×0.8=0.8，0.8×6=48分钟，平潮是12点零48分钟，八月十五，即15×0.8=12，平潮是正午12点钟，八月十八，即18×0.8=14.4，零头4×6=24，平潮是14时24分。潮水的涨落时间、高度及浪高还受到风向、风力影响，如东风涨潮时间会略提前，平潮时的高度也略增，西风则反之，遭遇强台风时大潮又高、海水会泼过塘面，对海塘的危害很大；潮水的涨落时间还受到潮水从小潮汛到大潮汛还是大潮汛到小潮汛的影响，从小潮汛到大潮汛时涨潮时间每天延迟比48分钟少，反之则多。

观潮民谣[①]

初一月半子午涨，
初三后至（初）十平潮，
十一起水午时平，
十八十九落小潮，
二十是个宽大潮，
廿一开始潮水小，
初八廿三潮，天亮白耀耀，
廿三四，江底断潮水，
廿六十二暗进笆（小潮，笆是渔民工具），
廿七重涨晏平潮，
复又初三渐落小，
月月涨退两汛潮，
人人依此可对照。

注：①渔民王尧夫口述。

根据潮水的涨退时间，小曹娥镇观潮时间一般农历八月十五上午9时、八月十八上午10时为佳，也可提前几小时到达，观海涂风光和杭州湾上的小鱼蟹。

观潮活动有一定的危险性，一定要听从指挥，注意安全，切不可擅自下海玩耍。

后记

余姚市全面开展乡、镇志编纂工作，中共小曹娥镇委、小曹娥镇人民政府于2017年7月正式启动《〈小曹娥镇志〉编纂工作》。落实编纂人员，着手拟定纲目和采编提纲，确定联络员和资料员，组织学习培训、考察取经。

2017年9月8日，《小曹娥镇志》编纂工作领导小组和编纂工作委员会、编纂部成立，并制定了《小曹娥镇志编纂工作》实施方案。随即召开镇志编纂工作动员暨培训大会。此后，镇机关各办、所及各职能部门和行政村，开始开展资料收集工作。

编纂人员分工撰写初稿，交叉互审。几经增、删、改，送市史志办初审，根据初审意见继续修改。其间，专门邀请有资深语文功底的高级教师和具有高学历的镇政府机关年轻干部对镇志的语言文字、标点符号、行文格式等进行校核修改；编纂人员对语言风格、错漏存疑之处，进一步实地踏勘、走访、查证求实，理顺语句、规范格式、补充调整，数易纲目、文稿，于2021年9月形成约80余万字的征求意见稿。报（发）送市史志办，镇党委、政府班子成员，各办、所，各行政村（居委会），各职能部门及老干部等，广泛征求意见、集思广益。在听取有关领导、专家和各方意见、建议的基础上进一步修改完善，于2022年3月完成送审稿，6月10日召开终审会议，然后根据终审意见进一步修改完善，成稿后经市委党史研究室审查批准，于2022年8月送出版社。

由于多种历史和现实的原因，大量原始资料缺失，给镇志编纂工作带来很大困难。为查找史料，编纂人员到市、镇、村各有关部门、单位查阅档案、志书资料。经多方分析、考证取得翔实的资料。在编写过程中，认真听取专业人士意见进行修改，纠错归正，反复斟酌，经市史志办审查后定稿。

《小曹娥镇志》分别由本镇乡贤姚吉锋（现任杭州市农业农村局局长）和中共小曹娥镇委书记陈辉、镇人民政府镇长罗锋作序，书法家金晶题贺词，计文渊书魏振纲《咏小曹娥》诗，为本志增色，谨致谢意。

《小曹娥镇志》的编纂工作是在中共小曹娥镇委、小曹娥镇人民政府的领导和市地方志办公室的指导下进行的，自始至终得到领导、专家和热心人士的指导和帮助，余姚市史志办黄建周等专家不辞辛劳，对本志稿件认真审阅、修改，市地方志办公室和镇领导等参与审稿或提供资料信息；曹娥籍的上级领导，原区乡镇老领导及热心人士对镇志稿提出不少宝贵意见、建议或协助编写人员走访调查，开座谈会，分析考证；各村、单位联络员、资料搜集人员积极配合；获取大量详细资料。同时得到梁弄镇、泗门镇、牟山镇、马渚镇、庵东镇的大力支持和协助，余姚市委组织部、人武部、统计局等领导部门，余姚市档案馆、余姚市图书馆、慈溪市档案馆、泗门镇档案室等单位的热忱帮助，鼎力支持，并提供大量资料。在此一并表示衷心感谢。

5年来，为编好《小曹娥镇志》，全体修志人员本着对历史负责的态度，不畏艰难，耐住寂寞，兢兢业业，精益求精，付出辛勤劳动和艰苦努力，殊为不易。虽然我们力求严谨其事，但本志规模宏大、涉及面广，而小曹娥修志尚属首次，加之历史上境域多次变迁，诸多档案、文献散失，以致资料缺失；又由于我们学识有限、缺乏编纂经验，选材和表述或有疏漏甚至错误，错漏之处肯定不少，敬请广大读者赐教指正，以便后者编修续志时纠错补遗。

《小曹娥镇志》编辑部

2022年8月3日